U0541155

王立胜 主编

中国哲学知识体系建设文选

中国社会科学出版社

图书在版编目(CIP)数据

中国哲学知识体系建设文选 / 王立胜主编. —北京：中国社会科学出版社，2020.12
ISBN 978-7-5203-7503-0

Ⅰ.①中⋯ Ⅱ.①王⋯ Ⅲ.①哲学—知识体系—中国—现代—文集 Ⅳ.①B262-53

中国版本图书馆 CIP 数据核字（2020）第 229262 号

出 版 人	赵剑英
责任编辑	冯春凤
责任校对	张爱华
责任印制	张雪娇

出　　版	中国社会科学出版社
社　　址	北京鼓楼西大街甲 158 号
邮　　编	100720
网　　址	http://www.csspw.cn
发 行 部	010-84083685
门 市 部	010-84029450
经　　销	新华书店及其他书店

印　　刷	北京君升印刷有限公司
装　　订	廊坊市广阳区广增装订厂
版　　次	2020 年 12 月第 1 版
印　　次	2020 年 12 月第 1 次印刷

开　　本	710×1000　1/16
印　　张	44
插　　页	2
字　　数	719 千字
定　　价	258.00 元

凡购买中国社会科学出版社图书，如有质量问题请与本社营销中心联系调换
电话：010-84083683
版权所有　侵权必究

目　录

第一编　加快构建中国哲学"三大体系"建设

1. 论加快构建中国特色哲学学科体系、学术体系、
   话语体系中的六大关系 …………………………… 王立胜（3）
2. 立足"一体两翼"，不断深化国外马克思主义研究
   ——中国社会科学院博士生导师冯颜利
   　　教授访谈 ………………………… 冯颜利　张朋光（17）
3. 当前时代，我们该如何看待中国哲学？…………… 张志强（28）
4. 中国知识体系问题的一个分析提纲 ………………… 赵汀阳（36）
5. 构建中国特色马克思主义哲学知识体系
   ——从马克思主义哲学原理视角看 ………… 周丹（43）
6. 马克思主义哲学史学科建设的历史与
   现状 ………………………… 李涛　贺翠香　单继刚（53）
7. 构建新时代中国马克思主义哲学知识体系的思考
   ——以马克思主义哲学中国化学科为视角 ……… 李俊文（66）
8. 从哲学史到哲学
   ——中国哲学知识体系的回顾、反思与重构 …… 陈霞（80）
9. 哲学的问题与方法 …………………………………… 尚杰（91）
10. 从西方哲学史学科角度谈中国哲学知识体系的建设 … 詹文杰（98）
11. 建立中国化的美学话语体系 ………………………… 徐碧辉（108）
12. 新时代背景下的"东方哲学"研究范式反思 ……… 范文丽（130）
13. 科技哲学学科建设中国知识体系的初步构想 ……… 段伟文（146）

14. 中国伦理学知识体系建设的成就与未来发展 ………… 孙春晨（152）
15. 逻辑的观念、知识和技术
　　——从逻辑学科角度试谈中国哲学知识体系建设 …… 刘新文（164）
16. 深刻认识中国哲学知识体系建设的意义，加强文化
　　中心的知识体系建设 …………………………………… 李河（182）
17. 论中国文化哲学知识体系构建的基本路径 ……… 张熙　霍桂桓（191）

第二编　新时代构建中国特色哲学知识体系的探索

1. 马克思对"时代"的诊治方案 ………………………… 王时中（197）
2. 马克思视域中的哲学与时代 …………………………… 姜佑福（208）
3. 重新理解马克思视域中的"时代精神" ………………… 孙亮（222）
4. "时代精神"概念与马克思的历史哲学 ………………… 田冠浩（234）
5. 马克思如何在社会主义理念中把握和超越时代 ……… 韩蒙（246）
6. 中西古今之争的前提批判 ……………………………… 丁立群（261）
7. 中国哲学视域中人与世界关系的构建
　　——基于"事"的考察 ………………………………… 杨国荣（274）
8. 儒佛道三教关系视域下的东方哲学与宗教 …… 洪修平　孙亦平（287）
9. 新时代中国特色哲学理论体系的构建 ………………… 韩震（305）
10. 着力构建中国特色哲学学科体系、学术体系、话语体系 … 冯俊（315）
11. 中国特色马克思主义哲学发展的问题与路径 ………… 郝立新（323）
12. 现代知识体系的流变与哲学学术体系的构建 ………… 李红（331）
13. 走出思想创造的困局
　　——关于新时代中国哲学发展的再思考 ……… 刘志洪、胡雯（340）
14. 打造当代中国马克思主义哲学的标识性概念
　　——基于新中国70年学术史的考察 ………………… 王海峰（357）

第三编　中国特色哲学知识体系的分学科建构

马克思主义哲学

1. 自己讲自己：汉语哲学的登场、进路与前景 ………… 黄前程（375）

2. 构建人类命运共同体的哲学思考
　　——基于马克思主义"类"哲学视角 ········· 司徒春兰（387）
3. "时代精神"概念与马克思的历史哲学 ········· 田冠浩（394）
4. 重访马克思的东方社会理论 ················ 张炯（405）
5. 主要进展、当前偏颇与经验教训
　　——新中国马克思主义哲学反思 ············· 刘志洪（420）

中国哲学

7. 《明儒学案》中的"宗传"与"道统"
　　——论《明儒学案》的著述性质 ············· 陈畅（439）
8. 贺麟与朴钟鸿现代新儒学思想之比较 ········· 高星爱（456）
9. "对越上帝"与儒学的宗教维度 ··············· 翟奎凤（473）
10. 突破，抑或迷思？
　　——儒学"内在超越说"的跨文化考察与批判重构 ····· 韩振华（486）
11. 论作为中国哲学诠释视域的中国政治哲学 ········· 秦际明（502）
12. "开新式返本"与"创造性会通"：中国哲学方法论
　　反思与范式转换 ························ 马俊（519）

西方哲学

13. 物权的人格化还是人格权的物化？
　　——黑格尔论人格、人格权和物权 ············· 冯嘉荟（533）
14. 从自发性到自由：康德基础自我意识的自身性结构 ··· 郝琛宠（547）
15. 笛卡尔的两条身心联结原则
　　——论《灵魂的激情》之转变 ··············· 施璇（560）
16. 规范—描述问题与"自然主义的谬误"之辩 ········· 王世鹏（573）
17. 哲学怀疑论的意义及其限度
　　——对当代彻底怀疑论的哲学治疗 ············· 王聚（588）
18. 人类自由作为自我建构、自我实现的存在论结构
　　——对康德自由概念的存在论解读 ············· 吕超（602）

伦理学

19. "做"伦理学：现代道德哲学的做法与代价 …………… 张曦（621）
20. 神经学伦理学挑战下的道德心理重建：一种亚里士多德式路径探索 …………………………………………… 陈庆超（639）
21. 论道德法则的现实性重构：在规范与实践之间
    ——对康德道德法则与善之间关系的批判性考察 …… 高来源（653）
22. 美德伦理学对正确行为的说明 ……………………… 文贤庆（665）

美学

23. 当代美学的社会科学转向 …………………………… 孙斌（683）

前　言

"中国知识体系建设"是新时代中国社会实践的发展为哲学社会科学界提出的具有深厚历史使命感的重大时代课题。"中国哲学知识体系建设"是"中国知识体系建设"的题中应有之义。2018年底在进行年度总结和安排来年项目时，中国社会科学院哲学所就将"中国哲学知识体系建设"确立为2019年乃至未来几年的集体攻关重大项目，并决定由我担任项目负责人。任务确定后，我们立即组织研究力量，深入研讨项目内涵，进一步深化研究内容，商定研究计划，按计划展开项目研究。本书就是"中国哲学知识体系建设"项目的阶段性成果。

"中国知识体系建设"项目设计的宗旨是重建中国知识体系的自主性，把建设一整套能够为中华民族伟大复兴服务的知识体系，作为学科体系、学术体系和话语体系建设的根本任务。与这一宗旨和任务相呼应，"中国哲学知识体系建设"就是要抓住"哲学"作为近代以来人文社会科学体系基础这一核心特征，从哲学自身的知识体系建设出发，通过哲学主体性的确立来为中国知识体系的中国性奠基。为此，首先必须对近代以来形成的中国哲学知识体系的形成历史、问题脉络以及内容旨趣进行全面回顾、整理和检讨，对近代以来的中国哲学知识体系把脉问诊。其次，需要基于人类命运共同体的视野，从人类面临的根本问题出发，以哲学的方式来探寻中西文明不同方案背后根本预设的差异及其意义，从而为中国哲学知识体系建设指明方向，为中国知识体系建设确立根基。

为此，我们计划首先从哲学所各学科的发展历程、现状及未来发展的角度，全面整理各二级学科。哲学所自1955年成立以来，作为新中国的哲学研究国家队，始终是党和国家意识形态的重要阵地，是哲学界开展严肃学术研究的重要基地，整理哲学所各学科，在一定意义上就是对中国哲学知识体系建设状况进行情况摸底。2019年8月，经过充分准备，哲学所组织所内各学科召开了"中国哲学知识体系建设"专题研讨会，由各研究室选派代表，对本学科的历史、现状和未来发展进行了全面梳理。对哲学学科知识体系建设存在的问题进行总结和反思，提出了新时期哲学学科知识体系建构的设想。会后，各学科的发言材料经过修改完善，形成论文。哲学所的几位所领导和学部委员，也分别结合相关学科的情况，撰写了文章。我们把这17篇论文编为了本书的第一编。

2019年，我们在哲学所主办的《哲学动态》刊物上开辟了"构建中国特色哲学知识体系"专栏，连续刊登了多篇这一主题的学术文章。截至目前，该专栏共刊登了16篇论文，我们全部收入了本书，由于其中两篇已经收录到第一编，我们将另外14篇论文作为本书的第二编。

2019年11月，哲学所召集并主办了全国社科系统哲学大会和中国青年哲学论坛，大会主题就是"新中国70年中国哲学知识体系构建"，会议参加者都是当前学界非常活跃的青年学者，我们从参会论文中评选出23篇优秀论文，收入本书，作为本书的第三编。

"中国哲学知识体系建设"是一个需要长期投入研究力量的大题目，我们将按计划、有步骤地开展研究工作，一方面通过深入研究，产出高质量的研究成果，另一方面我们也希望通过这个项目的研究，整合研究队伍，锻造研究人员与建设中国哲学知识体系的要求相匹配的研究状态。

在此，感谢社科院有关部门对该项目研究工作的支持与指导，感谢出版社为《文选》的出版给予的帮助，感谢《哲学研究》编辑部、《哲学动态》编辑部对论文评选和编辑付出的辛劳，也感谢哲学所科研处为本课题的组织协调和本书的编辑出版所做的贡献。

王立胜
2020年5月19日

第一编
加快构建中国哲学"三大体系"建设

论加快构建中国特色哲学学科体系、学术体系、话语体系中的六大关系[①]

王立胜

习近平总书记指出:"坚持问题导向是马克思主义的鲜明特点。问题是创新的起点,也是创新的动力源。只有聆听时代的声音,回应时代的呼唤,认真研究解决重大而紧迫的问题,才能真正把握住历史脉络、找到发展规律,推动理论创新。"[②] 这一重要论述对于当前加快构建中国特色哲学"三大体系"提供了重要的方法论指引。以问题为导向来构建中国特色哲学"三大体系",一方面需要我们回顾总结哲学学科70年的发展历程,在总结经验和成就的同时,发现制约学科发展的问题,另一方面则需要我们深入时代,从时代问题出发,从时代对哲学的期待出发,探索哲学解决时代问题的可能性。在这个意义上,所谓问题导向,就是以时代问题的哲学解决来促进哲学自身的发展,同时,通过突破哲学自身问题的限制,来加强哲学对时代问题的把握和解决能力。

回顾新中国70年来哲学研究的历程,成就是显著的,从主题、视野、方法、内容、思路、观点、领域、成果等各方面来看,都在人类哲学研究的世界图景中留下浓墨重彩的一笔。客观地说,历经70年实践探索和理论沉淀的中国哲学研究正值繁荣时期。当然,繁荣绝不意味着已经到了发展的顶峰,反而更需诉诸不断的"自我反思"来推进持续的发展。正是

[①] 本文是根据笔者在哲学所"学习贯彻习近平新时代中国特色社会主义思想暨'不忘初心、牢记使命'主题教育理论学习专题培训班"上所做的"不忘初心,砥砺前行——建设新时代的哲学研究所"工作报告的第四部分,修改完善而成。本文广泛征求了专家学者的意见,特别感谢李景源、李存山研究员提出的宝贵意见。

[②] 习近平:《在哲学社会科学工作座谈会上的讲话》,人民出版社2016年版,第14页。

在此意义上，党中央对于哲学社会科学的使命职责和战略任务提出了新的要求，从"繁荣发展"的肯定期许强化为"加快构建"的迫切期待。党中央对哲学社会科学的新要求反映了时代对哲学社会科学的更高需要。这也在一定程度上说明，当前哲学社会科学的发展已经不能充分适应时代的需要和党中央的要求。作为当代中国的哲学工作者，对此应该产生高度的警醒，以政治的觉悟和学科的自觉来反省这种差距产生的原因。

经过观察和思考，我们认为在当前中国的哲学研究中存在一些制约学科发展的瓶颈性问题，具体概括为六大问题，而这六大问题实际上对应着当前哲学研究需要加以妥善处理的六大关系，亦即，哲学发展与时代变革的关系，哲学研究与人民立场的关系，哲学研究的时代共性与学者研究个性的关系，专业分化与学科融合的关系，学术传承与自主原创的关系，中国话语与走向世界的关系。

我们认为，如何处理好这六大关系，在一定意义上关乎中国特色哲学"三大体系"建设能否加快完成，关乎新时代的中国哲学能否为中华民族伟大复兴的中国梦提供哲学支撑。当然，这六大关系或者说这六大问题，并非是今天新出现的问题，而是中国哲学发展中长期存在的问题，它们以不同形态在不同时期有不同的表现。因此，总结历史经验和教训，深刻回应时代需求，面对未来中国道路的展开，我们有必要全面检讨这六大关系，提出正确处理六大关系的初步方案，为哲学研究的未来发展提供一个资鉴。

一　哲学发展与时代变革的关系

关于哲学与时代的关系，马克思曾经有过一段经典的论述。他说："任何真正的哲学都是自己时代的精神上的精华，因此，必然会出现这样的时代：那时哲学不仅在内部通过自己的内容，而且在外部通过自己的表现，同自己时代的现实世界接触并相互作用。"[①] 根据马克思的论述，哲学与时代的关系，一方面表现为哲学作为时代精神的精华，它本身就自然是时代的产物，是时代在精神上的表达，时代精神就是哲学的内容；另一

[①] 《马克思恩格斯全集》第1卷，人民出版社1995年版，第220页。

方面，哲学也通过与现实世界的接触，与时代现实之间发生积极的相互作用，而这说明哲学对现实的介入正是哲学的外部表现。从以上两方面看，我们可以说，哲学实为在思想中把握的时代。因此，哲学发展如何与时代变革发生紧密的互动关系构成了哲学研究的首要问题，这关乎哲学自身的生命力，关乎哲学自身存在的意义。这一论断表明，哲学的发展绝不仅仅关注于自身体系的逻辑演进，更不会以哲学关心普遍真理、关心永恒问题的名义，放弃对分析、认识和解决重大时代问题的探究，放弃对人们改造现实世界的实践关怀。这是马克思主义哲学区别一切形而上学的根本之处。实事求是的精神和实践的指向，就是唯物辩证法指导下的对于现实世界的根本哲学态度。

在新中国 70 年来的哲学发展中，不论艰难探索还是繁荣发展，都与对当时重大时代问题的认识和把握息息相关，都与新中国建设的实践需要紧密相连。新中国成立伊始，马克思主义哲学的学习和宣传，为政治、经济、社会、文化等各项工作的顺利开展奠定了坚实的思想理论基础。随着中国进入社会主义建设时期，如何运用哲学的世界观、方法论观察和处理新情况，探索中国社会主义建设的道路任务，就成为新的现实问题。在"百花齐放、百家争鸣"的方针引领下，中国哲学界围绕主观能动性和客观规律性、思维与存在的同一性、"一分为二"与"合二为一"等展开探讨，极大地推动了哲学事业的繁荣发展，也带动了对现实问题的认识，推动了国家各方面建设的进一步开展。在此之后，新中国的哲学研究走了一些弯路，究其原因，在于一定程度上出现了形而上学的思想倾向，教条主义的盛行，带来了哲学研究的停顿，同时也导致了哲学与现实之间的脱节。改革开放初期，为了确立实践作为检验真理的唯一标准，实事求是地对待和开拓中国的发展道路，中国的哲学界形成了以传统哲学教科书体系改革与思想解放为基本指向和主要任务的思想运动，哲学在适应时代变革中发出了时代的先声，积极推动了时代的发展。

此后，伴随社会主义市场经济体制的确立和经济社会的多元发展，中国的哲学研究随之也发生了一系列深刻变化。哲学与时代的关系开始从单一走向多元，哲学自身也逐步形成了多样化、精细化和专业化的哲学形态。

在新中国 70 年哲学发展中，最为突出的是中国共产党不断贡献出自己的时代哲学，它们是在实践中形成并引领实践发展的哲学，最为集中地体现了哲学与时代之间的深刻关系。毛泽东思想、邓小平理论、"三个代表"重要思想、科学发展观、习近平新时代中国特色社会主义思想，都是与时代深刻互动的哲学结晶，都是在回答时代之问中不断形成发展的哲学体系。不论向社会主义过渡、社会主义建设的实践探索和经验总结，还是围绕什么是马克思主义、怎样对待马克思主义，什么是社会主义、怎样建设社会主义，建设什么样的党、怎样建设党，实现什么样的发展、怎样发展的基本问题，抑或从理论和实践的结合上系统回答新时代坚持和发展什么样的中国特色社会主义、怎样坚持和发展中国特色社会主义的重大时代课题，这些都既是政治方略，更是哲学的世界观和方法论，是在不同时代对马克思主义哲学的运用和发展，是根据时代需要对中国哲学的继承和创新。从根本上说，新中国 70 年哲学事业发展的主旋律，就是马克思主义中国化、时代化、大众化的发展，就是"马克思主义哲学在中国"和"中国的马克思主义哲学"的发展，而这一主旋律，是整合中、西、马哲学形成共同发展局面的产物，是从根本上呼应时代召唤的产物。

　　社会激剧变革的时代，一定是哲学社会科学大发展的时代。大时代呼唤大哲学。当前，有这样一种论调，声称中国哲学和文化的繁荣"生于"动荡乱世而非太平盛世，例如：春秋战国的"礼崩乐坏"时代出现了诸子并起、百家争鸣，秦汉的大一统时代却"焚书坑儒"或者"罢黜百家、独尊儒术"；魏晋南北朝时期虽然国家分裂、战乱频仍，但佛教的本土化、道教的发展和玄学的勃兴等构成了新一轮的哲学繁荣；北洋军阀时期竟然是知识文化发展最为稳定的时期等等。对于这些历史现象，我们要以唯物史观来加以辨析。所谓"乱世文化繁荣论"，其实是一种本末倒置的历史认识，乱世思想文化的繁荣，恰恰是基于时代的苦难，尝试走出时代困境的思想努力，是司马谈所谓"务为治也"的思想表现。"乱世文化繁荣论"从根本上割裂了思想与时代，割裂了文化与实践，是以形而上学的态度看待思想文化的典型。大哲学是呼应大时代的产物，而大时代总是由其所承载的伟大使命、由其所展开的伟大斗争所决定的。如何深刻地理解时代使命，如何准确地判断时代斗争的方向，这是哲学研究的基本功。这种认识和判断的功夫，正是为时代所需之哲学的题中应有之义。

　　经过 70 年的发展，中国人民从站起来、富起来的奋进历程，逐渐迎来了强起来的历史局面,中国特色社会主义进入了新时代。建党90多年、建国70年与改革开放40多年来中国道路所取得的成就,迫切需要在哲学理论层面充分阐释中国道路的价值内涵,迫切需要基于5000多年的文明史来阐释中国道路的文明史意义,迫切需要基于500年世界社会主义运动史来阐释中国道路的世界史意义,迫切需要基于170多年中国近代史来阐释中国共产党领导下的中国道路的中国史意义。新时代呼唤充满文化自信的哲学。因此,加快构建符合新时代的中国特色哲学学科体系、学术体系、话语体系,就是中国特色社会主义进入新时代赋予中国哲学界的历史使命和重要责任。我们要以开阔的理论视野和深厚的历史情怀,以熔铸古今中西一切智慧结晶的哲学抱负,面对中国乃至世界所面临的发展和治理问题,承担中国文明和人类文明更化的使命,自主构建中国理论、中国思想、中国学术,推动人类社会的健康发展。

二　哲学研究与人民立场的关系

任何一种学术研究都离不开一定的立场,后者在一定意义上决定着学术研究的方向正确与否,以及能够达到的高度和深度。哲学研究不仅不可能没有立场,而且研究哲学在某种意义上就是要首先认识哲学中的立场。习近平总书记明确指出:"学习马克思,就要学习和实践马克思主义关于坚守人民立场的思想","始终把人民立场作为根本立场"。学习马克思主义哲学,首先就要学习马克思主义的人民立场。马克思说过,人类的目的就是改造世界,认识世界只是为了更好地改造世界。那么,哲学作为认识世界的方法,其认识的成果就表现为改造世界的实践效用,而这种改造世界的实践效用取决于其立场是否正确。

针对立场不坚定导致的内部机会主义以"马"(马克思主义经典著作中的个别语句)反"马"(马克思主义的立场、观点、方法)从而否定无产阶级革命的谬误,列宁曾经明确提出了哲学的党性原则,并使之成为马克思主义哲学的重要特征之一。他指出:"透过许多新奇的诡辩言词和学究气十足的烦琐语句,我们总是毫无例外地看到,在解决哲学问题上有两条基本路线、两个基本派别","最新的哲学像在两千年前一样,也是有党性的。唯物主义和唯心主义按实质来说，是两个斗争着的党派"。① 坚持哲学的党性原则是马克思主义哲学的重要特征，坚持哲学的党性原则就是坚持以马克思主义的立场、观点和方法来指导哲学研究的实践，就是以立足人民的立场来从事哲学研究的实践。只有如此，哲学研究才能够真正发挥改造世界的实践效用。

同样，坚持以马克思主义为指导，坚持人民立场，是当代中国哲学区别于其他哲学的根本标志。在哲学研究中坚持以马克思主义为指导，就是要始终站在人民大众的立场上，一切为了人民，一切相信人民，一切依靠人民，全心全意为人民谋利益。不同于它产生以前的各历史阶段占统治地位的理论，马克思主义首次站在人民立场上探求人的解放的思想体系。其之所以能够深刻改变人类历史命运从而具有跨越时代的世界影响力，就是因为它指明了人民群众是历史的"剧中人"与"剧作者"，根植于人民群众创造历史的实践中，以实现人自身的解放为崇高的价值追求。正如马克思所说："理论只要说服人，就能掌握群众；而理论只要彻底，就能说服人。所谓彻底，就是抓住事物的根本。但是，人的根本就是人本身。"②

在新时代坚持人民立场，就是要坚持和实现人民主体地位，就是要坚持和实现以人民为根本评判标准，就是要坚持和实现以人民为中心的发展。加快构建中国特色哲学学科体系、学术体系、话语体系，就要始终坚持以马克思主义为指导，特别是要以反映马克思主义中国化最新理论成果的习近平新时代中国特色社会主义思想为引领。这种思想引领，主要表现为两点：第一，坚持以马克思主义为指导，确立哲学世界观方法论。马克思主义关于从现实物质生活出发研究人类社会及其发展规律等原理，为我们研究把握哲学学科各个领域提供了基本的世界观方法论，为我们认识世界改造世界提供了基本的认识论和方法论，正是马克思主义哲学使我们的实践方略具有了战略高度，使我们的共产主义理想信念建立在科学理论的基础之上。第二，坚持以马克思主义为指导，解决哲学研究为什么人的问题。习近平总书记强调："我国哲学社会科学为谁著书、为谁立说，是为少数人服务还是为绝大多数人服务，是必须搞清楚的问题。世界上没有纯

---

① 《列宁选集》第 2 卷，人民出版社 2012 年版，第 227、240 页。
② 《马克思恩格斯全集》第 3 卷，人民出版社 2002 年版，第 207 页。

而又纯的哲学社会科学。世界上伟大的哲学社会科学成果都是在回答和解决人与社会面临的重大问题中创造出来的。"① 因此，牢固树立为人民做学问的理想，是新时代哲学研究的基本宗旨。

回溯新中国70年中国哲学事业的发展历程，能否正确处理哲学研究与人民立场的关系，既决定了哲学的命运，也在一定程度影响了实践的成败。只有树立为人民做学问的立场，哲学研究才能繁荣发展。当前的哲学研究中存在这样一种倾向，认为哲学是研究永恒问题和普遍问题的，因此哲学是以普遍的"个人"为出发点的。这种认识实际上模糊了哲学的"人民性"。在我们看来，所谓立场就是认识的立足点，我们不可能脱离具体的立足点来认识世界和认识人自身。所谓人民立场就是从整体出发，从现实出发，从事实出发，回到事物本身，回到现实本身，回到我们所处的整体本身，回到生活世界本身。在这个意义上，哲学研究虽然具有理论静观的形式，但在根本上从来没有脱离火热的生活实践，哲学不是生活实践的旁观者，哲学是以理论的方式参与实践、介入生活。这种介入性使得哲学不可能没有立场，不可能失去其在世存在的立足点。纯而又纯的哲学研究，不仅是不可能的，更是从未出现过的。人民立场首先是一种对待生活世界的态度，一种尽可能从整体出发的认识论视角，一种从事实出发、回到事物本身的观察和分析问题的方法，从这种态度、视角和方法出发，人民立场就自然内具了一种致广大而尽精微的道德情怀，一种人民至上的情怀。正是这种情怀，让我们的哲学成为了有温度、有力量的人民的哲学、时代的哲学。

三　哲学研究的时代共性与学者研究个性的关系

哲学发展与时代变革的有机互动、哲学研究与人民立场的内在一致，揭示了哲学本身的性质及其发展的一般规律。这个规律在具体研究活动中表现为哲学研究的时代共性与哲学工作者的研究个性之间的关系。如何处理两者之间的关系，在一定意义上决定着哲学研究的品质，也影响着哲学研究的创造力的发挥。

---

① 习近平：《在哲学社会科学工作座谈会上的讲话》，人民出版社2016年版，第14页。

关于共性和个性的问题，毛泽东同志的矛盾分析法具有重要的方法论指导作用。毛泽东同志的矛盾分析法着重强调共性与个性的辩证关系。他在党的七大政治报告中说："不能设想每个人不能发展，而社会有发展，同样不能设想我们党有党性，而每个党员没有个性，都是木头"，"我们要使许多自觉的个性集中起来，对一定的问题、一定的事情采取一致的行动、一致的意见，有统一的意志，这是我们的党性所要求的。"[①] 共性和个性的辩证关系，就是强调在充分发挥个性的前提下凝聚共性，在凝聚共性的目标下发挥个性的自觉性。脱离了共性强调个性，个性就成为无秩序的散漫；脱离了个性强调共性，共性就成为了僵化机械的无机秩序。毛泽东同志为中国人民抗日军政大学制定的校训，"团结、紧张、严肃、活泼"，就是对共性和个性有机互动形成的秩序状态的准确描述。

回眸新中国哲学研究 70 年的历程，一些具有深远影响力的成果正是在正确把握哲学研究的时代共性与学者研究个性的关系上取得的。以中国社会科学院哲学研究所为例，在真理标准大讨论这场思想解放运动中，哲学所各领域的研究人员以及《哲学研究》编辑部积极介入其中，为了共同的思想解放事业贡献智慧力量。面对西方哲学在 20 世纪 80 年代引发的热潮，及其与中国现代化实践的内在关系，叶秀山、王树人研究员作为总主编促成了中国第一部多卷本学术版《西方哲学史》问世，推动了中国学术视野下的西方哲学史研究；面对西方马克思主义的传入，徐崇温研究员主编了"国外马克思主义和社会主义研究丛书"，推动了中国哲学界对西方马克思主义发展的了解，对认清相关问题、破除相关迷信产生了积极意义，等等。这些成果不仅对中国哲学学科建设和文化积累起了极大的推动作用，还具有较强的现实意义和社会影响力。这些重要的学术成果，都是恰当处理了哲学研究的时代共性和学者研究个性关系的产物。

哲学研究的时代共性，在一定意义上，是一个时代当中所有从事哲学研究的学者共同面对、共同具有的，虽然哲学研究强调一种独创性，强调一种独自面对真理的态度，但这种独创性并不是对时代共性的否认，却恰恰是以个性独创的方式对时代共性的发明和发现。真正的独创性的研究，都是更深入、更全面、更先一步发现时代问题、发明时代共性的研究。个

---

① 《毛泽东文集》第 3 卷，人民出版社 1996 年版，第 416、417 页。

性独创不是脱离时代的孤绝的创造，而是更深入地理解时代、理解人民的产物，是表达时代共同情感、提出时代共识的产物。真正意义上的个性独创，都是深刻了解学术共同体的共同使命，充分自觉学术共同体的共同问题意识之后的独创。当前哲学界存在一种现象，一些学者秉持独立个性的理念，推崇个性大于共性，认为哲学研究就是个人孤绝的事业，哲学家就是超前时代的先觉者，哲学共同体的事业只能干扰学者个人的独创性。这种认识就是典型的形而上学者的态度，自以为摆脱了柏拉图所谓的"洞穴"，却堕入了施特劳斯所谓的"第二层洞穴"。

加快构建中国特色哲学"三大体系"，对历史赋予新时代的哲学课题，给出我们时代的哲学回答，这是当前哲学研究的时代共性，也是当前中国的哲学共同体需要完成的时代任务。一个好的独创性的哲学研究，在一定意义上就是深刻回答了这个时代共性问题的研究。一个好的独创性研究离不开学术共同体的相互协作和交流，而一个好的学术共同体，也必须在深入的个性交流互动中才能真正形成整体的力量。哲学共同体的共性要求与学者个性独创并不矛盾，两者之间更是一种相互支撑、缺一不可的有机关系。

在当前时代，共同的时代命题和人民情怀赋予了哲学共同体以共同的使命任务。这一共性，要求哲学共同体，以问题为导向，以使命任务为责任，自觉扭转当前日益显著的专业化、细碎化的学科发展倾向，自觉突破学科之间的壁垒，整合不同学科，凝聚不同的个性研究，整体性地回答时代课题。当前哲学研究普遍存在的专业化、碎片化倾向，在一定程度上就是强调个性独创的结果，是个性独创的研究未能深入于时代问题的深处，而为专业化的形式所半途截留的产物。个性独创流为碎片化的知识，而无法提供整体性的认知。因此，我们迫切需要强调以时代共性问题为指引，以跨学科的学术共同体的交流协作来引导学者研究的个性独创，促使学者的个性研究突破专业化的藩篱，以整体性的视野整合碎片化的知识。我们必须自觉把握学术个性的时代共性，自觉认识到构建中国哲学与阐释中国道路之间的内在一致，把个人学术追求同国家和民族发展的需要紧密联系在一起，创造出经得起实践、人民、历史检验的精品力作。

四 专业分化与学科融合的关系

学科体系建设是加快构建中国特色哲学的基础。学科的设置是中国社会发展和学术发展的历史产物，相应地，学科的调整也要适应新时代的理论需要和实践需要。一直以来，专业化是推动学科设置、调整和发展的重要力量，从而形成了当前多样化的学科布局。然而，也要看到，高度分工、零敲碎打的"碎片化"研究，已经难以回答新时代重大理论和现实问题，开展跨学科、跨领域联合攻关，逐步成为学科发展的新动向。专业化与整体性的关系，是哲学学科体系建设的关键内容。

值得注意的是，不少学者已经明确提出目前哲学二级学科划分的弊端。例如，划分标准不一、不合逻辑，有的似乎按照地域，有的则根据研究主题或思想流派。在哲学学科被机械割裂的情况下，各二级学科自我封闭甚至"老死不相往来"，学术研究闭门造车式的专业化倾向日趋严重，极大地阻碍着哲学学科本身的发展。与此同时，马克思主义哲学在哲学学科中的指导地位和哲学其他二级学科的相对独立性之间的关系，也是至今没有被正确认识和妥善解决的重要问题。

解决哲学二级学科划分的关键不在于如何"分"，而在于如何"合"。加快构建中国特色哲学学科体系，应立足中国实践的具体问题，以实践中的实际领域为研究对象，而不是机械地照搬西方的学科划分。哪些领域值得我们进行理论说明，哪些领域值得我们以新的理论进一步指导，我们就应该在何处用力。因此，传统的学科划分已经无法适应时代发展，如大数据、人工智能造成的种种问题，已不再是单一哲学学科的问题，既涉及我们对西方技术理性的分析，也涉及伦理领域的反思，还涉及如何运用唯物辩证法指导具体实践的问题。应对这样的问题，就需要我们花大力气研究当代中国哲学学科体系的一体化建设。

当代中国哲学学科体系的一体化建设，要从根本上处理好学科分化的必要性与学科融合的必然性关系。学科分化在一定程度上是知识发展的必要途径，但学科过分分化又会限制知识的发展，因此，学科的融合就是知识发展的必然。这种融合是与它所根植的实践相适应的，是时代境遇与实践发展的内在要求。哲学教科书体系改革以来涌现的各种通论或导论类的著述，不论围绕思维与存在的关系而进行的"马哲"与"中哲"的融合，还是追问"存在为何"而作的"西哲"与"中哲"的融合，都与当时的时代背景密切相关。随着中国道路的不断丰富与完善，必然要求哲学的不同分支学科之间的更深层次和更广范围的融合。分化与融合之间的辩证关系，实际上是一个动态的辩证互动关系。严格说来，哲学学科的发展更应该符合哲学的本性，哲学作为一种贯通的智慧，本不应该受制于学科分化的制约，而是应该始终掌握住学科分化和融合的主动性。哲学学科的一体化建设，就是要充分发挥哲学的智慧通达的优势，找到哲学学科发展的内在动力。

五 学术传承与自主原创的关系

学术体系建设是加快构建中国特色哲学的核心。哲学的现实形态，是古往今来各种知识、观念、理论、方法等融通生成的结果。马克思主义的资源、中华优秀传统文化的资源、国外哲学社会科学的资源，共同构筑了中国特色哲学成长发展的深厚基础。与此同时，我们的哲学有没有中国特色，归根到底要看有没有主体性、原创性。跟在别人后面亦步亦趋，不仅难以形成中国特色哲学，而且解决不了中国的实际问题。因此，中国特色哲学学术体系的建设，要处理好传承性与原创性的关系。

当今中国正处在一个"百年未有之大变局"的新时代，民族复兴的前景已然可期。在这千载难逢的历史机遇期，哲学社会科学当然不能缺席。这就需要我们秉持宏大的国际视野和清醒的历史思维，对新时代哲学社会科学在空间与时间、世界与历史的坐标上有清醒理性的认识。

在纵向坐标上，中国哲学经历过丰富发展，也有过失落和低潮。中国哲学发展的历史就是一部不断唤起自信、凝聚自信、坚定自信、升华自信的发展史。中国传统哲学博大精深，是中华民族凝聚和历史传承的文化血脉和精神基因。传统的哲学不可能直接解决当今中国的发展问题，但可以激活今日创造之精神驱动力。可见，中国哲学繁荣发展当经历继承传统—扬弃传统—转化创新—超越传统几个阶段，需要我们"创造性转化、创新性发展"中国传统哲学，着力建设新时代体现继承性、民族性、原创性、时代性、系统性、专业性的中国特色哲学。

在横向坐标上，当今中国正经历着历史上最为广泛而深刻的社会变革，也正进行着人类历史上最为宏大的实践创新，新问题、新矛盾层出不穷，这就需要哲学以中国视角观察中国实践，需要把握好"立足中国，放眼世界"这一新时代哲学的立场问题，需要坚持"与时代同步，以精品奉献人民，立足历史巨变的生动实践，深刻回答时代课题，提出具有自主性、独创性的理论观点，阐释好中国精神、中国价值、中国力量"[①]，更需要破解现实问题，为新时代培根铸魂。问题是时代的声音，"正是问题激发我们去学习，去实践，去观察"，也正是对时代重大问题的解答、总结和提炼，才能形成重大理论成果。比如，破解资本主义经济危机难题，创立了科学社会主义；破解垄断资本主义时代难题，创立了帝国主义理论；破解中国革命难题，创立了新民主主义理论；破解中国改革、发展难题，形成了中国特色社会主义理论体系……等等。

可见，加快构建哲学学术体系，就需要以中国问题为导向，学贯中西，在继承中华优秀传统文化的基础上创造性地提出中国理论。为此，要提高运用马克思主义指导学术体系建设和学术研究的能力，善于融通马克思主义的资源、中华优秀传统文化的资源、国外哲学社会科学的资源，从而生成一批有深厚马克思主义理论素养、学贯中西的思想家。要以中国实际为研究起点，从中国改革发展的实践中挖掘新材料、发现新问题，提出具有自主性、原创性的理论观点，构建具有自身特质的学术体系。要在古今中外丰富的学术思想中汲取营养、推陈出新，传承中华文明、弘扬社会主义先进文化，健全完善具有中国特色、体现时代精神的哲学学术体系，努力实现中华优秀传统文化的创造性转化、创新性发展。这些都需要我们打破路径依赖和思维惯性，加大探索，鼓励创新。对此，哲学研究所应继续发挥组织、引领中国哲学界的职能，利用自身资源优势，鼓励立足中国问题的概念生产、理论创新、跨界交流，促进中国哲学界的协同创新、共同繁荣。

---

① 习近平：《坚定文化自信把握时代脉搏聆听时代声音 坚持以精品奉献人民用明德引领风尚》，载《人民日报》2019年3月5日第1版。

六　中国话语与走向世界的关系

话语体系建设是加快构建中国特色哲学的目标。理论的生命力在于创新，作为内容的理论学术观点要立足中国、与时俱进，同样的，作为形式的话语表达也要适时适势处理好本土化与世界化的关系。提升中国表达，要既立足本国又学习外国，要既接续传统又观照当下，用融通中外古今的理论框架和概念表述，提出具有普遍性意义的概念和理论，来阐释中国实践、中国道路。话语体系建设的前提是实践的成败，如果理论无法解释成功的实践，说明理论自身丧失了生命力，已经脱离了鲜活的实践。中国话语体系建设，就是要紧紧贴近伟大的中国实践，贴近伟大的中国人民，同时也要贴近外部世界发展的实际、贴近外部世界人民的期待，用让外部世界明白的话语方式，提出有底气、有思想、有自信、有感染力、有影响力、有主导权的中国表达。唯此，才能尽早告别有理说不出、说了传不开的尴尬境地，尽早改变当前"西强东弱""他大我小"的国际哲学话语权格局。

当前，就中国话语的自主构建而言，最大的发展掣肘是既有的知识体系不能满足现实的需要，也就是"概念短缺"问题的出现。一方面，中国改革开放以来在快速现代化的过程中已经走出了一条自己的路，不仅形成和积累了社会治理和国家制度建设的丰富经验，而且作为经济社会发展之多重结果的政治、文化发展也在快速推进，这些现象都亟须中国的哲学在概念、理论层面的诠释。另一方面，中国现有的哲学话语从总体上说多源于西方范畴，虽然体系庞大、内容丰富，却难以对中国现实、中国经验和中国问题作出全面而有效的解释，仍旧存在一定程度的"西方中心论"。西方的哲学理论在解释中国问题时总是遇到兼容性问题。中国走的是一条符合本国国情的发展之路，这决定了哲学理论也需要具有中国特色。

加快构建中国特色哲学话语体系，应用中国概念讲好中国实践，以中国实践促进中国哲学概念的生成发展，让哲学讲新时代的"中国话"，让世界理解中国哲学、听懂中国故事。为此，要形成基于中国经验、能够解释中国现象的概念，以这样的概念为基础构建能够阐释中国社会现实的知识体系；在满足中国自己的需要的同时，提炼标识性概念，打造易于为国际社会所理解和接受的新概念、新范畴、新表述，引导国际学术界展开研究和讨论，从而在人类文明发展和哲学话语体系中确立中国的地位。

应当看到，70年的中国实践已经为我们提出了基本的研究范式，我们需要从中国问题出发，提升概念供给的能力，以合适的概念、恰当的理论来表述、凝练中国实践。不仅要具有过硬的学术水准、理论高度，而且要对决策产生积极影响，对社会产生积极影响，让人民群众认可，而不能自说自话、自娱自乐、孤芳自赏。要消除中国学术与世界学术之间或多或少的隔膜，让世界了解哲学中的中国。为此，需要重新唤起对重大现实问题的理论关切，鼓励面向人类文明的哲学思考，鼓励走向世界的学术精品，鼓励广泛深入的社会调研，鼓励深入基层了解国情民情，力求在某些实践领域的理论研究上率先突破，以符合新时代的哲学话语阐释、引领中国实践。

加快构建中国特色哲学社会科学学科体系、学术体系、话语体系，是以习近平同志为核心的党中央提出的重大战略任务，是新时代繁荣发展中国特色哲学社会科学事业的崇高使命，是广大哲学社会科学工作者的神圣职责。为了完成三大体系建设的使命任务，哲学工作者必须面对错综复杂的环境与形势，从宏观上、整体上分析和解决问题，深入考察问题之间的内在联系，审慎处理好以上"六大关系"，从根本上着手，促进哲学事业的整体繁荣，促进新时代中国特色哲学的加快形成，不辜负初心使命，不辜负时代所托。

（作者单位：中国社会科学院哲学研究所）

立足"一体两翼",不断深化国外马克思主义研究[①]

——中国社会科学院博士生导师冯颜利教授访谈

冯颜利　张朋光[②]

张朋光(以下简称"张"):冯老师您好,非常感谢您在百忙之中接受采访。您长期以来一直致力于国外马克思主义研究和马克思主义哲学研究,特别是其关于公平正义问题的追踪和研究,是国外马克思主义研究的著名专家。您现在又是中国社会科学院国外马克思主义研究重点学科的负责人,对国外马克思主义研究的发展及其研究一定有深刻、独到的见解。那么,您能不能首先给我们介绍一下,什么是国外马克思主义研究?它和我们常说的西方马克思主义究竟有何区别?和马克思主义又是怎样的关系?

冯颜利(以下简称"冯"):好的。什么是国外马克思主义研究?主要指国外学者和左翼政党对马克思和社会主义的研究和阐述,重点是当代国外马克思主义研究的理论、思潮、流派的发生、发展及其基本思想,包括国外共产党的理论探讨和实践活动、"西方马克思主义"、国外社会主义思想流派等。但这个问题至今仍有争议,特别是"西马"是否是马克思主义的问题,观点甚至针锋相对,而它又是国外马克思主义研究从一开

[①] 原文见《社会科学家》2014年底5期,第3—8页。
[②] 冯颜利(1963 -),男,湖南临湘人,哲学博士,中国社会科学院哲学研究所纪委书记、副所长、研究员、博士生导师,主要从事国外马克思主义研究、马克思主义哲学和公平正义问题研究;张朋光(1975 -),男,山东临沂人,上海应用技术大学马克思主义学院讲师,主要研究方向为马克思主义哲学、西方马克思主义。

始就必须明确的一个复杂而重要的问题。说它重要，是因为它关系到我们研究的目的、方向和边界范围，我们要通过对国外马克思主义研究来吸收和借鉴他们关于马克思主义的"真金子"，从而有利于促进马克思主义的创新发展并服务于中国特色社会主义建设；说它复杂，是因为不仅国外马克思主义研究流派林立、人物众多、观点各异，而且同一流派的不同人物、同一人物的不同时期的立场和观点都有重大差别，因而很难对其准确定位。若要对其进行宏观把握，就不能太拘泥于细枝末节，更不能"唯我独马"，关键是要从总体上抓住他们和马克思主义的关系这个核心与根本。

我国对国外马克思主义研究的称谓，起初使用的是"西方马克思主义"这个概念，后来才用"国外马克思主义研究"的概念来替换。简单地说，我们可把"国外马克思主义研究"视为一个地域性的概念，而"西方马克思主义"是一个特定的、实质性的概念。为什么要用地域性的概念来取代实质性的概念？"西方马克思主义"和"东方马克思主义"一样，都是一定历史条件下具体发展的产物，是对马克思主义的理解之一。但是，我国一直有一种观点，认为"西马""非马"，事实上，在西方马克思主义研究中，既有坚持马克思主义的，也有反对马克思主义的，还有主张保持"中立"的，更有主张对马克思主义既要坚持又要解构的，等等。此外，西方马克思主义主要是对马克思主义进行哲学研究，而20世纪70年代以后，国外对马克思主义的解读早已突破哲学，出现了大量国外马克思主义经济学、史学、宗教学、政治学等方面研究的文献。国外共产党理论与实践的研究也很难用西方马克思主义来指称。因此，我国在2005年学科调整时，增设马克思主义理论一级学科，也就把"国外马克思主义研究"列为"马克思主义理论"一级学科下面的一个独立的二级学科。

可以看出，"国外马克思主义研究"的外延更广，它包含"西方马克思主义"这个概念在内。中国社会科学院马克思主义研究院国外马克思主义研究部就有三个研究室：国外共产党研究室、西方马克思主义研究室和国外左翼思想研究室。

张：听了您的介绍，我们深刻认识到研究、分析和评价国外马克思主义研究的重要性，但国外马克思主义研究流派众多、观点庞杂，怎样用马克思主义立场观点方法具体地对其进行甄别？请您进一步对国外马克思主义研究各流派的发展及其观点和倾向作一个简单的评述。

冯：刚才我们提到，国外马克思主义研究泛指国外关注、研究、阐述"马克思主义"、但理论旨趣和目的各异的理论流派及其代表人物的研究。为了便于理解和研究，也有学人建议把国外马克思主义研究划分为西方马克思主义研究、东欧新马克思主义研究、西方马克思学研究和后马克思主义研究等四大板块。

具体来看，国外马克思主义研究产生于20世纪20年代，直接发轫于对当时西欧无产阶级革命失败的思考。以卢卡奇、葛兰西等为代表的一些哲学家和思想家，反对苏联把马克思主义教条化和政治化的做法，主张对马克思主义理论进行重新解读，提出了总体性思想、意识形态的革命和实践辩证法等重要范畴。20世纪30—60年代，面对资本主义的新发展及其特征，不少西方马克思主义者力图结合当时西方流行的存在主义、结构主义、精神分析等哲学和社会思潮去解释、补充和重建马克思主义，出现了法兰克福学派、存在主义的马克思主义、弗洛伊德主义的马克思主义、结构主义的马克思主义等流派。20世纪70年代又出现了分析主义的马克思主义、生态学的马克思主义和女权主义的马克思主义等思潮和流派。对于以上这些流派，总的来说，它们都立足"马克思主义"对资本主义进行批判，并在一定程度上着力"创新和发展"马克思主义，虽然也有不少唯心主义的偏颇，但我们总体上可以把它们纳入国外马克思主义研究的谱系。东欧社会主义国家马克思主义思潮和流派的立场和观点，当然属于"马克思主义"阵营。不过，他们重点是从政治上反对苏联模式和斯大林主义的干预，力图重新和反思社会主义的本质，找到适合本国国情的社会主义的理论和道路模式。

20世纪70年代以来，国外马克思主义研究的发展开始出现分化，不断出现解构和反对马克思主义的思潮，其研究的中心也由欧洲大陆转向了英美。这一时期，随着资本主义统治的日趋温和与成熟，国外马克思主义研究中政治革命的色彩也日益淡化，一些国外马克思主义研究者不再探求革命的道路与模式，而是更加注重研究资本主义现代性发展对人的统治及其后果，对资本主义的批判由宏观分析转向日常生活、大众文化和科技理性等领域的微观分析，对马克思主义进行了较为具体和实证的研究。后来，西方马克思学研究兴起，出现了两派截然不同的西方马克思学研究。一派借助于对马克思的著作和生平的研究，通过故意夸大马克思不同时期思想的差异，制造"青年马克思和老年马克思的对立""恩格斯和马克思的对立"和恶意诋毁马克思的人格等手段，利用"马克思主义"的外衣来"贩卖资产阶级私货"，实质上是资产阶级的意识形态；一派则主张对马克思主义经典作家和经典著作进行严肃、纯粹的学术研究，侧重于对文本的考证和对马克思主义理论特质的研究，不掺带任何个人私利和感情因素、不戴有色眼镜去对马克思主义妄加评判。但也有不少人在研究中被马克思的思想和人格魅力所征服，转而信仰马克思主义、加入工人阶级政党。国外共产党研究主要研究国外工人阶级政党的理论探讨与实践活动，我国以前主要研究发达国家工人阶级政党的理论主张和实践活动，如日本、美国、英国、德国、法国、意大利等国的无产阶级政党，最近几年跟踪研究印度共产党、尼泊尔毛主义政党和非洲共产党的成果也逐渐增多。至于后马克思主义，则是随着后现代社会的实践，一些国外马克思主义研究者结合后现代思潮，如反宏大叙事、反本质主义、反客观主义等对马克思主义作出的解构、阐释和对社会现实的分析。后马克思主义对马克思主义的态度比较复杂，但总体来说是既主张对现代资本主义社会进行批判，又不满意马克思主义的理论体系和革命主张，而力图解构或消解马克思主义。

虽然国外马克思主义研究的对象不止这些内容，但这样概括有利于我们进行理解和进一步研究。至于它们和马克思主义的关系和哪些可被视为马克思主义的创新和发展，则是见仁见智的。甚至把经典西方马克思主义纳入马克思主义发展史的研究谱系，有的也认为它是"旁支的"而非"正统的"马克思主义而加以反对。这里就有一个理解的问题，就有一个加强马克思主义和国外马克思主义研究的基础理论研究的问题。

张：国外马克思主义研究中的重大问题，你们是怎样研究的？我国国外马克思主义研究的内容和现状又是怎样的呢？

冯：刚才我们谈的两个问题，归结起来其实就是一个问题，即如何归纳、整理、分析、评价国外马克思主义研究的各种思潮流派和代表人物的问题。这是任何进行国外马克思主义研究的人都必然遇到而又必须面对的问题。任何无视或回避这一问题都是不现实的，也有违进行国外马克思主义研究的初衷。对我国来说，就是要立足马克思主义经典著作对国外马克思主义研究的各流派和人物进行分析和评价，认真搞清楚他们的立场观点和方法，哪些是马克思主义的，哪些是非马克思主义的，哪些是反马克思主义的，要做到心中有数，以便吸收和借鉴它们关于马克思主义的真知灼见，甄别和廓清它们附加给马克思主义的虚妄，回应和反击它们对马克思主义的诋毁。只有这样，才能有利于我们更好地进行国外马克思主义研究，才能更好地坚持和发展马克思主义理论，才能更好地为中国特色社会主义建设服务。

我国的国外马克思主义研究始于20世纪70年代，当时只是为了解西方马克思主义的现状和理论动态而开展的临时性、权宜性的研究。改革开放后作为二级学科下的一个研究方向固定下来，西方马克思主义研究逐渐兴起。20世纪90年代以来，西方马克思主义研究发展迅速，其研究的边界不断拓展。2005年，"国外马克思主义研究"被调整为一相对独立的二级学科，研究的目的、对象和范围等都更明确，国外马克思主义研究获得了长足发展。从改革开放前的闭目塞听到现在我国已成为引人瞩目的国外马克思主义研究的重要基地，各种国外马克思主义研究的思潮流派和代表人物被引入我国，这在很大程度上促进了我国哲学社会科学的发展繁荣，加深了我国对国外思想文化的了解，为促进我国马克思主义理论的创新发展和中国特色社会主义道路、理论体系和制度建设提供了重要的理论借鉴和支持。我国的国外马克思主义研究所取得的巨大成绩是令人鼓舞和不容置疑的，但毋庸讳言，存在的问题也不可小视。

面对大量涌入国门、鱼龙混杂、良莠不齐的各种国外马克思主义研究思潮，我们该怎样整理和分析它们？我国的国家性质和指导思想决定了我们必须以马克思主义中国化的最新成果对它们作出"孰是孰非"的定性和甄别。但目前，这一工作我们做得并不到位，主要是深化国外马克思主义研究不够。

我国的国外马克思主义研究中存在的这种性质难定、边界不清的困境，虽然有国外马克思主义研究自身发展复杂的客观原因，但更主要的是由于我们对国外马克思主义基础理论和马克思主义基础理论研究的问题以及二者的脱节所致。本来就是有机联系、密不可分的国外马克思主义研究和马克思主义研究，在我国目前几乎是"各人自扫门前雪""自说自话"

"老死不相往来"。研究"西马"的不读马克思主义经典著作、研究马克思主义的不懂"西马",国外马克思主义研究与马克思主义研究怎能相互促进?所以,其结果,不是互利,而是互损,不仅国外马克思主义研究难以深化,马克思主义理论的创新发展也无疑受到影响。

由于马克思主义经典著作研究不足,我国的国外马克思主义研究整体上至今几乎仍停留在资料评介的水准而无法进一步深入研究。我国当前的国外马克思主义研究方法,也都只热衷于表面的新潮、热闹和光鲜。大多是以某一流派或人物为突破口,对其思想进行翻译、介绍和追踪,鲜见系统性、综合性的深入研究和评析。因为,要深入研究,就必须有扎实的马克思主义基础理论研究功底,而这是目前我国的许多国外马克思主义研究者所不能及的。也正因如此,我国的国外马克思主义研究的现实关照和针对性也不强,一些引介的理论或是只有理论意义而缺乏现实性;或是虽与我国的现实问题相关联却不适合我国国情;或是压根就是反马克思主义和反社会主义的,等等。

张:目前我国的国外马克思主义研究存在的这些问题中,您认为最重要的问题是什么?造成我国的国外马克思主义研究工作的这种处境的症结又在哪里?

冯:虽然我国的国外马克思主义研究存在着诸多问题,但最根本、最重要的只有一个,这就是基础理论研究的不足,既包括国外马克思主义研究经典著作整体把握的不足,也包括马克思主义经典著作掌握的不足。正是由于基础理论研究的短板,才导致了其他一系列问题的产生。

是否搞好了基础理论研究,所有问题就能迎刃而解呢?也不尽然。事实上,基础理论研究也有一个怎么研究的问题,有一个研究的理念和方法问题。造成我国的国外马克思主义研究问题的症结,主要是研究理念和方法的问题,根本原因要从这里找。任何一种理论研究,起码要有两个维度:一个是理论的维度,一个是实践的维度,并要把这两个维度结合起来。我国的国外马克思主义研究,也有这两个维度结合的问题。由于基础理论研究的不足,不少研究显得"底气不足";由于缺乏与我国现实问题的契合,不少研究"不接地气",这是我国的国外马克思主义研究难以深化的主要原因。要深化我国的国外马克思主义研究,就必须从根本上创新国外马克思主义研究的理念和方法。

张：这个理念和方法您找到了吗？它是什么？

冯：我觉得，只有坚持"一体两翼"的研究理念和方法，才能深化我国的国外马克思主义研究，也才能提升我国的国外马克思主义研究的话语权。

张：这的确是一个比较新颖的提法，您能详细介绍一下什么是国外马克思主义研究的"一体两翼"吗？

冯：好的。所谓"一体"指的是我们必须牢牢抓住"国外马克思主义基础理论研究"这个主体和根本。其中既包括必须下大功夫、系统深入研究国外马克思主义研究的经典作家和经典著作，吃透其精神实质；又包括必须十分重视、及时追踪和掌握国外马克思主义研究的最新动态和资料。无论是对某一流派的研究，还是对某一人物的研究，都要把这两个方面结合起来，这样才能较系统、全面、深入地了解其思想变化发展的历程。

所谓"两翼"，其一是指"马克思主义基础理论研究"。要加强对马克思主义经典作家和经典著作特别是对马克思本人及其著作的研究，重点是要从整体上领会马克思主义的精神实质；其二是指"中国现实问题研究"。这里的现实问题必须是"真问题"而不是"假问题"，即必须是切实关系到国家、民族的根本利益和长远发展、切实关系到广大人民群众的切身利益和日常生活，为大多数人所关注并具有解决的迫切性和现实性的问题。

"一体"和"两翼"的地位和意义是不同的。由于我们谈的是如何深化国外马克思主义研究，所以，加强对国外马克思主义经典作家、经典著作和最新动态的研究是"体"，这是最主要、最根本的。此外，国外马克思主义研究不能孤立地进行，必须要有马克思主义基础理论的研究和对我国现实问题的研究作支撑才能创新发展。所以，对马克思主义经典作家、经典著作的研究和对我国社会现实问题、热点问题的研究是"两翼"。其中，前者保证国外马克思主义研究不至于迷失方向；后者保证国外马克思主义研究不至于丧失动力、不至于为研究而研究。"体"是"翼"之本、之源，我们是为了不断深化国外马克思主义研究，才引申、生发出"两翼"作为配合、辅助和支撑的；"翼"为"体"而生、而动，对马克思主义基础理论和我国现实问题的研究，目的是为了不断深化国外马克思主义研究。

"一体"和"两翼"是有机统一的。首先,国外马克思主义基础理论研究和马克思主义基础理论研究是相互促进、有机统一的。通过对国外马克思主义研究发展史的回顾可以发现,国外马克思主义研究本身就是在对马克思的"本真精神"的探索与解读的过程中而产生和发展的,虽然这其中有波折和偏离,但排除了那些歪曲和解构马克思主义的"旁枝"之后,总体上可以把国外马克思主义研究的发展看成是马克思主义"一源多流"发展史的展现,基本上可以把其视为马克思主义世界化、民族化和时代化进程的显明。所以,甄别国外马克思主义研究流派对马克思主义的真知灼见和否定歪曲,有利于我们从正反两个方面加深对马克思主义理论精髓和特质的理解,促进马克思主义的创新和发展。而对马克思主义本真精神的把握则有助于我们对鱼龙混杂、良莠不齐的国外马克思主义研究各种思潮和流派进行分析和评价,以取其精华、去其糟粕、洋为中用。其次,国外马克思主义研究和我国现实问题研究也是相互促进、有机统一的。国外马克思主义研究对现代社会问题的诊断和批判——如异化问题、消费社会问题、意识形态问题、大众文化问题和生态危机问题等——以及他们研究和解决问题的方式与方法等,对于我国在社会主义现代化建设进程中如何避免重蹈这些现代化的陷阱和覆辙具有重大借鉴作用;而对我国社会现实问题的研究则为国外马克思主义研究提供了源头活水、不竭动力和进一步的用武之地。

张:您的"一体两翼"的研究理念和方法的确独到和深刻。您能不能给我们概括一下"一体两翼"的实质和精髓是什么?它对我国的国外马克思主义研究又提出了哪些要求?

冯:"一体两翼"其实一点也不神秘,它所包含的内容就是理论和实践两个要素;它所内含的原理实质上就是我们普遍熟知的理论和实践相结合:理论要结合实践去理解、要在实践中检验和发展;实践离不开理论、理论的最终目的要用于指导实践,这些都是再普通不过的了。

对"一体两翼"来说,它主要涉及两种理论和两种实践。这两种理论,一是国外马克思主义研究理论,它是深化国外马克思主义研究的"体";一是马克思主义基础理论,它是深化国外马克思主义研究的"翼"。其中,马克思主义基础理论是为国外马克思主义研究服务的。

总之，它们二者都是相互影响、相互促进、有机统一的。这也启示我们，无论是国外马克思主义研究者，还是马克思主义研究者，都不能只囿于自己的"一亩三分地"而"自说自话"，更不能各自清高、相互敌视而"不相往来"。我们真诚地呼吁：搞国外马克思主义研究的，一定要打好马克思主义理论知识的基础；搞马克思主义理论研究的，也要关注国外马克思主义研究的最新状况。在我国的学科设置中，"马克思主义基本原理"和"国外马克思主义研究"本来就同属于"马克思主义理论"这个一级学科。所以，大家都要虚怀若谷、真诚交流，自觉打通国外马克思主义研究和马克思主义理论研究的大通道，彼此合作、共同进步、共同繁荣。这两种实践，一是中国特色社会主义建设的实践和实际问题，它也是深化国外马克思主义研究的"翼"；一是马克思主义与国外马克思主义研究形成和发展时期的社会实践和实际问题，它作为马克思主义与国外马克思主义研究理论产生的时代条件和研究对象而内隐于它们的理解背景之中。

理论和实践的内在关系要求我们，在研究和把握国外马克思主义研究与马克思主义理论时，一定要结合它们创立和发展时期的社会实践和历史条件、民情国情和文化传统等实际情况，否则，就会读不懂或误读他们的思想真谛。所以，要想读懂、把握并评析他们，首先要走近他们；所谓走近他们，首先就是要走进他们的时代。理论和实践的内在关系还要求我们，在进行我国的国外马克思主义研究时，既要有扎实的理论素养和理论功底，又要有强烈的问题意识和现实情怀。只有真正弄懂、弄通、深刻领会国外马克思主义研究和马克思主义理论的精神实质，才能使我们的研究真正"有底气"，才不至于不敢评价而"怯场"；只有具有强烈的问题意识和现实关怀，才能使我们的研究真正"接地气"，才不至于因没有动力、没人关注而"气馁"，才能避免那种对现实置若罔闻和闭门造车的"学究气"。所以，我们只有坚持理论和实际相结合的作风和气派，才能真正开创我国国外马克思主义研究的新天地和新境界。

张：我们热切地期待您倡导的"一体两翼"的研究理念和方法被越来越多的国外马克思主义研究者用于自己的实际研究，也衷心地祝愿我国的国外马克思主义研究结出更多的硕果。但这里还有一个问题，就是国外马克思主义研究体系庞大、流派众多、观点芜杂，对一个研究者来说，他应从何处入手呢？我们都知道，您是公平正义问题的研究专家，一直在这一领域辛勤耕耘，致力于实现我国社会的公平正义。公平正义问题在国外马克思主义研究中处于怎样的位置？您又是怎样走上公平正义的研究之路的？请您结合自己学术的心路历程，给致力于国外马克思主义研究的同仁提一些建议好吗？

冯：好的。既然说是致力于国外马克思主义研究，就一定有他的敏感点和兴奋点。虽然国外马克思主义研究的流派众多、观点庞杂，但他只需坚守在他喜欢的某一领域和阵地即可。事实上，一个人的精力和能力都是有限的，不必要对所有领域都有所涉及，更不可能全部精通。所以，结合自己的兴趣和特长，尽量一直坚持走下去，必有所获。

至于我对公平正义的钟情，那是从小时候就开始的，至今矢志不渝。当然，这个问题也是很有价值的。公平正义是中国特色社会主义的内在要求，公平正义也是我国全面深化改革的出发点和落脚点。事实上，公平正义的社会和制度，一直是人类古今中外的追求，公平正义在国外马克思主义研究中，也一直占据很大的分量。对此，我们起码可以从两个视角去认识。其一，很多国外马克思主义研究流派及其代表人物，直接把公平正义作为自己的研究对象和追求目标，如生态学马克思主义、女权主义马克思主义，如福斯特、奥康纳、哈贝马斯、柯亨、尼尔森、哈维、塞耶斯等。其二，我们可以从公平正义的视角去研究整个国外马克思主义研究的发展。如此，我们可以发现，公平正义问题真的是国外马克思主义研究的重要主题。所以，只要有这方面的敏感和兴趣，不愁没有研究的新天地。另外，我选择公平正义、选择国外马克思主义研究作为自己的研究领域，也结合了自身的实际。我大学是学外语的，硕士攻的是逻辑学，博士、博士后都是从事马克思主义哲学研究的，这对于获取第一手的国外马克思主义研究资料、对于理解马克思主义和国外马克思主义研究的内在联系，还是具有一定优势的。

我也着力以"一体两翼"的研究理念和方法来指导自己对公平正义问题的研究。在我看来，它不仅对公平正义问题的研究，而且对整个国外马克思主义研究的所有课题的研究，都具有借鉴意义。"一体两翼"作为一种研究的理念和方法，在大方向上和基本思路上是没有什么不妥的。至少，我们可以去尝试。以上是我对国外马克思主义研究学习和思考的一点体会，希望与各位同仁共勉。

张：非常感谢冯老师的精彩讲解和指导，谢谢。衷心祝愿您在以后的学术研究道路上再攀新高！衷心祝愿我国的国外马克思主义研究取得更大的进展！更希望我国的国外马克思主义研究能尽快走出去，多与国外学者交流对话，为不断提升中国的话语权和文化软实力作出更多更大的贡献。

（作者单位：中国社会科学院哲学研究所）

当前时代,我们该如何看待中国哲学?

张志强

在党的十九大报告中,习近平总书记提出了新时代中国特色社会主义思想和基本方略,明确了当代中国的历史方位。在新时代中国特色社会主义思想当中,关于中国特色社会主义文化的内容构成、性质作用以及发展方向,习近平总书记也给出了明确的指示,他说:

> 中国特色社会主义文化,源自于中华民族五千多年文明历史所孕育的中华优秀传统文化,熔铸于党领导人民在革命、建设、改革中创造的革命文化和社会主义先进文化,植根于中国特色社会主义伟大实践。发展中国特色社会主义文化,就是以马克思主义为指导,坚守中华文化立场,立足当代中国现实,结合当今时代条件,发展面向现代化、面向世界、面向未来的,民族的科学的大众的社会主义文化,推动社会主义精神文明和物质文明协调发展。要坚持为人民服务、为社会主义服务,坚持百花齐放、百家争鸣,坚持创造性转化、创新性发展,不断铸就中华文化新辉煌。[①]

中华文化是发展中国特色社会主义文化必须坚守的立场,而不断铸就中华文化新辉煌,需要以马克思主义为指导,立足当代中国现实,结合当今时代条件,坚持对中华优秀传统文化的创造性转化、创新性发展,发展出面向现代化、面向世界、面向未来的,民族的科学的大众的社会主义文

[①] 习近平:《决胜全面建成小康社会 夺取新时代中国特色社会主义伟大胜利》,人民出版社2017年版,第41页。

化。这可以说是习近平新时代中国特色社会主义思想的中华文化观。我们既要着眼于中华文化的五千年传承，更要强调中华文化立足当代现实和当今时代条件的创造性转化、创新性发展；我们一方面要看到中华文化的根源性意义，另一方面也要理顺中华文化与革命文化、社会主义先进文化的关系，我们必须能够从中国特色社会主义实践的基础上，在马克思主义的指导下，把中华文化创造性转化和创新性发展为面向现代化、面向世界、面向未来的，民众的科学的大众的社会主义文化。习近平新时代中国特色社会主义思想的中华文化观，可以指导我们正确认识中国哲学的性质和内涵。

《在哲学社会科学工作座谈会上的讲话》中，习近平总书记有这样一段表述，他说：

中华文明历史悠久，从先秦子学、两汉经学、魏晋玄学，到隋唐佛学、儒释道合流、宋明理学，经历了数个学术思想繁荣时期。在漫漫历史长河中，中华民族产生了儒、释、道、墨、名、法、阴阳、农、杂、兵等各家学说，涌现了老子、孔子、庄子、孟子、荀子、韩非子、董仲舒、王充、何晏、王弼、韩愈、周敦颐、程颢、程颐、朱熹、陆九渊、王守仁、李贽、黄宗羲、顾炎武、王夫之、康有为、梁启超、孙中山、鲁迅等一大批思想大家，留下了浩如烟海的文化遗产。中国古代大量鸿篇巨制中包含着丰富的哲学社会科学内容、治国理政智慧，为古人认识世界、改造世界提供了重要依据，也为中华文明提供了重要内容，为人类文明作出了重大贡献。[①]

这段表述正是对中国哲学史宏伟画卷的完整刻画和全幅展现，也是对中国哲学丰富内涵及其伟大意义的深刻揭示和准确定位。中国哲学是中华文明传统中富有特色的思想体系，"体现了中国人几千年来积累的知识智慧和理性思辨"，"这是我国的独特优势"。[②] 作为中华文明的核心内容，中国哲学"延续着我们国家和民族的精神血脉，既需要薪火相传、代代守护，也需要与时俱进、推陈出新"。[③] 习近平总书记的教导，为我们指

---

① 习近平：《在哲学社会科学工作座谈会上的讲话》，人民出版社2016年版，第4—5页。
② 同上书，第17页。
③ 同上。

示了在当前时代准确认识中国哲学的理论内涵、历史地位和精神使命的方向，可以有效地帮助我们澄清许多关于中国哲学的误解和曲解，为中国哲学的当代发展提供了一个深刻而且清晰的指引。

关于中国哲学的性质和内涵及其在现代条件下的功能和地位，中国哲学学科史上一直有不同的认识。这些不同的认识大致可以归纳为如下三个方面，一是关于中国究竟有没有哲学的问题，这是一个自现代学科意义上的中国哲学学科建立伊始便出现的问难，始终成为困扰中国哲学学科发展的问题，在前些年更引起了学界的广泛讨论。如何看待这个问题，涉及对中国哲学独特性的认识。二是关于中国哲学在现当代条件下的存在形态问题。曾有海外新儒家学者提出，传统文化已经是花果飘零，已经成为失去了肉体躯干的"游魂"。这种看法，严重干扰了我们对中国哲学现实形态的体察和把握。其中蕴含着关于中国文化和中国哲学的深刻误解。三是关于中国哲学与时代的关系问题。中国哲学作为一种承载传统智慧的思想系统，其性质是否必然是保守的，其精神是否必然是复古守旧的，这些问题都关乎对中国哲学与时代性关系的理解。因此，如何看待中国哲学传统本身的时代性，实质上就是如何理解中国哲学传统中的创造性格。

对于以上三个方面的问难，我们有必要正本清源，廓清误解和曲解，深化当前时代关于中国哲学的正确认识。

一 中国究竟有没有哲学的问题关乎对中国哲学独特性的认识

早在 20 世纪 30 年代初，在为冯友兰先生的《中国哲学史》一书所写审查报告中，金岳霖先生就提出了"中国哲学"和"哲学在中国"的区别。之所以提出这种区分，是根据一种"普遍哲学"的观念而来。所谓"普遍哲学"，是在形式和实质都是哲学的。而所谓"中国哲学"，则有一种困难，它究竟是"有哲学的实质而无哲学的形式"还是"有哲学的形式而无哲学的实质"呢？实际上，这种看法的本质，是把中国哲学看成是一种普遍哲学的次级形态或者说不纯粹的形态，是形式和实质不能兼得的形态，这是一种根据普遍哲学的标准做出的判定结果。那么，为了让中国哲学具有哲学性，就必须运用普遍哲学的形式来重新组织和叙述中国思想的材料，从中发现具有普遍哲学实质的内容，从而构造出普遍哲学意义上的"中国哲学"。不过,"哲学本一西洋名词。今欲讲中国哲学史,其主要工作之一,即就中国历史上各种学问中,将其可以西洋所谓哲学名之者,选出而叙述之"。① 于是,所谓中国哲学,从根本上讲就是用西方哲学叙述中国学问中具有西洋哲学性质的内容而成立的学问。"中国哲学"在确立自身的同时,却走到了自己的反面。如果这样来看待中国哲学的话,那么便意味着中国没有哲学,只有哲学的素材。

实际上,这样一种看待中国哲学的态度在当前时代依然有其市场,特别是在分析哲学的视野之下。如果我们仍然抱持一种普遍哲学的哲学观,那么"中国哲学"就只能是一种次级哲学或不纯粹的哲学,或者干脆就是一种有待建构的哲学素材而已。这说明,为了正确地对待中国哲学,我们必须正确地理解普遍哲学。那么,究竟有没有一种普遍哲学,或者说普遍哲学究竟是在何种意义上才是可能的,这首先是需要检讨的问题,而这个问题的实质是如何看待普遍性的问题。我们或许也可以这样说,普遍哲学正是建构那种一元独断的普遍性的方式。

希腊形而上学中的形质论传统,正是这种普遍哲学的根本特征,形质论也正是建构普遍性的形而上学。在此我们无法详细描述西方哲学关于普遍性问题的思考过程,我们需要指出的是,"普遍性"的确立方式,恰恰是西方哲学的题中应有之义。这种普遍性的哲学确立方式正是西方普世主义的来源。正如法国人类学家路易·迪蒙所指出的,普遍主义必定意味着一个价值等级的构造,一个边缘与中心的结构。一种普遍主义必有一种承担的主体,这个普遍主义的担纲者在说服别人接受其普遍主义的同时,实际上也同时说服别人接受了担纲者的特权地位。这是西方普遍主义的论证和表达方式,它意味着谁掌握了普遍主义的话语权,谁就成为了中心。

作为中国文明认识世界和改造世界的核心原理的中国哲学,实际上有着自己关于普遍性的确立方式,有着自己关于普遍性的认识方式。仁是中国哲学的核心价值理念,"天地万物一体之仁"中的"一体",也是一种对"一"的体认方式,或者说对普遍的体认方式,但仁所确立的这种"一"或"普遍"却有自己独特的方式。从根本上讲,仁是一种贯通差别的平等感,是在不取消差别的前提下的"不分别",是在相互不同的个体

---

① 冯友兰:《中国哲学史》上册,华东师范大学出版社2000年版,第3页。

之间建立起来的共同感。因此，仁作为一种价值，它不是通过普遍性的论证、不是作为更高一级的概念或形式而存在的，它是一种道德感通的状态，一种在具有差别性的世界当中，在具有个别性的个体之间，产生出不分别的共同感和平等感的能力。仁是包容一切差别的，仁不是无差别的齐一，仁是不齐以为齐的不分别和真平等。作为中国哲学的核心理念，仁的确立方式和其价值内涵，正是中国文明对于普遍性的看法，它也是中国文明确立自身的普遍性意义的特有方式。这正是中国哲学之为中国哲学的独特性所在。中国哲学提供了另外一种关于哲学的可能，它不依赖任何普遍哲学和普遍性的预设，却找到了一种使得天下世界的共同性得以可能的哲学方式。也正是此意义上，中国哲学为中国文明所展现的道理，提供了一种高度自觉的哲学自信。

二　中国哲学是否是"游魂"关乎对中国哲学现实形态的把握

"游魂说"是海外新儒家对于中国文化在现当代中国现实中的存在样态的一种比喻性说法。"游魂"当然也是海外新儒家对自身所谓"花果飘零"状态的一种自况，一种对于脱离了中国文化土壤之后的"中国文化"的自况。不过，在这种自况当中蕴含了一种批判性的情绪，所谓"游魂"不仅是指无法与肉身躯体结合的状态，更是对这种灵魂与肉体分割状态的批判。在他们看来，"游魂说"所指的正是中国文化与中国现实之间的分裂状态。

实际上，关于中国文化与中国现实之间的分离还有另一种说法，就是所谓"新中原"说，这是20世纪90年代台湾地区以中华文化道统自居来对抗大陆的一种意识形态建构。如果说"游魂说"是一种颇具悲情的批判态度，那么"新中原"说则是一种积极的建构。这种积极的建构之所以可能，正在于"道统"说所依据的义理性实际上已经被观念化了，成为一种抽象的普遍价值，因此也具有了某种西方普遍主义的味道。根据这种道统论的普遍主义，谁掌握了"道统"，谁就成为了中国文化的代表，甚至极端而言，中国文化可以与中国无关。这实际上正是近世以来东亚世界发生的种种华夷变态说的流衍和变种而已。

将中国文化与中国现实加以分离甚至对立的做法，实际上是对中国哲学的历史和文明功能的深刻误解。中国哲学是以天下共同体为基本视域的，正如中国是作为天下之中而成其为中国的一样。中国的创生就是"天下一家"的天下秩序的确立，中国的创生就是大一统的天下共同体秩序建立的标志。在这个统一体出现的同时，也诞生了一种价值的关怀，亦即秩序得以可能的道理。这就是中国哲学的诞生。因此，中国哲学的核心关切正是"天下一家"的天下秩序本身。作为一种想象的天下共同体的秩序，背后支撑它的是天人相应的宇宙观和历史观。"汤武革命，顺天应人"，就是在说明一种好的政治秩序，必须顺应天人。而天人之间则是"天视自则我民视，天听自则我民听"的"天命靡常，惟德是辅"的德命观。而德命观也是一种历史观，因为"天命不可知"，唯一可知的是历史，所谓"殷鉴不远，在夏后之世"，必须从历史经验当中总结教训，而历史经验则是天人互动的历史留存，是对天人相应、以民为本的历史经验的总结。在此意义上，中国的历史，都是天人互动的结果，从根本上讲，中国历史就是以人民为中心的历史。中国哲学则是对中国历史经验的理论总结，是对中国文明的核心价值的原理化。因此，作为一套价值原理的中国哲学，不可能脱离历史和人民。

正是这个意义上，中国哲学的现实形态始终存在于中国人民的创造性实践当中，存在于中国历史在挑战中不断延续的过程当中。中国哲学的现实形态是对中国人民所创造的历史的理论自觉和哲学表达。只要作为政治和文明体的中国存在，中国哲学就存在。而正是因为中国哲学的存在，中国的实践才会始终具有天下共同体也就是人类命运共同体的视野和胸怀。换句话说，中国哲学是为中国文明的伟大复兴、为人类命运共同体的建设而不断努力的力量。因此，没有脱离中国大地和人民实践的哲学游魂。

三 中国哲学是"复古"还是"创造"关乎中国哲学与时代关系的理解

近年来关于中国哲学的争论当中，一个很重要的问题就是如何看待中国哲学与时代的关系问题。在过去很长一段时期里，作为承载传统智慧的中国哲学，其中大量内容都是被作为唯心主义的糟粕来对待的，被看作是时代进步的对立面。对于中国哲学的落后性和停滞性的看法，实际上是与对中国的落后性和停滞性的看法相伴随的。与此呼应，近年来又出现了一种恰恰在复古守旧的意义肯定中国哲学的潮流，把中国哲学传统看成是一种抵抗时代变革的力量，看作是恢复传统纯正性的资源。

实际上，这两种看法都是建立在对中国哲学的同一种判断之上，都把作为传统载体的中国哲学看作是现代的对立面，将传统与现代完全对峙起来。

传统与现代的对峙，或者说古今问题，始终是现代中国思想史的核心主题之一。用古今问题来置换中西问题，实际上是从晚清到五四思想主题转换的重要方面。近年来，思想界又重新燃起了讨论古今问题的热潮，其中一个显著的特点则是重新把古今问题和中西问题结合起来，更为复杂地讨论现代性与中西文明的关系，更为深刻地理解"传统"的创造问题。

所谓传统的创造问题，实际上就是中国文明中"究天人之际，通古今之变"的道理，也正是"周虽旧邦，其命维新"的道理。关于传统的创造问题，实际上就是用源流互质的历史认识论来看待传统时得出的结论。"源流互质"的方法论，就是历史性的、动态的把握历史的方法，它强调历史根源与历史发展之间的相互规定性，一方面历史发展不断深化我们对历史根源的认识，而另一方面对历史根源的认识又必须不断地将历史的发展统摄于自身的根源当中，使历史在根源与发展的互动当中赢得一种高度自觉的主体性，不断从根源中创造出新的主体状态和新的历史局面来。源流互质是对传统的本质是保守性和创造性相融合的说明。

中国所以为中国的原理，是要从中国创生的那个时刻讲起的。创生或者说诞生是一个事件，这个独一无二的事件具有何种意义，实际上取决于诞生之后的成长，取决于成长的延续和成长的意义。诞生的主体取决于诞生后的成长对主体的确认。这就是马克思讲的"从后思索"。成长不断赋予诞生以意义，而同时成长的意义也在这种赋予中不断诞生。成长就是不断诞生。诞生在不断诞生中赢得自身的根本性意义，而不断诞生则从诞生中获得自身的统一性意义。诞生与不断诞生正是主体性的生成。中国文明既是一次诞生的结果，更是在无数次不断诞生中延续和成长，生生不息，既久且大。正是在此意义上，中国才是历久弥新、既久且大的中国，中国文明的传统是苟日新、日日新、又日新的，是在不断创造中存续的。中国哲学的核心主题正是对这种生生和日新道理的原理性揭示，因此，中国哲学就是对中国之所以为中国的原理的揭示。

根据这种原理，中国哲学的精神当然是对传统的保守，但却不是对传统的固守，而是在不断创造中保守传统，在不断生发中光复传统，这才是中国哲学的核心要义。任何将传统和现代对立起来的理解，任何将保守和创造对立起来的看法，任何将中华文化与革命文化、社会主义先进文化对立起来的看法，都没有把握住中国哲学的究天人之际、通古今之变的核心原理，都没有把握住古老中国"旧邦新命"的文明和历史的道理，都没有把握住中华优秀传统文化的创造性转化和创新性发展的道理，都没有把握住不断创造中华文化新辉煌的意义所在。

对以上三方面问题的澄清，就是对中国哲学的核心要义的阐明。准确地揭示中国哲学的核心要义，可以让我们对中国哲学的道理充满信心，对不断铸就中华文化新辉煌充满信心，对在马克思主义指导下，坚守中华文化立场，实现了中华优秀传统文化的创造性转化和创新性发展的、熔铸了革命文化和社会主义先进文化的新时代中国特色社会主义文化充满信心。

习近平总书记说：

站立在960万平方公里的广袤土地上，吸吮着中华民族漫长奋斗积累的文化养分，拥有13亿中国人民聚合的磅礴之力，我们走自己的路，具有无比广阔的舞台，具有无比深厚的历史底蕴，具有无比强大的前进定力，中国人民应该有这个信心，每一个中国人都应该有这个信心。我们说要坚定中国特色社会主义道路自信、理论自信、制度自信，说到底是要坚定文化自信。文化自信是更基本、更深沉、更持久的力量。历史和现实都表明，一个抛弃了或者背叛了自己历史文化的民族，不仅不可能发展起来，而且很可能上演一场历史悲剧。[①]

让我们以习近平总书记的重要思想共勉，为中华民族的伟大复兴而努力。

（作者单位：中国社会科学院哲学研究所）

[①] 习近平：《在哲学社会科学工作座谈会上的讲话》，人民出版社2016年版，第16—17页。

中国知识体系问题的一个分析提纲

赵汀阳

背景：

  中国现代学界关于中国知识体系的探索始于清末民初，尤其是五四以来。但过去一般不称"知识体系"，这是近数十年来社会学和人类学喜欢用的一个概念，是对一种文化的所有的智力产品的总称。以前更常用的是"思想体系"或"观念体系"或"精神世界"之类。其实，几个传统说法都更为准确，因为并非所有的观念、思想和信念都能够归入"知识"。"知识体系"的概念有着现代观念的特点，现代以自然科学为准，认为相当于知识的观念才是合格的观念。但这个概念很难概括所有的有意义的观念。与此配套还有一个概念是"知识生产"，更加典型地说明了把智力产品都归属为流水线生产的当代错误理解，类似的还有"文化产业"，都是把精神产品降低为市场或工业产品的误导性概念。"知识体系"这个概念至少不太适合用来概括文史哲这些经典学科的思想和精神。

  不过，出于方便和习惯，也可以在广义上使用"知识体系"这个概念。

1. 知识体系的基因问题

  每个文明都有自发形成的知识体系。可以肯定的是：（1）这些知识体系各有不同，但也有各自的落地合理性，就是说，所有以自发方式自然而然形成的事物都有其天然的合理性，一种自发的知识体系与其得以产生的历史、地理、自然环境、人文条件、生活方式、生产方式、交往方式、社会组织方式之间存在着互相适应的关系，都有着经过长期实践而获得优化的合适模式；（2）因此可以推论，每种文明的知识体系为了形成可持续的优化模式,就需要在不断演化的生活和生产条件下不断自我修正,以便能够保有对世界和事物的充分解释能力和具有充分活力的知识生产能力;(3)同时,一种文明对自身的任何修正都有一个限度,或一个生存阈限,即不能破坏此种文明由其基因所决定的生存延续能力,因此,一种文明在吸取外来资源时,必须按照其消化能力来进行逐步内化,尤其是需要保证此种文明的核心基因始终具有当代性的活力,否则,一种文明对自身的修正就会变成自我解构而消亡。这类似于,人的基因的适度修改可能有益,但过度修改则可能导致人的生命系统失衡而崩溃。

2. 中国知识体系的现代困境和当代处境

清末以来,西方文明的强大挑战使中国决定选择中西结合方式来重新建构中国现代文明。除了激进的"全盘西化"派,大多数学者都选择了中西结合的模式。其中,典型方案是"中体西用"(冯桂芬、张之洞等),其他中西结合的方案都是不同侧重的派生说法,在本质上没有超出中体西用的模式,其要义是以中国精神(四书五经)为本体,以西方科学技术为致用。80年代李泽厚曾经提出调和"全盘西化"与"中体西用"的新方案,称为"西体中用",即以西方科学技术为本体,而以中国国情为致用条件。另外,自毛泽东以来,中国共产党进行了马克思主义的"中国化"实验,其中,毛泽东的"实践论"和"矛盾论"等思想既包含了马克思主义也包含了中国传统的"知行合一"和"变易"思想。最新的动态是,在 90 年代中后期开始而持续至今的关于中国的新叙事(我称之为"重思中国"),以中国政治哲学、思想史、考古学、文化史、社会史以及法学等方面的反思为主,在思想格局上以中国思想为本,以西方科学方法论为用。总之,所有中西结合模式都必定会遇到中西思想的相容性、兼容性以及比例和偏重的问题。

在中西结合的模式上,应该为中国引入哪些西方知识?或者说,西方哪些知识是中国所需要的?是一个关键问题和争论点。五四运动提出的"赛先生"和"德先生"是一个最简练的版本。五四运动所追求的科学与民主意味着要求两种知识改革,即器物知识(科学)和制度知识(民主)的改革。其中,关于科学的理解基本无异议,但关于民主的理解却有分歧。

就科学问题而言，中国传统里本来没有科学，只有技术（关于这一点有微弱争议），于是，在科学上的全盘引入没有困难，只是为中国文明增加了一个积极而非常有用的知识维度。但也会出现某些局部性的冲突，典型案例是民国时期的中医存废事件。民国曾经激进地要求废除中医，甚至一度法律禁止中医行医，但遇到民间的强烈反对，最后是温和派胜利，即以西医为主，保留中医。中华人民共和国成立后，以西医为主，中医为辅，同时创造性地推行中西医结合，是为现状。简单地说，科学与中国文明没有冲突，只是增加了新知识，完全可以相容。

制度问题则比较复杂，因为制度不仅是生活中的一个维度，而是整个生活所有问题的集中表达，就是说，生活中的每个问题都"映射"在制度安排中。自民国放弃两千多年的传统制度以来，人们一直在探索什么是适合中国的现代制度。除了全盘西化派，试图在制度上中西结合的思想家们如孙中山、费孝通、吴文藻、瞿同祖、梁漱溟等众多学者都有创见。最具创造性的制度想象来自毛泽东，成功地创造了中国特色的共和国制度，即"人民当家作主"的社会以及"为人民服务"的政府，试图以人民利益来解释民主。但仍然留下两个问题：民生并不完全等于民主；还有官僚主义。毛泽东试图通过不断继续革命的方式来解决官僚主义问题，但继续革命思想过于激进而有破坏社会结构和经济发展的负面后果，事实证明，不是一种可持续的运动。邓小平以来开始了新的制度探索，邓小平创造性地把市场经济与社会主义加以结合，基于中国传统的"变通"方法以灵活多变的"政策"来调节制度，试图通过制造动态均衡来保证发展。这种"以政策补制度"的方法虽然很有成效，却并非稳定制度，因此，能够保证发展效率最大化同时保证公正和利益普遍化的新制度至今尚未完成。总的来说，以民生代民主、以政策补制度的方法取得很大成功，但尚未完成最佳的制度设置。可以说，百年来的制度改革在目前落实为一种混合政体，试图在多种政治因素中寻求一个平衡模式。自1980年以来，中国的混合政体逐步显示出稳定持续的力量。但制度问题仍然没有最后解决，因此中国的制度仍然具有改革的余地和潜力，而改革的方向仍然有待探索。特别是，民主与中国条件虽然不矛盾但难以形成直接而全面的相容，这个问题极其复杂，很可能需要对民主概念本身的探索和创新。

随着西方知识以及生活方式在1980年后大量进入中国，中西文化在中国形成了事关价值观的当代问题。可以说，当代中国已经成为一个跨文化的文明，西方的知识和价值观已经在中国落地生根，变成中国的一个内部问题。这个需要解决的内部问题就是，西方知识和价值观与中国的知识和价值观之间目前仍然缺乏足够的一致性，甚至在某些事情上缺乏兼容性（即弱一致性）。因此，中国当代的知识和价值观状态处于高度活跃、不稳定也不确定的动态之中。这并非坏状态，因为很有活力，但确实也是一个混乱状态。

3. 知识分类

知识体系的基本装备是分类学。

正如福柯所分析的，分类学决定了知识的类型和方向，因此定义了万物的秩序（the order of things）。中国古代的知识分类最早为"六艺"，后来定型于"经史子集"。这种分类的特点是知识分类而不分科，在很大程度上保留了对事物的整体性和关联性的认识。西方古代的知识具有初步的分科倾向，但不成体系也不全面，主要包括有：哲学、物理学、几何学、数学、神学、文法学、诗学。西方在现代建立了严格的分科知识，一方面与大学的兴起有关（院系分工），另一方面与自然科学的推进有关。自然科学建立了对事物在各个有限方面的细化精确研究，这种细化分科的研究优势类似于生产的分工能够提高生产效率。知识被限定在有限范围内才能够建立起精确性和确定性的因果模型，而自然科学的基础就是关于因果关系的认识，对因果关系的分门别类研究显然提高了知识的效率。于是，这种限定性的精确知识就成为了知识的榜样，后来，人文领域也模仿自然科学而建立了多种细化的人文学科以及社会科学，如历史学、文学、哲学、语言学、经济学、社会学、人类学等。但是，分科制导致人文知识失去整体理解或完整视野，也导致了人文知识与生活原本问题的脱节，即人文知识解释不了也更解决不了生活问题，这意味着，人文知识与生活问题发生了错位，人文知识虽然制造了许多话语，对于真实问题却文不对题。

随着现代知识的不断细化，当知识基本上解决了简单问题而推进到有关复杂性的问题（problems of complexity），就发现了现代分科知识缺乏解释复杂性的能力，其原因就在于缺乏理解整体的能力，因为复杂性总是存在于整体性之中，于是，当代学术又出现了向整体知识的回归运动。早在

20 世纪初，自然科学就已走向物理学、数学、化学、生物学等知识的合作，人文社会科学的动作晚一些，大约在 20 世纪 60 年代从法国学术开始要求建立跨学科的知识，后来进一步要求跨文化的知识。在此背景下，中国的不分科的知识传统重新获得活力和合理性。

不过，当代所需要的整体性知识并不等于古代的不分科知识，只是在基本精神上存在着一致性，然而在方法论和分析模型上却有着粗细之分。简单地说，当代要求的整体性知识是包含细节的整体，是基于严格分析、论证和解释模型的整体知识，并非古代的直观式的整体理解。而且，当代的整体性知识是系统性，即能够对复杂问题建立具有内部一致性的理解，并非古代的单纯猜想性的诗化观念。因此，古代的整体性知识必须在当代方法论中能够得到合理化的解释才是有意义的，才能够被复活。当下出现了一些对古代整体性知识的滥用，比如把佛学与量子力学混为一谈。

中国古代资源无疑十分重要，但如何有效地利用中国传统知识分类学，是一个需要研究的前沿课题，可以说，就目前而言，古代中国分类学的秘密及其优势尚未得到很好的理解。

4. 哲学知识体系

就哲学而言，中国的传统定位是"形而上之道"，研究一切具有整体性的变化方式，其思想框架是"天道"与"人道"，相当于划分为自然和人为（与古希腊的 physis 和 nomos 之分略同），前者引出世界的解释模式，如阴阳、五行、太极之类，后者则引出关于生活的解释模式，如仁义、道德、信任、修养之类。中国知识模式的特点在于，在天道和人道的分类下，直接就落实到不加分科的生活问题之上，具有直达生活的实践性优势，而其弱点是理论性不强，缺乏论证性。

民国时期引入了现代西方的分类学，建立了多种社会科学学科，其中也把西方哲学的分科应用于中国哲学（冯友兰等），把中国哲学按照西方的格局重新划分为本体论、知识论、伦理学、美学等等。中华人民共和国成立以来，哲学以马克思主义为主导，马克思主义也是一种西方哲学，于是同样也把中国哲学划分为西方通行的各个分支，与民国的情况类似（张岱年等）。以西方哲学的分类学为准的学科划分进入教育体系后被固定为标准的分类。

西式分类学的优势是，哲学研究分别局限于某个特定边界内的学术化的问题，从而具有清楚的针对性，能够集中强化研究，使特定的研究具有高效的知识生产力，容易产生专业知识。其中道理类似于人工智能"阿法尔狗"，其计算能力所以十分强大，是因为围棋是有边界的，就是说，有限性或边界能够增强分析能力。确实，自从采用西方分类学以来，中国哲学的知识生产力大大提高。但特别需要注意的是，生产力的提高，或生产量的增加，不等于生产品质的提高。事实上，分科化的中国哲学研究在品质上并无明显提高，反而在一些方面不及古人，其中一个原因就是失去了思想的整体性和多面性。同样还是以"阿法尔狗"为比喻，"阿法尔狗"虽然精于围棋的专用思维，却无通用思维。

因此也要反思西式分类学的弱点。西式分类学对中国思想进行了不恰当的切割，不仅使中国哲学失去原本的整体思维优势，而且破坏了许多问题实际发生的生活条件、结构和线索，相当于破坏了问题现场，思想的勘察工作就无从入手了。比如说，中国古代哲学所研究的"知识"概念主要是对道德的反思，并不是关于器物的科学知识，因此，知识与道德属于同一个问题。可是如果将其切割为知识论和伦理学，就等于破坏了原本问题的意义和结构，特别是，取消了道德作为一种反思性知识的意义，于是道德就变成了教条，失去了儒家或道家的道德和知识一体化的深度；又如，中国形而上学所研究的"道"，重点在于变易（becoming）问题，而变易又以"生生"为目的，因此指向政治、伦理和生活中的和谐之道，实为一种生存论。当被归化为西方关于"在"（being）的本体论，就变成了关于本源的解释。可问题在于，中国的形而上学并不假定本源的超越性，道的所有证据都在生活之中，因此，道的问题要点不在于超验的解释，而在于实践的优化，不在于如何理解存在的概念，而在于理解一切存在之间的关系。可见，西式本体论完全没有回答中国形而上学提出的问题；再比如，中国传统关于诗书画等艺术的思想也不能简化为作为感性经验研究的美学，因为诗书画的艺术经验大于感性学（aesthetics），而且，诗书画同时还意味着一种生活方式，而不仅是知觉方式，应该是生活问题的全息表达，所谓"诗言志"，因此，把诗性经验化简为美学也有削足适履之嫌。如此等等。

近年来，中国思想的研究正在回归传统的"经史子集"路径而重新获得活力，这是学界的自发行为，没有受限于学术分科体制。不过，回归传统不能被理解为重新回到古代的观念，而需要理解为对古代观念和方法的当代再创造，因为古代思想只有能够适合当代语境才能够重新获得活力。

事实上，无论是中国传统的分类学还是以西方为准的分类学，都是中国当代重新学术研究中同时在场的现实，都不可能退场。而且，就学理而言，西方思想方式和中国思想方式并非文化的冲突，而有着互补之功，不能将其强化为文明的冲突。也许，比较合理的处理方式是在一个更开阔的思想问题框架内形成西方思想和中国思想的合力坐标系，或可称为"中学为经，西学为纬"。

说明：

1. 西方和中国各自的知识体系的性质、倾向和方法论需要长篇论述，在此暂且不论。

2. 足以容纳中西知识的新知识框架的建构并非一日之功，需要长期研究，留作敞开的问题。我个人的努力只是一种探索，不能代表定论。

（作者单位：中国社会科学院哲学研究所）

构建中国特色马克思主义哲学知识体系
——从马克思主义哲学原理视角看

周 丹

习近平总书记指出，哲学社会科学研究范畴很广，不同学科有自己的知识体系和研究方法。对一切有益的知识体系和研究方法，我们都要研究借鉴，不能采取不加分析、一概排斥的态度。同时，需要注意的是，在采取这些知识和方法时不能忘了老祖宗，不要失去了科学判断力。构建中国特色哲学社会科学学科体系、学术体系、话语体系，一项重要的基础性、前提性工作是构建中国特色哲学社会科学知识体系。对于当代中国马克思主义哲学研究来说，尤为如此。习近平总书记强调，坚持以马克思主义为指导，是当代中国哲学社会科学区别于其他哲学社会科学的根本标志。马克思主义哲学作为马克思主义的重要组成部分和核心内容，马克思主义哲学学科体系、学术体系、话语体系建设的关键在于系统研究马克思主义哲学原理本身的中国化发展和创新，努力构建中国特色马克思主义哲学知识体系。

一 时代背景

2016年5月17日，习近平总书记在哲学社会科学工作座谈会上指出，要着力构建中国特色哲学社会科学，在指导思想、学科体系、学术体系、话语体系等方面充分体现中国特色、中国风格、中国气派。2017年5月17日，习近平总书记在致中国社会科学院建院40周年的贺信中强调，要努力发展21世纪马克思主义、当代中国马克思主义，构建中国特色哲学社会科学学科体系、学术体系、话语体系，增强我国哲学社会科学国际影响力。构建中国特色哲学社会科学"三大体系"是习近平总书记和党中央为全国哲学社会科学工作者提出的一项重要战略任务，哲学所党委多次集中调研，安排部署构建中国特色哲学"三大体系"、构建中国特色哲学知识体系的具体工作，方向明确、目标明确、职责明确、行动明确。

（一）构建中国特色哲学社会科学"三大体系"需要以知识体系为基础和支撑。

从"三大体系"与知识体系的关系看，只有知识体系建立起来了，"三大体系"才有实质性内容，"三大体系"建设才能行稳致远。（1）知识体系与学科体系的关系。学科体系的前提是有一整套结构完整、内容丰富、逻辑严密的知识体系，教材体系是连接学科体系和知识体系的物质载体。只有建立比较完备的中国特色哲学社会科学知识体系，才能建立中国特色哲学社会科学学科体系。（2）知识体系与学术体系的关系。人们常说，宣传有纪律，研究无禁区。难道学术研究没有任何规范性吗？显然不是的。学术体系的规范性恰恰来自知识体系的规范性。如果没有良好的知识体系打基础，学术研究、学术对话、学术讨论很可能是"鸡同鸭讲"，想要建立学术体系，更是无从谈起。（3）知识体系与话语体系的关系。加强话语体系建设的一个重要原因是解决"有理说不出、说了传不开"的困局。知识体系和话语体系构成了内容和形式的两个方面，"解读中国实践、构建中国理论"，只有在知识体系上做实做细，才能在话语体系方面更有底气，才能有理说得出，说出传得开、传得响。

（二）构建中国特色马克思主义哲学知识体系是构建中国特色哲学知识体系的重要组成部分，是时代发展的需要。

哲学作为时代精神的精华，总是深深凝结和表征着人们在时代探索和实践活动中的思考和追求；同时，新的时代条件下的新的实践，也在不断呼唤并催生思想的变革和哲学的创新。新时代需要新哲学，新时代创造新哲学。习近平总书记指出，"当代中国正经历着我国历史上最为广泛而深刻的社会变革，也正在进行着人类历史上最为宏大而独特的实践创新。这种前无古人的伟大实践，必将给理论创造、学术繁荣提供强大动力和广阔空间。这是一个需要理论而且一定能够产生理论的时代，这是一个需要思想而且一定能够产生思想的时代。我们不能辜负了这个时代。"① 时代变革和实践创新迫切需要用发展着的理论指导发展着的实践，马克思主义哲学要完成时代使命，必须深入到社会实践当中去，以自己特有的方式来把握和表达时代精神的精华和社会实践的本质，在解决时代提出的重大理论和现实问题中创新发展自己的知识体系。

（三）不断推进的马克思主义哲学中国化，特别是习近平新时代中国特色社会主义思想的创立，需要从马哲原理入手不断创新中国特色马克思主义哲学知识体系。

作为马克思主义哲学原理知识载体的经典教科书体系经历了四个阶段：

（1）马克思主义哲学原理教科书起源于苏联。德波林的《辩证唯物主义纲要》（1916年）和布哈林的《历史唯物主义理论》（1921年）为最早雏形，尽管以俄国为主体的苏维埃社会主义共和国联盟正式成立于1922年，但是这两本书开启了苏联马克思主义哲学教学体系之先河。1932、1934年由米汀主持、苏联科学院哲学研究所集体编写的《辩证唯物论与历史唯物论》出版，标志着苏联马克思主义哲学教学体系基本形成。1938年斯大林《论辩证唯物主义和历史唯物主义》编入《联共（布）党史简明教程》中发表，标志着马克思主义哲学原理体系以党的文本的形式固定下来。20世纪50—80年代苏联马克思主义哲学教科书的权威版本是康斯坦丁诺夫主编的《马克思主义哲学原理》。

（2）革命、建设时期中国的马克思主义哲学原理教科书。20世纪初，马克思主义学说传入中国。1903年马君武在《社会主义与进化论的比较》中第一次向中国人初步介绍了唯物主义历史观；1919年李大钊发表《我的马克思主义观》，较为系统地介绍了唯物主义历史观；1924年瞿秋白出版《社会哲学概论》和《现代社会学》；1937年李达出版《社会学大纲》。新中国成立后，从1950—1959年，由于特殊的历史原因，中国马克思主义哲学教学体系基本沿袭了苏联马克思主义哲学教学体系。从1959年开始，遵照中共中央书记处的指示精神，中国学者开始编写马克思主义

---

① 习近平：《在哲学社会科学工作座谈会上的讲话》，人民出版社2016年版，第8页。

哲学教科书。1961年艾思奇主编的《辩证唯物主义历史唯物主义》由人民出版社出版，后来的绝大多数教科书都沿袭了它的基本内容、逻辑结构和理论体系，影响深远。

（3）改革开放以来的马克思主义哲学原理教科书改革。随着经济社会的不断发展和思想解放的不断深入，改革教科书体系的呼声越来越高，马克思主义哲学教科书体系改革首当其冲。1982年李秀林、王于、李淮春主编的《辩证唯物主义和历史唯物主义原理》出版。1985年、1987年高清海主编的《马克思主义哲学基础》（上下册）出版，其框架结构被学界称为"主客体体系"。1994年肖前、黄楠森、陈晏清主编的《马克思主义哲学原理》出版。1999年陈先达、杨耕主编的《马克思主义哲学原理》出版（作为高校马克思主义理论课教材）。1999年陶德麟、汪信砚主编的《马克思主义哲学原理》出版（适用于高校非哲学类专业马哲原理课程）。2001年陈晏清、王南湜、李淑梅编著的《马克思主义哲学高级教程》出版。2003年赵家祥、聂锦芳、张立波编著的《马克思主义哲学教程》出版，等等。

（4）马克思主义理论研究和建设工程重点教材《马克思主义哲学》（2009年）及《马克思主义哲学十讲（党员干部读本）》（2013年）出版。2004年，中共中央决定实施"马克思主义理论研究和建设工程"。《马克思主义哲学》由首席专家袁贵仁主持编写，《马克思主义哲学十讲（党员干部读本）》由中宣部理论局组织编写，实现了对以往教材体系的整合与创新，深化了对马克思主义哲学基本原理的理解，体现了政治性、思想性和学术性的有机统一，进一步巩固马克思主义意识形态的指导地位，推动了中国特色社会主义事业的蓬勃发展。

马克思主义哲学原理教科书在不同历史时期都发挥了非常重要的作用，然而它们有一个共同的局限，是从整体来阐述马克思主义哲学基本原理和方法论，而不是以现实问题为导向的具体领域中的马克思主义哲学原理的体系化阐述。换言之，从原理看中国特色马克思主义哲学知识体系应该包括，以马克思主义哲学基本原理和方法论为内容的"纲"，和以具体领域的中国特色马克思主义哲学原理为内容的"目"，并且，以后者为基础可以继续提炼、概括、总结新的以具体领域为单元的当代中国马克思主义哲学原理总纲。关于这一点，后面还将做详细介绍。

二　总体目标和主要内容

我们的总体目标是：立足新时代，根植中国实际，努力构建中国特色马克思主义哲学知识体系，引领当代中国马克思主义哲学新发展。

从马克思主义哲学原理出发，中国特色马克思主义哲学知识体系主要包括两大部分内容：

（一）以马克思主义经济哲学、政治哲学、文化（价值）哲学、社会哲学、生态哲学、哲学思维等为主要内容，系统构建马克思主义哲学原理当代中国新形态。

以往的马克思主义哲学原理主要包括唯物论、辩证法、认识论、历史观、价值论、人生观等内容，是哲学基本原理的逻辑演绎，不包括具体的社会实践内容（或者只是以少量社会实践为例来说明这些基本原理）。譬如，世界是物质的，物质是运动的，运动是有规律的，规律是可以被认识的。这为确立科学的马克思主义世界观和方法论打下最深层的"基桩"。然而，作为马克思主义哲学原理的知识体系，只有"基桩"是不够的，还要浇筑"混凝土"，理论"大厦"才能成型。从具体实践领域入手，在马克思主义经济哲学、马克思主义政治哲学、马克思主义文化（价值）哲学、马克思主义社会哲学、马克思主义生态哲学、马克思主义哲学思维等方面系统构建马克思主义哲学原理的当代中国新形态，最终形成多卷本的《中国马克思主义哲学原理》和《当代中国马克思主义哲学原理新编（总纲）》。

习近平总书记指出："我国哲学社会科学应该以我们正在做的事情为中心，从我国改革发展的实践中挖掘新材料、发现新问题、提出新观点、构建新理论，加强对改革开放和社会主义现代化建设实践经验的系统总结，加强对发展社会主义市场经济、民主政治、先进文化、和谐社会、生态文明以及党的执政能力建设等领域的分析研究，加强对党中央治国理政新理念新思想新战略的研究阐释，提炼出有学理性的新理论，概括出有规律性的新实践。"[①] 这为构建中国特色马克思主义哲学知识体系提出了新要求，

---

① 习近平：《在哲学社会科学工作座谈会上的讲话》，人民出版社2016年版，第21—22页。

指明了新方向，提供了新内容。习近平新时代中国特色社会主义思想涵盖经济、政治、文化、社会、生态文明、党的建设等各个领域，形成了一个系统完整、逻辑严密的科学理论体系，具有十分丰富的哲学思想。立足于马克思主义哲学世界观方法论的高度，对这些哲学思想予以理论化、系统化、体系化，将其纳入到马克思主义哲学原理知识体系中去，有利于丰富和发展马克思主义哲学原理，是开辟当代马克思主义哲学新境界的重要途径。

另外，从当前哲学发展前沿、热点看，部门哲学方兴未艾，主要体现在经济哲学、政治哲学、文化（价值）哲学、社会哲学、生态哲学这几大领域。这一方面表明加强马克思主义经济哲学、政治哲学、文化（价值）哲学、社会哲学、生态哲学迫在眉睫，以此为基础，加快构建涵盖经济哲学、政治哲学、文化（价值）哲学、社会哲学、生态哲学、哲学思维为内容的中国特色马克思主义哲学原理知识体系，对于引领当代中国马克思主义哲学发展意义重大；另一方面本着不忘本来、吸收外来、面向未来的原则，加强不同知识体系的交流互鉴，特别是深化对西方马克思主义思想的研究工作，对不合时宜、不服水土甚至别有用心的西方错误思想展开批判，同样意义重大。

（二）面向中国现实，夯实马克思主义哲学基础理论研究，为构建中国特色马克思主义哲学知识体系筑牢基础。

习近平总书记指出，"马克思主义尽管诞生在一个半多世纪之前，但历史和现实都证明它是科学的理论，迄今依然有着强大生命力"①，"马克思的思想理论源于那个时代又超越了那个时代，既是那个时代精神的精华又是整个人类精神的精华"②。马克思主义从未过时，马克思主义哲学从未过时。加强马克思主义哲学基础理论研究，对于坚持马克思主义的指导地位，对于继续推进马克思主义中国化、时代化、大众化，继续发展21世纪马克思主义、当代中国马克思主义具有重要意义。

同时，我们也必须清醒地认识到，在学界理论脱离现实的现象还比较

---

① 习近平：《在哲学社会科学工作座谈会上的讲话》，人民出版社2016年版，第8页。
② 习近平：《在纪念马克思诞辰200周年大会上的讲话》，人民出版社2018年版，第7页。

普遍。中国人民大学荣誉一级教授郭湛最近撰文指出："阐释驱逐创造"，"学术抑制思想"，是当前我国马克思主义哲学研究面临的一大问题。要做好文本的深度耕犁，而这种深度耕犁从根本上说是为思想服务的，是解决中国的问题，提出解决人类问题的中国方案；要坚持史论结合，论从史出，这种史是为论服务的，论是创造思想，而不能停留于阐释思想。对于构建中国特色马克思主义哲学知识体系来说，我们的马克思主义哲学基础理论研究同样需要转化问题域。从马克思主义经济哲学、政治哲学、文化（价值）哲学、社会哲学、生态哲学、哲学思维入手，细挖深耕马克思主义经典作家是如何论述的。譬如资本问题，马克思在何种意义上批判资本，同时又在何种意义上超越资本？资本自身经历了怎样的流变？资本与现时代的关系问题，中国特色社会主义市场经济与资本究竟是一种什么关系？这既是马克思主义经济哲学的基础性问题，也是当代中国马克思主义经济哲学的根本性问题。只有弄清这些问题，才能奠基马克思主义经济哲学原理，才能构建中国特色马克思主义经济哲学原理知识体系。进一步讲，只有构建了结构完备、逻辑清晰、内容丰富的中国特色马克思主义经济哲学原理知识体系，才能确立基本的马克思主义经济哲学研究范式，才能真正引领我国马克思主义经济哲学发展。马克思主义政治哲学、马克思主义文化（价值）哲学、马克思主义社会哲学、马克思主义生态哲学、马克思主义哲学思维等都是如此。更进一步讲，只有构建了包括经济哲学、政治哲学、文化（价值）哲学、社会哲学、生态哲学、哲学思维为内容的中国特色马克思主义哲学原理知识体系，构建中国特色马克思主义哲学学科体系、学术体系、话语体系才能实现。

三　具体措施

围绕构建中国特色马克思主义哲学知识体系，马克思主义哲学原理研究室将着力采取以下五方面措施：

（一）统一思想，凝聚人心，把"不忘初心、牢记使命"主题教育走向深入，积极融入所里各项工作，发挥 1+1>2 的作用，形成科研合力。

中国共产党的初心和使命是为中国人民谋幸福，为中华民族谋复兴。

对科研人员来说,就是要用高质量研究成果为党和国家、为人民群众服务,为民族复兴作贡献。"坚持以马克思主义为指导,核心要解决好为什么人的问题。"① 科研人员搞研究,出书写论文,不单单为了养家糊口,不能搞自弹自唱,不能陷入故纸堆,必须坚持以人民为中心的研究导向。中国社会科学院哲学研究所有自身的定位和使命,当前来说,构建中国特色哲学学科体系、学术体系、话语体系是一项非常紧迫的中心工作。这项工作显然不是具体哪个部门、具体哪个人能够单独承担完成的,需要发挥集体智慧,共同努力。围绕中心和大局,研究室服从所里统一安排,积极融入各项工作,全力推进中国特色马克思主义哲学知识体系的建设,集体攻坚克难,努力发挥 1+1>2 的作用,使整体科研实力再上一个新台阶,确保完成多卷本的《中国马克思主义哲学原理》和《当代中国马克思主义哲学原理新编(总纲)》。

(二)以马克思主义哲学学科整体发展为导向,以面向中国现实为突破口,打破研究室"壁垒",构建立体、综合的中国特色马克思主义哲学知识体系。

2019 年 7 月 11 日,王立胜书记在"不忘初心、牢记使命"主题教育阶段性调查研究成果交流会上讲到,"我们哲学所作为全国哲学界学科门类最为齐全的哲学重镇,在国内哲学界处于'国家队地位',马克思主义哲学、中国哲学、西方哲学学科在全国处于绝对优势地位,影响深远"。成绩来之不易,同时深知差距和短板。从科研人数看,我们和有些高校的较小的哲学系的人数差不多;从个人科研能力看,绝大多数科研人员都是著作论文等身。然而在全国马哲界看,我们只是或多或少有一些亮点,但未形成焦点;参与的多,引领的少,特别是与 40 多年前真理标准大讨论当中我们的马哲学科所发挥的巨大作用相比较,更显黯淡。如何再创马哲辉煌?打破研究室"壁垒",集体攻关一批重大项目,集体形成一批重大成果,例如吴元梁老师主编的《马克思主义哲学形态史》。目前看,构建中国特色马克思主义哲学知识体系就是很好的契机,通过知识体系建设带动"三大体系"建设,真正发挥"国家队"的规范、引领作用。

---

① 习近平:《在哲学社会科学工作座谈会上的讲话》,人民出版社 2016 年版,第 12 页。

（三）整体目标与个体研究专长相结合，明确任务，细化分工，提高"集团作战"效率。

人心齐，泰山移。围绕构建中国特色马克思主义哲学知识体系，马克思主义哲学原理研究室初步形成了以马克思主义经济哲学、政治哲学、文化（价值）哲学、社会哲学、生态哲学、哲学思维等为主要内容的马哲原理当代中国新形态的科研规划。根据这一总体目标，结合研究室各位老师的研究专长，细化分工，具体分为马克思主义经济哲学原理、马克思主义政治哲学原理、马克思主义文化（价值）哲学原理、马克思主义社会哲学原理、马克思主义生态哲学原理、马克思主义哲学思维原理等六大版块，推动形成多卷本的《中国马克思主义哲学原理》。在此基础上，再集中形成《当代中国马克思主义哲学原理新编（总纲）》。需要补充两点说明：一是这一总体规划不是封闭的，研究的专题可以进一步丰富，譬如马克思主义发展哲学原理等；研究的人员可以进一步壮大，从干事创业出发，打破"壁垒"，汇聚力量。二是目前的分工不一定很严谨，有的老师研究兴趣广泛，可能横跨了经济的、政治的、文化的等多方面，内部还有一个磨合、协调的过程。

（四）"请进来"与"走出去"相结合，依托平台优势，扩大学术交流，积极吸纳相关领域的高端人才加入到团队中来，积极传播优秀科研成果，提升学界影响力。

学术需要交流，文明需要对话。"请进来"和"走出去"都分为国内和国际两个方面。就"请进来"来说，要依托"国家队"的平台优势、全国一级学会（譬如中国辩证唯物主义研究会）的平台优势，打造重要学术活动，譬如学术会议、讲座、工作坊、沙龙等，邀请国际知名的、国内有影响力的专家学者进行深度交流，就相关感兴趣的议题开展合作研究，进一步提升研究团队、研究成果的影响力。2019年9月7日，马克思主义哲学学科片举办"纪念赵凤岐先生逝世一周年"学术思想座谈会，就是想通过纪念赵先生的活动，把良好的学术传统传承下去，继往开来，做好新时代的马克思主义哲学研究。就"走出去"来说，要积极开拓国内和国际两个学术市场。"酒香也怕巷子深"，在做出好的科研成果的前提下，学会运用现代传播手段，譬如微信公众号，"推销"自己；积极参加国际性会议，发出中国声音，阐述中国思想。马克思在德国，马克思主义事业在中国，马克思主义哲学在中国。

（五）理论联系实际，深入实践、深入基层，做好挂职实践锻炼工作。

毛泽东同志有一篇文章，标题就叫"人的正确思想是从哪里来的？"人的正确思想不是天上掉下来的，不是自己头脑里固有的，只能从社会实践中来。由实践到认识，由认识到实践，多次反复，这就是马克思主义认识论。围绕研究方向，理论联系实际，深入实践、深入基层，实践出真知，构建"接地气"的马克思主义哲学知识体系。当前，根据院里和所里的统一部署，青年科研人员需要到基层进行为期一年的挂职实践锻炼。这个政策给青年科研人员创造了良好的机会。近几年，马克思主义哲学原理研究室新进年轻人比较多，杨洪源和周丹先后完成在院机关和甘肃的挂职实践锻炼，但是存量依然较多。从挂职实践锻炼的效果看，经过挂职的两位年轻人都更加成熟了，科研能力、综合素质都得到了较大的提升。为了研究室的发展，下一步引进人才，很可能还会增加挂职的增量。做好挂职实践锻炼工作，用科研服务基层、服务社会，同时在基层实践中锤炼本领，增强能力，创造更多、更优的科研成果。

（作者单位：中国社会科学院哲学研究所）

马克思主义哲学史学科建设的历史与现状

李涛　贺翠香　单继刚

2017年10月18日，习近平总书记在十九大报告中指出，弘扬马克思主义学风，推进"两学一做"学习教育常态化制度化，以县处级以上领导干部为重点，在全党开展"不忘初心、牢记使命"主题教育，用党的创新理论武装头脑，推动全党更加自觉地为实现新时代党的历史使命不懈奋斗。在当前反腐倡廉、督促党员自律的形势下，这个主题教育活动非常有意义。只有铭记"为中国人民谋幸福，为中华民族谋复兴"的"初心"和"使命"，只有不忘那些坎坷的经历，悲壮的历史，才能激励我们共产党人不断反思，奋勇前进。马克思主义哲学史研究室作为一个成立四十多年、专门研究马克思主义哲学发展史的研究单位，也随着我们国家的改革开放、社会主义实践，经历了从成立、发展到壮大的过程。回首40年，马克思主义哲学史研究室的历届研究人员在学科建设、专题研究、编写教材、完成国家交办的任务等方面作出了重要的贡献，比如马泽民、林利、徐崇温、吴元梁等老一辈专家们。我们景仰他们作出的学术贡献和影响力，更佩服的是他们做学问的"初心"和精神。他们那种面向现实，关心国家命运和前途的治学态度，用辩证发展的眼光看待马克思主义的精神，认真钻研、史论结合的方法，都是我们需要继承和发展的宝贵财富。我们希望秉承他们的优良治学传统，不忘初心，完成我们这一代人的历史使命和肩负的任务。

一　学科创立及其初期影响

1977年和1978年，哲学所分别成立了马克思主义哲学史研究室和毛泽东哲学思想研究室。1990年毛泽东哲学思想研究室更名为中国现代哲学研究室。1994年5月马克思主义哲学史研究室与中国现代哲学研究室合并，成立现在的马克思主义哲学史研究室。先后担任研究室（含毛泽东哲学思想研究室、中国现代哲学研究室）主任（组长）的有：林利、王育民、孙克信、徐崇温、邝柏林、吴元梁、魏小萍、单继刚。目前研究室有7名现职人员。他们有不同的学术主攻方向：马克思和恩格斯文本文献研究以及马克思和恩格斯哲学思想研究（魏小萍）；马克思主义哲学在俄国和苏联的演变研究（李涛）；马克思主义哲学在西方国家的演变研究（魏小萍、刘文旋和贺翠香）；马克思主义哲学在中国的传播和发展研究以及马克思主义哲学时代化、中国化和大众化研究（欧阳英和单继刚）；等等。

在创立和初步发展时期，哲学所马克思主义哲学史学科的重要学术影响主要有两个方面。

（一）积极参与改革开放后中国马克思主义哲学史学科的创立和发展

马泽民主持了哲学所马克思主义哲学史研究室的筹建工作，设计并组织了《马克思主义哲学史》8卷本课题；主持了《马克思主义哲学史资料译丛》的选编，组织翻译出版了十余部国外马克思主义哲学领域的重要著作；担任了《马克思主义研究参考资料》总编，共主持出版了167期，大量介绍了国外马克思主义研究的动态和成果；参与创立了中国马克思主义哲学史研究会（后更名为中国马克思主义哲学史学会），并在1979—1981年期间成为研究会的负责人之一。

林利长期担任哲学所马克思主义哲学史研究室主任和中国马克思主义哲学史学会会长（3个会长之一）。林利担任主编之一的《马克思主义哲学史》8卷本和林利主持编译的列宁《哲学笔记》新版中文单行本（1990）都在国内马克思主义哲学史学界产生过重大影响。

孙克信长期担任哲学所毛泽东哲学思想研究室主任和全国毛泽东哲学思想研究会的负责人（之一）。孙克信担任主编（3个主编之一）的《马克思主义哲学史》8卷本第6卷和第7卷以及孙克信、于良华、佟玉琨和徐素华编著的《毛泽东调查研究活动简史》（1984）也都获得了国内同行的高度评价。

（二） 开创和引领国内"西方马克思主义"研究

根据徐崇温的回忆，1977—1978 年间，尚在哲学所现代外国哲学研究室工作的徐崇温按照某项中央交办任务的要求，提交了一份关于"西方马克思主义"的材料，该材料后来以《关于西方的"马克思主义研究"》为题发表在 1978 年第 5 期《国外社会科学》杂志上。随后，中共中央联络部西欧局、高等教育部以及各高校、党校、部队院校、报社、各种讲习班和研讨会纷纷邀请徐崇温讲授"西方马克思主义"。

在认真研究和多次授课的基础上，徐崇温于 1982 年在天津人民出版社出版了专著《西方马克思主义》。该书对"西方马克思主义"做出了评介，认为"西方马克思主义"是当代西方社会的一种左倾激进主义思潮，在性质上具有两重性：一方面，"西方马克思主义"思想家主观上希望发展马克思主义，但却从一开始就用西方唯心主义去解释、发挥、补充、"结合"马克思主义，并把这种折衷混合奉为指导思想去同马克思列宁主义相抗衡；另一方面，这一思潮又冲破教条主义的束缚，考察了当代发达资本主义社会中出现的种种新情况和新问题，揭露和批评了苏联模式的种种缺陷和弊端。该书的基本观点既区别于原苏联东欧国家一些学者把这种思潮说成是"打着新马克思主义旗号的反马克思主义"的看法，又不同于西方的新左派学者把它说成是"马克思主义的现代化"、"当代发达资本主义社会的马克思主义"的看法。

《西方马克思主义》一书出版以后，获得了广泛的社会反响。1985 年 10 月，国家教委高校文科教材办公室把它确定为高校文科教材；1988 年 5 月英文版《中国日报》以《对西方马克思主义的中国看法》为题，介绍了该书的基本观点；1992 年 10 月，冯契主编的《哲学大辞典》专设辞条介绍该书，称其为"中共十一届三中全会以后开始研究西方马克思主义的第一批著作之一"；1993 年 1 月 26 日出版的《中国青年报》发表文章称赞徐崇温"堪称中国研究'西马'第一人"。与此同时，该书在台湾被谷风出版社排成繁体字版本出版以后，又被其他一些书商翻印，台湾《中国论坛》第 359 期就此发表文章记叙说，该书"曾在台北知识界带来一种风潮，各种地下版'群雄并起'"①。

"西方马克思主义"研究得到重视与时代密不可分。党的十一届三中全会召开后，对于正致力于解放思想和实事求是，在总结历史经验的基础上重新认识资本主义、社会主义和马克思主义的我国理论界和知识界来说，"西方马克思主义"具有开阔视野和启发思考的重要参考作用，因而引起了广泛的注意，迅速成为我国国外马克思主义研究的重要对象之一。

与此相关，徐崇温还研究了"西方马克思主义"一些流派的理论基础——存在主义，主要成果有徐崇温等著《萨特及其存在主义》（人民出版社1982年版）、袁澍涓、徐崇温著《卡缪的荒谬哲学》（辽宁人民出版社1989版）以及徐崇温主编《存在主义哲学》（中国社会科学出版社1986年版）。从1988年开始，在国内历时数年的关于"西方马克思主义"的论战中，徐崇温撰写了一系列论文。1978年他在《国外社会科学》上发表的论文"关于西方的'马克思主义研究'——流派和观点综述"一文中，将"西马"定性为"一种修正主义思潮"。在另一个地方，表达这个思潮反映的不是无产阶级的马克思主义世界观，而是小资产阶级激进派的世界观。此后，中央编译局的杜章智撰文，质疑徐崇温把西方马克思主义定性为一种"非马克思主义思潮"，认为这种界定与梅洛·庞蒂的西方马克思主义概念——强调辩证法和主观革命性的马克思主义倾向完全不同，而是完全借鉴了佩里·安德森的界定。而作为新左派的代表，安德森则将西方马克思主义这个概念完全意识形态化了，认为凡是与托洛茨基主义不同的马克思主义都是非马克思主义。这样，徐崇温追随安德森，将卢卡奇、葛兰西等西方马克思主义代表人物也看作是非马克思主义者。可这些人实际上都是本国共产党内部的领导人，始终与革命和工人运动保持密切联系，是坚定的马克思主义者。所以杜章智说，在现在不是"左"的时代还坚持这种不科学的做法是不合适的。② 所以，"除了对一些明显反对马克思主义的理论以外，我们不要轻易给它们扣上非马克思主义或反马克思主义的帽子，或贴上其他各种各样的标签，不妨把它们统统作为对马

---

① 转引自中国社会科学院哲学研究所编：《中国社会科学院哲学研究所四十周年（1955—1995）》，1995年版，第193页。

② 杜章智：《"西方马克思主义"是一个含糊、可疑的概念》，《马克思主义研究》1988年第4期，第281页。

克思主义的探索看待。"① 这个争论在当时引起很大的热议。有许多学者如张翼星、周穗明等人都参与进来。某种意义上，这场争论反映的是对西方马克思主义采取一种积极肯定的态度，还是一种严格的教条主义姿态之争。时至今日，这个争论还存有痕迹，但从2006年国家将国外马克思主义研究列作马克思主义研究下面一个重要的二级学科以来，有关这个问题的争论之声已很少了。

同时，从1988年开始的10年中，徐崇温主编了"国外马克思主义和社会主义研究丛书"42种重庆出版社，其中绝大部分是"西方马克思主义"理论家们代表作的中译本，小部分是国内学者的研究性著作。对这个丛书的评价，人们褒贬不一。最主要的质疑是翻译的质量问题。有些书后来又重译了。但不能否认这套丛书在介绍和引介西方马克思主义思潮所起的重要作用。现在很多从事西方马克思主义研究的人都是在参考这些文献的基础上，开始自己的理论研究的。

此外，作为徐崇温主持的1996年国家社科基金项目"西方马克思主义理论研究"的最终成果，徐崇温主编的《"西方马克思主义"理论研究》（海南出版社2000年版）2001年获中宣部第八届精神文明建设"五个一工程"奖。

二 哲学所马克思主义哲学史学科的进一步发展（1999—2018）

首先，伴随着苏东欧剧，国际马克思主义理论研究阵营大为削弱，西方国家的马克思主义理论研究呈现出侧重于马克思主义发展史中的某个阶段或者某一个案的态势。我国的马克思主义哲学史研究也出现了类似的趋势，即由通史研究转向专题研究以及由通史叙述转向史论结合。不过，在这一时期，哲学所马克思主义哲学史学科在进行专题研究的同时，仍然进行了"马克思主义哲学形态史"课题的研究，坚持了马克思主义。

其次，随着马克思主义文本研究在国外成为学术热点，我国学者也提出了所谓的从源头上完整和准确地理解马克思主义思想的任务，包括对马

---

① 杜章智：《"西方马克思主义"是一个含糊、可疑的概念》，《马克思主义研究》1988年第4期，第282页。

克思主义的经典著作文本的可靠性的反思，对苏联关于马克思和恩格斯经典著作的翻译和注释的反思，形成了所谓的"回归马克思"和重解马克思原著的潮流。在这一时期，哲学所马克思主义哲学史学科进行的《马克思恩格斯全集历史考证版》（MEGA2）课题的研究正是顺应这一潮流的产物。

第三，在这一时期，马克思主义中国化研究，包括马克思主义哲学中国化，由于与现实的密切联系以及突出的实践价值而备受我国学术界的关注，成为一个热门的研究领域。我国的马克思主义哲学中国化研究主要集中在两个方面：一是关于马克思主义哲学中国化的一般性理论问题的探讨；二是关于马克思主义哲学中国化的理论成果的研究，即中国化形态的马克思主义哲学研究，具体包括毛泽东哲学思想研究以及从哲学视角出发的邓小平理论研究、"三个代表"重要思想研究、科学发展观研究和习近平新时代中国特色社会主义思想研究等。

如前所述，在这一时期，与我国马克思主义哲学史研究的其他兄弟单位相比，哲学所马克思主义哲学史学科的主要优势是建制优势，因而具备人员较为齐整和研究领域较为齐全的特点。2001年以来，哲学所马克思主义哲学史学科进行了"马克思主义哲学形态史"课题（吴元梁主持院重大B类课题，2001年立项）的研究，课题组成员包括李涛、杨学功、徐素华、欧阳英、刘文旋、魏小萍、孙伟平、单继刚。在当时我国马克思主义哲学史学科缺乏通史类研究的背景下，这一研究显得难能可贵。同时，该课题又是以一种新的框架来进行通史研究。这一课题的研究也充分体现了哲学所马克思主义哲学史学科在全国范围内的建制优势。

吴元梁是这一时期哲学所马克思主义哲学史学科的学术带头人之一，曾任中国马克思主义哲学史学会副会长，他的学术主攻方向是马克思主义哲学史和马克思主义哲学原理。吴元梁的论文《论发展观和文化建设》（《中国社会科学》1996年第5期）获2000年中国社会科学院第3届优秀科研成果三等奖。作为"马克思主义哲学形态研究"课题的最终成果，吴元梁主编的《马克思主义哲学形态的演变》（中国社会科学出版社2010年版）多次获奖：经由中国社会科学出版社推荐，2011年入选由国家新闻出版总署主办的第三届"三个一百"原创图书出版工程；2012年在中国马克思主义哲学史学会和中国共产党思想理论资源数据库共同举办的

"马克思主义中国化、时代化、大众化优秀理论研究成果"评选中获著作类一等奖；2015年获哲学所第九届优秀科研成果奖专著类一等奖；2016年获第九届中国社会科学院优秀科研成果奖二等奖。

魏小萍也是这一时期哲学所马克思主义哲学史学科的学术带头人之一，现为中国马克思主义哲学史学会副会长和法人代表、国外马克思主义哲学研究分会副会长、经济哲学研究分会副会长，2012—2016年担任华侨大学兼职教授，2009年相继担任英国牛津大学政治理论刊物《当代政治理论》编委、美国纽约《决策伦理国际杂志》编委、美国芝加哥《哲学》杂志编委。她的学术主攻方向是马克思恩格斯哲学思想研究和"国外马克思主义研究"等领域。魏小萍主持的《马克思恩格斯全集历史考证版》（MEGA2）课题（院重大A类课题，2002年立项）强调文本研究的视角，在全国的高等院校和科研机构中独具特色。魏小萍还主持过2005年国家社科基金重点项目"《德意志意识形态》文本（德文、中文）研究"、2007年中国社会科学院与荷兰科学院合作项目"《马恩全集》历史考证版（MEGA2）在欧洲与中国的研究与影响"和2009年中国社会科学院重点国情调研课题"产权模式、分配方式与不同群体劳动积极性的调研"。出版《探求马克思——〈德意志意识形态〉原文文本的解读与分析》（人民出版社2010年版）、*Rethinking China's Economic Transformation*，Global Scholarly Publications State University of New York at Old Westbury（2010，USA）、《通向〈资本论〉之路：前〈资本论〉时期马克思劳动价值论的探索轨迹及分析》（中国社会科学出版社2013年版）等多部著作，发表学术论文数十篇，其中含外文论文多篇。此外，魏小萍积极参与国际学术交流，多次组织马克思主义哲学史学科的科研人员到国外访问和参加国际学术会议，多次邀请国外学者来哲学所访问交流，

在列宁哲学思想研究领域，李涛的学术主攻方向是马克思主义哲学在俄国、苏联和当代俄罗斯的演变研究，他曾撰写"马克思主义理论研究与建设工程"重点教材《马克思主义哲学史》（高等教育出版社/人民出版社2012年版）第八章中的"苏联马克思主义哲学"部分。

此外，在国外马克思主义哲学研究领域，周穗明是我国"国外马克思主义研究"和当代世界社会主义运动研究等领域的知名专家，她1995年在中央编译局晋升为研究员，1998年起享受国务院政府津贴，2001年

调入中国社会科学院，2006年调入哲学所，先后在中山大学等7所院校担任客座教授。她的专著《20世纪末西方新马克思主义》（2008年）以西方新马克思主义20世纪末发展状况为研究对象，全面系统地介绍和评述了西方新马克思主义13个流派和思潮近年来的最新发展，对这一时期新马克思主义的性质、特点、学术贡献和理论缺陷进行了全面系统的分析，勾勒出20世纪90年代以来西方新马克思主义的整体发展轮廓。《西方左翼论当代西方社会结构的演变》（2008年）则指出，"白领"阶层的出现、新技术的发展，使得当代西方社会的"中产阶级"空前壮大。在这样的历史背景下，西方左翼三大阵营开始重新审视"工人阶级"的定义，作出程度不一的政策调整。她的《当代西方政治哲学》（江苏人民出版社2016年版）获2019年中国社会科学院离退休人员优秀科研成果一等奖。还有，她的文章《21世纪民粹主义的崛起与威胁》（《国外理论动态》2016年第10期）、《2016年西方民粹主义政治的新发展》（《当代世界》2017年第2期）、《西方右翼民粹主义政治思潮述评》（《国外理论动态》2018年第1期）。这些文章非常及时、准确地解读了西方民粹主义思潮兴起的原因和未来发展走向，在理论界产生很大的影响。她的主要观点有：右翼民粹主义崛起的根源是全球化中西方实力的相对下降导致的西方危机，是西方精英在危机面前的无所作为；实质是西方民众造了整个西方精英民主体制的反。右翼民粹主义在整个西方世界的大规模崛起，宣泄了欧美各国民众对"政治正确"教条强烈不满的文化情绪，其价值取向是复兴和回归传统价值观。① "政治正确"原则上与美国价值观一致，但是其理念和政策在现实中的极端发展破坏了社会公正和平等主义的共识，冲击了传统价值观。

  刘文旋和贺翠香的主攻方向也是国外马克思主义哲学研究，贺翠香的专著《劳动·交往·实践——论哈贝马斯对历史唯物论的重建》（中国社会科学出版社2005年版）曾获2012年中国共产党思想理论资源数据库和中国马克思主义哲学史学会共同举办的"马克思主义中国化、时代化、大众化"优秀理论研究成果著作类三等奖。刘文旋从事知识社会学理论

---

① 周穗明：《西方右翼民粹主义政治思潮述评》，《国外理论动态》2017年第7期，第58页。

研究，曾主持2008年国家社科基金一般项目"科学知识社会学及其近期发展"。近几年，他们二人主要参与了吴元梁主持的"马克思主义哲学形态发展史"课题8卷本的写作。其中，刘文旋负责《国外马克思主义卷》的上册，主要撰写有关经典"西方马克思主义"领域内的内容。贺翠香负责20世纪70年代以后的国外马克思主义发展，内容涉及后现代主义的马克思主义、生态马克思主义、女性主义马克思主义、市场社会主义、第三代社会批判理论、分析的马克思主义、后马克思主义等内容。

最后，在马克思主义哲学中国化研究领域，李长福、徐素华、欧阳英在国内学术界都有一定影响力。李长福曾主持2000年国家社科基金一般项目"邓小平哲学思想史"并主编有《邓小平理论辞典》（中国文史出版社2004年版）。徐素华曾任中国马克思主义哲学史学会秘书长，现为中国马克思主义哲学史学会副会长，她的专著《马克思主义哲学在中国》（北京出版社2002年版）2003年获哲学所优秀科研成果奖一等奖；2003年获第十八届北方十五省、市、自治区哲学社会科学优秀图书奖；2004年获中国社会科学院第五届优秀科研成果奖三等奖；2012年在中国马克思主义哲学史学会和中国共产党思想理论资源数据库共同举办的"马克思主义中国化、时代化、大众化优秀理论研究成果"评选中获著作类二等奖。欧阳英的专著《马克思政治哲学思想探析：历史、变迁与价值》（中国社会科学出版社2018年版）入选2017年国家哲学社会科学文库，还入选2018年中国社会科学院理论创新工程重大科研成果发布会；2019年当选中国社会科学院"长城学者"。欧阳英还有系列文章如《如何看待唯物史观与马克思政治哲学的关系》《建立在"话语"理论基础上的思想变革——福柯政治哲学探析》《毛泽东民主思想的当代政治哲学层面的思考》等，在马克思主义政治哲学思想领域具有一定的影响力。此外，她还发表了不少有关毛泽东实践观的论文。

单继刚，研究员，博士生导师。哲学研究所所长助理，马克思主义哲学史研究室主任，中国社会科学院社会发展研究中心副主任，中英美暑期哲学学院中方委员会副主席。主要研究领域：唯物史观，马克思主义哲学中国化的历史与理论。主持并完成多个院所级项目。出版《翻译的哲学方面》（中国社会科学出版社2007年版）、《中国知识分子的马克思哲学》（中国社会科学出版社2013年版）、《勤俭村遇上哲学》（合作，中国社会科学出版社 2016 年版）等多部著作，发表学术论文数十篇，其中含外文论文多篇。其中，《社会进化论：马克思主义哲学在中国的第一个理论形态》《唯物史观的"唯"：陈独秀与胡适、张君劢、梁启超之争》《新民主主义社会：从"社会形态"到"过渡时期"——兼评杨献珍与艾思奇关于过渡时期经济基础的争论》《人道主义与唯物史观的相容性分析——以 20 世纪 80 年代的人道主义讨论为背景》等系列论文，集中论述了马克思的唯物史观传入中国后的最初表现形态、它由"唯"字引起的有关"唯物""唯心"还是多元论史观的争论、广义的人道主义与唯物史观的相容性问题等等，在学界产生了较大的影响。

三 学科建设面临的问题和未来发展规划

国内外高校和研究机构多设马克思主义哲学研究室、教研室、研究所，其中部分人员专事马克思主义哲学史研究。我所马克思主义哲学史研究室是为数不多的以"马克思主义哲学史"冠名的研究机构。据估计，国内外马克思主义哲学研究与教学机构数以千计，规模大小不等，从业人员达数万人。国外著名马克思主义哲学史研究机构有：荷兰阿姆斯特丹国际社会史研究所，德国法兰克福大学社会学研究所，美国新学院哲学与政治学系，等等。国内著名马克思主义哲学史研究机构有：北京大学、南京大学、中山大学等。国外马克思主义研究方面有复旦大学当代国外马克思主义研究中心、南京大学等。与上述机构相比，我所马克思主义哲学史学科规模处于中游水平，研究成果处于上游水平。

经过近年来的学科建设和人才引进及培养，与国内相关科研院校比较起来，本研究室的重要特点是学科覆盖较为全面并且在各个领域都具备了一定的实力，在某些领域获得了国内外同行的认可。魏小萍是马克思和恩格斯文本文献研究和国外马克思主义哲学研究领域的知名专家；欧阳英和单继刚在马克思主义哲学中国化领域也有一定的知名度。刘文旋在知识社会学、西方马克思主义等领域，贺翠香在国外马克思主义研究领域中的社会批判理论、意识形态理论、女性主义方面都具有一定的影响力。

当然，与马克思主义哲学史研究室的老一辈研究人员相比，与我们的国内同行相比，我们的学术影响力似乎有些衰落。衰落的原因有几个方面。

首先，学科内部的专业分工影响了跨领域的专项研究。目前学科内部研究不同领域的人难以相互合作，共同攻坚，形成一些集体性项目，是因为马克思主义哲学史这个学科本身就是一个哲学史学科，我们各负责一段历史，有研究马克思、恩格斯的，有研究苏联哲学的，有研究西方马克思主义的，有研究马克思主义中国化的。这样，我们室研究人员的分配还基本上延续了马克思主义哲学史传统教科书的模式，没有形成跨历史、跨人物、跨学科的专题研究。虽然个别老师申请了有关马克思主义政治哲学、马克思主义哲学中国化方面的课题，但多半是独自承担和完成，很难发挥我们的集体优势。

其次，学科内部还没有形成有关学科发展方向、未来进行什么专题研究的统一认识。当前，马克思主义哲学史学科的每一领域都有自己的问题域。各研究领域有老问题，也有新问题。对于当下我们该研究什么问题、什么问题比较重要、值得研究，大家并没有统一的认识。有的人认为，文本研究最重要，没有文本为基础，就无法作研究。有的人认为，研究现实问题最重要，没有现实关注的理论研究是无的放矢。还有人认为，当前马克思主义哲学中国化应研究近现代思想史中的杰出人物，如从冯友兰、金岳霖等人的哲学思想改造中，描述马克思主义哲学中国化的历史效应。也有人认为，这种具有意识形态痕迹的思想改造不具有研究的价值。在国外马克思主义领域也一样，有人认为研究分配正义问题重要，有人认为研究文化意识形态问题重要。总之，大家对当前中国马克思主义哲学史学科应该聚焦什么问题的意见是多元化的，难以统一。这也是很难形成集体项目的一个原因。

最后，学科梯队人才的漏缺。我们研究室好几年没进人，老的又退休了。目前处于严重缺人的状态。本学科目前面临的重要问题是需要引进人才，尤其是精通德语、法语、俄语和日语的马克思恩格斯文本文献研究等领域的科研骨干和专业人才。像魏小萍老师的 MEGA2 文本研究，如果不懂德语，实为巧妇难为无米之炊。还有，我们室在马克思、恩格斯哲学研究、马克思主义哲学中国化等方面也缺少研究人员。

面对这些问题，马克思主义哲学史研究室的学科建设及未来在建构具有中国特色的哲学知识体系中发挥作用，需要在以下几个方面作好工作。

（一）传统的马克思主义哲学划分体系已经不能再适应国内、国际该学科发展状况的需要，突破"马克思主义哲学史"和"马克思主义哲学原理"体系划分的学科发展早已在潜然进行之中，探索新的能够适应国内外学术发展状况的马克思主义哲学发展路径将是我们未来几年面临的学科建设的现实问题。实际上，马克思主义基本原理、马克思主义哲学史、国外马克思主义虽然被设为马克思主义研究下各自独立的二级学科，但这些学科的交叉性很大，许多背景性知识是一样的。所以，在建构有中国特色的马克思主义哲学知识体系中，应该将三个领域的人才整合，就马克思主义哲学领域中的一些重大现实理论问题进行集体攻关。

（二）开展所内讨论，就一些什么是马克思主义哲学领域目前需要研究的重大问题展开讨论，形成一些基本的共识。以国外马克思主义研究领域为例。我们应讨论下一步该研究什么？比如，我们是否可以展开一个马克思主义的政治哲学发展史项目？因为以公平正义为核心内容的政治哲学在西方和中国都引起了人们的关注。虽然国内已经有很多人展开这个研究，但以政治哲学的视角，将马克思主义哲学发展史中所涉及的马恩、列宁、西方马克思主义、中国化的马克思主义的政治哲学文献整理编辑成史，也很有价值。还有，我们是否可以就道德、宗教、法律等领域展开一些"马克思主义的"专题研究。这些都是我们现实生活中遇到的问题领域。国外马克思主义者中有些人涉及这些研究领域，比如说哈贝马斯的《在事实与规范之间》，就论述了道德、法律与现代民主法治之间的关系。这些在马克思看来是上层建筑的内容如何在马克思主义发展史中体现？当然，我们还可以研究马克思主义思想的发展史。在梳理马克思、恩格斯、列宁、毛泽东思想及其中国化的发展过程中，用我们中国人的视角分析和提炼出马克思主义思想发展的脉络与走向。

（三）爱惜、鼓励现有人才，积极引进青年人才，建立一个良好、稳定的学术团队。哲学所的马克思主义哲学界有许多优良的传统，比如重视现实问题，具有很强的问题意识。历代马克思主义哲学学者都非常关注中国的现实问题，都积极地用马克思主义哲学探索与回答社会主义实践提出的重大问题。这可以说是我们哲学所马克思主义哲学研究的一个特色。除此之外，还有一个重视人才培养、积极发掘每个研究人员的潜力、包容个性研究的传统或氛围。每当哲学所培养出的马克思主义哲学专业的学生回顾当年老师风貌时，都会感同身受地谈到这一点。前辈们的引导与宽容、爱惜和鼓励每个研究人员、积极吸纳青年人才，是建立学术团队、开展学科建设的重要条件。

构建新时代中国马克思主义哲学知识体系的思考
——以马克思主义哲学中国化学科为视角

李俊文

学会思考的民族才是真正有希望的民族。哲学体现着一个民族的思想成熟和精神境界的水准，一个民族的自觉意识的深度和精神层次的高度取决于自身的哲学素养，就此而言，哲学是民族之魂。构建新时代中国的哲学，实质就是要创造中华民族的"思想自我"。构建中国化的马克思主义哲学知识体系不仅是对马克思主义哲学学科内部"问题意识"的回答，也是中国社会现代化发展的理论诉求，同时还是复兴中华民族文化与精神的必由之路。

一 马克思主义哲学中国化学科发展概况

按照知识与专业差别，中国的学科分类包括两种，即作为科学研究对象的学科和作为高等教育内在功能框架的学科。我们可以从两方面界定学科的含义。一方面，学科是以某一特定研究领域中的主题（subject）而命名的具体科学，表现为自然科学、农业科学、医药科学、工程与技术科学、人文与社会科学。作为一门学科，是以相应知识内容和学术分类形成的学科种类，它必须具有特定的知识和范畴体系，如包括数学、物理学、农学、医学、建筑学、计算机科学与技术、哲学、历史学、经济学，等等。因此，科学门类因学科而分化为若干研究领域，学科则是以科学为基础的相对独立的知识体系。科学院所及研究机构更多的是以知识差异界定的学科范围来开展业务的单位。另一方面，根据国务院学位委员会和教育部按照专业设置界定的"学科"（discipline）含义，是对高校人才培养、教师教学、科研业务范围的各种功能运行单位，是高等学校业务运行的功能单位和基础平台。在知识学科门类基础上，高等教育划分了更具体的哲学、经济学、法学、教育学、文学、历史学、理学、工学、农学、医学、军事学、管理学、艺术学13个学科门类。高校学科的发展是以专业为基础，专业为学科承担人才培养的任务和发展的基础，特别是为社会输送高素质的人才以满足发展需求；学科为专业建设提供发展的最新知识成果，专业以学科为依托。学科能够把学校、学生和教工队伍等要素有机构建起来，评估学科建设水平的高低，能够成为对教师教学、人才培养、科学研究、管理职能等基础性工作进行考核的依据。因此，学科门类是科学研究和高等教育中一项重要的基础性工程，既构成了高等学校教学、科研和管理的基本框架，又是科研机构学术研究和认知研讨的视域界限。但是，随着人类认识领域的扩大和知识积累的增多，学科发展呈现出学科设置的由少到多、由简到繁、由单科到多科、由多科到跨学科逐渐增量的趋势，伴随21世纪信息时代出现的新兴学科、交叉学科更是一个突出特点。

从1912年北京大学创设哲学门以来，哲学学科从课程体系、人才培养、专业设置、学术发展等方面逐步形成了八个二级学科（马克思主义哲学、中国哲学、西方哲学、逻辑学、伦理学、美学、科技哲学、宗教学）分立并存的体制和格局。马克思主义哲学"改造世界"的实践性本质特征，不仅使其在传入中国时成为哲学界的重要事件，而且成为中国哲学社会科学的主导学科。围绕学科研究方向和课程体系建设，我们要探讨的马克思主义哲学二级学科可以细化为马克思主义哲学基本原理、马克思主义哲学发展史、马克思主义哲学中国化、领域（或部门）哲学、国外马克思主义等研究领域，基本上构成了中国马克思主义哲学研究的学科布局。每个研究领域都有一定数量的教学人员和科研队伍，但并非界限分明，而是互有交叉融通。因此，我们从以上五个研究领域的发展动向和现状，获得构建新时代马克思主义哲学的思考路径和研究空间。

其一，马克思主义哲学基本原理的主导地位与理论突破。在中国马克思主义哲学研究中，马克思主义哲学基本原理方向一直是主流，其理论的体系性和方法的辩证性使马克思主义哲学成为受众程度最大化的思想武器,在中国革命、建设和改革的进程中发挥着指导作用,并主导着马克思主义哲学的其他研究方向。但随着20世纪80年代中期对教科书体系的改革,实质上是僵化封闭的理论已经无法满足现实发展的需求,哲学工作者开始对马克思主义哲学基本原理的世界观、本体论、认识论、真理观、价值论、历史观和思维方法等问题开展了文本语境和历史线索的重新探索,至今逐步形成了"实践的观点是马克思主义哲学首要的、基本的观点"的理论突破,实践的观点贯穿于马克思主义哲学教材的整个体系。其实,马克思主义哲学理论创新最终取决于哲学基本理论研究上的突破。

其二,马克思主义哲学发展的历史考证与学科建制。针对马克思主义哲学研究中"史论分离"、"舍本求末"造成的把马克思主义哲学当作现成的僵化结论现象,20世纪80年代开始,完成梳理马克思主义哲学产生与发展历史进程的研究工作逐步展开,单卷本和多卷本的马克思主义哲学发展史研究著作陆续出版,马克思主义哲学史学科的教学和科研得以确立,极大地开拓了人们的研究视野。正本清源的矫正工作激发了人们对马克思主义哲学的文本研究产生了高度的理论热情,特别是对MEGA2版——德文《马克思恩格斯全集》历史考证版的引进和研究,《回到马克思》《走进马克思》《走近马克思》和《重读马克思》等一批成果论著相继出版,不仅确证了马克思主义哲学经典文本丰富的思想资源,而且为中国化的马克思主义哲学提供了重要的理论资源。

其三,马克思主义哲学的中国化历程及其意义研究。马克思主义以及哲学在中国的传播中,一方面与中国实际相结合,在中国的革命、建设和改革的实践进程中解决了马克思主义哲学的理论应用问题,改变了中国的社会面貌;另一方面,与中国传统文化相结合,特别是马克思主义哲学实现了对中国传统哲学的创造性转化,彰显了马克思主义哲学具有中国文化的身份合法性,马克思主义哲学的中国化能够成为代表中国未来发展方向的哲学形态。从20世纪90年代开始马克思主义哲学中国化的研究逐步深入,不仅在内容叙述上把马克思主义哲学中国化作为中国马克思主义哲学研究的一个重要组成部分,使马克思主义哲学中国化成为一个学科领域;而且在形式建构上以"马克思主义哲学中国化为范式开展马克思主义哲学研究,则意味着整个中国马克思主义哲学都是为了把马克思主义哲学中国化"①，它体现的是中国马克思主义哲学革新的自觉意识，构建具有中国特色、中国风格、中国气派的马克思主义哲学。

其四，领域（部门）哲学的兴起和问题研究。伴随着"问题意识"对"体系意识"的替代和凸显，哲学思维从对"本体论""认识论""辩证法"等的抽象追问转向对生活世界、社会发展、人本身的现实关怀。20世纪80年代中后期开始，包括社会哲学、经济哲学、政治哲学、法哲学、文化哲学、历史哲学、人学等不同领域的部门哲学纷纷兴起，从不同视角和问题域切入，自觉地对当代中国人的生存状态进行深刻反思。这些领域哲学均以马克思主义哲学的思想资源切入中国现实问题的研究，彰显了马克思主义哲学呼应时代需要、回答现实问题的强大生命力，为中国马克思主义哲学的发展打开了广阔的空间。

其五，国外马克思主义的译介与借鉴。伴随改革开放的实践和教科书体系的改革，人们开始对苏联"正统"的马克思主义哲学重新定位，非正统的西方马克思主义从被排斥批评转为积极译介和研究，西方马克思主义作为高校课程进入大学教学体系中。近些年，国外马克思主义研究的热度不减，不仅在传统西方马克思主义上扩展了研究范围，而且对国外马克思主义的研究态度趋于客观正向。国外马克思主义的引入为中国马克思主义哲学研究带来了深刻的影响，并在一定程度上提供了可以借鉴的理论资源。需要进一步思考的是，在中国马克思主义哲学的理论创新上如何把国外马克思主义转化为一种内在的思想资源，为解决当代中国现代化的一些重大现实问题提供一些启发。

可见，以上马克思主义学科的五个研究领域尽管有不同的内容和特质，但在总体性上它们会不断实现整合，因为理论的生命力在于能够立足实践、回应现实，能够对中国问题作出中国式的回答。就此而言，虽然马克思主义哲学中国化并没有作为一个独立的学科存在，但就学界的研究状况而言，无论作为一个研究领域或研究方向，还是一种研究路径或研究范式，马克思主义哲学中国化在理论和实践的双重维度上都是不可或缺的。

根据国务院学位委员会、教育部〔2005〕64号文件部署，调整增设马克思主义理论一级学科，它包含马克思主义基本原理、马克思主义发展

---

① 汪信砚：《当代中国马克思主义哲学的研究范式》，《中国社会科学》2008年第2期。

史、马克思主义中国化研究、思想政治教育、中国近现代史基本问题研究和国外马克思主义研究6个二级学科。为此，我们可以把马克思主义哲学中国化学科作两种理解：一是作为哲学一级学科中的二级学科——马克思主义哲学中的侧重于实践和现实问题研究的马克思主义哲学中国化，二是马克思主义理论学科中的二级学科——马克思主义中国化中的侧重于思想和理论层面研究的马克思主义哲学中国化。由此可见，马克思主义哲学中国化是多学科、跨学科或交叉学科的结合。

为实施党中央"马克思主义理论研究与建设工程"的战略决策，中国社会科学院哲学研究所整合了所内从事马克思主义哲学中国化研究的科研力量，于2011年1月组建马克思主义哲学中国化研究室。目前确定的重点研究方向为：马克思主义哲学中国化的历史与理论研究，马克思主义哲学中国化、时代化、大众化研究，马克思主义哲学中国化与社会发展研究。在研究室组建之时，马克思主义哲学中国化学科也同时得以确立。可以说哲学研究所马克思主义哲学中国化学科是一门新兴学科，它作为与马克思主义哲学原理和马克思主义哲学史并列的一个独立的学科分支得以成立，并且与马克思主义哲学原理学科、马克思主义哲学史学科共同支撑起哲学研究所的马克思主义哲学二级学科。马克思主义哲学中国化研究室是国内唯一一家以马克思主义哲学中国化学科为主要研究领域的研究室，其他相关单位的马克思主义哲学中国化研究或者隶属于马克思主义中国化学科，或者隶属于马克思主义哲学学科，尚未将马克思主义哲学中国化作为一个独立的学科单列出来，因此，哲学研究所的马克思主义哲学中国化学科在国内这方面的研究中起到了引领学科发展方向的重要的奠基作用。这可以从近些年马克思主义哲学中国化学科的前沿报告、发展综述和研究报告中获得证明。由于马克思主义哲学中国化学科成立时间较短，大部分研究还处于起步和初创阶段。

根据哲学研究所马克思主义哲学学科和马克思主义哲学中国化学科发展的现状，我们认为，马克思主义哲学中国化的发展方向包括以下几个方面。

第一，从马克思主义哲学发展史和中国近现代革命发展史相结合的角度来研究马克思主义哲学中国化。中国的马克思主义哲学发展史和中国的近现代革命发展密切结合，这一历史实际上就是马克思主义哲学中国化的历史。我们研究马克思主义哲学中国化，就要从革命史和哲学史相结合的角度来研究，总结马克思主义哲学中国化的规律，发掘马克思主义哲学中国化的理论内涵。

第二，把马克思主义哲学的基本原理与马克思主义哲学中国化相结合研究。具体而言，在研究马克思主义哲学中国化的过程中，要把马克思主义哲学的基本原理如唯物史观、辩证法、社会发展理论、人的发展理论、认识论等与马克思主义哲学中国化的研究结合起来，着重研究这些基本理论在中国发展中的特殊表现形式和理论形态。

第三，马克思主义哲学中国化与中国特色社会主义理论体系的关系研究。中国特色社会主义理论体系，是马克思主义中国化的成果，是马克思主义基本原理与中国现实相结合的产物，其理论基础在于马克思主义哲学的中国化，因此，探究中国特色社会主义与马克思主义哲学中国化的关系，是马克思主义哲学中国化研究的重要方面。

第四，马克思主义哲学中国化的话语体系研究。马克思主义哲学中国化，在一定意义上是让西方哲学说汉语，是把西方哲学的话语切合中国的语境，用中国独特的语言表达出来，成为地道的中国哲学。因此，马克思主义哲学中国化的研究的一个重要方面即马克思主义哲学中国化的话语体系研究。

第五，把马克思主义哲学中国化的研究放置到世界文化思想发展的背景下研究，学习和借鉴世界文明成果，特别是将马克思主义哲学中国化研究与国外马克思主义研究结合起来，在学术对话和思想碰撞中拓展马克思主义哲学中国化的世界视野。

二　马克思主义哲学中国化研究状况分析

最早提出马克思主义哲学中国化概念的是1938年4月艾思奇在《哲学的现状和任务》中指出："现在需要来一个哲学研究的中国化、现实化的运动。"[①] 这里的哲学中国化，即为马克思主义哲学中国化。而马克思主义中国化这个概念的正式提出是毛泽东在1938年10月的中共六届六中

[①] 《艾思奇全书》第2卷，人民出版社2006年版，第490页。

全会所做的《论新阶段》的报告。"马克思主义必须和我国的具体特点相结合并通过一定的民族形式才能实现。……离开中国特点来谈马克思主义，只是抽象的空洞的马克思主义。因此，使马克思主义在中国具体化，使之在其每一表现中带着必须有的中国的特性，即是说，按照中国的特点去应用它，成为全党亟待了解并亟待解决的问题。"① 也就是说，从时间顺序上看，作为理论基础的马克思主义哲学中国化的提法先于马克思主义中国化的表述，只有实现马克思主义哲学与中国现实、中国文化的结合，才能发挥科学的理论指导中国的革命、建设和改革的实践，实现马克思主义中国化。

毫无疑问，马克思主义中国化是马克思主义研究的主流话语，特别是马克思主义中国化成为马克思主义理论学科的分支学科以来，关于马克思主义中国化的研究成果与表述形式众多，大大推动了马克思主义中国化的学科建设。比较而言，马克思主义哲学中国化没有构成马克思主义哲学学科的主流话语，马克思主义哲学中国化的研究在学科建制构成、研究队伍数量、研究成果种类方面都相对较弱势，这也是马克思主义哲学在当下"失语"的重要原因，应当引起我们的关注与思考。

20世纪90年代的经济全球化和中国社会的转型，从根本上改变了人们的生活方式和思维方式，为了回应世界性的现代化思潮和中国特色社会主义实践的发展，马克思主义哲学中国化研究成为中国哲学界关注的主题，体现了马克思主义哲学研究者主体性精神的觉醒。学界关于马克思主义哲学中国化的研究从取得的成果而言，无论是其历史、代表人物、问题、关系、经验、规律、意义，还是其内涵、实质、视角、路径、范式和方法都已经有众多论述，对中国化的马克思主义哲学的发展起到了重要的作用。概括而言，可以把马克思主义哲学中国化研究的内容归纳为以下的问题。

第一，马克思主义哲学中国化的发展历程和重要代表人物研究。以时间、重要事件、重大问题和主体对象等为划分依据梳理马克思主义哲学中国化发展历程，学界已形成基本共识，即马克思主义哲学在中国的发展历程，也是马克思主义哲学中国化的过程。在不同的历史时期，中国人对马克思主义哲学的理解是不同的，马克思主义哲学中国化是中国的马克思主

---

① 《毛泽东选集》第2卷，人民出版社1991年版，第534页。

义者从自己的国情与实际需要出发，对马克思主义哲学能动选择和重新诠释的过程，由此形成中国特色的马克思主义哲学。

马克思主义哲学中国化的历史脉络梳理中，一些重要代表人物的思想越来越得到学者们的关注和研究。包括早期具有初步共产主义思想倾向的知识分子李大钊、陈独秀，中国革命、建设和改革实践的领袖人物毛泽东、邓小平、江泽民、胡锦涛、习近平等，深耕马克思主义基本理论与实现马克思主义哲学创新的李达、艾思奇等重要代表人物的思想，学界大多以生平传记、思想发展、理论贡献与得失等多方面开展了深度研究。研究表明，中国的马克思主义者是从中国传统文化精华中走向马克思主义的，同时，他们自觉把马克思主义哲学植根于中国的文化土壤和具体的革命实践中，以此实现马克思主义哲学中国化。

第二，马克思主义哲学中国化研究的前提和内涵。研究马克思主义哲学中国化需要解决的前提性问题是，对"马克思主义哲学中国化"的研究是否具有合法性。对这一命题持怀疑甚至否定态度的观点认为，以马克思主义哲学为指导的中国革命和建设实践已经成功，马克思主义哲学中国化已经成为事实，再去思考这一命题的合法性是多余之举。但是，事实存在并不排斥逻辑论证，并且学理上的研究更能确证马克思主义哲学中国化存在的合法性。

为此，马克思主义哲学中国化是指马克思主义哲学在中国的应用和发展，在内容上具有其他国家的马克思主义哲学所没有的中国特色。这种界定是依据毛泽东的论述，从内涵上具体包括两个方面：一是马克思主义哲学与中国的具体实践相结合，把马克思主义哲学应用于中国的具体环境；二是马克思主义哲学与中国的传统文化相结合，使马克思主义哲学具有"为中国老百姓所喜闻乐见的中国作风和中国气派"[①]。这实质是如何把握马克思主义哲学的普遍性与特殊性关系的问题，研究马克思主义哲学中国化既要研究马克思主义哲学自身的特殊性，找出它发展的一般规律，同时研究马克思主义哲学的中国接受者在不同时期的实践需要和历史文化背景等方面的特殊性，说明它是怎样"中国化"的，又在不同时期"化出"了不同的马克思主义哲学。

[①] 《毛泽东选集》第3卷，人民出版社1991年版，第841页。

第三，马克思主义哲学中国化研究范式与研究视野。决定科学发展的，不仅是科学的理论和内容，更重要的是科学的结构和形式，这是库恩的"研究范式"予以我们的启示。从哲学范式转换为研究进路，新中国成立以来的中国马克思主义哲学围绕哲学教科书体系的形成与重构可以分为三个阶段和三种范式：即20世纪80年代的教科书阶段和教科书研究范式，20世纪80年代至90年代重构马克思主义哲学体系的教科书改革阶段和教科书改革范式，20世纪90年代以原教科书为背景提出问题的后教科书阶段和后教科书范式。社会生活的急剧变化和新的社会实践需要有新的理论范式进行解释、变革与评价，以马克思主义哲学中国化为研究范式开展当代中国马克思主义哲学研究已经成为学界共识。马克思主义哲学中国化研究范式的转换与创新既是当代中国社会发展的客观要求，也能够回应中国社会的发展和中国文化变革的问题，从而揭示马克思主义哲学的中国特色和中国风格，推进当代中国马克思主义哲学的发展。

就理论本质而言，中国马克思主义哲学是世界马克思主义哲学的有机组成，马克思主义哲学中国化的过程同时也是马克思主义哲学世界化的过程。马克思主义哲学是世界性的哲学，它植根于社会化的大生产和近现代科学技术的发展，积极扬弃以往人类哲学和文化的优秀成果。我们在深化马克思主义哲学中国化研究的路径时，自觉形成开放的视野，关注和研究西方理论界的动态，关注当今世界发展和人类文明新进程，对其作出理论上的分析、判断和概括，积极有效地营造思想文化交流的语境，为当代马克思主义哲学中国化提供创新发展的路径。基于此，马克思主义哲学中国化研究既要立足中国国情和本民族特色，树立中国眼光和中国视野，又要兼顾世界发展现状和人类总体图景，具备全球眼光和世界视野，实现马克思主义哲学中国化研究的"中国向度"与"世界向度"的统一。

从上述取得的研究成果来看，尽管类似的论述依然在继续，其价值亦不容抹杀。为进一步揭示马克思主义哲学中国化的理论实质及其对中国问题进行的理论解答，我们还要从马克思主义哲学中国化的研究成果中提出仍然存在的问题，这既是现实层面的马克思主义哲学中国化的实践诉求，也是学术层面的马克思主义哲学中国化的理论自觉。概而言之，马克思主义哲学中国化研究中仍需推进两个主要问题的结合。

其一，中国的马克思主义者如何实现马克思主义哲学中国化的理论研究与中国社会主义实践的有机结合。

马克思主义哲学中国化是中国的马克思主义者在社会主义实践中从自己的实际需要出发对马克思恩格斯哲学思想所作的选择。这个问题一方面涉及如何处理学术性与现实性的关系，一方面涉及如何看待理论与实践结合的问题。马克思主义哲学中国化既需要对马克思主义哲学的经典和文本进行准确解读阐释，同时又不能把它看作书斋中按照学科分类进行的"纯学术"研究的过程，我们应充分考虑时代发展和现实生活的需求，把对马克思主义哲学的研究与人们的生活世界对应起来，对不同时期的中国问题做出理论层面的指导。

就如何实现理论与实践的统一问题，有学者提出了理论与实践的结合存在两种方式：机械结合和有机结合。机械结合强调理论意义，实践只是证明理论正确性的中介和工具。而有机结合强调理论中的实践内容，理论只是实践的外壳，理论的全部意义在于实践。[①] 马克思主义哲学形成的道路是由马克思通过对历史学、经济学和社会主义学说的研究与政治生活实践相结合而创立的，由此，把马克思主义哲学中国化的理论研究与中国社会主义实践实现有机结合是中国马克思主义者的使命与担当。

其二，关于马克思主义哲学与西方哲学思潮、中国传统文化的对话改造问题。

关于马克思主义哲学与西方哲学关系的思考，研究的成果更多体现在对早期中国的马克思主义者与当时传入中国的其他西方思潮的代表人物，研究的风格更多以批判和否定居多的各种思想争论，如问题与主义的论战、关于社会主义的论战、东西文化论战、唯物辩证法论战等。而对20世纪80年代以来出现"西方思潮热"，则更多地进行了分学科的独立研究，20世纪90年代开始，全球化的推进使世界走向对话的时代，与西方哲学的对话成为准确理解马克思主义哲学精神实质、推动当代马克思主义哲学中国化和中国马克思主义哲学世界化的重要途径，若能在马克思主义哲学与西方哲学之间不仅形成对话交流，还能够切实做到对中国现实发展的理论借鉴整合，这对于双方都是有所助益的。"共同的时代性语境域和

---

① 陶德麟、何萍主编：《马克思主义哲学中国化：历史与反思》，北京师范大学出版社2007年版，第200页。

问题域使得中国的马克思主义哲学与现代西方哲学在当代相互探讨、相互借鉴成为有意义而且可能。"①

关于马克思主义哲学与中国传统文化的关系讨论始于 20 世纪 90 年代,从文化背景和时代特征而言,马克思主义哲学是资本主义工业化时代产生的科学理论体系,中国传统文化是以小农经济为基础的前现代的封建文化。马克思主义哲学中国化就是要对中国传统文化实现变革,即促成中国传统文化向现代转型。在这一过程中,马克思主义哲学的科学研究方法取代了中国传统文化的直觉体悟方法,马克思主义哲学自身的科学理性和人道主义精神改造了中国传统文化中的蒙昧主义和封建主义因素,不断推进中国传统文化的现代化。同时,中国传统文化参与了对马克思主义哲学的选择、理解、补充和创新,可以确证,马克思主义哲学在正确解答中国的现代化问题和创造中国的新思想、新文化的活动中成为中国先进文化的代表,并从中获得了中国文化身份的合法性。

三 新时代马克思主义哲学中国化的发展创新

哲学是时代精神的精华,问题是时代的声音。马克思主义哲学中国化是世界马克思主义哲学发展历程的重要组成部分,它既是马克思主义哲学走入中国人的精神世界并深刻改变中国社会现实的过程,也是中国的马克思主义者深入研究和发展马克思主义哲学的过程。

从社会发展的实践层面而言,马克思主义哲学中国化是中国的马克思主义者在社会主义实践中,从中国的实际需要出发对马克思主义哲学思想所作的选择与创新。中华民族实现从站起来、富起来到强起来的历史性飞跃,彰显了对一个多世纪的中国人精神生活的变革过程,是中国人民认同马克思主义哲学的真理性过程的验证,明确了马克思主义哲学中国化的指导地位。马克思主义哲学中国化是把马克思主义哲学的普遍真理和中国革命、建设和改革实践相结合,是中国几代马克思主义者集体智慧的发展过程,在中国近现代发展史上实现了三次历史性飞跃,形成了三种马克思主

---

① 王南湜:《马克思主义哲学与现代西方哲学:有意义的对话何以可能》,《学术月刊》2001 年第 8 期。

义哲学中国化的理论形态：第一次是在中国革命和建设时期，以毛泽东同志为核心的中国共产党带领中国人民实现民族解放和国家独立，中华民族实现站起来的历史性飞跃，形成了毛泽东思想，这是马克思主义哲学中国化的第一次理论飞跃。第二次是在中国改革时期形成的中国特色社会主义理论体系，是马克思主义哲学中国化的第二次理论飞跃。它具体包括围绕着"什么是社会主义，怎样建设社会主义"为核心主题的邓小平理论，围绕着"建设什么样的党、怎样建设党"为时代主题的"三个代表"重要思想，围绕着"实现什么样的发展、怎样发展"为当代主题的科学发展观，共同开辟了中国特色社会主义道路，中华民族实现富起来的历史性飞跃。第三次是中国特色社会主义进入了新时代，中华民族实现强起来的历史性飞跃，形成了习近平新时代中国特色社会主义思想。习近平时代中国特色社会主义新思想系统回答了"新时代坚持和发展什么样的中国特色社会主义、怎样坚持和发展中国特色社会主义"这一重大时代课题，这是马克思主义哲学与中国实际、中国传统哲学文化相结合的最新篇章，是理论创新和实践创新的最新成果，是马克思主义哲学中国化的第三次理论飞跃。

毋庸置疑，马克思主义哲学中国化研究的主要任务是解决马克思主义哲学在中国的应用问题，关注的是马克思主义哲学在中国实践中的指导意义以及马克思主义哲学的基本理论与中国实践的关系问题，换言之，中国的马克思主义哲学"关注的中心问题一开始就是、并且始终是中国社会的发展和进步，就是中华民族的振兴与中国人民的解放和幸福"。[①] 为实现中国的马克思主义哲学的创新发展，我们不仅要关注马克思主义哲学中国化的内部实践运动，还要关注马克思主义哲学中国化的理论本身，研究中国马克思主义哲学的理论性质和特色，应对中国马克思主义哲学所面临的种种理论挑战，即马克思主义哲学中国化研究的主要任务是解决中国马克思主义哲学所面临的重大理论问题。目前存在的问题是，理论形态明显落后于实践形态。马克思主义哲学中国化不仅是一个意识形态层面上的问题，同时也应是一个学术上的理论问题，这关系到中华民族理论修养与民族智慧的问题。因此，马克思主义哲学中国化不仅要立足于中国的当代现

[①] 陶德麟、何萍主编：《马克思主义哲学中国化：历史与反思》，北京师范大学出版社2007年版，第581页。

实，关注中国的社会现实变革，而且要从哲学的高度实现理论形态的创新。

在新的历史条件下，我们面临的重大战略任务是要加快构建中国特色哲学社会科学，即"着力构建中国特色哲学社会科学，在指导思想、学科体系、学术体系、话语体系等方面充分体现中国特色、中国风格、中国气派"①。这意味着我们应当充分发挥哲学的反思功能和前瞻功能，努力推进马克思主义哲学中国化的理论创新。马克思主义哲学中国化的发展创新就是从学术形态上使马克思主义哲学中国化，就是怎样运用汉语话语系统研读马克思主义哲学的经典文本，从学理上对马克思主义哲学中国化的诸多基本问题进行深入研究，用马克思主义哲学改造传统的中国哲学，实现"马克思主义哲学中国化"的研究范式转换和学科体系的完善发展，使马克思主义中国化三大理论成果的研究得到进一步加强，创造中国化的马克思主义原创体系。显而易见，马克思主义哲学的中国化过程同时也是中国的马克思主义哲学的创新发展过程。

习近平总书记发表"5·17"讲话提出了加快构建中国特色哲学社会科学的重大论断和战略任务，深刻阐明了加快构建中国特色哲学社会科学的三项原则：体现继承性、民族性；体现原创性、时代性；体现系统性、专业性。新时代中国马克思主义哲学能够明确自己所担负的时代使命：深刻地反思社会现实，以思想的深邃和理论的凝练来回答我们时代的根本性问题，最终为广大人民群众提供精神支撑和力量，为我国经济、社会的持续发展指明方向。与此同时，我们还应当为构建新时代的具有中国特色的哲学体系做出贡献，为传承和发展中华文明做出贡献。这方面尤其要关注以下几个问题：其一，对人类历史上和当下创造的一切理论和学术成果，我们既不能生搬硬套，也不能一味拒斥，而是要加以分析鉴别，比较对照，只要是有利于当代中国发展和世界进步的，我们就应当加以借鉴和吸收，使其适应中国的土壤，成为中国新时代哲学社会科学的一部分。其二，时代在进步，社会在发展，由此就会不断产生、涌现许多新问题，仅仅依靠以前的经验、方法，是不足以彻底解决这些新问题的。这就需要我

---

① 习近平：《在哲学社会科学工作座谈会上的讲话》，2016年5月17日，新华网（http://www.xinhuanet.com/politics/2016-05/18/c_1118891128_3.htm）。

们解放思想，实事求是，以问题为导向，从中国特色社会主义建设实践中挖掘新材料、新内容，提出新思路、新理念、新方法，提炼出有学理见解的新理论、新学说，努力推动哲学社会科学的创新和发展。其三，在注重国家重大理论问题和实践问题研究的同时，我们还要注意哲学学科体系自身的建设，不断探索学科发展的内在规律，学习用学术语言总结和概括在实践中获得的经验和做法，真正实现为党和国家的建言献策与哲学方面的述学立论达到内在统一。

(作者单位：中国社会科学院哲学研究所)

从哲学史到哲学
——中国哲学知识体系的回顾、反思与重构

陈霞

清末民初以来，中国学界就开始探索、力图建构中国哲学知识体系。本文将回顾这个建构的历程及学界的反思，指出当代中国哲学知识体系的重构需要从哲学史转向哲学。

一 第一个中国哲学史知识体系——终结经学

1840年以后，中国遇到了"数千年未有之变局"。为应对这种剧变，亟需进行教育改革。1902年颁布的《钦定大学堂章程》和1904年颁布的《奏定大学堂章程》，具有了中国现代学制的雏形，延续千年的科举制随之废除。遗憾的是这两份开启教育改革的纲领性文件均未设立"哲学"学科，"哲学置之不议者，实亦防士气之浮嚣，杜人心之偏宕"，因为"哲学主开发未来，或有骛广志荒之弊"[①]。针对这种误解和恐慌，王国维1903年发表《哲学辨惑》一文，指出：一、哲学非有害之学；二、哲学非无益之学；三、中国现时研究哲学之必要；四、哲学为中国固有之学；五、研究西洋哲学之必要。分科大学章程的最大缺点即在于没有设立"哲学"一科。[②] 辛亥革命以后的1913年，民国政府颁布《教育部公布大

---

① 朱有瓛主编：《中国近代学制史料》第2辑上册，华东师范大学出版社1987年版，第66页。

② 王国维：《王国维文集》第3卷，中国文史出版社1997年版，第3页、第69页。

学规程》，把"哲学"单独立科，随即终结了封建社会的国家意识形态——经学。对"哲学"之名的设立不能等闲视之，它是在甲午战败后中华民族陷入深重的民族危机之时进入中国学术界的，和它一同出现的就是对中国教育制度和政治制度进行改革的呼声。[①]

经学终结后新建的中国哲学是一种知识体系。1919 年，胡适在《中国哲学史大纲》中提到："我做这部哲学史的最大奢望，在于把各家的哲学融会贯通，要使他们各成有头绪条理的学说。"[②] 蔡元培在这部著作的序中说"我们要编成系统，古人的著作没有可依傍的，不能不依傍西洋人的哲学史。"胡适这里所说的"有头绪条理的学说"、蔡元培所说的"系统"，就是第一个有关中国哲学的知识体系。在这套体系里，宇宙论、人生论、知识论等被大量应用于分析中国哲学。

这套体系是以西方哲学为参照的。冯友兰在 1931 至 1934 年出版的《中国哲学史》提到："哲学本一西洋名词。今欲讲中国哲学史，其主要工作之一，即就中国历史上各种学问中，将其可以西洋所谓哲学名之者，选出而叙述之。"[③] 1937 年，张岱年在《中国哲学大纲》的自序中明确指出"如此区别哲学与非哲学，实在是以西洋哲学为表准"[④]。第一个中国哲学知识体系是以西方哲学的形式将中国古代文本中的部分内容构建为可普遍理解和检验的知识系统。这是中国传统思想在继承中的发展，是一次飞跃。

二 第二个中国哲学史知识体系——以马克思主义为指导

虽然"西学东渐"早已开始，但以哲学来推动中国思想革命的是马克思列宁主义的传入。辩证唯物主义和历史唯物主义在中国推动的思想革

[①] 李存山：《经史传统与中国的哲学和学术分科》，《中国哲学史》2019 年第 2 期。

[②] 胡适：《中国哲学史大纲》（卷上），《胡适学术文集·中国哲学史》，中华书局 1991 年版，第 28、1 页。

[③] 冯友兰：《中国哲学史》（上），《三松堂全集》第二卷，中华书局 2016 年版，第 245 页。

[④] 张岱年：《中国哲学大纲》，《张岱年全集》第二卷，中华书局 2017 年版，自序第 1—2 页。

命与政治革命、社会革命结合在一起，极大地改变了中国。随着马克思主义传入而成立的中国共产党一开始就明确了其指导思想是马克思主义。各个学科都要以马克思主义的立场、观点和方法为指导，中国哲学也不例外。

冯友兰1949年10月5日致信毛泽东，表示"准备在五年内用马克思主义的立场、观点、方法重新写一部中国哲学史"。① 学界迅速出现了运用马克思主义研究中国哲学史的成果，如冯友兰1950年发表的《中国哲学底发展》、张岱年、任继愈、朱伯崑随即联合编写的《中国哲学史讲授提纲》，1963年作为全国文科统编教材问世的任继愈主编的《中国哲学史》。这套知识体系采用唯物主义、唯心主义、辩证法、奴隶社会、封建社会、阶级、不同时期的阶级特点、劳动人民、反动、革命等新术语，对社会历史、个体身份、思想形态进行了描述与评价。②

由于受到苏联日丹诺夫关于哲学史"就是唯物主义与唯心主义斗争的历史"③ 的观点影响，中国哲学史研究把这个定义作为以马克思主义立场为指导的典范。但是，将这个范式运用于中国哲学，出现了不少偏颇之处，中国哲学界对死守教条的论点提出了质疑。之所以从中国哲学领域提出，因为在此领域这个定义的偏颇之处最明显。第一，按照历史唯物主义观点，在马克思主义出现以前，所有的社会政治思想和历史观都是唯心主义的。很多哲学家即使在自然观和认识论方面有唯物主义倾向，但在与阶级利益直接相关的社会政治思想和历史观领域却是唯心主义的。于是出现这样的情形，即唯物主义与唯心主义的斗争不存在于社会政治思想和历史观领域。第二，将阶级分析应用于中国古代哲学则发现，中国封建社会的哲学家绝大多数都和地主阶级有联系，一部中国哲学史要么代表大地主，要么代表中小地主，怎么分析他们之间的斗争呢？这个范式还引申出了经不起检验的"儒法斗争史观"。对这些问题的讨论不仅在教研室里进行，也已经见诸报端，并促成1957年1月在北京大学哲学系举办了"中国哲

---

① 冯友兰：《三松堂自序》，三联书店1984年版，第156页。
② 乔清举：《当代中国哲学史学史》，上海古籍出版社2014年版，第80—81页。
③ 日丹诺夫：《在关于亚历山大洛夫著〈西欧哲学史〉一书讨论会上的发言》，人民出版社1954年版，第5页。

学史座谈会",有100多位来自国内高校和研究机构的学者参加。① 这场讨论会的意义非常重大,影响及于20多年后的拨乱反正。

恩格斯说,马克思的整个世界观"提供的不是现成的教条,而是进一步研究的出发点和供这种研究使用的方法"②。40年前,我国经历了一次运用马克思主义方法克服教条主义而带来社会变革的思想事件,这就是关于真理标准的全国性大讨论。这场大讨论冲破了"两个凡是"的严重束缚,摆脱了教条主义的负面影响。

三 反思中国哲学知识体系的建构

在中国古代经史子集的学术体系分类中,并没有一个独立的系统与西方所谓的哲学完全相当。近年来,以西方哲学为标准建构起的中国哲学史知识体系受到了质疑,产生了自我辩护的需要。"中国历史上存在着某种独立于欧洲传统之外的'中国哲学'吗?或者说,'哲学'是我们诠释中国传统思想之一种恰当的方式吗?……我们又是否可以(或者说应当)以'西方哲学'之'规'、'矩'来范围'中国哲学'之'方'、'圆'呢?"③ 这里的关键是中国哲学究竟是中国历史上本来就存在的,还是通过西方哲学解读中国历史上的非哲学文本而创造出来的?如果是后者,那么中国哲学就存在"合法性"的问题。

解决中国哲学的"合法性"问题既要看到其普遍性"哲学",又要看到其特殊性"中国"。这是以哲学之普遍性和特殊性回应合法性问题。张岱年在《中国哲学大纲》中就已经从此角度说明了中国哲学的正当性。如果哲学仅指西方哲学,与其相异者就是另一种学问,不能称为哲学,那么,中国思想也不能称作哲学。如果把哲学看作一个类称,而非特指西方

---

① 梁志学、陈霞,《论对立面的统一和斗争——对"中国哲学史座谈会"的反思》,《博览群书》2007年第7期。收入赵修义、张翼星编《守道1957——1957年中国哲学史座谈会实录与反思》,上海人民出版社2012年版。
② 《马克思恩格斯选集》第4卷,人民出版社1995年版,第743页。
③ 郑家栋:《"中国哲学"的"合法性"问题》,《中国哲学年鉴(2001)》,哲学研究杂志社2001年版,第1—2页。

哲学,那么,以哲学指称中国思想中的部分内容便不成问题。① 针对中国哲学合法性问题,学者们还提出了多种解决方案。有的学者认为应该讲述中国哲学自己,"以中解中"。如张立文指出:"中国哲学决不能照猫画虎式地'照着'西方所谓哲学讲,也不能秉承衣钵式地'接着'西方所谓哲学讲,而应该是智能创新式地'自己讲'。'自己讲'讲的主体无疑是'自己','自己讲'也很可能是'自己照着讲'或'自己接着讲'。"② 有一种观点认为,解决此危机应该回到经学和子学。"既然我们所用的'中国哲学'之名,指的是过去经学与子学曾经思考的那个东西,那么,我们不妨就让它'名'副其'实',在'中国哲学'之'名'下,回归到经学与子学中去。"③

这些年来,学术界关于如何做中国哲学的反思从内容转向形式,从讨论什么转向如何讨论,存在着"照着讲"、"接着讲"、"对着讲","以中释中"、"以西释中"等争论。"哲学"虽然有大致的内涵和相对的稳定性,但也在不断被调整。既然哲学是一个历史的、变化的概念,既然哲学是一个"类称",西方哲学、中国哲学以及世界其他文明中的哲学都是其"特例",那么中国哲学的成立也就不存在问题。

四 重构当代中国哲学知识体系——从哲学史到哲学

百年来中国哲学界主要做的是哲学史,对人物、文本、历史有不少研究,但缺乏深入系统地对相关哲学学理问题的探索、对当代社会现实问题的关注和回应,缺乏原创性的哲学体系。我们今天拥有近代以来中西哲学互动的积累,前辈学者在此方面所作出的努力为我们打下了坚实的基础,是一笔宝贵的财富。我们还能够调动世界哲学资源。现在可以更为从容、深入思考和推动当代哲学知识体系的重构。

---

① 张岱年:《中国哲学大纲》,《张岱年全集》第 2 卷,第 2—3 页。
② 张立文:《中国哲学的"自己讲"、"讲自己"——论走出中国哲学的危机和超越合法性问题》,《中国人民大学学报》2003 年第 2 期。
③ 郭晓东:《也谈中国哲学的研究方法——对"中国哲学的合法性问题"及"反向格义"说的回应》,朱刚、刘宁主编《欧阳修与宋代士大夫》,上海人民出版社 2007 年版,第 327—328 页。

王国维曾经强调："凡欲通中国哲学，又非通西洋之哲学不易明也。……异日昌大吾国固有之哲学者，必在深通西洋哲学之人，无疑也。"[1] 我们要立足于传统，但一定要避免走向封闭的特殊主义。从传统出发拥抱世界，展开与其他文明的对话，让世界了解中国哲学。只有在文明对话的互动之中，中国哲学才能够走向世界，取得进一步的发展。

中华文明在实现哲学突破的时候，思想家对自身与外部世界关系的思考突破了个体和族群的狭隘眼界，使用着具有全球性质的"天下"、"四海"、"四方"等术语，儒家的"修身齐家治国平天下"，道家的"修之于天下，其德乃普"，都具有普遍主义精神和超越情怀，对关乎世界的根本存在方式和人之为人等基本问题进行着哲学的思考。近代以来，中国哲学也曾经影响过西方社会。在启蒙运动初期，中国的治理由于没有一个凌驾于世俗政权之上的教权，被认为是理性的、道德的、有效的，而被"动荡的欧洲"当作"理想的模型"[2]。《老子》是当今外译最多的典籍之一，它具有高度的抽象性，直接切入具有普遍意义的哲学问题，其思想越抽象、越普遍，其影响就越广泛、越深入。虽然中国哲学对世界产生了一些影响，但总体说来，中国哲学没有真正走出去。创新基于我们对未来的想象。世界在塑造着未来的中国，中国同样在塑造着未来的世界。哲学影响力的关键在于对世界的塑造能力。中国哲学应该摆脱封闭狭隘，不能再关起门来做哲学，而应主动参与到国际学术共同体中，参与哲学的当代建构，为世界哲学提供中国哲学的思考视角。

中国传统哲学是以"我注六经"和"六经注我"的方式进行的，作者没有真正的独立性。现在应该进行新的研究范式转换，从"注经"转到根据现代社会人生的实际状况引出具体的论题，把研究重点从哲学史的梳理转到对哲学问题及其学理进行研究。真正的问题才是哲学的源头活水。围绕某个具体的问题，从各个方面长期地思考、研究、论证，从而建立起解释此问题的理论体系。

中国传统哲学是落实于行动中的哲学，是关于"生命的学问"，是心

---

[1] 《哲学辨惑》，《王国维文集》第3卷，中国文史出版社1979年版，第5页。
[2] 转引自朱谦之《中国哲学对于欧洲的影响》，福建人民出版社1985年版，第188—189页。

性之学。中国哲学修身和实践主要在于道德方面，但支撑我们人生的这些道德信条的根据是什么？我们对此缺乏知识论的论证。由于西方主流哲学把哲学的关注集中在对实在的认识上，寻求以命题的形式表达思想，主体的道德修养便被看作是宗教的事务①。这样，关注主体修身、体悟、致良知、慎独等中国传统思想便被理所当然地归到了宗教学的研究领域。叶秀山认为"哲学"之成为知识是可以建构的，即由"否定"的环节转化为"思辨"的"建构"，使"哲学"成为关于"绝对"的"思辨知识体系"。这个"否定"的"哲学精神"和"逻辑环节"在"中国哲学"传统中，是需要学习的。② 我们曾经不追求理论而强调实效，不注重知识体系建构而强调经验，但今天在强调实效与实践的同时，也要追求理论表述。这就需要一个理性的、知识论的环节，提炼出清晰的概念和范畴，逐渐把这些概念和范畴通过逻辑分析论证成一个系统、严格、周密、明晰、可操作的、供批判性检视的理论。这个过程的每一步都需要严格的界定和推理。它即要求问题是开放的、反思性的，也要求论证过程是透明有序的，对话者可以在任何一个环节参与其中，从而使讨论明确有效。③

重构当代的中国哲学知识体系，在以下方面深入和创新。20 世纪以来的西方哲学似乎是一个形而上学不断衰落的时代。中国哲学研究领域对此却给予了相当程度的重视。牟宗三认为真正的形而上学不仅要对人之为人、道德之为道德的依据有所说明，还要对宇宙万物的存在及发展有所说明，他提出"境界形态的形而上学"和"实有形态的形而上学"。"境界形态的形而上学"有别于逻辑思辨式的形而上学，它是通过实践的途径而不是依赖逻辑分析、不是既成性而是生成性、不是外在性而是内在性的形而上学。④ 斯特劳森（Peter Strawson）认为中国哲学可以发展为一门以中文思维结构为对象的描述性形而上学（Descriptive Metaphysics），从而与修正性形而上学（Revisionary Metaphysics）相区分。描述性形而上学可

---

① 杜维明说中国哲学是"宗教性的哲学"。杜维明：《论儒学的宗教性——对（中唐）的现代诠释》，武汉大学出版社 1999 年版，第 106 页。
② 叶秀山：《对于中国哲学之过去和将来的思考》，《江苏行政学院学报》2016 年第 1 期。
③ 路强、罗传芳：《面向世界与未来：中国哲学现代转型的现实要求——罗传芳研究员访谈录》，《晋阳学刊》2019 年第 2 期。
④ 陶悦：《试论牟宗三"境界形态的形而上学"之构建》，《哲学研究》2019 年第 2 期。

以揭示并阐明我们思考世界的概念结构的最一般的特征；而修正性形而上学则认为现实世界与我们在日常语言中的世界有异；要把握真正的现实结构，必须抛开或改变我们的日常思维。无需拒斥描述性形而上学，分析哲学需要它。① 杨国荣提出"具体的形而上学"，以区别于西方的抽象形而上学和后形而上学，其旨趣在于从本体论、道德哲学、意义理论等方面阐释人与人的世界。② 上述几种形而上学之提出和建构有助于我们更为深入地阐释中国哲学的特质，并使之提升到形而上的高度。在西方哲学界已发出"形而上学终结"的慨叹时，仍能立足于中国传统学术资源，建构起形而上学理论的新形态，这无疑将使世界哲学更上一层楼。

在本体论上，中国哲学创建之初的很多哲学家已经开始从事这方面的建构，如冯友兰、金岳霖、马一浮等人的"新理学"，熊十力、梁漱溟、贺麟等人的"新心学"，张岱年的"新气学"等。改革开放以后，李泽厚、冯契等人也都先后提出了自己的哲学学说。牟钟鉴、陈来等人在致力于当代中国本体论的建构。③

在思维方式上，中国哲学具有不同于因果性逻辑思维的"关联性思维"特征。在宇宙观方面，中国哲学的天人关系是一种审美式的关系。我们更倾向于把生活看成一门艺术而不是科学，对世界的认识开始于个体的独特性、重要性，强调这个人、这件事与这个环境的相互关系。④ 事物没有前定的本质，事物的性质是由它们与周围环境的关系决定的。如果从本质出发来规定目的，则易忽视事物的互相联系。逻辑构造中的抽象原则具有优先性，美学秩序则把具体的、特殊的放在首位，过程和变化优先于形式和静止、暂时的和协商性的平衡优先于决定的和目的论的平衡、动态的和放射状的中心优先于限定的边界。⑤ 现在的自然科学、社会科学、人文科学分科导致我们缺乏对世界的完整理解，中国哲学具有的关联性思

---

① 余纪元：《通过斯特劳森而思》，《世界哲学》2006 年第 4 期。
② 杨国荣：《具体的形上学》，《哲学分析》2011 年第 4 期。
③ 牟钟鉴：《新仁学构想——爱的追寻》，人民出版社 2013 年版，序第 4 页。陈来：《仁学本体论》，生活·读书·新知三联书店 2014 年版，第 1 页。
④ Roger T. Ames, "Putting the Te back into Taoism", in *Nature in Asian Traditions of Thought: Essays in Environmental Philosophy*. Albany: State University of New York Press, 1989.
⑤ Roger T. Ames, "The Local and the Focal in realizing a Daoist World", in *Daoism and Ecology: Ways within a cosmic landscape*, pp. 264—280.

维、美学秩序特征对整体性、关系性的注重而形成的知识应该重新获得价值。

伦理学方面,在义务论、目的论、功利主义、德性伦理等之外,安乐哲(Roger Ames)和罗思文(Henry Rosement)将儒家的正名思想用角色伦理加以归纳①。在信仰方面,杜维明提出精神人文主义,对启蒙运动加以反思。精神人文主义注重精神性,从而避免世俗人文主义因去魅而缺失的对精神的关照;它又是人文的,从而不再重蹈中世纪宗教对其他领域的宰制。② 政治哲学方面,赵汀阳演绎了天下体系这一新观念,认为需从政治的世界观层面上创造出具备世界尺度思考规模且关乎世界制度的先验政治世界观。这样的世界观即超越了个人权利,也超越了国家利益。天下体系就是"以天下观天下"的具有世界尺度的独特世界观。③

斯特劳森(Peter Strawson)曾说:"任何哲学家,只有当他能够用他自己时代的术语重新思考先驱者的思想时,才能理解这些先驱者。"④ 以上仅举例说明中国哲学界从形而上学、本体论、思维方式、伦理学、宗教哲学、政治哲学、环境哲学、过程哲学等方面创造性地提出的概念、范畴和命题,这都是在用当代新创的话语梳理中国传统哲学,归纳其重要特色,在使得中国哲学成为具有当代性的知识体系方面进行了极富启发的尝试。

五 结束语

从古至今,中国哲学就一直在不断地被选择、被创造,没有一成不变的中国哲学。现代人有现代人的需求,中国哲学要影响和指导现代人的生活,它自身也需要进行与现代社会相协调、相适应的改变。中国哲学的现代转换是同中国社会的现代转型相一致的。哲学的现代转换与人的思维和

---

① 安乐哲、罗思文:《〈论语〉的孝:儒家角色伦理与代际传递之动力》,《华中师范大学学报》(人文社会科学版)2013年第5期。

② 杜维明:《建构精神性人文主义——从克己复礼为仁的现代解读出发》,《探索与争鸣》2014年第2期。

③ 赵汀阳:《天下体系:世界制度哲学导论》,江苏教育出版社2005年版,第2页。

④ 转引自余纪元:《通过斯特劳森而思》,《世界哲学》2006年第4期。

观念的转化是相互影响的。在这个过程中,"审辩思维"是重要选择之一。《中庸》就提到"博学之,审问之,慎思之,明辨之,笃行之"。"审"、"辨"的含义已经寓于《中庸》这段文字中了。审辩思维是有目的地不断进行自我调整判断的能力。这种判断表现为解释、分析、评估、推论,以及做出判断所依据的证据、概念、方法、标准和其他必要背景条件的说明。审辩思维表现在认知和人格两个方面,突出特点是凭证据讲话、合乎逻辑地论证自己的观点、善于提出问题、对自身的反省、对不同见解的包容、对一个命题适用范围的认识、果断决策并承担责任。我们曾经倡导"知识就是力量",但现在和未来,我们也应该认识到"思维即力量"。

我们的传统文化以道德文化见长。传统道德主要以情感作为道德的根基,其优势是能直接决定人的行为意愿,理性中的观念则难以引起人的行为。现代社会人口流动性增大,我们更多的处于陌生人的社会。陌生人之间的道德约束,不来自于自然的情感,而是通过理性而建构起来的。由情入理,使我们的社会既合情、也合理。

每个人都归属于某个民族,应该站在生育自己的大地上,为自己的祖国服务,但我们也在致力于构建人类命运共同体,这就要求我们有更宽的视野,尤其是在全球化时代,有很多跨民族、跨国家的问题需要全人类去共同面对。这就要求我们既要服务于自己的祖国,也要去研究普遍真理,维护天下正义,增进人的自由,促进人的全面发展。

哲学是智慧游戏,是人类精神的反思,人、精神、世界这些最普泛、最一般的事物是哲学的直接对象。哲学思想的酝酿、哲学体系的构建需要摆脱条条框框的束缚,需要学者的潜心思考、研究,需要自由、宽松、百花齐放和百家争鸣的环境。

传统的中国哲学体系性不强。鉴此,重构当代的中国哲学知识体系,推动中国哲学的范式转型,使其成为具有现代形式的世界哲学,是我们这一代人的使命。新的中国哲学知识体系针对的是现在和未来,但重构当代中国哲学知识体系不是推倒重来。一个有价值的东西一定是与历史有关的,所以我们应该继承前辈学者的成果,继续使中国哲学思想具有完善的哲学形式,让其思想精华在当今世界得到发扬,让民族的思想转化为全人类共享的精神财富。这也是中华民族伟大复兴的重要内容。未来的中国哲学知识体系要以变革现实为内在旨归,以其在实践中的深远为检验标准。全面而系统的中国哲学知识体系应该既是"中国的",也是"哲学的",当然也是"知识体系的"。

(作者单位:中国社会科学院哲学研究所)

哲学的问题与方法

尚杰

"本学科"和"中国哲学体系的建设问题"之间，究竟是一种什么关系？是种属关系吗？不是！是平行关系吗？不是！是外部关系吗？不是！是两个概念之间的关系吗？严格说来，也不是。我在文章中会不知不觉地对这些"不是"有所回答。

其次，"中国哲学"究竟指的是我们哲学所中哲史研究室所研究的哲学，还是指在中国所发生的哲学问题研究？我认为，如果我们承认哲学是一门科学，那么就应该指后一种情况。也许对照一下物理学，更能说清楚我的观点：物理学只有一个，国别可以忽略，中学课本有"物理学"，没有必要前面加上"中国"。换句话说，全世界的物理学家都用"物理语言"交流，没有障碍。人文学科如哲学与自然科学比较，其特殊性掩盖了人性的普遍性。这种特殊性指的是民族语言、风俗习惯等等，因此，当我们说中国哲学、法国哲学、德国哲学、英美哲学时，这些说法本身掩盖了真正的哲学问题是不分民族的，就像物理学问题一样。

如果我们承认哲学像物理学一样，是一门科学，那么它就属于全人类，在这个意义上，"中国哲学"这个提法是有意义的，它意味着我们中国人可以用自己的智慧对作为严格科学的哲学，做出自己的贡献，就像英国人牛顿与经典物理学，德国人爱因斯坦与相对论。但我在这里其实是想说，万有引力或者相对论究竟是谁发现的，其实并不重要，重要的是科学发现过程中的哲学问题本身，至于荣誉问题，无论是个人荣誉还是民族荣誉，都不属于元哲学问题、不属于形而上学问题。

从以上思考出发，我简要回应一下从"现代外国哲学"，主要是从20世纪欧洲大陆哲学，更主要是从后现代哲学出发，如何重新思考时代的哲学问题。如果大家认为我以上说的有道理，那么就应该同意我的这种思考，从广义上也属于"从本学科角度谈中国哲学体系的建设问题"。所谓"建设"属于"立"，但毛泽东有句话说得好："不破不立，'破'字当头，'立'就在其中了。"他说的"破"，在哲学上通常称作"批判"，也叫启蒙，或者说是思想解放。

具体说，我这里不说西方哲学或者中国哲学，而说哲学问题本身，在20世纪发生了翻天覆地的变化。这种改变是由于科学技术的迅猛发展，人类精神文明再不能重复18世纪之前的老问题了。老问题已经走到了尽头，观念论自身的可能性已经穷尽了。不是说彻底否定老问题曾经有过的辉煌、曾经对人类精神文明的启蒙作用，但是它们的高峰已过，重复老问题是没有出路的。比如说格律诗，唐朝是最高峰，当代人不可能写过唐朝人。再比如说油画在20世纪落伍了，为什么呢？因为人类发明了摄影艺术，画家不得不在素描之外另找出路，于是艺术家开始重新定义绘画，于是有了令人眼花缭乱的当代艺术。

那么，哲学问题发生了怎样的改变？一言以蔽之，改变哲学的提问方式。传统上哲学家这样提出问题：他们问事物是什么？世界的本源是什么？有人归纳为"我是谁？""我从哪里来"？"要到哪里去？"这种提问方式在康德那里达到了最高峰，就像格律诗在唐代的情形，康德问"我能知道什么？""我应该做什么？"，最终回答"人是什么？"。

我们不难发现，传统哲学问问题的方式，其实是大同小异的，可以广义地归结为"事物究竟是什么"，其中的关键词，在于"是"，也就是英文的being。在我看来，不必争论这个being究竟应该被翻译为"是"还是"存在"，因为两种翻译根据不同的上下文，都是正确的，两者都属于"什么"，其关键之处，在于它是一个含义已经被确立起来的概念，也就是"已经"。换句话说，传统哲学问题的要害，在于它是一种广义上的本体论，或者叫作"本质主义"。它是全部传统哲学概念的核心，全部概念都被纳入了对称意义上的对应体系之中，比如主观与客观、现象与本质。

当代哲学家发现，上述传统哲学的问问题方式，是一种整体论意义上的假装知道，它掩盖了它其实是在虚构，比如我问："这是什么？"回答"这是一张纸"，但是我怎么知道这是一张纸呢？因为我已经事先知道了什么是一张纸，知道了关于纸的定义。换句话说，我并没有说出任何新意，而只是在故纸堆里打转转、绕圈子。对此，维特根斯坦曾经做出这样的尖锐讽刺，他说："一个人把自己的手放在自己头上，然后就声称知道了自己的身高有多高。"

传统哲学问题的优点和缺点，或者说是"软肋"，都在于它脱离了活生生的生活世界、超越了经验世界，把这些距离我们身心最近的因素，从哲学之中剥离出去了。为了更清楚说明这个问题，我这里以笛卡尔著名的"我思故我在"为例。在得出这个近代哲学的第一命题之前，笛卡尔的普遍怀疑极尽疯狂之能事，他甚至说自己的身体是玻璃做的。总之，他的目的是说感性因素不可靠，剥离了全部感性因素之后，剩下了绝对可靠的、不可以进一步还原的因素，这就是"我思"，因此，"我思故我在"。那么，从此哲学就从"我思"出发，这等于从确定性出发、从理性出发，从已经规定好含义的概念出发，之后的全部观念论，全部德国古典哲学中，都可以从"我思故我在"之中，找到思想的种子。

笛卡尔代表的传统哲学把理性狭隘化了，他试图剥离感性、剥离做梦或者梦境、剥离疯狂，他根本没有意识到20世纪弗洛伊德所谓"无意识"领域对人的精神的巨大推动作用。我在这里也是批评德国观念论传统：因为根本就无法把感性因素、热情因素，甚至疯狂因素从理性领域剥离出去，为了说明这个问题，也许还是以美术作品为例更能说明问题。以模仿外部世界作为根本方法的传统油画与笛卡尔的"我思故我在"命题在本质上是相似的，至于为什么相似，限于时间关系，我这里无法具体展开。我以上说过了，传统油画势必被现代艺术流派所取代，我的例子是超现实主义绘画，大家现在可以在脑子里浮现任何一幅自己所熟悉的超现实主义绘画作品，然后，现在随我一起这样思考问题：这幅绘画作品没有模仿或者再现外部世界，它不来自外部世界的真实，它似乎在欺骗我们的感官，甚至就像是梦中的景象，总之，它纯属虚构，不与任何事物相似，但是，它并不是虚假的，因为作品中的色彩是真实的，它是绘画作品中最后的、也是最重要的因素，这已经是还原，而色彩本身就绘画而言是不可以再还原的艺术因素了，就像笛卡尔说"我思"是最后的因素，所以"我思故我在"。同样道理，却又可以反驳笛卡尔所代表的传统哲学问问题的方式，也就是说，哲学问题不可以直接从对于"这是什么"的回答出发，不可以从事物已经现成在场的情形出发，而要问事物究竟是如何出场的。

这个"如何"发生在"什么"之前，属于更真实、更原始的思考因素。就像一幅画并没有模仿外部世界，这幅画不过就是色彩本身带给人的感官快乐，就像音乐不过就是带给耳朵的情趣一样。色彩和乐音都是物质的因素，如果剥离掉这些因素，艺术作品就消失了。这个道理大家都会同意，但是我们考虑过没有，其实哲学也存在类似情况，就是说哲学并非是由现成摆放在我们面前的概念所组成的一个所谓哲学体系，就像小孩子搭积木那样，我们一会儿搭建一个唯心论，一会儿搭建一个二元论——20 世纪的哲学家说，要把哲学还原为真实的思考过程，进一步说，要把真实的思考过程还原为真实的写作过程，这就像 20 世纪的美术作品把绘画还原为色彩一样。这个问题，就属于我以上所谓"后现代哲学"领域中的一个重要问题，它消解或者说解构了现象世界与本质世界二元对立的"本质主义"。

那么，要把哲学还原为具体的思考过程、具体的写作过程。一个哲学家不能这样和别人辩论：我很有哲学头脑，但是我就是不说，就是不写。你就是不说，就是不写，如何能证明你很有哲学思想呢？如果你说：言不尽意，一切尽在不言之中。这是无法说服我的，这就像德里达对福柯的《癫狂史》一书的批评。德里达的意思是说：赤裸裸的沉默状态什么都不是，为了显示沉默状态的意义，必须打破沉寂，对沉默状态说点什么。但是，一旦人开口说话，就进入创造状态，而理性或者道理，就融入其中了。福柯的《癫狂史》这本书，试图批判传统理性，认为理性排斥了癫狂或者疯子。福柯要替"疯子"说话，但德里达说，你自己不是疯子，怎么能代替疯子说话呢？只要你一开口，必然会按照语法规则组织语言，而规则本身已经意味着理性。换句话说，二元对立是思维方式或者思想方法，是不真实的。而就像色彩在绘画中的重要作用一样，哲学思考的真实情形，不能剥离感性的、想象的甚至疯狂的、梦幻的东西，它们已经是理性的一部分，就像我们说话或者写作过程本身，已经意味着打破了沉默状态，而语言本身已经意味着理性。

"从本学科角度谈中国哲学体系的建设问题"——这是一个大问题，我以上的思考，只是选取了"现代外国哲学"中的一个角度，也就是"后现代哲学"。当然，现代外国哲学还有英美分析哲学，它和欧洲大陆哲学的分歧极大，相互之间几乎无法对话，互有偏见。但是，在批评传统哲学的问问题方式上面，两者达成了某种共识。当代具有创新精神的哲学家，不再会像黑格尔那样写哲学书了，但是，这并不妨碍黑格尔是一个伟大的哲学家。

我选取后现代哲学的角度，作为此文的主要内容，是因为我比较熟悉，但我认为英美分析哲学同样提出了不容忽视的问题，例如心灵问题、人工智能问题、逻辑悖论问题、语言学转向问题等等。所有这些，都属于突破传统哲学问题界限的新问题。都是我们在新时代从事哲学创新工作过程中，无法回避的哲学问题。

我认为当代哲学问题中，有一种总的趋势、有一些重大问题。现在我把这趋势及其问题放在一起说：这个趋势，就是哲学的艺术化，或者说是传统哲学边界在消解。这个新问题的提出，与传统哲学问题的衰落有密切关系。它首先发生在语言哲学问题领域。20世纪之前的西方哲学严重忽视了哲学概念其实是由自然语言构成的。以上我在用美术作品的色彩举例时，已经涉及这个问题。我们同样可以说，无论在欧洲大陆哲学还是英美分析哲学领域，都不约而同地发生了哲学问题的语言学转向，而且这种转向都抵抗传统的观念论。在传统哲学中，哲学家所使用的自然语言被升格为哲学概念，而概念所对应的是不接地气的纯粹概念，即使像康德这样智慧的哲学家，当他在使用"感性"和"自由想象力"这样的说法时，其实所对应的是理智意义上的概念，他甚至把"情趣"也仅仅理解为审美概念。但是，如果美术作品可以还原为色彩，那么哲学概念原本不过就是经过了"理性"伪装的自然语言而已。20世纪的大哲学家们，重新将哲学概念还原为语言，而语言中的哲学问题，不仅在于表达式遵从语法和逻辑规则，从而分析哲学将表达式的意义作为哲学的重要问题加以分析，还在于大陆哲学把哲学概念还原为文字的形状、声音、写作等语言的肉身因素，这些因素都无法被还原为含义单一的概念。在传统哲学中，"物质"也是一个纯粹概念，因而是思辨的，不接地气的，与我这里所谓"词语的肉身"无关，因为传统哲学概念讲求笛卡尔式的"清楚明白"，而"词语的肉身"就像色彩一样，它们都是不透明的。

如果说传统哲学问题探讨"真理"，那么当代哲学问题则把"真理"问题消解为意义问题、价值问题，这是不一样的，主要区别在于：谈真理，指的是普遍性、超时间的永恒性，而意义与价值问题，突出了视角或者视域的问题，它描述在场的真理是如何出场露面的，这里的"如何"，既是途径、也是方法、道路，它把抽象的问题还原为发生学的问题。

　　哲学问题的语言转向发生在 20 世纪上半叶，到了 21 世纪前后，哲学的语言转向又有微妙的变化，我称之为"图像的转向"。为什么会发生这样的变化呢？它与 20 世纪尤其是当代网络科技的迅猛发展有密切关系。我们可以简要回顾一下人类文明史。印刷术时代至少有 500 年，在这个书籍的时代，人类主要依靠狭义上的语言交流思想。但是，20 世纪以来的人类科技新发明，使古老的印刷术时代走向没落，人类能够拥有越来越多的、各种各样的、语言之外的媒介，传达与交流思想，这就是广义上的图像时代，就是我们今天所说的"读图时代"，它与我刚才所谓"语言的肉身化"有某种潜移默化的联系，图像与语言的肉身一样都不能还原为狭义上的语言。我们知道，传统哲学所谓"逻各斯"或者"理性"，主要指语言，或者说离不开语言，但是新时代的哲学问题是，狭义上的语言时代面临衰落，而广义上的语言使语言图像化了。

　　语言的图像化，人类以图像化的方式思考。这里所涉及的重大哲学问题，是时间问题。我在发言的开头，就提到传统哲学的提问方式是询问事物是什么——这样提问其实是忽略时间的，因为它的判断依靠定义进行推理，推理的过程遵循严格的形式逻辑，即 A = A——它已经暗设了"已经"或者"永恒"。为了说明问题，我还要找笛卡尔的麻烦："我思故我在"还存在什么学理上的缺陷呢？第一，它原本来自笛卡尔某个思考瞬间的灵机一动、一个灵感，但是当它化为"我思故我在"的哲学命题时，它的瞬间就化为永恒，它被视为哲学真理性质的判断。显而易见，在这个命题中，没有考虑瞬间的作用。如果时间剥离了当下瞬间，就成为一种假时间、伪装起来的时间。第二，当笛卡尔做出"我思故我在"的判断时，貌似一个逻辑推论，其实不过是来自瞬间的一个疯狂的、暴力的判断，它还是忽略时间的，因为在笛卡尔有能力做出这个判断之前，其实他已经知道了，或者说心里已经想好了什么是"我"、什么是"思"、什么是"在"。换句话说，这里仍旧局限在"已经"，也就是不变，那么，这里仍旧没有真正的时间哲学问题。

　　为什么说广义上的图像哲学中才有真正的哲学问题呢？因为图像凸显的是当下、此时此刻，甚至是瞬息万变的因素。我们仅凭直觉就能领会到当下才是唯一真实的时间，因为过去的已经不再存在，将来的还不曾存在。

那么，我为什么说当代哲学的一个重要趋势是哲学的艺术化呢？我这里所谓"艺术"是广义上的，指的是思考的艺术化，就是说直觉、灵感、悟性、意象、自由想象力，在后现代哲学中，取代了传统哲学中逻辑的地位。我所谓"艺术"指的是自由想象力的"逻辑"。

我在此文所提出的问题多于答案，也是从"现代外国哲学"的学科角度，对于"中国哲学体系的建设问题"的一种回应。

（作者单位：中国社会科学院哲学研究所）

从西方哲学史学科角度谈
中国哲学知识体系的建设

詹文杰

一 作为文化概念的西方与中国

西方跟东方相对，首先是地理概念，然后是文化概念，再是国际政治的概念。中国是东方的一部分，不过我们常常忽略东方的其他部分（这种忽略并没有什么道理），直接把中国跟西方相对而言。我们这里要谈论西方哲学，所以西方和中国在这里主要是文化概念，作为地理概念和国际政治概念的西方和中国不是我们主要考虑的。作为文化概念的中国不仅是中华人民共和国，它涵盖这片土地上几千年的历史和文化传承；作为文化概念的西方也不仅仅是当今的欧美，它也涵盖了几千年的历史和文化传承，古希腊文化、古罗马文化、基督教文化、近现代的欧美文化，都是作为文化概念的西方所包含的内容。

在中国真正遭遇到西方之前，并不存在"中国—西方"这样的二元话语，曾经存在的是"华—夷"或者"中华—四夷"二元话语。百余年来，"西方"这个词对于国人而言意味着什么呢？一方面，它意味着军事、政治、经济、文化和科技等方面的强势力量，是学习的老师和追赶的目标，但是另一方面，它似乎又意味着文化、制度、宗教、价值观方面的异己存在，甚至曾经做过干涉和侵害中国的事，现在和将来也可能与中国竞争和对抗，因而是竞争者、对抗者和忧惧的对象。国人对待西方常常就处在这样矛盾的心态之中。在开放改革和追赶西方占主导的潮流中，西方似乎是个好词，在封闭保守和对抗西方占主导的潮流中，西方似乎又是个贬义词。

那么，我们今天应该怎么来看待西方的哲学和文化呢？我认为要回答这个问题首先要明白我们所处的时代大背景。从文化的视野看，我们处于什么样的时代大背景之中呢？我们处于中国文化与外来文化的第三次大碰撞与大交融的时代背景之中。历史上中土文化与外来文化有过不少碰撞与交流，如果不算细枝末节，那么，从汉代开始佛教传入中土可以算是第一次文化大碰撞，明末清初基督教的传入是第二次文化大碰撞，而十九世纪末二十世纪初，包括科学技术、政治法律和经济制度、文学艺术、哲学和宗教、民俗和礼仪等等在内的西方文化的整体传入可以算是第三次文化大碰撞。这场文化大碰撞终结了有两千多年历史的君主专制制度，带来了前所未有的政治法律制度和经济制度，深层次改造了传统的民俗和礼仪，改变了城市面貌和日常生活方式，催生了新的语言文字形式、新的文学和艺术，重新塑造了教育和学术的体制和机构，引入了与传统学术迥异的哲学、社会科学、自然科学和现代技术，包括现代医疗科学和技术（所谓西医）。今天，我们的吃穿住用行，我们的政治、经济和社会生活，我们的文艺、体育和游戏方式，我们的教育和医疗方式，等等，跟一百多年前已经大大不同了。我们直接生活在中西文化大碰撞和大交融的后果之中，并且我们仍处于这次文化碰撞和交融的余波之中，这个余波可以是一两百年，也可能是几百上千年。

我们需要在这个背景下谈论西方哲学和文化对于中国的意义。不管我们喜欢还是不喜欢，外来的（主要是西方的）文化、哲学和制度已经进入到中国，与中国传统的文化、思想和制度发生了碰撞和交融，形成了新的文化、思想和制度，并且塑造了今天中国的方方面面。西方的文化和中国传统文化的混合物或者化合物在滋养着我们，熏陶着我们，影响着我们，使得我们成为现代的中国人而不是传统的中国人。我们跟一百多年前的中国人不同，当时的人们还可以考虑要不要接受西方文化的问题，而我们今天的文化血液里已经流淌着大量的西方文化因子；如果把这些因子从我们身上排除出去，我们的文化有机体几乎一天也无法存活。不听西洋音乐只听民族音乐，不穿西服只穿汉服，这些可能还行，但是，在学校里不学数理化只背四书五经，生病了完全不看西医只看中医，很多时候就行不通了。要是我们废除民主共和体制而恢复君主专制，取消现代法律体系而回到传统的刑律制度，我想，很多人就更无法接受了。我们想要有自己的特色，不想完全照搬"西方那一套"，这是完全可以理解的，但其实我们早就开始接受"西方那一套"当中最根本的东西，只不过我们可能已经习惯成自然，不觉得那是"西方那一套"了。当然，我们接受"西方那一套"不会是无条件的，也不会是无选择的。我们接受什么不接受什么本身就受到传统文化的强烈影响，对马克思主义的接受也不例外。作为西方思想的一个分支和流派的马克思主义传入中国也要经历一个中国化的过程，而中国化的马克思主义就是中西文化碰撞和交融的产物。中西文化的交融是双向的，在西方文化传入的同时，中国文化当中真正有生命力的东西也在向西方和世界其他地方传播。这种文化交融本身需要一个漫长的过程，可能是几百上千年，因而我们需要有大尺度的人类历史观。站在这种大尺度的历史观来看问题，我们或许有可能突破特定时代和短时潮流加给我们的局限性，突破地域文化和族群偏见加给我们的局限性，突破自己的职业角色、机构归属、学科归属加给我们的局限性，突破个人利益、兴趣和偏好加给我们的局限性，从而为本族群也为全人类的福祉提供真正有益的思想和学术建树。

二　西方哲学的引入及其中国化

19世纪末，甲午战争失败后，一些中国知识分子认识到单纯学习西方的科学技术和军事工业是远远不够的，中国需要制度上的彻底变革和文化上的全面更新。正是在这种背景下，国人开始引进、介绍西方哲学。西方近代启蒙思想、进化论思想、古典理性主义、新兴的实用主义、非理性主义、社会主义等等思潮纷纷涌入，其中就包括了马克思主义。最初，这种思想观念的引介并无严格的学术分科，是文史哲不分的，而且主要还是通过报章杂志来传播。例如，梁启超介绍和评论了包括柏拉图、亚里士多德、培根、笛卡尔、斯宾诺莎、霍布斯、洛克、卢梭、孟德斯鸠、康德、费希特、达尔文、孔德、边沁等在内的许多西方哲学家的学说。他从西方哲学中看到了求真的精神和自由的精神："思想之自由，真理之所从出也。"他所推崇和阐发的人格独立、思想自由，包括西方人道、人性、人权的思想，乃是作为五四运动提出的"科学与民主"这面旗帜的灵魂和思想基础。梁启超对康德哲学在近代西方哲学发展中的地位和重大作用，例如调和英国经验论与大陆理性论,开启德国古典哲学的先河等,都有相当清楚的理解和认识;他说,康德哲学"以良知说本性,以义务说伦理,然后抵住狂澜,使万物知所趋向"。再例如,严复非常重视英国的经验论和归纳逻辑,他对赫胥黎《天演论》进化论学说和穆勒《群己权界论》(即《论自由》)的介绍具有广泛的社会影响;王国维对康德、叔本华和尼采三人(尤其是叔本华)的哲学有较深入的研究;章太炎对于柏拉图、斯宾诺莎、康德、费希特和尼采等西方哲学家的思想都有所借鉴,并且将这些思想跟佛学进行会通阐发。①

后来,哲学逐渐作为一门独立学科得到确立。北京大学1911年成立了理学门,后来改为哲学门,1917年正式改名为哲学系。1925年4月,中国哲学会成立;1927年,哲学专业刊物《哲学评论》创立。这样,中国历史上第一次有了大学的哲学学科建制,有了专门的哲学学会和哲学刊物。在19世纪20—30年代,西方哲学的研究已经是相当系统和深入了。②应该说,哲学这个学科在中国是西学东渐之后产生的。中国传统学术谱系里面没有哲学这个学科,虽然曾经有经学、子学这样的分类谱系,也有理学、佛学等等学术系统,但是哲学学科的建立是从西方借鉴过来的。

哲学这样一个学科门类进入到中国之后,它很自然有一个中国化的过程。但是,哲学的情况比较特殊,它跟其他一些学科有不一样的地方。物理和化学之类的自然科学,这些学科进入到中国之后,它虽然也有中国化的情况,譬如用中文来表述一些物理或化学的原理、定理,但是我们并不说这种物理学和化学是中国物理学和中国化学。更不存在跟外国数学不可通约的中国数学。这说明这些学科具有超越民族文化的普遍性。还有一些学科,譬如社会学、心理学,等等,这些学科似乎也具有较高的普遍性,于是我们往往不说有西方社会学和中国社会学之分,或者有西方心理学和中国心理学之分。经济学的情况有点不同,有了所谓"西方经济学"的说法,不过"西方经济学"这个说法更多说的是研究范式,而不是地域

---

① 关于梁启超、严复、王国维和章太炎等人的工作的评介,引自王树人《中西哲学、文化在西学东渐中的融合》,载叶秀山和王树人著《西方哲学史》(学术版)第一卷,江苏人民出版社2004年版,第364—398页。

② 参考朱德生《总序》,载赵敦华著《西方哲学通史》第一卷,北京大学出版社1996年版,第1—7页。

文化的属性。然后我们就过渡到一类跟民族文化非常相关的学科，譬如说文学和历史学，这些学科在划分门类的时候很自然就被分为中国语言文学和外国语言文学，中国史和所谓"世界史"。

哲学在中国主要被归到了后面这一类，就是跟地域和民族文化紧密相关的某种人文学科。这样，很自然地，我们就有了所谓中国哲学和外国哲学。外国哲学当中有一个流派马克思主义哲学由于后来占据了意识形态的主导地位，于是似乎从外国哲学中独立出来了，而外国哲学又主要被分为西方哲学和东方哲学，这样我们就得到了中国哲学、东方哲学、西方哲学、马克思主义哲学这四个门类。可是，哲学这个学科除了具有人文性和历史性之外，还具有科学性和非历史性，它所涵盖的研究领域跟自然科学和数学一样有独立于民族文化属性的一面，譬如最典型的是逻辑学。实际上，形而上学、知识论、科学哲学本身也有很强的普遍性，有独立于民族文化属性的维度；伦理学和美学其实也是如此。这样，从科学性和非历史性的学科角度讲，哲学更应该划分为形而上学、知识论、逻辑学、科学技术哲学、伦理学和美学等等门类，这种分类方式也是西方世界的哲学学科的主要分类方式。简单地说，中国的哲学学科分类强调"中西马"这种带有地域文化和意识形态属性的分类，兼顾逻辑学、科技哲学、伦理学和美学这种纯学理的分类；而西方学术体制中的哲学学科的门类主要是纯学理的分类，并不太重视民族性和意识形态属性。我们很难设想英国人把哲学学科主要分为"英国哲学"和"外国哲学"，或者意大利人把哲学学科主要分为"意大利哲学"和"外国哲学"；他们可以有"东方哲学"或者"中国哲学"的概念，但是可能更多地将其归入到"区域文化研究"的领域，而很少纳入到"哲学研究"的领域。对于西方学术界而言，哲学主要就是形而上学、知识论、逻辑学、科学技术哲学、伦理学、政治哲学和美学，等等。对于中国学术界而言呢？哲学主要就是"中西马"，然后"外加这些分支"。这种现象是很有意思的，它反映了我们的侧重点是不同的：西方人比较重视哲学的纯粹学理属性、科学属性，而我们比较重视哲学的人文性、地域文化属性和意识形态属性。

三 哲学史研究和哲学问题研究

前面讲到，我们比较重视哲学的人文性、地域文化属性和意识形态属性，其实不仅如此，我们还特别重视哲学的"历史属性"。什么意思呢？就是说，我们容易把哲学跟哲学史混为一谈，认为哲学研究就是对于过去的哲学家的思想进行研究。既然过去的哲学家要么是中国的，要么是外国的，那么自然地，哲学研究要么是中国哲学，要么是外国哲学。"中国哲学"研究主要是中国哲学史研究，而"西方哲学"研究主要是西方哲学史研究。然而，除了哲学史的研究视角之外，其实还有一种以哲学问题为导向的研究，或者叫"哲学问题研究"。如果我们把哲学看作与物理学和化学更相似的学科，而不是看作与文学和历史更相似的学科，那么哲学研究就会在很大程度上摆脱民族文化属性和历史属性，而凸显出科学的和纯学理的属性，这样的话，哲学研究就主要不是哲学史研究——也就是关于中国哲学和外国哲学的历史性研究，而是哲学问题研究——也就是关于形而上学、知识论、逻辑学、科学技术哲学、伦理学、政治哲学和美学等等领域的特定问题的研究。这种从哲学问题出发的研究，有时候不免也带有某种地域文化的特征，但是更应该追求学理上的普遍性和思想上的创新性。

那么，我们是不是只要哲学问题研究而不要哲学史研究了呢？当然也不是。哲学史研究和哲学研究的关系问题一直是国内哲学界讨论的重要话题，在这方面有两种针锋相对的观点，一种观点说，"哲学就是哲学史，哲学研究就是哲学史研究"，另一种观点说，"哲学研究就应该直接面对哲学问题，不需要过多关注以往哲学家的观点"。我认为这两种观点都只看到了问题的一面，都有偏颇之处。一方面，我们可以直接研究一些哲学问题，并且未必把过去哲学家的观点拿来参考，在这个意义上，强调哲学研究不等于哲学史研究的观点是有一定道理的。哲学史研究与纯粹的哲学问题研究的确是有区别的，像"柏拉图的知识论研究""亚里士多德的形而上学研究""康德的自由理论研究""罗素的真理与意义理论""康德和海德格尔时间观的比较研究"，等等，这些是哲学史研究的题目，而像"如何理解自由意志""道德行为归责的可能性""知识的本性究竟是什么""极小主义真理论研究",这些是哲学问题研究的题目;前一类题目主要是研究某个哲学家的思想,无论这个哲学家是过去的还是当代的,后一类题目的重点放在哲学问题本身上面,而不是特别关注过去的哲学家的学说。但是,另一方面,许多哲学问题在历史上已经有哲学家讨论过了,完全不顾他们的观点而另起炉灶,对问题的讨论未必真正有所推进,因而,重视以往哲学家的思想,尤其是那些在相关问题上具有代表性意义的哲学家的思想,理解它们并跟它们进行对话,就是很有必要的。在这个意义上,说哲学问题研究与哲学史研究不可分割也是很有道理的。

哲学史研究不是要替代哲学问题研究。典型意义上的哲学史研究其实兼有哲学和史学两方面的特征。作为史学,这种研究要求"尽可能忠实地"呈现以往哲学家或哲学文本的思想观念及其前因后果,并且给予"尽可能恰当"的评价,而作为哲学,这种研究要求澄清某些哲学概念和问题,甚至解决某些哲学难题,推进或完善某些理论。有些主要从事哲学问题研究的学者对哲学史研究的真正性质和任务有很大的误解,他们贬低哲学史研究的价值,视其为仅仅是复述或概述以往哲学家的观点,最多提供了一点注解,没有任何原创性,也不可能推进关于特定哲学问题的理解;这种评论或许适合那些比较差的、低水平的哲学史研究,但是对于真正优秀的、高水平的哲学史研究而言是不公允的。此外,把以往哲学家(尤其是古代哲学家)的观点统统视为已经过时的,不再具有借鉴的意义和讨论的价值,这种观念本身就是很成问题的。哲学在两千多年的发展中或许有很大的进步,但是这种"进步"在何种意义上可以与自然科学的进步相提并论,也是有疑问的。兴许,对于那些持续受到追问而没有标准答案的永恒的哲学问题而言,我们从古人那里能够学习到的东西不会比从今人那里学习到的东西更少。

四 西方哲学研究与中国哲学知识体系的建设

"中国哲学知识体系"这个说法比较含混,需要仔细辨析。首先,"知识体系"在德语中叫作 Wissenschaft,就是指全部学术或全部科学知识。哲学(Philosophie)从属于这样一个知识体系,是这个知识体系的一个分支——尽管在古代,Philosophie 本身就相当于整个 Wissenschaft,各门科学就是各个哲学分支。其次，从另一个层次上说，作为一门学科的哲学有其自身的分支或构成部分，因而它自身又可以说是一个"知识体系"。最后，"中国"这个限定语的意思尤为模糊，需要辨析清楚。我们可以说"中国的领土""中国的国旗"，等等，其中"中国"是一个国际政治概念，表示特定国家政权所拥有的、所管辖的、所设定的。我们还可以说"中国的艺术""中国的价值观"，等等，其中的"中国"更多是一个文化概念，表示特定文化共同体的文化特质。"中国哲学知识体系"当中的"中国"很难说是国际政治意义上的中国，因为学术理论根本上说是普世性的（应付时局的对策研究除外），譬如某个物理学家公开发表了一篇物理学论文，那么它实际上就属于全人类（知识产权问题是另一回事）。这样的话，"中国哲学知识体系"当中的"中国"可能更多地想要表达文化意义上的中国，那么，建设"中国的哲学知识体系"意思大概是说建设"带有中华文化特质的哲学学科"。这种"中华文化特质"可以有多重意义，譬如，用汉语表达，由传统汉语哲学的语汇和原理构成，传达中华民族传统的或现代的世界观和价值观，等等。这样，我们就需要思考所要建设的"带有中华文化特质的哲学学科"中的"中华文化特质"究竟由哪些东西所构成，它对于"哲学"本身而言究竟意味着什么。

笔者认为，哲学研究应该是开放的，因而研究者其实不应过多受学术分科限制，仅仅关注某一专门领域，例如中国哲学史、西方哲学史或马克思主义哲学，等等，相反，在理想的状态下每个研究者都应当尽可能融会贯通各种思想资源，在创造性综合的基础上提出自己的观点、建构自己的学说。当然，现实中的每个人时间和精力都有限，因而不同研究者在现有学术分工体系中各有侧重也仍有它的道理。对于侧重研究西方哲学的学者来说，他们能够做的就是用汉语表达和阐释西方哲学，把西方语言中的哲学概念从西方语言转变、构造为汉语的哲学概念，从而丰富和改造汉语的哲学语汇和哲学思维方式，同时把西方哲学史上有价值的理论和学说介绍到汉语世界并对它们进行阐释和评价，而且在翻译、介绍、阐释和评价的同时，他们可以在力所能及的范围内推进关于特定哲学问题的研究，提出新的理论和学说，做一些"接着讲"乃至"自己讲"的工作。不管怎样，用汉语进行的西方哲学研究是"汉语哲学"的一部分，而不再是单纯的"西方哲学"，就西方哲学史研究来说是这样，就纯粹的哲学问题研究来说更是这样。

最后我想强调一点，就是学术翻译的重要性绝对不可低估。我们不能说，经过了百余年的翻译运动，我们对西方哲学经典著作的翻译已经大体完成了，或者说翻译的黄金时期已经过去了，相反，就像中古时期佛教经典的翻译历经几百上千年，西学经典的翻译也还有很长的路要走。在这点上，日本已经走在我们的前面，如果我们再不重视，距离还可能拉大。哲学的翻译很多时候是创造性转换。"翻译为能够用本土文字话语研究异域的异质哲学、文化并进而为实现两者的融合，开辟了通道或创造了前提……翻译不是简单地作文字对应的转换，而是一种科学性和艺术性的创作"，[①] "翻译这种初始的融合，乃是推进哲学、文化深入融合的一个必要的前提，或者说，是为这种深入的融合打开了通道。实际上，译者能做出好的翻译作品，总是借助使翻译与研究结合来实现的，这种与翻译结合的研究，无论是对原著的哲学、文化内涵的研究，还是以原著的内涵为参照系对于本土哲学、文化的研究，都具有异质哲学、文化之间的沟通或融合的意义和价值，都是提高翻译水准所必须的。"[②] 贺麟先生在1940年代曾经从国民政府最高当局争取到一笔经费资助，成立了"西洋哲学名著编译委员会"，招揽全职的编译员，提供住宿和薪酬，做过编译员的有陈修斋、王太庆和顾寿观等人。这个编译委员会出版了相当可观的哲学译著。在中国社会科学院哲学所工作过的贺麟、杨一之和王玖兴等前辈学者都做过不少翻译，这些译著具有开创性意义，在学术界影响很大，而梁存秀和王炳文等人也继承了这种学术传统，高度重视学术翻译，把大量精力投入到哲学名著的翻译上，在翻译的基础上做研究，又带着研究来做翻译，做出了卓越贡献。我们今天也应该鼓励外语能力较强的学者至少分配一部分时间精力从事学术翻译尤其是哲学经典的翻译，甚至可以鼓励一部分学者以翻译工作为主、以研究工作为辅，或者专设翻译工作岗位。

陈康译注的《巴曼尼得斯篇》是应贺麟主持的"西洋哲学名著编译委员会"的要求而写的，他在"序"中曾说到："现在或将来如若这个编

---

① 王树人：《中西哲学、文化在西学东渐中的融合》，载叶秀山等人著《西方哲学史》（学术版）第一卷，江苏人民出版社2004年版，第294页。

② 同上书，第295—296页。

译会里的产品也能使欧美的专门学者以不通中文为恨（这决非原则上不可能的事，成否只在人为！）甚至因此欲学习中文，那时中国人在学术方面的能力始真正昭著于世界；否则不外乎是往雅典去表现武艺，往斯巴达去表演悲剧，无人可与之竞争，因此也表现不出自己超过他人的特长来。"① 这段话常常被后人引用，它表达了中国的西方哲学研究者应有的抱负。

（作者单位：中国社会科学院哲学研究所）

---

① 陈康《序》，载柏拉图《巴曼尼得斯篇》（陈康译注），商务印书馆1999年版，第10页。

建立中国化的美学话语体系

徐碧辉

一 作为"美学"的 Aesthetics

美学一进入中国便开始了中国化的历程。Aesthetics 译为"美学",实际上已经发生了意义偏转,更符合中国传统审美文化和审美心理。众所周知,Aesthetics 的基本含义是感性学,其研究内涵是除认识和意志之外的人的情感存在,所谓知、情、意心理三结构中有关的情的部分。中文的"美学"是由清末学者王国维从日语借用过来,而日语的"美学"由中江肇民从德文翻译。

从"感性学"到"美学",其核心内涵发生了一定的偏转,由感性存在偏转到审美领域,这更符合中国传统审美文化和审美心理,亦即更具有"中国特色"和"中国风格"。对于鲍姆加通来说,Aesthetics 作为感性学,是要把那些无法囊括到科学——认识论和道德——伦理学中的心理活动收拾起来,以免其游离于学科体系之外。感性领域包括了情感与美。感性认识是一种低级的认识,一种无法与理性匹敌的不太清晰的认识活动。其中,当感性认识达到过关程度便是美。"美是完善的感性认识"。但无论如何完善,感性认识终究只是一种低级的认识形式,因而,"美"和"美学"的地位始终不高。康德继承了鲍姆加通关于知情意三结构的学说,但把鉴赏判断的地位提高到空前的高度,同时,强调鉴赏判断的非功利性,无概念而具有普遍性,无目的而具有合目的性。这样一方面明确了鉴赏(审美)判断的性质,另一方面,提高了审美的地位。这两点被中国学者完美地继承了下来。中国早期的美学家们均深受康德美学的影响,把康德美学思想与中国传统审美意识和审美理想结合起来,创立了现代形态的中国美学，并开启了中国现代超功利美学的历程。

二 美学学科中国化的历程

从美学的学科特征来看，20世纪中国美学以50年代为界，可以分为两大阶段：50年代之前，以超功利主义美学为主潮，50年代以后，以马克思主义美学为主潮。

1. 20世纪上半叶：超功利主义美学

王国维不但最早介绍"美学"到中国，他也保留并强调了康德美学中鉴赏判断的无利害性，并直接把它看成美的属性，使得中国的"美学"一开始就带上强烈的超功利主义色彩。王国维思想较为庞杂，除了康德，还深受叔本华的影响，并把两人的思想奇妙地结合在一起。同时，他深受中国传统哲学和文学影响，并对之进行了创造性继承和现代性转换，提出审美－人生－社会－自然的境界说和"古雅"说。在世界观和人生观上，他接受了叔本华关于欲望的思想，认为生活的本质是"欲"，让人陷入欲望驱使而无法自拔；随着欲望满足而来的是对生活的厌倦。人生如钟摆，在这两者之间徘徊，惟有"美术"能让人摆脱欲之痛苦或厌倦无聊："兹有一物焉，使吾人超然于利害之外而忘物与我之关系，此时也，吾人之心无希望，无恐怖，非复欲之我，而但知之我也。此犹积阴弥月而旭日杲杲也，犹覆舟大海之中浮沉上下而飘着于故乡之海岸也，犹阵云惨淡而插翅之天使赍平和之福音而来者也，犹鱼之脱于罾网、鸟之自樊笼出而游于山林江海也。然物之能使吾人超然于利害之外者，必其物之于吾人无利害之关系而后可。易言以明之，必其物非实物而后可。然则非美术何足以当之乎！""美术"之所以能够承担起这一艰巨任务，是因为"美术"的性质本身就是"可爱玩而不可利用者"（《古雅之在美学上之地位》），它可以"使人忘一己之利害而入高尚纯洁之域"（《论教育之宗旨》），获得纯粹之快乐，因而"美术之为物，欲者不观，观者不欲"[①]。

由于美术使人摆脱利害，进入高尚纯洁之域，因而它看似于人无用，

[①] 王国维所谓"美术"即我们现在所谓艺术。

实则于人生有根本大用，它是一种"无用之用"，一种形而上学之大用。

艺术不但是对人生欲望的解脱，使人脱离欲望的苦海，更具有一种形而上的超越品格，它是对宇宙人生的本真真理的显现，使人达到自由高尚的精神境界。因而，艺术和审美有时候看起来并没有什么具体的用途，却对人生有一种根本性的大用途，一种"无用之用"："天下有神圣、最尊贵而无与于当世之用者，哲学与美术是已。天下之人嚣然谓之曰无用，无损于哲学美术之价值也……夫哲学与美术之所志者，真理也。真理者，天下万世之真理，而非一时之真理也。其有发明此真理（哲学家），或以记号表之（美术）者，天下万世之功绩，而非一时之功绩也。唯其为天下万世之真理，故不能尽与一时一国之利益合，且有时不能兼容，此即其神圣之所存也。"（《论哲学家与美术家的天职》）"生百政治家，不如生一大文学家。"因为，政治家给予国民的只是物质上的利益，而文学家给予的是精神上的利益。物质的利益是一时的；精神上的利益却是永久的。（《文学与教育》）

王国维把艺术境界、人生境界和自然境界融会贯通，形成自然—社会—人生一体化的独特的境界说。在《人间词话》中，他开宗明义提出："词以境界为上，有境界则自成高格。"然后提出，境界有"有我之境"与"无我之境"。"有我之境，以我观物，故我物皆着我之色彩；无我之境，以物观物，故不知何者为我，何者为物。"在充分讨论艺术境界之后，他以词喻人生，以三首宋词概括三重人生境界，成为至今人们常用的经典论述：

> 古今之成大事业、大学问者，必经过三种之境界。"昨夜西风凋碧树，独上高楼，望尽天涯路"，此第一境也。"衣带渐宽终不悔，为伊消得人憔悴"，此第二境也。"众里寻他千百度，回头蓦见，那人正在灯火阑珊处"，此第三境也。此等语皆非大词人不能道。

王国维提出了一系列美学上的范畴，这些范畴对于建立具有鲜明中华民族特性的美学有着不可替代的作用：优美、宏壮，古雅，境界，有我之境，无我之境，隔与不隔，悲剧，悲剧中之悲剧。

在美学中国化过程中，比王国维更早登上历史舞台、但真正发生影响却稍晚于王国维的是清末改革家、哲学家和美学家梁启超。在美学上，他的独特贡献首先在于把小说与社会政治变革深刻地关联起来，同时，提出"趣味主义"人生观与艺术教育和情感教育。

梁启超的前期致力于"变法"与"新民"，变法失败后则专注于"新民"。"新民"是梁启超思想的根本宗旨。所谓"新民"，是用现代资产阶级民主政治、科学与文化观念去引导国民，塑造具有现代意识和现代思想观念的民众，即他所谓"浚瀹民智，熏陶民德，发扬民力"，用我们今天的话来说，是对民众进行现代性的思想启蒙。无论是早期提倡"小说界革命"，还是后期讲趣味主义与情感教育，都在于"新民"，都可以看作其"新民说"的一部分。

"欲新一国之民，不可不先新一国之小说。故欲新道德，必新小说；欲新宗教，必新小说；欲新政治，必新小说；欲新风俗，必新小说；欲新学艺，必新小说；乃至欲新人心，欲新人格，必新小说。何以故？小说有不可思议之力支配人道故。"（《论小说与群治的关系》）小说之所以具有如斯力量，是因为其通俗性与普遍性："仅识字之人，有不读经，无有不读小说者。故六经不能教，当以小说教之。正史不能入，当以小说入之。语录不能谕，当以小说谕之。律例不能治，当以小说治之。"（《饮冰室合集1·译印政治小说序》）

与"新民"说相应的是"趣味主义"人生观和对艺术教育作用的重视。"趣味主义"把康德的"无功利"学说落实到人生，以"有趣与否"而非"有用与否"作为人生的评价标准，把"趣味"提升为一种"主义"：

> 假如有人问我："你信仰的什么主义？"我便答道："我信仰的是趣味主义。"有人问我："你的人生观拿什么做根柢？"我便答道："拿趣味做根柢。"（《趣味教育与教育趣味》）

> 我是个主张趣味主义的人：倘若用化学化分"梁启超"这件东西，把里头所含一种原素名叫"趣味"的抽出来，只怕所剩下仅有个0了。我以为：凡人必常常生活于趣味之中，生活才有价值。若哭丧着脸挨过几十年，那么，生命便成沙漠，要来何用？（《学问之趣味》）

他盘点了各种趣味，发现这些趣味有真有假，有的看起来十分有趣的活动，追根到底其实是假的，真的进行下去便会变得无趣之至。最后，他总结出人生四种真趣味：

> 所以能为趣味之主体者，莫如下列的几项：一，劳作；二，游戏；三，艺术；四，学问。诸君听我这段话，切勿误会以为：我用道德观念来选择趣味。我不问德不德，只问趣不趣。我并不是因为赌钱不道德才排斥赌钱，因为赌钱的本质会闹到没趣，闹到没趣便破坏了我的趣味主义，所以排斥赌钱；我并不是因为学问是道德才提倡学问，因为学问的本质能毂以趣味始以趣味终，最合于我的趣味主义条件，所以提倡学问。（《学问之趣味》）

在"趣味主义"人生观下，他提出"敬业与乐业"的人生观：敬业即是责任心，乐业即是趣味，开启了把人生审美化和艺术化理论先河。这一理论上接中国传统庄子由技进道、因精专而超越的道家审美人生思路，下启朱光潜人生艺术化的灵感。与此相应地，梁启超特别注重艺术教育，把它看作是陶养情感、提升国民道德境界的唯一途径。

梁启超反对时下流行的教育的德、智、体三分法，认为教育应该分为智育、情育、意育三个部分，而这一方面来自于康德等人的心理结构知情意三结构说，另一方面，其理论渊源更可以追溯到中国人精神的重要源头——孔子的仁学：

> 人类心理，有知、情、意三部分；这三部分圆满发达的状态，我们先哲名之为三达德——智、仁、勇。为什么叫作"达德"呢？因为这三件事是人类普通道德的标准，总要三件具备才能成一个人。三件的完成状态怎么样呢？孔子说："知者不惑，仁者不忧，勇者不惧。"所以教育应分为知育、情育、意育三方面。——现在讲的智育、德育、体育，不对。德育范围太笼统，体育范围太狭隘。——知育要让人不惑，情育要使人不忧，意育要让人不惧。

之所以特别重视情感教育，是因为他认为情感是人类一切动作的原动力，属于人的本能，其力量能引人进入超越本能境界："情感的性质是现在的，但他的力量，能引人到超现在的境界。我们想入到生命之奥，把我的思想行为和我的生命进合为一，把我的生命和宇宙和众生进合为一，除却通过情感这一个阈门，别无他路，所以情感是宇宙间一种大秘密。"

人类的情感不都是善的，也有恶的，所以需要情感教育。情感教育的目的是发扬情感的美与善的方面，抑制其恶与丑的方面。其最有效的手段是艺术。

> 情感教育最大的利器，就是艺术：音乐、美术、文学这三件法宝，把"情感秘密"的钥匙都掌住了。艺术的权威，是把那霎时间便过去的情感，捉住他令他随时可以再现；是把艺术家自己"个性"的情感，打进别人们的"情阈"里头，在若干期间内占领了"他心"的位置。因为他有怎么大的权威，所以艺术家的责任很重，为功为罪，间不容发。艺术家认清楚自己的地位，就该知道：最要紧的工夫，是要修养自己的情感，极力往高洁纯挚的方面，向上提絜，向里体验，自己腔子里那一团优美的情感养足了，再用美妙的技术把他表现出来，这才不辱没了艺术的价值。①

梁启超为中国现代美学贡献的范畴是：趣味主义，情感教育，新民，敬业与乐业，人生的艺术化，等等。

美学中国化的历程，不能不提到北京大学老校长蔡元培。蔡元培在美学上的主要贡献不在于某种美学理论的发明，而在于他以民国国民政府教育总长的身份和北大校长的崇高的社会地位和威望致力于审美教育，并身体力行，亲自开设美学课，大力倡导成立各种学会（最有名的有"少年中国学会"，由李大钊、邓中夏主持）、社团（如《新潮社》等）、研究会（如"马克思主义研究会"、"新闻研究会"、"书法研究会"、"画法研究会"等），努力把学生的注意力引导到研究学问、研究大事上来，让学

---

① 梁启超：《中国韵文里头所表现的情感》，《饮冰室文集点校》第6集，云南教育出版社2001年版，第3431页。

生有正当的文体活动,有健康的、高尚的爱好和情操。因为各类学术政治团体纷纷成立,校内经常举办讲演会、辩论会,思考和讨论之风盛行。在他的努力下,北京大学一扫原先的官僚之气和颓唐之风,成为各种思想交汇碰撞、研究风气浓厚的真正充满自由和新思想的现代大学。在他的推动下,20世纪中国大地上第一次出现了"美学热",翻译、出版了大量美学著作,一些在欧洲影响很大的美学学说和美学家的著作都被介绍到中国来,直觉说、移情说、距离说、内摹仿说;康德、叔本华、尼采、克罗齐、柏格森、弗洛伊德等人的学说,都已有译介。在美学观点上,蔡元培受康德影响,持非功利主义美学观。认为,由于审美的普遍性,它对于消除功利心、陶冶高尚的感情具有十分重要的作用;在现代科学昌明、神权衰落的前提下,从前由宗教行使的解释世界和引导精神的作用亦消减,宗教的作用完全可以为美育所代替。[①] 蔡元培这一主张,深合中国传统文化精髓。中国自秦建立大一统集权国家以来,除了极少数短暂的王朝,从来没有确立过"国教",没有以某种宗教作为"国家精神"。一般说来,人间的君主被视为"天子",代行"天"的法则——所以皇帝颁发某种命令,总是要以"奉天承运,皇帝诏曰"起头。在社会生活和国家政治建构中起重要作用的士人阶层,往往奉行的一种审美形而上学的精神原则,即通过立德、立功、立言,或是通过某种技艺的锤炼,达到超越有限而短暂的生命,达于无限之境。审美在这里,在很大程度上实际行使着宗教的功能。因此,以美育代宗教说有其中国传统哲学和美学思想根源。

在中国现代美学史上,吸收融合西方古典美学思想和现当代美学理论、并融汇以中国传统审美形而上学思想建立具有中国特色的现代超功利主义美学体系的人是朱光潜。

20年代,年轻的朱光潜留学欧洲,写出了《文艺心理学》《悲剧心理学》和《变态心理学》以及《诗论》[②] 等美学名著。在《文艺心理学》中,他以布洛的"心理距离说"为基础、以克罗齐的"直觉说"为核心、并吸收立普斯的"移情说"、谷鲁斯的"内摹仿"说等心理学美学学说,

---

① 蔡元培:《以美育代宗教说》,《蔡元培全集》第3卷,中华书局1984年版,第33页。
② 写于1931年。1933年,朱光潜回国后,经友人推荐认识了胡适。胡适读过《诗论》书稿后,便即决定聘请朱光潜为北大教授。该书1943年由国民图书出版社出版,称为"抗战版"。1948年出了增订版。1984年,三联书店再版。1987年收入《朱光潜全集》。

构建了一个完整的超功利主义美学理论体系。他区分了对待客体的三种不同态度：科学的、实用和艺术的，即认识、功利和审美三种态度。提出，美是一种"孤立绝缘的意象"，是"心借物以表现情趣"，是"意象的情趣化或情趣的意象化"，重要的是主体对待客体的态度才决定对象美或不美。也就是说，美就是美感。只要抱着超越功利的态度去看待客体，便会产生美。虽然书中的主要观点都不是他新创，但把这几种学说创造性地组织在一起，提出了一个周全完备、可以自圆其说的理论体系，这却是朱光潜之功。如果说，中国的超功利美学的基本思想诞生于王国维，他提出美是"可爱玩而不可利用"的、艺术美在于"使人易忘物我之关系"，则真正以系统化、逻辑化的方式条理严密地表达出超功利主义的美学观点的是朱光潜，其奠基之作便是《文艺心理学》。

  在审美教育方面，朱光潜是继蔡元培以后影响最广、贡献最大的学者。20世纪20—30年代，他写了《给青年的十二封信》、《谈美》等普及美学知识的读物，以通俗的语言、流畅的文笔、朴实而亲切的语调，普及美学知识，进行审美启蒙。在他看来，尽管当时中华民族正处于风雨飘摇、危急存亡的关键时刻，但越是这样的时代，越需要审美教育和审美启蒙。因为一个时代的精神面貌和社会风尚在很大程度上取决于人的心灵，要取得社会的真正进步，必须先改造人的心灵，而改造人的心灵，只能从审美和艺术入手："我坚信中国社会闹得如此之糟，不完全是制度的问题，是大半由于人心太坏。我坚信情感比理智更重要，要洗刷人心，并非几句道德家言所可了事，一定要从'怡情养性'做起，一定要于饱食暖衣、高官厚禄等等之外，别有较高尚、较纯洁的企求。要求人心净化，先要求人生美化。"（《谈美》）他认为，人心之坏，是由于"未能免俗"。所谓"俗"是"像蛆钻粪似地求温饱，不能以'无所为而为'的精神作高尚纯洁的企求。总而言之，'俗'无非是缺乏美感的修养"。人生的艺术化，就是要以艺术和审美去洗净世界的"俗气"，净化心灵，最重要的，是要培养一种超越功利的心灵，一种"无所为而为"的精神，"把自己所做的学问或事业当作一件艺术品看待，只求满足理想和情趣，不斤斤计较于利害得失，才可以有一番真正的成就"。（《谈美》）

  从朱光潜这些说法中我们可以听到王国维的艺术的"无用之用论"、梁启超"趣味主义人生观"和"人生艺术化"、蔡元培"审美境界无私论"等理论的回音。可以看到，王、梁、蔡、朱都是把艺术和审美作为20世纪中国那个风雨飘摇、血雨腥风时代的纯美之灯、希望之光，希望以艺术的超功利品格来改造中国人的民族素质，提高精神境界，从而进一步达到改造世界的目的。

总之，在20世纪50年代之前，中国现代美学主要受德国近现代美学，特别是康德和叔本华等人的影响，强调审美的无功利性，重视审美教育，试图以美和艺术的超越性和自由性来改造和提升国民素质，形成中国的现代美学的超功利主义维度。

朱光潜提出的美学概念：心，物，情趣，心借物以表现情趣；人生的艺术化；直觉；孤立绝缘的意象；物甲、物乙；艺术是一种生产劳动。

2. 20世纪下半叶：马克思主义美学

超功利主义美学在20世纪上半叶产生了一定社会影响。但是，现实中残酷的阶级斗争和尖锐的民族矛盾使得超功利主义美学观点显得不合时宜，风雨飘摇的现实无情地击破了美学家们以艺术和审美的纯粹性和超越性改造现实的理想。因而，超功利主义在它产生社会影响的同时便遭到了激进的左翼人士的批判。50年代以后，国家意识形态层面确立了马克思主义的指导思想，由此美学上也相应地形成了马克思主义的广义功利主义美学主潮。从学科形态来说，中国马克思主义美学在20世纪大略可分为认识论和实践论美学两个阶段，也是两大线索。

20世纪40年代，蔡仪就写过批判朱光潜"唯心主义美学"的长文《论朱光潜》，又先后于1943年和1947出版了《新美学》和《新艺术论》。《新美学》的出版，标志着中国马克思主义美学正式诞生。在此阶段，中国马克思主义美学的主要特征是强调唯物主义为美学的哲学基础，在学科建构方法上，以反映论为核心的认识论为核心，因此，此一阶段可称为中国马克思主义的认识论阶段。不管从今天的角度看，这个体系有多少缺陷，但是，作为中国马克思主义美学的开创之作，它在中国马克思主义美学乃至整个二十世纪中国美学史都是一个标志，的诞生过程中曾经起过重要作用，成为中国马克思主义美学诞生的标志性著作。

《新美学》分为六章，第一章"美学方法论"，分为美学的途径、美学的领域、美学的性格三部分；第二章"美论"，讨论美的本质问题，并批判各种"旧美学"的矛盾与错误;第三章"美感论",讨论美感的本质,坚决主张美感是美的反映。第四章"美的种类论",论述美的类型,根据不同的分类标准,分为单象美、个体美和综合美以及自然美、社会美与艺术美。第五章"美感的种类论",讨论美感的种类,他把一般认为美的种类的崇高(即他所谓"雄伟的美感")和优美(即他所谓"秀婉的美感")以及悲剧与喜剧都放到美感论里,认为它们并非美的类型,而是美感的种类。第六章"艺术的种类论",讨论了艺术的分类。根据他对美的类型的划分,把艺术分"单象美的艺术""个体美的艺术""综合美的艺术"三种类型。

《新美学》的宗旨之一是批判从前各种流行的美学理论。在"序言"中,蔡仪一开始就写道:"旧美学已完全暴露了它的矛盾。然而美学并不是不能成立的。"这一方面表明他与旧美学决裂的鲜明态度,另一方面也指出美学作为学科是能够成立的。旧美学的主要错误是唯心主义,把美与美感混同起来,而蔡仪则坚决主张美是客观存在的属性,不依赖于任何人或人类。这种不依赖于人的美是什么呢?他认为就是事物的典型。"我们认为美的东西就是典型的东西,就是个别之中显现着一般的东西;美的本质就是事物的典型性,就是个别之中显现着种类的一般。"[1]"美的事物就是典型的事物,就是显现着种类普遍性的个别事物。美的本质就是事物的典型性,就是这个别事物中所显现的种类的普遍性。"[2]

作为唯物主义美学在中国的首创者和主要代表,蔡仪的典型论有其客观的历史的价值。它在普通读者尚不了解唯物主义的背景下,大力倡导唯物主义学说,并把唯物主义理论运用到美学中去,建立了唯物主义的美学学说。从历史角度来说,它功不可没。

其次,蔡仪的典型论的提出,为理解美的客观性打开了一条思路。过去,关于美的本质,大多数美学家均持主观论观点。特别是20世纪以来,直觉主义、移情说、生命哲学等思潮盛行,完全否认了美的客观性,把美看成是一种纯粹的主观感受与情感,在"趣味无争辩"的口号下,放弃人类具有共同的审美感和共同的审美活动的可能性,对中西之间的美学和

---

[1] 蔡仪:《新美学》,《美学论著初编》(上),上海文艺出版社1981年版,第237页。
[2] 同上书,第243~244页。

文化交流无疑是一种阻碍。而蔡仪则强调并坚持美具有不依存于任何人的主观情感的客观的性质,并努力寻找这种客观的美的规律性,从而,美不再只是个人的主观情感移入外物的结果,这就为人类的共同美感打下了客观性基础。

再次,蔡仪的典型论强调美的客观性质,强调客观事物本身具有独立自足的美,这种美不依存于人类,而有独立自存的意义。从美的起源和美的本质的层面来看,这种学说是无法成立的。但是,从美的对象层面看,它却具有重要的现实意义和理论意义。特别是当今世界自然环境遭到严重破坏、人与自然的关系走到一个新的十字路口的时代背景下,注重自然现象本身的审美价值,研究如何保护和发展原生态的自然、使之不再遭受进一步破坏,已成为一个巨大的时代课题。在这种背景下,重新审视蔡仪的客观美论,发掘其中蕴含的合理思想,应该是一件具有重要意义的工作。

但是,在充分肯定蔡仪美学的历史贡献的同时,也不能不看到它的巨大缺陷。首先,离开人类社会历史实践去抽象地谈论美的本质,把美这种本是人类主体活动创造的价值存在看成是客体事物的自在属性,必然取消美的最根本的特性——人类的价值创造。最后必然陷入某种尴尬的境地。正如李泽厚曾经批判的,如果说美就是典型,就是个别事物中显现种类的普遍性,那么,如何确定哪些事物是美的,哪些事物是丑的?因为,并非所有典型的事物在人类看来都是美的。否则,便有所谓典型的苍蝇、典型的臭虫这种尴尬结论出现。

其次,在思维方式上,蔡仪表现出一种形而上学机械论倾向。他割裂了个别与一般、特殊性与普遍性,把一般或普遍性当作某种实体性的东西,某种与个别并列的实体性的东西或属性。前面所引述的论述已经充分地表现出这一特点。这里再举一段话为证:"在种类中的各个别事物的相同的属性条件,就是这种类的所以构成的属性条件,也就是种类的属性条件,也就是个别的属性条件。因此任何客观事物,都是种类的属性条件和个别的属性条件所构成的。"[①]

50 年代后期,中国美学发生了一场波及范围广泛的美学大讨论,在这场讨论中,中国美学家们运用当时能够接触到的少量却关键的马克思主

---

① 蔡仪:《新美学》,《美学论著初编》(上),上海文艺出版社 1981 年版,第 248 页。

义经典文本，以实践论为基础，从美的历史中探寻美和美感的本质，创立了中国马克思主义美学的代表性成果——中国实践美学。实践美学的创立，一方面，坚持了美作为人类创造的价值的客观基础，坚持美的客观性，另一方面把从人类历史的诞生和发展中探寻审美的本质，使得美作为人类创造价值的主体性得到充分重视，从而避免了认识论美学的有"美"无"人"、最终美也落空的理论陷阱。

实践美学以李泽厚、朱光潜、蒋孔阳、刘纲纪等为代表，其中以李泽厚的"人类学本体论的实践美学"影响最大。20世纪60年代，在与朱光潜和蔡仪等人的争论中，李泽厚提出"自由的形式就是美的形式。就内容言，美是现实以自由形式对实践的肯定，就形式言，美是现实肯定实践的自由形式"，[①]已经初步奠定了实践美学思想的核心。70年代末期出版的《批判哲学的批判》中，提出了人类学实践本体论哲学（或称为主体性实践哲学），界定了主体性的概念，论述了使用和制造工具的活动作为最基本的人类实践活动对塑造和形成人的文化心理结构和过程的决定性作用。

80年代，在《康德哲学与建立主体性哲学论纲》和《关于主体性的补充说明》两篇论文中，他集中阐述了他的人类学实践本体论和主体性实践哲学。在这两篇论文中，他提出了许多在当时来说振聋发聩的思想学说，概括起来主要有四方面：

（一）明确提出，历史唯物论就是实践论。并以这种重新解释的历史唯物论去建构马克思主义的哲学和美学。他说："历史唯物论就是实践论。实践论所表达的主体对客体的能动性，也即是历史唯物论所表达的以生产力为标志的人对客观世界的征服和改造，它们是一个东西，把两者割裂开来的说法和理论都背离了马克思主义。"[②] 在这种被重新理解的历史唯物论中，人不再是被动消极地被决定被支配的，不再是某种历史规律中的无足轻重的沙粒或某个社会生产系统的庞大的机器中一个无关紧要的齿轮，而是主体，是行动着实践着有意志有目的的主体，每一个主体都是一

[①] 《美学三题议》，《美学论集》，第164页。
[②] 《康德哲学与建立主体性论纲》，《李泽厚哲学美学文选》，湖南人民出版社1985年版，第154页。

个独特的存在,都是不可代替的。他严厉地批判了在当时还很流行的苏式马克思主义对人的忽视。"历史唯物论离开了实践论,就会变成一般社会学原理,变成某种社会序列的客观主义的公式叙述。脱离了人的主体(包括集体和个体)的能动性的现实物质活动,'社会存在'便失去了它本有的活生生的活动内容,失去了它的实践本性,变成某种客观式的环境存在,人成为消极的、被决定、被支配、被控制者,成为某种社会生产方式和社会上层建筑巨大结构中无足轻重的沙粒或齿轮。这种历史唯物论是宿命论或经济决定论,苏联官僚体系下的'正统'理论就是这样。"①

根据对个体的实践的强调,李泽厚逻辑地推演出对历史中偶然性的重视。实践论涉及人类群体和个体两个方面,既包括认识、逻辑结构,也包括个体的存在、行为、情感、意志,因此,它包括认识论、伦理学和美学。"实践就其人类普遍性来说,它内化为人类的逻辑、认识结构;另一方面,实践总是个体的,是由个体的实践所组成、所实现、所完成的。个体实践的这种现实性也就是个体存在、它的行为、情感、意志和愿望的具体性、现实性。这种现实性是早于和优于认识的普遍性的。在这里,存在主义说存在先于本质,康德说本体高于现象,如去掉它们的唯心主义解释,都具有某种合理的意义。人的本质不应脱离人的存在,成为某种外在的主宰势力。所以哲学包括认识论,也就是说包括科学方法论,像现在的西方科学哲学、分析哲学,我们讲的自然辩证法、辩证唯物主义都属这一范围,它们的确构成哲学的一个重要方面,但哲学又并不完全等同于它们。哲学还应包含伦理学和美学。"②

(二)提出主体性学说。李泽厚的实践论是以主体性学说为核心的。这一理论把人作为历史和实践主体的地位提高到一个对中国现代马克思主义哲学来说是前所未有的高度。作为历史和实践的主体的人,其最突出的特性就是主体性。作为人性结构的主体性,它包括两个双重内容和含义:第一个双重是外在的工艺—社会结构面和内在的文化—心理结构面;第二个双重是人类群体的性质和个体身心的性质。把个体的心理、情感、意

---

① 《康德哲学与建立主体性论纲》,《李泽厚哲学美学文选》,湖南人民出版社1985年版,第154页。

② 同上书,第156—157页。

志、欲求等等作为历史的主体，充分重视个体的作用和价值，而不再把个体看作是巨大的历史运动机器上一个无足轻重的齿轮或螺丝钉，这种思想在当时是极具震撼力的。当然，从历史唯物论的基本原理出发，李泽厚仍然十分强调群体、整体的作用，强调社会的物质生产方式所形成的历史的普遍性和必然性对社会的文化—心理的决定作用和对个体的心理结构的决定作用。他明确指出，在这四个层次中，第一个方面是基础，亦即人类群体的工艺—社会结构面是根本的起决定作用的方面。只在群体的双重结构中才能具体把握和了解个体身心的位置、性质、价值和意义。但是，个体心理、欲求、认识等是如何具体地受群体的历史社会条件制约的？群体的认识、作为历史总体的社会存在是如何转化到个体的心理结构中去的？这就是李泽厚提出的第三个学说，积淀说。

（三）积淀说。积淀说所要解决的是主体性学说中群体与个体、历史总体的必然性与个体生命存在的偶然性之间的具体联接。群体的社会文化心理结构是如何转化为个体的生命感受的？历史的必然性如何落实为个体的偶然性的？李泽厚根据康德的心灵结构知、情、意三结构说，从认识、伦理和审美三个方面进行了解释：在认识结构方面是"理性的内化"（智力结构），在伦理方面是"理性的凝聚"（意志结构），从审美方面说就是"理性的积淀"（审美结构）。所谓"理性的内化"，就是通过语言、逻辑等把本来属人类群体的认识成果内化为个体的认知；"理性的凝聚"就是某种社会规范、道德律令、法则法规等通过个体的意志而内化成为个体自觉的行为准则，一种无条件服从的"绝对命令"。"理性的积淀"就是通过审美活动，把社会文化因素沉积、内化为个体内在的心理诉求。"审美作为与这自由形式相对应的心理结构，是感性与理性的交溶统一，是人类内在的自然的人化或人化的自然。它是人的主体性的最终成果，是人性最鲜明突出的表现。在这里，人类的积淀为个体的，理性的积淀为感性的，社会的积淀为自然的。原来是动物性的感官自然人化了，自然的心理结构和素质化成为人类性的东西。"[①] 反过来，由于审美活动对理性的积淀，因而，个体的感性不再是动物性的自然属性，而具有了社会性质；看起来

---

① 《康德哲学与建立主体性论纲》，《李泽厚哲学美学文选》，湖南人民出版社1985年版，第161页。

完全是个体的心理、欲求、意志、感觉中，实际上积淀了人类的社会的理性的内容。吃饭不只是充饥，而成了美食，甚至成为一种文化；两性关系不再只是交配，而成了爱情，一种最能体现人的精神境界和特性的属性。如果说理性的内化和理性的凝聚中，还有某种外在的强迫成分的话，则作为审美过程和审美内涵的理性的积淀则完全是一种自由形式，在这里，感性与理性、个体与群体完全处于和谐统一之中。

（四）提出中国现代性建设的审美教育策略——以美启真、以美储善。在理性的内化和凝聚之中，理性与感性多少还有些分离，理性对感性多少还有些强迫性，而在作为理性的积淀的审美活动中，理性完全融解、融化到了感性之中，因而，审美活动高于认识和伦理，"美的本质是人的本质最完满的展现，美的哲学是人的哲学的最高级的峰巅。"[①] 审美活动作为一种自由直观对把握事物的本真真理有着直接的启示，有时甚至是比科学认知更为直接和深刻的认识作用。伦理道德也只有当它成为人的内在自觉的心理诉求而不是外在的强迫律令、并真正带给人心理上的愉悦时才能真正获得它的根基和意义。因而，审美不但高于认识和伦理，而且，作为理性积淀的审美结构对认识和伦理有着巨大的帮助和推动作用。这样，李泽厚提出了"以美启真"和"以美储善"的审美教育策略。在整个社会尚未普遍意识到审美教育的重要性时，李泽厚最早意识到这一问题。他说："不是经济上的贫困，而是精神上的贫乏、寂寞、孤独和无聊，将日益成为未来世界的严重课题……不是外部的生产结构，而是人类内在的心理结构问题，可能日渐成为未来时代的焦点。教育学——研究人的全面成长和发展的科学，将成为未来社会的最主要的中心学科。"[②]

90年代到21世纪，随着大众文化兴起以及感性主义蔓延，哲学美学的社会影响度下降，美学基本理论也由实践美学一曲独唱变成多种学说、观点交汇碰撞。实践美学本身分化为三：李泽厚的人类学本体论美学，蒋孔阳的"审美关系"说，刘纪纲的"实践批判的存在论美学"。之后又有一些学者提出"新实践美学"。李泽厚本人在90年代到21世纪从之前的

---

① 《康德哲学与建立主体性论纲》，《李泽厚哲学美学文选》，湖南人民出版社1985年版，第162页。

② 同上书，第162页。

美学和哲学基础理论转向对中国传统哲学和美学思想的研究，试图对之进行"转换性创造"，从中提出了"情本体"理论："不是'性'（'理'），而是'情'；不是'性'（'理'）本体，而是'情本体'；不是道德的形而上学而是审美形而上学，才是今日改弦更张的方向。"[①] 情本体论理论所涉则不仅仅是美学，而是把美学与伦理学融汇为一，以中国传统"重情"的人伦思想和"一个世界"的"情本体"来纠正、改造西方理法社会带来的人情冷漠与伦理缺陷，提出"和谐高于正义"的理想化观念，从而试图提出一条"后历史唯物主义"的人性—社会心理道路。

李泽厚提出和运用在美学上的主要概念：实践、自由、主体性、自然的人化/人的本质力量的对象化、人的自然化、积淀、自由的形式、意象、情本体、以美启真、以美储善，美学作为第一哲学，等等。

三 构建新时代中国特色和中国风格美学话语理论体系

自20世纪美学被引入中国以来，中国美学家们的一系列探索，为建立中国化的美学学科打下了坚实的基础。中国实践美学的诞生和发展，奠定了中国化美学学科体系的哲学基础和学科方法论，在马克思主义实践论基础上、经过现代性转化的中国传统美学的一系理念和观点、范畴，则成为支撑中国化美学学科的骨架。

我们认为，中国化的美学学科体系和话语至少应该包含四个层面：美学本体论层面（基本理论层面）、审美特性层面、审美主体层面、美的形态层面。因篇幅和时间关系，先尝试提出每一层面的概念和范畴。中国特色美学学科体系当以这四个层面为基础和主干，向相关领域辐射和延伸，比如，审美文化论、审美教育论、艺术哲学论、各部门美学或分支学科等。

1. 基本理论层面（美学本体论层面）：

在这一层面，应以马克思主义哲学为基础，以中国实践美学为骨架来进行建构。其主要概念可以包括但不限于：实践、自由、自由的形式、自

[①] 《哲学探寻录》，《世纪新梦》，安徽文艺出版社1998年版，第27页。

然的人化、主体性、积淀、工具本体、情本体、境象/境界等。

实践：

美学本体论层面问题的核心是所谓"美的本质"问题，即"美是什么"的问题。实践是理解美学本体问题的入口。因为美是一种价值，而价值是人类实践活动的产物。在马克思主义哲学产生以前，对美的本质问题有诸多说法。柏拉图《大希匹阿斯篇》中作了详细讨论，最后得出结论"美是难的"（难以定义的）。之后，有诸多探索，从客体对象方面探讨其性质、形状、结构、比例等；从主体方面探讨审美心理要素、距离、移情等；马克思的实践论哲学提供了一个新的思路，从人类实践活动中，从美产生的根源中去寻找美的本质。因此，实践成为美学的基础概念。

"自由"与"自由的形式"：

自由是美学的核心概念之一，美的实质就是自由。没有自由就没有美。但这里的自由特指人类作为实践主体能够掌握和运用对象的规律与法则、从而使得这些规律与法则成为一种"自由的形式"，而非政治上的自由权利或心理上的自由感。"美作为自由的形式，是合规律和合目的的统一，是外在的自然的人化或人化的自然。审美作为与自由相对应的心理结构，是感性与理性的交融统一，是人类内在的自然人化或人化的自然。它是人的主体性的最终成果，是人性最鲜明突出的表现。在这里，人类（历史总体）的东西积淀为个体的，理性的东西积淀为感性的，社会的东西积淀为自然的。原来是动物性的感官人化了，自然的心理结构和素质化成为人类性的东西。"[①] "自由是由于对必然的支配，使人具有普遍形式（规律）的力量。因此，主体面对任何个别对象，便是自由的。这里所谓'形式'，首先是种主动造形的力量。其次才是表现在对象外观的形式规律或性能。所以所谓'自由的形式'，也首先指的是掌握或符合客观规律的物质现实性的活动过程和活动力量。美作为自由的形式，首先是指这种合目的性（善）与合规律性（真）相统一的实践活动和过程本身。它首先是能实现目的的客观物质性的现实活动，然后是这种现实的成果、产品

---

① 李泽厚：《康德哲学与建立主体性的哲学论纲》，《实用理性与乐感文化》，三联书店 2005 年版，第 215 页。

或痕迹。所以它不是什么'象征'。"①

自然的人化：

从人类实践活动入手理解和阐释美的本质，则美是"自然的人化"。

"自然的人化"在马克思那里是一个重要的哲学概念，但马克思所讲的自然的人化主要指人与自然之间的哲学关系，即人对自然的实践改造。马克思已经谈到"欣赏音乐的耳朵"、"感受形式美的眼睛"等"五官感觉的形成是以往全部世界史的产物"，谈到"感觉的社会性"是在实践过程中产生的。并且明确地说："理论对立本身的解决，只有通过实践的途径，只有借助于人的实践的力量，才是可能的；因此，对立的解决不仅仅是认识的任务，而是一个现实的、生活上的任务，而正是因为哲学把这一任务仅仅看作是理论的任务，所以哲学未能解决它。"② 马克思接下来谈到工业的历史和工业产品作为一种对象性存在是人的本质力量的打开了的书本，谈到自然科学通过工业在实践上进入人的生活，改造人的生活，为人的解放做好准备。通过工业化和人的其他实践活动，自然本身也具有了属人的本质，成为人化的自然。这样，实际上可以说，在这部手稿中，已经包含了马克思思想中最重要的部分，包含了新的关于实践的世界观的基本思想。同时，关于自然人化的基本思想亦已在这部手稿中奠定。

马克思强调说："社会的人的感觉不同于非社会的人的感觉。只是由于属人的本质的客观地展开的丰富性，主体的、属人的感性的丰富性，即感受音乐的耳朵、感受形式美的眼睛，简言之，那些能感受人的快乐和确证自己是属人的本质力量的感觉，才或者发展起来，或者产生出来。因为不仅是五官感觉，而且所谓的精神感觉、实践感觉（意志、爱等等）——总之，人的感觉、感觉的人类性——都只是由于相应的对象的存在，由于存在着人化了的自然界才产生出来的。五官感觉的形成是以往全部世界史的产物。"③

主体性：

作为人性结构的主体性，包括两个双重内容和含义：

---

① 李泽厚：《美学四讲》，《美学三书》，安徽文艺出版社1999年版，第482页。
② 马克思：《1844年经济学—哲学手稿》，人民出版社1983年版，第80页。
③ 马克思：《1844年经济学—哲学手稿》，人民出版社1983年版，第79页。

人类学本体论即是主体性哲学。如前所述，它分为两个方面，第一个方面即以社会生产方式的发展为标记，以科技工艺的前进为特征的人类主体的外在客观进程，亦即物质文明的发展史程。另一方面即以构建和发展各种心理功能（如智力、意志、审美三大结构）以及其物态化形式（如艺术、哲学）为成果的人类主体的内在主观进展。这是精神文明。两者以前一方面为基础而相互联系、制约、渗透而又相对独立自主地发展变化的。人类本体的这种双向进展，标志着"自然向人生成"即自然的人化的两大方面，亦即外在自然界和内在自然（人体本身的身心）的改造变化。

积淀：

从外在自然化到内在自然人化，由社会层面到心理层面、由历史到现实，这个过程就是"积淀"。积淀的成果是人类的认识、伦理和审美三个方面的内在的心理结构——自由直观的认识、自由意志的道德和自由享受的审美的心理结构。由此，自然的人化学说经过积淀学说，把认识论、伦理学和美学连成了一个系统。审美积淀来自于实践中的"理性的内化"、"理性的凝聚"和"理性的积淀"。在艺术活动中，艺术积淀可以大致分为三个层次：原始积淀——艺术的形式层；艺术积淀——艺术的形象层；生活积淀——艺术的意味层。

工具本体与心理本体：

人类以其使用、制造、更新工具的物质实践构成了社会存在的本体（简称之工具本体），同时也形成超生物族类的人的认识（符号）、人的意志（伦理）、人的享受（审美），简称之心理本体。这"本体"的特点就在：理性融在感性中，社会融在个体中，历史融在心理中，有时虽表现为某种无意识的感性状态，却仍然是千百万年的人类历史的成果；深层历史学（即在表面历史现象底下的多元因素结构体），如何积淀为深层心理学（人性的多元心理结构，）就是探讨这一本体的基本课题。寻找、发现由历史所形成的人类文化——心理结构，如何从工具本体到心理本体，自觉地塑造能与异常发达了的外在物质文化相对应的人类内在的心理——精神文明，将教育学、美学推向前沿，这即是今日的哲学和美学的任务。因此，不必去诅咒科技世界和工具本体，而是要去恢复、采寻、发现和展开科技世界和工具本体中的诗情美意。工具本体的建立肇始之处，那生产活动和科技文明产生之处，手工艺曾经具有温情脉脉的人间情味，现代的科技美也决不只是理性的工作。在技术美中有大量的想象力和可能性，有无意识，有用理性无法分析的自由度，从而，由古代建筑到现代社会物质才有如此之多的品种、花样和形态，在这似乎是枯燥的理性的创造性中不仍然有着大量的个体感性、个体的呈现和多样吗？

境象/境界：

就个体生存论层面说，即就具体的审美过程和审美活动来说，美是与个体的情感、欲望、认知、经历、理解等等人性情感和人性能力相关的"境象"。具体来说，美是由于对象的某种形式或形象在主体心理引起情感共鸣或愉悦感受、从而形成的主客合一的、具有自由联想和想象的"境象"。"境象"不是固定不变的，其具体内涵随着审美主体与客体的不同而有极大的差异。它可以是艺术对象在人心中引起的感动、震撼、愉悦甚至惊怖、哀伤种种复杂的心理感受与情感的形象呈现，也可以是某种自然的景色/景物给予人的畅快与感动而在主体心理所呈现的情象/意象，亦或某个日常生活的场景在某个特定的时间与空间引起的心灵呼应与回响所构成的心象。"美是境象"包含"象"与"境"两个层次。首先，美是一种"象"。其次，"美"是包含"象"却又超越"象"的"境"。

2. 审美特性层面

在审美特性层面，可以更多吸收中国传统美学和文艺学概念和范畴，因为这些概念或范畴、命题更加准确地表达了审美的特征、性质。这一层面可以包括但不限于如下概念或范畴：文道相合/文质相依；情采；气韵/韵味/意味；优美/优雅/雅致；崇高/宏壮/雄浑；悲/悲剧/悲感；喜/喜剧/喜感；怪/怪诞/荒诞；丑……

文道相合/文质相依：

文之为德也大矣，与天地并生者何哉？夫玄黄色杂，方圆体分，日月叠璧，以垂丽天之象；山川焕绮，以铺理地之形：此盖道之文也。仰观吐曜，俯察含章，高卑定位，故两仪既生矣。惟人参之，性灵所钟，是谓三才。为五行之秀，实天地之心。心生而言立，言立而文明，自然之道也。①

---

① 刘勰：《文心雕龙·原道篇》。

孔子说："质胜文史野，文胜史则史。文质彬彬，然后君子。"这是文质说的起源。从美学上看，这一命题的意义不只如一些论者所说的那样指出了美是由内容和形式的统一，而且还在于它把美同人类社会生活相联系，把美的内容规定为与人的存在相关的东西，并且认为人的存在应表现在一种同人类的尊严、教养、智慧、才能相称的感性形式之中，而不应表现在一种粗陋鄙野或是空洞虚假的形式之中。抽象地讲，孔子所理解的美的本质，就是个体的社会性存在在同人类文明发展相称的形式中的完满实现。当外在的形式显示了人类的尊严、教养、智慧、才能，能引起人的精神的愉快，成为内在的善（仁义）的肯定和实现时，这就是孔子所理解的美。而"文质彬彬"、"君子"，也就是体现了这种美的人。

情采：

言以文远，诚哉斯验。心术既形，英华乃赡。吴锦好渝，舜英徒艳。繁采寡情，味之必厌。

气韵/韵味/意味：

"一曰气韵生动，二曰骨法用笔，三曰应物象形，四曰随类赋彩，五曰经营位置，六曰传移模写。"

优美/优雅/雅致

崇高/宏壮/雄浑

悲/悲剧/悲感

喜/喜剧/喜感

怪/怪诞/荒诞

丑

……

3. 审美主体层面

包括但不限于：风骨；神思；想象；理解/体悟；距离；超越……

风骨：

是以怊怅述情，必始乎风；沈吟铺辞，莫先于骨。故辞之待骨，如体之树骸；情之含风，犹形之包气。

神思：

神思方运，万涂竞萌，规矩虚位，刻镂无形。登山则情满于山，观海则意溢于海……神用象通，情变所孕。物心貌求，心以理应。……蔚彼风力，严此骨鲠。才锋峻立，符采克炳。

想象：

"人希见生象也，而得死象之骨，按其图以想其生也。故诸人之所以意想者，皆谓之象也。""诗是想象力的自由游戏。"

理解/体悟：

从纯粹知性的理解到直觉性的体悟。

距离：

来自于布洛。区别于空间距离的心理距离。

超越：

这里主要指从精神上越过现实、达到形而上学彼岸的行动（如艺术创作与欣赏）或通过行动达到的境界。

4. 美的形态

在这一层面，传统的四种形态即自然美、社会美、技术美、形式美依然有效，但应该增加生态美的范畴。生态美是包括自然美、社会美和形式美在内、却比前三者更高、更具有统摄性的审美形态，它随着人类的社会生活和生产实践而展开，但对它的理论认识和总结却是一直到后现代社会才提出来。

如果说自然美的实质，是自然的人化，是在"真"的形式结构中积淀了人的本质力量，其形式是"真"，其实质是"善"；社会美的实质，是人的本质力量的直接呈现，其形式是"善"，其内容是"真"，是以"善"的形式显现"真"的内涵；那么，生态美的实质，就是人的自然化和自然的本真化，即是在自然人化的基础上人对自然的回归和依赖，是在自然和社会呈现人的"善"目的基础上对自然之"真"的回归和强调。

（作者单位：中国社会科学院哲学研究所）

新时代背景下的"东方哲学"研究范式反思

范文丽

中国"东方哲学"研究开始于20世纪初的东西文化论战,在20世纪下半叶逐渐繁荣,并在接下来的几十年间产生了相当丰富的成果。从学科设置来说,"东方哲学"学科下设印度哲学、日本哲学、阿拉伯－伊斯兰哲学、韩国哲学、越南哲学等学科。从地域来说,"东方"包括印度所代表的南亚地区,日本、韩国所代表的东亚地区,阿拉伯－伊斯兰所代表的西亚北非地区,越南所代表的东南亚地区,等等。从学派传统来说,"东方哲学"包含儒家哲学、佛家哲学、道家哲学和阿拉伯－伊斯兰哲学等。"东方哲学"所涉各学科起源于不同的文化传统,思想义理、学派气质都相差甚远。那么,将它们整合在"东方哲学"这一旗帜之下,其根据是什么?意义何在?"东方哲学"作为一个学科,其知识体系的整一性如何体现?"东方哲学"经历了怎样的发展历程?其未来发展方向如何?对这些问题的思考是本文得以成型的基本动力。

本文旨在追溯"东方哲学"成立、发展的历史,分析"东方哲学"这一概念的整合力之源,并尝试讨论其在中国特色社会主义进入新时代这一崭新历史条件下的发展方向。本文拟从三个历史阶段着眼,首先回顾"东西对立"和"东西对话"两个阶段的"东方哲学"研究,之后结合新时代的时代特点和国际国内形势,在构建人类命运共同体的语境中分析"东方哲学"的未来发展之路。

一 溯源:"东西对立"态势下的"东方哲学"研究

1. 被制造的"东方":"东方学"的政治文化意涵

"东方哲学"这一概念中的"东方"是舶来品,是欧洲人基于自身地理位置与视野而设定的政治、文化概念,是一个他者视角下的对象。欧美语境中的"东方"概念现在主要指称整个亚洲地区及非洲北部等发展中国家、地区,包括东亚的中国、日本、朝鲜、韩国等,南亚的印度、巴基斯坦、孟加拉、斯里兰卡等,东南亚的越南、缅甸、泰国、马来西亚、印度尼西亚等,西亚北非的伊朗、阿富汗、伊拉克、以色列、沙特阿拉伯、埃及等,中亚的哈萨克斯坦、吉尔吉斯斯坦、塔吉克斯坦等。不过,这个概念的内涵和外延在西方世界也并非向来如此,而是经历了漫长的演变过程。

在国际学界,对"东方(Orient)"和"东方学(Orientalism)"进行详细探索而影响深远者,当属萨义德(Edward Waefie Said, 1935—2003)及其《东方主义》(Orientalism, 1979)一书。在书中,萨义德考察了14世纪到20世纪初几百年间的西方文化史,梳理了"东方"概念的缘起与内涵,概述了"东方学"的发展史和主要内容。"东方"最初只是一个地理概念,被欧洲大陆上的人们用来模糊指涉当今中东、东亚地区。但是,"东方学"意义上的"东方"和"西方"并非纯粹的地理概念,而是包含着政治文化意识,是一种人为的建构:

> 东方并非一种自然的存在。它不仅仅存在于自然之中,正如西方也并不仅仅存在于自然之中一样。……作为一个地理的和文化的——更不用说历史的——实体,"东方"和"西方"这样的地方和地理区域都是人为建构起来的……这两个地理实体实际上是相互支持并且在一定程度上相互反映对方的。①

据他考证,最早的"东方学"出现在14世纪初,当时只是在巴黎、牛津等大学设立了阿拉伯语、希腊语、古叙利亚语等教席;到18世纪中叶,耶稣会传教士开始展开中国研究之后,汉学才成为"东方学"的一部分;直到19世纪中叶,亚洲中部广大地区皆进入"东方学"的视野,

---

① 萨义德:《东方学》,王宇根译,生活·读书·新知三联书店,1999,第6—7页;第16页。

这一学科才具有今日之规模。① 萨义德认为,"东方"概念从其产生之初就已经决定了"东方学"不可能是一个"无立场"的学术,而必将在一定地域政治文化意识影响下得以开展。

东方学不只是一个在文化、学术或研究机构中所被动反映出来的政治性对象或领域;不是有关东方的文本的庞杂集合;不是对某些试图颠覆"东方"世界的邪恶的"西方"帝国主义阴谋的表述和表达。它是地域政治意识向美学、经济学、社会学、历史学和哲学文本的一种分配。

"东方学"既不是站在虚空之中,开启"上帝视角"而进行的所谓纯粹学术研究,也不是政治力量完全把持下的殖民攻略,而是政治权力、学术权力、文化权力、道德权力共同博弈之后的产物,是地域政治意识向哲学社会学文本的分配。然而,不管如何,其基本的立场和视角依然是西方的。萨义德在题记中引用马克思的名言"他们无法表述自己,他们必须被别人表述"来描述西方学者笔下的东方,并且认为这种书写方式造成的后果是:西方是意志,东方是表象。②

简言之,"东方"这一概念产生于东方与西方的权力结构和力量对比中,产生于西方力量绝对优势的前提下。东方没有话语权,不能发出自己的声音。西方替东方说话,一切关于东方的论说和描述都是在西方的论说模式中被呈现的。

2. 中国人"东方"自我意识的形成——近代中国人的身份焦虑

"东方哲学"在中国的发展走了与西方"东方学"迥异的一条道路。然而,在中国讨论"东方学",最初也起源于他者的眼光,是中国人从天朝上国的迷梦中醒来,第一次以第三者的视角来打量自身。

中国人以东、西来区分自己与众多发达国家是在19、20世纪之交。方维规在其《概念的历史分量——近代中国思想的概念史研究》一书中对近代中国思想界使用"夷""洋""西""外"等概念的历史进行了考察,认为对外部世界称呼的演变体现了不同历史时期中国人价值尺度、行

---

① 参见萨义德:《东方学》,第61—63页。

② 参见萨义德:《东方学》,第150页。中译本翻译成"愿望"和"表象",不甚准确,原文是引用叔本华(Arthur Schopenhauer, 1788—1860)关于意志(will)与表象(representation)的说法。参见 Edward W. Said, Orientalism, Vintage Books, 1979, p. 115。

为准则和心理状态的变化：在鸦片战争前，国人主要以"夷"称呼外国，带有轻贬的意味；鸦片战争后，"洋"字大量使用，带有"进步""现代"的意味，传递出某种崇敬之情；在19、20世纪之交，在公文里和开明人士中间，"夷务"这一概念已经彻底消失，取而代之的是情感意味比较中性的"西""外"，如"西学""外务"等。[①]

中国最早关于东西方的讨论是在东西文化论战的大背景下展开的。20世纪初，正值东西对立、民族危亡的局面，中国知识分子掀起一股重审历史、思考世界局势、反思自身文化价值的热潮：东西方文化各自的特质是什么？根本差异是什么？优劣对比如何？西方文化比东方文化更高明吗？东方文化存在的价值是什么？应当往何处去？这些问题在今日看已似寻常，但在当时却是中国知识分子为之揪心不已的重大难题。

他们对东西方文化的思考源于当时西方文化对东方文化全面碾压的局面。正如梁漱溟所说："现在并不是两文化对垒激战，实实在在是东方化存亡的问题。"[②] 参与论战者的观点大略可分为三派：以辜鸿铭为代表的主张固守中国传统的"复古派"，以梁启超、梁漱溟、杜亚泉、张君劢、章士钊、胡适为代表的主张东西文化交融的"折中派"，还有以陈序经为代表的"全盘西化派"。他们对于东西问题的讨论促成了中国"东方学"之肇始。

3. "东方哲学"研究之始

在这一时期，"东方文化、西方文化"这对概念在中国知识界得到诸多关注，但实际上多是浮泛之说。而作为"东方文化"中的一小部分，"东方哲学"所受关注更远不如前者。尽管如此，一些学者也已开始详求这一概念的内涵。

胡适在其于1919年出版的《中国哲学史大纲》"导言"中表示："世界上的哲学大概可分为东西两支。东支又分印度、中国两系……到了今日，这两大支的哲学互相接触，互相影响。五十年后，一百年后，或竟能

---

① 参见方维规《概念的历史分量——近代中国思想的概念史研究》，北京大学出版社2018年版，第4—27页。

② 梁漱溟：《东西文化及其哲学》，商务印书馆1999年版，第227页。

发生一种世界的哲学，也未可知。"① 胡适所言涉及的以下三个观念在当时意义重大：首先，以东、西两支来论断当时世界上的哲学；其次，认为中国和印度两系是东支哲学的主要组成部分；最后，有"世界哲学"的眼光，认为当时东西两支的互相接触和影响会带来融合的趋势。

梁漱溟 1921 年出版的著作《东西文化及其哲学》中也指出，中国哲学和印度哲学一起，共同组成了"东方哲学"的主体，对应于"西方哲学"。他在书中将西洋、中国、印度三方哲学进行了比较研讨，将后两者作为"东方哲学"的主要关注内容，并从形而上学、认识论、人生哲学以及宗教四个方面对三方哲学进行了分析，旨在呈现中印哲学的基本面貌。② 梁漱溟的分析重在考察三者的差别，而同一时期朱谦之的《历史哲学》则从人类"本能""生命路向"的相同性出发来寻找中、西、印三大文化及哲学之一致性的根源。③

这一时期也有一些国外的译著在中国知识界流传，比如日本学者秋泽修二的《东方哲学史——东方哲学特质的分析》一书中译本于 1939 年出版。该书在"序言"中驳斥了黑格尔把东方哲学排除在哲学之外的立场；其主体分为两个部分，分别梳理了印度哲学和中国哲学的发展历史；"附录"还对日本哲学史进行了概要的介绍。④

综合而言，这一时期东方哲学研究尚处于开端，呈现出以下特点：

第一，人们谈论"东方文化"时，其核心关怀是东方文化/中国传统文化是否有价值，出路如何。第二，此时的"东方"概念内涵比较狭窄，人们谈及"东方哲学"时主要指印度与中国的哲学。第三，尚没有明确的东方哲学学科意识，对"东方哲学"的研究与东方文化、东方思想的讨论纠缠在一起。第四，对东方文化是否具有价值、是否值得保存尚在争论之中，没有取得共识。学者们的讨论既显示出民族危亡

---

① 胡适：《中国哲学史大纲》，耿云志等导读，上海古籍出版社 1997 年版，第 4 页。
② 参见梁漱溟：《东西文化及其哲学》，第 76 页。
③ 参见朱谦之《历史哲学》，泰东图书局 1926 年版；以及程潮《历史哲学视野下的哲学历史——朱谦之的〈历史哲学〉对世界哲学发展历程的独特解读》，《江苏师范大学学报（哲学社会科学版）》2019 年第 3 期，第 51—56 页。
④ 参见秋泽修二《东方哲学史——东方哲学特质的分析》，汪耀三、刘执之译，生活书店 1939 年版。

所带来的迷茫与困惑，也体现了一种于国难之中求振兴的责任感和使命感。从现在的视角来看，这一时期东方文化之讨论所留下的最宝贵财富就是论证了东方文化的价值，形成了一股保留与维护东方文化的风气与潮流。

二　回顾："东西对话"中的"东方哲学"研究

1. 新中国的"东方哲学"研究机构

学科意义上的"东方哲学"研究到新中国成立后才出现。新中国"东方哲学"研究的一大重要特点就是国家主导，在高校、研究所组建"东方哲学"研究机构，有计划有组织地开展研究。

20世纪50年代末期，中苏关系出现龃龉，新中国的国际活动空间变窄，需要拓展新的邦交关系。在这种局面下，中国政府更为重视与周边邻国以及众多第三世界国家的联系，以打破美苏对中国的经济封锁和政治包围。在当时的国际国内形势下，北京大学哲学系于1961年前后设立"东方哲学史教研组"，开设日本、印度、阿拉伯哲学史等课程，后来还将朝鲜、越南哲学史的研究纳入中国"东方哲学"研究的版图。当时执掌教研室的是朱谦之，主要成员还有黄心川、金宜久等，他们为东方宗教哲学学科的发展作了重要的开拓工作。该教研组在1964年并入中国科学院世界宗教研究所。

改革开放之后，"东方哲学"学科在新的历史阶段中有了新的进展。中国社会科学院哲学研究所现代外国哲学研究室和延边大学朝鲜问题研究所联合创办了一份不定期学术研究专刊《东方哲学研究》，主要刊登有关日本、印度、朝鲜、阿拉伯等国家、地区之哲学的学术论文、研究资料，目前所见最早的是1979年刊。

1983年，中国社会科学院领导批准哲学研究所设立"东方哲学研究室"，并于1984年正式成立。东方哲学研究室初成立之时，下设三个小组：印度哲学、日本哲学和阿拉伯哲学小组，首任室主任是巫白慧。在其引领下，中国第一个东方哲学研究基地建立，为学科的发展提供了有力的支撑。1986年，北京大学哲学系恢复并成立"东方哲学教研室"，再现并拓展了曾经的东方哲学学术格局。此后，山东大学、宁夏大学等也先后设立了东方哲学研究室。1997年4月，在时任哲学研究所东方哲学研究室主任徐远和的推动下，中国社会科学院东方文化研究中心正式成立，成立宗旨为"团结并联合国内外学术团体、专家学者和社会人士……推动国内外学术团体、学者及有关社会团体的交流与合作……"①

上述机构成立之最重要的目的与作用是整合力量，形成研究基地和连接纽带，为这一学科的发展提供制度性的支撑。实际上，在这一时期，以中国社会科学院哲学研究所东方哲学研究室为核心的各类东方哲学研究机构广泛联系国际国内学者，整合不同学科的研究力量，开展高质量的学术活动，为推动东方哲学的长足发展作出了卓越的贡献。

然而，到20世纪末，东方哲学研究机构进入新一轮调整。2000年，北京大学哲学系（宗教学系）取消东方哲学教研室，将原来的东方哲学和宗教学研究人员进行重新整合调配，成立了现在的佛教与道教教研室。山东大学等高校的东方哲学教研室也相继取消，目前全国仅存一个研究基地，即中国社会科学院哲学研究所的东方哲学研究室。尽管此次学科调整之后，高校不再单立东方哲学学科，但东方哲学各学科的研究并未发生根本性改变，仍然是哲学学科及宗教学科的重要组成部分。总体来说，随着"一带一路"和"人类命运共同体"理念的提出，东方哲学越来越受到重视，呈现出欣欣向荣的发展态势。

2. 改革开放后"东方哲学"研究成果一览

（1）"东方哲学"各学科的专项研究

中国社会科学院东方文化研究中心成立之始，对这一时期"东方学"研究的基本愿景有如下设定：

东方学者面临着两大任务：其一是，需要创造反映当代东方各国、各民族在经济建设和科学技术上的一系列重大成就的全新文化；其二是，需要对东方各国、各民族浩如烟海的传统文献资料，进行深入地发掘、整理，以现代意识和方法予以筛选和诠释，使之成为建设新的迈向21世纪东方文化大厦的一类特殊有用的"基建材料"。

---

① 董钫：《推动东方文化研究的重要举措——中国社会科学院成立东方文化研究中心》，《文史哲》1997年第5期，第103—104页。

文中所提及的第二点，也就是对中国哲学、印度哲学、日本哲学、阿拉伯－伊斯兰哲学等学科传统文献开展的文献筛选、整理、翻译、诠释工作，这些专项研究和基础研究是"东方哲学"研究的主要形式，也是"东方哲学"学科研究人员的日常主要工作。

在当前的学科设置中，东方哲学学科被放在外国哲学门类下，因此，"中国哲学"未被划入其中。但理论上来说，中国哲学是"东方哲学"最重要的组成部分之一。现代意义上的中国哲学历经几代人的辛勤耕耘，从传统的经学研究，到参照西方哲学建造中国哲学知识体系，再到以马克思主义范式指导中国哲学研究，直至今日开始思考从"哲学史"到"哲学"的研究范式转换。[1] 马一浮、熊十力、梁漱溟、冯友兰、金岳霖、贺麟、张岱年等，学术名家举不胜举，学术成果更是浩如烟海。理论上来说，这些成果都属于广义的"东方哲学"范畴。

印度哲学方面，在陈寅恪、汤用彤、吕澂、季羡林、金克木等先生开基创业后，一大批学者在梵学、印度六派哲学、印度近现代哲学、佛教哲学、因明学等领域开枝散叶，成果卓著。朱谦之、刘及辰、卞崇道等学者引领的日本哲学在日本近代思想史、东亚哲学比较、东亚朱子学、日本西田哲学等领域成就显著。马坚、王家瑛、金宜久、李振中、蔡德贵等学者所推动的阿拉伯－伊斯兰哲学在阿拉伯哲学史、中阿比较哲学、伊斯兰艺术美学、伊斯兰伦理学、苏菲派思想等领域取得诸多成果。此外，韩国哲学在退溪学、栗谷学、韩国儒学、儒学与韩国现代化、中韩比较哲学等领域，东南亚哲学在中越文化交涉、儒释道对东南亚文化之影响、越南马克思主义、东南亚本土宗教与民间信仰等领域，都有许多成果。[2]

可以说，所有对上述各学科进行的研究都可算作"东方哲学"的研究成果，可谓不胜枚举。而本文的主要任务是检验"东方哲学"这一概念的整合力，因此不对各学科的成果进行详细讨论，而是主要关注宏观"东方哲学"视野下的相关作品，并考察这些著作的产生背景、撰

---

① 参见陈霞《从哲学史到哲学——中国哲学知识体系的回顾、反思与重构》，《哲学动态》2019年第9期，第22页。

② 参见《新中国哲学研究70年》，王立胜主编，中国社会科学出版社2019年版，第202—253页。

写方式、影响力等，从而观察"东方哲学"在这一时期的综合进展情况。

(2) 东西文化之辨析

对东西方文化、哲学的辨析与讨论是这一学科持续关注的主题。从20世纪80年代后期开始，随着亚洲四小龙的经济腾飞，世界开始重新反思东方文化的价值，试图在东方传统文化中寻找能够解释亚洲地区高速发展的理由。1994年8月，"东方哲学与文化"研讨会召开，与会学者对当时国际上的东方哲学与文化热作了分析。文化之间的交流与冲突、东方哲学与文化的价值意义和发展趋势、传统与现代化的关系等议题受到学者们的广泛关注和深入讨论。

1997年，在20世纪末这一时间节点，季羡林、张光璘主编的《东西文化议论集》出版，该书收录了一系列旨在区分、辨析、探索东西方文化的论文，既包括十多篇季羡林自己撰写的文章，也收录了梁漱溟、冯友兰、金岳霖、张岱年、任继愈、汤一介等学者在这一议题上的相关论文。季羡林主张，在西方文化遭遇种种危机的情况下，正当钻研东方文化，并且将东方文化中的精华送到西方，使之发扬光大，并力主只有东方文化才能拯救人类。他认为，东西文化差异的根源就在于思维方式上的不同："东方主综合，西方主分析"[1]。他还提出东方文化和西方文化的关系是"三十年河东，三十年河西""21世纪西方文化将让位于东方文化"等观点。

同一时期，在徐远和主导下，中国社会科学院东方文化研究中心在咸阳、北京、广西、开封、北戴河等地召开了诸多研讨会议，包括"中韩儒释道三教关系学术研讨会""世纪之交东方文化走向学术座谈会""中越传统文化与现代化学术研讨会""东方文化国际学术研讨会""东方社会哲学国际学术研讨会"等，围绕当时亚洲经济危机引发的问题，对如何看待新时期经济、文化的互动关系，东方文化的价值和未来发展，文化讨论、文化研究如何深入等议题进行了探讨；认为在20世纪80年代以来亚洲经济持续高速增长的背后，亚洲价值观、伦理思想起了很大作用；同

---

[1] 《东西文化议论集》（上册），季羡林、张光璘编选，经济日报出版社1997年版，第6页；第59、64页。

时学者们也主张要理性探讨,针对世纪之交的种种预测以及"下个世纪是东方文化的世纪"之类的说法则持保留意见。①

(3) 东方哲学通史、概论性作品的撰写与译介

除了分布于各学科领域的专项研究和基础研究之外,过去的几十年间,中国学者也编写了一系列概论、通史等综合性东方哲学著作,整体性地展现了东方哲学的面貌。

概论类作品包括任厚奎、罗中枢主编的《东方哲学概论》(1991),楼宇烈主编,魏常海、姚卫群、沙宗平撰写的《东方哲学概论》(1997),杨启辰、冯怀信等编写的《新编东方哲学概论》(2000),赖功欧著《东方哲学经典命题》(2007)等作品,对古埃及、古巴比伦、印度、中国、阿拉伯、日本、朝鲜等国家、地区的哲学进行了扼要介绍。

通史、评传类作品包括卞崇道、宫静、康绍邦、蔡德贵等共同主编的《东方思想宝库》(1994),黄心川主编的《现代东方哲学》(1998)、《东方著名哲学家评传》(2000),洪修平主编的《东方哲学与东方宗教》(2016)等。这类著作一般是以国别、地区分篇章,对历史文献资料节选或人物信息进行分类编排,集中呈现。这类作品中最具影响力的是由徐远和、李甦平等主编的五卷本《东方哲学史》(2010),该书以时间为东方哲学发展的纵向基线,将东方各国哲学纳入上古、中古、近古、近代、现代五大时间段中,并对处于同一时间段的东方各国哲学展开横向分析、研究和论述。这一著作在2013年获得国家新闻出版广电总局颁发的"第三届中国出版政府奖图书奖提名奖"。该书的完成标志着中国"东方哲学"学科已然完整成型,其所获奖项则体现了国家对"东方哲学"研究的支持与认可。

论文集、丛书类作品中,最早的是中国社会科学院哲学研究所西方哲学研究室编写的《外国哲学史研究集刊(六)——东方哲学研究》(1984)。后续还有中国社会科学院哲学研究所东方哲学研究室编的《东方哲学与文化》(1996),李景源、李甦平主编的《东方哲学思想与文化

---

① 参见罗传芳:《"世纪之交东方文化走向"学术座谈会概述》,《哲学动态》1998年第11期,第13—14页;何成轩:《为发展学术而燃尽生命之火的徐远和先生》,载《心香集:徐远和先生逝世周年纪念》,徐远和纪念文集编委会编,养正堂文化事业股份有限公司2003年版,第86—94页。

精神》(2009),等等。

这一时期,也有一些外文译著被引入中国,比如美国学者肯尼迪(John McFarland Kennedy)所撰的《东方宗教与哲学》(The Religions and Philosophies of the East, 1911)在 1988 年被译介至中国;亚当斯·贝克(L. Adams Beck)撰写的《东方哲学的历程》(The Story of Oriental Philosophy, 1928)在 2009 年被译介至中国,该书在后记中表达了对东方思想价值的肯定和东西交融的倡议。

综合而言,新中国成立后,一大批东方哲学研究机构的建立起到了整合全国东方哲学研究力量、提供制度性支撑的功能。这一时期东方哲学的研究成果主要体现为三种形式:第一是各学科的基础专项研究;第二是东西文化之辨析;第三是产出了一批以"东方"冠名的概论、通史、论文集作品。这些作品对中国"东方哲学"的内容与发展历程作出了全面而系统的呈现。

三 展望:新时代东方哲学研究与人类命运共同体建设

1. 时代背景:构建人类命运共同体之愿景

2013 年 9 月和 10 月,国家主席习近平在出访哈萨克斯坦和印度尼西亚时先后提出共建"丝绸之路经济带"和"21 世纪海上丝绸之路"的重大倡议。2015 年 3 月,中国发布《推动共建丝绸之路经济带和 21 世纪海上丝绸之路的愿景与行动》。近几年间,中国再次提出"两廊一圈""欧亚经济联盟"等倡议,呼吁文明之间的交流互鉴。"东方哲学"学科所涉及的国家、地区分布在中国领土的四周,也包含在这些倡议所涉及的国家、地区中。2019 年 5 月 15 日,习近平在亚洲文明对话大会开幕式上的主旨演讲中强调:"文明因多样而交流,因交流而互鉴,因互鉴而发展。我们要加强世界上不同国家、不同民族、不同文化的交流互鉴,夯实共建亚洲命运共同体、人类命运共同体的人文基础。"[①]"一带一路"倡议、文明"交流互鉴"的基本立场、构建人类命运共同体的宏大愿景共同构成

---

① 《习近平在亚洲文明对话大会开幕式上的主旨演讲》,新华网:http://www.xinhuanet.com/2019 - 05/15/c_1124497022.htm 登入时间:2019 年 8 月 10 日。

了"东方哲学"今日之时代背景。赵汀阳在近年著作《天下的当代性》中重申"天下"概念,提倡以整个世界为思考单位去分析问题,以便能够设想与全球化的现实相配的政治秩序,倡导构建一个具有普遍善意的、以整个世界为政治单位的共在秩序。① 这与人类命运共同体概念之旨趣有相通之处。

如前文所述,中国的"东方哲学"研究机构在几十年间从无到有,再到枝繁叶茂,并在改革开放之后建立了中国社会科学院哲学研究所东方哲学研究室这一专注研究"东方哲学"的基地。该研究基地在20世纪末东西文化大讨论的浪潮中扮演过相当重要的角色,如开展大大小小的国际国内学术研讨会多次,组织编写了五卷本《东方哲学史》等,为整合"东方哲学"研究力量发挥了举足轻重的作用。

经过几代学人的耕耘,目前中国社会科学院哲学研究所东方哲学研究室下设学科所涉国家、地区包含印度、日本、阿拉伯、越南、韩国,分布在中国领土的四周,对中国具有重要的地缘政治意义。在"一带一路"和人类命运共同体建设的大背景下,这一设置显得意义深远。文明间的交流互鉴、国家间全面而深刻的交往与合作,需要对相关国家历史、文化、思维方式、民族气质有深入的理解,尤其需要对各个宗教和哲学传统进行探索,因为哲学探索是对人类种种行为模式背后的底层逻辑之探索,是对世界运行方式之探索。因此,"东方哲学"的研究是理解相关东方国家文化传统的基础。

"东方哲学"学科若想在新时代找到新的生长动力和繁荣机遇,需要在承继一以贯之的基础学术研究之外,找到自己的时代使命,比如整合国内乃至国际尤其是东方国家不同文化传统的哲学研究力量,推动比较哲学研究,促进哲学领域的交流与交融,等等。

2. 哲学界交流互鉴之方法论:从比较哲学到融合哲学

哲学领域的交流与交融一直在比较哲学的方法论之中开展,"东方哲学"的研究也从未脱离比较哲学的视野。实际上,比较哲学作为一种

---

① 参见赵汀阳《天下的当代性:世界秩序的实践与想象》,中信出版集团2016年版,第2—3页。

方法论,产生于 20 世纪初,是西方学者进入东方哲学语境,促进东西方哲学对话的一个途径。东西比较哲学经历几代人,展现出几种不同的进路。

法国学者马森—乌塞(Paul Masson-Oursel, Cf. Paul Masson-Oursel, Comparative Philosophy, Kegan Paul, Trench, Tkubner & CO., LTD. 1926.)和美国学者摩尔(Charles A. Moore, Cf. Philosophy-East and West, Charles A. Moore eds., Princeton University Press, 1944.)是最早进行东西比较哲学研究的代表性人物。在他们所处的时代,西方世界对东方文化知之甚少,所以他们所展开的主要是普及工作,试图告诉西方世界,东方文明之中的确有哲学存在,而非只有一般意义上的文明或者思想。马森·乌塞首先提出"比较哲学"的概念,认为中国、印度、西方哲学形态和气质的差别源于历史条件的不同。摩尔发起了"东西哲学家会议(East-West Philosophers' Conferences)"并主持前四届会议,还创办了影响深远的《东西方哲学》(Philosophy East and West)杂志,至今仍是比较哲学领域的重镇。他以一种学习的心态向西方世界引荐东方哲学,其态度是温和、谨慎、无批评色彩的。在这一时期,东西哲学的对话停留在较浅的层面。

随着比较哲学这一学科的开展,更多学者以更多元的方法进行相关研究,拉朱(Poolla Tirupati Raju, Cf. P. T. Raju, Introduction to Comparative Philosophy, University of Nebraska Press, 1962.)的研究持有人本主义的立场,强调比较哲学需要有清晰的目标或宗旨,也即增加人类对于自身人性和世界环境的理解,以便更好地开展行动和进行人生。在这一立场下,拉朱对中国、印度、西方哲学传统中的主要流派和核心观点进行了比较。普洛特(John C. Plott, Cf. John C. Plott, Paul D. Mays, Sarva-Darsana-Sangraha: A Bibliographical Guide to The Global History Of Philosophy, E. J. Brill, 1969. John C. Plott, James Michael Dolin, Russell E. Hatton, Global History of Philosophy, Robert C. Richmond ed., Motilal Banarsidass, 1977—1989.)与中村元(Cf. Nakamura Hajime, A Comparative History of Ideas, Motilal Banarsidass, 1992.)则在全球哲学史的视野下对东西方历史中同期出现的哲学家、立场相似的哲学流派等进行了比较和整理。他们进行哲学比较的宗旨在于扩展哲学研究的视野,提供一个相较于传统西方哲学史而言更大的图景,也即全球哲学史。普洛特启动了一个全球哲学史项目,被称为

"普洛特计划（The Plott Project）"，其计划远远比已经出版的五卷本更为弘大，但随着 1990 年普洛特的去世而不得不终止。[①] 至多伊奇（Eliot Deutsch）才开始以哲学问题为线索来比较东西方哲学传统中对相似哲学议题的不同讨论，在其代表性作品《比较美学研究》中，这一路径表现明显。[②] 巴姆（Archie Bahm）对比较哲学的内涵、方法都进行了讨论并且作了一些具体的东西比较工作。（Cf. Archie J. Bahm, Comparative Philosophy: Western, Indian, and Chinese Philosophies Compared, Universal Publications, 1977.）

霍夫曼（Frank Hoffman）分析了比较哲学的逻辑可能性，并对这一方法进行了辩护。（Cf. Frank J. Hoffman, "Satisfactions and Obstacles in Philosophizing Across Cultures", Cultural Otherness and Beyond, D. P. Chattopadaya and C. Gupta (eds.), Brill, 1998.）他认为，比较哲学旨在从不同文化传统中寻找问题的解决方法。在比较哲学的视域中，无需提前预设某一文化传统的优越性，也不应脱离问题本身去显示对某个文化传统的忠诚和信任，而是就具体问题、具体解决思路来看待不同哲学方法、哲学观点的可行性。对于某些哲学议题，最好的解决思路可能来自东方哲学，而另一些议题则在西方哲学中得到更为深入的探索。这种比较哲学思路在西德里茨（Mark Siderits）那里被总结为"融合哲学（fusion philosophy / confluence philosophy）"，倡导"解决问题（problem-solving）"，用一种哲学传统中的方法或思路来解决另一种哲学传统中生发出来的问题，是比较哲学的接续版或者进阶版。西德里茨对此有一个颇为形象的比喻：不同的哲学传统相当于不同的房子，我们在各自所处的房子中演化出彼此相异的生活形态；每一个房子的主人都会创造出一些工具来解决某些具体的问题。而融合哲学就是去别的房子借来某些工具以解决自己房子中出现的问题。这一行为的可行之处在于：或者其他房子中对解决某一问题有了更深的领会，发展出了更好的工具；或者其他房子中的工具有着其主人所尚未知晓的妙用，除了满足自己本身的功能之外，还能为其他房子中问题的解决提

---

① 参见 Wallace Gray, "The Plott Project: An Unfinished Symphony", Comparative Civilizations Review, 1999, 41 (41), Article 3.

② Cf. Eliot Deutsch, Studies in Comparative Aesthetics, University of Hawaii Press, 1975.

供思路或直接帮助。①

拥有类似的研究思路，但未必自称在做"融合哲学"的学者还有许多，比如《比较哲学》杂志的主编牟博②以及多伊奇、库普曼（J. Kupperman）等。

3. 回到哲学本身的"东方哲学"研究

比较哲学或者融合哲学视野下的哲学研究倡导回到哲学本身。"哲学"概念本身是个舶来品，但"哲"字所蕴含的断疑、明理之义则在中国古已有之。Philosophy 一词来源于希腊文，本意是"爱智"，19 世纪 70 年代日本学者西周将其译为"希哲""希贤"等。19 世纪末康有为、梁启超和黄遵宪等人将"哲学"这一译名引介到中国。而"哲"字在古汉语中和"智"的音、义都相近，可以与之互训。其原由在于"哲"字上半部为"折"，为"折断"的意思，引申有"断疑"的意味：在理论层面涉及概念之区别，实践上涉及行为之抉择。因此"哲"字有断疑、明理之义，具有"哲"之能力，即可称为"智"。③

而对"东方哲学"研究范式的思考，恰恰需要在这个更大的图景——"哲学"之下进行。换言之，于"东方哲学"研究中加入普遍哲学的视角，以哲学议题、哲学问题为纽带，实现真正的跨文化、跨传统、跨学派哲学研究。一方面，从哲学自身的逻辑来看，东方、西方只是思想资源产生地的差别，其最终指向都是断疑除惑、探索事理。当我们从"观察"的心态转变到"取用"的心态后，我们将不再满足于梳理思想史的流变，寻找文化传统的相通或相异之处，以一个旁观者的身份去检视或评判某种文化。我们会采取更为积极参与的态度，以问题为线索，关注不同文化传统给出的不同回答思路。我们的关注点是具体的哲学问题和解决思路本身，而非作为智力资源之来源的文化传统。所有的观点都基于证据

---

① Cf. Mark Siderits, Personal Identity and Buddhist Philosophy: Empty Persons, Ashgate Publishing Limited, 2003, p. xiii.

② Cf. Bo Mou, "On Constructive-Engagement Strategy of Comparative Philosophy: A Journal Theme Introduction", Comparative Philosophy, 1 (1), 2010, pp. 1—32.

③ 参见关子尹：《语默无常——寻找定向中的哲学反思》，北京大学出版社 2009 年版，第 3—14 页。

和逻辑，某一哲学立场的达成是临时的、开放的、准备被挑战和修改的。另一方面，此时中国哲学、印度哲学、西方哲学，或者儒家哲学、佛教哲学、阿拉伯－伊斯兰哲学等，都具有了平等的地位，共同构成提供思想资源的智力宝库。只有这样，当代的哲学才能够最大限度地从不同文化传统的古典哲学中汲取资源并得到丰富和成长，现代人所面临的哲学问题才能够从不同的文化传统中寻找解决思路，从而达成最优化的解决方案，人类在面对问题时才会真正具有全球文明的视野。

结语

"东方哲学"之"东方"概念是西方视角下的产物，来源于东西对立语境下西方对东方的表达。这种表达体现了地域政治意识向哲学社会学等文本的分配。中国人的"东方"自我意识则产生于20世纪初，是在东西对立、民族危亡的大背景下形成的。在五四运动后的东西文化论战中，学人们开始了"东方哲学"的研究。

新中国成立之后，一批"东方哲学"研究机构得以成立，成为整合全国"东方哲学"研究力量的中枢和纽带，为"东方哲学"的发展提供了制度支撑。这一时期的"东方哲学"研究也成果卓著：首先，对各学科传统文献进行的整理、翻译、诠释类成果层出不穷，不胜枚举；其次，对东西文化的辨析和讨论也在不断更新；最后，一大批东方哲学类的概论、通史、评传、论文集类作品的出版，共同勾勒出"东方哲学"的基本面貌。

在新时代背景下，"东方哲学"面临的最大机遇是"一带一路"等倡议的提出和构建人类命运共同体愿景的确立，其最重要的使命是通过哲学界的交流互鉴，实现东方各文化传统之间、东西方文化传统之间的对话与理解。而这种交流互鉴的达成需要通过比较哲学或融合哲学的研究路径，以哲学问题为纽带，从不同文化传统中汲取思想资源，共同贡献于当今世界人类的普遍关怀。总之，"东方哲学"研究的未来，是超越地缘性，以跨文化传统的视野来理解哲学研究，以人类文明为尺度来开展哲学对话。

（作者单位：中国社会科学院哲学研究所）

科技哲学学科建设中国知识体系的初步构想

段伟文

一 中国科技哲学发展概况

中国的科技哲学可上溯至 20 世纪初从西方引入的有关逻辑、科学方法和科学文化的讨论，学科建制化的科技哲学则由自然辩证法研究发展而来，经过 60 余年的探索，已经形成了自然哲学、科学哲学、技术哲学、科学技术与社会研究、科技史、科技文化、科技伦理、科技传播、生态哲学、信息哲学、工程哲学、产业哲学等子学科群，从而在内涵上拓展为关于科技的哲学与人文社会科学跨学科及交叉科学研究。自 20 世纪 70 年代末中国的改革开放和现代化进程为科技哲学的兴起带来了巨大的契机。随着其问题域的不断拓展，科技哲学日益扮演起联结科技与人文不可或缺的桥梁角色，这不仅昭示了新一轮学科内整合和专业定位的必要，还对其学术品质与思想深度提出了更高的要求。

科技哲学在中国的独特性在于其与自然辩证法的渊源。在 1956 年制定的科学发展远景规划中，将当时苏联的自然科学哲学问题研究命名为自然辩证法，后成立中科院自然辩证法组，并试图以此促成自然科学家和哲学社会科学家的联盟。相关规划草案指出："在哲学和自然科学之间存在着这样一门学科，正像在哲学和社会科学之间存在着一门历史唯物主义一样。这门学科，我们暂定名为'自然辩证法'，因为它是直接继承着恩格斯在《自然辩证法》一书中曾经进行过的研究"。草案列出了九类研究主题：(1) 数学和自然科学的基本概念与辩证唯物主义的范畴，(2) 科学方法论，(3) 自然界各种运动形态与科学分类问题，(4) 数学和自然科学思想的发展，(5) 对于唯心主义在数学和自然科学中的歪曲的批判，

(6) 数学中的哲学问题, (7) 物理学、化学、天文学中的哲学问题, (8) 生物学、心理学中的哲学问题, (9) 作为社会现象的自然科学。改革开放以后,从自然辩证法发展而来的科技哲学始终保留了"处于自然科学和哲学社会科学的边缘与交叉地带"这一科技与哲学跨学科研究的基本特征。

通过改革开放新时期40多年来的发展,科技哲学在不断拓展和分化中已经成为一个分支庞杂的学科群,其专业谱系从哲学一直延伸到政策、传播等领域,基本形成了"关于科技的哲学"和"关于科技的研究"两大类研究旨趣。前者主要包括自然哲学、科学哲学、技术哲学、科学思想史、人文与理论导向的科学研究和科学与技术研究(由科学知识社会学、技术建构论等发展而来)、科技文化、科技伦理等,后者包括科学技术与社会研究或社会科学与应用导向的科学研究和科学与技术研究、科技传播、科技管理与政策等。前者属科技哲学应有之义,而后者之所以在社会科学和管理科学日益专业化的情况下还有巨大的发展空间,是由于对科技与社会的互动中出现的很多新问题的研究往往需要科技和科技观方面的背景,使科技哲学独有的跨学科优势得以显现。

二 中国科技哲学的创新性研究

40年来,中国科技哲学开展了一系列具有创新性的研究:

(1) 整体论与生成论研究,金吾伦与董光璧等在物理学的哲学争论中提出了生成哲学等独创性思想。

(2) 关系实在论,罗嘉昌与胡新和等在科学哲学与物理学哲学研究的基础上提出了关系实在论。

(3) 新自然观、智能革命论的提出,金吾伦、董光璧、林夏水、余谋昌、童天湘等综合自然观的发展提出新自然观。

(4) 科学技术观与科学技术论,陈昌曙及远德玉等推动技术论研究并在此基础上形成技术哲学的东北学派;刘大椿教授提出了科学活动论与互补方法论并在此基础上提出了从对科学的反思、批判到对科学的审度的思想等;曾国屏、张明国等推动科学技术学学科建设的尝试。在此领域,段伟文立足技术化科学论提出可接受的科学的科学观,孟强对科学论的存在论及科学与政治展开了研究。

（5）科学哲学的新视角。郭贵春、成素梅等倡导语境论的科学哲学并将其应用于物理学哲学、数学哲学等领域；吴彤、盛晓明、蔡仲等推动科学实践哲学并结合中国实践开启了地方性知识研究等；吴国盛、邓波、吴彤等推动现象学与解释学的科技哲学研究。段伟文、孟强、张昌盛是科学实践哲学和现象学科学哲学的重要参与者，孟强负责相关全国会议的组织工作。科学哲学与辩证法相结合的自然科学哲学研究，如桂起权、殷正坤、万小龙等"武汉学派"在物理学哲学等方面的工作，蔡肖兵、王伟长参与了相关研究。孟建伟、洪晓楠等倡导和推动了科学文化哲学研究，郝苑是其中重要的参与者。

（6）信息、认知与智能哲学。童天湘提出智能革命论，邬琨、刘钢等倡导和推动了国内的信息哲学研究，段伟文在网络、大数据、虚拟现实、人工智能与机器人等领域开展了哲学与伦理研究，张昌盛从现象学科学哲学维度开展了意识与人工智能研究。

三 科技哲学中国知识体系建设的初步设想

面向科技时代提出的全新问题与复杂挑战，立足科技前沿发展与未来趋势，从马克思主义的自然观和科技观出发，发扬中国科技哲学研究整体性、交叉性与前沿性的优点，大处着眼小处着手，从以下方面系统推进：

（1）构建哲学与科技对话平台，紧跟科技时代的新发展，把握科技最新进展中的哲学问题，开展跨学科与交叉学科研究；

（2）系统地展开科技前沿的哲学研究，紧跟生命、信息、智能等科技前沿的发展，深入探讨其中的本体论、认识论、方法论问题；

（3）加强科技价值伦理与治理研究，面向中国创新驱动和科技强国的时代需求，打通科技价值伦理与治理方面的学术研究与对策研究，使之更好地为国家的科技创新与应用发展服务；

（4）面向世界的中国科技观研究，从历史与未来结合，东方与西方对话以及引导科技文明的未来发展的角度，全面论述科技文化与中华文化的关系，探讨两者会通和实现创造性转换与跃迁的可能；

（5）构建面向科技新时代的马克思主义科技论，将科技发展中呈现出的时代精神作为马克思主义发展的新动能，在用马克思主义的科技观指导科技哲学发展的过程中坚持和发展马克思主义。

四 科技哲学学科基本情况及构建中国知识体系初步构想

（一）哲学所科技哲学学科概况

哲学所科技哲学学科长期关注科学哲学、自然科学与科技前沿的哲学问题、科技与社会、科技创新与科技时代的哲学研究。哲学所科技哲学学科有研究人员7人，研究员2人，副研究员4人，助理研究员1人。目前，在研项目有院创新工程项目一项，登峰战略交叉研究项目一项，国家社科基金重大项目1项，一般项目2项。

科技哲学学科的优势是立足前沿领域的开拓与研究。一方面，在学科基础理论研究方面取得了很多领先的成果，积极推动和参与学科前沿工作；另一方面，紧跟科技时代的新发展，早在20世纪90年代，童天湘、金吾伦等就已展开对智能革命和信息社会的研究。目前，在学科基础理论方面，本学科在科学技术论、科学实践哲学、现象学科技哲学、物理学哲学、科学文化哲学等方面具有较大优势；在科技前沿的哲学与伦理研究方面，本学科在信息网络、大数据与人工智能哲学及伦理研究方面具有领先优势，在科技伦理理论与治理领域具有较大的社会影响力。

（二）科技哲学学科建设中国知识体系的基本构想

1. 基础研究领域：面向科技新时代的当代科学基础研究

近年来，继生命、认知、信息、纳米等融合科技之后，智能化的浪潮汹涌澎湃，科技新时代呼之欲出，从多个层面对科技哲学提出了一系列全新的挑战。首先，在研究范式上发展出了网络化科学、数据驱动与数据密集型科学等第四范式，科学认知模式从传统的个体化认知转向群体化认知、社会化认知、虚拟仿真认知、分布式认知、智能体认知等全新的知识发现与分享模式。这一新的变化使人们对知识的理解和把握遇到了前所未有的挑战。其次，新兴科技日益成为影响世界构造、人类实践乃至人类自身的一种本体论生成和存在论转换的力量，从生命科技、信息科技到智能科技和量子科技，科技新时代对人类的存在和人类文明的影响不断走向深化。这迫使人们进一步以新科技实践为切入点反思科技新时代世界和人类的存在。其三，科技发展对人类的深度影响愈益集中地体现在对人类乃至机器的认知、意识和智能的探究和应用上，虽然在此方面取得了一些突破性的进展，但远未实现整体上的突破。这亟待充分运用哲学的思想资源厘清问题的实质，寻求突破的路向。其四，新科技革命已经上升为一种全方位的人类文明现象，成为影响人类历史、文化和未来命运的决定性力量，换言之，科技新时代意味着人性将面临前所未有之嬗变。这就要求人们不能简单地附和未来主义者的乌托邦构想，而应该深潜到哲学与文化的底层思想资源之中，向未来文明的走向发出具有历史与思想深度的质疑。

本研究的主要思路是会通哲学、科学哲学的一般理论与科技前沿出现的认识论、本体论、价值论等研究视角，展开整合创新。主要研究内容包括：网络化、数据化与智能化科学发现的认识论与方法论研究、科学实践与存在论研究、认知与意识现象的跨学科研究、科学文化哲学视野中的著名哲学家的科学观研究、物理学的哲学与逻辑基础研究、数学哲学与文化研究。

2. 重大研究工程探索：智能革命与人类未来研究

随着移动互联网、大数据和人工智能等新兴科技的发展，智能革命一跃成为当前科技创新、产业发展和社会变迁的主流趋势，将对人类社会和未来文明产生无比深远的影响。英美等国著名高校和研究机构在十余年前就已开启智能科技等新兴科技与人类未来的主题研究，并建立了相关研究中心。通过《新一代人工智能发展规划》等战略规划的实施，我国正在迈向世界主要人工智能创新中心，进而必将走在智能革命的前沿。鉴于这一重大发展态势，智能革命与人类未来应成为我国哲学社会科学研究必须面对的时代性主题。

拟设立研究专题：（1）智能革命的认知科学与哲学基础。通过追踪智能和认知前沿科技，展开与科技专家的对话，探讨人工智能、人工意识、人工情感的科学与哲学基础。（2）智能革命与智能社会的构建。探讨机器智能、数据智能和人机融合智能驱动下的智能社会的内在动力及其社会、政治形态的构建与演化。（3）智能革命与人的价值重塑。探讨智能革命与人类既有价值、伦理和法律的冲突以及重塑新的价值体系的可能性和未来走向。（4）智能革命与人类文明的未来形态。系统探究技术奇点、超级智能、后人类、超人类、人机共生等未来智能与文明形态的哲学基础与现实可能性。

这些研究旨在对智能革命及智能社会等未来文明形态作出全局性和前瞻性的探究,为相关产业与社会发展战略、公共政策和法律法规提出具有针对性和前瞻性的对策建议。

实施方式:(1)主要由科技哲学学科及科学技术和社会研究中心组织实施项目研究;(2)建立智能社会数据分析与仿真实验室,展开数字人文等定量研究;(3)建立智能革命与人类未来研究中心主题智库;(4)构建国内外智能革命研究网络,参与国际对话和相关政策与规则制定;(5)建立科技与未来沙龙等科技与人文对话平台。

3. 重大应用研究:科技伦理与国家科技伦理治理研究

拟发挥本学科的影响力,通过建构全国科技伦理研究网络,将学术研究与科技发展中的研究伦理及新兴科技伦理挑战相结合,开展全局性、预见性的智库研究,积极参与科技伦理的国家治理与国际对话。

4. 引领性研究:面向未来的中国科学技术观与科学技术论研究

在全国科技哲学界率先倡导开展面向未来的中国科学技术观与科学技术论研究。基本思路是会通世界思想、中国思想、马克思主义思想,关照科技时代经济、社会、政治、文化发展的大格局与大趋势,建立起中国哲学界与科技界的科技观念对话机制,通过本学科创新性研究和主导全国性研究网络的构建,大力推动此项研究的深入展开。

(作者单位:中国社会科学院哲学研究所)

中国伦理学知识体系建设的成就与未来发展

孙春晨

经过几代伦理学人的不懈努力，新中国伦理学的知识体系已经形成了包括伦理学原理、中国伦理思想、外国伦理思想和应用伦理学四种知识形态在内的学科框架，这四种知识形态所传播的道德知识虽然各有侧重，但它们都是新中国伦理学知识体系建设中不可缺少的组成部分。新中国伦理学知识体系建设的突出特色是，以马克思主义伦理思想作为建设伦理学知识体系的理论根据，从而形成了在马克思主义伦理思想指导下伦理学原理、中国伦理思想、外国伦理思想和应用伦理学研究的知识体系和学科体系。进入新时代的中国伦理学知识体系建设，需要在进一步强化马克思主义伦理思想研究的基础上，增进不同道德知识和道德文化之间的相互交流与相互借鉴，以展示中华民族的道德文化自信。

一 中国马克思主义伦理学知识体系建设的成就

新中国成立初期，受苏联高校学科建制的影响，教育管理部门对国内高校的学科设置进行了较大调整，伦理学被当作资产阶级学科予以取消。20世纪50年代末60年代初，苏联重新将伦理学尤其是马克思主义伦理学作为一门学科开展研究，抱着向苏联学习的态度，中国的一些高校和研究机构也开始恢复伦理学学科，建构中国伦理学知识体系的工作由此展开，而对马克思主义伦理思想的研究成为创建新中国伦理学知识体系的学术起点。

新中国马克思主义伦理思想研究和马克思主义伦理知识体系建设是从借鉴苏联伦理学的研究成果开始的。建国初期，建设社会主义和共产主义国家的政治理想居于意识形态的中心地位，而要建设社会主义和共产主义，就需要培育国民的共产主义思想和道德。以毛泽东为代表的新中国领导人充分认识到了马克思主义的共产主义道德对于激发全国人民追求自由平等新生活的强大精神力量，时代需要马克思主义伦理思想，而当时的理论界对马克思主义伦理思想的研究刚刚起步、知识积累不足，在此背景下，有必要学习和借鉴苏联学者有关共产主义道德的研究成果，一些苏联学者的研究论著被引进翻译，包括夏利亚等著的《共产主义道德》（作家书屋1953年版）、《论共产主义道德的几个问题》（五十年代出版社1953年版），柯尔巴洛夫斯基的《论共产主义道德》（三联书店1953年版）、《共产主义的道德和日常生活》（上海人民出版社1957年版），包德列夫等著的《论共产主义道德教育的几个问题》（新知识出版社1954年版），施什金的《道德·共产主义道德·道德教育》（三联书店1956年版）、《共产主义道德概论》（三联书店1957年版）等。在恢复伦理学学科后，苏联学者这些关于共产主义道德的研究成果，不仅对马克思主义伦理思想的研究起到了积极的推进作用，而且对中国伦理学界研究共产主义道德提供了重要的理论参考。

在建设马克思主义伦理学学科体系和知识体系进程中，中国伦理学界的前辈学者为新中国马克思主义伦理思想研究和马克思主义伦理学学科建设以及马克思主义伦理学知识体系建设做出了不懈的努力和艰辛的探索，他们结合新中国社会主义建设的实际，对马克思主义伦理思想尤其是社会主义道德和共产主义道德理论的深入阐释，推动了马克思主义伦理思想中国化的进程，为后学者研究马克思主义伦理思想、建设马克思主义伦理学知识体系奠定了坚实的理论根基，指明了继续探索的前行方向。在这些前辈学者中，北京大学教授、原中国科学院哲学社会科学学部学部委员冯定先生，中国社会科学院荣誉学部委员、中国伦理学会首任会长李奇先生，华东师范大学教授、中国伦理学会原副会长周原冰先生，中国人民大学教授、中国伦理学会原会长罗国杰先生是新中国马克思主义伦理学学科的奠基者和新中国马克思主义伦理学知识体系的创建者。

冯定先生的《共产主义人生观》、李奇先生的《道德科学初学集》和《道德学说》、周原冰先生的《共产主义道德通论》和《道德问题论集》、罗国杰先生主编的新中国成立以来第一本马克思主义伦理学教科书——

《马克思主义伦理学》,这些著作论述了马克思主义伦理思想的来源和发展以及马克思主义有关道德问题的基本观点,为马克思主义伦理学知识体系的建设提供了一个基础性的框架。

虽然从当代严格的知识形态或学科形态的角度看,马克思恩格斯没有撰写过专门的伦理学或道德哲学论著,也没有建立完整和系统的伦理学体系。但是,马克思恩格斯的经典文献包含着丰富的道德知识,诸如《路德维希·费尔巴哈和德国古典哲学的终结》《德意志意识形态》《反杜林论》《家庭、私有制和国家的起源》《共产党宣言》《1844年经济学哲学手稿》《政治经济学批判》《资本论》等著作中蕴藏着大量的关于伦理和道德问题的论述。研究马克思主义伦理思想的首要工作就是对马克思恩格斯的有关文献进行分析和解读,挖掘马克思恩格斯经典文献中的伦理观和道德观,在此前提之上,探究马克思主义伦理思想的发展脉络及其重要的伦理论域。改革开放以来,中国伦理学人从解读马克思恩格斯的经典文献入手,以研究马克思主义伦理思想发展史为突破口,由史入论、以史融论、史论结合,在马克思主义伦理思想的诸领域取得了丰硕的研究成果,不仅出版和发表了诸多研究马克思主义伦理思想及其发展史论著,而且开辟了从政治经济学、政治哲学、社会伦理学等视角研究马克思主义伦理思想的新路径,而马克思主义伦理思想中国化的发展进程,既使得中国经济社会和文化的发展有了坚实的伦理指引和价值基准,又推进了中国伦理学知识体系的建构。从中国伦理学知识体系建设的角度看,新中国70年对马克思主义伦理思想和道德知识的探索具有非常重要的意义。

马克思主义伦理思想的传播和发展成为新中国70年道德文化演进与伦理学知识体系建构的最重要的推动力量。"五四"新文化运动以后,中国的封建道德体系遭受新文化的强力冲击已然解体,而新中国选择走社会主义道路,资本主义的道德文化无法解决中国社会生活中所面临的诸多伦理和道德问题。马克思主义伦理思想和道德学说能够在新中国生根发芽、蓬勃发展,具有历史的和道德文化发展的必然性,因为它既是新中国寻找道德文化发展方向的必然选择,也是新中国顺应时代变迁不断追求新的道德观念和伦理价值的目标使然。中国共产党人信仰马克思主义,自然接受马克思主义伦理思想作为塑造新中国道德文化和建设新中国伦理学知识体系的指导思想与理论依据,并在新中国70年经济社会建设实践中实现了马克思主义伦理思想的中国化。马克思主义伦理思想中国化既非马克思主义伦理思想在中国的理念式和标签式的抽象转化，也不是在中国的简单移植和生搬硬套，更不是用马克思主义伦理思想来匡正和改良中国的道德文化传统，而是马克思主义伦理思想与新中国70年的经济社会和文化发展状况的有机结合，是在新中国70年社会主义道德文化变革基础之上的创造性转化和创新性发展，马克思主义伦理思想和道德知识的中国化进程由此而获得了强大的生机和活力。

马克思主义伦理思想和道德知识的中国化成果是在新中国亿万人民参与社会经济、政治和文化生活的实践活动中产生的，集中体现为新中国几代领导人关于道德问题的重要思想和重要论述，它们共同组成了新中国伦理学知识体系的重要内容。毛泽东认为，道德来源于人类的社会生活，是人们的经济生活与其他社会生活的要求的反映，他创造性地提出了为人民服务和无产阶级革命功利主义的思想，主张动机与效果相统一的道德评价论，强调共产主义道德教育与修养的重要性。改革开放以后，马克思主义伦理思想和道德知识中国化的最新成果是马克思主义伦理思想的基本原理与中国改革开放和社会主义现代化建设具体道德实践相结合、与中华民族优秀传统伦理文化相结合的产物。在邓小平理论、"三个代表"重要思想、科学发展观和习近平新时代中国特色社会主义思想中，形成了物质文明与经济建设伦理观、政治文明与政治建设伦理观、精神文明与公民道德建设伦理观、社会文明与和谐社会伦理观、生态文明与可持续发展伦理观、党的建设文明与执政伦理观等反映经济社会和文化变革的伦理趋向和价值选择，代表了中国伦理学知识体系建设的最新成果。

以马克思主义伦理思想为内核的伦理学教科书是中国伦理学知识体系的独特表现形态。在新中国伦理学学科和伦理学知识体系的建设与发展过程中，呈现出一个不同于国外伦理学学科知识体系的特殊现象，这就是伦理学、马克思主义伦理学和马克思主义伦理思想三足鼎立，相互交叉。虽然前两者属于学科名称，后者属于一种理论和知识体系，但它们所表现出的知识内容却多有重叠。国内大多数名为《伦理学》《马克思主义伦理学》的教科书或著作，其体系架构和主要内容的章节安排大多是对罗国杰主编、1982年出版的国内第一本伦理学教科书——《马克思主义伦理学》的沿用，尽管有些教科书或著作做了少量的改动，但就总体而言，在知识体系上没有实质性的改变。可以说，国内书名为《伦理学》的教科书包括2012年出版的马克思主义理论研究和建设工程重点教材《伦理学》大体上等同于《马克思主义伦理学》，也有少数学者借鉴西方伦理学的体系结构和学术观点撰写伦理学原理著作，但这些研究成果未能作为"马工程"伦理学教材而被高等院校广泛采用。鉴于马克思主义伦理思想在新中国伦理学学科建设和发展中的特殊地位，大多数伦理学和马克思主义伦理学教科书以及相关的伦理学著作中必然包含马克思主义伦理思想的研究内容，关于道德的起源与发展、道德本质、道德原则、道德规范、道德范畴、道德评价、道德教育、道德理想、道德修养等伦理学的核心内容也都贯穿着马克思主义伦理思想的精髓。因此，马克思主义伦理思想不仅是中国伦理学知识体系的重要组成部分，而且对国内伦理学原理、中国伦理思想、外国伦理思想和应用伦理学等学科的研究具有指导性和方向性意义。

二 建设中国伦理学知识体系需要正确处理普遍性道德知识与地方性道德知识的关系

当代世界伦理学知识体系中，规范伦理学和美德伦理学的论争是一个重要的和显性的学术现象。在西方学界，规范伦理学以罗尔斯（John Rawls）和哈贝马斯（Jürgen Habermas）为代表，美德伦理学以麦金太尔（Alasdair MacIntyre）为代表。规范伦理学和美德伦理学的论争，不只是道德知识结构和学术观点上的分歧，在其背后隐含着的深层问题是，如何看待多元性道德文化或道德文化多样性的问题，也就是如何看待伦理学知识体系的多元表现形式问题。

规范伦理学以哲学思辩的方法研究伦理问题，其研究领域主要是道德应然，期望用道德应然去规范人们的实际行为，指导人们的价值选择。规范伦理学认为，人类社会存在着普遍的、客观的伦理原则和道德规范，伦理学的学科使命就是研究人类具有普遍性特质、普遍性功能的道德知识，论证人类的普遍性伦理原则和道德规范。在一些学者看来，只有具备普遍性特质的道德知识、伦理原则和道德规范才是真正的伦理学知识，才具有正当性和合理性。针对后现代社会道德价值多元相异、道德话语歧见并存和道德生活碎片化的局面，规范伦理学的研究目标是为人们提供统一的、普遍有效的道德知识和行为规则，因而普遍主义伦理知识观成为规范伦理学的突出表征。普遍主义伦理知识观认为，从人的理性和人性中推演并提炼出来的伦理原则和道德规范应该并且能够适用于人类社会生活的任何情境，是生活于不同民族国家和文化传统的人们共同的价值标准和行为准则。

当代规范伦理学的研究态度和理论主张显然延续了近代理性主义伦理学的学术传统，专注于对伦理原则和道德规范的抽象性思辨，并且深信存在着普遍适用的伦理原则和道德准则。实际上，伦理普遍主义和理性主义方法论的缺陷早在一个多世纪前就被西方社会的一些著名思想家揭示出来，并给予了批评和诘难。例如，恩格斯在《反杜林论》中从唯物史观的立场出发，对杜林的"永恒道德论"予以了驳斥。杜林认为，道德的世界和一般的知识世界一样，有其恒久的原则，这样的道德原则凌驾于历史和民族特性的差别之上，是超阶级和超历史的。"永恒道德论"的方法论基础就是普遍主义和先验主义，因为它不是从道德现实本身来研究道德的普遍性问题，而是从一般性的抽象道德观念出发来解释和评判道德现实。1895 年，法国社会学家涂尔干（Emile Durkheim，又译迪尔凯姆）也对追求抽象普遍的道德知识的研究态度进行了揭示："道德学理论，被简化为关于义务、善行、权利等观念的争论。这种抽象的观念不能构成一门科学，因为这种观念的目的是解释道德应该如何如何，而不是研究道德的规则是怎样存在的。"[①] 涂尔干以社会学的视野敏锐地发现了当时普遍主义和理性主义伦理学研究中存在的突出问题，这就是将对纷繁复杂的现实道德生活的研究简约为对抽象伦理观念和道德规范的论证，只是说明道德上的应然，而不去探究道德规则存在的现实样态以及道德规则发挥作用的社会条件。

与规范伦理学追求普遍性道德知识不同，美德伦理学认为，道德不是抽象的，而是处于历史情境之中的；道德是人的道德，而人总是生活于某一特定的伦理文化传统和道德共同体中。因此，脱离了历史文化背景和生活共同体来谈论道德知识是没有意义的，因为普遍性伦理原则和道德规范

---

① ［法］迪尔凯姆：《社会学方法的规则》，胡伟译，华夏出版社 1999 年版，第 22 页。

抽离了道德"在其中扎根并从中引申出其独特意义之活动与探索的社会历史语境"①。道德哲学所探究的评价性与规范性的概念、准则、论证与判断,存在于特定社会群体的历史生活之中,它们具有历史性存在的独特品格。因此,"不属于任何特定社会道德的道德是不存在的"②。道德是不断发展着的历史进程的产物,研究伦理和道德问题不能脱离历史背景和时代境遇,道德价值的确立和道德品质的培养必须借助于人所生活于其间的特殊道德情境,普遍性伦理规则要对具体的个人行为发挥实际作用,不能离开个人的德性及其所生活于其间的特定的道德文化传统和共同体的道德生活方式。美德伦理学强调的是不同道德文化历史和传统的多样性,并以此与普遍主义伦理和道德相对主义相区分。美德伦理学认为,在人类的道德文化中,每一种特定的道德文化传统都有其存在和发展的合理依据,不能用普遍性伦理去否定其他道德文化传统存在的合理性。

美德伦理学对规范伦理学所倡导的普遍性道德知识的批判,并不是反对论证和建构普遍性伦理原则和道德规范,而是试图表明这样一种研究态度:研究伦理和道德问题,必须考虑不同伦理观和道德观所赖以生存的具体历史语境和文化背景,必须承认人类道德文化传统的多样性,必须探究不同道德生活共同体之间的文化差异性,这是论证和建构普遍性伦理原则和道德规范的前提。普遍性伦理总是存在于特殊样式的道德文化之中,其内涵和规定有着具体的存在样态。普遍性伦理是抽象的,但抽象的伦理原则和道德规范只有体现在具体的道德生活过程中才能发挥作用。因此,不存在离开特殊道德文化传统和具体道德生活的普遍性伦理。

在现代伦理学知识体系中,如何看待地方性道德知识?规范伦理学追求的是普遍性道德知识,体现文化多样性的地方性道德知识被排除在其研究视野之外。然而,美德伦理学已经向人们证明了共同体道德文化之于协调伦理关系和培育个人美德的重要性,而共同体道德文化正是地方性道德知识的一种表现形式。因此,地方性道德知识作为与普遍性道德知识相对应的伦理学知识形态,不会因为规范伦理学有意或无意的忽略而消失,而

---

① [美] A. 麦金太尔:《追寻美德:道德理论研究》,宋继杰译,译林出版社2003年版,第341页。

② 同上书,第338页。

是客观存在的人类道德知识现象。从知识赖以生成的经济社会环境以及历史文化传统的角度看，地方性道德知识的生成和发展与特定的人文环境和价值观念密切相关，一旦离开了特定的人文环境和价值观念，就无法理解地方性道德知识所内在的价值和意义。"由于知识总是在特定的地域和文化情境中产生并得到辩护的，那么我们对知识的考察与其关注其普遍的准则，不如着眼于分析和重视形成知识的具体情境。"① 与普遍性道德知识的一元性相比，地方性道德知识因其多样性和复杂性而具有更为丰富的内涵，因此，注重对地方性道德知识的研究能够扩展建设伦理学知识体系的视野。

普遍性道德知识蕴含在地方性道德知识之中。从道德知识生成、传承和发展的历程看，道德知识首先是一种地方性知识，而且总是带有其与生俱来的道德文化传统的特征。由于经济社会条件和历史文化根基的差异，不同民族、不同人群所信奉的伦理原则或道德观念也就有所不同，如果脱离了具体的道德文化传统或道德知识谱系，所谓普遍性道德知识也只能是一种纯形式的知识，很难对人们的道德实践发生实质性的价值影响。规范伦理学重视研究普遍性道德知识，强调普遍性伦理原则和道德规范之于社会生活秩序的引导作用，但是，在不了解地方性道德知识具体存在样态的前提下，试图用单一的普遍性道德知识统摄多样的地方性道德知识，显然只具有纯形式的意义。

诞生于德国思想史中的历史主义（historicism）反对自文艺复兴和启蒙运动以来所宣扬的适合于一切时代、历史和民族的抽象的普遍理性和人性假设，主张从不同民族、不同时代的经济社会发展和文化状况出发，从多样化的角度去理解经济社会和文化发展的统一性与普遍性。"历史主义的核心是用个体化的观察来代替对历史——人类力量的普遍化的观察。这并不意味着历史方法就完全排除了任何在人类生命中寻求普遍法则和类型的努力。它必须运用这种方法，并与一种对于个体的感受结合起来。"② 历史主义倡导的方法既不是要完全回到过去的历史之中，也不是要否定多

---

① 盛晓明：《地方性知识的构造》，《哲学研究》2000年第12期。
② [德]梅尼克：《历史主义的兴起》，陆月宏译，译林出版社2010年版，"前言"第2页。

样人类文化中的普遍性因素,而是强调人类文化在不同历史发展阶段和不同民族有其独特性的价值,这是一种立足于文化多样性和文化进步论的方法。从人类学的角度看,历史主义是一种关于文化解释和文化评价的方法论,对任何文化现象及其本质的充分解释和评价,都必须依据文化在历史发展进程中的不同表现形态来确定。

正是由于道德文化的多样性,才形成了人类社会不同风格、不同特色的民族伦理习俗和道德生活样态。例如对于多民族组成的中华民族道德文化而言,不同民族在其发展历程中形成了各具特色的道德文化。与不同民族文化传统相伴而生的伦理习俗及不同民族人民的道德生活样态,也许不具有普遍性意义,更多是地方性道德知识和生活方式,但它们正是道德文化多样性的具体表现。伦理学研究者只有秉持文化多样性的理论立场,对各民族人民日常生活世界中的地方性道德知识进行细致入微的调查研究,才能真切地了解不同民族道德文化之于当地经济社会发展和日常生活的独特价值。相对于学术意义上的知识形态的伦理观念和道德学说,存在于民间日常生活中的礼仪习俗、行为习惯等道德知识,也应该纳入伦理学知识体系的建构之中。

三 以文化自信引领中国伦理学知识体系建设

文化自信是一个国家或一个民族对自身文化价值的充分肯定,对自身文化生命力的坚定信念。一个民族和国家是否具有文化自信心,对于民族的生存和国家的发展说具有非常重要的意义。没有文化自信,就不可能尊重本民族的历史与文化,也不可能在全球的文化交往和交流中展现自身的学术话语权。

优秀的民族道德文化传统是一个民族文化自信的源泉。在人类的精神世界中,道德文化传统具有强大和持久的力量,即便某一个社会发生了革命性的改变,道德文化传统也不会随之而被彻底摧毁。道德文化传统被视为人类有价值生活的必要构成部分,任何一个社会道德文化的改造和道德知识的创新都毫无例外地是依托在道德文化传统的肩膀上完成的。道德文化传统的视界虽然带有历史性的特征,但这并不意味着道德文化传统只是简单地叙说历史上曾经发生过什么或曾经有过什么,而是由于道德文化传统对人类的现实生活具有重大的借鉴价值。中华民族在历史上有着文化自信的传统，正是因为长期以来中华民族对自己的道德文化充满着自信心和自豪感，中华民族的道德文化才能够在漫长的历史长河中始终保持着自身的特色，并通过吸纳和消化外来道德文化，形成了独具特色、多姿多彩的中华多民族文化共同发展的文明形态以及以儒家伦理思想为代表的传统伦理学的知识体系。

以文化自信引领中国伦理学知识体系的构建，就是要充分展示中华民族道德文化传统的智慧魅力和现代价值。"中华民族有着深厚文化传统，形成了富有特色的思想体系，体现了中国人几千年来积累的知识智慧和理性思辨。这是我国的独特优势。"[1] 中华道德文明绵延数千年，形成了自身独特的道德文化传统和道德知识体系，潜移默化地影响着中国人的价值观念和行为方式。近代以来中国文化发展的历史表明，虽然中国道德文化传统历经五四运动、"文化大革命"和市场经济以及全球化的冲击，但它没有被摧毁，也没有被西方道德文化和价值观所同化，反而在经济全球化时代愈加展示了自身的特色和魅力，呈现出旺盛的生命力，中国道德文化传统叙写了一部中华民族绵延不绝的文化生活史。以儒家思想为代表的中国道德文化传统已然成为中华民族道德生活中生生不息的文化遗传基因，是当代中国人的道德生活无法抛却或摆脱的传统纽带。"民惟邦本""天人合一""和而不同""天行健，君子以自强不息""大道之行也，天下为公""君子喻于义""人而无信，不知其可也""德不孤，必有邻""仁者爱人""与人为善""己所不欲，勿施于人""出入相友，守望相助""老吾老以及人之老，幼吾幼以及人之幼""扶贫济困"等等这些传统价值观有着鲜明的中华民族道德文化特色，依然是一种"活着的"、具有强大生命力的民族道德文化精神，不论过去还是现在，都是中国人日常生活中为人处世的行为准则，在今天的社会环境下，依然具有非常重要的时代意义。

构建中国伦理学知识体系，不能脱离中华民族道德文化的历史传统、不能脱离中华民族自古以来所持守的价值观和理想信念、不能脱离当代文化环境下大众的日常生活世界。中国道德文化传统作为一种历史形成的道

---

[1] 习近平：《在哲学社会科学工作座谈会上的讲话》，人民出版社2016年版，第17页。

德知识、价值观念和行为规范，之所以能够为世代中国人所广泛接受，是因为它有着独特的道德教育和文化传播方式，将其所倡导的道德文化和价值观与人们的日常生活联系起来，有效地介入了人们的日常人伦关系，成为人们处理社会伦理关系和应对道德生活冲突的基本行为规则。中国道德文化传统坚持经世致用原则，注重发挥文以化人的教化功能，把对个人的道德教化同对国家治理和个体道德品性的培育结合起来，达到了推进社会和谐发展的目的。因此，中国道德文化传统既是一种文化观念的传统，并因其适应时代的生命力而构成了当代中国道德文化的精神支撑，同时，中国道德文化传统还是一种融入老百姓日常道德生活交往的规范传统，它向当代社会提供了处理日常生活伦理关系和道德冲突、进行道德教育和培育公民道德品性的成功范例。

以文化自信引领中国伦理学知识体系的构建，必须采取开放的态度，将伦理学知识体系构建融于全球多元文化和价值观的大环境中，理解和尊重具有普遍意义的人类共同价值观。树立道德文化自信既要保持"大国风范"，也要有"开放格局"；既要立足中华民族的道德文化传统，也要与世界道德文化交流和共享。党的十九大报告提出要"不忘本来、吸收外来、面向未来"，体现出一种高度自信的开放型文化观。"世界文化是在多元互动中不断完善和发展的，中国文化在走出去的同时，也将从不同文明中寻求智慧、汲取营养，与其他丰富多彩的文明一道，为人们提供精神动力和心灵慰藉，携手解决人类共同面临的挑战。"[①] 在多元文化并存的全球化时代，一个民族的文化总是在"涵化"的过程中发展的，中国文化传统和价值观不可避免地要与其他国家和地区的文化传统和价值观发生交流和碰撞。"中华民族是一个兼容并蓄、海纳百川的民族，在漫长历史进程中，不断学习他人的好东西，把他人的好东西化成我们自己的东西，这才形成我们的民族特色。"[②] 在伦理学知识体系构建中，强调对本民族道德文化传统和价值观的尊重与认同，并不是要否定具有普遍意义的人类共同价值观，而是要明确地表明，人类有着共同的价值观，诸如民主、自由、平等和公正等等，它们是包括中华民族在内的全世界各民族所

---

① 熊澄宇：《在交流和创新中增强文化自信》，《求是》2014年第18期，第45页。
② 习近平：《习近平谈治国理政》，外文出版社2014年版，第105—106页。

共同追求的价值观，但是，这些共同的价值观在不同道德民族文化中的表现形态不可能完全相同，而是呈现出与民族道德文化底色相适应的多样性形态。因此，理解和认同民主、自由、平等和公正等共同价值观，不可能脱离地方性的道德文化传统，而且这些共同价值观的实现方式也不可能有一个统一的模式，其实现方式必然带有各自民族道德文化的特色。人类共同价值观只有与不同民族的道德文化传统结合起来，才能在人们的精神世界中扎根，被人们所接受并付诸道德实践。

以仁义礼智信为核心的中国传统道德文化和价值观，并不排斥自由、平等和公正等具有普遍性意义的共同价值观，因为中国的文化和价值观传统虽然"是现存的过去，但它又与任何新事物一样，是现在的一部分"[①]。当代中华民族道德文化的活力，不是体现在抛弃旧传统再造新传统，而是体现在能在何种程度上以民族道德文化传统为基础，吸收人类不同文明的发展成果，从而再造合乎时代发展需要的中华民族文化传统。全球化时代的伦理学研究理应广泛传播具有普遍性意义的共同价值观，但只有将共同价值观传播融于传承和弘扬民族道德文化传统之中，与民族的道德文化形成合力和互动，才能全面理解这些共同价值观之于中国经济社会发展和伦理学知识体系建设的重要性。

（作者单位：中国社会科学院哲学研究所）

---

① ［美］希尔斯：《论传统》，傅铿等译，上海人民出版社2014年版，第13页。

逻辑的观念、知识和技术
——从逻辑学科角度试谈中国哲学知识体系建设

刘新文

2016年5月17日，习近平总书记在哲学社会科学工作座谈会上的重要讲话中，首次明确提出了"加快构建中国特色哲学社会科学"的重大论断和战略任务，强调着力构建中国特色哲学社会科学，在指导思想、学科体系、学术体系、话语体系等方面充分体现中国特色、中国风格、中国气派。习近平总书记还深刻阐明了加快构建中国特色哲学社会科学的三项原则：（一）体现继承性、民族性；（二）体现原创性、时代性；（三）体现系统性、专业性。"5·17"重要讲话科学地解答了我国哲学社会科学面临的一系列重大理论和实践问题，是闪耀着马克思主义真理光芒、指导新时代哲学社会科学事业长远发展的纲领性文献。

2019年，谢伏瞻同志在《中国社会科学》第5期发表《加快构建中国特色哲学社会科学学科体系、学术体系、话语体系》。论文指出，"学术体系是加快构建中国特色哲学社会科学的核心，主要包括两个方面：一是思想、理念、原理、观点、理论、学说、知识、学术等；二是研究方法、材料和工具等。学术体系是学科体系、话语体系的内核和支撑，学术体系的水平和属性，决定着学科体系、话语体系的水平和属性。"[1] 为此，他提出了四条指导性意见。"新时代加快构建中国特色哲学社会科学学术体系，一要坚持马克思主义的指导地位。坚持以马克思主义为指导，是当

---

[1] 谢伏瞻：《加快构建中国特色哲学社会科学学科体系、学术体系、话语体系》，《中国社会科学》2019年第5期，第13页。

代中国哲学社会科学区别于其他哲学社会科学的根本标志。新时代，坚持马克思主义，就是要坚持马克思主义基本原理和贯穿其中的立场、观点、方法，最重要的是坚持以马克思主义中国化的最新成果——习近平新时代中国特色社会主义思想为指导。二要善于融通古今中外各种学术资源。首先是马克思主义的资源，包括马克思主义基本原理，特别是马克思主义中国化的最新成果及其文化形态，这是中国特色哲学社会科学的主体内容，也是中国特色哲学社会科学发展的最大增量。其次是中华优秀传统文化的资源，这是中国特色哲学社会科学发展十分宝贵的资源。再次是国外哲学社会科学的资源，包括世界所有国家哲学社会科学取得的积极成果，这是加快构建中国特色哲学社会科学的有益滋养。要坚持古为今用、洋为中用，坚持不忘本来、吸收外来、面向未来，融通各种资源，不断推进知识创新、理论创新、方法创新。三要坚持问题导向。科学研究是从问题出发的，科学地提出问题是解决问题的根本前提。这就需要我们聆听时代的声音，回应时代的呼唤，认真研究新时代党和国家面临的重大而紧迫的问题，从而真正把握住历史脉络，揭示发展规律，推动理论和学术创新。四要着力提升原创能力和水平。哲学社会科学有没有中国特色，归根到底要看有没有主体性、原创性。只有从我国当代实际出发，以我们正在做的事情为中心，提出具有主体性、原创性的理论观点，我们的哲学社会科学才能形成自己的特色和优势。"[1]

逻辑是一门与数学一样起着工具作用的基础学科，在上述原则和意见的基础上，本文从逻辑学科角度分逻辑观念、逻辑知识和逻辑技术等几个方面试谈中国哲学知识体系的建设。本文共分五个部分：第一，现代逻辑发展简述；第二，国内现代逻辑研究回顾；第三，国内现代逻辑教科书建设；第四，现代逻辑知识和技术；最后一部分是简短的结语。

第一节　现代逻辑发展简述

逻辑是一门基础学科，肇始于古希腊的亚里士多德，而且古印度和中

---

[1] 谢伏瞻：《加快构建中国特色哲学社会科学学科体系、学术体系、话语体系》，《中国社会科学》2019年第5期，第18—19页。

国先秦时期也有类似思想和实践出现;数理逻辑的思想则始于17世纪后半叶。哥德尔(K. Gödel, 1906—1978)认为,"数理逻辑不外是形式逻辑的精确而又完满的塑述,它有两个很不同的方面。一方面,它是不研究数、函数、几何图形等等,而只是研究类、关系、符号的组合等等的一门科学。另一方面,它又是先于所有其他科学的一门科学,包括作为一切科学的基础的概念和原则。正是在第二种意义下,数理逻辑曾首先由莱布尼茨……所构思"[①]。

我们现在来概要看看现代逻辑的发展概要。

莱布尼茨(G. W. Leibniz, 1646—1716)雄心勃勃的逻辑数学化理想由"普遍语言"和"理性演算"两个部分组成,数理逻辑在19世纪中后期诞生,由布尔(G. Boole, 1815—1864)、皮尔士(C. S. Peirce, 1839—1914)和弗雷格(G. Frege, 1848—1925)等人的著作发展起来,沿着这两个部分形成了两个传统,即"数理逻辑传统"和"逻辑代数传统"[②],也分别称为"弗雷格—皮亚诺—罗素传统"和"布尔—施罗德—皮尔士传统",一般统称为符号逻辑、数理逻辑或经典逻辑。在1928—1938年这十年间,数理逻辑的大部分轮廓已经确定,达到发展的"黄金时期"[③]。1936年,符号逻辑学会(Association for Symbolic Logic)创刊《符号逻辑杂志》(The Journal of Symbolic Logic);这是最主要的现代逻辑刊物,第一卷第四期发表了之前所有的符号逻辑文献目录。1977年,第一部逻辑手册《数理逻辑手册》出版,涵盖了符号逻辑(数理逻辑、经典逻辑)作为数学一个部门所包含的公理集合论、证明论、递归论和模型论等四个分支的发展成果[④],逻辑演算是其基础。20世纪早期,现代模态逻辑、直觉主义逻辑、多值逻辑等非经典逻辑也出现并发展起来。模态逻辑是关于必然和可能的逻辑,经过句法阶段(1918—1959)、经典阶段(1959—

[①] [奥-美]哥德尔:《罗素的数理逻辑》,载中国社会科学院哲学研究所逻辑研究室(编):《数理哲学译文集》,商务印书馆1988年版,第159页。

[②] 张家龙:《数理逻辑发展史:从莱布尼茨到哥德尔》,社会科学文献出版社1993年版;J. van Heijenoort (ed.): From Frege to Gödel, Harvard University Press, 1967, p. 2。

[③] [英]鲍德温(编):《剑桥哲学史 1870—1945》,周晓亮等译,中国社会科学出版社2011年版,第685页。

[④] J. Barwise (ed.): Handbook of Mathematical Logic, North-Holland Publishing Company, 1977, p. vii.

1972），在20世纪70年代达到"黄金时期"，完全性理论、对应理论和对偶理论三大支柱理论在进入现代时期（1972年）[①]前后相继建立起来。直觉主义逻辑既可以被视为数学中一种哲学的、基础性的主张，也可以被视为数理逻辑内部的一个技术分支；多值逻辑大致开始于1920年前后，第一个已知的公理系统在1931年发表，代数方法在这一族逻辑中的使用特别自然，能够使人们更好地理解多值性问题。[②] 逻辑支撑哲学，哲学哺育逻辑；二者结合便是哲学逻辑。哲学逻辑是运用逻辑方法对哲学概念进行分析而建立的逻辑理论，在20世纪70年代形成了分支数量庞大的领域，为此，符号逻辑学会在1972年创刊《哲学逻辑杂志》（*Journal of Philosophical Logic*）。1983—1989年，第二部逻辑手册《哲学逻辑手册》（四卷）出版，副标题分别为"经典逻辑基础"、"经典逻辑的扩充"、"经典逻辑的择代"和"语言哲学中的主题"[③]，体现出哲学逻辑发展到那时为止的理论范围以及与经典逻辑之间的关系，当此之时，也正是逻辑学在计算机科学和人工智能领域获得基础地位的时候[④]；计算机科学和人工智能以及计算语言学对哲学逻辑的持续需求也直接或间接地推动了这一学科的发展，新的逻辑领域得以建立、旧的领域得到丰富和扩展，第二版《哲学逻辑手册》从2001年开始出版，迄今已经出到第18卷[⑤]。2006年，《模态逻辑手册》出版。[⑥] 这些综述文献的出版从主题上大致厘定了学科范围，既是学科过去发展成就的累积和总结，也为后续进一步研究工作积淀了基础。

[①] P. Blackburn, M. de Rijke and Y. Venema: *Modal Logic*, Cambridge University Press, 2001, pp. 37—48.

[②] ［美］格勃尔（主编）:《哲学逻辑》，张清宇等译，中国人民大学出版社2008年版，第255、352页。

[③] D. Gabbay and F. Guenthner (eds.): *Handbook of Philosophical Logic*, volumes 1 – 4, D. Reidel Publishing Company, 1983 – 1989.

[④] D. Gabbay and F. Guenthner (eds.): *Handbook of Philosophical Logic*, volume 1, Springer, 2001, p. vii.

[⑤] D. Gabbay and F. Guenthner (eds.): *Handbook of Philosophical Logic*, volumes 1 – 18, Springer, 2001 – 2018.

[⑥] P. Blackburn, J. van Benthem and F. Wolter (eds.): *Handbook of Modal Logic*, Elsevier, 2006.

第二节 国内现代逻辑研究回顾

金岳霖（1895—1984）是第一个在中国系统地传授数理逻辑的人，并且产生了深刻的影响，他要求数理逻辑成为一门独立的科学这一思想倾向，对于数理逻辑在我国的独立发展起了积极的作用[①]。从1949年开始的17年中，从事现代逻辑研究的工作者很少，其中的哲学工作者更少，"数理逻辑工作的力量极其薄弱，所以具体的研究成果不可能很多。然而理论联系实际的、有生命力的工作已经开始着手了"[②]。

1959年，金岳霖、胡世华、王宪钧（1910—1993）参加《十年来的中国科学·数学》的编写工作，执笔撰写的"数理逻辑"列于华罗庚（1910—1985）等撰写的"总论"之后第一章，包括"引言"、"十年来的历史发展"、"研究成果的综述"（分为演绎逻辑系统、多值逻辑、能行性问题和数理逻辑在新技术中的应用）和"文献"等四个部分，指出"数理逻辑在我国的这十年是讨论、争辩并经过实践不断明确自己任务和工作方向的十年"[③]。

从1949年开始的17年间，这段时期是我国数理逻辑（包括哲学逻辑）研究的基础时期，这种"基础性"主要体现在以下几个方面：第一，我国数理逻辑学者如沈有鼎、胡世华、莫绍揆和王湘浩等人发表了具有国际水准的学术成果，这些成果主要体现在哲学逻辑演算系统的建立、数理逻辑（递归论）中的能行性问题研究以及逻辑哲学等方面，其中大部分工作为国内学界后来的研究奠定了良好的基础；第二，这个时期培养了一

---

① 中国科学院编译出版委员会（主编）：《十年来的中国科学·数学：1949~1959》，科学出版社1959年版，第29页；林夏水、张尚水：《数理逻辑在中国》，《自然科学史研究》，1983年第2期，第175页；宋文坚：《逻辑学的传入与研究》，福建人民出版社2005年版，第50—56页。

② 中国科学院编译出版委员会（主编）：《十年来的中国科学·数学：1949~1959》，科学出版社1959年版，第33页。

③ 金岳霖、王宪钧、胡世华：《数理逻辑》，载《十年来的中国科学·数学：1949—1959》，中国科学院编译出版委员会（主编），科学出版社1959年版，第32页；丁石孙、万哲先、王世强、吴允曾（1918—1987）、陆钟万、晏成书（1923—1995）和唐稚松（1925—2008）参与了写作。

些具有良好基础的数理逻辑工作者,为我国数理逻辑在将来的发展奠定了良好的基础;第三,我国数理逻辑工作者形成了若干个科研群体,这些群体的研究方向比较明确,在各自领域内既有学术带头人,也有核心研究人员。[1] 这一时期,现代逻辑作为我国哲学工作者的一个研究领域,所取得的成就主要在于集合论、逻辑演算、模态逻辑、直觉主义逻辑等方面所建立的演算系统,代表人物为沈有鼎(1908—1989);作为我国数学工作者的一个研究领域,主要成就则在于递归论、逻辑演算、模态逻辑、直觉主义逻辑、多值逻辑等方面,代表人物是胡世华(1912—1998)、莫绍揆(1917—2011)和王湘浩(1915—1993)以及他们的学术研究团队[2];而对于数理逻辑在新技术中的应用,主要成就在于自动机理论研究和程序自动化研究等方面。当然,这只是一个大致的分类,实际上,各个学科的从业者所取得的成就在上述方向中存在着一些重叠。长期以来,逻辑研究有效推理形式,并最终形成了逻辑演算的概念。国内逻辑演算领域的成果在这一时期涉及经典命题演算、经典谓词演算、模态逻辑和直觉主义逻辑等方面。

1978年5月15日至21日,中国社会科学院哲学研究所和《哲学研究》编辑部在北京组织召开了第一次全国逻辑研讨会,国内一百多位逻辑学工作者参加了会议,金岳霖出席了开幕式并作了书面发言,认为"这是值得我们庆祝的大事……这个会是逻辑工作者的学术讨论会"[3]。一些数理逻辑学家在会上以学术报告形式对数理逻辑做了比较全面的宣传:"作为现代逻辑学的数理逻辑"(胡世华)、"数理逻辑和形式逻辑"(王宪钧)、"传统逻辑与数理逻辑"(莫绍揆)、"可计算性理论的发展及其应用"(吴允曾)、"推理与计算"(张锦文,1930—1993)和"二十世纪逻辑学的发展"(张尚水);后者随即发表在8月份的《哲学研究》,为数理逻辑、哲学逻辑以及数理逻辑与哲学之间的关系提出了一个精致的

---

[1] 参见林夏水、张尚水《数理逻辑在中国》,《自然科学史研究》1983年第2期,第177页。

[2] 这一时期在递归论、数理逻辑应用方面的成果,参阅宋文坚《逻辑学的传入与研究》,福建人民出版社2005年版,第135—147页。

[3] 金岳霖:《金岳霖同志在一九七八年全国逻辑讨论会开幕式上的发言》,载《哲学研究》编辑部(编):《逻辑学文集》,吉林人民出版社1979年版,第9—10页。

简史①。此见青蓝,薪火相传。凡此种种,为逻辑学工作者接续之前数理逻辑、哲学逻辑在国内的发展起了积极的推动作用,国内逻辑学研究重回国际学术舞台,老一辈数理逻辑学家如莫绍揆、沈有鼎继续之前的研究工作,而且"在1978年后恢复了研究生培养制度,培养出一批学有所成的数理逻辑工作者。我国年轻一代的数理逻辑工作者日渐成长,成为我国数理逻辑科研领域的骨干力量"②。1988年,《Journal of Philosophical Logic》发表了徐明的硕士学位论文"一些U,S时态逻辑"③,是这个时期我国逻辑学工作者重返国际逻辑学术研究舞台最重要的早期工作,其结果被写进标准的模态逻辑国际教材。1991年,张清宇在《The Journal of Non-classical Logic》《Boletim da Sociedade Paranaense de Matem'atica》等刊物上发表"一个弱的弗协调条件句逻辑"和"弗协调模态逻辑 C_nG', $n \in \omega$",并且与弗协调逻辑创始人达·科斯塔合作发表"弱的弗协调条件句逻辑 C_nW",一开始就开创性地把国内弗协调逻辑研究引领到国际前沿水平。1992年,王学刚在《Notre Dame Journal of Formal Logic》发表时态逻辑的"极小系统 L_0'"。另外,我国是逻辑学发展最早的国家之一(《墨子》一书中的"小取"篇是一篇内容丰富的逻辑著作),在吸收外来文化上也有优良传统(唐代玄奘介绍印度的逻辑学,即"因明")。1980年,沈有鼎结集出版了《墨经的逻辑学》;从1994年开始,张清宇在此基础上创制出一系列组合了词项逻辑和命题逻辑的名辞逻辑系统 MZ、MC 和 MD,《墨经》的逻辑学说在这些工作中起了重要作用;张家龙运用经典一阶逻辑刻画了《墨经》中"侔"式推理的有效式④;这些工作体现了高度的

---

① 张尚水:《二十世纪逻辑学的发展》,《哲学研究》,1978年第8期,第61—64页。随后,张尚水与林夏水合作发表了《数理逻辑在中国》(《自然科学史研究》,1983年第2期,第175—182页)。

② 宋文坚:《逻辑学的传入与发展》,福建人民出版社2005年版,第221页。

③ M. Xu: "On Some U, S-tense Logics", Journal of Philosophical Logic 17 (2), 1988, pp. 181-202.

④ 张清宇:"名辞逻辑",《中国哲学史》,1994年第1期,第40—48、73页;张家龙:"论《墨经》中'侔'式推理的有效式",《哲学研究》(逻辑研究专辑),1998年,第39—43页;张清宇:"直言推理系统",《逻辑学研究》,2008年第1期,第50—61页;张清宇:"名辞逻辑系统 MC",《科学发展:文化软实力与民族复兴》(下卷),北京师范大学出版社2009年版,第18—32页。

学术原创能力，揭示了中国古代逻辑尤其是《墨经》逻辑可以达到的形式化高度及其有所欠缺之处，目前开始被介绍给国际逻辑学界[1]。1995年，"第十届国际逻辑、方法论和科学哲学大会"在意大利的佛罗伦萨举行，王路在会议报告中介绍了徐明、王学刚和张清宇三个人关于时态逻辑和弗协调逻辑的6篇英文论文，并且说："在中国，我们在研究中有一个很大的缺陷，那就是我们缺乏与国外进行学术交流。"[2] 这一"缺陷"将在新世纪得到很大改观。

2000年，王路出版《逻辑的观念》[3]，从"逻辑"这个名称的不同含义、不同逻辑教材的不同内容和不同逻辑史著作的不同内容出发，寻找其中共同的东西，探讨其内在机制。王路指出，逻辑的内在机制是指决定逻辑这门学科得以产生和发展的东西，在逻辑的发展中贯彻始终。围绕着逻辑的内在机制是"必然地得出"这一基本思想，他论述了逻辑这门科学的性质、范围以及逻辑和哲学的关系等一系列问题，指出逻辑在20世纪分析哲学和语言哲学中的重要作用以及逻辑对于理解西方哲学的必要性，等等。这些思想从观念上对国内逻辑学界甚至哲学界造成了巨大影响，从而推进了1978年以来国内逻辑研究现代化的进程。进入新世纪以来，国内哲学界在现代逻辑研究方面取得了长足发展，几代学人在哲学逻辑很多分支的前沿问题上都有所研究和贡献，国际交流与合作也日趋普遍，不仅在国际学界的主流刊物和出版社发表、出版了数量庞大的论著，国内发表的成果也开始被系统地介绍到国际逻辑学界。另外，部分逻辑学工作者还在哲学逻辑的某些分支中起着引领作用，例如，刘奋荣于2018年在第二版《哲学逻辑手册》第18卷发表了与范·本特姆（J. van Benthem）合作撰写的章节"道义逻辑与改变偏好"。

---

[1] 参见 F. Liu, J. Seligman and J. Zhai (eds.), *Handbook of Logical Thoughts in China*, Springer, 2020.

[2] L. Wang: "Logic in China", in M. Chiara, et al (eds.), *Structures and Norms in Science*, Springer, 1997, pp. 471 – 472.

[3] 王路:《逻辑的观念》，商务印书馆2000年版；2016年列入商务印书馆"中华当代学术精品丛书"重版。

第三节　国内现代逻辑教科书建设

逻辑研究离不开逻辑教科书的建设，逻辑教科书的建设深及逻辑的本质。根据金岳霖的观点，"逻辑有各种方式的定义，定义一般受到、也许无意识地受到有关逻辑学家的形而上学观点的影响。坦白地说，除了任何定义中包含的困难外，我们并不确切地知道逻辑是什么，我们不能在任何严格程度上定义它。但是，也许我们大多数人都对逻辑教科书的主要内容留下深刻印象"[①]。这段话是金岳霖在探讨逻辑的本质时提出来的。那么，究竟什么才是"逻辑教科书的主要内容"？金岳霖并没有明确说明，而只是说，"我们应该称命题为判断，还是应该称判断为命题，这一事实使我们深思，但我们却不这样探讨它们。我们探讨它们，仅是要确定它们的关系，看是不是一个从另一个得出，并且建立起它们的序列"[②]，"得出的东西是合逻辑的……它是一个必然序列"[③]。

金岳霖培养的学生中有世界著名数理逻辑学家、哲学家王浩（1921—1995）。20世纪七八十年代，王浩多次访华，在北京、上海和南京等地做了大量数理逻辑前沿讲座，《哲学研究》、《北京大学学报》和《国内哲学动态》等刊物对这些讲座做了大量报道[④]。1977年10月，他在中国科学院计算技术研究所做了六次大型讲座，讲稿《数理逻辑通俗讲话》则由14位数理逻辑学家翻译校对出版，包括八章正文"数理逻辑一百年"、"形式化和公理方法"、"计算机"、"问题与解"、"一阶逻辑"、"计算——理论的和可实现的"、"直线上有多少点？"、"统一化与多样化"和三章附录"骨牌游戏与无穷性引理"、"算法与机器"和"抽象

---

① 金岳霖：《金岳霖全集》第6卷，人民出版社2013年版，第476页。
② 同上。
③ 同上书，第477页。
④ 张尚水：《美籍数理逻辑学家王浩教授在京作学术报告》，《哲学研究》1978年第1—2期，第96—99页；方海慎：《美籍学者王浩教授来我校讲学》，《北京大学学报》1982年第4期；喻纬、陈光还：《王浩教授谈〈逻辑与数理逻辑〉》，《中学数学》1982年第5期；程星：《中国哲学·西方哲学·反思——王浩教授讲学纪略》，《国内哲学动态》1986年第11期。

机"。这部著作对数理逻辑的基本内容作了大体自足的讲述,篇幅不多而内容非常丰富(不少章节包含有王浩自己的工作),金岳霖题写了书名,莫绍揆、吴允曾等人发表了多篇书介以助于理解,这些都使得该书在国内学界的影响非常深远。①

1978 年,北京大学的王宪钧在第一次全国逻辑研讨会的"数理逻辑和形式逻辑"报告中提出:"国内现在有关数理逻辑的读物太少,我们应该大力组织出版这类读物。最好能够写出几套教材,为数学工作者的,为计算机科学工作者的,也要写一套为逻辑和哲学工作者的。"② 1982 年,他在 20 世纪 60 年代完成的讲稿基础上增补出版了广为称引的《数理逻辑引论》,其中第三篇"数理逻辑发展简述"以 8 万字篇幅论述了数理逻辑从莱布尼茨到哥德尔的三个发展阶段,是我国学者撰写的第一部数理逻辑史专论,立意甚高、影响深远③;随后主编的"现代逻辑丛书"在 20 世纪 90 年代初由中国社会科学出版社陆续出版,提供了一批叙述简明易懂和不需要较多数学知识的入门性书籍和教材:(1)《西方形式逻辑史》(宋文坚,1991 年);(2)《逻辑演算》(刘壮虎,1993 年);(3)《一阶逻辑和一阶理论》(叶峰,1994 年);(4)《模态逻辑》(周北海,1996 年);(5)《集合论导引》(晏成书,1994 年);(6)《递归论导论》(郭世铭,1998 年)。原在计划之内但出版时没有列入丛书的有《模型论导引》(沈复兴,1995 年)、《素朴集合论》(刘壮虎,2001 年)。

上述教科书出版之前的 1985 年,胡耀鼎和张清宇合作出版了以自然演绎系统为主要内容的《数理逻辑》并在中央电视台进行讲授,该书是"中央电视台电视讲座教材",为配合电视讲座,第一次就印行了 5 万册。在"作者的话"中,他们指出:"阅读本书不需要具有特定的基础知识,不具备高等数学知识的中等文化水平的读者也可阅读。本书

---

① 王浩:《数理逻辑通俗讲话》,科学出版社 1981 年版,1983 年重印。书介书评请参见:莫绍揆:《王浩〈数理逻辑通俗讲话〉评介》,《数学研究与评论》1984 年第 3 期;吴允曾:《〈数理逻辑通俗讲话〉评介》,《数学进展》1985 年第 4 期。

② 王宪钧:《数理逻辑和形式逻辑》,载《逻辑学文集》,吉林人民出版社 1979 年版,第 23 页。

③ 王宪钧:《数理逻辑引论》,北京大学出版社 1982 年版。

章节安排由浅入深，且分别独立成篇。仅阅读第一章也可获得一些通俗（非严格理论）的知识。第二章、第三章讲命题逻辑，第四章、第五章讲一阶（谓词）逻辑，可独立阅读。"① 接着，周礼全（1921—2008）在 1986 年出版写成于 20 世纪 70 年代后半期的《模态逻辑引论》②，最后一章"模态逻辑简史"叙述了模态逻辑从亚里士多德至 20 世纪 60 年代的发展史，则是我国学者撰写的第一部模态逻辑史专论。1990 年，张尚水出版《数理逻辑导引》，1993 年，宋文淦出版《符号逻辑基础》，二者都以经典命题逻辑和谓词逻辑为主要内容，预设高中数学知识。③ 在此之外，国内学者撰写、编译的一些专著延展了现代逻辑教科书的内容。1993 年，张家龙出版《数理逻辑发展史——从莱布尼茨到哥德尔》，"是我国第一部系统全面阐述数理逻辑及其思想成果的历史发展的专著"④。同年，康宏逵（1935—2014）编译出版了模态逻辑文集《可能世界的逻辑》，指出模态逻辑的复兴是当代逻辑学最重要的新发展，它是哲学逻辑大批分支的凝聚点，长篇代序"模态、自指和哥德尔定理：一个优美的模态分析案例"写成于 1990 年，全部内容 89 页约六万字，相当于一部观点鲜明、内容深刻的小型专著，是这一时期国内数理逻辑领域最重要的著作之一。⑤

王路在 2000 年出版的《逻辑的观念》还推进了国内逻辑教学现代化的进程。2004 年，他在人民出版社出版为清华大学人文学院本科生写的《逻辑基础》，把现代逻辑的观念具体化在逻辑教学当中，是专门为文科的大学生及自学者尤其是没有理科背景的读者而编写的现代逻辑教科书；2005 年，《哲学研究》发表书评，认为这本教科书体现了"观念、方法与应用的有机统一"，而且它自出版 15 年以来，人民出版社和高等教育出

---

① 胡耀鼎、张清宇：《数理逻辑》（中央电视台电视讲座教材），中国标准出版社 1985 年版，第 2 页。
② 周礼全：《模态逻辑引论》，上海人民出版社 1986 年版。
③ 张尚水：《数理逻辑》，中国社会科学出版社 1993 年版；宋文淦：《符号逻辑基础》，北京师范大学出版社 1993 年版。
④ 王路：《数理逻辑的光辉历程：介绍张家龙著〈数理逻辑发展史——从莱布尼茨到哥德尔〉》，《自然辩证法研究》（逻辑学专辑），1994 年。
⑤ ［美］马库斯等著：《可能世界的逻辑》，康宏逵编译，上海译文出版社 1993 年版。

版社也多次进行了重印和重版。① 2008 年，邢滔滔在北京大学哲学系本科"数理逻辑"课程讲义基础上出版的《数理逻辑》②，针对逻辑学的初学者尤其是初学逻辑的学生，介绍一阶逻辑中最基本的那些知识和技术，其中包括一阶语言的语形和语义、一阶推演系统、一阶逻辑的完全性定理等，不要求读者具有数学方面的专门预备知识。

至此为止，这些逻辑教科书都有一个明显的共同点，也就是说，它们都是为文科大学生或自学者而撰写的数理逻辑教科书。这种状况随即将得到改观。

2008 年，徐明出版《符号逻辑讲义》，认为"作为学科和知识体系，当代逻辑并没有理科当代逻辑、工科当代逻辑和文科当代逻辑之分。任何人若想掌握当代逻辑的基础知识，应该学习的决不会比其他学科的人更少"③，他的这本教科书是"当代逻辑入门课程的教材，内容大约是一阶逻辑的前部，可作为教科书或参考书，用于哲学、数学、计算机科学和语言学等院系的当代逻辑课程。希望了解一点当代逻辑的各科学生，也可以把它当作课外读物"④。除此之外，这本书还解决了现代逻辑教科书领域中的一个问题："无论在国内还是国外，可用于一阶逻辑课的教材不少，导论性的教材更多；但两类教材的脱节是个老问题。国外一些教材在导论性内容后增加些一阶逻辑的内容（如完全性定理），其中有的已被国内学者介绍或模仿。但这类教材通常仍只能用于导论课。编写《符号逻辑讲义》的目的之一，就是想把脱节的教材连起来。……编写《符号逻辑讲义》时，在基本内容的选择上对各学科读者一视同仁，但为了使没经过理论数学的严格训练的人也能学好，在写法上力求从接近直观的东西入手，循序渐进。"⑤ 从 2014 年开始，复旦大学逻辑室开始出版"逻辑与形

---

① （1）王路：《逻辑基础》，人民出版社 2004 年版；《逻辑基础》（修订本），人民出版社 2004 年版；《逻辑基础》（修订版），人民出版社 2013 年版；《逻辑基础》（修订版），高等教育出版社 2019 年版。（2）张燕京：《观念、方法与应用的有机统一——读王路的〈逻辑基础〉》，《哲学研究》，2005 年第 10 期；（3）张立娜、王路：《逻辑的观念与逻辑教学——访清华大学王路教授》，《学术研究》2013 年第 12 期。
② 邢滔滔：《数理逻辑》，北京大学出版社 2008 年版。
③ 徐明：《符号逻辑讲义》，武汉大学出版社 2008 年版，"序"第 1 页。
④ 同上。
⑤ 同上。

而上学教科书系列",这是国内哲学界和国际数学界的合作结果,至今已出三部:(1)《数理逻辑:证明及其限度》(郝兆宽、杨睿之和杨跃,2014年)介绍了集合论基本知识、命题逻辑与一阶逻辑的语法和语义、哥德尔完全性定理、递归论基本知识、简化版本的自然数模型以及哥德尔不完全性定理等内容。该书尤其面向对数学基础感兴趣的读者。相对于其他数理逻辑教科书,它更强调逻辑与元数学的联系,更多地介绍了语义部分,强调语法和语义的统一。书中介绍了各个知识点本身及其直观意思和思想背景,适合作为数理逻辑系列课程的导论,并为后续课程做准备,在最后一章中简单介绍了数理逻辑的当代研究成果及其与本书在内容上的联系,有助于读者掌握了本导论的内容之后以继续学习更为前沿、更为专门的内容。(2)《集合论:对无穷概念的探索》(郝兆宽、杨跃,2014年)介绍了集合论的基础知识,包括集合论公理系统、关系与函数、实数的构造、基数、滤和理想、无界闭集和稳定集、集合的宇宙、可构成集、力迫法等,此外还讨论了与连续统假设相关的一些哲学问题。(3)《作为哲学的数理逻辑》(杨睿之,2016年)认为,作为现代哲学主流形式的分析哲学与作为现代逻辑基础的数理逻辑有着共同的起源,但是,随着各自的发展,二者自20世纪中叶以来逐渐分道扬镳。该书展示了分析哲学与数理逻辑在其"蜜月期"中共同取得的重要成果以及两者分离后逻辑学的发展路径,想要说明的是,当代逻辑学的研究仍然具有深刻的哲学内涵,并且可以为面临困境的当代哲学提供新的思想资源。

第四节 现代逻辑知识和技术

习近平总书记指出:"学科体系同教材体系密不可分。学科体系建设上不去,教材体系就上不去;反过来,教材体系上不去,学科体系就没有后劲。……学生是我国哲学社会科学后备军,如果在学生阶段没有学会正确的世界观、方法论,没有打下扎实的知识基础,将来就难以担当重任。"[①]

---

① 习近平:《加快构建中国特色哲学社会科学》,《习近平谈治国理政》第二卷,外文出版社2017年版,第345页。

逻辑学是一门工具学科，既包括逻辑学科的知识，也包括运用逻辑的技巧。大学逻辑教育不仅要传授逻辑技巧，也要传播逻辑知识，尤其是数理逻辑的知识。数理逻辑知识与数理逻辑技巧这二者之中，哪一个方面更为重要呢？对此，我们参考数学家的说法："对年轻人而言，知识更重要！知识让我们站得更高，看到正确的方向，因为方向错了，一切努力都不会有结果。但是也要承认，研究中关键的突破往往来自技巧上的创新。"① 在"逻辑教科书的主要内容"中，如何把数理逻辑知识传播和数理逻辑技巧传授二者结合起来？国际"符号逻辑学会"的"逻辑教育指南"具有非常重要的借鉴作用。现在我们来详细介绍这份"指南"，从一个角度来明确现代逻辑的知识和技术都有哪些内容，以期有助于解决"哲学社会科学训练培养教育体系不健全"这一大问题。

　　"逻辑教育指南"由国际"符号逻辑学会"于1991年建立的"逻辑与教育委员会"起草②，包括"引论""初等和中等教育""中等以上教育的初级阶段"以及"中等以上教育的高级阶段"等四个部分，发表于1995年3月的《符号逻辑简报》创刊号。

　　"引论"指出，符号逻辑学会就逻辑教学采纳的这些指南和建议，"目的在于保证所有人——科学家、人文学者、一般大众以及专业逻辑学家——都可以获得他们所需要的逻辑工具。……本指南广泛拟定了应该纳入到儿童、青少年和大学生等教育系统诸阶段的逻辑题材"③。在"初等和中等教育"阶段，"每个人都能够在某种直观的意义上区分出有效论证和无效论证"④，"指南"建议："在早年就提高和利用逻辑（即分析）推理。学习正确证明的概念以及通过反例来指出错误证明的方法应该越早越好。推行特殊的逻辑课程是没有必要、甚至不可取的。相反，对有效论证和无效论证的识别应该是（数学、物理、生物和社会）科学以及更一般

---

① 丘成桐、杨乐、季理真主编：《数学与人文》，高等教育出版社2010年版，第133页。
② 具体起草人员是委员会主席巴维斯（Jon Barwise, 1942~2000）、鲍姆加特纳（James Baumgartner）、戴维斯（Martin Davis）、亨利奥（Claudia Henrion）、马克（David Marker）、西格（Wilfried Sieg）、维瑟（Albert Visser）和伍德拉夫（Peter Woodruff）。
③ ASL Commitee on Logic and Education, 1995, "Guidelines for Logic Education", *The Bulletin of Symbolic Logic* 1 (1), p. 4.
④ Ibid..

地来讲是人文学科教育的有机部分。毕竟,受过教育就意味着具备了把有效推理从无效推理中区分出来的能力。"①

逻辑教科书的使用阶段主要在于"中等以上教育的初级阶段"和"中等以上教育的高级阶段"。针对前者,"指南"建议:"所有提供中等以上教育的教育机构都应该提供至少一门导论课以传授逻辑的基本概念。所以学生都应该鼓励去上这样一门课。"② 而这些课程应该包括下述内容③:(1)"逻辑上正确的论证"这一非形式概念;(2)得到逻辑上正确的论证以及为错误论证找到反例的非形式策略;(3)命题演算,以作为形式语言、形式证明以及自然语言论证的形式化的一个例子;(4)证明、真以及反例之间关系的讨论,包括可靠性定理的讨论;(5)命题逻辑的谓词演算扩张;(6)对完全性定理至少有一个非形式的讨论。紧接着,"指南"的起草者们对此做了一些评论,认为满足这些标准的课程已经由不同种类院系针对各种不同专业的学生在各种环境中成功地得到了传授,为了有助于这些课程的成功,他们还建议使用一些技巧④:(1)最重要的是保证教师对逻辑有兴趣并且有良好的逻辑基础;(2)在斯穆里安(R. Smullyan,1919—2017)宣传得非常著名的趣味逻辑题和智力题方面花一点时间,考虑对逻辑史中的某些主题作一些讨论;(3)为可靠的和不可靠的推理提供一些贴近生活的例子;(4)如果讲授形式规则,那么把它们作为非形式推理方法的一个数学模型而提出来;(5)详细探讨一些从逻辑观念引发的应用知识,比如计算机科学;(6)考虑使用一些已有的逻辑教学软件——逻辑本身只是提供某种材料,借助于计算机辅助教学手段,逻辑教学才会有好的效果。

在"中等以上教育的高级阶段","指南"认为,就像其他知识研究领域,这个阶段中的"逻辑有一个对声称精通这门学科的每一个人来说都必须掌握的'核心'内容以及大量其他内容,这个'核心'应该作为

---

① ASL Commitee on Logic and Education, 1995, "Guidelines for Logic Education", *The Bulletin of Symbolic Logic* 1 (1), p. 5.

② Ibid. .

③ Ibid. .

④ Ibid. , p. 6.

一门逻辑课程的主要成分提供给中等以上教育阶段高年级的所有学院"①。起草者建议，提供中等以上教育阶段学习的教育机构必须另外提供一门课程或系列课程以涵盖下述逻辑主题②：（1）集合的基本事实（即二元关系、对角线方法、关于不可数集合存在的证明、可数集合的基本性质）；（2）与归纳定义和归纳证明有关且到处存在的基本逻辑事实；（3）命题演算和谓词演算（非形式论证的形式化、数学和科学中的公理化方法）；（4）语义学（真和有效性、可定义性、可靠性定理、一致性概念、哥德尔完全性定理）；（5）模型论导引（至少要有可数语言的紧致性定理以及一到两个应用）；（6）哥德尔不完全性定理及其哲学和基础推论。他们认为，在这些核心内容之外，还有一些内容应该提供给所有学生③：（1）证明论导引（如自然推演、根岑基本定理、厄尔布朗定理）；（2）一些补充的模型论（例如，可数语言的楼文汉姆—司寇仑定理、稠密线序理论的可判定性、一阶逻辑中各种数学概念的不可表达性、算术的非标准模型）；（3）一些补充的集合论（某个基数和序数算术、选择公理的讨论）；（4）可计算性理论导引（能行可计算性的某个机器模型、丘齐论题、绝对不可解问题、有效式的不可判定性）；（5）其他种类逻辑的导论，具体内容则取决于所在院系的兴趣，比如直觉主义逻辑、高阶逻辑、模态逻辑、时态逻辑、无穷逻辑以及子结构逻辑；（6）逻辑在计算机科学中的应用导论（例如，联合算法和消解方法及其与 Prolog 的联系、1—演算及其与 LISP 的联系以及与计算的联系）。

"指南"最后强调，"准备在数学、计算机科学、哲学、认知科学或者语言学中作进一步研究或从事这些方面的工作的任何学生都应该熟悉大多数这些内容"④。

我国逻辑学界早在20世纪70年代末就明确提出了"形式逻辑要现代化"⑤这一口号，这里的"现代化"主要是指逻辑研究的现代化和逻辑教

---

① ASL Commitee on Logic and Education, 1995, "Guidelines for Logic Education", *The Bulletin of Symbolic Logic* 1（1）, p. 6.

② 同上。

③ 同上。

④ 同上。

⑤ 刘新文、贾青编：《形式逻辑要现代化——家龙师谈逻辑》，科学出版社2018年版。

学的现代化,教科书是教学的重要一环,后者理所当然地包含了逻辑教科书的现代化。但是,践行这一口号的过程并不是一个"现代成功故事"[①]:逻辑学家们积累了各种发现和创新,于是乎实现了形式逻辑的现代化。其实,作为"逻辑教科书的主要内容"的经典一阶逻辑在获得"经典逻辑"、"标准逻辑"等称号的过程中,也并非一片坦途。[②] 仅仅从"逻辑教科书的主要内容"角度来对逻辑进行反思,我们也能理解金岳霖在晚年考虑逻辑的本质时,为什么要考虑到"历史的事实"这个因素。

第五节 结语

康德说,"一切哲学,就其依据的是经验的根据而言,人们都可以把它们称为经验性的哲学,而把仅仅从先天原则出发阐明其学说的哲学称为纯粹的哲学。后者如果是纯然形式的,就叫作逻辑学;但如果它被限制在一定的知性对象上,就叫作形而上学"[③]。金岳霖认为,"哲学主要与论证有关,而不是与这里或那里任意拼凑的一些思想有关。……论证包括分析与综合,其中前提和结论起着重大作用,而且如果哲学主要与论证有关,那么逻辑就是哲学的本质"[④]。根据这些引文,我们可以说,逻辑是纯粹哲学、是哲学的本质。1937年,沈有鼎在"中国哲学今后的开展"一文中认为,"中国虽然在以往的历史没有多少系统的哲学思想,但中国文化在过去的光荣里,处处充满了哲学的精神",中华民族"不愧是一个'哲学的民族'"[⑤]。他乐观地预言,"无论如何,我们现在已经可以知道:哲学在中国将有空前的复兴,中国民族将从哲学的根基找到一个中心思想,足以扶植中国民族的更生。这是必然的现象。因为历史是有它的波动的节律的",而贯穿着中国将来文化的,则"是慎思明辨的态度,逻辑的精

---

① Englebretsen, G.: *Something to Reckon With*: *The Logic of Terms*, University of Ottawa Press, 1996, p. 53.

② 参见刘新文《莱布尼茨的理想》,《哲学动态》2014年第12期;刘新文:《皮尔士存在图对英伦学者的影响》,《上饶师范学院学报》2017年第1期。

③ 康德:《道德形而上学的奠基》,李秋零译,中国人民大学出版社2013年版,第2页。

④ 金岳霖:"Prolegomena",《哲学评论》,1927年第1卷第1期,第37—38页。

⑤ 沈有鼎:《沈有鼎文集》,人民出版社1992年版,第103页。

神，综合的能力，理想的建立与实现"[①]。逻辑学和数学一样同属于基础学科。形式逻辑的现代形式自从弗雷格、皮尔士等人在19世纪后半叶创立以来，已经经历了100多年的历史，数理逻辑在20世纪30年代、哲学逻辑在20世纪70年代分别到达各自的黄金时期。金岳霖先生把现代逻辑引入中国，其实是把一种科学引入中国，学习现代逻辑，其实也是学习现代科学。数十年以来，我国几代哲学工作者在数理逻辑、哲学逻辑的基础和前沿领域发表了大量研究成果，不仅为我国哲学领域的逻辑学科赢得了国际学术地位，而且对我国哲学学科的整体发展和中国哲学知识体系的建设都起到了积极的推动作用。

"昨天的教育满足不了明天的需要。特别是，由信息革命引起的、人们对技术日渐增长的需求使人们觉得理解更多基本逻辑推理的原理变得越来越重要"[②]，这是"逻辑教育指南"开宗明义的第一句话，这句话给予我们多方面的启示：如果数理逻辑和哲学逻辑等现代逻辑基础课程可以在更大范围内普及，以此为基础的研究就会在更大范围内得到开展和提高，从而更加有利于促进逻辑学科本身和哲学学科的发展，更加有利于加快构建中国特色哲学社会科学学科体系、学术体系、话语体系；如果"逻辑教科书的主要内容"都没有明确的话，我们实在难以对逻辑"留下深刻印象"，更不必说逻辑学科能够在中国哲学知识体系建设中起到基础学科应有的积极促进作用。

（作者单位：中国社会科学院哲学研究所）

[①] 沈有鼎：《沈有鼎文集》，人民出版社1992年版，第107—108页。
[②] ASL Commitee on Logic and Education, 1995, "Guidelines for Logic Education", *The Bulletin of Symbolic Logic* 1 (1), p. 4.

深刻认识中国哲学知识体系建设的意义
加强文化中心的知识体系建设

李河

一 中国哲学知识体系建设的目标：把"我的问题"变成"我们的问题"

"中国哲学知识体系"是习近平总书记"5.17"重要讲话提到的"中国特色的哲学社会科学知识体系"的重要组成部分，讲话强调，"中国特色的哲学社会科学知识体系"包含指导思想、学科体系、学术体系和话语体系几个方面，这几个方面的建设要充分体现中国特色、中国风格、中国气派。

如何准确理解"中国特色哲学知识体系"的意义是具有高度复杂性、需要深入学习思考的问题，它至少涉及以下问题：如何理解"单数形式的哲学"与"复数形式的哲学"？将国别性定语放在"哲学知识体系"之前究竟意味着什么？如何理解"有用之学"与"无用之学"的关系？等等。这些问题在近代数百年来各类哲学导论中（如黑格尔的、罗素的、施太格缪勒的等）普遍存在。实际上，"哲学"这门学科异于其他学科的重要特点之一就在于，它一向是在对"什么是哲学"这一导论性问题的争论中前进的。

暂时撇开这种纯学理的探讨，我们不难看到，我国今天强调中国特色的哲学知识体系建设确有重大的现实背景：改革开放40多年，我国人民生活和国家综合实力发生了前所未有的变化，其变化幅度和影响力不仅在我国数千年的历史中前所未见，在整个世界人类史中也绝无仅有。由此提出一个问题：我们这个物质生活正在富裕起来的国家，是否应在精神文化领域，也生产出与我们悠久的历史传统相匹配、与我们巨大的人口和国土规模相匹配、具有自主性和原创性知识产权、并能对其他国家产生巨大吸引力和影响力的精神文化产品？——当然，这些精神文化产品的核心是哲学。由此来看，"中国应否或能否建构自己特色的哲学知识体系"就不纯然是个思辨性的哲学问题，而首先是个哲学政治学的问题；它也不纯然是个中国内部的问题，而是个具有世界意义的问题。

值得指出，寻求本国特色哲学思想观念表达的努力，不仅存在于当下中国，也在许多发展中国家广泛存在。近来中国文化研究中心在对周边国家的文化调研中注意到，俄罗斯、白俄罗斯、阿塞拜疆、哈萨克斯坦、乌兹别克斯坦等国都在"民族哲学"（national philosophy）的题目下，展开着关于重建本国哲学的讨论。我们观察到，英语世界学术期刊在2012年后陆续刊载了十余篇关于 national philosophy 的文章，而其作者基本都来自俄罗斯、乌克兰、立陶宛、波兰、土耳其和马来西亚。乌克兰基辅舍甫琴科国立大学副教授 Sergii Rudenko 在"作为一个比较研究课题的民族哲学"一文提到，近十年来立陶宛的维尔纽斯大学聚集了一批来自立陶宛、乌克兰、白俄罗斯和波兰的学者，其共同旨趣是在比较研究视域内发掘各自"民族哲学"的特性。

这种民族哲学重建的努力与我们当下讨论的"中国哲学知识体系建设"虽在出发点和内容上不尽相同，但却可以引发思考。

从民族哲学角度刻画本国的哲学知识体系，其重要的工作之一是将自己的民族国家身份意识贯穿于各国的"民族哲学史编纂"（historiography of national philosophy）。Rudenko 指出，这项修史工作在乌克兰、立陶宛、波兰等已经开展起来，乌克兰最早的"民族哲学史编纂"出现于1990年代，作者是 Vilen Horsky（1931—2007）。这种修史工作的基本动机是"去西方化"，即让哲学史不仅仅是"西方的"，而且要让本国的哲学史叙事摆脱"西方叙事"的窠臼。与之类似，中国哲学知识体系建设的一项重要任务就不仅是"让哲学史说中国话"，而且要以中国眼界、中国框架和中国思路去重新书写中国哲学史、中国马克思主义理论史，这应当是中国哲学知识体系建设的题中应有之义。

从民族哲学角度刻画本国的哲学知识体系，其另一重要工作是强调要对本民族发展的指导思想进行研究，我们在周边调研中看到，哈萨克斯坦、阿塞拜疆、越南等国家的高等研究机构分别设有纳扎尔巴耶夫思想研究、阿利耶夫思想研究和胡志明思想研究等，它们是发展中国家构建文化认同的重要组成部分，具有鲜明的哲学政治学意义。同样道理，中国哲学知识体系建设当然也包含对新时代中国特色理论的研究。

从民族哲学角度刻画本国的哲学知识体系还有一个工作，就是如何处理那些发源于西方国家的哲学学科、哲学问题的"本国化"问题，譬如如何对待西方哲学史的研究，如何面对目前由发达国家唱主角的国际哲学界在美学、伦理学、逻辑学、科技哲学等领域提出的层出不穷的话题。如果片面地去看问题，就可能把民族哲学史叙事与指导思想研究当作民族哲学知识体系中最具民族特色的部分，并将其与西方哲学史研究、源于西方哲学的问题的研究对立起来。事实上我们注意到，在不少发展中国家的以"哲学"命名的领域中，这种二元对立或隐或显地普遍存在。来自西方之学与本土之学在对"哲学"的理解上、提问和论证方式上，在学科和学术规范等方面，往往是泾渭分明的。以五年一度的世界哲学大会为例，那里往往存在两类哲学共同体：一类是讨论那些主要是源于西方哲学的问题，其工作语言首先是英语；另一类则是讨论具有民族国家特色的哲学论题，其首要工作语言多是母语。今天我们要进行中国哲学知识体系建设，就要认真思考如何破解、扬弃或超越这种对立。

我们认为，解决这种二元对立的方案既系于理论探讨，更系于实践努力。它要求首先要直面自己国家产生的思想和精神需求；其次在针对这些精神需求进行思想理论探讨时，要依照批判怀疑的意识、理性开放的精神，提炼自己的问题和提出自己的论证；其三，要将自己的问题和论证融入国际哲学界讨论环境之中，让它从"我的问题"变为"我们的问题"，从"我的观念"变成"我们的观念"。

把"我的问题"变为"我们的问题"是中国哲学知识体系的建构方向，换言之，中国知识体系建设能否成功也取决于我们能否实现从"我的问题"向"我们的问题"的转变。法国当代思想家布尔迪厄在《论文本和观念的全球流通》一文指出：全球化不仅推动着物质产品的全球流通，也推动着文本和观念的全球流通——即将发源于不同地域、不同国家的文本和观念放到世界观念市场中去竞争。由布尔迪厄的"观念的全球流通"的观念,我们可以得出一个重要的政治阐释学推论:如果说各国的文本和观念在全球化时代到来之前的主要生存方式是"地缘性的历时性流传"(diachronic transmission),那么它们在现当代的主要生存方式则是"全球横向流通"(global transmission)。而一种地缘性的文本和观念能否继续得到"历时性流传",在很大程度上取决于它能否在"全球流通"中显示出生命力和吸引力。

把"我的问题"变成"我们的问题",不仅是我们对中国哲学知识体系建设目标的抽象设定,也是对我国新时代思想理论建设的一个总结。习近平总书记近年来一再倡导的"人类命运共同体"观念,就是寻求把"我的问题"变成"我们的问题"的范例。出于这个眼界,我们在提问论证中就不必刻意区分我们所使用的理论语言、话语和方法究竟是本土的还是外来的,因为任何理论话语一经产生,就具有公共性,就可以成为探讨和解决其他问题的"工具箱"。事实上,我们的哲学话语所植根于其中的现代汉语已在很大程度上"不纯粹"了:现代汉语绝大部分专有词汇来源于日本对西方语言的翻译,不仅"哲学""伦理学""美学"这些语词,而且连我们今天使用的"学科体系、学术体系和话语体系"等命名,其源头都来自外来翻译,像"话语体系""话语权"这类语词是最近才翻译过来的。但"入土别生枝干",这本来就是文本和观念全球流通的本来之义。

二 文化中心是顺应我国精神文化需求而形成发展起来的创新型学术机构

文化中心全名是"中国社会科学院中国文化研究中心",它是2000年10月由时任院长李铁映提议成立的。经过多年发展,它成为院里不多的半实体中心,成为哲学所领导的处室级学术单位,2014年,文化中心又成为院里唯一的高端文化智库。

从文化中心的产生、工作内容和学科建设来看,它在哲学所是个具有明显特殊性的学术机构。

1,从产生来看,文化中心是因应我国文化发展要求产生的创新型研究机构。20年前,中国科学院部分学者根据OECD(经济合作与发展组织）1996年和1997年陆续出台的关于"知识经济"和"国家创新体系"的文件，提出我国应高度关注"将自然科学成果转化为市场经济产品"的体制机制创新。我所几位研究人员看到相关情况，提交报告认为：（1）我国的科研体制机制创新不仅应当针对自然科学，也应当包括人文社会科学，"我国不仅应关注自然科学成果向市场的转化，同时应关注将人文社会科学成果转化为公共制度产品"。（2）我们已进入"数字技术与文化内容联姻的时代"，国家应大力关注以数字科技发展为背景的文化产业。该报告在1999年《光明日报》发表，同时上报的内参获得当时中央有关领导的批示，这是文化中心得以成立的一个重要促因。

2，从发展看，文化中心始终追踪国内外文化发展研究，在国内起着引领作用。文化中心成立之时，正值国家将"文化产业"概念纳入国家政策之时，李铁映同志在成立仪式上提出文化中心要关心国家层面的文化发展思路，要求文化中心编制《中国文化产业蓝皮书》。由此2001年文化中心推出《中国文化产业蓝皮书》，这是当时国内的第一本文化蓝皮书。此后近20年，文化中心共出版《文化产业蓝皮书》《公共文化服务蓝皮书》《少数民族文化发展蓝皮书》20余本，文化蓝皮书成为文化中心形成思想和学术影响力的重要载体，让文化中心在国内同类机构比较中始终站在前列。（2018年文化中心在上海社科院文化智库排行榜中名列第二，第一名是拥有620名专业研究人员的中国艺术研究院）

与此同时，文化中心积极开展国外文化政策翻译研究。2004年到2006年翻译摘编近40期英联邦国家、欧盟多国、美国、日本、韩国等国的文化政策，发表在文化中心主办的内参《文化政策调研》（报送给时任政治局委员和候补委员）。2017年底以来，文化中心又展开中国周边国家文化政策调研，目前正在组织撰写《中外文化交流报告》，使文化中心在对外文化政策研究交流领域走在前列。

文化中心在长期发展中有个深刻的体会：上述工作并不严格属于纯粹哲学研究领域，但文化中心之所以能在相关政策研究领域取得和保持国内领先地位，不仅在于社科院对于我国大多数文化决策和管理部门而言比较中立，更重要的是文化中心相关工作的主持和承担者具有较好的哲学素养，由此能否以前瞻的问题意识、清晰的概念和逻辑论证，在国内外文化发展方面提出具有影响力的判断。

3，从学科体系建设来看，文化中心积极探索"中国特色的文化学科研究"。文化中心不仅是单纯的"应用研究机构"，从建立伊始，它就在探索文化理论研究的学科框架。我们认为，中国特色的文化学科体系建设具有极为重要的意义：

（1）文化学科建设旨在将"五位一体总体布局"落实于学科体系建设

2002年，党中央提出"经济、政治、社会和文化"四位一体协调发展的科学发展观；2012年，党中央更加明确提出"经济建设、政治建设、文化建设、社会建设和生态文明建设的五位一体总体布局"。对应于"五位一体"总体布局，我院在经济、政治、社会和生态等方面都有全实体的研究机构，但与"文化建设"对应的文化学科建设则相对滞后，只有哲学所为文化研究配备的一个研究室，还有半实体的院文化中心。为此，探索文化学科体系建设应该成为我院落实"五位一体总体布局"的学科建设方向。

（2）文化中心的文化学科体系建设与周边国家相比具有领先优势

文化中心多年来一直探索中国特色的文化学科框架结构，它包括：其一，文化哲学研究（文化哲学史、符号哲学等），代表作品是曾经获得中国社会科学院优秀科研成果一等奖的解释学著作；其二，文化科技研究，代表作品是《国际数字创意产业前沿趋势报告》；其三，文化经济学研究，代表作品是多年来出版的13本《中国文化产业蓝皮书》；其四，文化政治学研究，这是文化中心目前正在实施的创新工程的课题。

我们之所以确立上述四个研究方向，主要基于对"文化"概念的理解："文化"概念的定义虽多，但从学科领域看大体分为两类：一类是人类学—文化哲学意义的文化，其关注对象通常是国家和民族的整体精神构成物和流传物，包括语言、信仰、习俗和传统等宏观对象，用德国哲学家赫尔德的话说就是"民族精神"。与之并行的另外一类是解释学—文化经济学意义的对象，它关注的具体的、微观的文化表达物，如一个文本、一种文化产品等等。正是基于这种理解，我们上述对文化学科的设计可以简化为：文化哲学研究＋文化产品创意、生产、传播和竞争的研究。多年来，正是围绕上述学科建设，文化中心开设了文化符号学、文化经济学、文化政治学等方面的读书班。

值得一提的是，文化中心在开展周边国家文化调研时注意到，阿塞拜疆科学院、俄罗斯科学院、哈萨克斯坦的若干大学、越南胡志明市国家大学、越南社会科学翰林院中都设有"文化学系"或"文化学研究所"。在交流中，它们对文化中心的学科设置都表示赞赏，我们的学科设置对这些机构具有明显的领先优势。

总之，对于文化中心来说，积极探索文化学科建设，是自觉落实"五位一体总体布局"的重要使命，也是积极探索"中国哲学知识体系建设"的重要实践。

三 对照"四大建设"，进一步明确文化中心的未来发展目标

文化中心的工作和学科建设服务于我国"五位一体"的发展思路，为此我们对未来充满信心；但文化研究如何与已有的哲学学科体系衔接？文化研究如何正确处理基础理论研究和应用研究的关系？文化中心作为一个学术研究机构与传统的研究室具有哪些共性和特殊性？这些问题是文化中心长期以来发展面临的挑战，要解决这些问题需要我们创新，要顺利实施和推进这种创新又需要院所两级领导的理解和支持。

习近平总书记"5·17"重要讲话明确了我国哲学社会科学建设的基本内涵。与之对照，可对文化中心的状况检讨如下：

1，指导思想方面——文化中心坚持马克思主义指导，近20年来的数十本蓝皮书和各类研究报告中没有出现政治错误，但它在承接院重大思想理论课题方面学术建设不够，人才缺乏，成果不多。过去一年，随着文化中心完善领导和组织建设，随着文化中心积极开展项目平台建设，这个局面渴望改善。

2，学科建设方面——前面谈到，这几年文化中心在文化学科（即周边国家所说的"文化学"领域）建设方面取得初步成就，今后几年将努力完善学科建设。

此外，在文化学科的四个专业方向中，文化中心在文化哲学（如解释学哲学和符号哲学）、文化科技、文化经济学等三方面的研究，在国内都处于领先地位。文化政治学研究在国内具有开创性地位。但这些研究的领先人才都年龄偏大，后续中年骨干尚未确立在国内的领先影响力，青年

学者严重缺位,今后3—5年如何形成强有力的中青年团队,是今后发展成败的大问题。

3,学术建设方面——在文化中心的平台,学术建设就是学术成果和学术影响力建设。而学术成果一方面表现为学术论文、蓝皮书、智库报告等,另一方面则体现为学术网络建立和经营。多年以来,文化中心在专业学术论文建设方面比较薄弱,但蓝皮书、研究报告等方面则显示出极强的优势。今后几年应加强基础研究的学术产品生产。

在学术网络建设方面,多年来文化中心与国内外相关学术共同体建立了稳固持续的联系,形成了极大的学术影响力效应:它在2013年推出的品牌"U40文化理论暑期工作营"已在国内举办7届,聚合了大批文化研究领域的大牌学者和中青年骨干;它参与创新的"国际U40文化理论暑期工作营"在澳大利亚已举办3届,由此与西方国家走在前列的文化创意理论学者形成了固定的交流培训机制;它近年推出了"中国周边国家文化发展调研"项目,与周边国家高端人文学者建立了论坛、视频会议等交流机制;此外,在文化哲学领域,文化中心是"中国文化哲学理事会"的发起单位,并担任学会副理事长。

不过,也正是在学术建设方面,文化中心由于体制机制"缺位"问题遇到了大量难以解决的困难。

4,话语建设方面——文化中心作为院文化智库,通过蓝皮书、研究报告、内部刊物和要报等,在我国文化发展领域的话语建设方面取得了重要成绩。

不过,由于文化中心机构的特殊性,它在发展中也遇到不少难以克服的困难。这些困难首先产生于认识上的根源,用我院一位领导的话说,总是"简单地以管理研究室的方式来管理这个研究型文化智库",对这个承担着智库职能的研究实体的特殊性认识不足。由此,在成果评价、职称评审、引进人才等方面文化中心都处于严重不利的地位。

此外更重要的是,由于这个特殊性没有得到足够重视,文化中心的发展日益受到已有的体制机制的束缚,这种束缚使它在与外部同类机构的机构中处于不利的地位,它开创的多个品牌因此面临流失的危险。

以上提到的问题,不仅过去困扰着文化中心的发展和内部建设,而且,随着外部竞争日益增强的态势,会对文化中心在国内形成的领先优势形成致命挑战。如何克服这些体制机制束缚带来的麻烦,如何维持文化中心已有的学术优势,单凭超常的忍耐力和奉献精神是不够的。我们希望通过这次主题教育,通过这次中国哲学知识体系的学习讨论,深化认识,明确定位和目标,坚定信心,让文化中心的学术建设和智库建设焕发生机。

(作者单位:中国社会科学院哲学研究所)

论中国文化哲学知识体系构建的基本路径

张熙　霍桂桓

从人类历史发展的角度来看，文化问题已经成为人类在解决了温饱的基础上必须加以充分重视和认真研究解决的最关键的问题。包括科技伦理在内的所有各种社会问题，几乎都可以归结为文化即"人化"问题。文化形式既不是实体，也不是实存，但它是实在的，在人类心智活动中起着关键的中介作用。文化具有多样形式，这些形式在基本任务上是一致的，同时又存在着不能消除的差异；文化哲学的中心问题就是研究这些形式之间是如何相互限定和相互补充的。

就近年来文化哲学学科发展情况而言，从国内外学科发展最新动态的角度出发来看，文化哲学的研究依然可以说处于"新常态"的发展状态。概括浏览一下包括《中国社会科学》《哲学研究》《哲学动态》《世界哲学》《江海学刊》《学术月刊》《学术研究》《河北学刊》等国内影响比较广泛的学术期刊发表以文化哲学为关键词或题目的文章共37篇，以及诸如《光明日报》《中国社会科学报》《社会科学报》（上海）这样一些颇有影响力的学术性报纸曾设有文化讨论的相关栏目。

从中不难发现，国内学界大多数研究者，较少推出崭新的尤其是具有比较重大和广泛影响力的研究成果。客观来讲，这种基本状况一方面表明，处于哲学研究层次之上的文化哲学研究具有非常高的抽象性和基础性、距离现实问题比较远，往往需要研究者历经数年乃至积数十年研究之功，才能得出一项有意义的研究成果、确立一种有效的研究方法。

在这种从表面上来看颇为不利的学术研究发展态势出现的同时，国内的文化哲学研究并没有完全停滞，而是呈现出了各方面的研究者都在通过积极探索、多方积累而稳步推进的基本倾向。目前国内的文化哲学研究主要在现代西方哲学、后现代主义、西方马克思主义、新儒学、价值哲学等领域展开。特别是在某些现代西方哲学研究领域，其所讨论的问题涉及学理层面的理论研究进路，这对于进一步明确哲学的发展方向、全面提升文化哲学研究的学术地位，为文化哲学在明确界定自己的研究对象、逐步形成真正恰当的研究方法，准备了非常可贵的理论条件。

符号概念是卡西尔哲学的核心概念，符号形式的文化哲学是一种新的批判哲学，其独到之处在于对文化符号的内在形式所做的先验层次的探究；通过探讨卡西尔关于人的定义、文化哲学的内涵及缘起、符号系统、符号化的思维和行为等方面，将卡西尔文化哲学的理论体系展示出来。

文化哲学的问题意识与其研究旨趣密切相关。作为马克思实践哲学的分支学科之一，具备马克思主义哲学所特有的实践性与批判性，即主体性精神在文化层面的外显。在马克思的经典著作中虽没有关于文化哲学概念的直接论述，但是这些经典著作却蕴含着丰富的文化哲学思想。为此，国内学界深入探讨马克思主义思想文化渊源及其对我国马克思主义中国化进程发展所具有的重要理论与现实意义。正是在这个层面上，马克思主义文化哲学创新具有多重维度：如历史主体性、历史超越性、意识形态功能、超经济性等等。

文化哲学研究者通过马克思实践哲学的研究方法剖析文化现象，来把握人的本质、生存方式和人的发展，其研究成果必然在马克思主义哲学、国外马克思主义发展新趋势等研究领域得以体现。李鹏程先生从主体间性出发，深入剖析从关系概念是怎样到实体概念的、现代文化主体间性对全球生活世界的公共空间是如何建构的，从"共在"的生命哲学的高度推进对主体概念的深入研究。

不可否认，国内文化哲学的产生和发展一直受到西方哲学的影响，而目前中国的哲学社会科学体系正在尝试摆脱这种影响，努力形成自己的哲学社会科学研究特色（比如建构中国特色哲学社会科学体系的尝试）。尽管在这方面的成功经验例证尚不多见，但是，中国特色的马克思主义文化哲学研究无疑将是建构中国特色哲学社会科学体系的突破口。文化哲学的创新性阐释，有助于推动当今中国马克思主义哲学的创新与发展，指导构建科学的文化理论体系，进而实现文化强国的梦想。

哲学立足于坚实的理论基础研究，同时需要回应时代提出的问题。近几年来，国内学界进一步深化中国道路与人类文明进步研究、文化自信与国家文化软实力研究以及中西方哲学对话与文明互鉴研究等等。同时，为贯彻落实"文化强国"和"一带一路"战略，学者们不断挖掘文化主体的自身价值，深入分析影响我国文化自信的主要因素，强调重塑中国人文化自信的重要意义，提出坚持"不忘本来、吸收外来、面向未来"的原则，从而为增强文化的创造性和吸引力，以及发挥中国文化的引领作用，"讲好中国故事"提供理论与方法论支撑。

特别是对于新时代中国文化的发展而言，中国传统文化的现代化发展一直存在着现实的困境，影响着国家的文化形象和公民的文化认知。部分学者通过大量具体的社会实践和积极探索，将文化传统的精神注入文化产品的价值中去，使得抽象价值与具象产品相结合。这部分成果主要包括报告文学，达上万余部之多。诸多角度的文化产业专题研究，尽管主要侧重于探讨和研究各种具体问题，如体育、生态、养生、娱乐、旅游等，与文化哲学研究所要求的理论层次存有差距。但是，从更加宽泛和更加富有建设性意义的角度看，其研究对象纷繁多样，使人们在现实生活中能够切实感受到传统文化的精神力量，这不仅有效避免了文化的弱化和价值的困境，而且能在更广泛的公众中有效传播蕴含核心价值理念的中华文化。从客观效果来看，这既影响到"文化中国"的国家文化形象，也涉及"人文中国"的国民文化认同。从文化哲学的角度而言，所有这些颇为具体的探讨和研究实际上都在为文化哲学研究的进一步健康发展积累不可或缺的宝贵经验。

按照国内外文化哲学研究所达到的学术水平和尚待加以解决的关键性理论难题来看，国内的文化哲学研究仍将处于一方面进行脚踏实地的基础性学术探索和积累、一方面对各种现实问题继续做出积极回应，坚持不懈努力在理论突破和研究方法突破方面出现根本性创新意义的重大成果。通过分析近年来文化哲学的问题意识与理论定位，可以发现如下两个共同点，即要想构建系统全面的文化哲学理论体系，就必须对作为被研究对象的"文化"进行系统全面的探讨和研究，加以清晰明确的界定；在这些探讨过程中，国内学者亟须通过努力构建系统的理论体系使之持续发展；只有不断摸索并逐渐形成恰当的研究方法，才有可能最终推动中国文化哲学研究稳步发展。

需要指出的是，文化哲学研究是 21 世纪哲学研究最重要的出路之一。21 世纪马克思主义文化哲学的发展路径，应在历史与现实、理论与实践以及东方与西方的激荡交织和碰撞融合中展开；它不仅有助于研究者重新审视人文社会科学与自然科学的关系、有助于最终构建统一的中国特色哲学社会科学学科体系、学术体系和话语体系，而且有助于研究者得以反思哲学研究的方法论变革，因而最终有助于实现哲学研究的新的重大突破。

（作者单位：中国社会科学院哲学研究所）

第二编
新时代构建中国特色哲学知识体系的探索

马克思对"时代"的诊治方案*

王时中

一般来说,任何现实的个人要理解其所处的时代,绝非一件容易的事情。原因在于,现实的个人总是受制于一定的社会关系,而与个人相比,这种社会关系总是具有相对的稳定性与强制性。特别是在社会变革的时代,当一切坚固的东西都烟消云散、一切神圣的东西都被亵渎了的时候,情况更为复杂。问题的难度还在于,即使人们意识到有必要通过某种科学的构造来把握时代的变迁及其演变规律,也面临着"巧妇难为无米之炊"的困窘,因为要构造一种理解某一时代社会生活的理论坐标,不能直接从自然科学与其他社会科学中援引思想资源,而必须独立地打造专属的理论武器,但这种理论武器的打造过程,也时常面临着"新瓶装旧酒"的质疑。我们知道,马克思在《〈政治经济学批判〉序言》中区分了考察社会变革的两种形式:一种是"生产的经济条件方面所发生的物质的、可以用自然科学的精确性指明的变革",一种是"人们借以意识到这个冲突并力求把它克服的那些法律的、政治的、宗教的、艺术的或哲学的,简言之,意识形态的形式"[②]。如果说变革时代的理论形式决不能直接援引这个社会的意识形态形式,而只能另寻他途,那么,重新反思马克思对其所处时代的把握方式及其诊治方案,并提炼其方法论特征,便是一个具有深远理论意义与现实意义的课题。

---

* 本文系教育部人文社会科学项目"20世纪康德主义与马克思主义之间的互动关系研究"(18YJA720014)的阶段性成果,并受中央高校基本科研业务费专项资金资助。

② 《马克思恩格斯选集》第2卷,人民出版社1995年版,第33页。

一　"时代错乱"：德国哲学的发达与政治经济学的不发达

马克思曾以"时代错乱"来表征19世纪的德国哲学与时代的关系。在当时的德国，相对于哲学高度甚至畸形的发达，德国的政治经济学却是高度不发达。其原因就是政治经济学作为现代资产阶级的"科学形式"，它必须以相对发达的资产阶级社会关系作为"现实的前提"。然而，与17、18世纪以来英、法等国高度发展的资产阶级关系相比，德国实属落后。这种落后的原因至少可以追溯到16世纪马丁·路德领导的宗教改革。这场改教运动使得当时的德意志分裂成"天主教联盟"与"新教联盟"，两派长期混战，影响深远。更重要的是，当时的"德意志民族的神圣罗马帝国"与"德意志民族"之间存在着"名"与"实"的"断裂"："德意志民族的国王"作为神圣罗马帝国的皇帝，并不是德意志民族的代言人，而是担负着承续欧洲历史与保卫普世宗教的职责。当欧洲其他民族国家纷纷独立，德意志民族的民族意识也逐渐觉醒的时候，以马丁·路德为代表的宗教改革者虽然得到了德意志世俗城邦的支持，却受到了神圣罗马皇帝与教皇的联手绞杀。如果从那个时候算起，正如恩格斯所说，"德国有整整三个世纪从那些独立地干预历史的国家的行列中消失了"[1]。特别是荷兰脱离神圣罗马帝国之后，德国丧失了最重要的海上贸易航路，并且不得不依赖于荷兰人的中介进行贸易，这对德国的经济发展产生了消极的影响。同时，德国内部邦国林立，互相混战，基本上处于无政府状态，法国与欧洲其他国家可以随时干涉，更是阻碍了其资本主义的发展。直到普鲁士崛起并通过三次王朝战争建立了以普鲁士王国为首的德意志帝国之后，才走上了现代化道路。这就可以理解，何以德国人在一切科学领域内与其他民族不相上下，甚至还可以引领潮流，但就是在政治经济学领域，数世纪没有出现过、也不可能出现德国思想大师。

相对而言，近代以来的德国哲学家群星璀璨，争妍斗艳；思想上的革命，更是一浪推一浪，英雄辈出。这种"虚火旺盛"的理论症候所反映的，正是当时德国的时代现实。马克思由此断定，当时的德国陷入了

---

[1] 《马克思恩格斯选集》第4卷，人民出版社1995年版，第256页。

"时代错乱",即现实无法被任何理论所表征,而理论也无法适应现实发展的要求。于是社会乱象丛生:一些陈腐的理论形式开始以改头换面的姿态重新登场,一些平庸的外来学说则以新奇的面貌展现在人们的面前。正是在这个意义上,马克思才说,"我们是当代的哲学同时代人,而不是当代历史的同时代人。德国的哲学是德国历史在观念上的延续"①。如果说英、法等国的社会革命是同现代国家制度"实际地分裂"的,那么德国则面临着双重任务:既需要与表征错乱时代的哲学分裂,也需要与哲学所依附的制度"批判地分裂"。马克思对当时德国"哲学"与"时代"是双重拒斥的:一方面拒斥作为观念形态的哲学,认为这种哲学歪曲了现实,因而主张消灭哲学;另一方面拒斥那些将现实正当化、合理化的理论企图,而主张要改变现实。所以,马克思强调,德国人既需要批判现存的政治制度,也需要批判其在观念上的抽象继续,主要是宗教观念的影响;并且,这两个工作需要同时进行,而不能单独进行,否则便无法真正摆脱这两种势力的强大"惯性"。而"实践政治派"与"理论政治派"的错误恰恰无法理解这一点。"实践政治派"提出了实践政治的要求,主张为争取立宪君主制或者民主主义共和制而奋斗,他们提出要否定哲学;但在马克思看来,由于他们不知道德国哲学所表征的恰恰就是德国的"时代",因此,仅仅从观念上消灭哲学还是没有真正把握住"现实",事实上,只有在现实中才能真正"实现"哲学。与"实践政治派"相对的"理论政治派"固然肯定哲学斗争就是政治斗争,他们因此主张对哲学采取批判态度;但在马克思看来,他们的失误在于,这些口号仅仅停留在哲学的层次上,并使得哲学脱离了现实,事实上日益脱离了实际的政治斗争。所以,他们既没有意识到哲学本身是世界的观念的补充,更没有诉诸政治的运动以彻底消灭哲学。

正由于德国哲学与时代之间存在着如此巨大的"错位",马克思认为,要想越过哲学的障碍与现实的障碍,真正实现德国的解放,"毕其功于一役",唯一的可能性只能是形成一个特殊的阶级,即无产阶级。这个新的阶级承担着双重使命:一方面要将自己的哲学诉诸实践,即将"精神的武器"转变为现实,从这个意义说,"德国的工人运动是德国古典哲

---

① 《马克思恩格斯选集》第 1 卷,人民出版社 1995 年版,第 7 页;第 16 页。

学的继承者"①；另一方面，则是要通过一种新的哲学，消灭掉自己的"无产阶级身份"，"德国人才会解放成为人"②。

二 一门新的科学：从"政治经济学"到"政治经济学批判"

正是鉴于当时错乱的德国现实，恩格斯断言，"陈腐可笑的中世纪残余直到1830年还束缚着德国资产阶级的物质发展，当还需要同这种残余进行斗争的时候，就不可能有德国的政治经济学。只有随着关税同盟的建立，德国人才能够理解政治经济学"③。"关税同盟"是1834年由普鲁士为首的各个邦国为了扫除贸易障碍而组成的同盟。由于参加同盟的各个邦国取消关税，大大地促进了国内国际贸易，一般认为，关税同盟的建立是德国走向经济与政治统一的重要步骤，极大地推动了德国19世纪工业革命的发展。同时，关税同盟的建立也促使德国学者全方位引入英国与法国政治经济学。但是，德国初期所引介的政治经济学理论，其实代表着不同的利益集团，相互之间也是纷争不断。如以李斯特为代表的产业家的保护关税派与反对国家干预经济生活的自由贸易派之间存在的对立，就集中显示了保守主义与自由主义的分歧。而与此相对的其他各派，则大多是"浇上了一些折中主义经济学调汁味的无所不包的大杂烩"④。值得注意的是，马克思高度重视李斯特的观点，并作了大量的摘录。事实上，马克思在《〈政治经济学批判〉序言》中提到的"关于自由贸易和保护关税的辩论"，也正是促使他研究经济问题的最初动因之一。

考诸马克思近四十年的政治经济学研究，我们可以发现，与以往政治经济学相对比，马克思恩格斯所从事的"政治经济学批判"具有双重的意义：就批判的意义说，是对资产阶级的庸俗经济学、古典政治经济学与李斯特历史学派经济学的批判；就建构的意义说，是建立了一门新科学，即"科学的、独立的、德国的经济学"⑤。这门"新科学"之所以是科学

---

① 《马克思恩格斯选集》第4卷，第258页。
② 《马克思恩格斯选集》第1卷，人民出版社1995年版，第7页；第16页。
③ 《马克思恩格斯选集》第2卷，第37页；第37页。
④ 《马克思恩格斯选集》第2卷，第37页；第37页。
⑤ 同上书，第37页；第43页。

的，原因在于：相对于旧的形而上学思维方式，这门科学的方法是"辩证的"；相对于黑格尔的思辨辩证法，这种方法又是建立在"唯物主义历史观"之上的；相对于资产阶级经济学家自觉不自觉地充当现存社会制度的代言人与辩护人，这门科学是具有阶级性的，即为了无产阶级的解放与自由的目的服务的。

就第一个方面来说，在黑格尔哲学解体之后，与1848年之后资本主义的迅猛发展相适应，自然科学在德国受到了极大的重视。但是，这种新的自然科学的唯物主义与18世纪的唯物主义没有根本的差异，倒是与德国旧的形而上学思维方式，即沃尔夫式的、浅薄的形而上学方式互相配合与支持，唯一不同的地方只是前者拥有更为丰富的自然科学的材料而已。在马克思恩格斯看来，对于这些材料的整合与提升，有赖于对黑格尔辩证法的批判性改造。但我们知道，黑格尔辩证法具有完全抽象的、"思辨的"形式，它是从纯粹的思维出发，在思维内部演绎出世界与历史。马克思之所以借鉴黑格尔的辩证法，是因为相对于抽象的经验论者将历史视为"僵死的事实的汇集"、唯心主义者将其视为"想象的主体的想象的活动"，辩证法最适合于描述一定社会条件下人的"能动的生活过程"，进而可以将政治经济学在其固有的内部联系中来加以阐释。而辩证法之所以能够被唯物主义地改造，乃是因为作为一种方法，辩证法只是一个运动的形式，而不能与运动的本体混为一谈。在马克思看来，运动的形式与运动的本体是可以分离开来的。但在主张"思维"与"存在"之同一的黑格尔看来，形式与本体是不可能分开的。这就显示出两者的差异："一个用辩证法建立了他的唯心论以及唯心史观，另一个用辩证法树立了他的唯物论及唯物史观。"[1] 在恩格斯看来，马克思对于政治经济学的批判，就是以辩证法作为基础而得以展开的。"这个方法的制定，在我们看来是一个其意义不亚于唯物主义基本观点的成果。"[2]

但是，如果仅仅是将黑格尔辩证法与政治经济学相"拼接"，那么，蒲鲁东已经做得非常不错了。由于政治经济学所涉及的都是人们的经济利害关系问题，它不仅仅关乎人们的收入得失，更关乎人们的法权与自由。

---

[1] 吴恩裕：《马克思的政治思想》，商务印书馆2008年版，第20页。
[2] 《马克思恩格斯选集》第2卷，第37页；第43页。

因此，政治经济学具有强烈的阶级性、党性，虽然很多人不愿意承认这一点。正如马克思所说，"在政治经济学领域内，自由的科学研究遇到的敌人，不只是它在一切其他领域内遇到的敌人。政治经济学所研究的材料的特殊性质，把人们心中最激烈、最卑鄙、最恶劣的感情，把代表私人利益的复仇女神召唤到战场上来反对自由的科学研究。"① 由于这种辩证法不是一种体系内部的自我旋转，而是一种具有鲜明阶级性的科学，马克思在揭示剩余价值的秘密、批判资本主义的剥削实质的同时，也从不讳言自己对无产阶级与被压迫者的同情与支持，有人因此责备马克思乃是从道义出发来展开其经济理论。事实上，正如有论者所说，马克思"不过是破天荒头一次通过严密的经济分析，把义愤建立在磐石般的科学基础上面罢了"②。

由此可见，马克思所建立起来的"批判的经济学"，融会了科学的实证、辩证的思维与鲜明的立场，因此，不仅具有无可辩驳的理论说服力，也具有强烈的普罗米修斯式的救世情怀。更重要的是，这种"批判的经济学"已经不再局限于对德国"时代错乱"的诊治，而是马克思对"资本主义时代"的"一揽子"诊治方案。也是基于这样的"批判的经济学"，马克思恩格斯可以反过来批评李斯特的经济学是"研究室中编造出来的体系"，因为其实质还是剥削无产阶级。实际上，无论是主张保护关税，还是主张自由贸易，均无法阻止最终的社会革命。"因为你总要继续发展资本主义制度，总要加速资本主义财富的生产、积累和集中，同样也就要加速生产革命的工人阶级。"③ 同时，马克思还批判庸俗经济学只是在最粗浅的表面现象之内兜圈子，反复咀嚼经济学的材料，并没有什么真正意义的科学的经济学研究，其实质是维护资产阶级当事人的利益，将资产阶级制度视为天然合理的。事实上，虽然自配第以来，以斯密与李嘉图为代表的古典经济学认真考察了资产阶级生产的内部关系，但他们忽略了商品的价值形式及其特殊性，进而忽略了商品形式与货币形式、资本形式之间的关联及其特殊性，误将资本主义生产方式视为社会生产的永恒形

---

① 马克思：《资本论》第1卷，人民出版社2004年版，第10页。
② 曼德尔：《论马克思主义经济学》下卷，廉佩直译，商务印书馆1979年版，第348页。
③ 《马克思恩格斯文集》第4卷，人民出版社2009年版，第350页。

式。因此，古典经济学与庸俗经济学都犯了同样的错误。只有马克思立足于解放无产阶级的立场，把阶级性与科学性紧密结合起来，才能真正克服资产阶级政治经济学的缺陷。

三 马克思诊治方案的方法论特征：以韦伯为参照

马克思正是从政治经济学批判入手，提出对德国乃至整个资本主义社会之症结的诊治方案。这种诊治方案超越了庸俗经济学与古典经济学的狭隘视野，成为一门"批判的科学"。正如曼德尔所言，"马克思与19世纪和20世纪大多数重要经济学家的区别就在于，他根本不认为自己是一个纯粹的'经济学家'"，因为"'经济科学'不可能作为一门与社会学、历史学、人类学等完全无关的特殊科学而独立存在"，"事实上，历史唯物主义试图尽可能地把有关人类的各门科学统一为一门'社会科学'"[①]。如果在"社会"的"科学"化历程中，以韦伯考察社会的方法为参照，来提炼马克思诊治"时代"的方法论特征，将是一个有意义的论题。

我们知道，韦伯深受新康德主义之弗莱堡学派的代表人物李凯尔特的影响。李凯尔特在区分"现实"与"概念"的基础上，认为概念有两种把握现实的方式：一种是从概念的"同质性"出发把握现实的"连续性"；另一种则是以概念的"间断性"把握现实的"异质性"。前者把握的是现实的普遍与一般之物，这是自然科学的把握方式；后者则是历史-文化科学的把握方式，即从个别性方面去说明现实。个别性的东西之所以能够被把握，是因为关涉到了"价值"。历史科学的正当性就依赖于价值的客观性论证。而对价值的客观性论证，正是李凯尔特的理论贡献。[②] 但是，与自然科学不同，社会科学关注的是个别的历史"切片""断面"或者"快照（snapshots）"，而绝非自然科学意义上的"同质连续性"；同时，与历史科学关注的"个别性"也不同，社会科学想为这种"个别性"确立因果规律，即确立历史个体的因果性。如果说，对精密的自然科学来

[①] 约翰·伊特韦尔等编：《新帕尔格雷夫经济学大辞典》第3卷，经济科学出版社1996年版，第399页。

[②] 王时中：《价值的客观性何以可能》，《哲学动态》2015年第8期，第40页。

说，规律越是普遍有效，就越有价值；对历史科学来说，规律越是普遍，其内容却越是空洞。按照这样的区分，"社会科学"似乎是"两头不讨好"：它基于历史的个别性，却又要为其赋予某种因果性。如果说合规律性是科学上本质的东西，那么，"个体性的因果分析"便是一个"形容语的矛盾"。这正是韦伯构造"理念型"（Ideal Type，或译为"理想型"）的初衷。

在韦伯那里，作为社会科学之方法论的"理念型"实则是为纷繁复杂的历史个别性构造"平均值"："它不是假设，但它要为假设的形成指明方向；它不是现实的描述，但它要为描述提供清晰的表达手段。"① 这个"平均值"一旦确定，同时也就成为判定别种现象的"标杆"："在任何具体的场合都要确认现实离那个理想画卷有多近或者多远。"② 在韦伯看来，"资本主义"也是一个"理念型"，即把现代物质文化生活和精神文化生活个别散乱地存在的特征加以提高，进而综合成一个与我们的考察相一致的理论形式："这可以说就是描绘一个资本主义文化的理念的尝试，至于它是否能够以及如何完成，我们在这里必须完全搁置不论。"③ 也就是说，韦伯致力于把对社会行动意义的理解与对社会现象规则的研究结合起来，使得每一个概念都成为具有"理念型"含义的复合概念，社会学的研究便成为一个"集合结构"。但是，这个意义上的"结构"与马克思所谓的"资本主义"显然不同。正如克莱比所言，"韦伯并没有如同马克思一样提供资本主义社会发展的整体解释，而不过是从不同的视角提供了一系列的'截面'。……但是他并没有把所有解释汇聚起来，将所有视角一网打尽，并将他们汇聚成一个整体的过程"④。

我们知道，马克思在区分了"现实的具体"与"思想的具体"之后，在思想层面构造了"具体的总体"，进而将整个资本主义视为一个"总体"。这个"具体的总体"与韦伯的"理念型"相似之处在于，"总体"也是高于现实的，马克思将其比作"特殊的以太"与"普照的光"。而与

---

① 韦伯：《社会科学方法论》，李秋零等译，中国人民大学出版社1999年版，第27页；第27页；第28页；第35页。

② 同上。

③ 同上。

④ Ian Craib, *Classical Social Theory*, Oxford University Press, 1997, p. 51.

韦伯"理念型"不同之处在于,这个高度抽象的"总体"在现代社会成为了真实的东西,而不是"乌托邦":"这个被现代经济学提到首位的,表现出一种古老而适用于一切社会形式的关系的最简单的抽象,只有作为最现代的社会的范畴,才在这种抽象中表现为实际上真实的东西"①;同时,这个"总体"并不是韦伯所谓的"价值中立"的,而是孕育着突破的潜能。当然,这个突破是有条件的,即只有无产阶级成为了这个"总体"的掘墓人,在特定条件下进行自我批判的时候,这个"总体"的特征才得以真正彰显:"资产阶级经济学只有在资产阶级社会的自我批判已经开始时,才能理解封建的、古代的和东方的经济。"② 这就意味着,马克思是站在批判资产阶级社会的立场,即"自由人的联合体"的立场,来批判资产阶级经济学的。

事实上,韦伯也在一定程度上认识到了马克思所构造的"具体的总体"的意义:"所有马克思主义特有的规律和发展构思——就它们在理论上都是正确无误的而言——都具有理念型的特征。凡是使用过马克思主义的概念的人都知道,如果把现实与这些理念型作比较,它们就具有巨大的,甚至是独一无二的启迪意义";但"一旦把它们设想为经验有效的,或者甚至设想为实在的(事实上也就是形而上学的)'作用力'、'趋势'等等,它们就具有危险性"③。由此可见,韦伯并不理解马克思对"资本主义社会的批判"与"自由人的联合体"之间的关系,即不理解在马克思所构造的批判的经济学中,是如何将科学的研究、辩证的方法与无产阶级的立场融贯在一起的。这也构成了马克思与韦伯的主要分歧。

由上可见,韦伯用以分析社会所构造的"理念型",针对的主要是自然主义、实证主义与心理主义对社会的理解方式。但是,韦伯的"理念型"并不是没有问题的。我们注意到,为了论证"个体性因果分析"的正当性,韦伯反对将社会科学归因于人类意图与目标的"目的论式"推理,而主张把"人类行动的目标(aim)"重新定义为"行动的原因(cause)",以"理解"来沟通行动的因果关系,即将人类的行动视为可

---

① 《马克思恩格斯选集》第 2 卷,第 22 页;第 24 页。
② 同上。
③ 韦伯:《社会科学方法论》,李秋零等译,中国人民大学出版社 1999 年版,第 27 页;第 27 页;第 28 页;第 35 页。

理解的理性行动,人类通过理性选择的手段来追求自己的目的。于是,要理解现实的行动者的动机,必须借助于"理念型行动者"的假设。但正如有论者所言,"他们的行动越是'自由',他们的行动就越是可预测的"①。实际上,在构造"理念型"来考察现实之前,韦伯已经将一系列的观点与立场预置其中。如在构造"资本主义精神"的"理念型"时,他已经将与此相关的"禁欲的精神""目的理性行为""就事论事的行动准则"等因素"暗度陈仓",然后再根据这种因素来分拣现象。有论者据此认为,"理念型"不过是"事后诸葛亮"的"同义反复",并没有给我们真正带来新发现。②

与韦伯不同,通过改造黑格尔的辩证法,马克思将"自由人的联合体"的构建与资本主义社会之运行机制的揭示结合起来,将两者熔铸为一个"总体"。这个"总体"是矛盾的"总体",其中包含着"社会的生产与资本主义占有之间的矛盾",也表现为"无产阶级与资产阶级的对立"。相对于空想社会主义者在"头脑中"借助"绝对真理""理性"和"正义"对社会主义的凌空蹈虚,科学社会主义乃是建立在唯物史观与剩余价值学说的"科学"基础之上的。一旦"总体"所包含的矛盾发展到一定程度,"无产阶级将取得公共权力,并且利用这个权力把脱离资产阶级掌握的社会资料变为公共财产。通过这个行动,无产阶级使生产资料摆脱了它们迄今为止具有的资本属性,使它们的社会性有充分的自由得以实现";到那时,人才能真正完全自觉到,自己创造自己的历史,真正成为自己的社会结合的主人,"从而也就成为自然界的主人,成为自身的主人——自由的人"③。正由于三者紧密地结合在一起,成为一个坚固的"总体",马克思对资本主义的诊治方案具有无可辩驳的理论说服力;也正由于此,尽管庞巴维克强烈批评马克思理论体系的相关内容,但他仍然承认,"在马克思体系的中间部分,逻辑的发展的严密性和内在一致性,……永

---

① 弗里茨·林格:《韦伯学术思想评传》,马乐乐译,北京大学出版社2011年版,第107页。
② 参见顾忠华:《韦伯学说的当代阐释》,商务印书馆2016年版,第301页。
③ 《马克思恩格斯选集》第3卷,第759—760页。

远地确立了马克思作为第一流思想家的声誉"①。

结语

  如何实现对"社会"的"科学"把握,是一件十分困难的事情。正由于这样,与"自然"进入"科学"的数学化历程相比,"社会"进入"科学"的过程更为艰辛。孔德《实证哲学教程》中将社会学确立为一门科学之初,不得已只能把自然科学的方法与理想当作社会科学研究的楷模因此,无论是孔德社会学对物理学的借鉴,还是后来斯宾塞将社会与生物有机体所作的类比,均无法完全使社会科学割断自然科学的"脐带"。以涂尔干为代表的法国《社会学年鉴》派,则把这一实证主义观点系统化,使之成为社会学中占据主导地位的方法论。韦伯所构造的"理念型",为这门学科的建立作出了关键的贡献。而马克思以唯物史观为基础,通过改造黑格尔辩证法,将无产阶级对"自由人的联合体"的追寻纳入到了其理论的总体构造之中:这不仅突破了狭隘的德意志意识形态,而且超越了资产阶级经济学家对社会的理解方式,并成为无产阶级解放自己的理论武器。从这个意义说,重新反思马克思对"时代错乱"的诊断方案,领会其方法论特征,对于我们更好地把握今天所处时代的"时代精神",依然具有极为深远的借鉴意义。

(作者单位:南开大学哲学院)

---

① Eugen von Böhm‑Bawerk, *Karl Marx and the Close of His System*, Auburn, 2007, pp. 88—89.

马克思视域中的哲学与时代[*]

姜佑福

关于哲学与时代之间的关联,马克思说过一句脍炙人口的名言:"任何真正的哲学都是自己时代精神的精华。"[②] 这句话也常常被简化为"哲学是时代精神的精华"这样一个更为凝练的表达,并被广泛接受为马克思主义关于哲学与时代关联的基本观点。但熟知未必是真知,事情的真相远不如表面看起来那样简单明了,而是复杂深刻得多。限于篇幅,本文仅仅尝试依循以下问题来展开一些基本观念上的澄清工作:"任何真正的哲学都是自己时代精神的精华"这一命题提出的源初语境和基本内涵是什么?这一命题是否可以脱离其源初语境作泛化使用,从而对独立和成熟时期的马克思思想来说同样有效?至于如何从独立和成熟时期的马克思思想出发,立足于当代中国实践把握21世纪马克思主义与新时代中国特色社会主义的具体关联等问题,将另外撰文详细阐述。

一 "哲学是时代精神的精华"提出的源初语境和基本内涵

具体而言,"任何真正的哲学都是自己时代精神的精华"这句话出自

---

[*] 本文系国家社会科学基金重大项目"马克思主义与当代社会政治哲学发展趋势"(12&ZD106)和国家社会科学基金一般项目"习近平新时代中国特色社会主义思想的实践根据与理论体系研究"(18BKS081)的阶段性成果。

[②] 《马克思恩格斯全集》第1卷(中文第1版),人民出版社,1956,第121页。《马克思恩格斯全集》第1卷中文第2版(1995)把这句话改译为"任何真正的哲学都是自己时代的精神上的精华",从中文的表现力来说,明显弱于第1版,因此这里仍然采取旧版译文。除此之外,下引《马克思恩格斯全集》第1卷均采用中文第2版,即1995年版。

马克思在《莱茵报》时期写的一篇论战性文章《〈科隆日报〉第 179 号的社论》。1842 年 6 月 28 日,《科隆日报》的政治编辑海尔梅斯撰写了一篇社论攻击《莱茵报》的政治立场,要求普鲁士书报检查机关禁止青年黑格尔派在政治报刊上批判普鲁士国家和基督教。马克思在 1842 年 6 月 28 日和 7 月 3 日之间写了这篇论战性文章,重点阐述了哲学和时代的相互作用及其对于改变现存社会状况的必要性,旨在揭示哲学的本质是理论与实践的高度统一。①

马克思首先明确地指出,哲学"就其性质来说"是"禁欲主义的"或非世俗的,哲学尤其是德国哲学,"爱好宁静孤寂,追求体系的完满,喜欢冷静的自我审视",因而一开始似乎"同报纸那种反应敏捷、纵论时事、仅仅热衷于新闻报道的性质形成鲜明对照";并且"从其体系的发展来看",也不是通俗易懂的,因为哲学"在自身内部进行的隐秘活动"在普通人看来就像巫师念咒一样"超出常规"和"不切实际"。与此同时,马克思还强调说,哲学家并不像"蘑菇"从地里冒出来那样迅速和突然,相反深深扎根于自己的"时代"和"人民","人民的最美好、最珍贵、最隐蔽的精髓都汇集在哲学思想里"。也就是说,哲学按其本性"先是用头脑立于世界的",而其他许多领域在想到"究竟是'头脑'属于'世界',还是'世界'属于'头脑'"这个问题之前,"早就用双脚扎根大地,并用双手采摘世界的果实了"。但是,哲学与其他领域之间的这种差异性并不能抹杀它们之间的共属于同一个"时代"和扎根于同一"人民"的内在统一性;因为,"正是那种用工人的双手建筑铁路的精神,在哲学家的头脑中建立哲学体系"②。

马克思强调,由于"任何真正的哲学都是自己时代精神的精华",所以,"先是用头脑立于世界"的哲学总有一天必然会和必定要"用双脚立地":那时,"哲学不仅在内部通过自己的内容,而且在外部通过自己的表现,同自己时代的现实世界接触并相互作用";那时,哲学将"不再是同其他各特定体系相对的特定体系,而变成面对世界的一般哲学",变成

---

① 参见《马克思恩格斯全集》第 1 卷,人民出版社 1995 年版,第 1013 页"注 65";第 219—220 页;第 220—221 页。

② 同上。

"当代世界的哲学",变"文化的活的灵魂",并"进入沙龙、教士的书房、报纸的编辑室和朝廷的候见厅,进入同时代人的爱与憎";总而言之,此时,"哲学正在世界化,而世界正在哲学化"。马克思进而认为,这一点并不是那时的"当代"哲学所独有的特点,而是一切时代"真正的哲学"所共有的"命运",亦即"历史必然要提出的证明哲学真理性"的任务①。

现在的问题是,马克思以上关于哲学与时代关联的论述在其整个思想世界中究竟占据何种位置?我们的简略回答是,这些观点还谈不上是青年马克思独立思考的结果,而几乎完全从属于黑格尔哲学,是黑格尔相关思想的某种简化和通俗版本。

众所周知,黑格尔在《法哲学原理》"序言"中提出过一个著名的观点:哲学是"被把握在思想中的它的时代"。黑格尔的这个观点可以说是青年马克思"任何真正的哲学都是自己时代精神的精华"这一命题的直接理论来源。或许有人会说,马克思关于哲学与时代相互作用的观点比黑格尔要积极得多,因为黑格尔在《法哲学原理》"序言"中还有另一个同样著名的提法:"密纳发的猫头鹰要等到黄昏到来,才会起飞。"黑格尔的意思是,关于"教导世界应该怎样",哲学无论如何总是"来得太迟","哲学作为有关世界的思想,要直到现实结束其形成过程并完成其自身之后,才会出现"②。

但是,我们要知道,黑格尔这个表面看起来十分"消极"的提法,主要是针对康德哲学而感发的。与康德诉诸"应然"来讨论国家与法、讨论政治与历史不同,黑格尔强调哲学的任务在于"理解存在的东西",在于"在有时间性的瞬即消逝的假象中,去认识内在的实体和现在事物中的永久东西"③。另外,作为对这一观点的必要补充,黑格尔在《哲学史讲演录》的末尾向他的"学生们"发出了积极的"号召":"我希望这部哲学史对于你们意味着一个号召,号召你们去把握那自然地存在于我们之

---

① 参见《马克思恩格斯全集》第1卷,人民出版社1995年版,第1013页"注65";第219—220页;第220—221页。

② 黑格尔:《法哲学原理》,范扬、张企泰译,商务印书馆1961年版,"序言"第12—14页;"序言"第11—12页。

③ 同上。

中的时代精神,并且把时代精神从它的自然状态,亦即从它的闭塞状态和缺乏生命力中带到光天化日之下,并且每个人从自己的地位出发,把它提到意识的光天化日之下。"①

因此,在理解黑格尔关于哲学与时代的基本观念时,我们切莫拘泥于某些字面的说法而把"哲学"看作某种完全"滞后"或"消极"的东西。如果这样,很容易犯恩格斯晚年所批判过的"近视"的错误:黑格尔"凡是现实的都是合乎理性的,凡是合乎理性的都是现实的"这个命题,曾经引起"近视的政府的感激"和"同样近视的自由派的愤怒",因为似乎这个命题是"把现存的一切神圣化",是"在哲学上替专制制度、警察国家、专断司法、书报检查制度祝福"。但殊不知,在黑格尔看来,"决不是一切现存的都无条件也是现实的",现实性仅仅属于那同时也是必然的东西,亦即"现实性在其展开过程中表明为必然性",这意味着"现实性决不是某种社会状态或政治状态在一切环境和一切时代所具有的属性",意味着"在发展进程中,以前一切现实的东西都会成为不现实的,都会丧失自己的必然性、自己存在的权利、自己的合理性"。因此,一旦我们像黑格尔本人那样辩证地、历史地理解现实性和必然性,理解哲学判断与时代变迁之间的关联的话,上述看似极端保守从而引发各种"近视"理解的哲学命题就会演变成这样一个最为激进的哲学命题:"凡是现存的,都一定要灭亡。"②

笔者认为,在哲学与时代基本关联的论题上,影响我们正确看待青年马克思与黑格尔之间的一致性,从而造成黑格尔哲学偏"消极"而马克思哲学更"积极"等表象判断的深层次原因,可能主要包括这样两个方面:其一,没有从世界历史甚至人类历史宏观进程的大视野出发全面准确地理解黑格尔所表达的哲学与时代的关联。在《哲学史讲演录》"导言"中,黑格尔曾同样语重心长地说道,"世界精神在它由一个范畴进展到另一个范畴,以达到对于它自身的意识这件工作里,未免太迂缓了",常常需要"好几百年";而哲学的进展与此相反,"由于现在这些范畴都已经

---

① 黑格尔:《哲学史讲演录》第4卷,贺麟、王太庆译,商务印书馆1978年版,第379页。
② 参见《马克思恩格斯选集》第4卷,人民出版社2012年版,第221—222页;另外参见黑格尔:《法哲学原理》,"序言"第11页。

摆在我们面前，所以从一个范畴（通过缺点的指出）推进到另一个范畴，是很容易的"①。从这段话可以看出，由于世界精神或历史时代进展本身的迂缓，哲学的工作或者说在思想中把握时代的工作，反倒是迅捷和"容易"得多，而且一旦时代精神在哲学中达到了"自我意识"，相比于历史时代的进步和转换而言，哲学无疑会具有明显的"超前"性质。这正如西方现代性的基本原则在黑格尔哲学中已经实现意识上的"自觉"，而它在世界历史中的实际进程恰恰像哈贝马斯所提示的那样，还是一个"未完成的规划"。

其二，没有是其所是或恰如其分地理解青年马克思与黑格尔各自历史处境的转换和思想任务的差异。青年马克思当时正处于德国古典哲学经过黑格尔集大成的发展而完成或终结之后，面对哲学思想领域的巨变，他自觉响应黑格尔在《哲学史讲演录》最后发出的把时代精神带到"光天化日之下"的号召，自觉适应哲学从理论形态向实践形态的历史性转换。在卡尔·洛维特看来，"马克思在所有黑格尔左派中间不仅是最极端的，而且也完全是在概念的清晰以及博学方面能够与黑格尔匹敌的人物"，并且，"在马克思的博士论文中推动着他的问题，就是在那个终点之后（黑格尔把自己的哲学视为所谓的终点和完成——引者注）一个新开端的可能性问题"②。而在笔者看来，青年马克思不仅是黑格尔左派而且是整个黑格尔主义最正宗的传人，洛维特所谓"新开端的可能性问题"，就是本文一开始提到的，马克思清醒地意识到的"禁欲主义"性质的哲学在完成对时代的思想把握之后，如何重新"用双脚立地"的问题。

实际上，马克思在他的"博士论文"中已经充分表达了一个正宗的黑格尔主义者对"后黑格尔时代"哲学使命的领会：对于许多人对黑格尔体系的"道德"批评，马克思认为其中包含着许多无知和健忘，因为一方面他们不久前"还热情地赞同黑格尔的一切片面的说法"，另一方面他们忘记了"黑格尔对他的体系处于直接的、实体性的关系中，而他们对黑格尔的体系却处于经过反映的关系中"；就像黑格尔本人在《精神现

---

① 黑格尔：《哲学史讲演录》第1卷，贺麟、王太庆译，商务印书馆1959年版，第101页及注释二。

② 卡尔·洛维特：《从黑格尔到尼采》，李秋零译，生活·读书·新知三联书店2006年版，第120—121页。

象学》"序言"中所强调的那样，真正的哲学进步意味着对前人思想内在矛盾或缺陷的克服，对于一个哲学家由于各种"适应"而可能犯的"这样或那样的表面上首尾不一贯的毛病"，马克思要求黑格尔的学生们能"根据他的内在的本质的意识来说明那个对他本人具有一种外在意识形式的东西"，从而使得"凡是表现为良心进步的东西，同时也是一种知识的进步"[①]。

在马克思看来，黑格尔学派解体或实现过程中许多人所呈现的某种"非哲学的转变"，既是一种可以从心理学上得到说明的"总是伴随着从纪律过渡到自由"的惯常现象，更是哲学从"理论精神"转变为"实践力量"时的矛盾表现：由于"哲学的实践本身是理论的"，当哲学"作为意志面向现象世界"时，"体系"就被迫降低为"一个抽象的总体"，成为世界的"一个方面"，体系内在的"自我满足和完整性"被打破，本来是"内在之光"的东西，变成"转向外部的吞噬一切的火焰"，于是"结论"只能是"世界的哲学化同时也就是哲学的世界化，哲学的实现同时也就是它的丧失"[②]。

我们认为，青年马克思在提出"任何真正的哲学都是自己时代精神的精华"这一表达时的思想语境和基本内涵都是黑格尔主义的，这一点不仅表现在《莱茵报》时期马克思对哲学与时代关联的一般论述中，同样还可以从他对国家和法的基本认识中得到印证。因为，在马克思写作《〈科隆日报〉第179号的社论》这篇论战性文章的时候，他所意指的"哲学的世界化"和"世界的哲学化"，或者说历史地"证明"哲学的真理性，其直接的表现形式就是在报刊上从哲学的观点来讨论宗教和国家，讨论政治问题。马克思形象地称之为："哲学思想冲破了令人费解的、正规的体系外壳，以世界公民的姿态出现在世界上。"在马克思看来，"哲学在政治方面并没有做物理学、数学、医学和任何其他科学在自己领域内所没有做的事情"，也就是说，"用人的眼光来观察国家"，"从理性和经验出发，而不是从神学出发来阐明国家的自然规律"，乃是"现代哲学"的分内之事。而与从前的哲学家或者根据"本能"或者根据"个人的理

[①] 参见《马克思恩格斯全集》第1卷，第74—75页；第75—76页。

[②] 同上。

性"来研究"国家法"不同,"现代哲学"对"国家"抱有"更加理想和更加深刻的观点":它是根据"自由理性"的整体观念或概念来构想国家的,把国家视为"理性自由的实现";它认为"国家是一个庞大的机构,在这里,必须实现法律的、伦理的、政治的自由,同时,个别公民服从国家的法律也就是服从他自己的理性即人类理性的自然规律"①。

甚至在半年之后亦即 1842 年 12 月写就的《评奥格斯堡〈总汇报〉第 335 号和第 336 号论普鲁士等级委员会的文章》中,马克思还完全站在黑格尔国家哲学的立场上,批评那种为"等级委员会"或"特殊的等级利益"辩护的观点"根本不知道国家生活的有机体本身",认为在"真正的国家"中,"占主导地位的不是物质,而是形式,不是没有国家的自然,而是国家的自然",应当立足于"国家的必然性"或"国家的有机理性"来理解"国家精神的自由创造",理解"由国家内部结构所造成和决定的那些现实差别",而不是"离开现实的、有机的国家生活,而重新陷入不现实的、机械的、从属的、非国家的生活领域"②。

二 哲学革命:"废黜哲学"还是揭示哲学与时代更深刻的关联

上文我们花了较大篇幅来声张这样一个论断:提出"任何真正的哲学都是自己时代精神的精华"的青年马克思,无论是在对哲学与时代的一般关联的理解上,还是对现代国家和现代政治生活本质的把握上,其源初语境和基本内涵都是从属于黑格尔的。接下来的问题是,"哲学是时代精神的精华"这一命题是否可以脱离其源初语境作泛化使用,从而对独立和成熟时期的马克思思想来说同样有效?或者说,思想独立和成熟时期的马克思在何种意义上坚持认为"哲学是时代精神的精华"?更进一步说,用"时代精神"概念来讨论马克思哲学与人类社会历史尤其是当代中国社会现实之间的关系是否合适?

众所周知,马克思在退出《莱茵报》之后,所从事的第一件理论工

---

① 参见《马克思恩格斯全集》第 1 卷,第 220、226—228 页。
② 参见《马克思恩格斯全集》第 1 卷,第 333—334、342—345 页。应该说,马克思关于"理性国家"的这些基本观点包括其表达方式都是黑格尔式的。可参见黑格尔《法哲学原理》"国家篇"第 257—270 节关于现代国家理念及其必然展开方式的论述。

作就是批判性地反思黑格尔的法哲学,并且得到了这样的研究结果:"法的关系正像国家的形式一样,既不能从它们本身来理解,也不能从所谓人类精神的一般发展来理解,相反,它们根源于物质的生活关系,这种物质的生活关系的总和,黑格尔按照18世纪的英国人和法国人的先例,概括为'市民社会',而对市民社会的解剖应该到政治经济学中去寻求。"[1]

不过,从《德法年鉴》上公开发表的文献来看,就在马克思完成上述心路历程转换的同时,仍然赋予了"哲学"以极端的重要性:(1)《〈黑格尔法哲学批判〉导言》不仅认为"德国的法哲学和国家哲学是唯一与正式的当代现实保持在同等水平[alpari]的德国历史",而且认为"德国唯一实际可能的解放是以宣布人是人的最高本质这个理论为立足点的解放",亦即"人的解放",而"这个解放的头脑是哲学,它的心脏是无产阶级"[2];(2)1843年9月致卢格的信,作为马克思主编《德法年鉴》基本思路的集中体现,特别强调了由于哲学的世俗化,"哲学意识本身,不但从外部,而且从内部来说都卷入了斗争的漩涡","哲学批判"和"意识变革"的首要任务就在于,"要对现存的一切进行无情的批判",要"从世界的原理中为世界阐发新原理",要"对当代的斗争和愿望作出当代的自我阐明"[3]。

但在不久之后的三篇重要文献亦即《1844年经济学哲学手稿》《关于费尔巴哈的提纲》和《德意志意识形态》中,马克思通过对黑格尔辩证法和一般哲学的批判,以及对费尔巴哈和青年黑格尔派思想信仰的清算,实现了对"哲学"的彻底"废黜",哲学和哲学家都成了贬义词。在一段相当长的时间内,对"哲学"的这一"废黜",对于马克思主义的发展和传播来说,其影响是十分巨大的,以至于19世纪末和20世纪初期,围绕"马克思主义和哲学"的关系问题,出现了极为尴尬的局面:无论是"资产阶级的哲学教授",还是"正统的马克思主义者",还是各种"反马克思主义或非马克思主义的哲学化的社会主义者",都众口一词地确认"马克思主义本身是缺乏哲学内容的";所不同的只是,资产阶级的哲学教授

---

[1] 《马克思恩格斯选集》第2卷,人民出版社2012年版,第2页。
[2] 参见《马克思恩格斯全集》第3卷,人民出版社2002年版,第205、214页。
[3] 参见《马克思恩格斯全集》第47卷,人民出版社2004年版,第64、66—67页。

认为这一点是"很重要的不利于马克思主义的东西",正统的马克思主义者认为这一点是"很重要的有利于马克思主义的东西",而各种反马克思主义或非马克思主义的哲学化的社会主义者,则试图"用来自文化哲学(Kulturphilosophie)的观念或者用康德、狄慈根、马赫的哲学概念或别的哲学来'补充'马克思主义"①。

诚然,在马克思主义以及马克思主义哲学学科化建设进行得如火如荼的今天,或许很多人已经不再纠结于以下问题:对于马克思主义或者对于完成了"哲学革命"的马克思来说,究竟能否合理或合法使用"哲学"和"时代精神"等这些似乎是"纯粹术语学"(柯尔施语)的表达。但在笔者看来,无论是对马克思主义"哲学内容"的先验蔑视还是先验肯定,都可能错失对其真实内涵的真正把握。因此,我们的确不能仅仅拘泥于马克思恩格斯等经典作家的字面表述而断定马克思主义"非哲学",或者用含糊其辞的"哲学革命"来完成对马克思主义"哲学内容"的随意填充。对于本文的论题来说,要害在于,马克思的"废黜哲学"或"哲学革命"究竟在何种意义上构成对其青年时期所特别依傍的黑格尔哲学的"扬弃"?是仅仅否定了"哲学"和"时代精神"的黑格尔哲学内容,还是从根本上放弃了"哲学"和"时代精神"的用法本身?简而言之,马克思主义是否是黑格尔观念论的简单颠倒?

卡尔·洛维特曾经正确地指出,马克思和黑格尔一样坚持"理性与现实统一"以及"现实"之为"本质与实存的统一"的原则,而马克思"之所以被迫双刃地对待现实世界和现存的哲学,恰恰是因为他想把两者统一在理论与实践的一个广泛的整体性之中";由于马克思的"理论"是"对现存事物的批判",是"对现实与观念、本质与实存的批判性区分",因而能够成为"实践的",而作为这样的一种"批判","理论为实践中的改变铺平了道路"②。

此外,洛维特还敏锐地指出,"在黑格尔那里,现实世界的老化是与哲学的最后一次年轻化同步的,而在预言未来的马克思那里,已被终结的

---

① 参见卡尔·柯尔施:《马克思主义和哲学》,王南湜、荣新海译,重庆出版社1989年版,第4页。

② 参见卡尔·洛维特:《从黑格尔到尼采》,第125页;第124—125页。

哲学是与现实世界同旧哲学相悖的年轻化同步的"。但是,洛维特的观点还表现出某种局限性,他仅仅着眼于"马克思如此极端地理解新的处境"亦即"后黑格尔时代"哲学在世界、现实或时代中实现自己的历史必然性,在"作为哲学的哲学"扬弃了自己,成了"现存的非哲学的实践"的意义上,断言"哲学成了马克思主义,成了一种直接实践的理论",马克思也"从一个黑格尔法哲学的批判者变成为《资本论》的作者"[①]。

问题在于,如果马克思对黑格尔哲学的变革在其最终或最高的意义上来说,不过是哲学从理论形态向实践形态的简单转换的话,洛维特就可能完全错失了他自己所揭示的"现实世界同旧哲学相悖的年轻化"所包含的真实内容,就根本不可能真正理解"哲学"在何种意义上变成了作为"一种直接实践的理论"的马克思主义,也不可能真正理解马克思从"黑格尔法哲学的批判者"向"《资本论》作者"的转变。正是基于几乎同样的误解,海德格尔声称,马克思《关于费尔巴哈的提纲》"第十一条"关于"解释世界"与"改变世界"的对立表达,不过是对黑格尔观念论的简单颠倒,而在马克思所谓"改变世界"的历史实践中具有一个相当确切的"关于人的理论想法",而"这个想法作为基础包含在黑格尔哲学之中",亦即"人是人的最高本质"[②]。更有甚者,科耶夫则公开宣称,马克思主义不过是实现黑格尔哲学的"一个斗争和工作的规划"[③]。

与洛维特、海德格尔和科耶夫等人从各自立场出发强调马克思在基本思想情境上始终从属于黑格尔哲学体系不同,卡尔·柯尔施和马尔库塞等人则力图在辩证法这个核心论题上指证两者之间的本质差别。

柯尔施认为,马克思主义的唯物辩证法与黑格尔的唯心辩证法有两个重要区别:其一,对于马克思主义来说,无论是"前科学的""超科学的"意识,还是"科学的"意识,都不再超越和对立于自然的和社会历

---

① 参见卡尔·洛维特:《从黑格尔到尼采》,第125页;第124—125页。

② 参见F.费迪耶等辑录、丁耘摘译:《晚期海德格尔的三天讨论班纪要》,《哲学译丛》2001年第3期,第53页。有意思的是,与阿尔都塞等人将马克思在《〈黑格尔法哲学批判〉导言》中的相关表述判定为费尔巴哈式的人本主义不同,海德格尔认为马克思的这些想法根本上是从属于黑格尔的,可以说是更为深刻的一种见解。

③ 参见科耶夫:《黑格尔、马克思和基督教》,载《驯服欲望:施特劳斯笔下的色诺芬撰述》,贺志刚译,华夏出版社2002年版,第25页。

史的世界,而是作为世界的一个"观念的"但同时是"真实的和客观的"组成部分。黑格尔虽然也认为个人的意识不能跳出他自己的时代和世界,但他"不是把哲学嵌入世界之中,更多地是把世界嵌入哲学之中"。其二,马克思主义坚信,在"整个资产阶级社会"中,"全部真实的现象"之间有着不可分割的联系,因此它的宗教、哲学和政治等诸种社会意识形式决不能"仅仅通过思想而被消灭",反过来也不能认为"实践上的批判完全可以取代理论上的批判"。如果对于黑格尔来说,本质上更重要的是"概念"在它的"思维活动"(亦即哲学)中的"实践"(理解存在的东西中的理性);而对于马克思来说,本质上更重要的是兼顾"人类实践和对这个实践的理解",通过"理论上的批判和实践上的推翻"来"具体地和现实地改变资产阶级社会的具体和现实世界"①。

与柯尔施着重强调"辩证法"由黑格尔的"神秘形式"向马克思的"合理形式"转变的基调相似,马尔库塞认为,马克思和黑格尔同样主张"真理仅仅存在于否定的整体中",但在"马克思理论所产生的整体"和"黑格尔哲学的整体"的差异中,包含着"黑格尔与马克思的辩证法之间的决定性的差别"。对于黑格尔而言,"整体就是理性整体,一个封闭的观念体系,最终与历史的理性体系相一致",黑格尔哲学所谓的"辩证过程",实际上是"一个普遍的观念过程",在此过程中,"历史被存在的形而上学过程所限定"。但马克思的辩证法所涉及的"整体"乃是"阶级社会的整体","形成其辩证的矛盾"和"限定其内容"的"否定性"是"阶级关系的否定";马克思辩证法的"整体"也包括自然,但仅涉及"进入社会再生产的历史过程的自然和成为社会再生产的历史过程的条件的自然"②。此外,马尔库塞认为,在马克思对黑格尔辩证法的批判中所形成的人类"成熟历史"和"实际历史"的区分,意味着"辩证法的界限":"人类成熟的历史,马克思称为人的史前史,它是阶级社会的历史。当阶级历史被废除时,人类的实际历史将开始。黑格尔的辩证法为史前史的发展规定了一个抽象的逻辑形式,马克思的辩证法则赋予它以真实的具

---

① 参见卡尔·柯尔施:《马克思主义和哲学》,第50—53页。
② 马尔库塞:《理性与革命——黑格尔和社会理论的兴起》,程志民等译,重庆出版社1993年版,第284页。

体运动。马克思的辩证法因此仍是与史前史阶段相联系的。"①

三 在马克思整体思想视域中理解"哲学是时代精神的精华"

现在,让我们就"哲学与时代"这个论题,对围绕马克思与黑格尔哲学关系的上述讨论作一番简要的引申和总结。首先,我们可以确认的是,马克思在走上自己独立的思想道路的时候,不仅明确拒绝像黑格尔那样从"人类精神的一般发展"来理解"法的关系"和"国家的形式",而且批评费尔巴哈仅仅"把宗教世界归结于它的世俗基础"是远远不够的。因为无论是"在云霄中固定为一个独立王国"的宗教还是哲学,其"异化"的"事实"本身"只能用这个世俗基础的自我分裂和自我矛盾来说明";更进一步,"对于这个世俗基础本身应当在自身中、从它的矛盾中去理解,并且在实践中使之发生革命"。因此,马克思表达了对"只是用不同方式解释世界"的哲学家们的强烈不满,倡导以"描述人们实践活动和实际发展过程的真正的实证科学"取代哲学的"思辨"②。

其次,我们同样可以确认的是,在洛维特、海德格尔、科耶夫、柯尔施和马尔库塞等当代重要思想家对马克思哲学的阐释过程中,都相当一致地强调了马克思对黑格尔哲学直接的继承性,即便是像柯尔施和马尔库塞那样试图指出两者之间的本质区别。但其中不乏值得进一步深入辨析的可疑之处,或者说最为核心的一点是,如果说哲学与时代(世界)、理性与现实、理论与实践等的内在统一是黑格尔和马克思所共同坚持的思想原则,进而黑格尔哲学的理论内容也并非思想家的主观臆造,而恰恰是西方社会历史经验的事实与理论总结的话;那么马克思换一种思路研究——不是从理论或一般精神的发展出发,而是从实践或物质生活关系的历史演进出发,对同一对象亦即西方社会历史经验所作的理论解剖,是否真的仅仅是某种致思道路的差别,而不是本质内容的差别?亦即是否真的仅仅是以所谓"合理形态"的辩证法取代"神秘形式"的辩证法而同样从属于人

---

① 马尔库塞:《理性与革命——黑格尔和社会理论的兴起》,第 284 页。在《马克思恩格斯全集》中,马尔库塞这里所谓的"成熟的历史"被译为"形成的历史","实际历史"被译为"现实历史"。可参见《马克思恩格斯全集》第 3 卷,第 316 页。

② 参见《马克思恩格斯选集》第 1 卷,人民出版社 2012 年版,第 134、136、153 页。

类社会的"史前史"时期,从而最终无法逃脱仅仅是黑格尔观念论的简单颠倒?

再次,在马克思本人毕生从事的最重要的理论工作,亦即政治经济学批判或者说对资本主义时代生存方式和物质生活关系总和的批判性分析过程中,我们可以明确看到,马克思由哲学"思辨"向"真正的实证科学"的折返,这种反其道而行之的"哲学革命"与被革命对象之间在理论内容上的确存在高度一致之处。因为假如我们撇开"生产力"或"感性存在"的维度不论,仅仅着眼于"生产关系"或"经济形式"的方面来看,政治经济学批判所解剖的恰恰就是黑格尔用思辨哲学的语言所把握过的西方社会历史经验中的实体性内容,亦即西方经济社会形态的历史演进(用黑格尔的话来说,是"自由"理念的历史演进)。从这个意义上讲,马克思和黑格尔的哲学,恰恰构成有益的相互补充和相互启发。同时,与早年对哲学的"废黜"相反,马克思在《资本论》的写作过程中,郑重其事地表达了对黑格尔思辨方法的重新尊重,并且在1858年《〈政治经济学批判〉导言》关于经济社会形式的"先验结构"和"普照之光"等提法中,我们可以看到这种思辨方法的纯熟运用。

最后,我们要明确澄清的一点是,构成马克思与黑格尔哲学之间决定性差别的,决不是两者从不同的角度(比如马克思从实践的和世界的角度,黑格尔从思辨的和哲学的角度,等等)对同样的社会历史经验及其实体性内容的通达,而是在马克思的哲学革命中蕴含着一种比黑格尔哲学更为深远的思想洞见,亦即对构成马克思与黑格尔哲学共同内容的西方经济社会形态及其"时代精神"演进之真正基础的感性生活领域的发现。尽管在马克思所说的人类社会"史前史"时期或者说真正的人类社会建立之前的整个"异化"时代,首先映入我们眼帘的总是黑格尔已经以思辨的和概念的方式把握过的、而马克思用政治经济学批判的方式重新加以主题化的物质生活关系中的"经济形式"的方面,而一旦我们遗忘了马克思借以能够指证各种经济社会形态的根本缺陷及其历史演进的实践根据,将马克思主义理解为世俗化的或经济学版本的黑格尔哲学就是再自然不过的事情。但实际上,黑格尔哲学所揭示的历史进展的"理性根据"或"逻辑范畴",其实不过是马克思意义上的经济社会形态或生产关系的概念表达,而根本未触及使这些"关系"得以成立并历史性演进的感性基础,未触及构成马克思哲学革命之真正基础、同时也是人类社会存在最深刻基础的"感性活动"领域,亦即马克思在《1844年经济学哲学手稿》中通过"作为完成了的自然主义=人道主义"和"作为完成了的人道主义=自然主义"的"共产主义"所表达出来的人与自然之间的源初关联。就此而言,洛维特所谓的马克思把握到了"现实世界同旧哲学相悖的年轻化",或者马尔库塞所谓的人类社会"成熟历史"(即史前史)和"实际历史"(即未来社会)的区分意味着马克思与黑格尔辩证法的共同"界限",显而易见都还停留在海德格尔所批判的"其上只有人的平面上"——在此平面上,由于"作为存在的存在对于人不(nihil)再存在",因而是"虚无主义的极致"[1]。

总之,如果从马克思整体性的思想视域出发,关于马克思青年时期提出的"哲学是时代精神的精华"的命题,我们不能简单地说对或错。因为一方面,不仅由于这个表达本身在提出之时完全从属于黑格尔哲学的基本思想语境,而且就成熟时期亦即就"政治经济学批判"时期马克思思想的重要内容而言,仍然与黑格尔哲学有极大的重叠之处;而另一方面,我们又不能因此将马克思完全导回到黑格尔,毋宁说,在揭示马克思思想超出黑格尔哲学边界的地方,在揭示马克思所说的人类社会"史前史"时期一贯的感性活动基础和"未来社会"前景的地方,曾经高度评价最终仍然深度误解马克思的海德格尔,是一个更为合适的对话者。或者说,以黑格尔和海德格尔为参照系,深入理解马克思关于哲学与时代的基本思想,是我们在当代语境中重新解读与发展马克思主义,并对我们自身的历史处境和时代精神进行深入研究的必要准备。

(作者单位:上海社会科学院中国马克思主义研究所)

---

[1] 参见 F. 费迪耶等辑录、丁耘摘译:《晚期海德格尔的三天讨论班纪要》,第59页;以及海德格尔:《关于人道主义的书信》,载《路标》,孙周兴译,商务印书馆2000年版,第393页。

重新理解马克思视域中的"时代精神"

孙 亮

在马克思看来，等级权力在被法国大革命抛入历史之后，"资本"随之作为推动社会发展的"主体"备受推崇。但他进一步认为，"资本"与"等级"一样，同样落后于"时代"进步的要求。为此，马克思始终致力于对"使人们从资本主导的世界中'撤离'出来"进行艰苦的论证，其目标就是让人们能够重新进入一个"新的时代"。就此而言，依据马克思的整个文本书写来看，他对德国古典哲学、各种"真正的社会主义"以及"古典政治经济学"等此类话语体系的批判，正是认为这些话语实际上成为"时代幽灵（Zeitgespenst）"，始终困扰着人的存在，成为人之存在的观念统治方式和"支配性结构"。而"时代精神（Zeitgeist）"的出场，在马克思那里并非是以直接宣告的方式给出。毋宁说，当"时代幽灵"在对异质化的现实世界进行"同一性"宰制的时候，马克思则致力于对"'同一性'的幽灵形态冒充为时代精神"、对"立足特殊社会形态产生的特殊性去置换一般社会形态的普遍性"进行分析和批判。此种"冒充"与"置换"在当今亦正成为日常生活的意识形态，恰如齐泽克所说，各种作为意识形态的"时代幽灵"正好支撑我们的幻象结构，"它是'幻觉'，用来结构我们有效、真实的社会关系，并因此遮掩不堪忍受的、实在界的、不可能的内核"[①]。——当然，这一内核在当代激进左翼思想家那里被称为"永恒的对抗"。那么，马克思何以将欧洲启蒙运动建立起来的"时代精神"斥责为"时代幽灵"？又是怎样与作为"支配性结构"

---

① 齐泽克：《意识形态的崇高客体》，季广茂译，中央编译出版社2017年版，第50页。

的"时代幽灵"区分开来,进而确立人类追求幸福的基本方向?马克思为人们正确地理解"时代精神"作过怎样的论述?回答这些问题,对于我们理解马克思哲学和当代现实生活具有重大理论意义。

一 欧洲启蒙运动与时代精神的逆反

如何理解欧洲启蒙运动,是马克思重新思考时代精神的"现实境遇"。在西方思想史上,对于"何为启蒙","没有别的思想运动和历史时期能引发如此多的分歧",从而成为一种"令人愤怒恼火的争论主题"①。也就是说,德、法、英等国在对社会论题的思考方式上存在着显著差别,更勿论启蒙运动并不是一场连贯的运动;即使生活在18世纪欧洲启蒙运动时期的一些哲学家,也并不认为"启蒙"本身完成并迎合了当时的"时代精神"。康德曾对自身所处的时代有过这样的描述:这是"真正的批判时代,一切都要接受批判,通常,宗教通过其神圣性,而立法通过其权威,想要免于批判,但是这样一来,它们就激起了对自身的怀疑,并且不能要求别人不加伪饰的敬重"②。康德所引领的德国启蒙精神影响了青年马克思,他在"博士论文"中就充分吸纳了康德所谓"启蒙意味着自我意识觉醒"的观念。马克思认为,普罗米修斯的格言"我痛恨所有的神"就是"哲学自己的自白,是哲学自己的格言,表示它反对不承认人的自我意识是最高神性的一切天上的和地上的神"③。马克思在强调自我意识觉醒的基础上,进一步要求破除以洛克、霍布斯为代表的英国启蒙运动的财产权为核心的自然权利学说。由之,"排斥人自身的定在"被马克思看作自我意识最初的表达形式:"要使作为人的人成为他自己的唯一现实的客体,他就必须在他自身中打破他的相对的定在。"④ 但是,持守自我意识的马克思很快发生了思想转变。之所以如此,笔者同意阿多诺给出的评价:随着知识力量

---

① 安东尼·帕戈登:《启蒙运动为什么依然重要》,王丽慧等译,上海交通大学出版社2017年版,第7页。
② 康德:《纯粹理性批判》,邓晓芒译,人民出版社2004年版,第3页。
③ 《马克思恩格斯全集》第1卷,人民出版社1995年版,第12页;第37页。
④ 同上。

的显现,"人们从自然中想学到的就是如何利用自然,以便全面地统治自然和他者","启蒙根本就不顾及自身,它抹除了其自我意识的一切痕迹"①。为此,马克思在随后的思想进展中,认为启蒙已经不能展示"时代精神",反而成为"时代精神"出场的障碍。

首先,"自我意识"最初意图克服宗教,却在演化过程中变成了宗教。在《德意志意识形态》中,我们能够看到马克思对最初具有启蒙价值的"现代德国哲学的批判",认为他们的误区在于将自我意识的作用不断放大,并将其置于不恰当的地位。确实,当时的青年黑格尔派深受法国资产阶级民主理念的影响,希望以宗教批判的方式推动对普鲁士封建君主专制的革新。为此,施特劳斯、鲍威尔、费尔巴哈等人瞄准宗教批判,并强调宗教不过是人的自我意识异化的产物,因而,消除宗教自然就是消除自我意识的异化。至此,德国启蒙运动所推崇的自我意识发生了某种逆转,即:当自我意识成为现实世界创造原则的时候,消除社会现实本身的矛盾被转换为对自我意识的改造。对此,马克思嘲讽道,"有一个好汉忽然想到,人们之所以溺死,是因为他们被重力思想迷住了。如果他们从头脑中抛掉这个观念,比方说,宣称它是迷信观念,是宗教观念,他们就会避免任何溺死的危险";这个"好汉"就是德国的哲学家们,在他们看来,"观念、想法、概念迄今一直支配和决定着现实的人,现实世界是观念世界的产物"②。马克思借由这种澄清,最终把作为观念的、宗教的人,还原为"现实的个人",即"以一定的方式进行生产活动的一定的个人"③;进而将对"时代精神"的思考,从"自我意识建构"的路径转向了"立足现实个人"的路径,宣告"只有在现实的世界中并使用现实的手段才能实现真正的解放"④。

其次,启蒙计划中曾借助"自然权利"学说论证生命权、自由权、财产权,但这只不过是资本主义社会法权的"反推"。启蒙运动思想家们极力推崇自然权利,特别是以财产权为自由奠定基础。但马克思认为,这

---

① 霍克海默、阿多诺:《启蒙辩证法》,渠敬东等译,上海世纪出版集团2006年版,第2页。

② 《马克思恩格斯文集》第1卷,人民出版社2009年版,第510、第523—524、527页。

③ 同上。

④ 同上。

种自然权利并非是人的真实存在状况,而是人在市民社会生活中的一种特定表现,即表现为"自然人";相应地,所谓人权也表现为"自然权利"。对此,马克思的解释是,"因为有自我意识的活动集中于政治行为,利己的人是已经解体的社会的消极的、现成的结果"。也就是说,在政治解放中,它依然将市民社会中利己的人的原则作为"自然的对象",作为一种"直接确定性的对象","也就是把需要、劳动、私人利益和私人权利等领域看作自己持续存在的基础,看作无须进一步论证的前提,从而看作自己的自然基础"[①]。显然,"自然权利"学说是"祛除历史性的",它将人在市民社会中遭遇到的存在前提当作"固定的自然形式",因而,政治解放被启蒙思想家当成人类最后的解放形式。但是,这一解放只是将资产阶级自身从封建统治下解放出来,并使资产阶级特权得以实现;那些被资本所统治的劳动者,却依然在沉重的经济强制中苦苦地挣扎和生存。当私有财产发展并呈现为现代形式时,现代(指资产阶级社会)的劳动者就处于这种生产关系的结构之中,资本成为统治人的主要根源,也成为世界历史展开的根本动力。正是基于这一现实条件,资本主义私有财产权被描绘成为"自然权利",这恰好是资本主义根据自身现有的社会现实所作的一种意识形态推演,它遮蔽了财产权的历史性根源。

最后,启蒙计划中推行的"商品交换社会"的经济发展规律,或者说"资本逻辑",同样不能成为人类社会发展的"时代精神"的体现,反而给人类造成诸多困境。一方面,资本的竞争会造成人类不必要的灾难。资本主义的经济运行规律整体来讲,就是追求资本的增值所带来的利润,当然,这并非完全是资本家的贪婪所致,而是由于资本主义相互竞争的内在动力所决定的。另一方面,资本所主导的经济运行规则,违背了启蒙所倡导的自由、平等原则。交换领域一度仿佛真是"天赋人权的真正伊甸园。那里占统治地位的只是自由、平等、所有权和边沁"。之所以如此,是因为"商品例如劳动力的买者和卖者,只取决于自己的自由意志","他们彼此只是作为商品占有者发生关系,用等价物交换等价物",其中"每一个人都只支配自己的东西",一切以财产所有权为前提。但是,一旦离开这种交换领域,那种看似平等的结构便被打破:"作为资本家,昂

[①] 《马克思恩格斯文集》第1卷,第45—46页。

首前行；劳动力占有者作为他的工人，尾随于后。一个笑容满面，雄心勃勃；一个战战兢兢，畏缩不前，像在市场上出卖了自己的皮一样，只有一个前途——让人家来鞣。"① "资本"曾作为推翻封建制度的武器，将"封建的所有制关系"中"束缚生产的桎梏"逐一打破；然而，资本在将生产力解放出来的同时，又进一步束缚了生产力的发展，从而导致种种资本主义社会无法克服的问题。尤其在价值观念上，资本主义将人的尊严重置于物质之上，人与人之间的关系被物与物的关系所替代，似乎人与人"除了赤裸裸的利害关系，除了冷酷无情的'现金交易'，就再也没有任何别的联系了"②。显而易见，资本主导的启蒙道路远离了"时代精神"，但它也为人类通过克服资本逻辑，引领人类走进新的时代奠定了物质基础。

二 否定的辩证法与时代精神的重新规划

马克思自觉地与欧洲启蒙运动的"时代精神"划清了界限，也就与启蒙运动内在的"支配性结构"（即自我意识、自然权利，以及资本主义经济运行所倡导的自发规律即资本逻辑）区分开来，从而判定这些不过是"时代的幽灵"。之所以说自我意识、自然权利以及资本逻辑是欧洲启蒙运动搭建起的"支配性结构"，在于人们试图依赖这些结构自身的阐释框架来裁定丰富的社会现象，将社会发展完全纳入由"支配性结构"所描述的资本主义社会结构之中。这种启蒙观念在黑格尔那里的体现最为明显。之所以判定"启蒙"充当了虚假的"时代精神"，原因就在于它因循了黑格尔式的辩证思维原则。具体体现为：第一，在黑格尔那里，思维与存在的结构是一致的，历史的发展可以化约为自我意识的进步；社会现实的发展运动无非是自我意识的综合，是自我意识深化和运动的结果。"黑格尔内容哲学的基础和结果是主体的第一性，或用他的《逻辑学》导论中的一句著名的话说，是'同一性和非同一性之间的同一性'。他认为确

---

① 《马克思恩格斯文集》第5卷，人民出版社2009年版，第204—205页。
② 《马克思恩格斯文集》第2卷，人民出版社2009年版，第34页。

定的个别是可被精神来规定的,因为他的内在的规定性不过是精神。"①第二,黑格尔的辩证法蕴含着对"非概念性、个别性和特殊性"的排斥,从而以"惰性的实存"为由,将这些当作无意义的东西打发掉。但是,相对于"支配性结构"而言,正是其无法支配的部分才成为"时代精神"生发的空间。因为从"支配性结构"出发来寻求"时代精神",结果便是对"时代精神"的否定。所以,应该到"支配性结构"这座否定"时代精神"的"围城"之外、也就是肯定性的场域中才能寻找到真正的"时代精神"。第三,黑格尔辩证法还存在着将历史终结的和谐论强加于历史本身的困境。"黑格尔赋予精神以引导物质展开其潜能达到完美和谐的力量",从而"历史到此也就终结了"②。显然,黑格尔的辩证法成为外在社会发展的"紧身衣",它将外在世界中无法克服的对抗和矛盾,统统在其辩证法合题中找到了"对立面和解"的综合之路。这无疑是不可能实现的。

因此,需要与欧洲启蒙运动的启蒙观念保持一定的距离,也就是要在上述意义上与黑格尔辩证法保持一定的距离,并对其展开批判。马克思在后来的政治经济学研究中,一直基于"'实在世界的矛盾'不同于'逻辑上的矛盾'"这一观念,并将其作为批判黑格尔辩证法的内在逻辑诉求。由之,那种认为现实世界可以完全融入思维世界,完全可以被思维世界所认识和驾驭,从而在理智上可以提供一个关于未来的规定性框架的认识方式,不过是一个幻象而已。从历史上看,推动欧洲启蒙运动的哲学观,正是以思维与存在同一性为原则的黑格尔辩证法;就此而言,启蒙运动所宣称的"时代精神",便成为与实在世界相对立,并宰制、封闭实在世界的观念与法则,它实际上只不过是实在世界的抽象化。正如我们所看到的,启蒙所宣称的"时代精神"最终成为了资产阶级各种诉求的"代言",其核心就是"资本的精神";启蒙的结果成就了一个悖论,即通过启蒙所塑造的"时代精神"成为一种幻象,进而堕落为"时代的幽灵"。

马克思正是通过对此类"时代精神"的历史性回溯,反思并批判了

---

① 阿多尔诺:《否定的辩证法》,张峰译,重庆人民出版社1993年版,第6页。"阿多尔诺"也译为"阿多诺"。
② 罗伯特·阿尔布瑞顿:《政治经济学中的辩证法与解构》,李彬彬译,北京师范大学出版社2018年版,第73页。

启蒙运动所搭建起的"支配性结构"。显然,对黑格尔"同一性"辩证法秉持批判态度的马克思,并不认同人们可以通过特定的经验对象来指认和限定"时代精神"。毋宁说,"时代精神"并不局限于对现存的特定对象的指涉,它更多指向普遍性本身;一旦用特定的经验对象来替代普遍性,在逻辑上就与资本主义拜物教所尊奉的"特殊替代普遍"并无二致。这一启蒙观念上的认知误区,不能在"时代精神"的认知路径中继续重演。诚如马克思在描绘19世纪社会革命时所说的:"不能从过去,而只能从未来汲取自己的诗情。它在破除一切对过去的事物的迷信以前,是不能开始实现自身的任务的。"[①]

那么,如何确立一种方法论,以更好地切近"时代精神"?我们看到,黑格尔式的辩证方法已然不能奏效;马克思对其进行了革命性变革,确立了辩证法的唯物主义基础,使之能够更好地解释和改造现实世界。"这种辩证法是不能再与黑格尔和好的,它的运动不是倾向于每一客体和其概念之间的差异中的同一性,而是怀疑一切同一性;它的逻辑是一种瓦解的逻辑:瓦解认识主体首先直接面对的概念的、准备好的和对象化的形式。"[②] 阿多诺的这一判断某种意义上可以说明马克思辩证法的特征。"瓦解的逻辑"要求尊重客体优先的原则,它承认现实社会矛盾的多样、复杂和异质,绝不以主体确立的概念、逻辑直接映射实在本身。由此,在"瓦解的逻辑"中,首先要瓦解的便是作为欧洲启蒙观念中的"支配性结构",使之不能以泛逻辑主义方式将其推广到社会的各个层面。我们看到,通过确立唯物主义辩证法,马克思不再以自我意识、自然权利以及资本逻辑特质来理解当代社会的"时代精神",而是重新确立了新的原则:对"时代精神"的认识,首先要抛弃各种"同一性"的"支配性结构",把它看作一个"非同一性"的动态过程。一方面,辩证法要求人们在认识论意义上对现存事物作"肯定的理解";另一方面,又要对现存事物作"否定的理解",即"对每一种既成的形式都是从不断的运动中"去理解,因为"辩证法不崇拜任何东西,按其本质来说,它是批判的和革命的"[③]。

---

① 《马克思恩格斯文集》第2卷,第473页。
② 阿多尔诺:《否定的辩证法》,第143页。
③ 《马克思恩格斯文集》第5卷,第22页。

进而言之，不能把"时代精神"作为名词来理解，而应该使其"时代精神化"。以名词理解马克思的诸多术语给当今马克思哲学研究带来了不少误解。诸如，人们会将资本逻辑看作一个先在的过程，现实存在似乎也验证了这种"先在性"："人们自己创造自己的历史，但是他们并不是随心所欲地创造，并不是在他们自己选定的条件下创造，而是在直接碰到的、既定的、从过去承继下来的条件下创造。"① 但是，这种先在的条件只能放在人的实践的对象化领域来加以理解，先在条件并非一成不变，而是不断地随历史演进发生变化。就资本逻辑而言，它表现为不断地对人们施以"资本同一化"的观念固化，而不是简单地将资本逻辑看作对主体的静态的"同一"。否则，主体便无法参与"资本同一化"过程，而只存在资本单向度的对主体的运作。当然，对"资本同一化"的理解是一个动态过程，只有通过对这一动态过程的分析，才能认识到资本在对劳动行为进行同一化的过程中，始终有不能被同一化的"非同一性"方面存在，这正是马克思唯物辩证法的合理向度之一。可惜的是，在当下一些学者那里，资本逻辑被理解为一种完成了的、静态的、单向度的过程，从而认为瓦解资本逻辑的方向只在于资本自身。其实，不存在脱离主体的资本，资本只是人类死劳动的凝结物。对待资本逻辑这样的"时代幽灵"要作动词式的理解。推而言之，对待"时代精神"的理解亦应如此。在人类实践过程中，"推翻那些使人成为被侮辱、被奴役、被遗弃和被蔑视的东西的一切关系"②，不断超越种种困扰人存在的"支配性结构"，不可能一蹴而就，只能在实践运动过程中逐渐克服。可以说，正是源自马克思对黑格尔辩证法的批判性变革，才使得人们能够摆脱欧洲启蒙运动所塑造的"支配性结构"，重新确立提炼"时代精神"的基本方向。

三 "人民的幸福"与"时代精神"的一致性

某种意义上可以说，马克思以一种"否定的辩证法"勾画了"时代精神"。他曾嘲笑乌托邦主义者如同欧洲启蒙运动者一样，总是极力描述

---

① 《马克思恩格斯文集》第2卷，第470—471页。
② 《马克思恩格斯文集》第1卷，第11页。

新的社会的美好蓝图。马克思针对《实证论者评论》批评自己"只限于批判地分析既成的事实,而没有为未来的食堂开出调味单"①,作出了有力的回应。一方面,马克思对乌托邦主义和实证主义保持了高度的警惕,他恪守辩证法的开放性原则,批判了黑格尔辩证法的"同一性",意在走出封闭的阐释方式,从而为未来开辟道路。另一方面,诚如大卫·利奥波德所认为的,马克思在自己的作品中的确刻意回避了未来蓝图的问题,不过,"如果说马克思完全没有对其构想的未来社会秩序进行描述,这肯定是不对的"②。那么,到底何为"时代精神"?马克思是否对"时代精神"作过一些原则性描述?或者说,马克思在否弃了欧洲启蒙运动所推崇的种种道路之后,为开启人类文明新形态而倡导怎样的"时代精神"?

在马克思的文本中,关于"时代精神"的论述并不多见。根据德文文本的梳理来看,除了马克思模仿黑格尔表述"哲学是时代精神的精华"之外,谈论时代精神主要有三处,具体内涵又分为两个层面:第一,指明"时代精神"是客观存在的,不以主观意志的偏好而决定。这体现于他在《莱茵报第193号》(1842)中作出的判断:"正好在古代世界濒临灭亡的时候,产生了亚历山大里亚学派,这个学派力图强行证明希腊神话是'永恒真理',是完全符合'科学研究的成果'的。连尤利安皇帝也属于这一学派,该学派认为,只要闭上眼睛不看新出现的时代精神,就可以使它完全消失。"③ 第二,指明"时代精神"的客观依据是"人民的幸福",即它体现的是人民的呼声,所以要警惕代表特定利益的个人或集团去掌握"时代精神"的话语权。这主要体现在两处:一是在《废除封建义务的法案》(1848)中,马克思说:"现在,大臣先生的畏缩的实践小心翼翼地在这两种勇敢之间徘徊。左边是'全国人民的幸福'和'时代精神的要求',右边是'地主合法取得的权利',中间是'农村关系更加自由发展的值得赞许的思想',这种思想体现在吉尔克先生的不好意思的茫无所措的态度中,——这是一种什么样的情景呵!"④ 二是在《马克思致斐迪南·拉萨尔》(1859)中,马克思强调:"而我认为,你的最大缺点就是

---

① 《马克思恩格斯文集》第5卷,第19页。
② 大卫·利奥波德:《青年马克思》,刘同舫等译,中山大学出版社2017年版,第289页。
③ 《马克思恩格斯全集》第1卷,第213页。
④ 《马克思恩格斯全集》第5卷,人民出版社1958年版,第326页。

席勒式地把个人变成时代精神的单纯的传声筒。"① 其中第二个层面尤为值得关注，马克思将"全国人民的幸福"和"时代精神的要求"放在一起，这一思路绝不是随意的表述，而是他整个思想一贯的理念。

一方面，在马克思看来，资本主义的发展道路背离了人民的幸福，因而不可能成为"时代精神的要求"。恩格斯曾在1868年3月为《民主周报》撰写《资本论》第1卷书评时写道："资本与劳动的关系，是我们现代社会体系所围绕旋转的轴心。"② 在这一社会体系中，马克思揭穿了剩余价值的秘密，并指明"全部现存的社会制度都是建立在这种无酬劳动之上的"③。应该说，这是恩格斯对马克思所揭示的"资本主义违背人民幸福"的总结性论断。马克思也通过《资本论》作了详细的说明，认为资本主义社会中的"每个人都妨碍别人利益的实现，这种一切人反对一切人的战争所造成的结果，不是普遍的肯定，而是普遍的否定"④。具体而言，我们还可以借助埃里克·欧林·赖特在《展望现实乌托邦》中的阐释加以理解，在那里，他对资本主义为什么违背"人民的幸福"作了"十一条批判"，基本上涵盖了马克思对资本主义批判的大致方向。（1）资本主义系统性、全面地制造了人类可以经过调整而消除的苦难，诸如当代社会贫穷的根源、对人的宰制日益超出了生产领域走向全面的生活领域；（2）资本主义阻碍了使得人类广泛发展的条件得以普遍化的可能，诸如资本主义造就了巨大的两极分化；（3）个人选择的自由表面上看是资本主义的成就，但实质上并不能充分实现；（4）资本主义不仅违背自由平等主义的机会平等原则，也违背了自由主义的正义理念；（5）资本主义在关系到公共财产等方面的时候，缺乏效率与执行力；（6）资本主义将人们导向一种消费主义；（7）资本主义破坏人的生存环境；（8）资本主义商品化的社会氛围破坏了人的价值观念；（9）资本主义推动了帝国主义与军事主义，破坏人的生存的国际和平环境；（10）资本主义破坏了互助互爱的共同体，因为市场经济原则与共同体根本上是相互冲突的；

---

① 《马克思恩格斯全集》第29卷，人民出版社1972年版，第571页。
② 《马克思恩格斯文集》第3卷，人民出版社2009年版，第79页；第82—83页。
③ 同上。
④ 《马克思恩格斯文集》第8卷，人民出版社2009年版，第50页。

(11) 资本主义限制了民主的发展。① 今天，在西方激进左翼那里，从拜物教、加速社会、智力的无产化、生命政治等一系列更具现代特征的资本主义批判出发，将其危害人的存在的要素更精细地刻画进人们的视野中，资本主义对人的全面而残酷的宰制被"全景性地曝光"。

另一方面，马克思将历史视为人民所创造的，人民的需要便成为引领时代精神的根本要求。我们知道，马克思对于哲学有过一个经典论述："人民的最美好、最珍贵、最隐蔽的精髓都汇集在哲学思想里。正是那种用工人的双手建筑铁路的精神，在哲学家的头脑中建立哲学体系"；也只有这样的哲学才是"自己时代的精神上的精华"②。在《神圣家族》的叙述中，当青年黑格尔派将自我意识、精神、英雄作为历史创造者，倡导"思想创造一切"的时候，群众的呼声在他们心目中根本不能代表时代的精神，反而是"有限的、粗野的、卤莽的、僵死的和无机的"。他们贬低工人无所创造，仅只考虑自己的各式各样的简单利益。马克思通过批判青年黑格尔派"思想主导历史"的看法，重建了历史观和人民观，认为历史是人民物质生产实践所创造的，思想离开群众以及利益必将使自己出丑。因为就人的现实生存境遇的改变来看，"仅仅在思想中站起来，而让用思想所无法摆脱的那种现实的、感性的枷锁依然套在现实的、感性的头上，那是不够的"③。正是这种新的"群众史观"的确立，让我们看到以往历史观的局限：尽管至今以来的历史是人民群众所创造的，但是，"历史的进步整个说来只是成了极少数特权者的事，广大群众则注定要终生从事劳动，为自己生产微薄的必要生活资料，同时还要为特权者生产日益丰富的生活资料"④。也就是说，以往关于"时代精神"的阐释权总是被占统治地位的人任意独享，"群众史观"则使得时代精神的解释权重新回到了广大群众的一边。就当代资本主义社会的运行来说，其主要是服从于资本增值的需要，历史自然也呈现为资本的历史。在这样一个生存境遇下，人民自身的需要就是要改变资本增值主导的地位，重新重视人的劳动逻辑以抵抗资本逻辑。当资本被看作社会生产力发展的唯一动力的时候，人与

---

① Cf. Erik Olin Wright, *Envisioning Real Utopias*, Verso, 2010, pp. 24—25.
② 《马克思恩格斯全集》第 1 卷，第 219—220 页；第 288 页。
③ 同上。
④ 《马克思恩格斯文集》第 3 卷，第 439 页。

人之间便表现为物与物的异化了的社会关系。彻底改变这种关系，寻求一种人与人之间的非异化的社会关系，一直以来是人们探索的方向，这也正是马克思描绘的"真正的共同体"的真实内涵。当今，在东西方文明发展道路的经验基础之上，人们依然没有停止对摆脱资本逻辑控制的向往，依然还在继续探索代替资本主义生存方式的各种可能性，为人类新文明寻求和开辟更加光明的前景。这是关乎人民幸福的事业，也是"时代精神"的集中体现与根源所在。

（作者单位：华东师范大学哲学系暨中国现代思想文化研究所）

"时代精神"概念与马克思的历史哲学[*]

田冠浩

现代文明是一种主动性的文明，相比过去的时代，它总是更倾向于探索新的发展方向，并使自身面临根本性的选择和转变。在严格意义上讲，只有现代人才能向自身提出"时代精神"的问题；只有真正处于新的历史方位和重大历史时刻的现代人才能洞察到自身时代的精神。当代中国的社会实践正在将中华民族带向深层的变革和复兴，而这也同时意味着现代文明在经历了各种不同的尝试并汲取了丰富的异质资源的基础上，正在重整旗鼓，焕发出前所未有的生机和活力。在此背景下，回顾近代哲学和马克思有关"时代精神"问题的思考，并进而重温马克思开创的历史哲学方法，对于当代中国人把握民族复兴的时代机遇，探索人类未来文明的走向，乃至推动具有真正历史感和使命意识的哲学观念变革，都将具有特别的深意。

一 人的时间与历史

时代精神（Zeitgeist）是历史哲学的一个概念。虽然对时间和精神的认识都很古老，但是真正将两者联系起来却是近代中期以后的事情。人以何种方式经验到时间，时间又以何种方式具有意义？为了能够提出和回答这个问题，人类文明经历了相当漫长的准备。在西方人的早期认识中，精神和时间分属于两个完全不同的领域。作为世界原型的精神、理念、本

---

[*] 本文系国家社会科学基金重大项目"马克思主义政治哲学重大基础理论问题研究"（15ZDB002）的阶段性成果。

体，是永恒的、非时间性的和在时间之外的存在；时间则被普遍认为是偶性的偶性，是现象世界的绝对形式，是纯粹的流逝、变化。伊壁鸠鲁就曾说过："就是时间也还不是自己独立存在；从事物中产生出一种感觉：什么是许久以前发生的，什么是现在存在着，什么是将跟着来：应该承认，离开了事物的动静，人们就不能感觉到时间本身。"[1] 从这个角度讲，古代人是没有可能建立历史哲学的，他们无法为纯粹的流逝和变化描画上精神的刻度。历史哲学不同于对历史的兴趣。墨子曾说："谋而不得则以往知来，以见知隐。"[2] 借鉴过去的经验谋划未来是一种基本历史意识，在这点上古今并无多大不同。甚至对历史的强调也可能是非理性、非哲学的。在古希腊，推崇历史的多数是修辞学家，而像柏拉图和亚里士多德这样的哲人则更关注算术、几何之类的学问，甚至认为诗歌较之于历史更为真实。只有当近代早期的人本主义历史转向被"非历史"的理性哲学吸收之时，历史和哲学才不再是一对矛盾的概念，也只有从那时起人们才开始自觉地谈论"时代精神"。

将时间和精神联系在一起从而拉开历史哲学序幕的两个重要人物是奥古斯丁和卢梭。在所有前现代的哲人中，奥古斯丁对历史哲学的贡献是最根本的。他以一种近似现象学的方式赋予了时间一种新的定义。自然时间、纯粹客观时间属于不可知的自在之物，人们能够理解的只有自身的时间领会。奥古斯丁正是在这个意义上将时间解释为"思想的伸展"[3]。根据他的观点，人们在度量时间时，其实度量的是思想的印象。"将来尚未存在"，"现在没有长短"，"过去已不存在"[4]。但是，对过去的记忆、对未来的期望和对现在的注意作为印象却能够被心灵度量。奥古斯丁相信，人们关于一首乐曲、一出戏剧乃至漫长人生的时间经验无非是这样一个过程："所期望的东西，通过注意，进入记忆……注意能持续下去，将来通过注意走向过去。"[5] 因此，时间的本质就是人的念念相续。奥古斯丁的

---

[1] 卢克莱修：《物性论》，方书春译，商务印书馆1981年版，第27页。
[2] 《墨子》，毕沅校注，上海古籍出版社2014年版，第75页。
[3] 奥古斯丁：《忏悔录》，周士良译，商务印书馆1963年版，第253页；第253页；第255页。
[4] 同上。
[5] 同上。

这种解释揭开了思想和时间的一种新关系，对历史哲学而言，这正是重要的出发点。

相比奥古斯丁，卢梭对于历史哲学的贡献更容易被人们所忽略。但可以肯定的是，卢梭代表了18世纪中后期历史和理性加速综合的趋向，尽管卢梭本人对历史和理性都有某种程度的批评。卢梭认为理性是在历史中生成的，或者可以说理性和历史的发生是同一个过程。人类本无历史，"在自然状态中，既没有教育，也没有进步；子孙一代一代地繁衍，但没有什么进步的业绩可陈，每一代人都照例从原先那个起点从头开始；千百个世纪都像原始时代那样浑浑噩噩地过去，人类已经老了。但人依然还是个孩子"①。人类的道德、理性等潜在能力是不能靠它们自身发展的。卢梭设想，历史起源于某些外在的偶然因素，这些偶然因素的作用使自然状态下危及个人生存的障碍之大超出了他们作为个体所能运用的力量。人类不再能够通过与自然的直接接触满足自身的需要，这才学会了运用理性、建立社会；人类的想象力、语言、自尊心以及包括所有权在内的各种观念也才随之得到发展。根据卢梭的主张，历史只能是针对社会状态（文明状态）而言的。这种社会状态最初是出于富人的理性反思和计谋，因此它自身就是人类各种苦难的源头。富人从自身利益出发建议制定契约，以便保护他们的财产并将奴役穷人变成一种"法律上的转让"②。"谁第一个把一块土地圈起来，硬说'这块土地是我的'……这个人就是文明社会的真正缔造者。"③ 但卢梭同时也指出，如果不考虑滥用理性造成的不平等和堕落，那么进入社会状态本身就是一种最根本的进步。通过社会的分工协作，人不仅得到了能力的锻炼和提升，他们的眼界也变得更开阔，他们的感情也变得更高尚了。不仅如此，卢梭还相信，随着理性在社会历史中的发展，正义取代了本能；义务的呼声代替了生理的冲动；人们最终将学会服从他们为自己所制定的法律，从而真正成为他们自己的主人。可见，正是从卢梭开始，人们对历史的理解具有了理性的坐标。

进而言之，卢梭虽然没有像奥古斯丁那样专门考虑时间问题，但他

---

① 《卢梭全集》第4卷，李平沤译，商务印书馆2012年版，第265页；第269页。

② 阿尔都塞：《政治与历史：从马基雅维利到马克思》，吴子枫译，西北大学出版社2018年版，第400页。

③ 《卢梭全集》第4卷，李平沤译，商务印书馆2012年版，第265页；第269页。

却提示了把握人类的时间性转变的两个基本方向：就人类整体而言，人的时间经验已然转变为由理性推动并能够被理性评判的进步史；就人类个体而言，其生命时间则转变为在分工和社会协作条件下的劳动时间[1]。对历史哲学的建立来说，这种关于人类的时间性的认识无疑具有奠基性的意义。

二 概念的时间化与时间的客观性维度

虽然奥古斯丁和卢梭提供了理解时间和历史的新视角，但对于精神以何种方式在时间中展开的问题，他们却没有作出有效的回答。从这个角度讲，建立一门历史哲学并以此获取对"时代精神"的把握，仍然要经历一番波折。康德就曾在这方面作出了一种失败的尝试。他模仿奥古斯丁从人的主体性方面解释时间，但同时他又指出时间不是思想，而是人的先验感性形式。康德宣称，人的思维、概念是通过联系先验的时间图型（诸如持久性、永恒性等纯粹时间规定）而被运用于经验的。这种看法已经表明了时间与精神的某种本质联系。然而，正如海德格尔批评的那样，在康德哲学中，"时间虽是主观的"，但它与"我思"仍然"相互并列"[2]；康德所谓的思维范畴本身是先验的、非时间性的，即便它是客观知识的先天根据，它也不可能被用来解释人的历史即人在时间中的自我生成和创造。甚至按照科耶夫的看法，康德对概念和时间关系的定义最终只能带来一种否定性的人论，因为道德的理性概念处于时间之外，它至多只能否定人在时间中的行动，而人的时间经验则永远不可能达到道德理念的纯粹性。就此而言，康德哲学的内在倾向恰恰是反历史的。

严格来说，创立历史哲学的工作是由黑格尔完成的。黑格尔正确地理解了康德哲学的困境，进而提出了一个新方案：将时间理解为显现中的概念。一般来说，概念是永恒的、不发生变化的、普遍性的东西，时间则是

---

[1] 卢梭在《论人与人之间不平等的起源与基础》中指出，在自然状态下，人只从事"单独一个人就可操作"的工作，他不需要别人的帮助，同时因为依靠自然生活，没有财产观念，他也没有劳动的习惯。参见《卢梭全集》第4卷，第278页。

[2] 海德格尔：《存在与时间》，陈嘉映、王庆节译，生活·读书·新知三联书店1999年版，第482页。

"被直观的变易","是那种存在的时候不存在、不存在的时候存在的存在"①；离开具体事物的变化，就无从经验到时间。黑格尔也同意这一点，但他仍然坚持概念可以在某种意义上被时间化。简言之，尽管"最完善的东西"（理念、规律）和"最不完善的东西"（时间、空间）作为普遍性，"都是没有过程的"，"都不存在于时间之中"，但这种说法的合理性只是针对纯粹的概念和时空自身，并没有涉及它们的现象②。就现象方面说，概念、规律恰恰"是进入时间过程的"，概念进入时间就是有限的事物、生命和人。不仅如此，黑格尔还进一步指出，"理念或精神凌驾于时间之上"，"概念是支配时间的力量，时间只不过是这种作为外在性的否定性"③。黑格尔联结概念和时间的这种方式是意味深长的。它表明，事物生灭变化的时间现象（外在性的否定、变易），其内在的真实根据乃是概念、精神。现代人的时间观由此迎来了一次彻底的变革，这就是说，不仅人们所感受到的自然时间（变化）能够被理性认知，而且在更根本的意义上，概念进入时间本身就指明了一种不同于自然变易的变易，亦即历史的存在。

  对于这一点，黑格尔的解释是：概念本身虽然没有过程，但当概念在时间中展开自身、外化自身时，它的各个环节却"具有独立性的外观"④，这种概念环节的独立性外观就是"世界历史上各种的'民族精神'，就是它们的道德生活、它们的政府、它们的艺术、宗教和科学的特殊性"⑤。在黑格尔看来，历史时间就是人类各民族以自我意识的高级概念（语言、制度）否定他们较低级的概念环节所造成的变易，是被直观的概念的辩证运动。作为思维着的行动者，人的历史时间总是凭借概念改造、提升既定存在的时间，是在当下实现一个根据过去又面向未来所作的计划而有所经历的时间；而能够将过去和未来统一于当下的，只能是对时间的概念式

---

  ① 黑格尔：《自然哲学》，梁志学等译，商务印书馆1980年版，第48页；第51页；第49—51页。

  ② 同上。

  ③ 同上。

  ④ 黑格尔：《自然哲学》，第51页。

  ⑤ 黑格尔：《历史哲学》，王造时译，生活·读书·新知三联书店2006年版，第49页；第51页；第9页。

理解。

事实上，只是在黑格尔的历史哲学中，"时代精神"概念才第一次取得了确切的含义。它意味着概念在时间中显现，并且在不同的时间阶段上达到不同的概念高度。因为将精神概念当作坐标，这种历史哲学也具有了鲜明的进步主义倾向。然而，有一点必须注意，黑格尔对概念和时间关系的理解预示着历史是有终结的。在《精神现象学》和《历史哲学》里黑格尔曾给出过一些明确的说法："时间是在那里存在着的并作为空洞的直观而呈现在意识面前的概念自身；所以精神必然地表现在时间中，而且只要它没有把握到它的纯粹概念，这就是说，没有把时间消灭〔扬弃〕，它就会一直表现在时间中……这个运动是向自己回复的圆圈，这圆圈以它的开端为前提，并且只有在终点才达到开端。"①"'精神'……只发展它在本身存在的东西。它使它自己确实地发展到它向来潜伏地所居的地位。"②根据这些说法，概念虽然在时间中显现自身并完成对自身的认知，但时间过程的终点却已经由概念即精神的本性预设了。历史、时间并不产生任何超出概念的有意义的东西，在历史中依次呈现的只是概念的各个环节，当精神的本性在历史中完全显现出来并且达到了对于自身的概念式理解，这种本性就会"表现它自己为历史的最终的结果"③。

通过宣称概念支配时间，黑格尔揭示了人自身对历史的创造关系，对于现代人的解放而言，这无疑是一个关键步骤。但从另一个角度看，黑格尔的精神概念在本质上又是可以脱离时间的、封闭的、自相关的概念。精神在时间中的外化、自我牺牲在很大程度上仍然被黑格尔看作"形式上的自由而偶然的事件"④。概念和时间的此种不对等性，为轻视历史提供了理由——历史现实不过是概念的充满任意性、偶然性和错误的外观，它在自知的精神面前无足轻重。由此造成的后果是，黑格尔的精神概念实际

---

① 黑格尔：《精神现象学》下，贺麟、王玖兴译，商务印书馆1979年版，第268页；第273页。
② 黑格尔：《历史哲学》，王造时译，生活·读书·新知三联书店2006年版，第49页；第51页；第9页。
③ 黑格尔：《历史哲学》，王造时译，生活·读书·新知三联书店2006年版，第49页；第51页；第9页。
④ 黑格尔：《精神现象学》下，贺麟、王玖兴译，商务印书馆1979年版，第268页；第273页。

上无法真正把握和掌控现实生产关系和社会关系的变迁。作为封闭的概念系统，它在面对现实时往往非常草率。例如在《法哲学原理》中，黑格尔就寄希望于旧式容克地主和官僚代表"普遍精神"担负国家的立法重任；而在另一些地方，黑格尔则不得不公开承认哲学只能满足于对真理即概念知识的维护，它无力为"短暂的、经验的现时"寻得出路，哲学对于历史最终只能采取听其自然的态度。①

进而言之，黑格尔把时间、历史看成精神即人的自我实现过程，这固然有其深刻之处。但是，由于太过强调精神、概念，认为物质世界隶属于精神实体，物质世界对于精神世界不具有真理性，黑格尔对历史的理解在本质上仍然只具有主观思维这一个方面。马克思在《黑格尔法哲学批判》创作时期就注意到，黑格尔哲学的这种倾向使它带有了浓厚的保守主义色彩。因为，相信精神支配世界和历史，就等于承认基于理性的统治秩序和社会等级划分，而显然任何一个封建君主、官僚或资本家都不会吝惜冒充"理性"的代表者去统治群众。也正因如此，从马克思的角度看，黑格尔的历史终结论不仅不能把握真实的历史运动，而且它自身已经成为阻碍历史进步的因素。从根本上讲，自奥古斯丁阐明了时间的主观性之后，马克思才是时间观和历史哲学领域最重要的革命者。虽然马克思没有像奥古斯丁或后来的胡塞尔那样专门论述时间意识，但从他对于人的存在方式、劳动和历史的解释中，我们可以清晰地发现不同于主观性的另一个时间要素，即时间的客观性方面。要言之，马克思理解时间的着眼点是人的活动。在"巴黎手稿"中马克思就曾提出："整个所谓世界历史不外是人通过人的劳动而诞生的过程。"②《资本论》则更是明确将人的时间划分为劳动时间和自由时间。撇开这两种时间的具体区别不谈，在马克思那里，时间无非是人将自身的本质力量对象化的活动过程，因为活动必须有所着落、有其对象，所以时间必然具有客观性这一重维度。通过引入活动原则阐释时间和变易，马克思放弃了黑格尔的概念时间化所造成的时间的封闭性和从属性。在马克思看来，人的本质（精神）的展开不是独立的思维进程，而是在作用

---

① 参见黑格尔：《宗教哲学》，魏庆征译，中国社会出版社 2005 年版，第 504 页。
② 《马克思恩格斯全集》第 3 卷，人民出版社 2002 年版，第 310 页。

于现实的实践中不断获得自身的丰富性。就此而言，无论个人的自我实现还是人类历史，它们的时间性都是通过与客观世界的交流建立起来的。时间作为人的本质的呈现和被感知的变易就是人与客观自然的永恒对峙，并且只有在这种对峙中自由才有其现实性，而人的历史也才是无限开放的。

三 哲学在何种意义上成为"时代精神"

借助于重申时间的客观性维度，马克思使历史哲学具有了真正直面现实和未来的可能性。关于这个问题，马克思在写于1842年的《〈科隆日报〉第179号的社论》中有一个非常著名的表述："任何真正的哲学都是自己时代的精神上的精华。因此必然会出现这样的时代：那时哲学不仅在内部通过自己的内容，而且在外部通过自己的表现，同自己时代的现实世界接触并相互作用……哲学正变成文化的活的灵魂，哲学正在世界化，而世界正在哲学化。"[①] 虽然有很多研究者指出，马克思的这段话仍然有着鲜明的黑格尔主义色彩，但这并不妨碍我们从中窥见马克思历史哲学的一些新倾向。

表面上看，马克思主张"哲学是时代精神的精华"非常接近黑格尔所说的"哲学是被把握在思想中的时代"[②]，然而实际上两者却有着本质性的差别。对黑格尔来说，哲学的任务是"理解存在的东西"[③]，是追随历史进而辨识精神在现实世界展现的概念环节，哲学因此只是没有生气的、不生育的精神。就连黑格尔本人也承认："哲学总是来得太迟。哲学作为有关世界的思想，要直到现实结束其形成过程并完成其自身之后，才会出现……这就是说，直到现实成熟了，理想的东西才会对实在的东西显现出来，并在把握了这同一个实在世界的实体之后，才把它建成为一个理智王国的形态。当哲学把它的灰色绘成灰色的时候，这一生活形态就变老了。对灰色绘成灰色，不能使生活形态变得年青，而只能

---

① 《马克思恩格斯全集》第1卷，人民出版社1995年版，第220页。
② 黑格尔：《法哲学原理》，范扬、张企泰译，1961年版，第12页；第12页；第13—14页。
③ 同上。

作为认识的对象。"① 与黑格尔不同，马克思强调哲学是引领世界历史变革的鲜活的精神。尽管马克思此时的话语形态尚未完全摆脱青年黑格尔派的影响，但他已经意识到了哲学与现实的紧密联系；事实上，也正是这一点使他的历史哲学具有了真实的生成性和开放性。因为只有通过与客观世界的交流和相互作用，哲学才能突破自身体系的循环，形成有关人的本质和存在方式的新认识，以至产生改变既定生产关系和社会制度的革命要求。从这个意义上讲，当青年马克思提出"哲学家并不像蘑菇那样是从地里冒出来的，他们是自己的时代、自己的人民的产物……正是那种用工人的双手建筑铁路的精神，在哲学家的头脑中建立哲学体系"②，他已经赋予了历史哲学完全不同于黑格尔的理论旨趣和思想方向。

严格说来，马克思最初使用"时代精神"这个概念时的确还没有从总体上超越黑格尔的思想方法，但随着历史唯物主义学说的确立，"时代精神"概念在马克思主义哲学中也逐渐具有了一种新的、合法的运用。在这个问题上，我们也许还应注意马克思早期针对"时代精神"的另一个表述。在同样写于1842年的《集权问题》中马克思提到："问题是时代的格言，是表现时代自己内心状态的最实际的呼声。因此，任何一个时代的反动分子都是反映时代精神状态的最准确的晴雨表。"③ 显然，马克思此时所说的"问题"是现实的经济矛盾和社会矛盾，它表明马克思真正关注的是人们的实践活动以及与之相应的社会变化趋势。在黑格尔那里，哲学是事后登场的，并且由于轻视世界，哲学在思想中把握到的时代与其说是对创造历史的精神运动的回顾，还不如说是哲学家个人在观念和想象中对历史的捏造。马克思则不然，他把现实看作自我生成、运动的主体，而哲学作为"时代精神"，其主要任务也变成了把握客观社会条件对于实现人的本质所具有的意义，并从中发现改善、提升现实世界的契机与方法。哲学的存在方式因此发生了根本转变，它具有了某种预见性，并且能够通过参与现实生活使自身不断得到检验和发展。

---

① 黑格尔：《法哲学原理》，范扬、张企泰译，1961年版，第12页；第12页；第13—14页。
② 《马克思恩格斯全集》第1卷，第219—220页；第203—204页。
③ 《马克思恩格斯全集》第1卷，第219—220页；第203—204页。

可以说，马克思早期的这一思想倾向已经为理解历史唯物主义亦即他的历史哲学提供了基本线索。因为在后者中，马克思仍然坚持认识历史和时代的前提是现实个人的活动和他们的物质生活条件。如果说在评判历史时黑格尔的主要依据是人的精神和思维能力，因此世界与精神的联系、世界的精神价值还取决于哲学家的识见，那么马克思则强调真正体现一个文明的高度的东西是人们的实际生活方式。马克思说过："个人怎样表现自己的生活，他们自己也就怎样。因此，他们是什么样的，这同他们的生产是一致的——既和他们生产什么一致，又和他们怎样生产一致。因而，个人是什么样的，这取决于他们进行生产的物质条件。"① "现实中的个人……是从事活动的，进行物质生产的，因而是在一定的物质的、不受他们任意支配的界限、前提和条件下能动地表现自己的。"② 这些论述说明个人自由乃至文明的发展程度是有着可靠的感性标准的，是能够通过人们的实践活动以及与之照面的实践对象客观确证的。马克思不否认人的思维能动性，但他更清楚，断言历史具有单一的思想根据，只能使历史认识变得空洞、随意，甚至陷入神秘主义。按照历史唯物主义的观点，即便精神、思想本身也不是独立发展的，因为意识的内容只能是人的实际生活，"意识在任何时候都只能是被意识到了的存在"③。虽然思想可以采取纯粹自我反思的形式，但这种反思本身也不是完全脱离现实的，思想反思自身的要求以及作为反思对象的意识内容，仍然是一定生产和交往活动的产物。从这个角度讲，道德、宗教、形而上学没有自己的历史，人类精神发展的实情只能是"那些发展着自己的物质生产和物质交往的人们，在改变自己的这个现实的同时也改变着自己的思维和思维的产物"④。事实上，在历史唯物主义中，最终取代观念、思想成为历史的本质内涵的东西是"生产力"，后者既反映了人类的思维和认知水平，又突出地体现着人们同自然和自身社会的物质联系，因此是能够真正综合时间的主观性维度与客观性维度的历史标准。显而易见，也正是出于这个原因，马克思才会强

---

① 《马克思恩格斯全集》第3卷，人民出版社1960年版，第24页；第29页；第29页；第30页。
② 同上。
③ 同上。
④ 同上。

调:"人们所达到的生产力的总和决定着社会状况,因而,始终必须把'人类的历史'同工业和交换的历史联系起来研究和探讨。"① 进而言之,历史唯物主义改变的不仅仅是哲学理解时间的方式,在更重要的意义上,它还赋予了哲学以新的任务和功能。这就是哲学应当成为"时代精神"并引领时代发展。为了适应这一任务,哲学必须保持对现实生活的高度敏感,必须善于捕捉科技、生产以及交往领域的变化,以便从中窥见历史发展和文明变革的新趋势。

马克思曾经说过:"历史不过是追求着自己目的的人的活动而已","历史活动是群众的事业,随着历史活动的深入,必将是群众队伍的扩大。"② 我们可以从中引申出历史唯物主义把握现实的两个基本原则。第一,要想成为"时代精神",哲学必须关注个人的独立探索和创新。自然作为认识和实践的对象是永恒的、不可穷尽的,只有依靠个人的能动性和创造性,人类整体才能不断提高对自然的认识和利用水平,并以此为基础构建出新的生产关系和社会关系。可以说,正是无数平凡的人类个体拥有着化自然为历史的伟力。第二,哲学看待任何新生事物,还必须着眼于人民群众的整体利益和整体关系。这也就是说,哲学应致力于发现那些能够真正唤起更多民众热情的变化,理解这些变化将在何种意义上和以何种方式促进民众的整体福祉,以便使现行的社会运行机制能够根据实践的新动向不断作出积极的调整。现代文明是一种具有高度主动性的文明,而哲学提供的整体性视野对于一个文明的自我理解和自我完善而言始终是不可或缺的。在某种意义上,当代中国特色社会主义道路所取得的成就正是历史唯物主义原则和方法的集中体现。因为这一重大历史实践的核心内容就是调动群众个体的创造性、释放社会的活力,进而通过自觉的政治经济体制改革,不断推进自身的社会转型与文明创新。

当然,还有一点不容忽视的是,哲学作为"时代精神"具有批判和反思的使命。哲学不能满足于追随时代的步伐,它总是需要通过回顾既往的文明传统以及借鉴异质性的文明经验,为人类的文明探索提供更宽厚的视野与更长远的规划。特别是在当今时代,人们现有的生活方式和社会结

---

① 《马克思恩格斯全集》第3卷,人民出版社1960年版,第33—34页。
② 《马克思恩格斯全集》第2卷,人民出版社1957年版,第118—119、104页。

构正面临着来自人工智能、物联网和基因工程等技术革命的强烈冲击；单一的技术视角已经不足以揭示这种时代变化，当代人必须对人性、对文明的整体目的作出更严肃的思考，才能重新掌控自身文明的走向。从这个角度讲，哲学作为时代精神有时又意味着某种"永恒复返"，它必须不断重识人的自然情感（良知），不断回忆起人类原初经验中的简朴幸福和生存之美，才能以此匡正文明的矫饰，为我们反思乃至重新设想现代技术以及现代政治经济关系启迪新的思路。

（作者单位：吉林大学哲学基础理论研究中心暨哲学社会学院）

马克思如何在社会主义理念中把握和超越时代

韩 蒙

时代与哲学的关系，不仅是理解马克思本人所处时代与其社会主义理念之间关系的经典命题，也是中国马克思主义者在阐明中国特色社会主义理论与中国道路时的一个当代命题。通过思想史辨析与文本阐释，马克思在社会主义理念中对时代的把握和超越，包含了三个理论层面：在社会思想中把握时代、在批判哲学中阐释新时代以及在"革命的科学"中超越资产阶级时代。以社会主义为立足点考察马克思哲学与其时代之间的互动关系，将为我们在发展马克思过程中回到马克思、在当下时代呈现马克思社会主义理念的革命性品格和中国化意义，提供一个可能的理论视角。

一 在"政治理智"还是"社会思想"中把握时代

如何在思想中把握时代，实现哲学与时代的互动，是黑格尔与其之后德国左翼理论家共同关切的理论命题；同时，如何在落后于英法两国的德国本土推进现代化进程、引导德国走在时代前列，也是他们共同面对的现实议题。在当时，与马克思同时代的德国左翼理论家对于"从何处来"（即否定德国的"旧世界"）是没有疑问的，但是对于"往何处去"（即展望德国的"新世界"）的讨论尽管热烈却莫衷一是。甘斯（Eduard Gans）、卢格（Arnold Ruge）、赫斯、魏特林、恩格斯、马克思对未来的构想都是不同的。其中，卢格与马克思关于在"政治理智"还是"社会思想"中把握德国所处的时代及其前景的理论争锋最为激烈和典型。这种不同的时代判定的背后是二人对黑格尔市民社会批判理论及其法哲学逻辑的不同理解和改造。

黑格尔的"市民社会"概念及其法哲学就源于对时代问题的哲学思考。

面对英法社会经济发展的现实成果和弗格森、斯密提出的"市民社会（civil society）""商业社会（commercial society）"概念，黑格尔也将现代社会理解为普遍的需要体系以及基于劳动分工的商品交换社会，并且肯定了政治经济学家正是将市民社会作为研究对象并"找出在事物中发生作用并调节着事物的理智"。但是与此同时，黑格尔也看到，现代社会在自身内部的辩证运动中遭遇了贫困与贱民问题：在劳动过程中会不断出现财富增长与贫困匮乏并存的二重化结果；劳动者在增长财富的同时，也导致自身不断依赖于社会，陷入贫困，最终不得不沦为贱民。正是针对这种局限性，黑格尔以特殊性与普遍性的哲学划分重构了市民社会与国家之间的思想关系，提出了以普遍性的国家逻辑统摄市民社会的特殊性的政治方案，在法哲学语境中重塑了"市民社会（bürgerliche Gesellschaft）"概念[①]。黑格尔强调，由特殊性本身导致的情欲的"恶的无限"与没有尺度的贫困，"这种混乱状态只有通过有权控制它的国家才能达到调和"[②]，"现代国家"的"本质"与"内在目的"就是普遍的最终目的与个人的特殊利益的统一。由此可见，为了谋划适合于德国状况的现代化道路，黑格尔在承认英法资产阶级的经济成就的基础上，提出了在国家观上资产阶级与君主制的和解方案。政治国家成为黑格尔扬弃市民社会问题的理性答案。

卢格正是在黑格尔政治国家语境中指认"我们的时代是政治的时代"。在《黑格尔法哲学与我们时代的政治》一文中，卢格一方面肯定了黑格尔面对市民社会局限性时提出的政治国家的重要性，认为黑格尔"明确地把'作为市民社会的需要的国家'与自由国家或其现实相区分，并提出一种前无古人的深刻国家概念"，所以"现时代乃是政治的时代，尽管要让现时代获致充分的政治性，我们仍得做不少工作"[③]。但是另一方面，卢格也在费尔巴哈颠倒黑格尔哲学的意义上进一步批判了其法哲学的颠倒性："整个黑格尔哲学转而使自身隔绝于鲜活的历史，偏安于理论的立场而使之绝对化，这也是其法哲学的失败之处"，因此"我们不可能

[①] 关于"市民社会"概念的政治学传统以及黑格尔对该概念的转译，参见植村邦彦：《何谓"市民社会"——基本概念的变迁史》，赵平等译，南京大学出版社2014年版。

[②] 黑格尔：《法哲学原理》，范扬、张企泰译，商务印书馆1961年版，第200页。

[③] 卢格：《黑格尔法哲学与我们时代的政治》，《当代国外马克思主义评论》2018年第1期，第75、83页；第83页。

从绝对意义上把握国家并使之超脱于历史，因为每种国家概念（恰如每种特定的哲学）本来就是历史的产物"①。在改造主谓颠倒原则的方法论策略上，卢格与马克思是相近的，但是在理论逻辑上两者却截然不同：前者是在政治国家范围内批判国家概念与国家具体形式的颠倒关系，后者则充分释放了这一原则的普遍意义，关注国家与市民社会的颠倒关系。所以，从这种政治视角审视时代，卢格才会在面对西里西亚织工的贫困事实和1844年6月爆发的起义时，专门撰文批驳这次织工起义并不具有解放德国的普遍意义，问题在于政治解放的程度不够。这也成为马克思集中批判卢格的"政治理智"、正面阐发"社会思想"的直接诱因。

在马克思看来，把握时代的思想方式取决于时代的自我运动和本质矛盾。由于国家与市民社会的矛盾关系根植于市民社会中人的自我异化，扬弃这种自我异化的力量只能在市民社会中人的自我解放中寻求；相应地，为了把握这个时代，就需要采取"超出一切政治范围的思想方式"即"社会思想（soziale Ideen）"。

首先，在"特有对象的特有逻辑"而非法哲学逻辑中理解"市民社会"。在费尔巴哈哲学中，存在本身即"人的自我异化"是思维与存在之间"主谓颠倒"的根源："只有思维与存在的真正统一分裂的时候，只有首先通过抽象从存在中取出它的灵魂和本质，然后又在这个从存在中抽出来的本质中找到这个本身空洞的存在的意义和根据的时候，才能从思维中引申出存在。"② 马克思在法哲学语境中将其批判性改造为："把握特有对象的特有逻辑"，即从市民社会中人的自我异化出发，才是理解市民社会与国家之间分离关系的深层依据。作为特殊领域的市民社会，"它们的私人本质将随着国家制度或政治国家的彼岸本质的消除而消除，政治国家的彼岸存在无非是要肯定这些特殊领域自身的异化"，"市民社会在这里，在自己内部建立起国家和市民社会之间的关系"③，即私人与人的社会存在的本质性分离。由此，马克思在理论反思和实证考察中发现，尽管黑格

---

① 卢格：《黑格尔法哲学与我们时代的政治》，《当代国外马克思主义评论》2018年第1期，第75、83页；第83页。

② 费尔巴哈：《关于哲学改造的临时纲要》，载《费尔巴哈哲学著作选集》上卷，商务印书馆1984年版，第115页。

③ 《马克思恩格斯全集》第3卷，人民出版社2002年版，第42、97页。

尔深刻地指认了市民社会与政治国家的分离是一个矛盾，但这只是"现象的矛盾"，把表面现象当作事物本质的法哲学只是"道出了时代的政治神学"①。因此，对时代的理解应该在时代的自我分裂和本质矛盾中寻求。这种从市民社会本身、从人的社会存在出发的特有逻辑，构成了马克思提出人的自我解放路径以及社会主义理念的哲学前提。

其次，在"社会解放"而非"政治解放"层面勾勒德国道路的未来图景。马克思对市民社会的自我异化根源的哲学剖析，一方面意味着以国家普遍性为内核的超越方案（即"政治解放"）将遭遇自身的"限度"，也就是说，在市民社会与国家的世俗对立基础上不断再生产着这种对立，从而无法根除市民社会的弊端；另一方面也意味着人在市民社会本身之中具有实现自我解放的可能性，这与同样凸显"社会"自主性力量的、同时代的社会主义和共产主义理路具有内在一致性。积极倡导将法国社会主义、共产主义思想引入德国本土的甘斯和施泰因（Lorenz von Stein）已经揭示了这一点：在甘斯看来，"空想社会主义者们说出了一些伟大的东西，并且把他们的手指放在了这个时代敞开的病痛之上"②；施泰因也指出，"过去，一直是国家形成并制约着社会，而现在法国的社会运动，虽然不是完全自觉地，却企图用社会的概念和现实生活来形成并制约国家"③。据此，在赫斯融会德国哲学与法国社会主义理路的启发下，马克思建构性地提出了祛除市民社会中人的世俗分裂、以人的"共产主义存在（das Communistische Wesen）"与"回归于人自身"为内涵的"社会解放"。脱胎于市民社会自我解放的"社会"成为马克思替代黑格尔"国家"的重要范畴，并成为他进一步分析市民社会的经济结构、从法哲学批判转向政治经济学批判的内在动因。

最后，在"社会思想"而非"政治理智"的思想方式上把握德国所处的时代。从市民社会自我异化把握时代的本质矛盾，从社会解放理路融合同时代的社会主义和共产主义思想，使得马克思在"思想方式"层面

---

① 《马列著作编译资料》第 12 辑，人民出版社 1980 年版，第 36 页。

② Eduard Gans, *Rückblicke*, cited in Warren Breckman, *Marx, the Young Hegelians, and the Origins of Radical Social Theory*, Cambridge University Press, 1999, p. 170.

③ Lorenz von Stein, *Socialismus und Kommunismus des heutigen Frankreichs*，转引自科尔纽《马克思恩格斯传》第 1 卷，刘丕坤等译，生活·读书·新知三联书店 1963 年版，第 481 页。

将政治解放与社会解放的差异进一步升华为"政治理智"与"社会思想"的分野。在马克思看来,一方面,政治理智无法理解社会贫困:"政治理智之所以为政治理智,就因为它是在政治范围以内思索的。它越敏锐,越活跃,就越没有能力理解社会缺陷"[①] 即贫困的普遍意义。卢格将德国社会无法解决工人贫困问题归咎于德国的非政治性,以为通过强制行政手段就可以消灭赤贫,在这种政治的观点中,"国家永远不会认为社会缺陷的原因在于'国家和社会结构'"[②]。相反,马克思在"社会思想"(即社会的自主性力量和自我解放进程之被意识到的思想方式)中看到,国家恰恰是建立在具有特殊利益的市民活动和代表普遍利益的行政管理权力的分离之上,因而一切从国家本身及其行政措施出发的政治理智都是难以深入赤贫的社会根源并予以消除的。另一方面,政治理智不仅无法弥补社会缺陷,而且还会蒙蔽无产阶级的社会本能。无产阶级的存在本身就是时代的本质矛盾(即市民社会中人的不断自我异化、私有财产持续发展)的另一种表征,因而无产阶级否定私有财产的政治行动并不是单纯的主观要求,而是社会自我异化过程中"否定的结果"的承担者。所以,如果"无产阶级在政治形式上思考问题,它就会认为一切弊端的根源都在于意志,认为全部补救办法就在于暴力,在于把这种或那种特定的国家形式推翻","他们的政治理智蒙蔽了他们的社会本能"[③]。可见,唯有"超出一切政治范围的思想方式",即摆脱政治理智,采用社会思想,才能认清那个时代已经蓬勃兴起的工人运动的本质。

二 在"粗陋观念"还是"批判哲学"中阐释"新时代"

马克思对所处时代进行的社会主义把握,取决于市民社会本身的自我异化和社会解放进程。那么,进一步的问题是:应当如何把握进而阐释时代的新旧变迁?实际上,对时代的界定中已经包含了"两个端点":"一是批判现存事物,一是为未来作准备,不是仅仅期望和等待未来,而是积

---

① 《马克思恩格斯全集》第 3 卷,第 387 页。
② 《马克思恩格斯全集》第 3 卷,第 385 页;第 393 页;第 215 页。
③ 同上。

极地要求未来。"① 为了阐释"旧时代""旧世界"与"新时代""新世界"之间的关系，正确评介德法"两国那些开辟并继续推进我们正在跨入的新时代的书籍（即社会主义和共产主义著作——引者注）"②，马克思进一步提出了"对当代的斗争和愿望作出当代的自我阐明"即"批判哲学（kritische Philosophie）"。如果说"社会思想"是马克思把握德国所处时代、转向社会主义理念的哲学起点，那么"批判哲学"则为马克思正面评判同时代共产主义者、社会主义者确立了哲学标尺。

首先，在批判旧世界中发现新世界的"批判哲学"。马克思在社会思想中已经部分地看到"跨入新时代"的可能性条件：市民社会本身的自我异化及其内部结构中就蕴含着实现社会解放的自主力量。据此，作为"新世界"的社会主义、共产主义就产生于作为"旧世界"的市民社会内部；相应地，社会主义理念也不是"新原理"而就是"世界自身的原理"；所以，社会主义者、共产主义者根本不需要"教条地以新原理面向世界"，而恰恰只需要"从世界的原理中为世界阐发新原理"。这种依据时代的自我运动进行自我阐明、"在批判旧世界中发现新世界"的哲学方法论正是"批判哲学"。此时，在批判哲学的视野中，"从何处来"与"往何处去"、旧时代与新时代，就不再是两个问题，而是同一问题的两个内里相联的方面："问题不在于将过去和未来断然隔开，而在于实现过去的思想"，"人类不是在开始一项新的工作，而是在自觉地完成自己原来的工作"③。在此基础上，面对作为"新时代"图景的共产主义，马克思依据批判哲学界划了"粗陋的共产主义"和"批判的共产主义"。

其次，在批判哲学视野中反思"粗陋的共产主义"的理念前提。共产主义的萌发其实也是源于对以私有财产为内核的市民社会的批判性意识；那么为什么这种共产主义思想会被评价为"教条的"乃至"粗陋的"？回到思想史的语境中，"共产主义（Communisme）"一词尽管迟至1830年前后才在出版物中出现，但其思想传统可追溯到18

---

① 卡尔·洛维特：《从黑格尔到尼采》，李秋零译，生活·读书·新知三联书店2014年版，第276页。
② 《马克思恩格斯全集》第3卷，第385页；第393页；第215页。
③ 参见《马克思恩格斯全集》第47卷，人民出版社2004年版，第64—67页。

世纪法国启蒙学者摩莱里（Morelly）和马布利（Mably）。二人在通过自然法论证共产主义的合法性的同时，也奠定了其理念的基调：在区分以财产公有的自然状态与财产私有的社会制度的预设下，探讨如何抑制私有财产的恶果，从而在更高程度上返回到自然状态；返回的方式或者采取理性的社会安排，或者通过人性欲念的理性克制。其后的共产主义者巴贝夫（Babeuf）、邦纳罗蒂（Buonarroti）、卡贝（Etienne Gabet）、德萨米（Théoddre Dézamy）、魏特林等尽管观点各异，但都分享了这种截然区分新旧、公私的理念前提，并构想出实现公有制的两条主要路径：理性教育和暴力革命。例如卡贝希望通过共产主义宣传脱离"旧社会制度的弊端"而走向"共产制度的伊加利亚移民区"；巴贝夫、德萨米、魏特林在区分社会"在一个坏的组织里是什么！在一个好的组织里又能够是什么"[①]的基础上，推导出作为过渡环节的无产阶级"暴力"行动。

赫斯、蒲鲁东、切什考夫斯基（August Cieszkowski）在不同的理论层次，都揭露过这种要求返回理想化自然状态的共产主义的局限性。赫斯在如何积极地实现平等的层面上指出，巴贝夫理解的共产主义只是以"无产阶级获得与所有者平等的享受为志向"，这种平等是以消极的方法即灭绝欲望来达到的，"卢梭式的自然状态是当时的人们头脑中不断浮现的幻想，这是"最粗俗形式的""最抽象的共产主义"[②]。蒲鲁东在法权观念层面更深刻地看到，共产主义者在所有权认识上并没有超出私有财产层面："那种存心否定私有制的自成体系的共产主义却是在所有权的偏见的直接影响下孕育出来的；在所有的共产主义学说的基础上总是有所有权一词"；因此共产制和私有制实际上是"正题"与"反题"的关系，两者都不是"人类联合的真正形式"[③]。切什考夫斯基直接在黑格尔哲学层面指认了共产主义者的方法论缺陷："他们总是试图从外部洞察现实并把外在的'应当'强加给现实，而不是尝试从现存的条件内部塑造新的现实"；所以在尚未充分研究当前情况下就妄断未来社会细节的做法，无疑是一种

[①] 魏特林：《和谐与自由的保证》，孙则明译，商务印书馆1960年版，第62页。

[②] 赫斯：《社会主义和共产主义》，载《赫斯精粹》，邓习议编译，南京大学出版社2010年版，第118、119页。

[③] 参见蒲鲁东：《什么是所有权》，孙署冰译，商务印书馆1963年版，第296、295页。

"空想"①。

在上述批判思路的启发下,马克思在哲学理念层面进一步揭示了以往共产主义的观念缺陷:脱离旧世界而教条地构想新世界。从观念层面来看,马克思指出,针对私有财产的批判性意识固然是必要的,但是以往共产主义者只是抽象地反对私有财产状态,进而在同一逻辑层面预期与之相反的财产公有状态:"这种共产主义本身只不过是受自己的对立面即私有制度影响的人道主义原则的特殊表现。"② 也就是说,"共产主义是从私有财产的普遍性来看私有财产关系",共产主义的观念恰恰是其反对的私有财产观念的普遍化和完成。从这种观念出发,只会将共产主义沉降为对物质财富的直接占有和平均主义欲望,"粗陋的共产主义不过是这种忌妒心和这种从想象的最低限度出发的平均主义的完成"③。马克思正是在这个意义上断言:私有财产的扬弃和这种共产主义绝不是一回事。与此同时,从实际观点层面来看,基于粗陋观念的共产主义将会对整个文化和文明世界持抽象的否定态度,从而向贫穷的、需求不高的人的简单状态倒退,这样"不仅没有超越私有财产的水平,甚至从来没有达到私有财产的水平"④。这也解释了为什么以往的共产主义者不重视对私有财产本身以及政治经济学的研究,正如恩格斯所说,巴贝夫、卡贝的共产主义之所以是粗陋和肤浅的,归根结底"是由于他们完全不懂历史和政治经济学而必然产生的一种偏见"⑤。最后,在批判哲学视野中界定"批判的共产主义"及其德国道路。对于马克思而言,"批判的共产主义"的批判性可以集中表达为:"自我异化的扬弃同自我异化走的是一条道路。"⑥ 在以往共产主义者的观念中,异化与异化的扬弃、私有财产和共产主义被设想为两条不同的甚至截然相反的道路,而这恰恰是由于他们没有把异化理解为自我异化、没有在私有财产的政治经济学根源处寻求解决方案,因而也就无法呈

---

① August Cieszkowski, *Prolegomena zur Historiosophie*, cited in Shlomo Avineri, *The Social and Political Thought of KarlMarx*, Cambridge University Press, 1968, pp.129—130.
② 《马克思恩格斯全集》第47卷,第64页。
③ 马克思:《1844年经济学哲学手稿》,人民出版社2000年版,第78—79页;第79页。
④ 同上。
⑤ 《马克思恩格斯全集》第3卷,第480页。
⑥ 马克思:《1844年经济学哲学手稿》,第78页;第82页。

现异化与异化扬弃的内在关联。这种内在关联在社会思想和批判哲学的理念中被更好地把握到了：在考察市民社会的内部和推进政治经济学的批判性研究过程中，马克思认识到共产主义是"在私有财产的运动中，即在经济的运动中，为自己既找到经验的基础，也找到理论的基础"①；作为"消灭现存状况的现实的运动"的共产主义的"实际前提"就是从现代资产阶级社会中占主导性地位的生产关系及其矛盾运动中产生的。正是面对这种理论状况，恩格斯和马克思才会在共产主义者同盟中呼吁："过去的共产主义观点，无论是法国粗陋的平均共产主义还是魏特林共产主义，都是不够的"，必须"在同盟代表大会上以宣言形式阐述我们的批判的共产主义"②。这种"批判的共产主义"不同于魏特林的关键之处，就是"把对资产阶级社会经济结构的科学研究作为唯一牢靠的理论基础"③。

此外，由于批判哲学是特定时代的自我阐明，"批判的共产主义"也是在实际斗争境况和特定的社会历史情境中阐发的。第一，"批判的共产主义"尤为强调批判哲学与实际斗争的同一性。马克思从黑格尔法哲学的"内部"实现了哲学转型：将法哲学推进到面对市民社会本身的批判哲学，进而演化为直面现代资产阶级社会的政治经济学批判。但是正如马克思提及的，"批判的武器"不能脱离"武器的批判"，批判哲学实现的"意识的改革"的最终落脚点，是使无产阶级获得普遍性的自我意识从而采取政治行动。据此，马克思实际上是批判性地继承了自巴贝夫以来共产主义理路中的无产阶级行动要素，在思想与行动、政治经济学批判理论与无产阶级革命实践的复调格局中重塑了共产主义。第二，"批判的共产主义"是在德国道路的特定时代语境中持续生成的。正如黑格尔所说，"每一个民族的国家制度总是取决于该民族的自我意识的性质和形成；民族的自我意识包含着民族的主观自由，因而也包含着国家制度的现实性"④。如果忽视了国家制度的特定情境而"先验地"赋予一个民族以一种国家制度，这就使得国家制度仅仅成为一个

---

① 马克思：《1844年经济学哲学手稿》，第78页；第82页。
② 《马克思恩格斯文集》第4卷，人民出版社2009年版，第235、236页。
③ 《马克思恩格斯全集》第14卷，人民出版社1964年版，第465页。
④ 黑格尔：《法哲学原理》，第291页。

思想上的事物而缺乏现实性。因此，在建构"具有德国特色的社会主义"①的道路上，与魏特林直接引入法国共产主义、恩格斯译介英国社会主义、赫斯在理论上理解"德国特色"都不同，马克思力图回到具有特殊性的德国现实、形成符合"当代的自我阐明"（即德国社会经济状况、无产阶级觉悟程度）的共产主义。所以，马克思在谈及各国发展道路特别是德国的时候才强调："在世界上的每一个地区，问题的某个特殊方面都会出现，这要由那里的工人以他们自己的方式去解决。"②

三　在"经济学空论"还是"革命的科学"中超越"资产阶级时代"

当新旧时代之间的关系在批判哲学的理念中被把握为在旧时代中发现新时代，新时代就不再是"构想的未来"了，而是"逾越性的当下"："革命运动与资本主义控制处于同样的时间领域中，其既处于后者之内又与后者相对抗的位置通过出走行动而得以体现"③。这种共同的时间域（即逾越性的当下）在马克思看来，就是"我们的时代，资产阶级时代"④。与以往的共产主义者在粗陋观念中忽视对"资产阶级时代"本身的政治经济学考察不同，以往的社会主义者在改造政治经济学的基础上，论证了资产阶级社会的内在结构及其转向社会主义的可能性。但是，在如何把握资产阶级时代、建构社会主义理念的哲学路径问题上，是从既定的经济范畴、原理，还是从生产关系、无产阶级运动出发，李嘉图派社会主义者、蒲鲁东等人与马克思的社会主义理念之间的分歧便出现了。

从思想史线索来看，"社会"之所以作为一种主义而被提出，是对近代资产阶级社会发展的一种政治经济学理论反映，是企图以合作为基础的

---

① 参见 G. D. H. Cole, *The History of Socialist Thought*, Volume 1, Chapter XX – XXI, Macmillan, 1953。
② 《马克思恩格斯文集》第3卷，人民出版社2009年版，第611页。
③ 哈特、奈格里：《大同世界》，王行坤译，中国人民大学出版社2015年版，第189页。
④ 《马克思恩格斯文集》第2卷，人民出版社2009年版，第32页。

社会组织来替代个人主义和竞争性经济制度①。圣西门、傅立叶特别是欧文的社会主义都是以政治经济学范畴和原理作为出发点，并进一步催生了以汤普逊（William Thompson）、霍吉斯金（Thomas Hodgskin）、格雷（John Gray）与布雷（John Bray，又译勃雷）为代表的李嘉图派社会主义者。他们从政治经济学的劳动价值论、平等交换原理引申出社会批判理论：第一，劳动是一切财富的源泉，劳动者有权利获得全部劳动产品；第二，对劳动的迫害以及财产的不平等分配的根源是"骗人的不平等交换制度"亦即"赤裸裸的盗窃"②；第三，为了实现平等交换，需要作为新媒介的"劳动货币"。在此基础上，蒲鲁东在哲学理念层面看到，从相似的经济范畴、原理出发的政治经济学家与社会主义者，却得出了截然相反的结论，这说明经济范畴本身就具有二律背反性，而协调这种二律背反的方式就是找到整合社会主义和政治经济学的"科学公式"，建构起关于经济矛盾的形而上学体系。

对于马克思而言，这种从既定的经济范畴和原理出发的社会主义，实现的恰恰是"资产阶级社会的理想"。这是因为，第一，经济范畴和原理是现实的生产关系的理论表现，经济范畴的二律背反不过是显露了生产关系的对抗性质。正如马克思所说，资产阶级时代"在产生财富的那些关系中也产生贫困；在发展生产力的那些关系中也发展一种产生压迫的力量"③。正是这种具有对抗性质的二重性在政治经济学内部引发了分歧，从而形成相应的理论代表：揭示资产阶级生产关系"好的方面"的政治经济学与揭露其"坏的方面"的社会主义。这才是蒲鲁东所看到的经济范畴二律背反的社会历史根源。第二，由于生产关系总是处在历史运动特定阶段的"一定的生产关系"，"这些观念、范畴也同它们所表现的关系一样，不是永恒的。它们是历史的、暂时的产物"；其中，布雷、蒲鲁东秉持的平等原理就恰恰"是我们这个世纪所特有的"④：资产阶级社会的交换在所有方面确立了主体之间的平等，平等的"观念形态"不过是作

---

① 卡尔·兰道尔：《欧洲社会主义思想与运动史》上卷，第 1 册，群立译，商务印书馆 1994 年版，第 18 页。
② 勃雷：《对劳动的迫害及其救治方案》，袁贤能译，商务印书馆 1959 年版，第 56 页。
③ 《马克思恩格斯文集》第 1 卷，人民出版社 2009 年版，第 614 页。
④ 参见《马克思恩格斯文集》第 1 卷，第 603、611 页。

为"现实形态"的交换价值的结果。第三,基于此,以平等为原理的社会主义"理想"所实现的不过是现实世界本身。"布雷先生没有看到,这个平均主义的关系,即他想应用到世界上去的这个具有纠正作用的理想本身,只不过是现实世界的反映;因此,要想在不过是这个社会美化了的影子的基础上来改造社会是绝对不可能的。"① 对于沿用布雷思路的蒲鲁东而言,他同样"神化了以观念形式表现资产阶级关系的范畴",因而也"必然是一个空论家"②。在这个意义上,恩格斯才说以往社会主义者"没有能够超出他们自己的时代使他们受到的限制"③。

那么,究竟如何在资产阶级时代提出社会主义的理念?既然任何既定的经济范畴和原理都会带有其所处资产阶级时代的历史性质,从这种原理出发的社会主义是用表现资产阶级关系的范畴来反抗资产阶级关系;那么为了突破经济范畴的生产关系界限,还需要深入生产关系本身之中,一方面探究经济范畴的科学生成过程进而摆脱资产阶级时代的拜物教观念束缚,另一方面以科学理论引领无产阶级运动进而改变资产阶级的生产关系。"革命的科学(revolutionär Wissenschaft)"就是这种"由历史运动产生并且充分自觉地参与历史运动的科学"④。

首先,"革命的科学"始于对简单流通关系和生产关系的界划。按照马克思的思路,李嘉图派社会主义者和蒲鲁东之所以只是在既定的经济范畴层面构想社会主义,根本原因在于没有自觉区分处于现象界的简单流通关系与处于本质界的生产关系:"在现存的资产阶级社会的总体上,商品表现为价格以及商品的流通等等,只是表面的过程,而在这一过程的背后,在深处,进行的完全是不同的另一些过程,在这些过程中个人之间这种表面上的平等和自由就消失了。"⑤ 因此,为了呈现经济范畴的生成机理,就需要采用"从抽象上升到具体"的方法。在这一方法原则下,我们看到,在简单流通层面的生产、劳动和资本概念之所以是合理的抽象,

---

① 《马克思恩格斯全集》第4卷,人民出版社1958年版,第117页。
② 参见《马克思恩格斯全集》第47卷,第447、448页。
③ 《马克思恩格斯文集》第3卷,第524页。
④ 《马克思恩格斯文集》第1卷,第616页。
⑤ 《马克思恩格斯全集》第30卷,人民出版社1995年版,第202页;第213页;第222页。

正是源于具体的生产关系基础:"在经济学上从这种简单性上来把握'劳动',和产生这个简单抽象的那些关系一样,是现代的范畴(即资产阶级生产关系的范畴——引者注)";因此,在说明经济范畴的一般性的同时,更需要凸显其"本质的差别"、生产关系的历史性规定①。对于在现代资产阶级社会中占主导性地位的生产关系(即资本)来说更是如此。作为生产关系的资本,在简单流通层面会体现在一个物上,并赋予这个物以独特的形式规定;如果仅仅将资本理解为物即生产工具和积累的劳动,那么,资本就"存在于一切社会形式中,成了某种完全非历史的东西"②。这种混淆流通关系层面的简单规定和生产关系层面的特殊规定,以及对资本的非历史性认识,就是拜物教观念和"资产阶级视野"。这正是李嘉图派社会主义劳动所有权、平等交换、劳动货币方案的观念基础。

其次,"革命的科学"在辨识资本的基础上批判"经济学上的空论"。"资产阶级视野"中的社会主义要求是一种自相矛盾的空论,表现在:第一,劳动所有权的前提实际上是劳动创造他人的所有权。马克思指明,作为所有权依据的劳动本身是以特定的"经济关系"为前提、是资产阶级社会发达的交换价值的产物;劳动已经不是"对自己的对象性关系",而是与劳动对象、劳动资料相分离的劳动力。由此,霍吉斯金提出的"保护劳动"、指摘"资本的非生产性"③,恰恰没有认识到,当资本被理解为一种生产关系时,资本是生产性的,而劳动过程只不过是资本自我运动的内容。第二,商品的简单交换的前提是资本和劳动的特殊交换。马克思看到,资本家与工人之间的平等交换只是属于"普通的流通范畴"而尚未进入生产场所,"把资本和劳动之间的交换归结为作为交换价值的商品的简单交换,归结为简单流通的要素,也就是说,正好把决定一切的特殊区别抽掉"④。由此布雷才

---

① 参见《马克思恩格斯全集》第30卷,第44—45、26页。
② 《马克思恩格斯全集》第30卷,人民出版社1995年版,第202页;第213页;第222页。
③ 参见 Thomas Hodgskin, *Labour Defended against the Claims of Capital*, The Labour Publishing Company Ltd., 1992.
④ 《马克思恩格斯全集》第30卷,人民出版社1995年版,第202页;第213页;第222页。

会将本来源于生产过程的"剩余价值",归咎于资本家在交换中的欺骗行为。第三,劳动货币只是自行取消的政治经济学要求。劳动货币力图消除的价格与价值的差异其实不过是货币自身的物质内容与形式规定之间的矛盾,而这是无法通过改变货币的形式即劳动货币来消除的。由此可见,李嘉图派社会主义者和蒲鲁东在拜物教观念中将简单流通关系中呈现的所有权、平等、货币范畴当作既定的事实,乃至是永恒的评判尺度,"抓住交换价值本身的简单规定性,来反对交换价值的比较发达的对抗形式",这在马克思看来不过是"一种虔诚而愚蠢的愿望"[①]。

最后,"革命的科学"是对资本主义本身潜在的社会主义倾向的正确认知。借助从生产关系出发阐述作为一种"主义"的资本及其对抗性矛盾,马克思指认了资本主义自身就潜在具有的社会性质乃至社会主义倾向,这种判定是"对本身就产生了解放的物质条件的运动的批判的认识"[②]。一方面,上述社会性质源于资本主义生产方式的内在矛盾及其社会化解决途径。根据《资本论》的表述,资本主义在生产与再生产剩余价值的过程中,生产力的无限发展与生产关系的特定私有属性会产生冲突,这种冲突的缓解途径就是资本的集中与社会化,"社会资本""直接的社会财产"才会应运而生,"股份公司""合作工厂"的过渡形式才会转化而成[③]。这些已经为资本主义生产的社会主义化奠定了基础,所以,"资本主义向社会主义转型的根源在于,社会主义实际上无非是资本主义潜在地所是的东西"[④]。另一方面,由于劳动对资本的实际从属,工人阶级已经成为资本运行的内在环节,成为资本完成社会统治的内里因素,因而工人阶级在获得科学认识时所采取的政治行动,也将会具有社会层面的普遍性意义:"工人阶级不是要实现什么理想,只是要解放那些由旧的正在崩溃的资产阶级社会本身孕育着的新社会因素。"[⑤] 由此可见,社会主义"这个一定社

---

① 《马克思恩格斯全集》第30卷,第204页;第48页。
② 《马克思恩格斯文集》第3卷,第20页;第159页;第318页。
③ 参见马克思:《资本论》第3卷,人民出版社2004年版,第494—495页。
④ Shlomo Avineri, *The Social and Political Thought of Karl Marx*, p. 181.
⑤ 《马克思恩格斯文集》第3卷,第20页;第159页;第318页。

会在科学上也决不是在把它当作这样一个社会来谈论的时候才开始存在"[1]，而是已经潜在地存在于"一定社会"的自我运动，即资本主义的社会化生产与工人阶级的社会革命意识之中。恩格斯据此评价，"德国科学社会主义与蒲鲁东之间的本质区别"就在于"严格地从经济学上来证明经济状况的这种发展同时就是社会革命各种因素的发展"[2]。

结语

正如马克思对德国所处时代的社会主义把握，以及对同时代共产主义者、社会主义者的批判所昭示的，这种把握时代的思想方式和思想批判也同样适用于我们的时代。在发展马克思的道路上才可能回到马克思，这种发展是在马克思社会主义哲学理念观照下的开创性道路：在"社会思想"的当代运用中，辩证把握中国社会发展历史逻辑与科学社会主义理论逻辑的内在统一；在"批判哲学"的当代阐释中，呈现新时代的马克思哲学创新与实际斗争境况、人类文明发展与中国道路构建的内在互动；在"革命的科学"的当代推进中，科学辨识市场经济与社会主义、初级阶段与高级阶段的内里关联。在这种哲学理念的反思中，踏上时代的新征程，不仅意味着物质生活领域社会变革的再出发，更有待精神信仰领域持续不断的自我革命。

（作者单位：中国社会科学院哲学研究所）

---

[1]《马克思恩格斯全集》第 30 卷，第 204 页；第 48 页。
[2]《马克思恩格斯文集》第 3 卷，第 20 页；第 159 页；第 318 页。

中西古今之争的前提批判[*]

丁立群

中国近现代哲学发展历史上，中西古今之争源于全球化过程中的一个根本性分歧，即：理解西方文化对落后国家民族文化的殖民侵略，是应该用"历史"范畴，还是"地理"范畴？历史的理解与地理的理解之争是在全球化过程中产生的一种张力：发达国家（西方）在全球化过程中，力图用自己的文化征服和取代落后国家的文化，要求把地理范畴（本土与西方）转换为历史范畴（传统与现代），以论证其合理性；落后国家（东方）则与此相反，从文化自保的立场出发，要求把历史范畴（传统与现代）转换为地理范畴（本土与西方），以消解其合理性，由此形成一种对抗性逻辑。就其实质而言，历史与地理之争是任何一个后现代化国家所共同面临的普遍问题，名之"中西古今"只不过把这一问题"国别"化了，而其普遍意义并没有消解。换言之，这一问题的解决，对于重新理解现代化，实现传统文化的创造性转化和创新性发展，具有重要的理论和实践意义。然而，在当前语境下，解决这一问题决不能沿袭传统的思路。换言之，我们今天思考中西古今问题以及中国传统文化的创造性转化、创新性发展问题，面临的并不是在一个既定范式下进行"解题活动"之类的具体工作——这是百余年来解决这一问题的思维惯势，而应当思考范式本身的问题。这就是说，我们要在"元"或者"后"（meta-）层面反思"中西古今"之争的一些根本性

---

[*] 本文为国家社会科学基金重大项目"中华优秀传统文化的创造性转化与创新性发展研究"（2015MZD014）、国家社会科学基金重点项目"西方实践哲学传统与马克思实践哲学重建研究"（14AZX003）、教育部专项"中国文化精神与人类命运共同体研究"（18JF207）之阶段性成果。

问题。不做这种前提性工作，我们对文化传统的具体拆解和分类，"取其精华、弃其糟粕"诸多做法，都是没有根基的。笔者把这种反思活动称作中西古今之争的前提批判。

一　中西古今之争的文化谱系

1840年鸦片战争失败后，中国的知识分子开始面对中西方文化的剧烈冲突，由此在思想层面上，开启了持续百余年的中西古今之争。其间发生了社会和政治制度、革命和建设的诸多变化，中西古今之争的问题虽经历了多种转换形式，问题的本质并没有变化。一百多年来的中西古今之争，就其大略而言，形成了文化保守主义和文化激进主义尖锐对立的两种思想及其转换和引申形态。

1. 文化保守主义

顾名思义，文化保守主义一般出于对现代化的一种警惕和戒备，主张以中国传统文化为本位，保守本民族的文化传统，反对传统的变革，反对传统的现代化。在空间上，文化保守主义是世界各民族文化传统中的一种普遍思潮；在时间上，它几乎绵延不绝于每一种文化传统的现代化过程。西方文化、阿拉伯文化、中国文化等都存在文化保守主义思潮。中国的文化保守主义思潮起源于晚清，著名代表人物为叶德辉、苏舆，后来又有章太炎等人以及近、现代新儒家，一直延传至今。认真分析文化保守主义可以发现，文化保守主义实际上有三种形态，即文化优势论、中体西用论、文化相对论。它们的产生虽然没有严格的时间次序，却有理论逻辑上的先后次序。

其一，文化优势论。这种理论一般认为本民族文化与其他文化相比，无论在本体上还是在功能上，都是最优秀的，这种文化因其"至臻至美"而"本自圆成，不求诸外"。这种文化优势论必然导致一种文化传统拒绝交流、封闭自身、坐守天成。这种由文化自大而产生的封闭主义会阻滞和消解文化形态的创生动力，阻滞和消解文化传统的创新和发展。如近代思想家梁启超访问欧洲归来曾断言，西方文化已经破产，并大声疾呼，人人保持一个尊重爱护本国文化的诚意。20世纪30年代，以陶希圣、何炳松为代表的"本位文化派"将其宗旨确定为：以儒家之根本精神，为解决今世人生问题之要义。这种类型的文化保守主义一般都是文化"自大"主义，它们是以文化优势论为依据的。

其二，中体西用论。中体西用论在文化谱系上属于文化保守主义。在理论上，这是文化优势论的一种退步形态。中体西用论主张中学为本体、西学为应用，即以三纲五常和孔孟之道为核心的封建伦理道德为不变之本体，以西方的科学技术及其生产技艺为巩固传统文化和封建伦常的手段和工具。中体西用论承认西方的科学技术和生产技艺优于中国传统文化，但仍然认为中国文化本体优于西方文化，主张以西方的科学技术来维护传统的孔孟之道。清末洋务运动的代表人物张之洞系统阐述了中体西用的主张，提出中学为内学，西学为外学；中学治身心，西学应世事。他强调，以中国的纲常名教作为中国文化的内在精神，以之为文化之本体；以西方近代的科学技术以及赋税、武备等为具体作用，举办洋务新政，以维护封建统治。中体西用论直到今天仍然有很大市场。

其三，文化相对论。文化相对论是文化保守主义谱系中的又一个变种，是哲学上的相对论在文化上的引申；西方的文化人类学领域的文化相对论流派影响也许更直接一些；同时，它也是落后文化面对优势文化的一种本能反应。文化相对论主张各文化形态之间不存在孰优孰劣、孰高孰低的问题，它们各自具有自足的价值，这使得它们之间由于缺乏普遍标准而不具可比较性；各文化形态之间完全是相对的，不存在先进和落后的比较序列。文化相对论以此拒绝文化交流、拒斥文化进步。梁漱溟在《东西文化及其哲学》一书中，依据文化相对主义理论，主张在东方文化和西方文化之间不存在先进和落后之分，它们是三种"意欲"不同的文化类型。其中，欧洲文化是一种"意欲向前"的文化，它把人与自然、社会对立起来，强调改造自然、改造社会；印度文化则是"意欲反身向后"的文化，它遇到问题不是改造客观局面，也不是改变主观想法，而是取消意欲、"超然出世"；中国文化是一种调和文化，它遇到问题取调和意欲、"随遇而安"的态度。[1] 可见，文化相对论已经不再强调中国传统文化的优势（普遍性），而是强调三者各有千秋（特殊性），这已经从优势论的

---

[1] 参见《梁漱溟全集》第1卷，山东人民出版社1989年版，第354—381页。

绝对主义走向特殊论的相对主义。

2. 文化激进主义

清末，中国被西方的坚船利炮打开国门后，开始与西方文化相接触。中国社会贫穷落后的现实与西方社会的强盛形成了强烈的反差。于是，变革图强和向西方学习成为一种时代潮流。文化激进主义认为，导致中国贫穷落后的根本原因是绵延几千年的传统，这是中国发展前行的沉重包袱，必须彻底改造传统文化，吸收外来文化特别是西方文化，实现一场全面的文化革命。极端的文化激进主义对中国传统文化持绝对的否定态度，主张全盘西化。文化激进主义从戊戌变法到五四运动有一个逐渐"激进化"的过程。如学界普遍认为谭嗣同为近代激进主义的鼻祖。但是，他基本属于改良派。其后以邹容、陈天华为代表的革命派和刘师培的无政府主义兴起，直到五四运动，这种激进主义达到了高潮，提出了"打倒孔家店""全盘西化"的口号。"全盘西化论"是最极端的文化激进主义，代表人物是胡适和陈序经。胡适对"全盘西化论"作了充分的阐释和说明，并且认为全盘西化就是充分世界化。陈序经则要求全盘西化应当是中国文化从量和质上的彻底西化、观念上的根本西化、程度上的充分西化。此后，文化激进主义逐渐成为绵延至今的思想潮流。

应当注意到，文化激进主义的"全盘西化论"实际上带有一定的策略性。文化激进主义的代表人物一般都认识到，中国传统文化根深蒂固，遍及中国社会的各个方面，是根除不了的。文化激进主义者认识到中国传统文化的顽固性，为了最大限度地改造中国传统文化，提出了"矫枉过正"的主张。陈序经曾言，"我们主张全盘西化，并非以为西洋文化之在今日已臻至完美至善的地位"[1]。

一百多年的中西古今之争基本上形成了文化保守主义和文化激进主义两大对立思潮。文化保守主义中的文化优势论经历了帝国主义坚船利炮的进攻之后，退却为中体西用论。中体西用仍然是一种文化自我中心主义，其根本目的并非使传统文化现代化，而是极力保持传统文化的原样，在不

---

[1] 陈序经：《关于全盘西化答吴景超先生》，载《全盘西化言论续集》，岳麓书社1999年版，第93页。

断变化的世界中，把传统文化实体化，成为变中之不变。中体西用论在西方文化的冲击下，在文化激进主义的批判下，成为落后保守的代表。由此，文化保守主义采取文化相对论作为中体西用论的替代品。文化相对论虽然不否定其他文化的存在价值，但仍然无法摆脱文化的自我中心主义，只是这种自我中心主义是一种相对化的自我中心主义，其本质仍然是保守主义的。文化激进主义虽然明确表示，全盘西化带有一定的"矫枉过正"的策略性，但是这种激进主义的标识和理论毕竟不仅在精英阶层无法完全普遍化，而且也难以为广大民众所接受，因而，在文化土壤中始终根系不深。

可以看出，自近代以来持续近百年的中西古今之争，已经走入了文化保守主义和文化激进主义的两极张力之中，其间数次兴起的文化讨论乃至改革开放以来的文化研究，只是重复了这种两极性的文化逻辑。可以断定：中西古今之争已经形成了难以自拔的两难困境：这一争论已形成排斥任何中间路线、不容调和的文化保守主义和文化激进主义的尖锐对立。无疑，这一困境关系到中国现代化建设的根本方向，因此是必须首先解决的根本问题。

二 中西古今之争预设前提的分析重建

一百多年的中西古今之争之所以陷入了一个两难困境，要解决这一困扰百年的困境，就要深入思考形成困境的原因。笔者认为，这个困境的形成主要在于人们思考中有一些未经反思、批判的前提预设，使我们无法走出一条新路。所以，我们需要对这些预设前提进行一番认真的反思、批判和重建，这意味着发明一种新的思维范式。

1. 文化传统是死的还是活的？

文化保守主义和文化激进主义是对文化传统的两种态度，它们建基于对文化传统的存在论理解。在这一点上，两者虽然是对立的，却有着共同前提：即把文化传统"固化"，看作逝去的历史和给定的存在，是文化的"木乃伊"。因此，对文化传统只能采取"考古学"的立场和方法才能获得其"真谛"，当我们对比中西文化的性质时，即是以中西文化的固化性质理解文化传统的存在论本质的。这似乎已经成为关于文化传统的"常识性"观点。为质疑这一前提，我们可以把"文化传统究竟是死的还是活的"这一问题本身明确地凸显出来。

这一设问意味着两种不同的文化传统观。第一种传统观把文化传统看作死的：文化传统是一种文化经过长期的历史积淀而传习下来的稳定、固化的东西。这种固化的文化传统比易变的东西更容易被我们所把握，也更具可依托性和家园感。第二种传统观则把文化传统看作一个有机生命体，看作一种活的、生生不息的有生命的存在。

第一种传统观把文化传统理解成逝去历史的文化遗存、一种文化的"木乃伊"，所秉持的时间观是过去本位的。这种传统观在"过去""现在""未来"三个时间维度中，把文化传统界定在"过去"之中：所谓文化传统就是已经"过去"的给定存在。这种传统观导致三种结果。

其一，从存在论上否定文化传统创新的可能性。这种传统观首先把传统固化，并在此前提下，去确定所谓传统的精神特质和本质精神。文化保守主义和文化激进主义在比较中西文化的差异时即认为，凡是"过去"所没有的东西——诸如近代马克思主义和一些西方文化在中国的流传——就不属于中国文化传统，把文化传统当作变中之不变的"实体"。这一种文化"原教旨"主义认为创新必然改变传统，逐渐丢掉传统。这必然导致封闭主义。

其二，否定了文化创新就必然把文化传统的继承和发展看作文化传统的自我"复制"。以"过去"为本位的传统观，往往把"过去"作为衡量"现在"和"未来"的标准，把"现在"和"未来"统统注入"过去"的范型里，使之成为"过去"的复制品且无限地复制下去。这就把"现在"和"未来"变成了毫无意义的物理时间，其存在的价值就在于承载"过去"。如此虽然实现了文化传统之变中不变的"实体"性，却是以牺牲文化传统的生长发展为代价的。

其三，否定了人在文化传统中的主体性，把人变成了传统的奴隶。人是文化的主体，文化是人的实践活动的产物。文化传统是人类世代相传的基本经验，它的世代延续生长是在文化主体——人——在理论和实践上的不断诠释中实现的：正是在这种诠释过程中，传统被无数次地"时代化"。把传统固型化、实体化必然要否定人在文化传统中的主体地位：在文化传统的延传过程中，人不过是传递早已定型的传统之工具而已。因而，传统被异化了，人变成了传统的奴隶。

与此相反，第二种传统观则把文化传统看作一个不断生长的有机生命体，是活的、生生不息的有生命的存在。实际上，文化传统并不像人们通常理解的那样，是僵死固化的文化遗存和文化"木乃伊"。恰恰相反，文化传统是既成文化和未成文化的统一，是以"过去"为基础，以"现在"为问题源和背景，以"未来"为本位的统一过程。在这一过程中，文化传统通过文化主体在"时代"背景下的诠释，出现了文化的变体。每个时代都存在一种或多种不同的诠释"文本"即文化变体，这种绵延不绝的文化变体系列本质上就是文化本体，就是文化传统本身。[1] 正是这种文化传统的本体与变体相互转化的辩证关系，打破了文化传统的固化结构：文化传统的变体不断地改变着传统本体的面貌和内涵，使传统本体处于生成流变的过程中。这一辩证过程使文化传统活化，赋予传统以一种生命的性质，使文化传统成为不断发展、不断生长的绵延不绝的生命之川。这就是伽达默尔哲学解释学所说的对传统的阐释过程，亦即"视域融合"过程。

笔者认为，后一种传统观是对文化传统的正确理解。把中国文化传统理解为一个活生生的生命体、一个生长的过程，这是"创造性转化和创新性发展"的存在论基础。西方文化也同样应作如此理解。

2. 文化传统是可分析的还是不可分析的？

文化保守主义和文化激进主义虽然是中西古今之争中的对立派别，但有着共同的认识论前提：文化传统的绝对整体论。文化保守主义坚持中国文化传统不可分析的绝对整体性。在这一前提下，任何异文化因素的吸纳都只能被同化于中国传统文化结构之中，且以不引起传统文化结构的整体变化为条件。与此同理，以文化不可分析的绝对整体论为前提，文化激进主义也只能坚持全盘西化论：对西方文化不能部分地借鉴，而只能完整地"挪入"；对中国文化只能全盘抛弃，不能留有任何余地。

文化的整体论以文化有机论为前提。文化有机论认为，任何一种

---

[1] 爱德华·希尔斯：《论传统》，傅铿、吕乐译，上海世纪出版集团1984年版，第12页。

文化形态都是由特定的诸多文化要素构成的有机整体，其中大略包括器物层面、制度层面和精神层面。在各文化层面和文化要素之间构成一种结构和功能上的相互匹配关系：每一种文化要素都被各要素所形成的关系结构所定义，而每一种文化要素也都在各自界定内发挥对整个文化系统的作用。这些文化要素和关系共同构成一种文化形态的整体特征，也由此形成了文化的整体性。但是文化的绝对整体主义给这种文化有机性和整体性暗中附加了不可分析性的特征，这种附加并不正确。

文化人类学特别重视文化的涵化现象，文化相对论的代表人物 M. J. 赫斯科维茨在1938年出版的《涵化：文化接触的研究》是最早专论"涵化"的著作之一。此外，文化进化论、传播论、历史主义都很重视文化的"涵化"现象，并作了专门研究。"涵化"理论认为，异质的文化相互接触会引起一方或双方很多文化因素的变化，乃至引起原有文化模式的变化从而形成一种文化新种，这就是所谓"涵化"。文化人类学在人类文化发展史上，找到很多这样的实例。在"涵化"理论中，我们感兴趣的是：其一，文化的涵化以文化的开放性为前提，没有文化的开放性就不可能有文化的涵化——无论这种开放性是自觉的还是强制的。一种文化如果是封闭的，很难想象其内部文化要素通过外部的文化接触而发生改变，文化的开放是必要条件；其二，文化的涵化既可能引起文化接触的一方或多方量的变化（一种或多种文化因素的变化），也可以引起质的变化（原有文化模式变化而形成文化新种）。无论量的变化还是质的变化，无不说明文化的接触、交流和融合是可能的，通过接触、交流和融合形成文化的变化或者根本变化也同样是可能的。

可见，文化的涵化现象已经说明，虽然每一种文化形态都是一个有机整体，但这种文化的整体性并不是不可拆解的。而文化的涵化即是以一种文化形态整体有机结构的开放性和可分析性为前提的，这一点在学理上是可论证的，在经验上是可证实的——这在漫长的文化史和文化实践中，已经是一个不可置疑的事实了。文化保守主义和文化激进主义正是由于坚持文化的绝对整体主义，不仅使它们的对立变得不可调和，而且使它们的理论性质也具有落后的封闭性。

3. 文化传统评价标准是内在的还是外在的？

文化的涵化会产生文化新种，但是这一过程也经常会形成一种文化形态内在评价标准的自体循环，使文化的融合由一种创新过程变成一种文化形态对另一种文化形态的同化过程。文化保守主义和文化激进主义的尖锐对立，实际上体现为两种评价标准的对立。一般说来，特定文化传统在其持存的过程中，通过文化主体的内化作用，形成文化主体的特定的心理结构、认知结构和以此为基础的情感倾向、评价取向与价值标准。它们总体上构成文化主体的文化视域。这种文化视域构成了文化主体对待异质文化的解释学"偏见"。这种"偏见"会形成一种"种族中心主义"，它一方面使特定文化传统的主体看不到所处文化传统的真正弊端；另一方面在对异质文化的吸取时又往往受这种"偏见"的局限，形成"取我所需"的效果。如此一来，这种自体循环必然消解文化接触、交流和融合的创新意义，融合已经变成了对异质文化彻头彻尾的同化。同时，这种自体循环也无法辨识出该文化传统自身的利弊。这是一种保守主义的结果，它必然把中国传统文化的"创造性转化和创新性发展"化为乌有。同理，以西方文化的内在标准衡量中国传统文化，也会有同样的自体循环效果。

如何打破这种自体循环？笔者认为主要是引进异文化视域，即引进超越文化保守主义与文化激进主义文化逻辑以外的第三逻辑。

一是引进异文化视域，使异文化与本土文化互相诠释，形成一种视域融合的积极效果。具体来说就是使中国文化、马克思主义文化与西方文化在当代现代化背景下互相诠释：在多种视野的交合中，使马克思主义时代化，使中国传统文化创造性转化、创新性发展，打破中西文化之间的坚硬对立，以发现各自的弊端。同时，对中西文化以及世界各民族文化"精华"与"糟粕"的理解也能较为客观了。

二是以共同价值为参照，在保守主义与激进主义的两歧对立之上，引进第三条逻辑。百余年来的中西古今之争在保守主义与激进主义的两极逻辑下，陷入文化的"泥淖"之中无法自拔。要想打破这一两歧逻辑就必须引进第三逻辑，这就是汇聚世界各民族文化之"共善"的共同价值。共同价值是人类命运共同体的价值核心——这一价值核心在当代全球化以及人类命运共同体的构建过程中，已经具备了可能性和现实性。只有以这种第三逻辑为参照，才能打破和超越文化保守主义和文化激进主义的两歧逻辑，走出一条新路。

4. "古今"与"中西"之间能否还原？

在某种意义上，文化保守主义与文化激进主义的对立根源于"古今"与"中西"之间的还原论前提：保守主义一般把"古今"（传统与现代）问题还原为"中西"（本土与西方）问题；反之，文化激进主义则一般把"中西"问题还原为"古今"问题。在中西古今之间，采取还原主义的立场是双方共同坚持的一个前提。

中西古今之争是在全球化过程中发生的，它来源于"历史"与"地理"之争。英国学者约翰·汤林森（John Tomlinson）曾提出，在全球化运动中，人们在理解西方殖民主义侵略问题时要转换思维向度：由地理范畴（本土与西方）转换为历史范畴（传统与现代）。这种转换意味着把发展中国家各民族文化与西方文化的关系变成传统与现代的关系。因此，现代化就是用西方文化（现代）取代发展中国家的各民族文化（传统）。正是这种理解使他们把西方文化理解为一种"元文化"：在现代化和全球化过程中，西方文化是一切文化的理想和整合基准。于是，一种文化殖民主义的结论成为必然：伴随着现代化的全球化就成为世界各民族不同文化逐步同质化即西方化的过程。与此相反，代表广大发展中国家的知识界则要求人们在理解本土文化与西方文化的关系时，要把历史范畴（传统与现代）转换为地理范畴（本土与西方）。在他们的理解中，本土文化与西方文化的关系根本不存在历史发展阶段的区别，即不存在所谓传统与现代的关系。它们不过是分别处于不同地理区域而已，除此之外别无意义。否定了传统与现代的关系，必然走向文化相对主义。所以文化相对主义就成为发展中国家抵御西方文化侵袭的思想武器。

中西古今之争是"历史"与"地理"之争的国别化形式，是"历史"与"地理"之争的具体体现，因此，中西古今之争也逃脱不了"历史"与"地理"之争的还原论逻辑。文化保守主义由文化优势论到文化特殊论，已经由文化绝对主义走向文化相对主义。在此境界下，文化保守主义已经把古今（传统与现代）化为中西（本土与西方），认为中国文化传统并不需要现代化，传统与现代的问题是不存在的，存在的不过就是本土文化与西方文化的关系，这只是地域之间的文化的差别而已，这就彻底否定了中国传统文化现代化的问题。文化激进主义尽管带有一定的策略性，但是，其基本主张是化中西为古今。在他们看来，中国文化和西方文化的关系并不是简单的地理上的文化差别关系，而是意味着传统与现代的关系。中国文化是传统文化，西方文化是现代文化，西方文化是中国文化发展的目标：中国传统文化的现代化就意味着彻底西方化。可见，中西古今之间的互相还原是文化保守主义和文化激进主义的共同前提。

文化激进主义把现代化等同于西化，本质上是一种现代化的"原教旨"主义。无疑，现代化首先是在西方国家兴起的，随之在世界范围尤其是发展中国家里普遍掀起了一场现代化运动。这场现代化运动被称为"追赶式"的现代化，换言之，西方现代化被设定为现代化的"典范"，发展中国家现代化必须以西方现代化为理想"原型"，这是一种现代化的"原教旨"主义。然而，由于西方现代化带有相伴相生的"原罪"即原初的物质主义性质，导致了社会和人的片面发展，造成了种种社会危机，其弊端逐渐显现。由此，西方的知识界展开了对现代化及其文化意识形态——现代性的批判（法兰克福学派、罗马俱乐部），进而导致现代化在世界范围内的多元化：发展中国家纷纷强调现代化与本土文化的结合，使现代化由一元到多元。而从本质上考察，现代化的基本特征并不是与西方文化不可分地结合在一起的。可见，文化激进主义把中西等同于古今依据的是一种陈旧的、一元的现代化观念。在多元现代化的情况下，现代化已经不等于西方化了。

文化保守主义则把古今化约为中西，消解了传统与现代的关系。文化保守主义同文化激进主义一样，也把现代化等同于西方化。其代表人物看到了西方现代化导致的各种弊端，进而走向极端，从整体上否定了西方现代化。继之，他们为了反对西方现代化而完全取消了传统与现代问题，走向文化相对主义（梁漱溟的文化三类型论），最终以传统本土文化对抗西方文化。首先，文化保守主义者没有看到传统与现代的问题是每一个欲求发展的文化所面临的无法消解、不可回避的问题，现实的做法是，直面问题本身，找到一个正确的途径解决问题。其次，文化保守主义还应意识到，现代化不等于西方化，现代化的形态多种多样，当然，现代化的特殊化同时要避免否定现代化的普遍规定，走入相对主义。质言之，每个后发展国家都可以走出自己的现代化道路：一种既具现代化的本质特征，又与本土文化相结合的现代化方案和路线。

文化保守主义和文化激进主义共同把西化等同于世界化。实际上，西化和世界化完全是两个概念。这种简单等同恰恰落入了西方把全球化看作西方化的殖民主义逻辑之中，从而也使我们无法正确理解当前的改革开放。

可见，只有克服了中西古今的还原论前提，我们才能正确地理解"中西古今"的正确意义。无论是中西还是古今，都是现实的不可抹杀的文化差别。中西文化由于地域、文化条件的不同，会产生若干文化差异，这种差异不能还原为古今即传统与现代的差异。同样，古今文化差异也是客观存在的，每一种文化都存在由传统向现代发展的过程，但是，这一过程同样也不能还原为中西关系——这意味着现代化并非只有西方的现代化一种形式。质言之，我们既不能以中西文化差异掩盖传统与现代的关系，否定传统文化的现代化；也不能以古今即传统与现代的关系界定中西文化的关系，把现代化等同于西化。

结语

在理论上，持续了百余年的中西古今之争，由于预设前提存在问题，一直陷入不可自拔的泥淖之中，无法得到应有的解决。在一定意义上说，这主要是由于现实的历史和实践尚未具备解决的条件，人们的认识尚有局限。当代现代化和当代全球化实践的发展为解决这一难题奠定了基础。现代化的模式由一元的"追赶式"现代化转变为与发展中国家本土文化相结合的多元现代化，伴随现代化这一过程，全球化也由经济全球化发展为总体性全球化——它将建立一种异于西方普世价值的真正的人类共同价值，以此为核心，人类命运共同体正在逐渐形成。现代化的多元化使人们重新审视现代化及其本质；人类的共同价值和人类命运共同体的形成，将给我们提供一种全新的生命经验、思想境界和价值依托。这些都使我们对百余年中西古今之争涉及的文化传统的存在论性质、文化交往的本质、中西文化之评价标准以及中西古今的还原论，进行重新审视、深入反思和理性重建——这意味着一种思维范式的转换。只有经过当今语境下的深刻前提批判，我们才能有望走出百余年中西古今之争形成的文化撕裂和泥淖，重建文化自信。

（作者单位：黑龙江大学文化发展战略研究中心、黑龙江省中国特色社会主义理论体系研究中心）

中国哲学视域中人与世界关系的构建[*]

——基于"事"的考察

杨国荣

一

就哲学意义上的人与世界的关系而言，人既追问世界实际是什么，也关切世界应当成为什么。"世界实际是什么"，涉及如其所是地理解和说明世界的真实形态；"世界应当成为什么"，则关乎按人的价值理想变革世界。无论是对世界的理解和说明，抑或对世界的变革，都存在着不同的哲学视域。

以"物"观之，世界首先呈现为对象性的存在形态。在不同形式的实在论中，从五行（金、木、水、火、土）到气、原子，"物"取得了不同的形式，世界则被奠基于其上。肯定世界本于"物"，无疑确认了世界的实在性，对世界实在性的这种确认，同时构成了把握世界真实形态的前提。不过，从说明世界的角度看，"物"固然具有实在性，但当这种实在性以"天之天"或自在的形式呈现时，与之相关的世界更多地表现为本然的存在形态。由此进一步考察，则可以注意到，在"物"的层面，世界既主要以已然或既成的形态呈现，又表现为对象性的存在："物"本身具有对象性，"以物观之"侧重的是对世界的观照和说明，而不是对世界

---

[*] 本文系教育部人文社会科学重点研究基地重大项目"事与物：古今中西之争视域下中国现代形而上学的转换"（16JJD720007）、贵州省哲学社会科学规划国学单列课题"基于事的世界：从形上的视域考察"（17GZGX03）、国家社会科学基金重大项目"冯契哲学文献整理与思想研究"（15ZDB012）以及江苏省"公民道德与社会风尚协同创新中心"研究项目的阶段性成果。

的变革。[①]

与"以物观之"相对的是"以心观之"。较之"物"的对象性形态，"心"更多地表现为人自身的观念性存在；相应于此，"以物观之"体现的是对象性的观照，"以心观之"则主要以人自身的观念为出发点。这里的"心"泛指广义的意识或精神，包括感觉、理性、情感、直觉等，由之，"以心观之"则或者表现为世界向感觉、理性、情感、直觉等的还原，或者以构造思辨的世界图景为形式。在宽泛的意义上，"以心观之"似乎既涉及对世界的理解和说明，也关乎对世界的变革：以"心"构造世界，总是渗入了一定的价值理想。然而，以"心"为本的进路不仅趋向于消解世界的实在性，而且赋予变革世界的过程以思辨性和抽象性。

随着哲学向语言学的所谓转向，从语言的层面理解世界或"以言观之"成为另一种趋向。这一意义上的"以言观之"一方面涉及对象性的世界，另一方面又以语言层面的描述和分析为把握世界的主要方式。在"以言观之"的进路中，"存在"不仅被纳入语言之中，而且往往以语言本身为界限，即对世界的把握无法越出语言的界域。以此为背景，人所达到的往往只是语言，而不是世界本身。从其本来的形态看，语言既是特定形式的存在，又是达到存在的方式。当语言所体现的存在规定被不适当强化之时，它本身便可能被赋予终极的规定，与之相辅相成的是把握存在的手段或方式本身被抽象化为存在之源。不难看到，这一进路所趋向的是化存在为语言，由此，真实的世界无疑容易被掩蔽。

基于"物"、本于"心"、诉诸"言"，体现了理解与变革世界的不同进路。从实质的层面看，对世界的理解和变革，总是关联着本然世界向现实世界的转换。本然世界也就是自在的世界，在本然的形态下，世界尚处于人的理解和变革过程之外，唯有当人以不同的方式作用于其上，理解世界和变革世界的问题才开始发生。宽泛而言，人作用于世界的过程，也

[①] 庄子曾提到"以道观之，物无贵贱；以物观之，自贵而相贱；以俗观之，贵贱不在己。"（《庄子·秋水》）这里的"以道观之"主要侧重于基于齐物的视域而等观贵贱，与之相对的"以物观之"，则意味着偏离以上视域而从对象自身的角度出发，由此贵贱相分（自贵而相贱）。在引申的意义上，"以物观之"又涉及对天人关系的理解，表现为不同于"以人观之"的视域，这一意义上的"以人观之"侧重于从人的价值目的和价值需要出发去理解和规定天人关系，"以物观之"则主要着眼于自然本身的法则。本文所说的"以物观之"，与以上二重含义有所不同。

就是"事"的展开过程。如前所述,"物"表现为对象性的存在,"心"以观念性为其存在方式,"言"则既在意义层面与心相涉,又表现为形式的规定。相对于此,"事"首先与人的现实活动相联系,中国哲学对"事"的界说,便侧重于此:"事者,为也"(《韩非子·喻老》);"作焉有事,不作无事";"举天(下)之事,自作为事"①。这里所说的"为"和"作",都表现为人的现实活动。《尔雅》将"事"释为"勤",又以"劳"界说"勤"(《尔雅·释诂》),同样指出了"事"与人的劳作等活动之间的关联。以人之所"为"、人之所"作"以及"勤"("劳")为"事",表明的是"事"以人的现实活动为具体内容。引申而言,"事"同时指人之所"作"或所"为"的结果,在许慎"史,记事者也"(《说文解字》)的界说中,"事"便表现为人的历史活动的结果。《尔雅》则在更广的意义上把"绩"界定为"事"(《尔雅·释诂》),此所谓"绩",包括通过人之所"作"而形成的功业、成就等,从而可以视为"事"之结果或已成之"事"。相对于"以物观之"的对象性观照、"以心观之"的思辨构造,上述视域中的"以事观之"意味着基于人的现实活动及其结果以理解世界和变革世界。

以人的现实活动及其结果为指向,"事"同时又表现为具有哲学内涵的文化观念。这一意义上的"事"与"道"既有关联,又包含不同的规定。"道"作为表示普遍存在原理的范畴,具有形而上的性质,所谓"形而上者谓之道"也表明了这一点。相形之下,"事"既涉及形而上之维,所谓"事即道,道即事"②,又关乎形而下之域:作为人的具体所作,"事"不仅展开于特定的境域,而且指向特定的对象。前文已提及,庄子曾有"以道观之,物无贵贱"(《庄子·秋水》)之说,其强调的是从齐物的视域考察存在,在引申的意义上,也可以将"以道观之"视为从形而上的层面理解世界。后一意义上的"以道观之"与"以事观之"同样具有相异意蕴:相对于前者的形上视域,后者更侧重于形上和形下的交融。

---

① 《恒先》,载《上海博物馆藏战国楚竹简》(三),上海古籍出版社2003年版,第112页。
② 王守仁:《传习录上》,载《王阳明全集》,上海古籍出版社1992年版,第10页。

作为人之所"为"或人之所"作","事"不仅以人把握和变革世界的活动为内容，而且也以人与人的互动和交往为形式。人的存在离不开作"事"，从经济领域的生产、商贸到政治领域的权力运用，从文化领域的艺术创作到科学领域的实验、研究，由此进而延伸到生活世界中的日用常行，人所作之"事"展开于不同方面。就"物""心""言"与"事"的关系而言，只有在作"事"的过程中，"物"才进入人的视域，并成为人作用的对象，也只有在这一过程中，"心"和"言"才能逐渐生成并获得多方面的内容。离开人所作之"事"，"物"仅仅呈现自在或本然的形态；外在于人所作的多样之"事"，"心"难以摆脱抽象性和思辨性；同样，在广义的"事"之外，"言"及其意义也无法取得现实品格。

相应于人的多样活动，"事"不仅以时空中展开的对象性活动为形式，而且包括观念性活动。此所谓对象性活动既表现为实际地作用于相关对象，也涉及人的能力、本质在对象中的外化或外在展现；观念性活动则与广义的认识、科学考察、艺术创作等过程中的意识之维相联系。从作"事"的主体方面看，这里同时关乎"身"与"心"及其相互关系。对象性活动基于"身"，但又离不开"心"：作为"事"的对象性活动，总是展开为身与心的交融；观念性活动与"心"相涉，但也无法疏离于"身"：在科学、艺术、终极关切等观念领域，其中的观念性活动不仅涉及以感官为依托的直观，而且其内容直接或间接地源于通过"身"而展开的对象性活动。进而言之，人的对象性活动与观念性活动同时又总是伴随着"言"的运用，后者既与"声"和"形"等感性之物相关，又与意义等观念形式相联系。就"事"之所向而言，无论在观念性的层面，抑或对象性之域，"事"都涉及"物""心""言"的交互作用。换言之，在"事"的具体展开过程中，对象性活动（或感性活动）、观念性活动以及语言活动（不限于狭义上的以言行事）总是无法截然相分。从这方面看，"以事观之"并非完全隔绝于"心""物"和"言"。

对象性与观念性主要表现为广义之"事"的不同展开形式。从实质的指向看，"事"具体关联着化本然世界为现实世界的过程。本然世界属自在的存在，它固然具有实在性，但对人而言尚未呈现实际的意义；现实世界则生成于人的作用过程，并打上人的不同印记。以扬弃世界的本然性为指向，"事"既关乎对世界的说明，也涉及对世界的变革。说明世界以理解和把握世界为内容，其过程则离不开"事"，不仅对相关对象的把握发生于"事"之中，而且理解世界的过程本身表现为"事"的展开：无论是经验观察抑或理论解释，都无法与人所从"事"的探索活动相分。"事"的以上形式，更多地体现了前面提到的观念性之维：从常识视域中的世界到科学的世界图景，都不同于本然的存在形态而表现为被把握的世界。以人所从"事"的理解过程为前提，这种世界图景既蕴含着人的作用，也具有观念的形态。相对于世界图景的观念形态，通过实际地变革对象而形成的现实世界，主要表现为人化世界的实在形态，这种实际的变革过程，同时以"事"的对象性活动为内容。中国哲学所谓"赞天地之化育"，便涉及后一意义上的现实世界与人所作之"事"的关联。

  人化世界的观念形态与实在形态在超越本然存在这一点上，都可被视为广义的现实世界。世界的现实形态基于人所作之"事"，人自身也在参与多样之"事"的过程中认识自己并获得现实的规定：前者表现为认识世界和成就世界的过程，后者则以认识自我和成就自我为内容。以人与现实世界的关系为视域，具有综合意义的"事"较之单一的"物""心""言"，呈现出更为本源的性质；"以事观之"也意味着从更为本源的层面理解世界和成就世界，理解人自身和成就人自身。

二

  从作用于世界这一层面看，"事"与"实践"无疑具有相关性。在哲学史上，亚里士多德是较早对实践作考察的哲学家。按亚里士多德的理解，思想（thought）可以划分为实践的、生产或制作的（productive）与理论的三种形态[①]。在思想的以上形态之后，是人的相关活动。这一视域中的实践，主要以政治、伦理的活动为内容，与之相对的制作则关联着生产性、工艺性、技术性的活动。亚里士多德将实践与伦理及政治活动联系起来，而把制作活动置于实践活动之外，这一看法对此后关于实践的理解有着悠深的影响。康德在考察纯粹理性或理论理性的同时，也以实践理性

---

  ① Cf. Aristotle, *Metaphysics*, 1025b25, *The Basic Works of Aristotle*, Random House, 1941, p. 778.

为讨论的重要论题。康德所说的实践理性同样首先与伦理领域相联系。在区分理论理性与实践理性的同时，又将实践主要与伦理等活动联系起来，这一思路与亚里士多德无疑有前后相承之处。

较之亚里士多德和康德首先从伦理或道德的层面考察实践，黑格尔对法律、政治之域给予了更多的关注。在黑格尔看来，道德涉及的主要是"应当"如何的问题，法律、政治之域的活动则更多体现了现实之维。在从政治、法律等层面考察实践活动的同时，黑格尔对实践本身也给予了更广义的理解。在《精神现象学》中，黑格尔赋予行动或实践以三个环节，即（1）"目的"；（2）"目的的实现"或"达取目的的手段"；（3）"被创造出来的现实"。① 在《逻辑学》中，黑格尔进一步指出，目的作为观念性的存在，最初呈现主观的性质，对象世界则具有外在性，实践或行动一方面扬弃了目的的主观性，另一方面又克服了对象的"现象"性、"外在"性。② 对实践的以上理解，已不限于伦理、政治、法律等领域，而是同时关乎人作用于外部世界的广义形式。不过，黑格尔同时又将实践活动纳入理念、精神、逻辑之域，对黑格尔来说，目的性的活动及目的与手段的关系可被理解为"推论"的过程③，这一看法固然在某些方面折射了实践的现实进展，但以"推论"表示以上关系，似乎更多地侧重于理念之域的逻辑转换。就此而言，黑格尔对实践的理解无疑仍具有思辨性与抽象性。

马克思对实践的理解，已开始突破西方哲学的以上传统。与亚里士多德及康德对实践的理解有所不同，马克思首先将实践与劳动、生产过程联系起来。按马克思的理解，"整个所谓世界历史不外是人通过人的劳动而诞生的过程，是自然界对人说来的生成过程，所以，关于他通过自身而诞生、关于他的产生过程，他有直观的、无可辩驳的证明。因为人和自然界的实在性，即人对人说来作为自然界的存在以及自然界对人说来作为人的存在，已经变成实践的、可以通过感觉直观的，所以，关于某种异己的存

---

① 参见黑格尔：《精神现象学》上卷，贺麟、王玖兴译，商务印书馆1983年版，第264页。

② 参见黑格尔：《逻辑学》下卷，杨一之译，商务印书馆1976年版，第528页；第436、437页。

③ 同上。

在物、关于凌驾于自然界和人之上的存在物的问题,即包含着对自然界和人的非实在性的承认的问题,在实践上已经成为不可能的了"[1]。这一视域中的实践,已不再与制作及工艺性的活动相对而限于伦理、政治等领域,相反,制作及工艺性的活动构成了实践的题中之义。在马克思看来,以劳动为本原的形式,实践不仅创造了人,而且也造就了属人的世界。与之相联系,实践也不再是黑格尔意义上的理念活动或逻辑的推论,而是首先表现为现实的感性活动,后者包括人与自然之间的物质交换,其本身在呈现社会品格的同时,又展开为一个历史的过程。在马克思以前,培根曾区分了"实践方面的不同分支",并将其中的一种形式与"物理学之下"的"机械学"联系起来[2],这一视域中的"实践"与培根之前的亚里士多德对实践的理解,无疑有所不同:"物理学之下"的"机械学"涉及科学、技术层面的活动,就此而言,培根似乎已扩展了亚里士多德的实践概念。不过,在培根那里,以上方面的思想尚未取得明确的形式并得以充分展开。相形之下,上述马克思的劳动范畴,则在广义上包括与科学、技术相关的活动。劳动展开于生产过程,这一过程在近代以后与科学、技术领域的活动便愈来愈难以相分。更值得注意的是,在马克思的实践观中,劳动被赋予本原的意义,人与自然的互动以及人与人的社会关系则奠基于其上。

与"实践"相近而又有不同侧重的是"行",后者在中国哲学领域得到了较多的考察。对中国哲学而言,社会领域的诸种活动,都表现为人之"行",这一意义上的"行"首先又展开于伦理、政治领域与日常的生活世界,它构成了伦理关系以及更广意义上社会生活的形成与延续得以可能的前提。尽管中国哲学也肯定赞天地之化育、制天命而用之,其中涉及对存在的广义变革,但相对来说,通过日用常行以成就人自身并延续至广义的社会生活,无疑被赋予某种优先性。事实上,基于多样之"行",伦理生活与日常生活在中国哲学中往往趋于融合:"穿衣吃饭,即是人伦物理;除却穿衣吃饭,无伦物矣。"[3] 在此,日常之"行"展开于穿衣吃饭

---

[1] 马克思:《1844年经济学哲学手稿》,人民出版社1985年版,第88页。
[2] 参见培根:《新工具》,许宝骙译,商务印书馆1984年版,第116—117页。
[3] 李贽:《答邓石阳》,载《焚书》卷一,中华书局1974年版,第10页。

的日常活动，人伦日用则体现于其中。

不难注意到，在西方的哲学传统中，对"实践"的理解经历了从伦理、政治领域进而扩展到科技、劳动等领域的转换，政治、伦理领域的活动以人与人的交往为内容，劳动则既涉及人与人的关系（生产关系），又关乎人与物的互动。这一意义上的实践首先表现为社会性、群体性的活动；相形之下，生活世界中的日用常行，以及日常之行的个体之维，则似乎未能进入上述"实践"的视野。相对而言，中国哲学传统中的"行"在侧重于伦理行为的同时，又首先与日用常行中的个体行为相联系，两者主要都限于人与人的交往，而缺乏人与物的互动等方面的实际内容。较之"实践"与"行"的以上内涵，作为人之所"作"或人之所"为"的"事"，展现了更广的涵盖性，不仅亚里士多德所划分的思想形态背后的实践活动、生产或制作活动以及理论活动都包含于广义的"事"之中，而且不同哲学传统中的"实践"和"行"本身，也表现为"事"的不同形式。就中国哲学而言，"日用即道"是其基本的观念之一，这里的"道"主要表现为形上之维的存在原理，只是这种存在原理无法疏离于形下层面人的日常活动："道不远人。人之为道而远人，不可以为道"（《中庸》）；"道者，非天之道，非地之道，人之所以道也，君子之所以道也"（《荀子·儒效》）。"道"体现于其中的日用常行，本身即属广义之"事"，在此意义上，"日用即道"同时表现为"即事是道"①，而"道"本身唯有通过"事"而把握："圣贤之道，未有不于行事见而但于言语见者也。"② 从更深层的方面看，"事"与人的不同需要、多样的存在情境、特定的时空条件等相联系，包含具体的品格。"实践"和"行"在实质上以"作"不同意义上的"事"为指向：离开了多样之"事"，其形态将呈现空泛性和抽象性；唯有关联不同之"事"，这种抽象性才能被扬弃。

进而言之，在实践、生产或制作以及理论的区分中，蕴含着实践活动与认识活动的分野。中国哲学论域中的"行"则与"知"相联系。事实

---

① 王艮：《心斋语录》，参见黄宗羲《明儒学案》卷三十二，载《黄宗羲全集》第7册，浙江古籍出版社2005年版，第835页。

② 阮元：《论语解》，载《揅经室集》（上），邓经元点校，中华书局1993年版，第49页。

上,"知行之辨"构成了中国哲学的重要论题。在知与行、认识与实践相对的语境中,"实践"与"行"在广义上既涉及与"身"相涉的感性活动,也包括观念层面的活动,"知"或"认识"则可以主要表现为观念性(精神性)的活动。与之相对,从实质的内涵看,"事"作为广义的人的活动兼涉认识与实践、知与行。如前所述,以意识活动或精神活动为内容的"认识"或"知"也可以包括在表现为人之所"作"的"事"之中。奥斯汀曾提出"以言行事(to do things with words)"①,这一意义上的言说尽管可以形成外在的社会后果,但其本身又不同于实际作用于外在对象的感性活动而呈现观念的形式;借助于"言"而展开的"事",也相应地首先与观念性活动相联系。就"事"的以上内涵而言,不仅"实践"和"行"属于人所从"事"的活动,而且"认识"和"知"也表现为人所"作"之事。相形之下,认识与实践、知与行固然相互关联,但无法相互包含。历史地看,王阳明在"知行合一"的前提下,强调"一念发动处,便即是行"②,由此不免表现出"销行入知"的倾向。而实用主义则由强调"脱离了具体行动和造作的理论是空洞无用的"③,进而趋向于以"行"界定"知"。在实用主义者看来,"经验首先不是知识,而是动作和遭受的方式"④。同样,感觉的意义也只是为"行为"提供刺激⑤,这里多少蕴含着"融知于行"或"销知入行"的观念。与以上二重趋向相对,基于"以事观之"的方式,不仅"实践"和"行"表现为人"作事"的过程,而且"认识"和"知"也分属所"从事"的活动,两者统一于人所作之"事"。

按其实质的意义,无论是认识与实践的互动,还是知行之辨,都同时关联着说明世界和改变世界的不同进路。当认识与实践、知与行分属人的不同存在领域时,说明世界和改变世界往往难以统一。众所周知,马克思曾对以往哲学作了如下批评:"哲学家们只是用不同的方式解释世界,问

---

① Cf. J. L. Austin, *How to Do Things With Words*, Harvard University Press, 1975.
② 王守仁:《传习录下》,载《王阳明全集》,第 96 页。
③ 杜威:《确定性的寻求》,童世骏译,上海人民出版社 2005 年版,第 217 页。
④ J. Dewey, A. W. Moore, et al., *Creative Intelligence: Essays in the Pragmatic Attitude*, Henry Holt and Company, 1917, p. 7.
⑤ 参见杜威:《哲学的改造》,许崇清译,商务印书馆 1989 年版,第 46—47 页。

题在于改变世界。"①从另一角度看，马克思所批评的现象也折射了说明世界（解释世界）和改变世界在以往哲学中的分离，而这种分离的逻辑前提之一，则是认识与实践、知与行的彼此悬隔。以"事"为视域，意味着扬弃认识与实践、知与行的以上相分，说明世界和改变世界则将由此获得统一的根据。

如前文已提及的，作为说明世界和改变世界的现实之源，"事"既不同于思辨形态的"心"而具有实在的品格，也有别于对象性的"物"而具有能动性。马克思曾指出："从前的一切唯物主义（包括费尔巴哈的唯物主义）的主要缺点是：对对象、现实、感性，只是从客体的或者直观的形式去理解，而不是把它们当作感性的人的活动，当作实践去理解，不是从主体方面去理解。因此，和唯物主义相反，能动的方面却被唯心主义抽象地发展了，当然，唯心主义是不知道现实的、感性的活动本身的。"②这里所说的"从主体方面去理解"，与从"人之所作去理解"具有一致性。在此意义上，"从主体方面去理解"既指向作为"现实的感性活动"的实践，也关乎人所作之"事"；后者在超越"以物观之"和"以心观之"的同时，也以前述"实践"和"行"为题中之义，从而在说明世界和改变世界的过程中展现了更广的涵盖性。

从另一视域看，实践在越出伦理、政治之域而被赋予更广内涵之后，往往又走向认识论领域并被视为认识论范畴，在"认识来源于实践""真理由实践检验"等观念中，实践论与认识论进一步趋于重合。相对于此，与主要展开为日常伦理活动一致，中国哲学中的"行"常常更多地被视为伦理学的范畴，所谓"行之，明也；明之，为圣人"（《荀子·儒效》）便表明了这一点：这里的"圣人"主要表现为德性完善的人格，而"行"则以达到这种完美的道德人格为指向。在以下之论点中，上述观点得到了更具体的表述："何以谓之德？行焉而得之谓也。何以谓之善？处焉而宜之谓也。"③"行"在此同样首先被理解为道德践履，其目标则是德性的完

---

① 马克思：《关于费尔巴哈的提纲》，载《马克思恩格斯选集》第1卷，人民出版社1995年版，第57页。
② 马克思：《关于费尔巴哈的提纲》，载《马克思恩格斯选集》第1卷，第54页。
③ 王夫之：《礼记章句》卷四十二，载《船山全书》第4册，岳麓书社1996年版，第1483页。

善。较之"实践"的认识论意蕴与"行"的伦理学内涵,"事"既展开于化本然世界为现实世界的过程,从而关乎本体论之域,又兼涉认识活动和道德行为,从而渗入了认识论与伦理学意义。作为广义的人之所"作","事"体现了本体论、认识论、伦理学的交融。

三

"事"的哲学意义,在一些哲学家的研究中已得到某种关注,这里可以一提的是广松涉。作为20世纪的日本哲学家,广松涉先后著有《事的世界观的前哨》《存在与意义:事的世界观之奠基》等著作。"事的世界观"这一提法,无疑在形而上层面涉及"事"的哲学意义。不过,尽管将"事"与"世界观"联系起来,但广松涉对"事"本身的理解,首先关乎生物性意义上的视域。在他看来,"事"也就是"四肢的关系态",或"四肢的构造态"。[①] 在从认识论层面谈及"事的世界观"时,广松涉认为它的特点在于替代了以往的"主观-客观"的模式,而以"四肢构造"的样式表现出。[②] "四肢"作为与"身"相涉的器官,具有生物性的意义;从"四肢"的层面规定"事",似乎多少淡化了其作为人之所"作"的社会意义。

在广松涉那里,"事的世界观"主要表现为基于关系的世界观:在本体论上,它拒绝了对象界中的"实体的基始性"的认知,而肯定了"关系的基始性"。[③] 在《存在与意义:事的世界观之奠基》中,广松涉对此作了具体的论述:"'事'不是对事件以及事象的称谓,而是要在它们物象化之后才形成的时间、空间性结果,或者如同通过这些构造契机的物象化而形成'物'(广义的'东西')那样,是某种基础性的存在机制。如果暂且从与物的世界像的差异这一视角来说的话,可以说它是一种关系主义的存在观。关系主义认为:且不说所谓物的'性质',就连被视为'实

[①] 参见广松涉:《存在与意义:事的世界观之奠基》第1卷,彭曦、何鉴译,南京大学出版社2009年版,第452、464页。

[②] 参见广松涉:《事的世界观的前哨》,赵仲明、李斌译,南京大学出版社2003年版,"序言"第2页;"序言"第2页。

[③] 同上。

体'的东西，其实也是关系规定的'接点'。这种存在观认为：实体并不是独立存在，然后才第二性地形成关联，关系规定态才是原初的存在。"[①]可以看到，从"事"的角度考察世界，主要侧重于存在的关系性：以"事"为出发点，意味着肯定关系优先于实体。这一视域中的"事"大致被规定为与实体相对的存在形态，它既非展开为人的多样活动，也缺乏说明世界和改变世界的现实内容。

由此作进一步考察，则可注意到，广松涉虽然提出了"事的世界观"这一观念，但从其实际的理论表述看，却未能基于"事"的视域而对人与世界的关系以及说明世界和变革世界的过程作出系统性的论述。《事的世界观的前哨》和《存在与意义：事的世界观之奠基》可被视为广松涉在这方面的代表作。然而，《事的世界观的前哨》所讨论的主要是康德、马赫、胡塞尔的哲学以及物理学的存在概念、人类学方面的问题；《存在与意义：事的世界观之奠基》虽然以"事的世界观之奠基"为副标题，但通览全书，难以发现以"事"为内在脉络的具体讨论。该书第1卷诚然包含对"事"的若干分疏和解说，但这种解说主要本于"事"与"四肢"的关联；而在第2卷中，"事"则基本上付诸阙如，几乎看不到对"事"的实质性论述。如果说，将"事"主要与"四肢"以及实体和关系之辨联系起来，多少使"事"的讨论趋于思辨化，那么，"事"之"缺席"于存在理论或形上思想的展开过程，则使"事的世界观"的"奠基"显得空泛化。

结语

就把握世界的实质进路而言，以"事"观之，首先如前文所论，需要区分本然的世界与现实世界：当实在没有与人发生实质关联时，它以本然形式呈现；一旦人以不同的形式作用于实在并使之与人形成多重联系，实在便开始取得现实的形态。人对实在的作用，具体表现为多样之"事"，现实世界则形成于人所作的不同之"事"。作为扬弃了本然形态的存在，现实世界可被视为属人的世界。就现实世界基于人所作之"事"

[①] 广松涉：《存在与意义：事的世界观之奠基》第1卷，第3页。

而言，人在其中无疑呈现主导的意义，所谓"人者，天地之心也"（《礼记·礼运》）——从以上角度加以理解，显然有其所见。当然，这并不意味着无视世界本身的实在性，更不表明可以抽象地强化人的作用。人之化本然存在为现实世界，始终无法离开实然和必然，实然即实在的对象，必然则是其中蕴含的内在法则。以人与物的互动、人与人的交往为形式，人之所"作"总是依乎实然、循乎必然，体现于"事"的价值目的和价值理想，也既渗入了人的要求，又植根于实在。由上所论可见，基于"事"的视域考察中国哲学对于人与世界关系的构建，其可探索与延伸的空间还十分广大。

（作者单位：华东师范大学中国现代思想文化研究所暨哲学系）

儒佛道三教关系视域下的东方哲学与宗教[*]

洪修平　孙亦平

"东方"在今天似已成为与"西方"相对的、约定俗成的、习惯性使用的名词概念，但在实际使用时其内涵并不是十分确定。本文主要是从文化传播的角度，以"一带一路"对东西方文明的陆上贸易和文化交流之促进为历史背景来讨论"东方"，依次探讨从佛教在古代印度的创立；佛教进入中国后如何与儒道并列；佛教在与儒道的冲突和融合中如何形成以儒为主、以佛道为辅的三教关系，从而构成了中华传统文化的基本格局；以及中华儒佛道传入东亚国家和地区后如何表现出不同于中国的三教关系，并在与本土文化的结合中奠定了东方文化的"底色"，由此说明东方文化的独特性及其在世界人类文明中的地位和作用。在新时代构建人类命运共同体的今天，东方哲学与宗教给人类带来的东方智慧可以在世界文明交流互鉴中发挥更重要的积极作用。

一　佛教走进中国与儒道相遇

东方是人类最早的定居地之一，也是人类文明最早和最重要的发祥地。2019 年 5 月 15 日，习近平主席在亚洲文明对话大会开幕式上的主旨演讲中指出："璀璨的亚洲文明，为世界文明发展史书写了浓墨重彩的篇章，人类文明因亚洲而更加绚烂多姿。从宗教到哲学、从道德到法律、从

---

[*] 本文为国家社会科学基金重大项目"儒佛道三教关系视域下中国特色佛教文化的传承与发展研究"（18ZDA233）和国家社会科学基金重点项目"东方道文化与新时代人类命运共同体的构建研究"（19AZJ002）的阶段性成果。

文学到绘画、从戏剧到音乐、从城市到乡村,亚洲形成了覆盖广泛的世俗礼仪、写下了传承千年的不朽巨著、留下了精湛深邃的艺术瑰宝、形成了种类多样的制度成果,为世界提供了丰富的文明选择。"① 这里提到的亚洲文明,就是东方文明的重要代表。

东方哲学与宗教丰富多彩,是东方文明的重要体现,儒佛道三教则是其重要的组成部分,它们既成为博大精深的东方哲学与宗教的重要底色,也成为连接从南亚到东亚文明交流互鉴的鲜明主线。儒和道是中华传统文化的重要代表,佛教则最初起源于古代印度,"传入中国后,经过长期演化,佛教同中国儒家文化和道家文化融合发展,最终形成了具有中国特色的佛教文化,……而且使佛教从中国传播到了日本、韩国、东南亚等地"②。值得研究的是,具有浓郁东方色彩的印度佛教有着怎样的特点?它的向外传播,使印度文化与中国文化相遇,在长期的文化交流和文明互鉴中,如何促成了各具特色的儒佛道三教相融互补、三教并存,形成了中华文化的三大主干?儒佛道三教关系又如何在东亚各国传播中决定着东方哲学与宗教的多元化呈现?

从东方文化视域看,佛教在印度的产生有其深刻的历史文化背景。印度有着悠久的东方文明传统,印度文化有着追求精神超越永恒的文化主题,以及由此而表现出的和谐精神、出世精神和包容精神。从远古的印度河文明时代到吠陀时代,乃至婆罗门教和佛教时期,都延续着印度文化的主题,传承着东方文明的智慧。但在印度文化土壤中产生和发展起来的印度佛教,又是在新的社会文化背景下产生的,在一定意义上又是对传统婆罗门教的反动。③ 佛陀时代的印度思想界非常活跃,从总体上看,我们基本上可以划分出两大思潮,即由公元前2000年印度古代的吠陀教而来的正统婆罗门思潮和新兴的流派众多的反婆罗门思潮,后者也被通称为"沙门思潮"。佛教作为"沙门思潮"中的一种,是以反对婆罗门教的姿态登上历史舞台的,其最鲜明的特征是对婆罗门教的各种主张都采取了批

---

① 习近平:《深化文明交流互鉴,共建亚洲命运共同体——在亚洲文明对话大会开幕式上的主旨演讲》。

② 习近平:《2014年3月27日在联合国教科文组织总部的演讲》。

③ 关于印度文明和印度文化精神,参见洪修平、陈红兵著《中国佛学之精神》(复旦大学出版社2009年版)第二讲第一节"印度文化精神"。

判的态度，但在与婆罗门教和其他各种学说的针锋相对中，也通过不断借鉴吸收各家学说，融会贯通地创立了自己的教义思想学说。就一定意义而言，佛教可以说是以非正统的身份传承发展着印度文明的传统。一方面，它与正统婆罗门教有着共同的印度文化传统，在讲求轮回解脱的说教中表现出了印度文化的出世精神、包容精神和追求人与人、人与自然、人与社会和谐的精神。另一方面，基于对现实人生痛苦的思考，佛教又以异端的面目来表达印度文明。这从佛教强调"缘起""无我"，反对婆罗门教关于有万能的造物主（大梵天）和不死的灵魂（神我）的说教，在破除婆罗门教神创论、神意决定一切的同时，又主张轮回和解脱，并重视对人生问题的探讨、强调种姓平等和人的解脱等教义学说中即可见一斑。

释迦牟尼有感于现实人生的种种痛苦而致力于追求永超苦海的极乐，这既表现了印度文化的出世追求，又把解脱落实在人之上，它用缘起论来分析人的生老病死，用四谛说来说明人生痛苦的原因及摆脱痛苦的途径、方法和境界，从人生哲学的角度丰富了印度文化的内容。佛教的解脱论十分强调无上智慧（菩提）的获得，突出智慧在人的解脱中的根本作用，最终又把人的解脱归结为心的解脱[①]，追求一种大彻大悟的理想境界。这种对"慧解脱"的强调，与婆罗门教宣扬依靠大梵天神力而获得拯救和解脱有着明显不同，却与中国儒、道文化中重心性的传统十分相似。这种宗教性格表现出了东方文化的气质，也决定了佛教从创立之初就更多具有一种宁静平和的超脱精神。这也是其在后来从印度到中国再到东亚各国的一路发展中，始终能够与不同的文明、不同的民族文化相融共处，而没有发生大规模暴力对抗或宗教战争的重要原因。佛教对人生的关注及其对永恒幸福的追求，虽然是通过离此生此世之苦、求来生彼岸之乐的出世解脱理论表达出来的，却提供了与关注现世现生的社会和谐与人生幸福为根本追求的中国儒、道相沟通与融合的契机和桥梁。

西汉建元三年（公元前138年），汉武帝派张骞等人出使西域，客观上开拓了中西方的交通，举世闻名的"丝绸之路"为佛教的东进创造了条件。印度佛教大约在公元前1世纪就北经大夏、大月氏等国，再东逾葱

[①] 《阿毗昙论》卷二十七云："若心不解脱，人非解脱相应。……若心解脱，人解脱相应。"（《大正藏》第28册，第698页中）

岭而传到了中国西北部的龟兹（今新疆库车）、于阗（今新疆和田）等地区，并进一步向中国内地传播。佛教传入中国后，就与儒、道在冲突和融合中构成了复杂的三教关系。

佛教走进中国，为什么主要会与儒道相遇？历史悠久的中华文化至今有五千多年的历史，其在殷周之际出现了重要的人文转向，即由神本向人本的转移以及人道主义思潮的出现，这成为春秋战国时期出现的儒、墨、道、法等诸子百家最直接的思想之源。[①] 儒道两家的创始人孔子和老子，与佛教的创立者释迦牟尼一样，在他们那个时代，面对上古以来两千五百年左右的文化传统，在传承各自文明传统的同时作出了创造性转化和创新性发展，分别建立起了各自独特的哲学与宗教体系，从不同方面丰富了东方文化的内容与形式。中华文化博大精深，诸子百家各显风采，但又有着共同的文化特质和价值追求，即始终关注现实的社会和人生，以社会的和谐与人生的幸福为终极目标，这在儒、道两家中表现得最为充分。从思想史的角度看，儒、道两家可谓同源异流，以不同的文化形态和思想特点传承发展着中华文明传统。其中，儒家思想长期居于主导地位，成为中华传统文化的主流和基础。儒家思想以"仁"为核心，强调仁和礼的相辅互动，表现出了其对理想社会和美好人生的向往与追求。与此形成对照的是，道家则崇尚自然无为，并批判性地提示要防止道德文明的虚伪性和工具化倾向，表现出其根本价值取向是向往真正符合人性的和谐社会与美好人生。儒道两家分别从重人伦和重自然的角度，发挥了中华文化的人文精神，两家相异互补，殊途同归，因此，从战国中期以后就表现出了融合倾向，逐渐出现了融道法名辨的新儒家和兼儒墨之善的新道家。秦汉以后，儒道两家更是从诸子百家中脱颖而出，发挥着特别重要的作用，成为中华文化的两大支柱，既主导着中华文化的发展方向，又代表着中华文化迎接外来佛教的到来。

两汉之际传入中土的佛教，面对的是汉武帝"罢黜百家，独尊儒术"之后的儒学，而当时真正在思想界占统治地位的官方儒学是和阴阳五行说合流后又不断谶纬迷信化的"今文经学"，这种日趋烦琐的理论到东汉后

[①] 参见洪修平：《殷周人文转向与儒学的宗教性》，《中国社会科学》2014年第9期，第36—54页。

期已经逐渐失去了维系统治的作用，正统地位发生了动摇。因此，在东汉末年的思想文化领域内一度出现了比较活跃的情况，先秦诸子学说纷纷再兴，特别是名法和道家思想日益受到人们的重视，玄学处于酝酿之中，这样的思想文化背景显然是有利于佛教传播的。而佛教进入中国时面对的道家，则已经从汉初的黄老之学逐渐向黄老之道过渡，熔多家学说和各种道术于一炉，而以道家思想为理论主干的中国道教正在孕育之中。道教在形成发展的初期，对外来佛教多有借鉴，并常将佛教引为同道，而佛教在初传之时也常被理解为道术的一种而在社会上流传。

但中国的儒道和外来的佛教毕竟分属于不同的文化系统，有着不同的民族文化传统和社会背景。佛教的出家修行、出世解脱等与儒道的社会人生理想存在着鲜明的差异，因而遭到了来自儒、道等方面的批评、反对和排斥。例如被斥之为不忠不孝，违礼悖德，与道家崇尚的质朴无为之道也不相合。但佛教既懂得入乡须随俗的道理，其本身又具有"随机""方便"等理论依据，因此从一开始就十分注意与儒道调和关系。这从最早的佛经翻译就表现得很充分。

汉代的佛事活动以译经为主，当时的洛阳成为佛教译经事业的重镇。在众多的传译中，以安世高译介的小乘禅学和支娄迦谶译介的大乘般若学在中土影响最大，这也与他们借用儒道思想和术语来进行翻译，从而有助于中国人理解有一定的关系。例如，安世高译出的《安般守意经》中用"无为"来表示"涅槃"义[1]，支娄迦谶译出的《道行般若经》中则用"自然""本无"等来表示佛教的"缘起性空"思想[2]。汉代的译经还有把"释迦牟尼"直接译为"能仁"的。这样的译经当然会影响到中土人士对佛教的理解，也有助于佛教走进中国，于是我们就看到了东汉时楚王刘英"诵黄老之微言，尚浮屠之仁祠"（《后汉书·楚王英传》），说明时人往往以传统的老庄之道和周孔之教来理解佛教。佛教译经对儒道的借鉴吸取，表现出三教关系在中印两种不同文化的相遇碰撞中逐渐形成。

成书于汉末三国时的牟子《理惑论》比较集中地反映了佛教传入初

---

[1] "安般守意，名为御意至得无为也。"（《大正藏》第15册，第163页下）
[2] 如译"诸法性空"为"诸法本无"（《大正藏》第8册，第450页上），用"色之自然"来表达"色即是空"（《大正藏》第8册，第441页下）。

期与儒道的相遇碰撞和冲突调和,也是儒佛道三教关系正式确立的重要标志。其作者经常引用孔子和老子的话语来论证佛教与儒道思想并无二致,并在中国历史上最早提出了佛道儒三教一致论。值得注意的是,该论又引用《老子》之说对神仙之术进行了批评,认为"神仙之书,听之则洋洋盈耳,求其效,犹握风而捕影……老子著五千之文,无辟谷之事"(《弘明集》卷一《理惑论》),表明随着佛教在中土的传播,人们对佛教有了更多的了解,已经开始能将佛教与神仙方术区别开来。这从一个侧面反映出佛教在中土的发展已开始逐步摆脱黄老方术而趋向与魏晋玄佛合流过渡,儒佛道三教在冲突中融合、在融合中发展的复杂关系逐渐走进一个新的阶段。

魏晋时期出现的玄学思潮可被视为儒道的结合。儒家重伦理名教,道家讲天道自然,两者分别从名教和自然这两种不同的致思路向来探讨社会和人生理想。人是自然的人,又是社会的人。如何遵守礼法而又不违人性自然,就成为玄学家的理想追求。玄学的名教自然之辨,就是希冀既破除不合人性自然的名教,又为合理合道的名教提供本体论依据,这样,以老子自然之道来会通儒家名教就成了玄学的最佳选择。从儒道关系看,这既是对战国秦汉以来儒道合流的延续,又是对此在理论上作出的探讨与总结,并奠定了中国传统文化儒道互补的基本框架,也对佛教传入以后中国文化形成儒佛道三教关系产生了重要影响。

儒道两家同源异流,异流合道,两者犹如阴阳互补般地展现着中华文化之两极,并为迎接、容纳和吸收外来的佛教提供了思想文化背景。而魏晋玄学的儒道结合和名教自然之辨,在哲学层面上是以注解《老》《庄》《易》"三玄",通过本末、有无等名词概念的辨析来展开的,这与主要以有无之辨来阐发缘起性空的大乘佛教般若学在论证方式和理论表达形式上有相似和相通之处,因而为佛教依附玄学创造了条件,魏晋玄风大倡也造就了佛教的"因风易行"[①],并与玄学合流而产生了"六家七宗"等玄学化的佛教学派。由于玄学本质上是儒道之融合,因而玄佛合流也就具有了三教融合的重要意义,三教关系也就在思想文化领域拉开了三教并存、融合发展的大幕。

---

① 道安:《鼻奈耶序》,《大正藏》第 24 册,第 851 页上。

汤用彤先生曾认为，"魏晋玄学者，乃本体之学也"，"中国之言本体者，盖可谓未尝离于人生也"，而"佛教原为解脱道，其与人生之关系尤切"[1]。这从一个侧面揭示了印度佛教与中华学说的相通之处，也表明了佛教依附魏晋玄学而展开的三教关系在未来的发展将会"始终不离人生这个基点"的基本特色。

经过南北朝时期儒佛道三教关系的全面展开，相互之间冲突与磨合、借鉴与融合，三教关系逐渐从《理惑论》的"儒佛道都有助于社会教化"的三教一致论，逐渐发展到了唐代的"三教鼎立"和"三教融合"，儒佛道三教不再纠结于相互的争斗，而是更多地融合吸收另外两家的长处，不断充实自己、发展自己，从而形成了三教在并存中竞争、在相异互补中融合发展的新局面。于是，中国思想舞台上先后出现了以佛教为本位、融三教于一家的典型中国佛教宗派——禅宗，出现了基于道教立场而主张"教虽分三，道乃归一"[2]的全真道，也出现了以儒家为本位而兼融佛道的宋代新儒学（理学和心学）。中华文化经过上千年的演变发展，入宋以后终于形成了"三教合一"的基本格局，三教关系进入了一个全新的阶段，儒佛道三教在中国这块土地上最终确立了以儒为主、以佛道为辅的最佳组合形式。

当然，思想的碰撞和文化交流并不总是一帆风顺的。三教的融合也是在不断冲突中实现的。因为三教毕竟是有很多差异的，例如佛教讲因缘，道教讲自然，而儒家强调人伦。三教相异，就会有争论，但也正因为相异，所以才能互补，而中华文化关注现实社会人生的"人学"特质又为三教的相异互补提供了坚实的基础[3]，从而使三教在追求人生幸福这个共同基点上分别发挥着各自不同的作用。如古人所说的"以佛治心，以道治身，以儒治世"[4]，这正体现了中华文化强调"和而不同"的包容与融合，是中华文化和谐精神的生动体现。这既与印度文化表现出某种共同的

---

[1] 参见汤用彤：《汉魏两晋南北朝佛教史》上册，中华书局1983年版，第191—192页。
[2] 张伯端：《悟真篇序》，《道藏》第2册，第914页上。
[3] 参见洪修平：《从"三教"关系看传统文化的"人学"特质》，载《中国传统思想文化与廿一世纪国际学术研讨会论文选集》，南京大学出版社1992年版，第152—162页。
[4] 刘谧之《三教平心论》引南宋孝宗皇帝语。这既是对儒佛道三教实际发挥作用的概括，其实也指出了包括儒学在内的三教各自的理论局限性。

东方文化气质，又有着中华文明特有的精神风貌和思想智慧。

儒佛道三教经过交互影响、相融互补的复杂关系，最终成为中国传统思想文化的三大重要组成部分，或曰三大主干。如陈寅恪先生所说："自晋至今，言中国之思想，可以儒释道三教代表之。此虽通俗之谈，然稽之旧史之事实，验以今世之人情，则三教之说，要为不易之论。"① 由此可见，中华文化由于佛教的传入，内容更加丰富多彩，底蕴更加深厚，发展更具活力。这是"文明因交流而多彩，文明因互鉴而丰富"②的生动体现和历史写照。

佛教融入中华文化，是通过"同中国儒家文化和道家文化融合发展，最终形成了具有中国特色的佛教文化"，亦即通过三教关系而得以实现的。佛教与儒道构成的三教关系，既构成了汉代以后中国思想文化发展的重要内容，也在相当程度上决定着整个中华文化的特点及其发展走向。而中国的儒佛道又东传至日本、朝鲜和越南等周边国家，对东亚国家和地区产生了重要影响，这些国家虽然与中国同属东亚，但由于不同的自然社会环境和历史文化传统，其中的三教关系也表现出了不同的特点，并相应地形成了各自不同的富有民族特色的哲学与宗教。

二　儒佛道三教关系与东亚社会

从历史上看，东亚世界自古以来就有着不同的民族文化传统和独特的宗教信仰，形成了多民族、多国家、多语言、多宗教共存的景象。从秦朝徐福海上求仙，到唐朝建立后，中国不断地通过册封朝贡、经济贸易、学术交流等方式促进古代东亚各国的经济发展与文化繁荣，同时也使中国的儒佛道三教随着语言文字、政治制度、器物制造、经史典籍等逐步地传播到东亚各国。在19世纪之前，东亚各国既承继着本民族的文化传统，又始终以中华文明为中心，保持着文化交流的不间断性及文化内涵的相似性，这成为在东亚各国传播的儒佛道三教必须面对的复杂境况：它既是一

---

① 陈寅恪：《金明馆丛稿二编》，生活·读书·新知三联书店2001年版，第283页。
② 习近平：《在纪念孔子诞辰2565周年国际学术研讨会暨国际儒学联合会第五届会员大会开幕会上的讲话》。

种在东亚各地传播的地方性知识,又是东亚汉字文化圈的共同性知识。因此,儒佛道三教在东亚幅员辽阔、民族众多的广袤土地上,受不同民族文化和社会习俗的影响,既延续着中国儒佛道三教之间的复杂关系,也关涉与东亚各国本土文化的冲突与交融问题。

在中华文化的持续影响下,东亚各国在农耕经济的生产方式以及礼仪、饮食、文化习俗等方面具有一定的共通性,大多具有吃稻米、用汉字、传播儒佛道文化等传统。日本学者西岛定生(1919—1998)据此把东亚视为一个完整的、自律的世界。[①] 正是以汉字和中华文明为媒介,中国与周边近邻互相促进,形成了一个具有同质文化丛的独立的"东亚文化圈",或称"东亚汉字文化圈",汉字的使用为中国儒佛道三教在东亚世界传播提供了工具手段和文化依据。

然而,儒佛道三教在东亚社会的传播,既不是中国儒佛道在东亚各国的简单延续,也不是与日本、朝鲜、越南文化的机械式拼装组合,而是表现为与当地文化的冲突与交流所形成的"和而不同"的相异互补模式构成了东亚文明的基轴,也使共同体成员能够各取所需地分享其精神智慧和价值理念,三教关系也呈多样化形态。

从三教传播路线上看,朝鲜半岛是与中国接壤而处的邻国,儒学大约在公元1世纪左右就传入,并带动了佛、道教的流播。儒学能够在朝鲜半岛长期传播,与各朝各代以儒学思想作为官学教育的内容是分不开的,由此培育出了许多杰出的儒学家。例如高丽显宗朝国家元老崔冲(984—1086)在国家长期处于战乱、官学遭到严重削弱的情况下,通过兴办私学教育而教授《周易》《尚书》《毛诗》,以儒家的忠孝精神来培养学生的担当意识和社会责任,被人尊称为"东方儒学之祖""海东孔子"。郑梦周(1337—1392)推崇朱子学,创构具有朝鲜文化特色的儒学,被称为"东方理学之祖"。李滉(1501—1570),号退溪,以"四端七情论"发扬朱子理学,集朱子学大成,创退溪学派,成为朝鲜儒学的泰斗式人

---

① 他认为:"构成这个历史的文化圈,即'东亚世界'的诸要素,大略可归纳为:一、汉字文化,二、儒教,三、律令制,四、佛教等四项。"(西岛定生:《东亚世界的形成》,载刘俊文主编《日本学者研究中国史论著选译》第2卷《专论》,中华书局1993年版,第89页)随着近年来对东亚文化研究的深入,人们发现除了西岛定生提到的上述因素之外,东亚世界还存在着一些具有相似性的文化因素,如教育制度、科学技术、医药知识、文学诗歌、道教文化等。

物,有"朝鲜的朱子"之称,其学后又传入日本,产生较大影响。李滉的弟子李珥(1536—1584),号栗谷,虽推尊朱子学,但并不排斥陆王心学,对佛教与老子之学也有研究,曾离家入金刚山学禅,苦心探究《老子》。从其著《栗谷全书》可见,李珥有着融通各家学说的学术视野,却固守儒家的纲常伦理,强调直践力行的实用之学,因而在理气问题、四端七情问题等方面又提出不同于李退溪的独立理解,虽与李退溪并列为性理学家,却是朝鲜实学理论的奠基人,反映了朝鲜儒学对社会生活的参与度。

在朝鲜半岛传播的佛教深受中国佛教的影响。从《三国史记》《三国遗事》《海东高僧传》及中国佛教史书中的相关记载可知,高句丽小兽林王"二年(372)夏六月,秦王苻坚遣使及浮屠顺道送佛像、经文,王遣使回谢,以贡方物。立太学,教育子弟"[①]。这是由汉文记录的有关佛像经文传入朝鲜半岛的最早记载。后随着佛教僧人陆续赴中国乃至印度求法,他们通过翻译及弘传佛经,推动了中国的三论宗、法相宗、华严宗和律宗在新罗统一王朝前期的盛行。新罗统一王朝后期,密宗、禅宗和净土宗也日渐流行,但到高丽王朝时,佛教在流传过程中逐渐走向了本土化的道路,出现了带有朝鲜民族特色的宗派。14世纪末,李成桂(1335—1408)统一朝鲜半岛,建立李朝,国号朝鲜。李太祖实行尊儒排佛的政策,但有着悠久传统的朝鲜佛教借鉴着儒学逐渐融入社会生活中,对民众的思维方式、道德观念和民俗活动产生了深刻影响。

朝鲜半岛作为中日文化交流的中转站而将东亚世界联成一体。据《日本书纪》记载,在儒佛道三教中,儒家经典《论语》最早由百济儒者王仁博士在应神天皇十五年(284)[②] 八月传入日本。

---

① 金富轼:《三国史记》,孙文范等校勘,吉林文史出版社2003年版,第221页。《三国遗事》卷三中也有类似的记载,且时间更为准确:"小兽林王即位二年壬申,乃东晋咸安二年(372)孝武帝即位之年也。前秦苻坚遣使及僧顺道,送佛像经文。"(《大正藏》第49册,第986页上)

② 日本学者丸山二郎将《日本书纪》与《三国史记》进行对比研究,认为应神天皇十六年应为公元405年,而不是公元285年(参见丸山二郎:《〈日本书纪研究〉中的〈纪年论的沿革〉》,吉川弘文馆1955年版,第100—265页)。另按日本史学家那珂通世的纪年法推算,应神天皇十五年则为公元446年,因此,阿直岐和王仁大约活动于5世纪左右(参见王勇、大庭修主编:《中日文化交流史大系·典籍卷》,浙江人民出版社1996年版,第313页)。

《论语》最初是教育皇太子的教科书,汉字是当时日本皇室使用的官方语言和外交文字,儒家经典的传入也带动了道书在日本的传播[①],并拉开了中国儒佛道三教及其关系影响日本文化的序幕。

从儒学角度看,《日本书纪》记述的圣德太子制定的《冠位十二阶》和日本第一部成文法典《宪法十七条》,都反映了圣德太子在为建立天皇制而进行的一系列政治、法律、经济和文化变革中,站在主体性立场上,通过借鉴中国儒道等诸子经典和佛教教义,期望社会清明和人心和谐。比如,以"和"来塑造日本民族的"心魂";用"礼"来正尊卑、定名分,以反对社会中出现的"下犯上"的忤逆现象;用"信"来培养人的品格;用"绝餮弃欲"来抑制官吏的私欲杂念,以公正态度来明辨诉讼;用佛教的"笃敬三宝"来劝导人通过为善去恶的修行以提升精神境界……总之,"以儒教为基本,且参照佛家法家的思想,字句都为古文成语……可见当时汉化程度之深。新宪法显示中国式的王道主义、德治主义"[②],成为后来日本"大化革新"之前驱,在客观上也促使儒佛道三教从汉字到思想一步步走入日本人的生活中,经过新的解读而成为东亚文明的一部分,并展现出独特的东方智慧。

从佛教角度看,由中国传至朝鲜、日本的佛教主要是弘扬"自利利他"菩萨精神的大乘佛教。据《日本书纪》卷十九的记载,百济明王派使者"献释迦佛金铜像一躯、幡盖若干、经论若干卷"赠给日本,此为中国佛教通过朝鲜半岛传入日本之始。[③] 其后又有慧慈从高句丽渡日,为

---

① 参见孙亦平:《以道书为线索看道教在日本的传播》,《南京大学学报》2015年第1期,第133—142页。

② 王仪:《隋唐与后三韩关系及日本遣隋使遣唐使运动》,台湾中华书局1972年版,第48页。

③ 有关佛教正式传入日本的时间至今有不同的说法,村上专精认为,继体天皇十六年(522),梁朝的司马达等来到大和,建筑草堂安置佛像礼拜,但其正式传入日本,应是依据《日本书纪》的记载,在钦明天皇十三年(552),即在司马达等归化日本后三十年(村上专精:《日本佛教史纲》,杨曾文译,汪向荣校,商务印书馆1981年版,第10页)。据末木文美士的研究主要有两种说法:其一是依据《元兴寺伽蓝缘起并流记资财帐》等记载,佛教在538年从百济正式传入日本,这为历史教科书所认定;其二是依据《日本书纪》卷十九的记载,百济明王派使者"献释迦佛金铜像一躯、幡盖若干、经论若干卷",这次由百济传入日本的佛教时间是钦明天皇十三年(552)。两种说法有"十四年差距,有可能是根据不同的百济史料。"(末木文美士:《日本佛教史:思想史的探索》,涂玉盏译,上海古籍出版社,2016,第2页)

圣德太子所师事。还有高句丽僧慧灌赴日本弘扬三论宗，新罗僧审详赴日本始传华严宗。

在儒佛道三教中，受到日本人广泛关注的是佛教。奈良时代，在来自中国、新罗的僧人将中国佛教传入日本的同时，日本学问僧也积极到中国巡礼求法，将大批汉译佛经章疏传入日本，促进了佛教与日本神道信仰相结合，在逐渐兴盛的佛学研究风气中形成了富有日本特色的"奈良六宗"①——三论宗、成实宗、法相宗、俱舍宗、律宗、华严宗，它们虽然延续了中国佛教宗派之名，但理论学说和传教方式既各具异彩，又交叉会合。到平安时代，中国的儒佛道三教在日本都得到传播，其中佛教的发展尤为迅速，最澄的天台宗和空海的真言宗成为日本最盛行的佛教宗派。

儒佛道三教在日本传播，三教关系也受到了关注，弘法大师空海（774—835）的《三教指归》②，就是日本历史上最早系统讨论儒佛道三教关系的专著，并对儒佛道三教的优劣进行论衡。在儒佛盛行的平安朝，空海作为佛教传人，却能够熟读道书，他仿汉代司马相如《子虚上林赋》之文体，假设儒道佛各有一位代表人物，分别站在各自立场上来彰显本教的优势，反映了当时中国儒佛道三教在日本的传播情况：儒家的忠孝伦理得到广泛的重视，道教的长生成仙说受到人们的关注，佛教的善恶因果报应说更是风靡起来。空海认为，三教之同在于都以"忠孝"为本，"圣者驱人，教网三种，所谓释、李、孔也，虽浅深有隔，并皆圣说，若入一罗，何乖忠孝"③，故都有益于人伦教化，但在如何教化上，三教却又有着不同的看法。空海在评判儒佛道三教时，能够比较准确地掌握三教各自的特点，并对道教思想和修行方术也有深入的认识与把握。空海入唐后，向唐密大师惠果受学胎藏、金刚二界密法，回国后开创日本真言宗，又称东密。空海依据日本人的信仰方式和精神需要，对密教"即身成佛"进行了阐发，推动了唐密向东密的转化，同时也遮蔽了道教"即身不死"

---

① 后来朝廷迁都平安（今京都），"奈良六宗"又被称为"南都六宗"。
② 《三教指归》原名《聋瞽指归》。《聋瞽指归》当为初稿，《三教指归》则为定本。参见孙亦平：《〈聋瞽指归〉与〈三教指归〉新考》，载洪修平主编《佛教文化研究》第4辑，南京大学出版社2018年版，第210—225页。
③ 《三教指归》卷上，《日本古典文学大系》第71册，岩波书店1977年版，第97页。

的神仙信仰，从而在一定程度上阻碍了道教在日本的传播。①《三教指归》反映了三教传入日本后，儒学在社会上广为传播，并为人们广泛接受；佛教则通过"神佛习合"等方式，走上了日本化的道路；而道教的某些因素被吸收借鉴之后，逐渐走向了边缘化。空海以佛为本的三教观，也从一个侧面反映了平安朝日本人对中国的儒佛道文化，是在"为我所用"的指导下，通过阅读、诠释汉籍而有选择地加以受容的。

中国儒佛道三教初传日本时还面临着日本神道教的挑战和改造，同时也得益于神道教所具有的包容性。在大化革新（645）时，以崇敬神道为第一要旨，先祭祀神祇，然后才议政事，从而将神道信仰作为政治改革的神圣基础。在天皇的支持下，日本社会中出现了大规模的神社建造热潮，神社神道也进入了快速发展期。随着佛教在日本社会中的影响渐显，神道教中出现了一种具有日本特色的"本地垂迹说"，即宣扬天照大神就是大日如来的化身。佛陀在印度为佛，为了普度众生，才化身为诸神，垂迹于日本，因此，神和佛本来就是同一的。这种将神归于佛，倡导"佛主神从"的说法，既为神道教接纳佛教开辟了道路，也使神道教与儒佛道三教形成一种新格局。神社神道依靠天皇制国家的律令形式，建立起比较规范的神祇制度和祭祀制度，通过与儒佛道及阴阳五行思想等中国文化的会通与综合，促进了神道教义的更新与发展。例如在镰仓到室町时期，陆续出现了与儒家朱子学相结合的理学神道，与佛教相结合的天台神道、法华神道。当然，也有人反对将神道与外来文化相结合，出现了复古神道等。

与儒学在中国三教关系中占据主导地位不同，在日本镰仓时代之前，神道教占有主流地位，儒学在社会生活中的影响并不如佛教。直到宋代理学兴起，程朱等理学家的著述被中日禅僧带入日本，受到了知识分子的欢迎。室町时代，日本出现了一些研究和讲授儒学的专家，并形成了一些研究宋儒的学派，如博士公卿派、萨南学派、海南学派等。从东亚儒学的发展来看，当时日本的儒学还只是依附佛学，而朱子理学在朝鲜王朝已是国家意识形态，出现了李退溪、李栗谷这样的儒学大家。后来李退溪儒学传到日本后，受到江户时期哲学家藤原惺窝（1561—1619）的重视，他通

---

① 参见洪修平、孙亦平：《空海与中国唐密向日本东密的转化：兼论道教在日本的传播》，《世界宗教研究》2012年第5期，第20—29页。

过为德川家康（1543—1616）讲解程朱理学，才使日本儒学摆脱佛教的束缚，作为德川幕府时期的统治思想走上了独立发展的道路。藤原惺窝的弟子林罗山（1583—1657）首创日本朱子学，提出的"神道即理也"①，推动儒学在江户时代走向全盛，并与神道相融合而进一步日本化，而且也使融会了佛道思想的宋明理学成为东亚儒学的共同基础。正如日本学者岛田虔次所说："佛教的影响中最重要的，是由这个学派精练出来的所谓'体用'逻辑，道教的影响则是其关于宇宙的理论思索。后者可能是宋学兴起最直接的导火线，前者则主要促成了它的完成。"②

道教在东亚文化圈中的传播及影响也有很长的历史，但其在不同国家和地区有着不同的传播样态，呈现出与不同民族文化相结合的本地化色彩。与此同时，道教的神仙信仰又似一条红线将之串连起来，使各具民族特色的道教文化又有了一种共同的文化特征。从历史上看，8世纪时道教就在官方的推动下进入了朝鲜半岛，至15世纪朝鲜王朝时，已得到了上至贵族、下至平民的广泛信仰，并形成斋醮科仪、内丹修炼、民间信仰三大流派。③ 而在日本，情况却不太一样，道教虽然在日本宗教与文化中产生了一定的影响，但并没有像佛教那样通过"神佛习合"得到长足的发展，也没有像儒学那样以"神儒兼摄"渗透到意识形态和社会生活的各个方面，甚至成为日本思想意识形态的主流文化；而是始终以隐性的方式传播，不仅处于日本社会的边缘状态，而且还经常因使用"小道巫术"而受到批评④，也未能像在朝鲜半岛那样建立独立的道团进行传教活动，但道教对日本文化及神道教的影响仍然是多方面的。

中国的儒佛道也很早就传入了越南，并形成了独特的三教关系。越南的北部从秦汉到隋唐一直是中国的郡县属地，因此很早就受到了儒学的教化和熏陶，汉传佛教也在东汉末就有传播。李朝正式立国后，依然十分重视儒学，设立国学，建文庙，行孔教。从后黎朝到顺化阮朝，儒

---

① 林罗山：《神道传授》，转引自朱谦之《日本的朱子学》，生活·读书·新知三联书店1958年版，第161页。

② 岛田虔次：《中国思想史研究》，邓红译，上海古籍出版社2009年版，第4页。

③ 参见孙亦平：《道教在韩国》，南京大学出版社2016年版，第3页。

④ 参见孙亦平：《道教在日本》，南京大学出版社2016年版，第330页。

学发展达到鼎盛，出现了一批大儒。直至今天，儒学在越南依然有很大影响。[1] 越南佛教的许多流派，则都与中国佛教有密切的渊源关系。例如曾得到中国禅宗三祖僧璨"心印"的毗尼多流支从中国来到越南河东省法云寺，创毗尼多流支禅派（也叫灭喜禅派），这是越南佛教的禅宗前派。婺州（今浙江金华）双林寺僧、怀海弟子无言通（？—826）于唐元和十五年（820）至越南北宁富东村建初寺，正式创建无言通禅派，这是越南佛教的禅宗后派，一直流传到现代，成为越南禅学的主流。越南佛教自古以来一直通行汉文佛典，这也充分说明了其受中国佛教影响至深。中国道教也在创立之初就传入越南，从民间传播到上层社会，19世纪又逐渐回归民间，形成了漫长的传播史。[2] 道教在越南常与佛教相伴而行，并以神灵信仰和斋醮科仪等为传播方式，逐渐形成了一些具有越南民族文化特色的新道派，例如母道教与高台教。母道教的庙观称为府、殿或祠，内部殿堂设置和神像雕塑与道教宫观大致相同，许多横匾和对联都用汉字书写。高台教则是融儒佛道三教，同时又糅合了天主教和民间信仰的一个越南新宗教，其信奉的神灵有许多来自于道教的神仙谱系。

儒佛道三教在越南的传播过程中，虽然相互之间也有冲突和争论，但深受中国三教融合思想的影响，三教一致论相当流行。历史上还出现了专论"三教同源"的《道教源流》（又名《三教管窥录》或《三教通考》）一书，此书分别论述了儒佛道三教的源流发展及其关系，并认为"道本一贯，何有三教而可言哉"（越南古本《道教源流·道教源流小引》），"从19世纪初年开始，越南儒、佛、道三教互相融合的趋势更加显著，三教融合、三教一致、三教同源的思想观点更加流行，而且也被多数人所认同和接受，产生了实际的社会影响。"[3] 这反映了东方哲学与宗教重"和"的共同性与"和而不同"体现的东方智慧。

---

[1] 参见洪修平主编：《东方哲学与东方宗教》，江苏人民出版社2016年版，第五编第四章第二节"越南儒学的历史传播和现代发展"。

[2] 参见孙亦平：《从跨文化视域看道教在越南传播的特点》，《西南民族大学学报》2013年第3期，第70—78页。

[3] 李甦平、何成轩：《东亚与和合：儒释道的一种诠释》，百花洲文艺出版社2005年版，第408页。

三 东方文明与东方智慧

中华文明、印度文明和朝鲜、日本、越南文化，都是东方文明的重要代表。透过印度佛教进入中国及其与儒道形成的三教关系，以及儒佛道三教进入东亚的历史，可见东方文化有其独特的思想底蕴和文化精神。

历史上，儒佛道三教在不同的国家和地区的传播方式、过程及其发挥的作用是各具特点的。就以其在东亚各国的传播来看，如果说"儒学与佛教采用的是'大张旗鼓'式的显性传播方式，那么，道教则好似处于一种悄然的'润物细无声'式的隐性传播状态"[1]。然而，一种文化现象的长期存在，自有其深刻的必然性，其中文化的内在精神和社会人生的需求是其依存的最重要条件，这就关涉不同的国家和地区如何在不同的历史时期与社会环境中对儒佛道三教进行不同的解读和选择、排斥和容受等问题。儒佛道三教在漫长的历史发展中能够与当地文化在冲突与融合中形成一种相异互补的动态关系，共同促进了东亚文明的和谐共荣，其中所蕴含的东方智慧特别值得重视。

第一，儒佛道三教从"天人合一"的致思方式出发，将关注人生幸福作为共同目标，这构成了东方智慧的核心要素，也是三教虽有冲突但以融合为主的根本原因及融合的基础。儒学注重探讨人之所以为人的本质、人性、人的价值、人的理想（理想人格）及理想人格的实现等问题，以倡导仁义孝亲的伦理观和仁政德治的社会政治思想为特色，形成了浓厚的关注现世现生的人文精神。道家从宇宙生命的本体、万物发展的规律"道"出发，主张天、地、人一体同源，追求逍遥自在的精神境界。道教从个体生命成长中来体悟"天人一体"之"道"，并将通过修炼人体内部的精气神达到的"形神俱妙"视为"得道成仙"的最高境界。印度佛教在中土受儒、道文化的影响，逐渐形成了它不同于印度佛教的特色，其突出的表现之一就是把印度佛教中蕴含的对人或人生的关注及肯定作了充分的发挥。佛教作为一种本质上追求出世的宗教，虽基于"人生皆苦"的价值判断，却包含了对永超苦海之极乐的向往及对人生永恒幸福的追求。

---

[1] 孙亦平：《东亚道教研究》，人民出版社 2014 年版，第 16 页。

这种向往和追求，与儒道的人生哲学相融合，共同构成了中国文化的主体精神。佛教在东亚传播也是如此，例如佛教初传日本时，佛像、佛具、佛典随之而行。佛像崇拜问题曾引发了苏我氏与物部氏有关本国的"神道之神"与外国的"蕃神"之争，"崇佛派视佛为招福之神，而排佛派则视佛为瘟神。两者之争不在教理、思想上，而是在其将会带来灾厄或招来福祉的层次上"[①]。最后在圣德太子的支持下，以苏我马子为代表的崇佛派占了上风。这种希望神灵保佑生活幸福的认知方法也被视为日本佛教的一大特征。儒佛道三教虽各具特点，但对人生幸福生活的追求，使之能够超越民族之别、山海之隔和时空之异，在东亚世界产生了长期而巨大的影响。

第二，儒佛道三教对仁爱平等、慈善净心、和谐共生的共同倡导，促进了东亚各种文明在相异互补中不断更新发展，为今天亚洲文明的交流互鉴及人类命运共同体的建构提供了人文基础。例如佛教从印度来到中国，又从中国传入东亚社会，始终以积极入世的姿态建寺创派，通过弘扬佛法来关注现实人生，不仅注重人格的自我培养与完善，而且更注重以劝善来进行社会教化，促进了佛教与社会生活的结合。中国近现代以来推行的人间佛教，就传承了唐宋以来佛教人生化、入世化的倾向，致力于建立人间净土、造福大众。在日本，如村上专精说："高僧也很少不是外国移民的子孙。这些人亲自承担社会教化的责任，致力于移植外国的文明，直接地影响到建筑、绘画、雕刻、医术、历算等方面，并且间接地影响到政治，从推古朝的制度设施直到'大化革新'，无一不是佛教影响的结果。此外，如建筑道路，架设桥梁，开凿池塘，开辟山岭，也都由僧侣亲自担当；而且在这些物质效果之外，佛教教理对于人们内心的感化，也是极大的。"[②]

第三，儒佛道不同的文化在存异的同时，通过对话交流，达到的是共存并进、相互了解、取长补短、共同发展，其中体现出的"以和为贵""和而不同"的圆融精神，既促进了印度佛教与中国文化的融合，也为儒佛道三教在东亚的传播发展提供了精神动力。大宝元年（701）日本第一

---

① 末木文美士：《日本佛教史：思想史的探索》，第2页。
② 村上专精：《日本佛教史纲》，第3页。

部法典《大宝律令》以中国唐朝律令为范本，儒学的仁礼治国、孝顺教民的思想成为日本政治思想的重要标志。《古事记》《日本书纪》所记录的日本神话与历史，也反映了儒佛道三教与神道教在新的时空环境中的交会。在东亚社会传播的三教虽然有着各自的信仰、哲学与文化，但倡导个人的自觉身心修炼而使人格升华，都包含着由个人的向善推至社会道德文明秩序的东方智慧，都将"以和为贵"的思想渗透到东亚人的精神世界与物质生活中。最近日本新天皇登基时所采用的新年号"令和"虽来自日本最早的汉诗歌总集《万叶集》中的"于时初春令月，气淑风和"[①]，但其中体现的"和"的精神也可视为中国儒佛道三教的核心价值观在东方文化中的发扬光大。三教关系的历史经验表明，文明交流互鉴是必要的，也是可以实现的。三教关系呈现的东方文化智慧，对当今世界文明的发展，仍然具有重要的借鉴意义。

儒佛道三教是东方哲学与宗教的重要内容，佛教从印度传入中国，与中国的儒道形成的三教关系，则成为观察了解东方哲学与宗教的重要视角："东方哲学与宗教作为东方古老文化的精神主体，由于曾得到政治上的机遇和赢得了众多的信徒，千百年来为推动整个人类文明的发展作出了重大贡献，至今仍在为人类的思想与文化提供着源源不断的精神营养和智慧启迪。"[②] 今天，世界的发展正步入后工业时代，在东西方文化交流与互补、在世界一体化和文化多元化的过程中，对于如何克制人们日益膨胀的物欲，恢复人的生活之本然以及解决物质与精神之关系等方面的问题，东方智慧都可以发挥更大的作用。透过儒佛道三教关系的视域，以文化自觉的态度"各美其美，美人之美，美美与共，天下大同"[③]，由此加深对整个东方文明与东方智慧之现代价值的把握，可为我们今天建构适应新时代需要的人类命运共同体提供重要的历史借鉴和文化资源。

（作者单位：南京大学东方哲学与宗教文化研究中心）

---

① 辰巳正明：《万叶集与中国文学》，石观海译，武汉出版社1997年版，第261页。
② 洪修平主编：《东方哲学与东方宗教》，第5页。
③ 费孝通：《"美美与共"和人类文明》，载费孝通《文化的生与死》，上海人民出版社2013年版，第665页。

新时代中国特色哲学理论体系的构建[*]

韩 震

伴随着中国特色社会主义进入新时代，面对世界百年未有之大变局，中国学术界已经深刻认识到进行新一轮知识革命和理论创新的必要性和紧迫性。在当前加快推进新时代中国特色知识体系和理论体系建设的思想伟业中，其中一项特别重要的任务，就是构建新时代中国特色哲学学科体系、学术体系、话语体系。因为哲学是关于世界观的理论体系，它区别于通常局限于某种具体对象的知识体系；就此而言，所有的知识体系都是以哲学为理论基础的。因此，中国特色哲学理论体系的建设，担负着为其他知识体系建设提供理论基点的重任。

一 新时代中国特色哲学理论体系构建的实践基点

人类在漫长进化过程中所获得的思维特性和达致的思想意识，赋予人们一种在客观实践基础上通过思想把握客观规律的能力，这促使人们得以按照自身需要、通过实践活动，进而技术性地改造客观事物，让客观世界逐步"人化"。人类实践是有意识、有目的的活动，实践能力是伴随着思维能力一并提升的。没有理论思维上的飞跃，就不可能有科学技术的发展。"一个民族要站在科学的高峰，就一刻也不能没有理论思维。"[②] 哲学

---

[*] 本文系国家社会科学基金重大委托专项"新时代中国特色哲学基本理论问题研究"（18VXK001）的阶段性成果。2019年7月6日，课题组在北京师范大学组织召开了"加快构建中国特色哲学学科体系、学术体系、话语体系"学术会议。此文是会议发言的完成稿。

[②] 《马克思恩格斯选集》第3卷，人民出版社2012年版，第875页。

是关于思维规律的科学,马克思主义哲学更是鲜明地将自己的研究对象规定为揭示自然、社会和人类思维发展的最一般规律,依然是我们认识世界、改造世界的强大思想武器。当前,面对复杂多变的国际形势和全球化时代价值观的大变局,哲学界为了回答时代之问,为了在思想理论上赢得优势、开创未来,更需要不忘初心,保持定力,始终把马克思主义哲学作为"看家本领"。

作为时代精神的精华,真正的哲学应该是与具有时代性意义的社会实践相统一的,哲学活的灵魂和思想精华都表现在对民族发展的时代性探索之努力中。回顾新中国成立70年特别是改革开放40多年来波澜壮阔的历史进程,亟须通过哲学开启和推动新一轮思想大解放。一方面,中华民族伟大复兴必须有自己哲学的复兴,必须有民族自主的哲学作为民族复兴历史进程的世界观和方法论,这种哲学也应该体现新时代中华民族的历史观和叙事方式。另一方面,在当今复杂的世界格局中,中华民族要想站在理论和科学的高峰,就必须发展中国化的马克思主义哲学,着力构建新时代中国特色哲学知识体系和理论体系。

新时代中国特色哲学理论体系,就是21世纪中国化的马克思主义哲学。为了构建这一具有创造性的理论体系,关键在于要以新时代中国特色社会主义的伟大实践为基本立足点。正如习近平同志在《求是》2019年第8期《一个国家、一个民族不能没有灵魂》一文中指出的:"哲学社会科学研究要立足中国特色社会主义伟大实践,提出有自主性、独创性的理论观点,构建中国特色学科体系、学术体系、话语体系。"作为中国伟大变革时代之时代精神的精华,当代中国的马克思主义哲学必须站在新的历史起点和历史方位,真正把握新时代的基本特征,直面时代问题,反映时代呼声。那么,新时代哲学理论界所面对的人类实践具有怎样的显著特点呢?

第一,中国经济社会在追赶世界现代化过程中有了迅猛的发展,已经快步赶上了世界发展的潮流。我们在追赶过程中逐渐从"跟跑"发展到某些方面"并跑",个别领域进入了"领跑"的阶段,在某些方面已经发挥了较强的影响力。

第二,中国在近现代以来的追赶现代化进程中,中国传统哲学思想已经接受了以认识世界和改造世界为己任的马克思主义理论的锻造,形成了中国化的马克思主义哲学，辩证唯物主义和历史唯物主义已经成为中国共产党人的世界观和方法论。

第三，近代以来，中国哲学界在与国外学者展开思想对话的过程中，基于中国传统哲学思想的"前理解结构"以及马克思主义哲学思想熔炉的锻造，已经将有影响力的外国哲学特别是西方哲学的精华逐步纳入了中国哲学的研究和教育过程之中，外国哲学的许多理论、命题和概念已经被中国学者消化吸收并且不同程度地加以中国化了。也就是说，即使源于西方的哲学思想也已经变成中国思想的构成性部分了。

第四，今天的中国不仅是一个有着几千年文明传统的国度，而且是一个有近14亿人口的大国。大国就要有大国之风，大国不能指望事事都效仿别人。尽管中国仍然是在全面追赶过程中的大国，但是我们的思想体系（从人文到高科技、从民生到军事等方方面面）都具有自己独特的文明传统和创建路径，这昭示我们不能事事都照搬和依循他人的蓝图，必须按照自己的具体实际去规划中国发展的路线图。同样，中国需要重新构建自己的精神世界，其中最关键的是需要加快推进自己的知识体系和理论体系的建设。正是在这样的大变局和大实践中，构建中国特色知识体系和理论体系问题才显得尤其重要和紧迫。

二 新时代中国特色哲学理论体系构建的思想资源

构建新时代中国特色哲学理论体系，首先必须坚持以马克思主义为指导，防止在思想的守正创新中犯颠覆性错误。这是最重要的理论前提和思想资源，体现的是原则性。我们必须清醒地意识到，坚持马克思主义的指导地位，不是为了坚持而坚持，这种坚持的最终目的是为了我们事业的发展、民族的进步、人民的幸福。一是历史地看，马克思主义来到中国，解决了当时中国既要启蒙又要救亡的双重困境，而这是中国传统文化和其他外来思想所无法完成的任务。一方面，如果仅仅按照中国传统思想体系来指导当时的社会进程，中国就很难走出封建主义"中世纪"思想的束缚，或只能采取对抗"现代性"进程的"义和团式"的无效抗争——当代某些原教旨主义对现代社会发展的极端主义反应，就是应该汲取的教训。另一方面，如果完全接受西方资产阶级的理论指导，中国这个有着五千年文明的国度就势必会成为西方世界的附庸,完全失去独立发展的可能。许多国家在经济政治文化上失去自主能力的结局,便是明显的前车之鉴。二是现实地看,在马克思主义的指导下,我们不仅在革命方面获得了巨大成功,中华民族得以独立自主,中国人民得到解放;而且在建设方面取得了巨大成就,突出地表现在通过改革开放的伟大历史进程,我们迈上了中国特色社会主义的发展道路,这不仅是中国发展的成功之路,而且为全球发展提供了可期的未来。在 21 世纪的新时代,我们应该不断接受马克思主义哲学智慧的滋养和熏陶,更加自觉地坚持和运用马克思主义哲学世界观和方法论,努力提高探索解决新时期基本问题的本领,把中国特色社会主义事业推向新高度,把中国人民所期盼的伟大愿景引向新境界。

构建新时代中国特色哲学理论体系,还要植根于中国传统哲学思想和智慧,从中寻求助推中华民族生长力和创造力的基础性的精神和观念特质,进而形成中国特色哲学理论的学科体系、学术体系和话语体系。这是最深厚的文化积淀和思想资源,体现的是继承性。中国是一个有着悠久历史和文化传统的文明古国,中华优秀传统文化是中华民族的"根"和"魂",是中国人民在世界文化激荡中能够站稳脚跟的根基,是中国特色社会主义植根其中的文化"沃土"。中华优秀传统文化是中华民族的突出优势,新时代中国特色哲学理论体系只有扎根于中华优秀传统思想文化的"土壤",才能保持一个民族哲学思维持续的生命力。植物根深才能叶茂,思想文化、知识体系、理论体系亦是如此。哲学思想的发展都是以已有的思想为前提的,这种前提不仅是基础,而且是把握时代问题和理解外来资源的"前理解结构"。一方面,割断了思想的历史,我们就难以理解我们从何而来、身居何处、前往何方。因此,哲学是最具历史性的学科,就如黑格尔所说的,在某种意义上"哲学就是哲学史"。另一方面,脱离了中国思想的根基,按照哲学阐释学的说法,我们就失去了理解外来思想的理论能力。因为思想的理解是需要被理解着的思想的。

构建新时代中国特色哲学理论体系,还要学习借鉴外来哲学的精华,特别是西方哲学的精华,让当代中国哲学更加具有包容性和解释力。这是最丰富的知识要素和思想资源,体现的是整合性。发展中国特色并不是排斥外国思想资源,相反,真正具有中国特色的知识体系和理论体系,也应该具有超时空的普遍的世界意义,这就需要我们与世界性的思想资源相互参照。实际上，当我们对某种西方哲学感兴趣时，已经是按照中国的思维旨趣去认识它了。当我们以中国语言去讲某种外国哲学时，它已经在某种意义上变成了中国的思想资源，因为语言本身就承载着中国人的思维方式、理解结构、理论旨趣和价值取向。好的哲学是有自己根基和特色的哲学，但它也必须是更有包容性和解释力的哲学。真正具有民族特色的哲学，不是只囿于自身的内涵和形态，而是比其他哲学思想和理论体系有更加丰富的内涵和更具普遍的解释力，能够以自己的普遍性解释其他思想的特殊性。我们对待外国哲学，一是要了解和研究，二是要不断融通和超越。在这方面，黑格尔的做法也许能够带给我们一些启示。黑格尔不是将历史上出现的哲学体系当作"死狗"或"尸体"扔掉，而是将其变成构建自己哲学体系的组成要素和特殊环节。诚然，任何哲学思想的出现，都有其社会历史的原因作为其合理性的根据。但是，一方面，某些思想可能因为其关注的视角而具有片面性；另一方面，原本合理的思想也会随着社会的发展而显示出其历史的局限性。因此，哲学的创新与发展必须伴随着历史发展和实践活动的展开，而不断超越原有思想资源局部的、片面的、有限的暂时形态，而发展出更具包容性和解释力的哲学理论。

需要强调的是，哲学思维具有超越性，哲学理论也是不断发展的。因此，哲学是一种具有超越性的理论形态。结合新时代中国特色哲学理论体系的建构，突出哲学超越性的维度尤其重要。第一，新时代中国特色哲学理论体系既要基于实践，也必须超越实践。这就是说，新时代中国特色哲学理论体系不能停留在经验知识的形态上，它必须反映问题意识的整合性和理论成果的普遍性。第二，新时代中国特色哲学理论体系是马克思主义哲学的继承者和弘扬者，但更加重要的是必须反映时代新特征，不断把马克思主义哲学世界观和方法论推向新的理论境界。马克思主义之所以能指导中国革命、建设和改革取得成功，就在于它不是教条，而是行动的指南。恩格斯曾说，"我们的理论是发展着的理论，而不是必须背得烂熟并机械地加以重复的教条"[1]。这就需要我们融通和参照近代以来中国革命文化所孕育的中国化的马克思主义哲学思想和理念，尤其是新中国成立70年来马克思主义中国化的最新成果。第三，新时代中国特色哲学理论体系既要植根于中国哲学传统，但又必须是

---

[1] 《马克思恩格斯选集》第4卷，人民出版社2012年版，第588页。

中国传统哲学的创造性转换和创新性发展的结果。这就是说,固守的东西是没有生命力的,因而也就不可能成为传统,传统是不断发展的,是有生命力的活的东西。第四,新时代中国特色哲学理论体系要以更加宽阔的胸怀学习借鉴世界思想文化的优秀成果和精华,但学习借鉴不是目的,只是手段;所有的学习借鉴都是为了最终的自主创新;甚至学习和借鉴能力本身,也必须首先有自己的理解结构和支撑这种理解结构的理论形式。总之,在发展当代中国哲学的过程中,我们不仅要融通马克思主义哲学、中国哲学、西方哲学的思想和学术资源,更应该尝试进行融通和超越各个资源的有意义的理论构建。中国特色哲学理论应该是比西方哲学更具包容性的体系,也应成为更具普遍性的理论,其中古今中外原有的哲学思想都可成为历史性发展的环节和构成性存在的要素。

诚如杜维明教授指出的,"中华民族一定要走出自己的独特道路,而独特道路又是和人类文明的长远发展相配合的"①。

三　新时代中国特色哲学理论体系的理论构成

中国特色社会主义道路是一个前无古人的伟大探索,它缘起于马克思主义哲学的伟大设想,并基于中华民族伟大复兴的事业而兴起。中国特色社会主义进入新时代,这是一个需要哲学大发展的时代,也是一个能够产生伟大哲学的时代。新时代的哲学工作者应该为构建中国特色哲学理论体系砥砺前行,付出心血与汗水,通过艰辛的努力贡献出应有的智慧。

构建新时代中国特色哲学理论体系,有哪些主要的理论构成呢?简要地说,可以从"新时代中国特色哲学理论体系"这一命题来加以分析研判。其第一个关键词是"新时代"。党的十九大报告明确指出,中国特色社会主义进入新时代,"意味着近代以来久经磨难的中华民族迎来了从站起来、富起来到强起来的伟大飞跃,迎来了实现中华民族伟大复兴的光明前景;意味着科学社会主义在21世纪的中国焕发出强大生机活力,在世界上高高举起了中国特色社会主义伟大旗帜;意味着中国特色社会主义道路、理论、

---

① 杜维明、张梅:《北京大学高等人文研究院院长杜维明专访:儒家如何面对西方文化新挑战》,《环球时报》2019年7月5日第13版。

制度、文化不断发展,拓展了发展中国家走向现代化的途径,给世界上那些既希望加快发展又希望保持自身独立性的国家和民族提供了全新选择,为解决人类问题贡献了中国智慧和中国方案"。在构建"新时代"的中国特色哲学理论体系进程中,所有的哲学思考无疑都应该基于"中国特色社会主义进入新时代"这一新的历史方位,这构成中国特色哲学理论体系产生、发展和完善的社会基础和历史背景。马克思主义哲学活的灵魂是实事求是,实事求是地分析和把握各个历史时代和社会阶段的基本状况和发展趋势,是唯物史观的基本原则。那么,何为"新时代"所面临的客观实际呢?按照习近平总书记的说法:"当代中国最大的客观实际……就是我国仍处于并将长期处于社会主义初级阶段。这是我们认识当下、规划未来、制定政策、推进事业的客观基点,不能脱离这个基点,否则就会犯错误,甚至犯颠覆性的错误。"[①] 我们进行哲学思考,构建中国哲学知识体系和理论体系,同样不能脱离"我国仍处于并将长期处于社会主义初级阶段"这个客观实际,还必须结合"中国特色社会主义进入新时代"的重大历史方位判断,准确理解"三个意味着"的深刻内涵,在此基础上深入思考社会主义初级阶段在新时代的阶段性特征,并对之作出哲学上的概况和总结。就此而言,新时代的历史方位、社会主要矛盾的变化及其特征、社会主义现代化强国的战略目标、可资发展中国家参照的新发展观、人类命运共同体的构建等,共同凝练为新时代中国特色哲学理论体系的主要内容。

构建新时代中国特色哲学理论体系,第二个关键词是"中国特色"。这个"特色"既有历史的延续性,也有时代的新表征。其在哲学理论上,表现的应该是中华优秀思想文化和哲学智慧在新时代的创造性转换和创新性拓展,体现的应该是中华民族伟大复兴的光荣与梦想,反映的应该是关于中国社会主义现代化建设历史进程、发展规律及其动力的思考,展现的应该是中国特色社会主义道路自信、理论自信、制度自信、文化自信,凝练的应该是中华民族的价值追求和精神标识。

构建新时代中国特色哲学理论体系,第三个关键词是"马克思主义哲学"。需要特别明确的是,新时代中国特色哲学不是别的什么哲学,而

[①] 习近平:《辩证唯物主义是中国共产党人的世界观和方法论》,《求是》2019年第1期,第5页。

是当代中国化的马克思主义哲学，是21世纪的马克思主义哲学，这是站在人类文明形态变革和中国独特的哲学智慧优势的高度上所作出的判断。因此，新时代中国特色哲学的基本立场是辩证唯物主义和历史唯物主义的世界观；其研究方法是基于辩证唯物主义和历史唯物主义的方法论；其理论旨趣是以人民为中心；其理论源泉和动力来自中国特色社会主义的伟大实践；其理论形态应该是在深度思维层次上考虑问题，旨在提升战略思维、历史思维、辩证思维、创新思维、法治思维和底线思维的能力；其理论表述应该是民族的、科学的、大众的。

四　新时代中国特色哲学理论体系的世界意义

新时代创造新思想，新思想开启新征程。哲学作为酝酿智慧和创新思想的事业，与时代和实践相互启迪、相互滋养、相互成就、相互引领。作为新时代的哲学工作者，身处伟大的时代，感受时代的律动，需要确立自觉意识和自主精神，秉持使命担当进行思想创造，不辜负这个伟大变革时代的重托，做新时代的知识理解者、实践阐释者和思想贡献者。那么，如何才能实现当代中国哲学具有世界意义的发展，让新时代中国特色哲学成为具有世界引领意义的理论体系呢？

要让新时代中国特色哲学成为具有世界引领意义的理论体系，就必须坚持马克思主义哲学科学世界观和方法论，以马克思主义哲学中国化、时代化、大众化最新成果为引领，对中国特色社会主义道路、理论、制度、文化进行哲学总结和概括，使马克思主义哲学以创新的姿态走向世界。从某种意义上说，发展体现民族性、面向世界性的新时代中国特色哲学，就是发展当代中国马克思主义哲学。从哲学研究者自身的思想使命而言，"最重要的就是坚持一切从客观实际出发，而不是从主观愿望出发"[①]，这是进行哲学研究的方法论原则。诚然，哲学是开启思想的事业，但脱离社会现实、沉溺于书斋文海、醉心于个人情怀的哲学研究是没有出路的。当前，对于一切有志于进行哲学创造的学者而言，都需要秉持与时俱进的理论品格，恪守哲学的实践性特征，善于从身处的中国现实状况出发，分析

[①] 习近平：《辩证唯物主义是中国共产党人的世界观和方法论》，第5页。

中国面临的紧迫问题，研究世界发展大势，在历史趋势和人类未来命运的大视野中重新认识和深刻揭示马克思主义哲学所凸显的当代价值，使马克思主义哲学在新时代体现出更加鲜明的民族特色和世界意义。

要让新时代中国特色哲学成为具有世界引领意义的理论体系，就必须直面世界历史新趋势和时代发展新现实，构建能够紧跟时代步伐、反映时代问题、应对时代挑战、引领时代发展的当代中国哲学理论体系。"每一个时代的理论思维……都是一种历史的产物，它在不同的时代具有完全不同的形式，同时具有完全不同的内容。"① 越是在大变革大转型的历史时期，哲学家越是应该树立历史感、责任感和使命感，紧扣现实之维，寻找哲学思考的主题，获得哲学运思的动力，展示哲学智慧的成果。当前，新时代的中国已经进入发展的关键期、改革攻坚期、矛盾凸显期，真正具有时代意义的哲学理论不应逃避现实、回避矛盾、掩饰问题，而应该增强问题意识、坚持问题导向，在直面矛盾中寻找化解矛盾、解决问题和推进矛盾向积极方面转化的方法，推动理论的发展和创新。正如习近平同志2016年5月17日在哲学社会科学工作座谈会上的讲话中指出的，问题是创新的起点，也是创新的动力源。只有聆听时代的声音，回应时代的呼唤，认真研究解决重大而紧迫的问题，才能真正把握住历史脉络、找到发展规律，推动理论创新。我们必须把握时代的特点，倾听时代的呼唤，回应时代的问题，真正弄懂、弄通并聚焦面临的时代性难题，奋力推进马克思主义哲学时代化，更好地运用马克思主义哲学研究新成果把握世界历史发展的脉络和走向，解答时代发展新问题，把握时代发展新特征，总结时代发展新规律，展望时代发展新方向。要让新时代中国特色哲学成为具有世界引领意义的理论体系，就必须对中国传统哲学进行时代

性的丰富、创造性的转换和创新性的拓展，形成具有中国特色、中国风格、中国气派的当代中国哲学，使当代中国哲学成为能够进行世界性表达的知识体系。马克思说，"哲学家并不像蘑菇那样是从地里冒出来的，他们是自己的时代、自己的人民的产物，人民的最美好、最珍贵、最隐蔽的精髓都汇集在哲学思想里"②。一个民族只有进行引领时代的实践，才能真正走向世界；

---

① 《马克思恩格斯选集》第3卷，第873页。
② 《马克思恩格斯全集》第1卷，人民出版社1995年版，第219—220页。

一个民族只有进行具有时代意义的探索，才能形成具有世界普遍意义的思想。中国特色、中国风格、中国气派绝不只是表面化的形式问题，而是具有实质性内容特征的表达形式——正像话语不仅仅是语言的形式问题，而是人的思维方式和精神状态的反映，而这种精神状态背后所凸显的是社会历史变迁和文明形态变革。新时代中国特色哲学理论必定是新时代中国精神世界的重建，也必定表现为中国人民价值追求的时代性表达。

要让新时代中国特色哲学成为具有世界引领意义的理论体系，就必须植根中华优秀传统文化和哲学智慧，以开放自信的胸襟广泛吸纳人类历史上所有优秀哲学成果和思想精华，构建符合时代要求的崭新中国哲学学科体系、学术体系、话语体系，为解决当今世界全球性难题提供有效的思想方案。在融汇人类哲学智慧的知识体系再创造过程中，我们不仅要突破昔日那种习惯于满足消费"舶来"思想观念的心态，更要抛弃那种把"舶来"的思想观念比照中国实际进行"杂拌"的思想懒惰行为。如果还是停留在那样的层次上，那是中国学者的失职。新时代的中国哲学家，应该根据中国的历史传统和现实成功经验，提炼出反映新时代精神的中国哲学思想观念，形成中国特色哲学体系的理论框架、思想观念、话语表达，如此方能使中国特色哲学理论具有世界意义和全球价值。例如，在处理国际关系时，倡导"和而不同"的中国理念显然优于"唯我独尊"的西方思想体系。我们坚信，中国特有的构建人类命运共同体的和谐哲学必然能够超越西方传统的霸权哲学[1]。

（作者单位：北京师范大学哲学思维与发展战略研究中心）

---

[1] 在一个世界范围内民粹主义暗潮涌动的时代，更需要具有世界眼光和全球情怀。就此而言，我们可以大力弘扬中国"天下为公""协和万邦""天下大同"的理念。对此，某些西方学者也有所认识。如布鲁斯·詹特森（Bruce W. Jentleson）和史蒂文·韦伯（Steven Weber）在2009年就指出："在不同形式民族主义及其他狭隘自身利益的扩散中，谁将会去构建对一个全球性时代必不可少的这种相互关系呢？……在一个全球化的时代，拥有出于共同利益而非自私自利运用力量的可靠主张，这比以往任何时候都更为必要。"（布鲁斯·詹特森、史蒂文·韦伯：《国际政治五大理念评析》，原载美国《外交政策》2008年11/12月号，《国外社会科学文摘》2009年2月号，第9—10页）

着力构建中国特色哲学学科体系、学术体系、话语体系

冯　俊

哲学研究总是伴随时代前进的步伐,不断丰富和创新自己的学术内涵和理论形态。按照习近平总书记在哲学社会科学工作座谈会上的重要讲话中提出的指示要求,应围绕"四个自信"展开哲学社会科学创新,建设具有中国特色、中国风格、中国气派的学科体系、学术体系、话语体系,努力构建一个全方位、全领域、全要素的哲学社会科学体系。具体到哲学领域,如何着力构建具有中国特色、中国风格、中国气派的哲学学科体系、学术体系、话语体系,是当前哲学研究工作的新目标和新要求,需要哲学界立足新的历史方位,对中国特色哲学体系构建的实现路径进行深入思考。

一

所谓学科体系,简单地说就是以知识结构、科学分工为基础的学科设置、专业划分和学术机构的组成体系。目前的学科分类有两种标准:一种是教育部和国家学位办公室的学科分类目录和划分标准;一种是中国标准化研究院的《中华人民共和国学科分类与代码国家标准》,一般划分为学科门类、一级学科、二级学科、三级学科。按照教育部和国家学位办公室的标准,哲学既是门类,也是一级学科,下设八个二级学科。

首先,哲学学科体系建设要树立以人民为中心的理念。习近平总书记指出:"坚持以马克思主义为指导,核心要解决好为什么人的问题。为什

么人的问题是哲学社会科学研究的根本性、原则性问题。"① 哲学也有一个"我是谁""依靠谁""为了谁"的问题。我们不能只是为了个人名利和个人喜好而研究哲学,而是要为人民著书立说、述学立论。哲学要以人民为中心、要为人民服务,就是要把人民作为研究的主体,把人民的实践创造、人民的所思所想与所需所盼作为研究的对象;哲学工作者应该自觉地把个人的学术追求同国家和民族的发展联系在一起,回答和解决全体人民关注以及迫切需要解决的问题。要克服两种脱离"以人民为中心"的哲学研究倾向:一种是自说自话、孤芳自赏、无病呻吟、只满足自己的个人兴趣,自创许多名词概念,说出来的话谁都听不懂,写出来的文章谁都看不懂;另一种是"颠覆"某些外国哲学名词概念的约定俗成的译法,刻意重译,自创一些聱牙的字词和概念来表达。这样的哲学研究与现实生活渐行渐远,与人民渐行渐远,无可避免地沦为个人自娱自乐的工具。因此,真正的哲学学科体系建设,绝不能成为远离现实的玄学,而是要讲人民群众听得懂、对人民的社会实践和日常生活有用的哲学。这样的哲学才称得上是人民群众喜闻乐见、能够被人民群众所掌握、服务于人民群众的研究成果和精神产品。

其次,哲学学科体系建设要树立问题意识。"理论创新只能从问题开始。从某种意义上说,理论创新的过程就是发现问题、筛选问题、研究问题、解决问题的过程。"② 中国的哲学社会科学就应该发现、筛选、研究和解决中国的问题,以我们正在做的事情为中心,从中国改革发展的实践中挖掘新材料、发现新问题、提出新观点、构建新理论。要"推出具有独创性的研究成果,就要从中国实际出发,坚持实践的观点、历史的观点、辩证的观点、发展的观点,在实践中认识真理、检验真理、发展真理。"③ 为此,哲学要把握时代脉搏,聆听时代声音,勇于回答时代课题,描绘我们时代的精神图谱;要为社会大众解决好世界观和方法论问题,为治国理政当好参谋和智库,理清思维路径和策略方法;要发现中国问题,

---

① 习近平:《在哲学社会科学工作座谈会上的讲话》(2016年5月17日),人民出版社2016年版,第12页;第20页;第19页;第16页。

② 习近平:《在哲学社会科学工作座谈会上的讲话》(2016年5月17日),人民出版社2016年版,第12页;第20页;第19页;第16页。

③ 同上。

总结中国经验，发出中国声音，不仅要提供解决中国问题的方案，还要为解决人类面临的共同问题贡献中国智慧，提供中国方案。这就是习近平总书记所说的，"既向内看、深入研究关系国计民生的重大课题，又向外看、积极探索关系人类前途命运的重大问题；既向前看、准确判断中国特色社会主义发展趋势，又向后看、善于继承和弘扬中华优秀传统文化精华"[①]。只有把握了时代精神的哲学才能对时代有震撼力、引领力。

再次，哲学学科体系建设要用好三个资源。习近平总书记分析中国的哲学社会科学具有三方面的资源：一是马克思主义的资源，二是中华优秀传统文化的资源，三是国外哲学社会科学的资源。在哲学领域，我们有着重要的马克思主义哲学的资源，在马克思主义中国化的进程中产生出中国化的马克思主义哲学已经自成体系，成为世界上独一无二的哲学资源。同时，我们有着五千年文明传承的优秀传统文化，中国哲学是其中的精华，尽管经历过胡适、冯友兰等人以西方哲学体系和术语来建构中国哲学学科体系的过程，但是经过百年来的发展，中国哲学的学科自我意识逐渐建立起来，已经从"以西解中"转变成为自己讲、讲自己的独立哲学学科。此外，西方哲学引入中国已有百余年的历史，从以往跟着讲、照着讲变成了和西方一起讲、相互讲，现在中国的外国哲学学科已经成熟起来，有了学科自信，对学术前沿问题的把握几乎与国外学术界同步，可以和国外同行平起平坐，展开对话。如何将这三种资源整合好，是我们哲学学科体系建设的关键。我们要利用好、协调好这三种资源，对这三种资源都要进行创造性转化与创新性发展，创造出融汇三种哲学精髓、反映时代精神的整体性中国哲学。如果作为三种资源之一的传统的中国哲学英文是用"Chinese Philosophy"来翻译的话，那么，这种融汇了中、西、马三种哲学精华的整体性中国哲学英文可以翻译成"Philosophy of China"。

最后，加强哲学学科体系建设要重新定位和思考哲学门类的一级学科和二级学科。目前哲学既是一个学科门类，同时也是唯一的一级学科，我们能不能增加一些一级学科呢？例如，有人提出来可以将认知科学和人工智能、宗教学列入一级学科。另外，中国很多高校哲学院系已经设立政治

---

① 习近平：《在哲学社会科学工作座谈会上的讲话》（2016年5月17日），人民出版社2016年版，第12页；第20页；第19页；第16页。

哲学、管理哲学等教研室，这些能否成为二级学科？哲学的二级学科是设的越多越好吗？对此，有些人认为，哲学的二级学科并不是越多越好，不需要再增加二级学科，甚至还可以再减少一些二级学科，等等。另外，有人建议发展哲学和其他学科的交叉融合，例如，有的哲学院系也学习牛津大学开展PPE（哲学、政治学和经济学）项目，其实牛津大学还有PPP（哲学、生理学、心理学）、哲学和古典学、哲学和世界史、哲学和数学、哲学和物理学等项目，体现了哲学和文科、理科等其他学科的交叉融合，既让哲学拓宽自己的领域，同时又赢得更多学生的喜爱。目前中国哲学的一级学科、二级学科究竟该怎么设置，需要哲学专业工作者自己来研究，制定标准，然后再和国家学位和学科目录主管部门协调沟通。

二

所谓学术体系，主要是指一个学科研究问题的理论框架和方法论体系、课程体系和教材体系、学术标准和学术评价体系。

首先，哲学学术体系建设要搞好课程体系建设。目前，哲学院系的本科生教育、研究生教育存在的课程体系问题包括：各个学校只有每年的教学计划，而且每一届学生的教学计划都不完全一样，各个学校哲学院系现有的老师能开设什么课就上什么课。需要明晰的问题是，到底需要学习哪些课程才算是一个合格的哲学专业的本科生、硕士生和博士生，对此应该有一个规范或质量标准，即应该有一个系统规范的课程体系。世界著名哲学院系的课程体系，除通识教育课程外，基本上是由核心课程、新兴学科和理论前沿课程、本院系的特色课程所组成。核心课程是基本稳定不变的，包含著名哲学家的原著原典、哲学史、形而上学、道德哲学、认识论等；新兴学科和理论前沿课程是随着新兴学科和理论前沿问题的发展而变化的，一般每隔三五年就会适当更换，成熟的新兴学科和理论前沿课程经过比较长时间的完善和定型后可以转变成核心课程；每一个哲学院系都有一些自己特色或专长的研究领域或研究方向，会开出一些特色课程。在这三类课程中，核心课程是主体部分，后两类课程是补充。我们鼓励各个哲学院系有自己的特色、有自己的侧重点，但是不能喧宾夺主，不能用一些特色课程冲击或代替核心课程。

就中国的哲学教育而言，与国外不同的是，课程体系除了遵守上述课程设置的规则外，还应该既符合国际通行做法，又具有中国特色。例如，在中国高校的哲学系里，马克思主义哲学和中国哲学的课程应该占有很重的分量，不学习这两方面的课程就不可能成为一个合格的哲学系学生；而在西方大学的哲学课程里则很少有马克思主义哲学的课，几乎不学中国哲学的课程，他们照样是可以毕业的。我们应该将欧洲大陆哲学院系、英美澳等国哲学院系的一些核心课程吸收借鉴过来，兼收并蓄，同时还要开设具有中国特色的课程，如增设好马克思主义哲学和中国哲学的核心课程和理论前沿课程，建设好具有中国特色的哲学课程体系。

其次，哲学学术体系建设要搞好教材体系建设。教材体系和课程体系相互联系，有什么课程就有什么教材。问题是，哲学教育应该以什么为教材？有人认为学哲学就应该学习原典，中外哲学名著就是最好的教材，读完从古到今最有代表性的哲学著作就够了，不需要另编什么教材。而目前流行的做法是使用统编教材或校编教材。但问题在于，学生读了几年哲学都是读二手书、三手书，很少或没有读过哲学原著，更不用说读原文原著。这种做法虽被大家广泛接受，但统编教材缺乏突出的特点，很难激发学生思考。只读统编教材培养不出哲学家来。

课程体系和教材体系的建设对学科体系的建设有很强的支撑作用。习近平总书记说："学科体系和教材体系密不可分。学科体系上不去，教材体系就上不去；反过来，教材体系上不去，学科体系就没有后劲。"[①] 我们要根据哲学学科建设的需要来加强哲学课程体系和教材体系的建设，同时，也要用哲学课程体系和教材体系的建设来支撑哲学学科体系建设。

与课程体系和教材体系建设相联系的是哲学类图书馆或信息资料库建设。许多大学通过"211"、"985"、"双一流"等工程建设，进口了大量外文图书和数据库，许多哲学院系也办有很好的专题图书馆和特色网站，但目前却成为信息孤岛，不利于开放共享。因此，应该建设全国性的哲学教学和研究的资源共享平台，或者哲学图书信息和网络资源联盟，以开放共享的学术资源来支撑学术体系建设。

---

① 习近平：《在哲学社会科学工作座谈会上的讲话》（2016年5月17日），第23页；第19页。

再次，哲学学术体系建设要搞好学术评价体系的建设。自然科学和社会科学中的管理学、经济学、图书情报学、心理学等学科，学术范式有许多共同性，通过接受国际同行的规范评议，多发表些 SCI、SSCI 论文，有利于我们展示对某些共同话题的独特见解。而对于人文学科如文学、哲学、历史等学科，学术研究渗透着较强的文化背景和意识形态，发端于英美文化、以收录英语期刊为主的索引数据库 SSCI 和 A&HCI，并不适合作为评价非英语国家的人文科学研究质量的标准。过分强调此种衡量标准，是缺乏理论自信和文化自信的表现。习近平总书记说："如果不加分析把国外学术思想和学术方法奉为圭臬，一切以此为准绳，那就没有独创性可言了。"① 综观之，哲学界现行学术评价标准确实存在一些问题，以在国外期刊和国内某些重点期刊上发表文章数量多少和期刊级别高低作为判断学术水平高低、科研奖励、职称晋升的标准首当其冲。哲学的学术评价应该有自己的特点，中外大哲学家们都是对重大哲学问题有专深研究和理论突破的，往往是靠含金量极高的哲学专著慢慢积累才成为学术大师。强调在刊物上多发表论文、短期内多出成果、快出成果，以搞工程项目的形式来搞哲学研究，是受理工科思维的影响，不符合哲学学科的发展规律；以刊物的行政级别高低来裁定学术水平的高低则是学术行政化的一种体现。世界上许多知名哲学家包括中国的冯友兰、贺麟、金岳霖等，都没有主持过国家级重大项目，那些不需要花国家的钱同样能作出大学问的人更应该受到尊敬、更值得嘉奖。但目前的现实情况是，判断一个学者学术水准的高低大多以是否入选某些部委和各地以名山大川冠名的头衔和人才工程为标准，以是否申请到特定级别基金的重大或重点项目为标志。某些院校还规定，青年教师如果不到国外学习一年、如果没有申请到特定级别的基金项目则不能晋升为教授或副教授，发表文章刊物级别不够、篇数不够、影响因子不高的也不能评职称。许多愿意坐冷板凳十年磨一剑的、投入精力搞好教学的老师们，如果没有申请到某种基金、弄到一些项目，似乎就与各种荣誉头衔、奖励和晋升无缘。

学术评价体系直接影响到学科人才队伍建设，必须有一套好的评价体

---

① 习近平：《在哲学社会科学工作座谈会上的讲话》（2016年5月17日），第23页；第19页。

系引导年轻人愿意学哲学、研究哲学，愿意沉下心来多读书，多作一些基础性、有长久价值的研究，而不是心浮气躁，为了晋升职称而忙于找关系申请基金、找路子发文章或找出国名额。中国哲学界能否突破现行的评价方式而建立一套科学的学术评价体系，对我们来说是具有挑战性的。

最后，哲学学术体系建设要加强对哲学研究方法论的研究。哲学的研究方法是多元的，不同的哲学有不同的方法，不同的学派有不同的方法，每一个二级学科都有自己的研究方法论，哲学和哲学史的研究方法也不一样。哲学可以向自然科学和其他社会科学借鉴研究方法，中国的哲学研究还可以学习外国哲学的研究方法，等等。目前，我们对于哲学研究方法论研究得不够。尽管我们的许多博士论文在综述中都讲到用了什么方法，但是列举的这些方法都很外在，似乎用在哪一篇文章中都合适。方法是服务于内容的，不同的内容需要与其本质相一致的方法。但是每一个内容的研究方法也不是唯一的，同样的内容也可以使用不同的方法去研究，这需要我们辩证地灵活地运用符合内容的方法。所以研究方法的创新是哲学学术体系研究的一个重要问题。

三

所谓话语体系，主要体现为一个学科的标识性概念、新概念、新范畴、新表述，也包括话语方式、话语权。在跨文化交流和比较文化研究中，话语体系通常是指不同文化的可理解性和可翻译性。首先，要提升哲学话语的丰富性和时代性。加强哲学话语体系建设应该在融汇中、西、马三种哲学资源基础上增加和丰富哲学的新概念、新范畴、新表述，还要在马克思主义中国化时代化的进程中增加具有时代感和新内容的新概念、新范畴、新表述，使中国哲学话语体系更丰富、更完善、更有时代感。哲学话语体系的建设首先要提升提出问题、设置话题的能力；设置的话语要让学术共同体能产生共鸣，进而引导学术方向。例如，党的十八大以来，习近平总书记提出的"以人民为中心""新发展理念""人类命运共同体"等就是很好的话语设置，这些不仅是政治话语，也必将成为哲学话语，它们具有普遍性、恒久性，是全人类都会共同关心的话题。

其次，要提升哲学话语的传播力和影响力。哲学要在主流媒体和新兴媒体中多发声,要给主流意识形态多贡献哲学话语,要使哲学话语既为官方采用,又让百姓爱用。哲学也要学会和媒体打交道,要善用媒体,尤其是善用新媒体,推动哲学的大众化,增强哲学话语的传播力、影响力,增强哲学话语对于意识形态的引领力。要让哲学走近老百姓的日常生活。

最后,要提升中国哲学界在国际学术界的话语权。中国哲学界要加强国际学术交流,既可以走出去,也可以请进来,通过举办学术研讨会、学术讲座、互派访问学者、开展合作研究等形式,我们要给世界哲学界增加中国话语,增强中国哲学的国际传播力和影响力,要为构建世界哲学学术共同体作出中国贡献。

结语

习近平总书记说:"要按照立足中国、借鉴国外,挖掘历史、把握当代,关怀人类、面向未来的思路,着力构建中国特色哲学社会科学,在指导思想、学科体系、学术体系、话语体系等方面充分体现中国特色、中国风格、中国气派。"[①] 这就意味着,构建具有中国特色、中国风格、中国气派的哲学学科体系、学术体系、话语体系,要处理好中国和外国的关系、历史和当代的关系、空间(面向全人类)和时间(面向未来)的关系,这和不忘本来、吸收外来、面向未来的思想是一致的。这就是习近平总书记给我们提供的方法论指导。构建中国特色哲学学科体系、学术体系、话语体系,任重道远,绝非一朝一夕之功,还有待全体哲学工作者付出更多的努力。

(作者单位:同济大学人文学院)

[①] 习近平:《在哲学社会科学工作座谈会上的讲话》(2016年5月17日),第15页。

中国特色马克思主义哲学发展的问题与路径

郝立新

马克思主义哲学是在世界历史进程中演进的，也是在民族历史中发展的。它既具有世界性的特征，同时也具有民族化的特色。中国特色马克思主义哲学是马克思主义中国化的当代形态。构建中国特色马克思主义哲学学科体系、学术体系和话语体系，推进中国特色马克思主义哲学的发展，必须要认清当下面临的问题和挑战，明确解决问题的方案和发展的路径。既要把好哲学发展之"脉象"，又要开好哲学发展之"药方"。

一 中国特色马克思主义哲学研究和发展面临的主要问题

哲学与时代的关系密不可分，有生命力的哲学必须是回应时代问题的哲学。马克思主义哲学尤其如此。构建中国特色马克思主义哲学知识体系，必须首先明确我们面临的时代问题。当前，加快构建中国特色哲学社会科学的呼声很高，我们是在探讨如何构建中国特色哲学社会科学的背景下提出并讨论中国特色马克思主义哲学的问题的。"中国特色"是一个具有时代感和民族感的范畴。"中国特色马克思主义哲学"是一个具有特定内涵的哲学形态的概念，它既不同于一般意义上的马克思主义哲学，也区别于马克思主义哲学研究"在中国"这样的单纯地域性的指谓。中国特色马克思主义哲学，是指产生于当代中国，秉承马克思主义哲学根本方法和基本原理，立足于中国社会和世界发展的实践，回应现实和理论重大问题，并具有中国思维和民族话语特点的哲学形态。问题是研究和创新的起点。构建中国特色马克思主义哲学，首先必须清楚我们面对什么问题，要解决什么问题。当前，马克思主义哲学需要面对和回应的时代问题主要表现在以下诸方面。

第一，中国哲学发展已经置身于新的时代语境。马克思主义哲学传入中国已经有一个多世纪，马克思主义哲学中国化也有八十多年的历史。在革命战争年代，既产生了作为中国共产党指导思想组成部分的毛泽东哲学思想，也出现了影响极大的以艾思奇为代表的一批学者的哲学思想。新中国成立之后，毛泽东哲学思想继续发展，学术界、理论界、教育界对马克思主义哲学的研究、宣传和教育取得了巨大成就。特别是改革开放以来，伴随着中国特色社会主义理论和实践的发展，具有中国特色的马克思主义哲学的研究、宣传和教育进入到一个新的阶段。

21世纪中国的一个标志性事件，就是从改革开放的"新时期"进入到在新的历史起点上继续全面推进中国特色社会主义事业的"新时代"。"新时代"是中国共产党人在新的历史条件下对中国特色社会主义进入新的历史方位所作出的新概括，它是具有丰富内涵的政治判断、时间判断、实践判断。从政治上看，新时代意味着中国共产党领导中国人民进行的中国特色社会主义事业达到新的历史高度和开启新的历史征程；从时间上看，新时代意味着从全面建成小康社会到全面实现中国特色社会主义现代化，跨度近四十年；从实践上看，新时代意味着中国人民迎来了从站起来到富起来、强起来的伟大飞跃，继续坚持和发展中国特色社会主义，坚持道路自信、理论自信、制度自信、文化自信，努力实现人民美好生活和共同富裕，建成社会主义现代化强国，实现中华民族伟大复兴的中国梦，为世界和平和人类文明发展作出新贡献。新时代既充满了活力和希望，也存在着各种矛盾和挑战，提出了许多新的理论问题和实践问题，需要哲学的回应。哲学的发展，不能超然于这个伟大的时代。时代坐标的转换必然要求哲学重心的转换。

第二，现代化进程中的社会矛盾和科学技术发展对哲学的挑战。哲学发展必须面向现代化，中国目前正置身于现代化进程之中。一般现代化进程中的矛盾、现代化发展的规律，各个国家的现代化与世界现代化进程的关系，中国现代化的内驱力、内在矛盾和发展模式等，呼唤着现代化的哲学和哲学的"现代化"。中国现代化进程是在各种错综复杂的矛盾中存在和展开的。社会主要矛盾的转化、社会主要矛盾的解决、社会发展不平衡不充分的问题，已成为当下社会发展的突出问题；而"中等收入陷阱"

"修昔底德陷阱""塔西佗陷阱""马尔萨斯陷阱"等也在困扰着人们。这些问题或矛盾需要哲学智慧的回应。

新科学技术特别是人工智能、网络技术等的发展对社会生活各个领域产生了深刻影响,人工智能对人类道德和思维领域提出了新的挑战。信息化是现代化的主要标志和主要趋势。网络已经成为当代社会生活和工作的纽带和工具,网络信息技术全面融入社会生产生活,深刻改变着全球经济格局、利益格局、安全格局。信息技术革命日新月异,对国际政治、经济、文化、社会、军事等领域的发展产生了深刻影响;数字化、网络化、智能化深入发展,在推动经济社会发展、促进国家治理体系和治理能力现代化、满足人民日益增长的美好生活需要方面发挥着越来越重要的作用;互联网越来越成为人们学习、工作、生活的新空间,越来越成为获取公共服务的新平台。马克思主义哲学创始人对所处时代每一项新的重大科学发现都感到欢欣鼓舞,并对科学技术的社会作用给予高度重视。今天,我们依然需要保持这种对待科学技术重大进展或成果的哲学敏感。

第三,当今世界历史进程和世界格局发展变化所带来的世界性难题。中国哲学的发展必须要面向世界。当今世界历史发展出现许多新特征,世界历史进程正在发生重大而深刻的变革。社会主义在曲折发展,资本主义遇到新的危机,全球化向纵深拓展,世界格局正在发生新变化。恐怖主义、单边主义、核竞赛、难民问题、气候问题成为困扰全世界的问题;自由主义的理念在现实面前处处碰壁、遭遇尴尬;全球公正、国际秩序问题再次或更加凸显。世界正在经历百年未有之大变局,"变局"的根本原因和内在规律值得深入探究。东方世界与西方世界的关系如何,中国在世界变化格局中的地位如何,正在形成的新的世界体系将会怎样,这些问题都需要在新的世界历史视野下进行研究并作出回答。

第四,当前哲学研究领域自身存在的问题。

哲学具有"双刃的要求",既要直面现实,又要反观自身。反思和总结中国近几十年哲学发展的历史,既要看到辉煌的业绩,更要看到哲学研究中存在的问题。当前,马克思主义哲学研究中存在的突出问题表现在:

一是对时代问题关注不够、聚焦不够,存在脱离时代及其重大问题的现象。主要原因是两个方面。一方面是对马克思主义哲学自身的实践品格认识不足,轻视对现实问题的研究,热衷于书斋式的学问。另一方面是理论准备不足和哲学视野不够，停留在几十年一贯制的研究方法或传统的理论话语上，拒绝方法论的创新和哲学理论的更新，缺乏对世界哲学和科学理论发展新成果的借鉴与吸收，因而难以形成对重大现实问题和理论问题的深度哲学研究，难以形成有中国特色和强烈现实感的哲学热点问题。其实，改革开放以来，中国马克思主义哲学在学术研究和现实研究有机结合上形成过一些好的传统，在关注和回应社会实践发展中提出的重大问题方面取得不少的成就。但是，与时代进步和社会发展要求相比较，哲学的作用仍显得苍白。以哲学特有的方式关注现实重大问题的优良传统需要在新的历史条件下继续保持和发扬。

二是哲学自觉和自信不足，仍未摆脱哲学研究的"学徒"状态。满足于对西方哲学研究范式和西方哲学问题"学着说""照着说""跟着说"的思维习惯，缺乏"对着说""反着说""接着说"的批判性思维和创新性思维。20世纪80年代以来，国外哲学特别是国外马克思主义哲学研究著述被大量翻译介绍进来，对中国马克思主义哲学研究产生了很大影响。关注和重视国外的研究成果无疑有助于促进我们对西方社会的了解和对新的哲学视野和哲学方法的学习。但如果缺乏批判性的分析和借鉴，而仅仅停留在"外哲"或"外马"的话语或语境中，那么是不可能真正建构起中国特色马克思主义哲学的。

三是语境错位，即忽略传统和现代、国外社会发展和中国社会发展的不同情境的差异。即对马克思文本中在特定语境下提出的范式、观点不加条件限制地泛用乃至滥用，把西方学者在西方社会条件下提出的某些观念简单地移植到中国问题的分析中来。例如，简单套用"后现代的"话语来分析中国当前的问题；忽略不同社会制度的区别而放大"资本逻辑"的作用和使用范围；缺乏对西方文明和东方文明特别是中华文明的全面比较和分析，产生"西方文明中心论"或"东方文明中心论"的偏颇。

二　中国特色马克思主义哲学创新发展的路径

当代中国马克思主义哲学发展应立足于新时代，把握中国和世界发展的历史大趋势，遵循哲学自身的特点和发展规律，深入发掘马克思主义哲学的精髓，充分吸收中国传统哲学资源和国外哲学发展新成果，融汇中国传统哲学智慧和西方哲学智慧，在内容和形式、理论和方法上实现新的创新发展。

一是确立"守正创新"的理念。既要回归和坚守马克思主义哲学的本性和使命，又要超越狭隘的眼界和陈旧的研究范式，赋予当代中国马克思主义哲学研究以新的活力。马克思主义哲学崇尚实践，具有强烈的时代性和现实感。从总体上说，文本研究、历史研究、思想研究、理论研究、现实研究的区分具有相对的意义。从学术分工和研究兴趣上说，学者的选择与偏爱无可厚非，哲学研究应存在于各个层面、各个维度。但关注文本与关注现实、关注历史与关注理论不应是截然对立的。马克思主义哲学的学术研究不应仅仅局限于对历史的、文本的研究，而要把理论同现时代的实践生活联系起来；不仅仅是对"过去"的研究，而且要关注"现实"和"未来"。马克思主义哲学研究区别于其他哲学理论或哲学学科的研究，它更加强调对时代生活的深层次把握和对未来趋势的前瞻。不能把对现实问题的哲学研究等同于哲学点缀或经验式的论证。创新不能离开马克思主义哲学之根本，既要避免"失根""忘本"，更要避免肆意发挥的"标新立异"。

二是在"中国特色"上下功夫。在总结马克思主义哲学中国化历史经验的基础上，推进马克思主义哲学在新时代条件下的中国化。中国特色不仅仅表现在语言风格上，更重要的是体现在立足中国实践、总结中国经验、解读中国道路、概括中国理论、回答中国问题上。正确把握中国社会发展、世界格局变化、科学技术发展的新特点和新问题，以深化改革开放以来兴起的中国特色的实践哲学、发展哲学、生活哲学、价值哲学等为抓手，聚焦人民美好生活、社会发展不平衡不充分、现代化发展道路、精神价值世界、人类命运共同体等重大问题，梳理和提炼中国传统哲学精华和马克思主义哲学研究已有的成果，深化对中国特色社会主义实践和理论中蕴含的哲学思想的研究，力求凝练具有中国风格的新的学术概念和研究范式，形成中国特色的哲学话语体系和学术体系。

三是寻求新的哲学生长点。秉持"立历史之潮头、发时代之先声"的使命感，认真捕捉重大和紧迫的理论前沿问题，努力发现新的哲学生长点，铸就体现时代精神和民族特色的哲学理论。一要找准重要的理论和现实问题，并加以深入研究，如社会发展理论或新发展观与社会主要矛盾转化、世界历史理论与人类命运共同体的构建、现代化理论与传统向现代的转化机制和规律、日常社会生活与价值观念嬗变等，都是亟待加强和深入研究的问题或领域；二要加强哲学方法论的整体性研究，形成历史研究、经典研究、原理研究和方法研究有机结合的研究范式；三要以马克思主义哲学为主导，深入探索传统哲学和现代哲学、中国哲学与外国哲学之间的契合点或连接点，使马克思主义哲学成为与中国传统哲学和外国哲学的精华相融通的当代中国哲学智慧。

四是促进跨学科、交叉学科的研究。融汇马克思主义哲学与中国哲学、西方哲学的研究成果，吸收和借鉴传统和外来的先进的合理元素；消除或化解马克思主义哲学内部的条块分割或学科壁垒，加强对马克思主义哲学各分支的整体性和系统性研究，推进马克思主义的伦理学、科技哲学、美学、政治哲学、经济哲学、价值哲学、管理哲学等具体领域之间的互动研究与整合研究。积极展开国际学术交流和学术对话，使中国的马克思主义哲学研究者进一步了解和走近世界哲学，也让世界进一步了解中国的马克思主义哲学研究。改革开放以来，国外哲学特别是国外马克思主义哲学研究对中国马克思主义哲学研究产生过较大影响。一是传统的西方马克思主义，如早期西方马克思主义者卢卡奇、科尔施、葛兰西等人的思想，以及后来的法兰克福学派和结构主义的马克思主义学派；二是当代欧美马克思主义研究的各种哲学流派，以及德国和日本的马克思和恩格斯著作的文献考证和研究；三是当代国外政治哲学思潮，如自由主义、社群主义等。与这些流派或哲学思潮的交流与论战，客观上能促进中国马克思主义哲学研究者的思考。一方面，我们需要要认真对待国外学者取得的研究成果，了解他们对国外资本主义社会的批判和对世界发展趋势的分析，了解其提出问题的角度和研究问题的方法，吸收其合理因素；另一方面，要注意甄别良莠，对于违背马克思主义哲学基本立场、观点和方法的错误思潮，应进行分析批判。

五是探索构建中国特色马克思主义哲学形态。如果把20世纪30年代毛泽东《实践论》和《矛盾论》的问世，以及艾思奇《大众哲学》的发表作为开端，马克思主义哲学中国化至今已走过八十多年的历程。改革开放以来，中国哲学界的学者在中国化的马克思主义哲学研究方面推出了大量论著，或者说在中国特色马克思主义哲学的研究上作了许多努力，取得了许多成果。目前讨论的"中国特色马克思主义哲学"概念，是以改革开放以来中国特色社会主义的理论与实践为背景，以中国特色社会主义进入新时代为重要契机提出来的。现在论及的"构建中国特色马克思主义哲学形态"，主要是指在新时代的语境下，确立与中国特色社会主义进入新时代相适应的，能够引领或指导中国未来社会进步、实践发展和精神前行的，具有中国风格和中国气派的马克思主义哲学的研究范式、话语体系、知识体系、理论形态。

构建中国特色马克思主义哲学形态，需要重视和把握原则、内容和形式（体系）等层面问题。一是在构建原则上，应以习近平同志《在哲学社会科学工作座谈会上的讲话》精神为指导，坚持三个"体现"的原则，即"体现继承性、民族性""体现原创性、时代性""体现系统性、专业性"。要继承马克思主义经典作家创立的哲学思想，继承中国传统哲学思想的精华，继承马克思主义哲学中国化长期积累的成果，继承中国特色社会主义理论中的哲学思想；要吸收人类哲学智慧特别是当代世界哲学研究的新成就，体现或反映新时代的实践要求和思想精华，力求在哲学方法、概念、观点、体系等方面创新；要遵循哲学研究和哲学教育发展的规律，全面系统地阐释马克思主义哲学的理论观点和理论体系。二是在内容上，既要全面反映马克思主义哲学的基本思想，又要突出体现中国特色社会主义理论体系中的创新成果和中外学术界的最新成果。要结合中国社会实践和思想理论发展的实际，及时概括和总结当代中国的新发展观、社会矛盾观、核心价值观等具有原创性的思想，深入阐释"人和自然是生命共同体""构建人类命运共同体"等重要思想和命题，充分吸收学界在本体论、认识论、历史观、辩证法、价值论、方法论等领域的研究成果。三是在形式或体系上，要积极研究探索和总结概括出符合科学理论原则和哲学内在逻辑的学术理论体系和知识体系、教科书体系和表达方式，倡导百花齐放、百家争鸣。

六是要高度重视和加强新时代马克思主义哲学的专业教育，加强中国特色马克思主义哲学的系统教育。当前，加强马克思主义哲学学科建设、专业教育，具有十分重要的意义。新中国成立70年来思想理论建设的一个宝贵经验，就是高度重视马克思主义哲学的教育，用科学的理论武装全党和教育青年学生。马克思主义哲学是中国共产党人的看家本领。中国特色高等教育的重要经验和重要成就之一，就是在大学开设马克思主义哲学专业和课程，培养和造就了一大批具备马克思主义哲学素养的人才，这些人才在社会主义建设事业中发挥了重要作用。当前，高校马克思主义哲学专业教育和课程建设有所削弱，必须引起高度重视。我们不仅要充分认识马克思主义哲学专业建设的特殊性和重要性，认识进行中国特色马克思主义哲学教育的紧迫性，而且要认识中国特色马克思主义哲学作为通识课开设的必要性。

（作者单位：中国人民大学哲学院、中国人民大学习近平新时代中国特色社会主义思想研究院）

现代知识体系的流变与哲学学术体系的构建*

李 红

"每一个时代的理论思维,包括我们这个时代的理论思维,都是一种历史的产物,它在不同的时代具有完全不同的形式,同时具有完全不同的内容"②。这是恩格斯在《自然辩证法》中的著名论断。新时代的中国特色哲学学术体系,同样应当与时俱进,充分吸收现代知识体系的成果,一方面要走出"古今中西"的分析框架,走出"马中西"的三分格局;另一方面要聚焦于新时代的中国实践,面向重大的理论与现实问题,回应世界百年未有之大变局。

一 现代知识体系流变的三个特点

在人类思想和知识的灿烂群星中,哲学既是其中的星座之一,也一度是驾驭其他星座的"主神"。但是,在当代知识的星丛中,哲学的边缘化已呈加速趋势。这固然缘于哲学时刻承受着其他知识类型的挤压,但根本上还是因为哲学的性质、对象、方法和目标亟须在危机中加以反思与重建。要深刻理解当代中国哲学学术体系的构建,就要深入把握现代知识体系的发展脉络和主要特征。

现代自然科学知识体系发端于文艺复兴之后17世纪的科学革命,仿

---

* 本文系国家社会科学基金重大委托专项"新时代中国特色哲学基本理论问题研究"(18VXK001)、国家社会科学基金重点项目"分析的实用主义研究"(17AZX011)的阶段性成果。

② 《马克思恩格斯文集》第8卷,人民出版社2009年版,第436页。

效自然科学方法构建的现代社会科学在 19 世纪初步成型。由此人类知识呈扇形展开,各自秉持的认识论立场互不相同。① 位于一端的是人文学术话语,另一端则是自然科学话语,社会科学话语居间——其主题与人文科学略同,其方法力求追随自然科学。哲学虽然在人文学术中处于最高位置,但在整个知识体系中的地位实则在游移变化中逐次下降。人类知识在 20 世纪达到空前繁荣、强大和完备,尤其是形成了以所谓 STEM(科学、技术、工程、数学)为基础的整体,科学和技术也形成了所谓一元超级结构②,成为塑造生活世界的关键。生活世界固然仍可被理解为一切科学的基础③,但已经不仅仅是把一切实践构成物"吸收到自身之中",而是被崭新的人类实践活动及其产物所加速改造乃至重新塑造——科学与技术的一元超级结构,数字化和数学化的生存方式,即将到来的万物互联与人工智能时代,都在塑造、设计甚至控制主观(相对的生活世界错综复杂的"地平线"。

因此,现代知识体系特别是话语体系虽然依旧冲突不断,派别林立,但实际上隐含着融合的"地平线",或者说是"重叠共识"。因此,关于现代知识体系的流变和当代知识体系的构建,大致可以形成这样几个判断:

第一,显性的客观知识及其技术化形态对自然与社会具有支配性的地位。在当今时代,形式科学、自然科学、技术科学和部分社会科学,已经形成了牢固的人类知识的总体范式——它不仅仅作为第一生产力来彰显影响力,而且取代了长期以来人文学术和宗教思想的奠基地位,甚至开始干预和改造人类几百万年演化而来的生理基础,技术操控渗透到生活世界的方方面面。

第二,现代知识体系具有内在规范性要求(normative claim)的一致性。今天,STEM 学科在人类知识体系中拥有了睥睨群雄的霸权地位,以

---

① 参见华勒斯坦等:《开放社会科学》,刘锋译,生活·读书·新知三联书店 1997 年版,第 11 页。
② 参见让·拉特利尔:《科学和技术对文化的挑战》,吕乃基等译,商务印书馆 1997 年版,第 47 页。
③ 参见胡塞尔:《欧洲科学的危机与超越论的现象学》,王炳文译,商务印书馆 2001 年版,第 210 页。

至于形成了"两种文化"的不幸对立和对"价值无涉"的错误理解。例如,有人为了强调人文学术的独特性,力求切割人文与科学,在两种文化之间制造鸿沟乃至对立。这种对立具体体现为两个方面:一是科学家与科学史、科学哲学、科学社会学等科学论者之间所谓的"科学大战",争论的焦点是科学论是否走向了科学的反面:反科学、反理性、反客观真理[①];二是人文精神与科学精神之间形成了不应有的分裂,因为近代自然科学本身就是人文主义的"女儿",而人文研究和科学研究均应共同肩负起理解自我、社会与自然的重任。这两方面对立的后果使哲学与科学基本上完全分离,并且因为无法跟上科学的步伐,不仅丧失了作为"科学之女王"的地位,还沦落为心灵鸡汤,或者是某种宗教性的慰藉,甚至反科学的旗手。

又如,有人极力分隔自然科学与社会科学,强调自然科学的价值无涉、意识形态无涉。但实际上,自然科学并非价值无涉,自然科学的精神和方法必定依托于一种意识形态。这种意识形态虽然不为特定群体的合法性作辩护,却为知识权力、真理意志作辩护。承认这一点,实际上也就是承认现代知识体系有内在一致的规范性要求,包括以理性及其合理运用为权威,尊重学术研究的自由和自主性,主张真理面前人人平等,倡导合理的怀疑精神、批判意识,尊重研究结论的经验检验和实践评价,强调方法精密、数据可靠、论证严格等内在规范性要求,等等。这些涉及科学精神、科学方法和科学家品格的规范性要求,同样也是哲学和社会科学的基本原则。

第三,知识的创造、生产、传播、评价、应用等环节,具有高度的专业化、职业化和技术化特点,而且分工日益细密,交叉日益兴盛,市场日益扩大,从而令科学家共同体在这些环节上具有高度的自主性。科学家共同体的集体意向性和集体能动性(agency)确立了知识范式,使这一共同体成为知识领域的行动者、学术话语的制造者和学术评价的主体。

---

① 参见杰伊·A. 拉宾格尔、哈里·柯林斯编:《一种文化?——关于科学的对话》,张增一等译,上海世纪出版集团 2017 年版,第 ix 页。

二　中国特色哲学学术体系构建的三重视域

基于以上三个特点，笔者在这里尝试借用"视域"（即前文所说"地平线"）这一概念，意在突出中国特色哲学学术体系构建的广阔范围及其跨边界特征，以期表明哲学共同体需要对哲学学术体系的构建具有高度的自觉性，进而对于哲学学术体系所关涉的知识、规范性和实践三个领域，亦需要秉持较为清晰和清醒的意识。

1. 扩展哲学学术体系的知识视域

现代自然科学、社会科学以及形式科学更新了各个层次的知识图景、世界图景和方法路径，需要哲学去消化吸收、总结反思。霍金关于"哲学已死"的论断，虽然存在着对哲学的理解较为狭隘的不足，但总体来说还是点中了哲学的死穴：近百年来的哲学未能跟得上科学的发展和人类知识的进展，这在哲学过去两千年的历史中是不曾有的。这一困境在中国的哲学研究领域尤其明显。脱离人类当代经验和当代知识的哲学是危险的，无力反思当代知识成就和实践经验的哲学是孱弱的。因此，我们要重新厘定哲学学术体系的边界和视域，走出单纯以原理和哲学史为主要思想资源的教学研究方式，走向主题化、问题式、跨学科的探究模式。

当然，历史地看，哲学始终是人的求知本性的"代言者"，哲学家也从来没有放弃以天下学术为己任的追求；就此而言，当代哲学也积极参与并推进了与当代科学和现代学术的深度融合。一方面，哲学参与到多个跨STEM学科的研究当中，其中最为突出的是认知科学，哲学、心理学、计算机科学、神经科学、人类学、语言学构成了跨学科的六边形，既为认知科学提供了思想资源，也批评、反思了现有研究的不足，例如对概念分层的关注不够。[①]

另一方面，当代科学（包括演化心理学、社会神经科学）在语言、

---

① 2018年4月，美国哲学家布兰顿（Robert Brandom）在上海复旦大学的演讲中明确论述了在概念分层问题上，分析哲学如何弥补了认知科学的不足。

概念、心理、认知、意识、道德等领域提供了大量研究成果，值得哲学领域高度重视，广泛借鉴并借此进行理论创新。例如，美国心理学家米切尔（Jason Mitchell）认为，脑成像技术对心理科学最出人意料的贡献，是让我们开始重视社会性思维在人类精神活动中的中心地位。人类这个物种的出现，最根本的进步不在于个体的意识能力，而在于掌控众多个体能力的能力，即将人群组织成相互协作的各种组织，实现个人不可能完成的目标。其中至少需要两种合作能力：一是希望能够与他人想法进行协调的读心能力（mindreading）；二是不仅能够预测他人所想的内容，而且能够积极影响他人的想法和感觉的能力。[1] 又如，英国语言学家迪肯（Terrence W. Deacon）在《运用符号的物种：语言和脑的共同演化》[2] 以及后续著作中，与乔姆斯基的语言观分庭抗礼。他对于人类运用的语言为什么会变成现在这种形式，提供了反直觉的解释。一般认为，大脑进化到一定水平，就要求人类必须使用某种语言来表达各种心理活动。迪肯认为，虽然人脑确实演化出能够进行符号处理的能力，但这不能说明语言本身的演化。语言之所以演化，就是为了与人脑的结构和功能相适应，而不是相反。为什么笛卡尔二元论能够持久流传下来，因为这一类的大观念往往与人类大脑的构造和功能相匹配，大脑使我们以一种几乎不能不信的方式来看世界。

应当承认，哲学与科学的深度融合也取得了一些重要成果。在笔者所研究的领域，美国心理学家托马塞洛（Michael Tomasello）借鉴维特根斯坦、布兰顿、布拉特曼的规范性理论，将其用于指导关于人类合作、交流的起源研究，从而将经验性、实验性研究与哲学理论紧密结合起来，取得了极具启发性的研究成果。两位欧洲哲学家梅西耶和斯珀伯（Hugo Mercier & Dan Sperber）在其近著《理性之谜》中，走出了以理性论证理性的思辨模式，将哲学、心理学、语言学等学科成果熔为一炉，对理性能力提出了极富启发意义的观点，例如理性是对一种表征（即理由）进行直觉性推论的机制、心智是各个模块的联合体等，引发

---

[1] 参见马克思·布鲁克曼编：《下一步是什么：未来科学的报告》，王文浩译，湖南科学技术出版社2011年版，第69页。

[2] Cf. Terrence William Deacon, *The Symbolic Species : The Co-Evolution of Language and the Human Brain*, Allen Lane the Penguin Press, 1997.

了广泛关注和争议。①

当然，哲学与各个门类的社会科学的联系同样紧密，而哲学理应与不同知识部门展开充分的对话。唯其如此，哲学才能葆有其生命力和时代性，而不至于故步自封，坐井观天。

2. 反思哲学学术体系的规范性视域

20世纪90年代，美国哲学家瑞彻（Nicolas Rescher）在《今日美国哲学》② 中就把美国哲学形容为错综复杂的马赛克，是由许多相互竞争的不同哲学进路组成的大杂烩，多样性和多元化是其最明显的社会学特征。同样，当代中国的哲学格局也呈现出某种碎片化倾向，虽然看起来可以概括为"马中西"三种形态，但实际上每种形态里面都不是铁板一块，而是拼贴画和马赛克。更重要的是，因为不同文化形态的内在规范的差异，还导致了所谓合法性问题。虽然不少学者把"中国哲学的合法性"争论斥作伪问题，但如果我们将所谓合法性判定（或正当性辩护）理解为发生在特定哲学活动和特定规范的关联之处（比如将两种形态的哲学进行关联式研究），那么，对于如此复杂的中国哲学格局来说，合法性争执便是不可避免的。

因此，这就涉及哲学学术体系内部的规范性要求问题。能否设置或者有没有必要设置一套确定的、有序的规范和价值，以此回答哲学活动的性质、目的、评价标准到底是什么？或者像罗尔斯在政治哲学领域倡导的那样，设置不同哲学形态之间的重叠共识？对此类问题的回答构成了哲学学术体系的内在规范性边界，其中至少涉及价值观、文化语境、意识形态、评价体系等四个主要方面。当然，我们也可以从方法论角度折中处理此类问题。对于理论、框架、方法，淡化其来源和标签，着重考察其解释力、适用性、科学性，不因其出自学术权威而挟以自重，也不因其源于外国学者而排斥之，既不挟洋自重，也不自负排外，以求真求是的学术态度对待学术问题和学术争论。就哲学学术体系的外部规范性要求而言，哲学是意

---

① Cf. Hugo Mercier and Dan Sperber, *The Enigma of Reason : A New Theory of Human Understanding*, Allen Lane, 2017.

② Cf. Nicholas Rescher, *American Philosophy Today*, and Other Philosophical Studies, Rowman & Littlefield, c, 1994.

识形态的一部分，虽然哲学具有对意识形态的批判功能，但该功能也被认为是基于一种意识形态而对另一种意识形态的批判。因此，哲学必须考虑自己外部的规范性边界。例如，哲学研究服从于哲学家个体的思想创造；哲学研究服从于国家意识形态的构建；哲学研究服从于文化命脉的维系；哲学研究服从于求真的科学式追求；哲学研究服从于为人民谋幸福，为民族谋复兴的伟大事业，等等。虽然我们可以凭借语词把这些选项统一起来，但对于不同的思想者而言，其排序是有差异的，这也是值得我们反思的重要问题。

3. 敞开哲学学术体系的实践视域

今日的哲学看起来已经告别了奇思妙想的童年时代和壮怀激烈的青年时代。她已经交出了女王的王冠，偷偷藏起了知识王冠上那颗褪色的夜明珠。哲学似乎已经安于充当那只黄昏才起飞的猫头鹰，只是它的主人已经不再是智慧女神密纳发，而是诸神的使者赫尔墨斯——哲学仿佛变成了解释学。实际上，哲学虽然总是以理论的方式出场，但其精神是实践的，也应该是实践的——以理论活动的方式在思想中把握时代，回应挑战。

一是要面向人类实践，发掘真问题。中国特色哲学学术体系应当从人类实践特别是中国实践出发，提出重大理论问题，探索解决路径。例如，交往实践发生了根本性革命，网络时空改变了人们的时空观，人工智能改变了知识获取、生产、传播模式，拟效实在（virtual reality）改变了感性经验方式，等等。这很可能是七万年前人类认知革命之后又一次重大变局的开始，重大的问题将纷至沓来。我们需要回答时代之问：面对复杂变化的世界，人类社会向何处去？面对世界百年未有之大变局，如何建立起共建人类命运共同体的思维方式，如何思考全球化时代价值观的变迁？20世纪哲学创造的推动力已经不再是体系性的，而是问题性的。在21世纪的新时代，我们有理由相信，面向实践提出的真问题、大问题，给出负责任的哲学回应，应当是哲学创造的首要动力。

二是要反思时代精神，凝练关键概念。使用、分层、整编和创造各种类型的概念，是哲学的重要工作；对关键性概念的深入研究，往往是推进哲学研究的重要契机。例如对"实践""异化""人文精神"等概念的讨论,在 20 世纪八九十年代的哲学和人文科学的发展中起到了重要作用。又如,黑格尔在《精神现象学》和《法哲学原理》中提出的"承认"概念,在 20 世纪从左翼的霍耐特、弗雷泽到右翼的科热夫、福山,以及社群主义的查尔斯·泰勒,均充分发挥了这一概念,使之成为与自由主义分庭抗礼的政治哲学解释路向:布兰顿将承认视为规范性地位的基本概念,利科专门用《承认的概念》一书梳理概念的历史,法理学家哈特在《法律的概念》中也特别重视法律体系的承认规则(虽然未必直接与黑格尔相关),甚至有人认为马克思的无产阶级解放理论也是一种承认理论。因此,熔铸新的哲学概念,重释历史上的关键概念,打通各种思想资源的脉络,是一条行之有效的路径。

三是要助力文化自信,确立文化身份。"四个自信"的本质在于文化自信,这是一个事关中国文化身份和中华文脉承续的大问题。一方面,中国特色社会主义文化,源自中华民族五千多年文明历史所孕育的中华优秀传统文化,这是"周虽旧邦,其命维新"的文化期许;另一方面,中国共产党把马克思主义同五千年绵延不断、博大精深的中华文明融合起来,不断推进马克思主义中国化,这也是具有开创性的方向。这两个方面对于不忘本来、吸收外来、面向未来,在哲学层面上深入探究文化自信具有重要意义。

概括地说,在中国特色社会主义文化建设中,文化自觉是文化自信的认知基础,旨在回答"我们是谁"的问题,确认民族的文化身份(同一性)和文化特质;文化自主是文化自信的基本立场,旨在强调文化立场、精神和方向上的自主性;文化承认是文化自信的实践方略,通过自我承认和平等尊重,建设文化强国,坚定文化自信。

结语

2016 年 5 月 17 日在哲学社会科学工作座谈会上的讲话中,习近平总书记强调,要按照立足中国、借鉴国外,挖掘历史、把握当代,关怀人类、面向未来的思路,着力构建中国特色哲学社会科学,在指导思想、学科体系、学术体系、话语体系等方面充分体现中国特色、中国风格、中国气派。这一总体要求为我们加快构建中国特色哲学社会科学话语体系提供了指南。

每逢世界之大变局时代,时代渴求思想,思想追赶时代;新时代为创造性的新思想提供孕育条件,新的思想也力图把握、回应和引导新时代。在这样的文化境遇下,哲学工作者应当以更平等的思维、更淡定的心态,以大科学的精神,贴近时代的方法,依靠学术共同体的努力,引领思想创新与学术创造。

(作者单位:北京师范大学哲学学院、价值与文化研究中心)

走出思想创造的困局[*]

——关于新时代中国哲学发展的再思考

刘志洪　胡雯

当今世界正经历百年未有之大变局，当代中国亦处于重要的发展时期。近年来，哲学界深刻认识到，中国社会变革需要哲学创新发展，但当前哲学研究领域存在着一个不容回避的问题，即中国哲学共同体深陷"阐释驱逐创造""学术抑制思想"的困境，迫切需要在继续重视学术阐释的基础上，自觉鼓励和包容思想创造，将"阐释驱逐创造""学术抑制思想"机制转变为"阐释与创造并重""学术与思想共进"机制。[②]这一观点得到诸多哲学研究者的认同，产生了一些有益影响。当然，也有学者提出了不同见解。鉴于"实现新时代中国哲学发展"这一话题的重要性和迫切性，本文尝试从新的角度思考和论述下列观点：鼓励和包容思想创造是新时代中国哲学繁荣的关键；为此需要我们重新认识既有的哲学研究方式，达成新的合理共识，进而推动中国哲学实质性的发展。

一　当前对思想创造的淡漠与苛刻

思想创造已逐步成为当代中国科学研究的主旋律，但哲学还没有自觉

---

[*] 本文受到中国人民大学 2020 年度中央高校建设世界一流大学（学科）和特色发展引导专项资金支持。

[②] 参见刘志洪、郭湛：《改变"阐释驱逐创造"机制——关于新时代中国哲学发展的思考》，《中国人民大学学报》2019 年第 1 期，第 34 页。

按照这一旋律"舞蹈"。总体而言，目前我们的哲学研究十分热衷于阐释，对创造却相当淡漠和苛刻。试看当前哲学论文和著作目录，约80%属于学术阐释性论著，只有约10%属于思想创造性论著。某些哲学学科至今依旧处于"经典阐释压倒思想原创"的"经学时代"。不少研究者指出，哲学研究已变成哲学史研究。黑格尔关于"哲学史本身就应该是哲学的"这一论断被转变为"哲学史就是哲学"，甚而被实际地操作为"哲学就是哲学史"。有学者这样批评当下的哲学研究："文本繁荣而思想委顿，话语高蹈而真理不彰。"[1] 思想创造即使不是"万马齐喑"，也是"千里马不常有"。这不但同整个世界哲学一百多年来的总体状态类似，并且有过之而无不及。

首先，从研究特点来看，许多阐释性论著大量引用前人论述，把反复引证哲学家经典思想作为论证的主要内容和方式，他人的话语占大部分篇幅，自己的观点或主体性内容仅寥寥数语。更有甚者，把大量哲学家的论述整合起来，就宣告形成了新的论著。有资深编辑形容这种写作模式是"某某说……又说……还说……最后说……"至多再加上他人如何言说这位思想家的内容。这在某种程度上形成了"新八股"。还有一些论著从标题上看具有创造性，但大部分内容和论证都由对他人思想的梳理与阐释所构成。当然，这样的文章由于有自己独特的观点和思路，比单纯的阐释性文章更具思想性，但无疑还需继续强化突破性和创造性。

即使在以"创造"为己任的马克思主义哲学中，"阐释驱逐创造"的机制和效应也很明显。在《马克思主义哲学史研究（2016）》中，梁树发主编就曾具体分析过当今文本阐释显著多于理论研究这一现象。的确，许多研究者在完成相关阐释工作后，就停步不前了，忘却了还没有展开"创造"这一更重要的工作。近年来，从事国外马克思主义研究的青年学者人数激增，其中似乎隐伏着快速成名的"三步走"策略：第一步，找一位国外马克思主义名家，写几篇介绍、整理、研究的文章，快捷地在学界崭露头角；第二步，出国研修，研究该人物的全部思想，翻译出版其各种著作，成为国内首屈一指的专家；第三步，写几部关于这一人物所涉及

---

[1] 赵涛：《次生口语时代的知识生产》，载《京师文化评论》（2018年秋季卷），中国社会科学出版社2019年版，第243页。

的思想领域的研究著作,以至功成名就。在部分青年学者看来,做国外马克思主义研究不仅能规避"劣势"(即功力有限又想早出成果),而且易成"优势"(即借助"稀缺"快出成果)。可以想象,如果青年学者皆以此为学术之业,那么中国马克思主义哲学的前景将十分令人担忧。此类现象并不鲜见且日渐严重,为此有学者疾呼,今天的中国最缺的是我们自己的哲学。

其次,从研究心态来看,虽然有些人在口头上呼唤新思想,在内心深处却尚未做好迎接变革的准备。其实,人们一般并非有意抵制新思想,而是近乎本能地难以欣然接受。"困难不在新说本身,而在摆脱旧说。"[①] 人类历史积淀了许多长期流传的观念,这些既成性观念先于后世个人而存在,作为思维惯性(或传统)进入人们的头脑中,成为其精神结构的成分乃至无比坚定的信念,改变它们十分困难,即"新思想因为自己的新而处境艰难"[②]。原因在于,一方面,新思想挑战了人们长期深信和秉持的观念,与旧观念形成激烈冲突,有时是常人难以接受的;另一方面,若新思想不能带来明显的益处或更大的好处,人们就容易抗拒有悖于自己既有观念的新思想,倾向于找寻各种理由否定之,以维护熟悉而亲切的既有观念。拉卡托斯通过众多实例令人信服地证明,被否定的理论的支持者很难接受新理论,更不愿意承认旧理论的失败,往往找寻各种理由拒绝或拖延;人们甚至可能直接"强暴地否弃任何不合乎既成模式的东西,把它们作为'不科学的'加以蔑视"[③]。人类思想演进的历史无数次地表明了这一点。

最后,从研究评价来看,诚如陈平原先生所言,现在核心期刊有严格的评审机制,质量差的进不去,但有棱有角的也会被淘汰。就发表而言,精致稳妥的阐释性文章明显比易生争议的创造性论文具有优势。"木秀于林,风必摧之。"观点过于鲜明和突出,总会有人持不同意见以至反对意见。这本身不是问题。真正的问题在于,持反对意见者常常不认真分析异

[①] 约翰·凯恩斯:《就业、利息和货币通论》,徐毓枬译,译林出版社2014年版,"原序"第3页。

[②] 琼·罗宾逊:《经济哲学》,安佳译,商务印书馆2015年版,第93页。

[③] 参见埃德加·莫兰:《复杂性思想导论》,陈一壮译,华东师范大学出版社2008年版,第49页。

质观点的论证是否成立，而是从内心深处更倾向于接受"不易之论""不刊之论"，本能地判定异质性观点是错误的。由此，创造性论文和创造主体很可能被视为"过度创新"的"出头鸟"而不被接受，极易落得"费力不讨好"的结局。这无疑会形成一种不良的思想创造氛围，即创造不但必须"有术"，而且必须"有度"，不能超出"可以承受"的范围。一些思想者被迫采取"迂回"策略，表面屈从既有的话语框架，实则在框架内"若隐若现"地展示自己的观点。与此不同，阐释性论文的"安全系数"要高得多，因为它的主要内容是他人的思想，哪怕这种思想遭到强烈反对，反对的也是阐释对象而非阐释主体。上述现象在当今哲学界具有普遍性，不仅在期刊审阅中如是，在项目评审、奖励评定等哲学研究的关键环节中亦然。

大部分编辑者、评价者和管理者都深谙当前哲学研究存在的诸种问题，但在总体上没有作出有力的纠正和正确的引导，而是囿于评比和考核的压力等外部因素，对阐释类这种"稳当"的成果青睐有加，从而在客观上起了推波助澜的作用。更有一些编辑者、评价者和管理者在内心深处忽视思想的创造，甚至欠缺引领创造的能力，他们拒绝现实性、思想性、原创性较强的研究成果，认为难以准确把握此类研究的价值与限度，而更倾向于自己熟悉的思想史或观念史领域。在这个意义上，或许可以说，当前对原创性思想和思想创造的淡漠与苛刻是"体系性"的。倘若我们的哲学既不接受也不促进探索性的思想，哲学思想就必然陷于停滞[1]，于是，"创造性的精神离开了它。哲学日益成为无思想的哲学"[2]。这对于新时代中国哲学知识体系的构建是十分不利的。

二 哲学繁荣的实质是思想繁荣

繁荣和发展中国哲学是每位哲学工作者梦寐以求的愿景。但这种繁荣意味着什么？或者说，本真意义上的哲学繁荣是怎样的？这是值得每个从

---

[1] 参见阿尔贝特·施韦泽：《文化哲学》，陈泽环译，上海人民出版社2013年版，第50页；第49页。

[2] 同上。

业者认真思索的前提性问题。在某种意义上，正是源于对这一问题存在模糊认识，以至我们偏离了正确的哲学道路，且愈行愈远。"哲学的本性在于它的思想性。它是本原的、活生生的思想。"① 在笔者看来，哲学繁荣真正的实质和标识是思想繁荣。

黑格尔强调，思想"是把握永恒和绝对存在的最高方式，严格说来，是唯一方式"②。虽然黑格尔的论断具有强烈的观念论色彩，但这一立场对于理解思想的意义不无启示。思想洞察人生与世界之理，引领人的生命活动和人类世界的变革；思想是哲学中最深邃和始源的内容与精华。哲学贡献给人类的最宝贵财富，正是面向现实、建基学术进而付诸实践、改造世界的创新性思想理论。维特根斯坦甚至一度认为，"哲学的目的是从逻辑上澄清思想"③。没有思想，就没有哲学的灵魂，就没有具有灵魂的哲学，就没有哲学！思想构成哲学最本质的向度。

根本而言，哲学的价值取决于人类现实生活对它的需要，体现在它以特有的方式促动实践、引领时代。"哲学中国：让思想引领时代"④，这是针砭时弊的疾呼。黄昏时起飞的不一定是密纳发的猫头鹰，反思不等于后知后觉。真正的哲学不会像黑格尔认定的那样无法超出自己的时代，不会只是步时代之后尘才去反思，更不会落后于时代。哲学必须以思想的方式切实地求解现实和理论的重大课题，实际地促成现实和理论的真实发展！也就是说，生成有益于人类良性生存或美好生活的思想，以之引导时代与文明，是哲学应有同时也一直持有的价值取向。唯有以此取向为坐标或标准，才能更深刻地揭示那些重要的哲学基础性问题，才能更透彻地理解学术阐释与思想创造的关系。

施特劳斯强调，"无论历史知识对政治哲学有多重要，它也只是政治哲学的预备与辅助，它不可能成为政治哲学的组成部分"⑤。的确，哲学史研究是哲学研究的基础，但本质而言，哲学史研究还不是至少不完全是哲学研究本身。哲学研究主要致力于思想创造，哲学史研究则主要致力于

---

① 张曙光：《现代性论域及其中国话语》，武汉大学出版社2010年版，第291页。
② 黑格尔：《小逻辑》，贺麟译，商务印书馆1980年版，第66页。
③ 维特根斯坦：《逻辑哲学论》，贺绍甲译，商务印书馆1996年版，第48页。
④ 本刊评论员：《哲学中国：让思想引领时代》，《哲学动态》2018年第12期，第5页。
⑤ 列奥·施特劳斯：《什么是政治哲学》，李世祥等译，华夏出版社2014年版，第47页。

学术阐释。冯友兰先生也认为,"哲学史的重点是要说明以前的人对于某一哲学问题是怎样说的;哲学创作是要说明自己对于某一哲学问题怎么想的"①。简言之,哲学研究和哲学史研究的主要差异就在于是否提出和论证了新的原创性思想。

学术繁荣既不等于思想繁荣,也不必定造成思想繁荣。尽管学术构成思想的前提与基础,但它并不必然通达思想,学术创新也不必然通向思想创造。学术只是思想的必要条件和基础之一,决非充分条件;从学术到思想,其中有诸多重要环节需要展开,有不少困难关口必须跨越。诚如胡塞尔所说:"我们并不能通过哲学而成为哲学家。……研究的动力必定不是来自各种哲学,而是来自实事与问题。"② 事实上,仅在学术的狭小范围内停留,无以凝练真正有生命力的哲学。唯有扎根广阔厚实之生活沃土,方有希望结出思想硕果。赫拉克利特说,博学并不能让人智慧。同样,繁荣的学术也不一定使思想繁荣,甚至不一定让人生成独立的思想。换言之,如果不以积极创造思想为条件,学术的繁荣反而可能造成思想的贫困。当前的中国哲学研究正面临这样的困局。张志伟教授之所以将"哲学学科的繁荣"和"哲学的危机"关联视之,也隐含着此种意蕴。

大体而言,阐释是地基,创造是高楼;阐释是主干,创造是果实;阐释是涓涓细流,创造是名川大河。"问渠那得清如许,为有源头活水来。"(朱熹:《观书有感》)阐释永远构成创造的源泉;而且,在特定时期,阐释和阐释性著述的价值还可能更为重要。但回望历史,原创性著述对人类思想和现实的影响更大、助益更多,从而也更广泛地被阅读和流传。今天的学者们主要研究的正是这些过往的创造性思想成果。叶秀山先生曾提出,"学术"是"思潮"的深化,是"思潮"的科学化、体系化。③ 准确而言,这里的"学术"应为"思想",至少是建基于学术的"思想"。

当然,人们一般都会承认思想的重要性,但对思想的根本性质却认识不一,甚至不尽精当。在我们看来,思想并非一般性的观点,而是创新性以至原创性或首创性,亦即他人不曾提出的观点。唯有这样的观点才能冠

---

① 冯友兰:《三松堂全集》第1卷,河南人民出版社1985年版,第229页。
② 胡塞尔:《哲学作为严格的科学》,倪梁康译,商务印书馆1999年版,第69页。
③ 参见叶秀山:《论"思潮"与"学术"》,《江苏行政学院学报》2011年第1期,第5页。

以"思想"之名,才配得上"思想"二字的荣耀。因此,应力求让观点成为思想,或者说以思想为观点。思想让哲学成为哲学,在众多观点和观念中显现自身。于哲学而言,创造性思想是最优秀、最值得珍视的东西;取得创造性思想成果,是对哲学研究最厚重的回馈与奖赏。总之,原创性思想的繁荣是哲学繁荣的本真意涵与最高标准,具有人类一流水准的思想之勃发构成新时代中国哲学繁荣、哲学知识体系完善的核心。

三 自觉鼓励和包容思想创造

正确认识问题构成正确解决问题的前提。人类的生存或生活总是处于不断变革的状态之中,从而总是需要新思想的诞生与发展。尽管某些思想具有长远乃至恒久价值,对于解决当代和未来人类的切身问题颇有益处,但任何思想都不可能一劳永逸地解决好全部问题。因此,不懈地创造思想对于不断发展的人类至关重要。希冀以思想引领时代的哲学,不能没有高水准的思想创造;否则,哲学不仅无法切中时代,而且注定本质性地落后于时代。哲学的创新有多种方式与层次,但最主要的标志是提出新思想、建构新理论、生成新范式。换言之,思想创造是哲学研究最高层次的创新。

新中国 70 年丰富的实践经验要求且值得从理论上加以概括与提升,迫切需要创造性哲学思想来总结与指导实践。我们有理由相信,中华民族比以往任何时候都更加需要创造性思想,因为我们比以往任何时候都更加接近伟大复兴;复兴的中国呼唤复兴的中国哲学与之相辅相成。还应该看到,日益走向世界舞台中央的中华民族,不仅亟待总结和升华自己的哲学理念,而且应为其他民族和人类文明提供有益的哲学样态。整个世界哲学当下都处在创造乏力的状态之中,迫切需要具有实质意义的新思想的出现。巴迪欧痛心地说,在今日法国,"伸出十根于指就可以很轻松地数出幸存的哲学的数量了"[①]。作为当代最具创造性的哲学国度,法国的状况尚且如此,整个世界哲学的情况可见一斑。曾经的"第一小提琴于"德国哲学更不容乐观,"阐释驱逐创造"的情形更为显见。智慧的人不但勇

---

① 阿兰·巴迪欧:《哲学宣言》,蓝江译,南京大学出版社 2014 年版,第 3 页。

于吸取自我的教训,而且注重避免他人的错误。中国哲学共同体当以德国哲学为鉴,自觉避开迷途弯路,而不是重蹈覆辙。中国哲学知识体系的当代构建和中国哲学的繁荣发展,离不开对原创性思想的鼓励与包容。

阐释前人思想的确有助于丰富和发展人类的思想,也可能生成自己的新思想,但这并非发展思想的主要方式;只有创造才能根本性地变革和提升思想,才是发展思想的主要途径。有些学者提出,中外思想史上大多数思想形态的建构是通过注释经典完成的。这些学者的文本研究和学术阐释造诣很高,但此种看法我们难以完全认同,它并非对思想史的准确描述;如果其所指"思想形态"为原创性思想,那么这个说法更是值得商榷。退而言之,即使这一说法成立,在某种意义上,中国思想后来的停滞正是由于注释过度而创造不足所致。这是中华民族曾经着力尝试改变的,其迫切性至今亦然。其实,学者们着力注释的"不是'注释'而是'经典'"这一事实本身就说明了原创性思想的价值,表明人类更需要的是创造而非阐释。马克思主义之所以成为一种崭新的世界观与方法论,依靠的不是对黑格尔主义等的阐释,而是真正实现了对以往哲学成果的根本性改造,进而完成了哲学思想的革命性创造。正是得益于创造,马克思和恩格斯才成为马克思主义者,而不只是青年黑格尔派或新黑格尔主义者,今天的我们也才有马克思主义这一"经典"可以"注释"。

然而,一种令人忧虑的观念愈益流传开来,几成"信条":思想创造不过是假大空,只有学术阐释才是真学问。诚然,学术阐释的确是踏实之功,但思想创造绝非飘浮之举。尽管有的人以不恰当的方式创新,甚至个别人打着"创新"的旗号哗众取宠,但这种"大而空"的"创造"实际上并非本真意义上的创造。真正的思想创造一定是真学问。在过往"大创造"的年代,的确出现了不少水准不高甚至偏低的所谓创新型成果。但是,创造水准的不足绝非否定思想创造的依据,而恰恰是需要进一步强化它的缘由;甚至可以说,创造越是不足,就越是需要重视和促成。

毫无疑问,阐释和创造是可以统一的,而且应当统一;过度强调阐释和过度强调创造,都是一种偏颇而且可能是有害的。这可被视为一条基本原则。但在此原则基础上,还须根据实际情况具体把握乃至有所侧重。这才是真正科学的态度,才能形成真正意义上的"统一",也才能改变"阐释驱逐创造""学术抑制思想"的现状。当然,我们也理解强调"统一"的学者们的忧心：过于强调创造可能反过来忽视构成其基础的阐释。不过，鉴于目前仍有许多从业者更注重学术阐释而非思想创造，因此对创造之重要性和紧迫性的强调并不为过。中国哲学界依然非常需要并高度注重创造，应该更加深刻地领会思想创造的意义，并切实地付诸实际的思想活动。

阐释不易，创造更难！要使某一原创性哲学思想生成和具备世界历史性意义，无疑需要站在众多巨人的肩膀之上。真正的思想者必须在追随前人攀登已有思想高峰的基础上，勇攀尚未有人登上的思想高峰。这是非常艰难的。借用马克思的比喻，可以说哲学的创造没有平坦大道，只有陡峭山路，光辉的顶点更是难以企及。即使最为微小的思想创新也不容易，遑论重大的理论创造。纵使天才、自信如黑格尔，也强调思想的道路是一条极艰难的道路。刚开始时，乃至在很长时间内，往往只能爬上巨人的脚面或矮子的肩膀。另外，个人的创新努力在敞开新的理论视域时，也会由于自身的局限性而遗漏某些重要的角度和内容，甚至用"挂一漏万"形容也不为过。但哲学拥有试错的权利与价值，不允许犯错误，就难有大作为，甚至难以作为；事实上，创造性思想的错误与偏颇可以通过批评和交流加以纠正或改善。爱因斯坦曾经说，发现一条走不通的道路，对于科学也是一种贡献。人类认识发展的历程不仅是证实的过程，也是证伪的过程；或者说，证伪同样是科学发展的一种方式，尽管绝非唯一方式。因此，难免出错的创造性思想既需鼓励又需包容。

期冀成为"高卢雄鸡"的哲学在黎明时分的"高鸣"并不易被接受，甚至可能被当作令人厌烦的"噪音"。存在权威观点的时期和地方，人们更是本能地反感新的哲学思想，因为它们具有"革命的危险性"。然而，从哲学的本性而言，哲学作为智慧之学，其永恒的反思性和批判性使之并不存在也不该存在权威。更准确地说，哲学的使命正在于反驳不合理以至不够合理的"权威观点"。人类思想和文明的发展不能没有这样的哲学，因而它理当被鼓励和包容。

新时代要有新作为。"很少有哪个时代会像我们今天这般如此需要创新的哲学。"[①]"创造"构成中国哲学在新时代的神圣使命，也是最有价值

---

① 姚新中、陆宽宽：《中国哲学创新方法论研究》，中国人民大学出版社2019年版，第272页。

且需永远传承下去的担当和作为。现在，该是整个中国哲学共同体改变轻视思想创造的时候了！当然，必须郑重申明，我们绝非轻视和否定学术阐释，相反，我们由衷敬重和钦佩扎实的学术阐释。在功利和躁乱的年代，守护学术的精神尤为可嘉；而且，阐释的确可能是孕育创造的"摇篮"。我们所担忧的情形是，目前的研究过度沉醉于学术阐释，留给思想创造的空间实在太过狭小。更重要的是，阐释在某种程度上形成了"驱逐"创造的具有刚性力量的机制，如果一味地放任乃至加剧它的进程，可能令未来中国哲学的思想创造丧失希望。不鼓励和包容思想创造，不仅哲学家辈出的盛景遥遥无期，甚至可能连思想者的出现都变得虚无缥缈。

四 构建鼓励和包容创造的学术环境

毋庸置疑，强调建构和完善哲学知识体系的时代，正是希望走出思想创造困局的时代。在这个呼唤"哲学中国"的时代，迫切需要壮心不已的哲学工作者们高度自觉地鼓励和包容思想创造，努力营造适宜的学术环境和社会环境——也就是说，让学术环境以至社会环境有益于思想创造。笔者同意陈波先生的见解，中国哲学原创不足"首先不是能力和水平问题，而是态度和取向问题"，"当代中国哲学家要通过自己的努力，去确立哲学家的身份，去赢得哲学家的尊严"。[①] 要言之，作为思想主体的哲学研究者亟需确立"创造至上"的态度与取向。

由此，合理的评价标准对于哲学发展至关重要。评价代表了学界的取向，也同诸多现实利益密切相关，对哲学研究具有强烈的导向作用。哲学评价既要考虑"完成系数"，也应考量"价值系数"和"难度系数"。在完成情况同等或相近的情况下，宜多重视论著的价值和意义，多考虑研究难度。由于思想在哲学中的核心意义，在完成情况相近的条件下，创造性论著相对于阐释性论著的价值更大。一般而言，阐释性研究由于有作为"经典"的对象作为基础，相对容易臻于精致；相反，"凭空"创造非常困难，其完成程度很难趋于圆满。简言之，学术常有，思想不常有；思想

[①] 陈波：《面向问题，参与哲学的当代建构》，《晋阳学刊》2010年第4期，第14页；第18页。

常有，伯乐不常有。相对于阐释性论著，创造性论著的"价值系数"和"难度系数"更高，因而更需要鼓励与褒扬。就此而言，需要更多欣赏原创性思想的慧眼与胸怀，这是创造性哲学思想充分孕育和发展的迫切要求。

对于创造性的哲学研究，还必须处理好批评和鼓励、包容的关系。批判和自我批判是哲学的内在品格，严肃的哲学研究者需要自觉而切实地将批判和自我批判运用于对象和自身："既不盲目追从别人的学说，也不急于将自己的学说强加于人，要以'问题—回答'的水平来衡量学说的优劣得失。"[①] 哲学非但不能讳疾忌医，而且应闻过则喜。因此，哲学既需要以批判的眼光审视异质思想并助其完善，也需要有持之有故、言之有据的异质思想作为"他者"来助其不断批判和超越自身。没有新思想的不断涌现，就没有哲学本真性的升华。这一切都离不开对新思想的鼓励和包容，特别是在原创性思想欠缺的时期与国度，基于批判与自我批判品格对创造性思想加以鼓励和包容尤为关键。"无论探索和批评都应该以严肃认真的态度进行，批评者所要遵循的底线是：对探索者给予必要的尊重，保持适度的敬意，尽量持同情的理解。"[②]

由于哲学自身的特性，在评价过程中常常遇到异质观点。由此，如何评价持对立立场的新思想，是现有评价体系面临的关键课题。约翰·密尔关于思想宽容的精彩论述值得我们铭记于心：倘若被压制的批评意见是正确的，那么就因此失去得以接近真理的宝贵机会；即使被压制的批评意见是错误的，讨论它的错误，也将使真理的范围更加明确。"海纳百川，有容乃大。"必须明确，没有任何人能提出所有人都认为正确的新观点，观点的差异与分歧再正常不过。静心反思异己观点是否有合理之处，自己的观点是否有不足之处，异己观点和自己的观点何者更合理，展开认真而深刻的思想"实验"乃至思想"交锋"，这才是力图提升进而完善自身的思想者之应有态度。这蕴含着新的思想创造的契机，但它要求有海一般宽广的胸怀。

---

① 李德顺：《思变集：关于我们时代的生活与思考》，中国政法大学出版社2018年版，第105页。

② 陈波：《面向问题，参与哲学的当代建构》，《晋阳学刊》2010年第4期，第14页；第18页。

为此，在评价过程中还应区分是对主要观点还是次要观点的异见。常有评审专家的否定性意见并不触及论文的中心观点，而仅仅针对旁枝末节，甚至借助这些细小异见便否定整篇论文的开拓性。当然，其中可能存在的一种情况是，评审专家不同意论文的主要观点，但又无法对整个论证作出反驳。其实，如果并非主要观点异质，可以给予更多的宽容与鼓励；即使是主要观点相左，也必须慎重地加以考量；甚至见解越是不同，就越是需要谨慎和认真。这是哲学发展的基本要求。众所周知，马克思主义最初也是作为"异端"出现，按照当时的学术标准和氛围亦是艰难求存，几无顺利通过重重审查的可能。但思想的力量缘于现实的需要，终将可以穿透蒙蔽的障碍。更何况在当今开放时代，宣传有纪律，研究无禁区。只要不违背马克思主义基本原理和党的基本路线、方针、政策，不妨对有效论证的新观点和新思想多加包容。

不过，新时代中国哲学繁荣的实现，仅靠哲学共同体的努力是不够的。哲学思想的勃发，不可能离开社会总体环境。哲学同社会环境看似疏离遥远，实则关联紧密。新时代中国哲学的繁荣与发展，亟待构建有利于思想创造进而思想精品勃发的总体环境。不但哲学应为现实服务，现实也应为哲学服务。近来，在对35所"双一流"建设高校教师的随机抽样调查后，有研究提出，由于所面临的巨大风险，越是开拓性和原创意义的研究，越需要给予制度与环境的保障。① 创造性的哲学研究必须得到有力支撑！甚至可以说，严肃认真的原创性哲学思想应得到最有力的支持。其中，建立健全合理的体制机制是关键环节，必须将鼓励和包容创造性思想之原则切实地贯穿于哲学研究活动全过程。至少，我们要让学术的体制机制朝有利于思想创造的方向转变和优化。

当然，创造性的哲学思想从来少有众星捧月的荣耀，更多品尝的是众人皆醉我独醒、呕心沥血不被理解的苦涩。曲高和寡，高处不胜寒。尼采甚至豪言他的书要二百年后才能有人读懂。哲学就是在如此境况中顽强生存并日益成长起来的。"它永远不会为世俗的偏见所淹没，更不会被浅近

---

① 阎光才：《学术创新需要相对宽松的环境来呵护》，《光明日报》2019年5月7日，第13版。

的政治行为和功利行为所压倒。也许，哲学的高贵和荣耀，就在于它的这种顽强和自信！"① 当然，我们更期待哲学深度融入现实生活，成为推动人类文明进程的内在智慧。

五　趋向创造的阐释和在阐释中创造

需要强调的是，无论阐释抑或创造，都应避免低水平重复，应该在确立高标准的基础上，以进一步提升整体学术水准为旨归。应该说，相对于"阐释驱逐创造"机制，低水准的阐释和创造是制约当前中国哲学发展的更大阻力，需要制定更为切实的措施加以重视和改进。所谓低水准阐释，主要表现是满足于介绍与研究前人的观点；所谓低水准创造，主要表现是欠缺学术性和思想性。在总体比例上，虽然当前阐释性研究很多，但高水准的阐释尚不多见，高水准的创造更是难觅踪迹。新时代中国哲学迫切呼唤高质量的阐释与创造！从目前的实际和长远的愿景看，当下较可行的道路是强化趋向创造的阐释和在阐释中创造。

首先，有意识进而自觉地趋向创造，应成为高水准阐释的内在品质。我们的哲学研究需要的是为创造而阐释，而不是为阐释而阐释。"取乎其上，得乎其中；取乎其中，得乎其下；取乎其下，则无所得矣。"只有把"创造"作为更高目标，"阐释"才能为"创造"提供更好的基础。还需要明确的是，学术阐释不能满足于考据和梳理，而应注重揭示义理、提炼思想，阐发其当代价值与恒久意义，进而对其加以丰富和改进，展开创造性转化和创新性发展。

具体而言，一方面，阐释不应陶醉于思想家说了什么、如何言说以及为何言说，而需聚焦于其思想精髓，尤其是那些高水准和高价值的思想观念；另一方面，阐释不能仅仅局限于思想家某个或某些具体思想元素，甚至也不能停留于其复杂的思想演进历程，更重要的是从当代以及未来的视角解读和处理其思想。同求解原意和梳理变化相比，学术阐释更有价值之处在于提炼研究对象所具有的代表当下人类一流水准且对未来有益的思想与方法。海德格尔给后世阐释者树立了很好的榜样形象，他在分析古籍正

---

① 阎孟伟：《哲学家的使命与责任》，《教学与研究》2010年第9期，第16页。

文的时候,"总是把义理摆出来使其变成当今的感受"①。也就是说,应当善于将阐释对象同其他思想以至现实相比较,看何者更具合理性。事实上,如果某种思想已经被他人乃至现实所超越,那么,对其进行阐释的价值势必就会大打折扣,甚至可以说仅剩学术史意义了。真正高水准的阐释并非一味止步于文本"原地踏步",而是为了继续前行。就此而言,实事求是和鞭辟入里地揭示阐释对象的思想局限,进而提出切实可行的超越思路与理念,这既是对勇毅的探索者的要求,也是与"照着讲"不同的"接着讲""反着讲"和"领着讲"。

其次,高水准的阐释不能仅将目光集中于自己的特定对象,而应有整个思想史的宏阔视野。唯有如此,方能有效把握阐释对象的贡献与局限,真正而深刻地理解和说明对象。缺乏对整个思想史及其脉络与现状的把握,不仅无以获得分析和评价研究对象的坚实基础,而且意味着研究者尚不具备作出深度阐释的能力。进而言之,不应满足于对某一思想或人物的研究,而应对整个流派或对某个问题的全部思想史展开考察,由个别思想阐释转入思想史研究。我们看到,当前不少"哲学史"著述实际上只是哲学思想举要,没有真正把握思想之间的历史关联。因此,相较于对某一文本的"微观阐释",那种观照与结合思想史的"宏观阐释"需要更广阔的视野、更丰富的资料,特别是更高的理论高度和抽象概括能力。概而言之,力图自我超越的阐释应从微观走向宏观或从宏观走向微观,进而实现微观阐释与宏观阐释的有效统合。需要注意的是,唯有生成高水准的独创性思想,对前人思想的阐释才能切中实质与要害,才能达至其深刻的精髓。举例而言,施特劳斯的《什么是政治哲学》第一篇对政治思想史的评析相当精彩,读来令人酣畅淋漓并多有受益。这不仅因为他通晓西方政治思想史,而且由于他已然确立了自己的思想路标,并以之分析和评价前人的思想。这样的阐释是厚重和深刻的,甚至是有创造力的,也因此造就了一篇"纲领性文献"。

再次,高水准的阐释必须同对现实的反思与引领有机结合起来,这是进一步强化阐释之现实性与理论性的有效方式。当前,学界鲜有

---

① 海德格尔:《形而上学导论》,熊伟、王庆节译,商务印书馆1996年版,"译者前言"第2页。

直接解剖现实问题的研究，具有理论深度的分析和论证更少。一方面，当研究者把主要精力集中于对过往思想的阐释时，就难以把目光和精力投向当代现实中出现的新问题，也难以在解答新问题基础上提出并论证新的思想洞见。另一方面，当研究者处理外来思想时，往往只是介绍与阐释思想家们的思想文本，对思想的现实意义（即对现实的批判和引领）的揭示却显得相当不足。毫无疑问，学术阐释也蕴含现实关怀，也能观照现实，确如有学者所言"真正具有学术性的思想必然具有现实性"[1]，一些主治学术阐释的学者也积极尝试以学术的方式关注现实。然而，学术阐释毕竟不同于直接面向现实的哲学分析，它距离现实较远，无法直接而充分地切中现实问题。这就要求我们在学术继承的基础上创造当代意义上的思想与理论，以直面重大的现实问题，实际地解决当代现实中的问题与矛盾。更准确地说，以思想理论的方式分析和解决现实问题，进而在这一过程中完善既有的思想理论或生成新的思想理论。

最后，在强化趋向创造的阐释的同时，研究者们应该自觉地在阐释过程中加强创造，投身到思想创造的历史进程中。唯有如此，中国的哲学研究才能迎来实质性的发展，才可能是有持续生命力的。高水准的哲学思想创造，必须具有建基于现实性与实践性之高度上的学术性和思想性。学术使独创同独断区别开来，思想让创造同重复界分开来。只有以学术性方式站在前人肩膀上的思想努力，才可能是真正的创造。但有别于"推陈出新"的创新，创造是"无中生有"的过程，更准确地说是"有中生无"的过程，即在前人思想基础上提出并论证前人不曾有过的思想。在当前的马克思哲学思想阐释中，有学者认为，揭示或诠释了马克思的思想，就已经是在进行思想创造了。我们应该辩证地看待和分析这一说法。准确梳理和阐释马克思的思想当然非常有益，但只有大力丰富和发展马克思主义，才能建构进而完善当代中国的马克思主义，才是真正的思想创造。举凡自觉的马克思主义理论家，都是秉承马克思主义的精神实质，在继承马克思相关思想的基础上，根据现实和学术的变化

---

[1] 杨学功：《超越哲学同质性神话：马克思哲学革命的当代解读》，北京大学出版社2010年版，第6—7页。

与发展，对马克思主义理论的某些方面有所创新、有所推进。其他各种哲学思想理论也是如此。

总之，一个民族的哲学只有让创造成为精神渴望与生命习惯，成为血液中流淌从而须臾不离的基因，才能经常性地推出思想精品，迎来思想繁荣和大师辈出的盛景。如果中国哲学能够适时地把注意力由阐释转向创造，那么将更有希望迎来百家争鸣的学术局面。一方面，创造本身虽是一项高端性工作，但若创造成为思想惯性，那么它无疑就转化为一种思维方式，由此创造就成为一项经常性以至常规性的工作了。另一方面，阐释是可以转化为创造的，当阐释达到较高水准，或者说达到其应有的高度，就离创造不远了。因为，高水准的阐释一定是以对思想及其历史与未来的深刻把握为前提的，并且往往在阐释中已然有所创造；由高水准的阐释走向创造，可谓"渠成水到"。譬如，尽管孔子自谦"述而不作"，但他对《周易》的阐释是富有创造性的，并成为创造性阐释的典范。

结语

真正的哲学是时代精神的精华和文明的活的灵魂。中华民族的伟大复兴要求中国思想的壮丽再生。只有当思想达至世界一流水准，登上人类理论思维高峰，才意味着我们这个历经磨难的民族的全面复兴与浴火重生。这决不能离开创造性哲学思想的出场与在场。但唯有生成进而确立鼓励和包容思想创造的格局与趋势，中国哲学创造性思想的美好未来才能走进时代、成为现实。事实上，中华文化内在地具有兼容并包、博采众长、综合创新的开放特征，中国古今知识分子都在不同历史时期奋力推动思想文化的创造性转化和创新性发展，这种文明优势构成当代中国哲学创造高水准原创性思想的有利条件。中华民族从来就不缺乏哲学思想理论创造的能力，经过鸦片战争后近二百年特别是改革开放四十余年的积淀，中国哲学的学术阐释与领域拓展水平大幅提升，为中国哲学高质量的思想创造提供了厚实的基础，使由阐释到创造的"变奏"逐渐转化为现实。诚然，需要再次强调的是，走出思想创造困局，实现新时代中国哲学的繁荣与发展，关键在于整个中国哲学共同体自觉致力于高水准的思想创造，并真诚而深沉地鼓励和包容之。

（作者单位：中国人民大学哲学院、北京师范大学北京文化发展研究院；中国人民大学哲学院）

打造当代中国马克思主义哲学的标识性概念*

——基于新中国 70 年学术史的考察

王海锋

习近平总书记在哲学社会科学座谈会上的讲话中指出,"要善于提炼标识性概念,打造易于为国际社会所理解和接受的新概念、新范畴、新表述,引导国际学术界展开研究和讨论。这项工作要从学科建设做起,每个学科都要构建成体系的学科理论和概念"[①]。这对于打造当代中国马克思主义哲学的标识性概念,构建中国特色哲学"三大体系"具有重要的指导意义。实际上,这样的工作自马克思主义哲学传入中国就已开始,一代又一代中国学人基于中国具体实践提出了承载着中国内涵的标识性概念,推动着以其为基础的学科体系、学术体系和话语体系的构建。但不可忽略的是,无法满足现实需要的"概念短缺"[②]"概念匮乏""概念贫困"问题依旧不同程度地存在。因此,在学理层面反思哲学理论与哲学概念的关系,在学术思想史和现实的双重维度中揭示中华人民共和国成立 70 年来(以下简称"新中国 70 年")标识性概念的打造与马克思主义哲学创新的内在逻辑,探寻标识性概念打造的未来方

---

* 本文系国家社会科学基金一般项目"书写当代中国马克思主义哲学研究的学术史(1978—2018)"(18BZX012)、国家社会科学基金重大项目"构建当代中国马克思主义哲学学术体系研究"(19ZDA017)的阶段性成果。

① 习近平:《在哲学社会科学工作座谈会上的讲话(2019 年 5 月 17 日)》,《人民日报》2016 年 5 月 19 日,第 3 版。

② 王立胜:《论加快构建中国特色哲学学科体系、学术体系、话语体系中的六大关系》,《哲学研究》2019 年第 10 期,第 10 页。

向，为构建中国特色哲学"三大体系"，推动中华民族的伟大复兴和构建人类命运共同体提供思想智慧和智力支持，就成为摆在研究者面前一项重要的基础性工作。

一 哲学理念创新依赖于标识性概念的打造

概念是一切学术理论体系的基石。打造当代中国马克思主义哲学的标识性概念，推动当代中国哲学"三大体系"构建，最基础的问题当属对"哲学概念"和"哲学理论与哲学概念的关系"的追问。按照《现代汉语同典》的释义，概念是思维的基本形式之一，它反映客观事物的一般的、本质的特征。① 这只是揭示了普遍概念的特性，但就哲学性质的概念②而言，概念构成哲学的重要存在方式。这既是由哲学追求真理的本性所决定的，也是由哲学作为历史性的思想和思想性的历史的

理论特质所决定的，更是由哲学的属人本性和生命本性所决定的。

作为理论形态的人类自我意识，哲学必然要以"体系"的方式加以呈现，而真正支撑体系的有效基点就是概念。这是因为，只有概念才是真理的聚合体，只有概念才赋予认知以思想的确定性和客观性，即概念将人类对人与世界、人与社会、人与他人以及人与自我等关系的认知"逻辑性地"聚合为"真知"，并"稳定性"地加以固化保存。正如文德尔班所言："哲学力图把人类理性呈现其活动的必需形式和原则自觉地表现出来，力图把这些形式和原则从原始的知觉、感情和冲动的形式转化为概念的形式。"③ 因此，人类以哲学的方式所实现的对自在世界与自为世界的探究必然是概念性的认知；这种认知意味着，哲学将超越"意见"而抵达真理的彼岸。因为在哲学家的眼里，"意见"是哲学的死敌，"哲学所要反对的，一方面是精神沉陷在日常急迫的兴趣中，一方面是意见的空疏

---

① 中国社会科学院语言研究所同典编辑室编：《现代汉语同典》（第6版），商务印书馆2012年版，第418页。

② 实际上，概念作为人类思维把握世界的方式，是具有普遍意义的，但不同的学科领域对于概念的使用是不同的，我们这里主要讨论哲学性质的概念及所构建的哲学知识体系。

③ 文德尔班：《哲学史教程——特别关于哲学问题和哲学概念的形成和发展》上卷，罗达仁译，商务印书馆1987年版，第18页。

浅薄"①。换句话说，由于哲学起源于对世间事物感到"好奇"和"惊异"②，并尝试对之追根究底，所以哲学就要克服"意见"性认知，实现真理性把握，并赋予一切以意义性，为人类的生存提供终极基础、终极意义、终极关怀、精神家园。正因为如此，我们完全有理由说，对于哲学来说，承载着真理性认识的概念才是它的"家"；所有的大哲学家们都认为，哲学的使命就在于克服"意见性"的认知，在概念、命题、思想理论的统一中构建宏大的理论体系，借此获得真理并把握时代精神，为人类之当下和未来指明道路。

哲学追求真理的本性决定了哲学的思维方式必然是概念式的抑或理性的。对于以概念为家的哲学来说，就是要在概念思维中穿越表象的虚妄，超越意见的空泛，使思想获得客观性，直抵真理本身，给人以崇高感。在哲学史上，哲学家们为之作出了不懈努力，在思维形式的跃迁中以概念为中介，不断实现着对真理的追问与把握。黑格尔精辟地将这种"以概念为中介"的追问方式称之为"概念思维"，并认为这才是哲学应有的思维方式。按照黑格尔的理解，人们把握世界的思维体现为三种形式，即表象思维—形式推理（抽象思维）—概念思维：（1）作为表象的思维，实则"可以称为一种物质的思维，一种偶然的意识，它完全沉浸在材料里，因而很难从物质里将它自身摆脱出来而同时还能独立存在"③。这本质上就是一种经验思维，即基于对感官（感性）对事物的经验性感知，从而形成对事物的浅表性认识。（2）形式推理，这"乃以脱离内容为自由，并以超出内容而骄傲"④。这实则是一种抽象思维，人们基于对经验的感知，在知性思维中抽象概括出规律本身，试图以此达到对事物的本质性认知。但遗憾的是，这一思维形式因其对内容的遗忘而陷入"形式"之中，沦为"无内容"的、抽象的概念及其"真理"。（3）基于对上述两种思维形式的反思和批判，黑格尔提出了第三种思维的形式，即概念思维。在他看来，"真正的思想和科学的洞见，只有通过概念所作的劳动才能获得。

---

① 黑格尔：《小逻辑》，贺麟译，商务印书馆1980年版，第32页。
② 参见亚里士多德：《形而上学》，苗力田译，中国人民大学出版社2003年版，第5页。
③ 黑格尔：《精神现象学》上册，贺麟、王玖兴译，商务印书馆1979年版，第40页；第40页；第48页。
④ 同上。

只有概念才能产生知识的普遍性",从而构建出"形成了的和完满的知识"以及"已经发展到本来形式的真理"①。在这里,概念就不再是思想的抽象物,而是蕴含着内容的真理。遗憾的是,黑格尔只是在"解释世界"的意义上讨论这一问题,尚未在"改变世界"的原则高度上对之加以贯彻。也就是说,黑格尔将概念自身的运演视作现实运动的逻辑,在他那里整个人类历史也就成了思想运演的历史,只有上帝才是真理的掌握者。因而,人类基于概念思维所把握的现实客观世界的真理,虽然是"完整、具体的真理",却沦为以"上帝"为对象的思辨真理。对此,马克思、恩格斯有着清醒的认知和洞见,认为"现实的人及其历史活动"才是一切历史发展的基本前提,"意识在任何时候都只能是被意识到了的存在,而人们的存在就是他们的现实生活过程"②。因此,应该从"人的感性对象性活动"的"实践"出发来解释观念,追问概念的本源。这一实践的思维方式的提出,为黑格尔意义上的概念思维注入了生命活力。在这一维度中,哲学概念所具有的真理性在于,概念熔铸着人类对现实生活的理性思辨与生命体验,是世界观、认识论、历史观、价值观、人生观内在统一的产物,哲学因通过概念来表征世界而达致真理性。

哲学作为"历史性的思想和思想性的历史"的特质,决定了哲学发展的历史实则就是人类在概念思维和实践思维中以概念为"中介"追求真理、赋予人自身以崇高性的历史。文德尔班在讨论西方哲学史时就强调,西方哲学史"是一个发展的过程,在这过程中欧洲人用科学的概念具体表现了他们对宇宙的观点和对人生的判断"③。因此,哲学发展的历史是人类以概念的方式表征其现实生活过程的历史以及概念更迭的历史,是实践创造与思想创新的历史。离开概念,哲学就成为一堆"无骨架的肉""无灵魂的躯壳"。梳理哲学史我们会发现,人们对于"理念""无限""自由""实体""实践""道""仁""体""中庸""心性"等概念

---

① 黑格尔:《精神现象学》上册,贺麟、王玖兴译,商务印书馆1979年版,第40页;第40页;第48页。
② 《马克思恩格斯选集》第1卷,人民出版社2012年版,第152页。
③ 文德尔班:《哲学史教程——特别关于哲学问题和哲学概念的形成和发展》上卷,第18页。

的追问与反思，实则是熔铸着人类性、民族性、时代性以及个体性于一体的智慧之问，也就是在形而上学追问中实现意义的回归与赋予、价值的确定与重构。进一步讲，人们以概念的形式来把握和表征世界，实则就是赋予思想以必然性、规律性、确定性、客观性。哲学史实则就是哲学家们基于时代问题、在"概念本身的王国中，即在概念与概念的关系中得到确定性和真理性"①的历史，抑或获得真理明见性的历史。按照黑格尔的理解，"历史上的那些哲学系统的次序，与理念里的那些概念规定的逻辑推演的次序是相同的。我认为：如果我们能够对哲学史里面出现的各个系统的基本概念，完全剥掉它们的外在形态和特殊应用，我们就可以得到理念自身发展的各个不同的阶段的逻辑概念了。反之，如果掌握了逻辑的进程，我们亦可以从它里面的各个主要环节得到历史现象的进程"②。虽然黑格尔此处对概念的理解是以逻辑学为本体论的，但在一定程度上揭示出了哲学概念与哲学理论发展的内在关联。事实上，哲学作为理论形态的人类自我意识，其历史并不仅仅是哲学概念的演变史，也是哲学家以哲学概念为中介，表达时代精神、表征时代理念的思想史，它深层地体现了哲学家个体或群体对于时代的把握与体悟。基于此，哲学的概念就不是抽象的，而是熔铸着理论思辨与生命体验于一体的"具象的"社会历史，是人们以概念的形式表征对现实的观照、对真理的把握、对人生的体悟、对历史发展的关注的社会生活的历史。

哲学的属人本性决定了哲学概念背后所承载的，实则是人类以概念思维和实践思维所实现的对于确定性、真理以及意义的追求。哲学史上那些"抽象"概念背后所隐含的并不只是对真理的把握，更是哲学家的生命体悟，反映的是思辨理论的"生命原则"。在这个意义上，哲学便是概念所塑造的智慧之学和生命之学，"哲学乃是运用概念思维去探究人类存在方式及其意义的学问"③。概念承载着生命，"哲学对人生命意义的追问和反思，便不是对脱离时空之外的生命本性的抽象演绎和思辨，而是对生活在历史中的、在特殊的社会关系综合体中实现着自己的目的和利益的人的具

---

① 王天成：《象、概念与概念思维》，《博览群书》2006年第2期，第50页。
② 黑格尔：《哲学史讲演录》第1卷，贺麟、王太庆译，商务印书馆1959年版，第34页。
③ 俞吾金：《哲学何谓？——俞吾金教授在北京师范大学的讲演》，《文汇报》2012年3月19日，第00D版。

体生命的审视和反思"①。换句话说，人是哲学的奥秘。"人是哲学的真正的主题，哲学不过是人的自我理解、自我反思、自我意识的一种理论形态，要了解哲学的性质、功能及其历史的演变，'人'应是它的基础和前提。"② 在这个意义上，哲学概念必然不是抽象的、僵死的、空洞的，而是有生命的，它内在地体现了人对生命自身的觉解，承载并彰显着人类对于自身所生活世界的真理和意义的追问与反思。哲学概念的打造及其理论的创新实现于主体性的人，来源于研究者的主体性自觉。

上述讨论旨在表明，哲学是以概念为支撑、体现人类自我把握世界基本精神的理论形态，概念思维和实践思维共同构成哲学的重要思维方式；哲学发展的历史，或者是基于对既有概念的批判并赋予其新的内涵的历史，或者是提出新的标识性概念并赋予其时代性内涵的历史；哲学概念并不是僵死的抽象的存在物，它源于人类在对象性活动或现实的生活过程中对于人与世界、人与社会、人与他人以及人与自我的关系的反思，体现着个体生命的觉解和类生命意义的体悟，哲学概念的生命本性在此觉解和体悟中获得生机与活力；哲学概念是具有历史性的存在，人们对时代及其精神的把握是以继承性地阐释既有概念、并赋予其以时代性内涵的形式体现出来的；概念具有属人的本质特征，真正的哲学概念不是空洞而抽象的存在，而是承载客观现实内容以及人类的价值理想的存在。

基于上述判断，我们认为，哲学理论的创新必然是哲学家们基于人类现实生活对哲学及其概念之本质性的把握，以及由此所呈现的概念变迁与理论创新之内在规律的透视。通过梳理新中国 70 年当代中国马克思主义哲学研究的学术史，我们对此将会有更为透彻的认识。

二 马克思主义哲学创新与打造标识性概念的内在逻辑

新中国 70 年，当代中国马克思主义哲学基于中国问题乃至人类性问题，在对苏联哲学原理教科书体系的反思中重返经典文本解读，在古今中

---

① 高清海：《中华民族的未来发展需要有自己的哲学理论》，《吉林大学社会科学学报》2004 年第 2 期。

② 《高清海哲学文存》第 1 卷，吉林人民出版社 1997 年版，"总序"第 1 页。

外各种理论资源的"对话"中推动思想的会通融合,以及由此开辟的领域哲学或部门哲学,真实地彰显了马克思主义哲学的现实性品质[1],开辟了理论创新的新境界。在我们看来,这一历史性成就在理论层面体现为哲学理论创新与哲学概念创新的内在互动。在新时代,揭示两者的内在逻辑,呈现其发展的历史脉络,深描其互动变迁的历史图谱,从中找到理论创新的规律,可为打造当代中国马克思主义哲学的标识性概念、构建中国特色哲学"三大体系"提供支持和准备。

文德尔班指出,"哲学史的奇妙的特点正在于:从这样一大堆个别和一般的混杂物中,仍然大体上确立了普遍有效的观察宇宙和判断人生的这样一些概念的轮廓,这轮廓显示出这种发展的科学意义"[2]。因此,揭示新中国70年来马克思主义哲学理论创新与打造标识性概念的内在逻辑,就在于在历史的回顾中呈现既已确立的哲学"概念的轮廓",进而呈现其理论创新"发展的全貌"。客观来讲,经过新中国70年的学术发展,我们已经打造了一批具有世界影响力的标识性概念,基于这些概念,学界讨论了一系列困扰人们的时代性问题,阐释了一系列学术命题和观点论争,形成了一批具有代表性的学术成果。这里最具代表性的就是学科领域的分化和问题讨论的细化,如以经典马克思主义哲学为理论基础形成的人学、价值哲学、发展哲学、社会哲学、政治哲学、生态哲学等部门哲学或学科领域。从概念变迁的视角看,"矛盾""实践""价值""发展""以人为本""和谐""人类命运共同体"等[3]在不同历史时期提出的标识性概念,本身就表征了当代中国马克思主义哲学创新发展的历史进程。从历史的横向尺度看,上述概念或者是通过赋予既有概念以时代性内涵而提出的创新性概念,或者是基于时代要求打造的标识性概念,从而在破解时代问题中实现了概念的发展和理论的创新。

第一,新中国成立初期,赋予既有"矛盾"概念以新的内涵,尤其

---

[1] 王海锋:《当代中国马克思主义哲学的现实性品质——改革开放40年来马克思主义哲学研究的反思》,《哲学动态》2018年第10期,第22页。

[2] 文德尔班:《哲学史教程——特别关于哲学问题和哲学概念的形成和发展》上卷,第25页。

[3] 当然,新中国70年当代中国马克思主义哲学领域形成的标识性概念不止这些,限于篇幅和分析的需要,这里只是作了粗略的总结。

是将之上升到方法论原则层面的讨论,为中国社会主义建设提供了分析问题的重要方法论原则。"矛盾"概念古已有之,关于它的寓言故事也让人耳熟能详。在马克思那里,矛盾意味着事物内部的"对立统一"或"肯定中存在否定"。马克思主义传入中国后,"矛盾"概念被创造性地与中国问题结合了起来。最具代表性的是毛泽东对"矛盾"概念的创造性阐释。1937年在《矛盾论》中被充分讨论的矛盾的普遍性、矛盾的特殊性、主要的矛盾和主要的矛盾方面、矛盾诸方面的同一和斗争性、对抗在矛盾中的地位、矛盾的特殊性与相对性等问题,均凝聚在《关于正确处理人民内部矛盾的问题》之中。毛泽东基于对敌我矛盾之"对抗性"的分析、对人民内部矛盾之"非对抗性"的定位,以及被剥削阶级与剥削阶级之间"对抗性"与"非对抗性"混合等问题的把握,对社会主义中国的发展作出了客观定位:"在社会主义社会中,基本的矛盾仍然是生产关系和生产力之间的矛盾,上层建筑和经济基础之间的矛盾。"[1] 依据这一判断所展开的社会建设、基本制度建设,为当代中国发展进步奠定了根本政治前提和制度基础,"实现了中华民族由近代不断衰落到根本扭转命运、持续走向繁荣富强的伟大飞跃"[2]。由此,在马克思那里作为辩证法原则之一的"矛盾"具有了方法论的意义。1956年党的八大报告对"主要矛盾"的阐释、1987年党的十三大报告对"社会主要矛盾"的定位,乃至党的十九大报告所强调的"我国社会主要矛盾已经转化为人民日益增长的美好生活需要和不平衡不充分的发展之间的矛盾"[3],这些均体现出在不同历史时期,我们基于矛盾分析法对社会时代问题的把握与理解。概括地讲,"矛盾"概念在一定程度上承载了新中国70年来我们对中国特色社会主义的基本认知和问题判断。

第二,在一定意义上讲,始于1978年的改革开放是以对"实践"的

---

[1] 《毛泽东文集》第7卷,人民出版社1999年版,第214页。

[2] 习近平:《决胜全面建成小康社会 夺取新时代中国特色社会主义伟大胜利——在中国共产党第十九次全国代表大会上的报告》(2017年10月18日),人民出版社2017年版,第14页;第11页。

[3] 习近平:《决胜全面建成小康社会 夺取新时代中国特色社会主义伟大胜利——在中国共产党第十九次全国代表大会上的报告》(2017年10月18日),人民出版社2017年版,第14页;第11页。

学理性讨论为突破口的。以"真理标准问题大讨论"为契机,学术界对"实践"概念的反思最为真切地体现了当代中国马克思主义哲学的突破和创新。把"实践"从认识论视域中解放出来,超越实践与认识的二元辩证关系,赋予实践以世界观的意义,使得中国化马克思主义哲学的面貌焕然一新。从抽象的"物质"到人类对象性活动的"实践",即内含着对立统一的辩证性的"实践"思维,乃至"实践"观点的思维方式,均"意味着哲学从远离人间的彼岸世界向人间生活世界的回归,从对人和人的对象世界的抽象化理解向具体把握人的生存活动和存在方式及其对象世界的回归"[①],更意味着从一种"非此即彼"的思维方式走向整体性、矛盾性的辩证思维的回归。当学界不再把"实践"视作具体的、经验性的"做"或"干",而是视为思维方式的时候,实践概念就已经在马克思主义经典作家原本的意义上被赋予了新的时代内涵,其理论意义正如孙正聿教授所言:"改革开放以来的中国马克思主义哲学,正是以实践观点的思维方式重新理解和阐释马克思主义哲学,实现了以'实践唯物主义'为标志的'范式转换'。……以'实践'为核心范畴和根本理念重新构建了当代中国马克思主义哲学学术体系和话语体系。"[②]

第三,20世纪80年代至21世纪初期,在改革开放的历史进程中,"价值""发展""以人为本"等概念被重新加以讨论或创造性地提出,以概念创新的形式见证和指导了中华民族"强起来"的伟大历史进程,深化了学术的发展,拓展了学术研究的主题,开辟了新的学科领域,并形成了新的学科生长点。以"发展"概念的时代性转化和历史性发展为例,20世纪90年代以来,市场经济步入深水区,生态环境问题凸显,社会发展面临"先发展经济还是先保护生态"的两难选择,于是"科学发展"成为主基调,发展问题亦成为人们热议的焦点。学者们打破苏联传统哲学原理教科书把"发展"局限于认识论视域的禁锢,重新理解并对这一概念作出了时代性的界定,由此拓展的是对马克思主义社会发展理论及其意义的阐释,在哲学视域中对社会发展的前提、条

---

① 高清海:《哲学的命运与中国的命运——20年哲学历程的回顾与展望》,《哲学研究》1998年第6期,第25页。
② 孙正聿:《构建当代中国马克思主义哲学学术体系》,《哲学研究》2019年第4期,第4—5页。

件、机制、途径等问题的阐释,对社会发展与人的发展、生态环境保护关系的分析,对社会发展道路、发展方式、可持续发展、发展代价等问题的追问,等等。应该说,这些理论论域的拓展及其问题分析的深化,均与学界对"发展"概念的原创性阐释有直接的关系。当然,与之相伴的还有人们基于社会发展对于和谐、公平、正义等概念的追问,对于个体自由与社会和谐的追问,等等。

第四,党的十八大以来,中国特色社会主义进入新时代,实现中华民族伟大复兴的中国梦、构建人类命运共同体,成为新的历史任务。"人类命运共同体"这一标识性概念被适时提出并成功地成为新时代的标志性理念。应该说,"人类命运共同体"概念是马克思主义哲学中国化的最新成果。学界从共同体与人的解放、马克思世界历史思想与人类命运共同体、人类命运共同体与历史唯物主义、"类哲学"与人类命运共同体等不同视域出发,对之作了深入的学理性阐释。在我们看来,这一标识性概念具有多重内涵:集中体现了马克思主义哲学主题——人类的自由和解放;是马克思哲学"类"思想的中国表达;蕴含并体现着中国优秀传统文化"天下兴亡,匹夫有责"的历史担当;站在道义的制高点上,倡导人类的和平与发展,为人类的发展提供中国智慧和中国方案。总而言之,"人类命运共同体"概念的提出,是马克思主义哲学中国化的直接成果,是当代中国的马克思主义。[①]

梳理新中国 70 年当代中国马克思主义哲学研究的学术史,我们可以发现,在一定程度上,这一学术史实则是概念创新的历史,是中国学者不断赋予既有概念以新的时代内涵或提出标识性概念的历史,是中国学界以哲学概念变革的方式实质性地介入现实生活的历史,是在继承超越以往概念的基础上实现对时代和理论的主体性自觉的历史。基于此,展望未来,构建"真正具有中国气质并能自立于世界哲坛的当代中国哲学形态"[②] 正在成为摆在当今哲学工作者面前亟待破解的"世纪难题",对此我们依然需要"把时代中的问题提升为哲学中的问题,必然要注重文本的命题解

[①] 需要指出的是,学术界对"人类命运共同体"所蕴含的学理阐释亟待进一步展开,这一标识性概念依然需要深化研究。

[②] 参见《吉林大学社会科学学报》2004 年第 2 期组织的"探索当代中国哲学的道路"学术笔谈,第 5 页"编者按"。

读与当代价值的赋予,要关注基础理论研究和现实问题的破解"①,依然需要充分彰显自主理论探索的精神,以思想的方式把握我们所处的时代,打造熔铸时代内涵、具有现实性内容以及学术性特质、具有中国特质和世界意义的标识性概念。

三 主体性的确立与哲学标识性概念的打造

哲学理论创新的历史在一定意义上就是哲学概念创新的历史,当代中国马克思主义哲学理论的创新,实则是通过赋予既有概念以时代性的内涵和打造新的标识性概念的历史。打造当代中国马克思主义哲学的标识性概念,构建中国特色哲学"三大体系",应该有很多着力点;其中,确立学术研究的主体性是关键环节,因为研究者才是哲学理论创新的主体,其主体性的自觉与哲学概念的创新内在相关。

打造当代中国马克思主义哲学的标识性概念,确立研究的主体性,在理论层面体现为意识到哲学概念并不仅仅是抽象的存在,而是蕴含着"完全具体的东西"②、具有实体性的内容。因而,避免哲学概念创新陷入"精致化""空洞化"的境地,就成为首要的任务。哲学概念当然是抽象的,但这并不意味着作为对事物的概念性认识的哲学概念是"无内容"的。概念向来具有具体性、明晰性、客观性的特质,但在现实的理论创新中,我们依旧能够看到,部分研究者忘却了哲学概念本应承载现实内容,他们将作为形式的概念与承载现实社会生活的实体性内容相对立,把学术创新简单理解为概念的"学术化"与"规范化",以一种"抽象式的"主观主义来推动哲学概念的创新,由此导致哲学概念的"空洞化"和"形式化",导致富有活力的哲学创新和探索成为一种"封闭化"的"学院式"创制,使熔铸着理论思辨与现实观照于一体的哲学因缺乏对现实社会生活的实体性内容的洞见而了无生趣。由此进一步造成的结果是,哲学概念沦为"空疏的学院智慧,对于实践的生活以及科学的研究都没有

---

① 王海锋:《书写当代中国马克思主义哲学研究的学术史》,《哲学研究》2019 年 1 期,第 34 页。

② 黑格尔:《小逻辑》,第 334 页。

更多用处"①。在我们看来，这实质上就陷入了阿多诺所指认的"概念拜物教"②之中，即在哲学的研究中，尽管十分重视对概念的运用，但因过分强调"概念优先性"③，而忘却哲学理论对于现实生活的观照以及对于推进人类美好生活实现的价值性诉求。

实际上，对于当下的中国来说，确立哲学概念创新的主体性，最首要的是在批判性视野中审视这样一种现象，即那种以西方概念来指证中国的问题、套用西方概念来讨论中国的问题、甚至不加辨别地使用西方概念的现象。换句话说，在概念创新中，"不是依赖西方的哲学定义或者既定的思想框架来择取材料、肢解原有的知识体系"④，而是在反思批判中明晰自身的定位。在这个意义上，这种打造标识性概念的主体意识自觉，体现为"并不仅仅是去发明或生造一套概念体系，也不是将当代的学术术语翻成中国原来的术语。其本质的核心应当是，中国学术要从对外部学术的'学徒状态'进入到它的自我主张"⑤。因而，打造一种熔铸着"会通融合古今中外概念知识体系""内在性地超越西方概念霸权""观照中国现实问题""具有中国特质"的标识性概念就显得异常艰难，正在考验着我们的研究能力和研究水平。

打造当代中国马克思主义哲学的标识性概念，确立学术研究的主体性，重点在于学者主体意识的自觉。应该说，改革开放以来当代中国哲学取得的成就之一就是哲学家的"学术自觉或研究者自觉"⑥。这集中体现为，学者们不再满意于译介西方的学术论著、考证既有的中国古籍，而是基于中国问题，从基础理论和现实问题双重路径寻求"突围"，在理论自觉与问题自觉中实现对既有思想的超越以及理论的创新。例如，21世纪以来学术界所倡导的"用中国人眼光看西方哲学""实现中国传统哲学的

---

① 黑格尔：《小逻辑》，第 359—360 页。
② 阿多尔诺：《否定辩证法》，王凤才译，商务印书馆 2019 年版，第 15 页；第 14 页。"阿多尔诺"亦译为"阿多诺"。
③ 阿多尔诺：《否定辩证法》，王凤才译，商务印书馆 2019 年版，第 15 页；第 14 页。"阿多尔诺"亦译为"阿多诺"。
④ 王博：《增强中国哲学主体性自觉》，《人民日报》2019 年 7 月 8 日，第 9 版。
⑤ 吴晓明：《中国学术如何走出"学徒状态"》，《文汇报》2014 年 12 月 12 日，第 T02 版。
⑥ 鉴传今：《"哲学中国"：让思想无愧于时代——"中国青年哲学论坛（2017）暨首届贺麟青年哲学奖评审会议"引发的思考》，《哲学动态》2018 年第 1 期，第 10 页。

创造性转化和创新性发展""中国主体，世界眼光""让马克思说汉语""回到马克思""走进马克思""走近马克思""让中国哲学走进世界舞台中央""重构中国哲学的知识体系"等等，均不啻为学者主体意识自觉的表征。因而，在这个层面的主体意识自觉主要体现为"中国学术的独立自主"。在更为宏观的意义上，这种学者的主体性自觉体现为，清醒地意识到当代中国学术正面临着四个"一去不复返"的历史局面与现实境况：仅仅依据苏联哲学原理教科书体系教条式地解释现实问题的时代"一去不复返"了；仅仅依赖于译介某位西方思想家的思想名著来抬高自身学术地位的时代"一去不复返"了；仅仅依靠一门学科自身的力量来破解中国问题乃至人类问题的时代"一去不复返"了；仅仅局限于"中国之内"而罔顾世界乃至人类重大问题的学术研究的时代"一去不复返"了。因而，这种主体性自觉的核心要义就在于，基于对中国现实"社会生活的实体性内容"[①]的观照，独立自主地打造属于中华民族自己的标识性哲学概念，构建中国特色哲学"三大体系"。一方面，就哲学研究者个体而言，依赖于哲学研究者生活体验的体悟与个体生命的觉解；哲学家自身的理论积累与问题意识的确立；哲学研究范式的转换与方法论的变革。另一方面，就研究的内容来说，则是主张要赋予哲学基本原理以时代性的内涵；倡导借鉴吸收西方文明而推动思想的原创性；强调学科综合和问题综合的互动；注重学术研究从"地方性的知识生产"走向"世界性的知识性生产"。概括起来，这种学者主体意识的自觉集中表现为，基于新中国70年的学术积累，当代中国马克思主义哲学面貌已经发生了根本性的转变，即把"扎根中国大地、关注中国问题"、创造"属于中华民族自己的概念体系和学术体系"，进而构建中国特色哲学"三大体系"作为奋斗的目标！

打造当代中国马克思主义哲学的标识性概念，确立学术研究的主体性，在实践层面体现为实现哲学对重大理论和重大现实问题的观照。高清海先生所特别强调的"中华民族的未来发展需要有自己的哲学理论"[②]，

---

① 吴晓明：《唯物史观的阐释原则及其具体化运用》，《中国社会科学》2019年第10期，第115页。

② 高清海：《中华民族的未来发展需要有自己的哲学理论》，第5页。

实际上就意味着中华民族应该打造"属于自己的哲学标识性概念",打造具有人类性与世界性、具有个性与共性、体现中国哲学家个体生存体验和理论思辨、承载着时代性内涵的标识性概念。在我们看来,打造这样一种标识性概念的关键在于,哲学研究者在主体自觉中实现对重大理论和重大现实问题的把握。罗素认为,"哲学乃是社会生活与政治生活的一个组成部分:它并不是卓越的个人所做出的孤立的思考,而是曾经有各种体系盛行过的各种社会性格的产物与成因"[1]。因此,真正的哲学向来是具有现实性品质的理论,具有标识性特征的哲学概念亦然。例如,在我们看来,当代中国马克思主义哲学努力的方向之一就是将广泛用于处理"国际关系"的"人类命运共同体"概念打造成处理中国乃至人类问题的哲学标识性概念。如前所述,"人类命运共同体"概念是马克思主义哲学中国化的最新成果,从理论资源上讲,它是熔铸着中国传统哲学"天下大同"、西方哲学"真善美统一"、马克思主义哲学"实现人类的自由与解放"精神等为一体的哲学概念,是具有全球性质的、普遍主义精神和超越性情怀的哲学理念。从现实层面看,这一概念的提出,蕴含着深层的现实观照,即清醒地意识到世界正处在大发展大变革大调整时期,和平与发展仍然是时代主题。环顾世界,世界多极化、经济全球化、社会信息化、文化多样化进入深入发展期,在这样一个世界格局中,人类如何应对既有的挑战?是高扬民族主义和保守主义,还是客观面对世界历史走向全球化的现实?是独自面对全球社会治理的风险,还是各国人民同心协力同舟共济?是依然坚守两极对立及其国际争霸,还是开放包容应对挑战?具有标识性特质的"人类命运共同体"概念均对上述问题作出了有力的回答。"哲学影响力的关键在于对世界的塑造能力"[2],"人类命运共同体"概念及其理念的提出,为塑造新的世界和开辟人类文明新类型提供了中国方案。尽管这一概念的实质性内涵有待于在"中西马哲学"的会通融合中进一步被拓展和被揭示,但其所蕴含的"思想性"和昭示的"真理性"表明,它必然是"标识性的"。

---

[1] 罗素:《西方哲学史》上卷,何兆武、李约瑟译,商务印书馆1963年版,第5页。
[2] 陈霞:《从哲学史到哲学——中国哲学知识体系的回顾、反思与重构》,《哲学动态》2019年第9期,第25页。

上述讨论表明，打造当代中国马克思主义哲学的标识性概念，尽管有多重路径和方式，但学术研究主体性的确立是绝对不可被忽略的方面。作为研究的主体，哲学研究者最关键的任务在于更新研究理念，即着力关注哲学概念抽象性与具体性（内容性）的统一，努力使哲学概念熔铸现实社会生活的实体性内容，将哲学概念打造成对重大理论和重大现实问题的表征，进而确立哲学研究新的历史性目标：创造一种"有我"的、关注"中国问题"的哲学概念体系，实现哲学理论创新，"构建具有主体性、原创性的当代中国马克思主义哲学学术体系"[①]。我们相信，崛起的中国必然是思想创造与自信确立的中国！

结语

让世界知道"学术中的中国"，是一代又一代中国学人的梦想。"马克思主义哲学研究在中国""中国化的马克思主义哲学构成当代中国哲学的核心""中华民族的伟大复兴和人类命运共同体的构建亟待马克思主义哲学的创新"等，这些已经成为学界的共识。我们可喜地看到，新中国70年来，中国哲学界并未沉寂在书斋中苦思冥想，而是着力将现实中的问题提升为哲学中的问题，以学术的方式实质性地介入中国的现代化建设之中，"以独立自主的批判精神面对整个生活世界，特别是当代中国社会发展的现实"[②]，由此实现了学术理论的创新，进而推动了现实世界的变革。因此，对于新时代的中国马克思主义哲学来说，以打造标识性概念为依托，推动中国特色哲学"三大体系"建设，就成为学术研究的重中之重。

我们认为，目前应该倡导一种"哲学概念创新"的研究范式，即倡导把哲学概念内在地理解为哲学理论本身，强调哲学理论的核心要义熔铸在概念之中，理解一种哲学首先是理解其概念；应该倡导一种"以打造标识性概念推动哲学理论创新"的研究范式，即强调哲学创新的关键在

---

① 孙正聿：《构建当代中国马克思主义哲学学术体系》，第3页。
② 郭湛、刘志洪、曹延莉：《新中国70年马克思主义哲学成就与思考》，《光明日报》2019年7月29日第15版。

于概念创新，通过对既有概念赋予时代性的内涵抑或打造标识性的概念来推动哲学理论的创新；应该倡导一种关注"中国经验、中国现实、中国问题"的研究范式，即打造哲学的标识性概念，不是对现成概念的"乔装打扮"，不是对既有概念的无原则的"接受"，不是对西方概念的简单"套用"，更不是罔顾现实的"主观臆造"，而是基于"中国经验、中国现实、中国问题"的理论创造。概括起来，这三个"倡导"所蕴含的实质性内容和期许在于，"要形成基于中国经验、能够解释中国现象的概念，以这样的概念为基础构建能够阐释中国社会现实的知识体系；在满足中国自己的需要的同时，提炼标识性概念，打造易于为国际社会所理解和接受的新概念、新范畴、新表述，引导国际学术界展开研究和讨论，从而在人类文明发展和哲学话语体系中确立中国的地位"[①]。

黑格尔指出，"哲学若没有体系，就不能成为科学"[②]。构建中国特色哲学"三大体系"也应该以之为参照，即"它是否以自己的核心范畴为解释原则而构建了特定的、自治的概念框架和范畴体系"[③]。基于这样一种理解，我们认为，新时代的学术理论不能因缺乏思想的灵性而趋于平庸琐碎。一种熔铸着理论性思辨与生命体验、熔铸着人生理想与价值关怀、熔铸着理论观照与意义重塑的标识性概念的打造，将意味着中国特色哲学"三大体系"因其内涵着富有思想性和时代性特质的标识性概念而更具生命力和影响力！一种体现具有时代内涵、中国特色、现实观照、中国道义与担当的当代中国哲学必将在不久的将来适时登场！

（作者单位：中央民族大学哲学与宗教学学院）

---

① 王立胜：《论加快构建中国特色哲学学科体系、学术体系、话语体系中的六大关系》，第10页。
② 黑格尔：《小逻辑》，第56页。
③ 孙正聿：《构建当代中国马克思主义哲学学术体系》，第5页。

第三编
中国特色哲学知识体系的分学科建构

·马克思主义哲学·

自己讲自己：汉语哲学的登场、进路与前景

黄前程

汉语哲学近年有较高的呼声。对它的认识有两种代表性看法：一种认为它是运用汉语进行哲学创作[①]；而另一种却认为它是对汉语作哲学研究[②]。实际上，对汉语哲学的认识应从中国现当代哲学的整个学术脉络来考察，由此可知，它所指的是汉语世界的哲学，它的工作是基于哲学与语言的文化通约性、语言的世界观内涵与哲学功能，通过"让哲学说汉语"，来建构中国哲学"自己讲自己"的哲学范型。汉语哲学的这一性质，充分反映在它的登场、进路和前景中。

一 中国哲学的当代转进：汉语哲学登台的哲学场域

汉语哲学登台的哲学场域是中国哲学的当代转进，即中国哲学历史性地从"以西释中"的借鉴模式向"以中释中"的创建模式的转轨升进。这一哲学场域以中国哲学的当代反思为台基，以中国哲学史重写、中国哲学范式创新和话语构造的探索为主要景观，并以"中国哲学合法性问题"和"中国哲学学科建设问题"的讨论为重大声号。[③]

中国哲学合法性问题和中国哲学学科建设问题在本世纪初受到了热烈

[①] 彭永捷：《汉语哲学如何可能？》，见彭永捷主编《论中国哲学合法性危机》，河北大学出版社2011年版，第270—275页。

[②] 江怡：《研究汉语哲学讲好中国故事》，《对外传播》2017年第5期。

[③] 在世纪之交"中国哲学合法性问题"受到热烈讨论，与此同时，2004年"重写哲学史与中国哲学学科范式创新"学术研讨会又隆重召开。

讨论，它们是中国哲学当代反思与批判的集中爆发。讨论最后都逻辑地落在了何为哲学的根本问题上，并由此展开了对中国现代哲学及其影响的反思与批判，提出了中国当代哲学创建的方法与途径。具体表现如下。

（一）对何为哲学与中国哲学性质进行再认识，以从根本上消解中国哲学合法性问题。哲学的古典含义"爱智慧"，为学界所普遍接受。但是对于这一古典含义的进一步理解，意见往往不一。如张立文认为，对于爱智慧可以不求一律，而应自我定义，自立标准，他提出"哲学是指人对宇宙、社会、人生之道的道的体贴和名字体系"[①]。针对中西哲学的差异，刘志伟认为，广义的哲学就是"思想"，狭义的哲学就是西方哲学，它是思想的一种科学思维方式和公理化系统，而中国哲学是与之不同的另外一种哲学道路。[②] 还有的认为哲学就是"家族相似性"的语言游戏，以此观之，则中西哲学相互质疑的问题可以消解[③]。但如果无视哲学的究竟之义，则终归是难厌人心。张汝伦就认为既然中西哲学都叫哲学，就不只能谈异而不谈同。他提出"哲学是对人生根本问题、人的自我理解问题的根本思考与回应"，引导性是它的根本性质，但中国哲学的特殊性在于其突出的实践哲学性质，这是中国哲学改造和建立合法性的根据。[④]

（二）以反思中国现代哲学的经典范式为重点，识察中国当代哲学发展的逻辑与路向。一般认为胡适所开创的中国现代哲学的经典范式，以西方哲学的概念、范式和话语对中国思想进行格义，形成了中国思想的"遮蔽"。有的批评十分严厉，认为这种经典范式或许就是"一个历史性的错误"，[⑤] 它造成中国哲学"斩头"、"肢解"、"主体性丧失"[⑥] 的祸害。

[①] 张立文：《中国哲学的"自己讲"、"讲自己"》，见彭永捷主编《论中国哲学学科合法性危机》，河北大学出版社2011年版，第8页。

[②] 张志伟：《中国哲学丰是中国思想？——也谈中国哲学的合法性危机》，见彭永捷主编《论中国哲学学科合法性危机》，河北大学出版社2011年版，第37页。

[③] 韩东晖：《哲学概念的"家族相似性"与中国哲学学科范式问题》，见彭永捷主编《论中国哲学学科合法性危机》，河北大学出版社2011年版，第163页。

[④] 张汝伦：《重写中国哲学史刍议》，见彭永捷《重写中国哲学史与中国哲学学科范式创新》，河北大学出版社2001年版，第362—364页；第365页。

[⑤] 张立文：《中国哲学的"自己讲"、"讲自己"》，见彭永捷主编《论中国哲学学科合法性危机》，河北大学出版社2011年版，第8页。

[⑥] 颜炳罡：《20世纪中国哲学研究话语体系范式转换之得失及未来走向》，《文史哲》2010年第1期。

不过也有另外一种声音认为，西方哲学对中国哲学的影响，有其历史和现实合理性，毕竟"西方哲学的许多概念早已融入我们的语言和思想，成为我们思想资源的一部分"[①]；百年来形成的一套新的中文学术语言，已经"成为当代中国人思考、论述的基本工具"。[②] 当然，不管批评与否，学界几乎一致认为，中国现代哲学需要重新审视，且中国当代哲学必须进行转向发展。

（三）着眼于中国当代哲学的创建，集中讨论中国哲学史重写、中国哲学范式创新以及中国哲学话语构造。首先关于重写中国哲学史，总的看法是应对中国哲学史以往的解释模式实施变更。[③] 通常，胡适、冯友兰和侯外庐的中国哲学史写法，被视为是中国哲学史书写的三个范例[④]，但它们又都被认为是遵循了"西学"范式。当代中国哲学范式，应变"比较视域中的中国哲学史"为"中国哲学史"，也即变"西方哲学话语系统中的中国哲学史"为"中国本土话语系统中的中国哲学史"[⑤]。其次关于中国哲学范式创新，一般倾向于将哲学的"范畴体系""解释模式""话语系统"等都纳入"学科范式"的范畴。但讨论又主要集中在中国哲学史的解释模式上，而对其他方面还较为忽略。这一定程度上是受制于"范式"一语的理解。众所周知，"范式"（paradigm）一词原初就是"模型"（model）或"模式"（pattern）的近义语[⑥]，尽管它的深层含义并非如此简单。再次关于中国哲学话语构造，讨论的逻辑起点是中国现代哲学的"格义"。中国现代哲学的"格义"是反向格义[⑦]，它形成了中国哲学思

[①] 张汝伦：《重写中国哲学史刍议》，见彭永捷《重写中国哲学史与中国哲学学科范式创新》，河北大学出版社2001年版，第362—365页。

[②] 陈来：《中国哲学话语的近代转变》，《文史哲》2010年第1期。

[③] 赵敦华：《哲学史的现代重构及其解释模式》，见彭永捷《重写中国哲学史与中国哲学学科范式创新》，河北大学出版社2001年版，第370页。

[④] 见陈少明《知识谱系的转换：中国哲学史研究范例论析》，陈卫平《从"认识史"到"智慧说"：90年代中国哲学史研究的趋向》，朱人求《话语分析与中国哲学研究范式的转换》等。

[⑤] 彭永捷：《试论中国哲学史学科的话语系统》，见彭永捷主编《论中国哲学学科合法性危机》，河北大学出版社2011年版，第240页。

[⑥] Thomas Samuel Kuhn, *The Structure of Scientific Revolutions* (Third Edition). Chicago: University of Chicago Press, 1996, p.23.

[⑦] 刘笑敢：《诠释与定向——中国哲学研究方法之探究》，商务印书馆2009年版，第97—102页。

想的遮蔽，激发了中国哲学建构"自己讲""讲自己"的话语体系的强烈主张。① 话语体系在这里具有学科范式的意味。另一方面，话语体系更多地是指话语形式，即理论学术观点的表达方式和表述形式。对此，有批评认为，中国哲学没有真正的哲学话语方式，因为它缺乏理智性、逻辑性、论述性。② 但相反的看法认为，这也是中国哲学的独特性的一面。进一步，中国哲学所用的语言也被认为是不同于概念语言的"意象语言"，它适合于中国哲学的思想与表达。③

在反思、批判和理论探讨的同时，中国哲学的当代转进也体现在哲学创作实践中。（一）上世纪80年代的"中国哲学范畴"研究，作为中国传统哲学研究方法论的创新实践，产生了一批重要成果。它们包括葛荣晋《中国哲学范畴史》（1987）、张立文《中国哲学范畴发展史》（1988）、蒙培元《理学范畴系统》（1989），等等。（二）中国哲学史撰述与哲学体系构建也产生了重要成果。其中，冯契的"哲学史二种"和"智慧说三篇"堪称典范。冯契"智慧说"是中国传统哲学现代化的重大进展和当代中国哲学的新成果，④ 极大地体现了中国当代哲学的自主创建精神。（三）中国哲学话语系统研究是一个新的生长点，并出现了重要成果。陈来《早期道学话语的形成与演变》是这一研究的代表作，它对中国哲学从范畴研究转向话语研究起到示范作用。

正是在中国哲学当代转进的理论与实践探索中，特别是紧随着中国哲学对反向格义、话语范式、话语形式、语言性征的层层讨论，汉语哲学开始登场了。就笔者目力所及，最早明确提出"汉语哲学"这一概念，并对其进行专门讨论的是彭永捷《汉语哲学如何可能？》一文（《学术月刊》2006年第3期）。该文将汉语哲学解释为"不仅指运用西方哲学的汉语译名来表达哲学，而且应当指运用汉语自身的思想语汇进行哲学思考、哲学

---

① 张立文：《建构中国哲学思想话语体系和学派》，《中国人民大学学报》2017年第5期。
② 罗尧：《中国哲学话语系统的现代转换》，见彭永捷主编《论中国哲学学科合法性危机》，河北大学出版社2011年版，第148—155页。
③ 胡伟希：《中国哲学：合法性、思维态势与类型——谦论中西哲学类型》，见彭永捷主编《重写中国哲学史与中国哲学学科范式创新》，河北大学出版社2001年版，第146—159页。
④ 许全兴：《马克思主义哲学中国化的新突破：读冯契的"智慧说"》，《吉林大学学报》2005年第9期。

创作、哲学写作、哲学表达"①。这里汉语哲学实际上是"汉语世界的哲学"的缩写，它将哲学、汉语、世界三者间联系起来，提出了"哲学与汉语是一种怎样的关系？""哲学在汉语世界如何被表达？""如何用汉语从事哲学创作与哲学写作？"等问题。所以它不局限于是一种哲学话语系统，而更是"一种崭新的思想类型——亦哲学亦思想"②。它希望推动中国哲学从比较哲学研究范式（模仿）到当代哲学创建（创造）范式的转变，从哲学史研究到原创性哲学的转变。显然，它的目标期许是塑造一个中国当代哲学创建的重要范型。

当然，汉语哲学的提出，是中国哲学当代反思和批判的逻辑结果，是关于中国哲学话语构造的思考达至语言性征层面的深入发展。中国哲学当代反思的一个深刻结论是"中国哲学学科存在的合法性危机，从实质上说，是当代中国哲学自身发展力和自身创造性的危机"，"中国哲学史家的工作，就是用本民族的语言和思维，去向现代人吟唱本民族的哲学史诗"③。这就道出了汉语哲学登台的哲学场域与深层逻辑。实际上在《汉语哲学如何可能？》一文中，对汉语哲学意涵所作的形象概括是"汉话汉说"，而"汉话汉说"恰恰是中国哲学当代反思，特别是话语系统重建论述的一个核心话语。

当前围绕"汉语哲学"这一话题展开讨论的有张立文、彭永捷、孙周兴、江怡、程乐松、何乏笔（德国）、韩振华、刘梁剑、马寅卯等一批学者。他们对于汉语哲学的内涵和定位，看法不尽相同，但所有看法都寄付着中国当代哲学自主创建的想望，体现了中国哲学当代反思的逻辑归宿。据此，笔者用"自己讲自己"来概括汉语哲学的意涵和远旨，这是借张立文教授"自己讲""讲自己"的名言并对其做了些许改动，它的意思是用中国自己的语言来阐释中国自身的世界。"自己讲自己"在这里不仅是用来揭示汉语哲学的性质，它也能用来概括其学术进路和未来前景。

---

① 彭永捷：《汉语哲学如何可能？》，见彭永捷主编《论中国哲学合法性危机》，河北大学出版社2011年版，第270—275页。

② 同上。

③ 彭永捷：《试论中国哲学史学科存在的合法性危机：关于中国哲学学科的知识社会学考察》，见彭永捷主编《论中国哲学学科合法性危机》，河北大学出版社2011年版，第218页。

二 哲学话语构造与语言哲学分析：汉语哲学研究的两种进路

汉语哲学登场之后，其进一步研究将会怎样展开呢？可以认为，"哲学话语构造"和"语言哲学分析"是它的两种基本进路。也就是说汉语哲学研究目前是并将在一定时期内继续采用"哲学话语"和"语言哲学"两种视角、路线和方法来加以展开。

哲学话语，依照当前的用法，是指哲学理论观点的表达方式和表述形式，它是哲学的形式方面。① 就中国传统哲学看，它的话语特点有：在语言上具有意象语言的性征，语汇具有形象性、多义性与关联性。在表述形式上倾向于描述性而非分析性，即用故事情节（寓言）、隐喻语言（诗化语言）和暗示来对哲学思想加以表达；而非倚重逻辑论证、概念语言和明述。在论证方式上，表诠与遮诠并用，推理与证会兼具。在文体形式上，多表现为对话体、语录体和注疏体。中国传统哲学的话语形式虽然造成了思想表达明晰性的欠缺，但却蕴含了丰富的暗示，利于达至不可思议之域。因此，"言有尽而意无穷"，也就成为了中国哲学所追求的目标、情趣与风格。②

中国当代哲学对中国传统哲学的言说方式应该采取何种态度，需要认真考量。就汉语哲学的观点看，中国哲学不仅思想内容有其个性，而且话语形式也同样有其独特性，它所主张的"汉语汉说"，是就内容与形式两方面而言的。"让哲学说汉语"就是运用汉语的"思想语汇"来言说哲学。③ 显然，汉语哲学主张继承中国传统哲学的话语和革新中国现代哲学的话语，以构造出"真正"的中国哲学话语。问题在于"何以可能？"

对此，它形成了如下一些意见和做法：（1）复活传统哲学术语，用中国传统哲学自己的范畴来诠释中国传统哲学；（2）对中国现代哲学语汇做正本清源和传承创新工作，研究中国哲学术语的形成、演变和现代转

---

① 王伟光：《建设中国特色的哲学社会科学话语体系》，见全国哲学社科学话语体系建设协调办公室编《中国学术与话语体系建构》，2015 年版，第 5 页。
② 冯友兰：《三松堂全集》（第六卷），河南人民出版社 2001 年版，第 14 页。
③ 彭永捷：《汉语哲学如何可能？》，见彭永捷主编《论中国哲学合法性危机》，河北大学出版社 2011 年版，第 270—275 页。

变。(3) 中国哲学话语构造,即截断众流,面对中国思想和实践本身,进行哲学话语的创新创造、系统重建。(4) 研究哲学与汉语的关系,让思想嵌入汉语之中,发挥汉语的哲学功能;(5) 研究汉字的特点,发挥其在哲学上的特殊功能,等等。

其中,中国哲学话语构造是汉语哲学关于哲学话语研究最为本职的工作,它是中国哲学话语发生现代转换后的再创造。自然,中国哲学话语的现代转换研究,也就构成了汉语哲学话语研究的前提与基础。目前,关于这一前提性与基础性研究还算丰富、扎实,如张法"中国现代哲学语汇的缘起与定型"研究,冯天瑜"新语探源"中的中国近现代哲学术语的生成研究。其次,关于中国哲学范畴的传承研究,汉语哲学倾向于借鉴张岱年、蒙培元、张立文等学者的哲学范畴研究法。关于中国哲学术语形成与演变研究,陈来教授的"早期道学话语的形成与演变"研究是其重要借鉴,等等。而在中国哲学与汉语言文字的关系方面,目前有一些研究从汉语的语言性征出发,对中国哲学的术语系统、表述形式、论证方式、文体形式、构词规则等作了一些探讨,但这方面的综合研究,还需假以时日。

对中国哲学与汉语言文字的关系,也另有从语言哲学、文化语言学①的方向展开研究的,它们主要是对汉语的逻辑功能与形而上学价值进行探讨,这就转入到了汉语哲学的语言机制与形上追求的研究,而不再是其话语形式的研究。对此,可称之为汉语哲学研究的"语言哲学"进路。这方面,孙周兴《我们可以通过汉语做何种哲学》《存在与超越:西方哲学汉译困境及其语言哲学意蕴》,顾明栋《西方语言哲学理论是普遍性的吗?——中西关于汉语汉字悬而未决的争论》等探讨十分深入。

在汉语哲学的"语言哲学"研究进路中,人们首先关心的是中国哲学形上追求的可能性。正如论者所言,中国几代学人一直企图用非形式化

---

① 文化语言学以语言的文化功能为研究对象,它体现一种新的语言观和语言学学术规范。即认定语言是一个民族看待世界的样式,是一个民族具有根本意义的价值系统和意义系统,人文性是语言的根本属性。中国文化语言学认为汉语的人文性与汉语学的科学主义是百年来中国现代语言说的根本矛盾,它反对中国现代语言学的描述主义和科学主义学术规范,反对其抽象化、形式化和精确化的研究目标,注重汉语与中国哲学、艺术、文学、美学和思维方式的文化通约性研究。参见申小龙《文语的阐释:语文传统的现代意义》,辽宁教育出版社1991年版。

的汉语来表达西方本体论的先验形式性,但这种长期的努力注定是"艰苦的、惨烈的,甚至是不无危险的"①。如今提出汉语哲学,它何以可能,是否合法,首先也必须回答其形上追求何以可能。有观点认为"今天我们必须从思想与语言的一体性,来重审欧洲—西方哲学和神学的特征,进而考量'汉语哲学'和'汉语神学'的可能性"②。言下之意是,基于思想与语言相统一的规律,西方哲学形而上学(形式化思维)与西方语言(形式化语言)相适应;汉语是非形式化语言,从而无法表达体现形式化思维的形而上学,如此一来,汉语哲学的基础何在呢?

汉语哲学对这个问题的回答必然借助于中国哲学当代反思与批判的成果。首先要破除比附方法,自立形而上学标准。中国哲学从来没有放弃过形上追求,也没有反对形而上学"普遍化"的思想方式。借用已有观点看,普遍化存在两种追问方法:本质的形式化方法和实存的总体化方法,两者分属于西方与东方。③那么如果抛弃西方中心论,就不能否定东方(中国)总体化思维方法的合法性,也不能否认中国哲学形而上学的合法性。实际上中国哲学传统的形上追求与其说是追问本体的本质,不如说是追问存在的整体;其形而上学的自我定义也并非是形式化范畴体系的本体论,而是实存体系的整体论。它也是一种"超越性"追求,也是一种形而上学。这里关键在于对"超越性"作何种理解。实际上,形而上学所谓的超越性至少有三种典型:(1)本质超越现象,(2)整体(无限)超越部分(有限),(3)基础超越普通。它们大致分别对应于西方经典哲学、中国传统哲学和马克思主义哲学关于本体论的义界。实际上,本质主义也只代表柏图主义传统,巴门尼德存在论中的存在就不是存在的本质,而是"存在整体"④。当然,巴门尼德之后,古希腊哲学开启了从存在论(ontology)到本体论(ousiology)的转变,开启了"存在的遗忘"史,它背离了哲学的初心。如实地看,这种本体论即使无须批判,但也不

---

① 孙周兴:《存在与超越:西方哲学汉译困境及其语言哲学意蕴》,《中国社会科学》2012年第9期。

② 同上。

③ 孙周兴:《我们可以通过汉语做何种哲学》,《学术月刊》2018年第7期。

④ 巴门尼德:《巴门尼德著作残篇》,李静滢译,广西师范大学出版社2011年版,第82页。

该独步形而上学之门。

如果形而上学的内涵得以澄清,那么剩下的问题就是汉语哲学的语言性征、言说方式是否能使得形而上学成为可能。通常的认识是中国哲学是一种诠释活动,其语言是隐喻性的而非逻辑性的,它难以进行哲学的表达和创造。然而进一步研究表明,隐喻性是语言的本性,隐喻语言是概念语言之母,所以说"哲学话语流淌的河床就不是理性的逻辑,而是隐喻"①。实际上,哲学话语并不是对已成事情的映镜,而是对人类发展的可能性道路和自由实践进行引导的活动,因此它不能没有隐喻。

并且哲学史已经证明,仅靠逻辑证明并不能达成形而上学的证成;西方哲学拒斥形而上学的思潮兴起,说到底也是因为形而上学在西方经典哲学范式内无法证成。同时,一种"后形而上学思想"认为,哲学根本就不是作终极论证,"它只不过能发挥批判力量,因为它已不再拥有一种关于好的生活的肯定理论"。② 这给我们的启示是:哲学应以批判性方式面向随之敞开的无限可能,它拒绝先验化理性的论证话语,但不等于拒斥一切形而上学。如果一种新的哲学范式将诞生于建构一种新的哲学认识论,它能够平衡和激发逻辑证明与隐喻思维之间的张力关系③,那么汉语哲学将完全成为可能。

三 树立中国当代哲学创建的一个典范:汉语哲学的发展前景

基于汉语哲学的登场和进路预知其前景,汉语哲学有望成为中国当代哲学创建的一个典范。欲戴其冠,必承其重。这意味着,汉语哲学还应在已有研究基础上,强化主体意识、问题意识和创造能力,才能通过重重考验和真正实现自身的角色期望。

(一)汉语哲学在扭转中国哲学的西化路向上表现出典型的主体意识,并还需要有在全球现代化中坚守中华文化立场,传承中华文化基因的高度自觉。对于现代哲学来说,中国当代哲学存在着一个转轨发展,这个

---

① 牛宏宝:《哲学与隐喻——对哲学话语的思考》,《北京大学学报》2017年第9期。
② 德]哈贝马斯:《后形而上学思想》,译林出版社2012年版,第49页。
③ 牛宏宝:《哲学与隐喻——对哲学话语的思考》,《北京大学学报》2017年第9期。

转轨的深层逻辑是中国哲学现代化中的地方意识的标出和人文传统的伸张。现代化本是一个理性化过程,这个"理性"的始源是西方文艺复兴中的人文精神。这种人文精神在西方现代化进程中迅速衍生出强大的科学理性,即人们的心灵意识由强调人的价值与潜能转向对自然的认识、利用与控制。这种科学理性随即又膨胀为科学主义。在西方强势文化下,中国现代哲学总体上将现代化视同于"西化",并同样将科学理性演绎为科学主义;科学这个名词"几乎到了无上尊严的地位"[1],中国现代哲学无可避免地走向科学化。或许这个观点是成立的,即中国现代哲学的根本矛盾就是中国哲学的人文精神传统与科学主义之间的抵牾。[2] 因此,中国哲学当代转进的标识就是扭转中国哲学西化路向和科学化趋向的充分自觉。

在这一点上,汉语哲学具有很强的典范性。汉语哲学首先就批判了"比较哲学语境的中国哲学"范式,主张"中国本土创生的中国哲学"范式,表现出了强烈而鲜明的中国哲学主体意识。一方面,这个主体意识是中国现代哲学发展矛盾"逼"出来的,因为不树立主体意识,中国哲学就无法取得合法性。另一方面,这个主体意识又为建设中国哲学社会科学创新体系战略任务所急需,如果不树立主体意识,中国现实就难以如其所是地被把握。当下,汉语哲学的主体意识将以融通古今中西的新气象,来书写中国哲学的新篇章。这里关键是要认识现代化与全球化交织并行的时代趋势,处理好传统与现代,世界与地方的关系。实事表明,现代化是传统的革新,全球化是地方的标出。当代中国哲学的自主创建是在实现时代性、民族性与世界性的展开及其贯通中,朝着一个有中国文化特色的现代文明秩序前进。这就需要保有"中国主体,世界眼光"[3] 的文化自觉。

(二)汉语哲学揭示了中国现当代哲学的真正矛盾,并对哲学的根本理论问题和实践中的重大哲学问题作了一定程度的探讨,但它还十分不

---

[1] 胡适:《科学与人生观序》,见张君劢,丁文江等《科学与人生观》,山东人民出版社1997年版,第10页。

[2] 这可由"科玄论战"得到较好的印证。科玄论战的核心内容是科学主义与人文主义的哲学对峙,它使得科学主义的基本面貌和人文主义的基本观点得到一定展现。论战又以科学主义占上风而结束,科学主义不但没有得到有效抵制,反而得到传播与增强。对于科玄论战,中国共产党人陈独秀、邓中夏、瞿秋白等倾向于支持科学派,在这里,科学主义成了马克思主义的论证手段。

[3] 陈来:《"中国主体,世界眼光":谈清华大学的国学研究》,《光明日报》2011-5-22。

够。问题意识是中国哲学自主创建的内在根据,即它必须对真正的哲学问题有发现、提炼与解答。汉语哲学首先要直接解答的问题是中国现当代哲学急待解决的矛盾,即西方哲学范式下中国思想的遮蔽。只不过,汉语哲学对于破解这一矛盾的具体方法,论述还相当粗略、模糊。由于中国现当代哲学矛盾的解答,又离不开对何为哲学与哲学何为这一哲学根本问题的思考,汉语哲学对此也必须有自己的意见。并且早在20世纪三四十年代,形而上学就被中国哲学界认为是最重要的哲学部分。因此,基于对中国现代哲学的反思,汉语哲学也必须对此予以把握,并展现自己的雄心。

汉语哲学还必须对当下中国现实中的重要问题做出解答。当下中国一个重大现实问题就是建立哲学社会科学创新体系,它要求将中国实践、中国道路升华为新的理论观点,要求对中华优秀传统文化进行传承发展,要求进行话语体系创新。汉语哲学在文化传承发展和哲学话语创新两个方面有相对优势。汉语哲学的一个基本要求是"从出入西学到返之'六经'"①,它必将深度参与到传统文化的传承发展中。同时在哲学话语创新方面,汉语哲学首先要对中国哲学话语的现代转换展开扎实研究。目前,这方面的研究还只是局部的、零星的。而无论是文化传承,还是话语创新,对于汉语哲学的真正考验在于:它如何有能力将中国哲学自身的问题、思想转化为当代汉语学术语言;如何有能力将中国哲学自身的思想语言接入世界哲学流脉;如何有能力对古今中外的思想和语言实施以我为主、融会贯通地对应、联接、转化、创新。

(三)汉语哲学创新能力增强最直接的途径是加强中国哲学及其现代转型研究、西方哲学的近现代转型研究和相关语言研究。首先,考察中国传统哲学的特点,对其进行转化创新。中国传统哲学特点有:重天道、人伦、心性、历史;倾向整体思维和重体验、领悟与功夫;主隐喻语言、描述性表述、语录式文体,等等。而就这些特点对中国哲学的优秀传统进行发掘、转化和创新,无疑是汉语哲学的重大任务和挑战。同时,对于中国哲学的现代转型,要抓住其实质、矛盾及其与中国当代哲学的关系。中国哲学现代转型是指中国哲学发生历史性转变,生成以科学理性为主要取向

---

① 彭永捷:《汉语哲学如何可能?》,见彭永捷主编《论中国哲学合法性危机》,河北大学出版社2011年版,第270—275页。

的现代哲学形态的过程。这一过程的内在矛盾、发展演化及其当代影响，是汉语哲学最应关心的问题。

其次，要深入认识西方哲学的近现代转型与当代走向，与其在哲学根本问题上实现沟通，共建哲学的底层架构。这就要从西方近代哲学内在矛盾的发展上，认识西方现代哲学的局限性、马克思哲学的革命性和当代哲学的发展趋势。西方近现代哲学经历过认识论转向、语言转向和实践转向，但"客观趋势归根到底是从认识论的转向到实践的转向"[①]。马克思哲学的实践转向与中国实践哲学传统的亲密关系，为中国哲学当代创建展现了宽广而深远的前景。其至为重要的一点是，马克思哲学转向现实生活与实践，对康德哲学"总体性"问题作出了实质性突破，而汉语哲学或许可以从中国哲学的实践智慧和诠释传统对这一问题做出进一步的解答。

再次，对中西方哲学的语言载体进行深入学习与研究，创造汉语哲学得以可能的一个基本条件。汉语哲学中的一些挑战性问题需要基于语言研究才有可能做出回应。例如，通行的观点认为，汉语是孤立语言，即它没有性、格、数、态的屈折变化，从而不能产生和表达哲学本体论。这合不合乎经验事实？印欧语言的链接方式是以动词的形态变化为主轴的"焦点透视"，而汉语的链接方式是以话题的意念扩展为主轴的"流散铺排"，[②] 这是否是中西哲学文体差异形成的语言机制？如何运用汉语现代革新的语言学规则进行哲学话语构造？现代汉语还需要做怎样的"适度异化"，从而能提升为一种优秀的哲学语言？对这些问题，汉语哲学都需要通过语言研究从语言学上作出解答。

总而言之，尽管汉语哲学还面临着诸多问题和挑战，但我们相信这些问题不是不可以解答的。通过对这些问题的解答，汉语哲学将会为中国当代哲学创建树立一个良好典范，这也正是我们的期望。

（作者单位：长沙理工大学）

[①] 刘放桐：《从认识的转向到实践的转向看现当代哲学的发展趋势》，《江淮学刊》2019 第 1 期。

[②] 刘宓庆：《当代翻译理论》，中国对外翻译出版公司 2005 年版，第 31 页。

构建人类命运共同体的哲学思考

——基于马克思主义"类"哲学视角

司徒春兰

一 马克思主义"类"哲学的基本内涵

马克思主义哲学中一直有着一个比较重要意义的概念,那就是"类"。马克思在批判继承费尔巴哈"类本质"的基础上,赋予了"类"概念全新而独特的内涵,提出"人是类的存在物"。从理论和实践上把类归结为三方面的含义。在马克思看来,类是"他自身的类"、"其他物的类"以及"人自身现有,生命体的类"。围绕着"类"概念的三个方面从社会实践出发可把世界各种关系解释为:人与人、人与自身及人与自然的三重关系。从类本质出发阐释人类的这三重关系构成了理解共同体的基础。根据马克思的分析,人与自身的关系首先应当体现在人与自然、人与人之间的关系上,离开人与自然以及人与人之间的相互关系来谈人的类本质都是不合理的。人之所以足以被称之为人根本就在于人通过社会实践活动,通过能动的意识的思维活动有机地和他人及大自然不可避免地联系在一起。另一方面,人对自身的关系也不是一种孤立、封闭的没有任何联系的个体关系,而是一种普遍的、联系的矛盾对立的关系,也就是个人对自身的关系是通过他人与他、自然与他之间的相互联系与作用来进一步认识和看待自身的。究根到底,人最后如何对待自己其实是离不开人如何对待他人,如何对待自然,这相互之间是有着剥裂不开的联系,同时,必须认识到人与人,人与自然及人与他人存在的这种关系也是自由的关系。因为作为人是有着他人无法剥夺的自由权,人作为自己的主人，其活动和行为是出于自己的主观意志需要，是其意志自由的表现。正因为这三重关系相互之间是出于同一性的基础上，也就是有了马克思的概念里"把人的类本质看作是人自身的普遍而自由的存在物来看待"的论断，也就是类本质包含了"意识"与"自由"的内涵。

在马克思看来，旧哲学的根源在于研究市民社会，而马克思的哲学研究类本质问题，主要是以人类的社会或者是社会化的人类为前提，这也就构成了马克思哲学关于人类社会意义上的"类"的理解的差异。马克思认为：人的普遍性建立在实践的基础上表现为这样的普遍性，也就是人把整个大自然优先作为人的直接的生活生产资料，接着再把作为人的生存生活赖以存在的生产资料和工具变成人的无机的材料。人类的社会或者社会化的人类所体现的正是一种人与人、人与自然及人与自身的一体化、共同化的自由状态，它超越了抽象意义上的原子化个人，是"自由人"向"联合体"的发展。而"市民社会"所强调的人则是利己主义者，在利己主义精神下的人不是类存在物的范畴，使他们联系起来的是追逐个体的利益，人与人之间讲究的是各自的利益得失，没有大局意识，团队意识，总体意识，有的只是孤立和零散的个体概念，看不到人与人，人与自然的内在联系。

马克思主义哲学认为："类"是与"种"相互区别而完全不同领域的概念词。"种"强调的是动物学角度上处于生物进化链上对动物属性的内在规定，而人类则是超越了动物的属性，能够自由自主自觉性活动。在社会关系的层面上，马克思主义哲学把"类本质"理解为"人是一切社会关系的总和"、"人是社会存在物"。动物能够捕获的战利品只能归属于满足自己的原始需求，人在社会中劳动所获得的产品则可以自由分配给自己以外的他人，甚至回馈自然。人超越个体的需要，通过劳动实践这一媒介建立起了人与人之间的关系，使得个人和共同体得以获得统一。在人与自然的关系上，"类"思维强调"天地万物与我共生共长"，人是在遵循大自然规律的前提下能动地利用、改造自然，所谓"天人合一、道法自然"。哲学的意义不仅在于帮助人们从理论上解释世界而且在于指导人类改造世界。

二 构建人类命运共同体的"类"哲学分析

面对当今时代和平与发展的呼声，人类正处于变革、发展与调整并存的大时代下，于本国而言，我们有着建设社会主义现代化强国的强烈愿望，有着建设社会主义美好家园的美好追求。相对于国际环境来言，全球化、信息化与文化多样化的影响正在不可抗拒地影响着我国的发展格局，而全球气候变暖，极端天气的不间断出现，环境污染与破坏带来的恶果都在呼唤着我们要有"类"的思维，关切人类社会的长远发展，关心子孙后代的生存与传承。

构建人类命运共同体的提出蕴含着丰富的"类哲学"智慧，是应运而生、体现我国担当作为的中国方案。习近平总书记强调：这个世界是相互依存、相互联系的共同体，人类生活在同一地球村中，处于历史与现实相互交织的统一时空环境下，未来谁也无法离开谁单纯谋求自我的发展，闭关锁国只会落后挨打，盲目追求眼前短暂的利弊得失，最后也只会断了子孙后代的活路。我们要形成的共同体是"你我相互交融的一体"，我们倡导的共同价值是：平等自由、开放包容、共建共享、合作共赢、绿色低碳的新型人类社会。马克思一生致力于研究无产阶级的发展思想，怀揣着共产主义的美好愿望探索人类社会发展的进程与演变规律，深刻地提出了建立"自由人的联合体"与实现"人的自由而全面的发展"。在马克思看来，人类只有把自己摆放在世界历史的大舞台上，从生产方式变革和发展的大环境出发，才能更好地摆脱物种的思维，超越动物的本能从而走进真正"人"的社会，由必然王国走向自由王国。这一本质体现了人作为类的存在物由孤立的、封闭的、地域的、民族的逐渐走向全球的、联系的、开放的世界历史。

共同体是一个在政治学、哲学与社会学都被广泛提及的重要概念，是指个体通过平等和权利的使用获得的社会成员普遍认同的联系纽带，是具有认同感和信任关系，能够生活在一起的社会群体。每一个人都是社会关系上单独的一员但同时又离不开社会关系，人是自然的存在物同时自然是人类的存在基础，人是世界，世界亦是人，天人合一，成为普遍的类存在。马克思哲学里"类"哲学的统一性和普遍性突破了传统意义上的

"物种"概念,奠定了人类命运共同体的思想基础。其次,共同体的理念趋向于追求人类整体利益的最大化,着眼于"一个世界国家"的大格局,主张人类共同利益高于一切。"类存在"的主体在于社会的人,人类本能的应当为作为同类的人诉求共同的利益。人类命运共同体正是基于利益共商共享共建,价值的共通共存提出的,这也构成了其命题的价值基础。马克思曾指出:每一个单独的个人的解放程度往往与世界历史的发展与转变进程密切相关。在这一过程中,我国哲学家高清海将其称之为"人类由自发自在走向自觉自为的状态"。以"类"思维推动产生"共同体"思维,是马克思主义方法论在人类命运共同体上的理论反映,是普遍联系、辩证否定之否定的哲学指导方法。有限的个体生命于宇宙长河而言是不足以为谈的,但是人类要以广阔的胸怀为襟,以宇宙为类生命的终点,将有限的个体生命放诸于宇宙生命的永恒与无限之中。人类要走向更好的未来,就必须要改变当今人与人之间,地区与地区之间,国与国之间甚至不同民族之间的利益纷争,寻求一种可行的方案缓解对立与冲突的局面,拓展全人类的思维和视野,在关注自身利益的同时,提高"共同体"的意识,进而促使"人类命运共同体"向前推动。这是构建人类命运共同体的价值意义所在,也是时代之必然。

从"类哲学"角度出发唤醒我们必须要有"类思维",进而以"共同体思维"去思考每一个独立的个体在宇宙生命中的分量与价值。人类最终追求的是这样的一个理想国:在那里的是这样的一个联合体,没有阶级斗争和剥削统治,每一个人是自觉自由的发展。在共同体里,一切人的发展是每一个人发展的前提条件,也只有在共同体里每个人才能获得全面发展自我才能的保障和实现基础。小我与大我,自我与他我,个人与社会,民族、国家,人与自然才足以在实践的基础上达到"类本质"上的统一性与实现其社会性。

三 构建人类命运共同体的路径探索

世界历史的发展进程表明马克思的"世界历史理论"是具有着高远的前瞻性与指导性的。而马克思主义的"类"哲学不仅折射着构建人类命运共同体的价值追求,思想基础,同时也为如何着手构建人类命运共同体提供了实现路径的逻辑方法论指导。

大道至简，实干为要。新时代下如何构建人类命运共同体，这要求我们有整体意识，大局意识，以"类"的实践与活动思维出发，本着安全格局、经济发展、文明交流、伙伴关系与生态建设等为着力点构建一个全新的、规则的、有序的全球关系。对此，我们探索出其构建的实现路径可从以下方面进行。

第一，构建人类命运共同体需要建立新型的大国关系与国际关系。党在十九大会议上明确指出：中国需要积极发展全球的伙伴关系，扩大各国之间的利益交集点，进一步促进大国之间的协商与合作，均衡各个大国之间的发展力量。历史表明，无论是殖民主义世界秩序还是霸权主义的世界秩序都是不利于世界历史的向前发展的。由资本扩张形成的最初的野蛮性质的殖民主义世界秩序，从一开始就是以掠夺他国的生产生活资源，依靠剥削落后国家的财富实现自我资本的积累和本国的发展。而霸权主义的世界秩序根本也在于掠夺他国的资源和剥削剩余价值完成资本的扩张与巩固自己的强国地位。这种肆意侵犯乃至动用军火侵略他国的行为其实质都是剥离了个体和共同体的关系，是侵害同类基本权益的行径，理应加以排斥和抗拒。在看清霸权主义强国的真实面目的同时，我们仍然需要坚定自己应有的立场，在主张主权平等的基础上秉持和平与发展的准则，相互尊重，友好相处，合作共赢。推进"一带一路"倡议深化经济合作，构建欧亚非经济合作体，以实现不同国家、地区之间道路的联通、贸易的畅通、资金的融通与政策的沟通、民心的相通。

第二，构建人类命运共同体需要践行共同价值观与站在道德制高点。人类命运共同体的提出是对全球安全共同体、全球利益共同体与全球责任共同体的升华，是对全球治理问题深刻理解、逐级深化获取的理论成果。人类命运共同体所奉行的是以"和平、发展、公平、正义、民主、自由"的共同价值，这是全人类的共同价值，是基于维护人类的共同利益而提出具有包容、共享、共赢特质的全球价值观。人类命运共同体重塑着全球的价值理念，这一共同价值是有别于西方所倡导的"普世价值"。"共同价值"思想从现实的人出发，尊重人的"类本质"属性，承认阶级、民族与国家之间存在的发展差异，重视全球化背景下当代人类的共同利益诉求，彰显和顺应的是全人类的命运呼声。而西方一直以来所奉行的"普世价值"则是以一种超越阶级，超越时空，超越国家与民族的论断来掩盖其真实的目的性和虚伪性，企图达到全盘西化、颠覆他国政权与实现全球资本主义化的目的。另一方面，我们必须看到人类所面临的生存环境的挑战。随着全球工业化，现代化进程的加快，伴随而来的全球气候变暖，环境污染加剧，污水废气的肆意排放，极端恶劣天气的频繁出现，一国的环保问题已经不是单纯影响着本国，而是超越本国、本地区的界限影响着别国人民的生存发展，违背自然规律的过度开发与利用资源使得全球资源亮起了红灯。现行的全球秩序下，任何国家与地区都不可能独善其身地只顾自我，而是不可避免的联系、交织在一起。这就要求我们在面对大自然时，需要站在更高的道德制高点上，尊重、顺应和保护自然。这是全球治理必须要面对的问题，也是构建人类命运共同体需要解决的问题。不顾他国利益，企图吃祖宗饭，断子孙路的行为最终只会伤及自然，祸害人类本身。

第三，构建人类命运共同体需要坚定不移地发展自我，实现中国的发展是根本。打铁仍需自身硬。增强我国的综合国力是落实人类命运共同体的关键所在。落后就要挨打，经济发展始终是硬道理。强调落实人类命运共同体，首先必须发展本国的经济。对此，我们必须继续深化经济体制改革，坚持社会主义市场经济制度，充分发挥市场的作用，促进经济的稳增长和金融市场的繁荣，维护社会的稳定，稳健扎实地搞好国内经济、社会环境。同时，中国经济实力的提高是推动世界经济发展的内在动力，中国既欢迎世界各国搭上中国经济发展的"便车"，也以一个大国的胸怀为世界的发展积极主动贡献自己的力量。今后要使得更多的国家与地区信服、认同、追从我们提出的方案，最简单有效的手段就是用实力说话。自身搞不好，何以赢得他人的信赖。苏联解体、东欧剧变的事例都是铁铮铮的事实。其次，要实现本国的长远发展，在文化战略上要坚持做到古为今用，返本开新，传承中华优秀的传统文化，兼收并蓄地吸纳外来文化，加强多种文明的相互交流。最后，坚定不移发展好本国，关键在于党的领导。中国共产党要不忘初心地牢记使命，坚守好为民族谋复兴，为人民谋幸福的初衷，不断深化改革，坚持改革开放，统筹城乡发展，坚持社会主义的发展道路，坚持人民民主专政。同时，中国的党政机关需要加强同世界各国，各组织的沟通与交流，广泛开展对话，深入加强经济的合作与交流，加强创新技术的学习，实事求是地发展本国力量，坚持以理服人，以实力在国际上赢得话语权。

四　结语

人类命运共同体是各种社会形态和文明形式的汇聚体，是马克思揭示世界历史进程的阶段性过程，是建立在全球安全共同体、利益共同体与责任共同体基础上的新型共同体，是以人的类本质为出发点的哲学命题。人类要真正走向共同体，实现每个自由人的共同发展将是一个漫长的历史过程，但同时是具有可能性与前瞻性的过程，习近平同志所主张的构建人类命运共同体是对马克思主义"类哲学"的继续与发展，也是马克思主义世界历史理论的丰富与运用。构建人类命运共同体致力于追求全人类的共生共荣、和谐共生，聚焦于真正维护不同个体的自由与权益，以倡导共商、共享、共建促成新的世界秩序的形成，以共同价值的理念实现人与人，人与他人，人与自然之间的共赢。类哲学作为关注人的存在本质与生存意义的哲学，不仅能够为"人类命运共同体的构建"提供坚实的理论支撑，同时也为其何以变为现实提供了思想的依据，这必将引领人类命运共同体的命题走向更远的未来。

（作者单位：广东海洋大学马克思主义学院）

"时代精神"概念与马克思的历史哲学

田冠浩

现代文明是一种主动性的文明,相比过去的时代它总是更倾向于探索新的发展方向,并使自身面临根本性的选择和转变。在严格意义上讲,只有现代人才能向自身提出"时代精神"的问题;只有真正处于新的历史方位和重大历史时刻的现代人才能洞察到自身时代的精神。当代中国的社会实践正在将中华民族带向深层的变革和复兴,而这也同时意味着现代文明在经历了各种不同的尝试并汲取了丰富的异质资源的基础上,正在重整旗鼓,焕发出前所未有的生机和活力。在此背景下,回顾近代哲学和马克思有关"时代精神"问题的思考,并进而重温马克思开创的历史哲学方法,对于当代中国人把握民族复兴的时代机遇,探索人类未来文明的走向,乃至推动具有真正历史感和使命意识的哲学观念变革都将具有特别的深意。

一 人的时间与历史

时代精神(Zeitgeist)是历史哲学的一个概念。虽然对时间和精神的认识都很古老,但是真正将两者联系起来却是近代中期以后的事情。人以何种方式经验到时间,时间又以何种方式具有意义?为了能够提出和回答这个问题人类文明经历了相当漫长的准备。在西方人的早期认识中,精神和时间是分属于两个完全不同的领域的。作为世界原型的精神、理念、本体是永恒的、非时间性的和在时间之外的存在;时间则被普遍认为是偶性的偶性,是现象世界的绝对形式,是纯粹的流逝、变化。卢克莱修就曾说过:"就是时间也还不是自己独立存在;从事物中产生出一种感觉：什么是许久以前发生的，什么是现在存在着，什么是将跟着来：应该承认，离开了事物的动静，人们就不能感觉到时间本身。"[1] 从这个角度讲，古代人是没有可能建立历史哲学的，他们无法为纯粹的流逝和变化画上精神的刻度。历史哲学不同于对历史的兴趣。墨子就曾说过："谋而不得则以往知来，以见知隐。"[2] 借鉴过去的经验谋划未来是一种基本历史意识，在这点上古今并无多大不同。甚至对历史的强调也可能是非理性、非哲学的。在古希腊，推崇历史的多数是修辞学家，而像柏拉图和亚里士多德这样的哲人则更关注算术、几何之类的学问，甚至认为诗歌较之于历史更为真实。只有当近代早期的人本主义历史转向被"非历史"的理性哲学吸收之时，历史和哲学才不再是一对矛盾的概念，也只有从那时起人们才能有意义地谈论"时代精神"。将时间和精神联系在一起从而拉开历史哲学序幕的两个重要人物是奥古斯丁和卢梭。在所有前现代的哲人中，奥古斯丁对历史哲学的贡献是最根本的。他以一种近似现象学的方式赋予时间一种新的定义。自然时间、纯粹客观时间属于不可知的自在之物，人们能够理解的只有自身的时间领会。奥古斯丁正是在这个意义上将时间解释为"思想的伸展"[3]。根据他的观点，人们在度量时间时，其实度量的是思想的印象。"将来尚未存在"，"现在没有长短"，"过去已不存在"[4]，但是对过去的记忆、对未来的期望和对现在的注意作为印象却能够被心灵度量。奥古斯丁相信，人们关于一首乐曲、一出戏剧乃至漫长人生的时间经验无非是这样一个过程："所期望的东西，通过注意，进入记忆……注意能持续下去，将来通过注意走向过去"[5]。因此，时间的本质就是人的念念相续。奥古斯丁的这种解释揭开了思想和时间的一种新关系，对历史哲学而言，这正是第一个重要的出发点。

相比奥古斯丁，卢梭对于历史哲学的贡献更容易被人们所忽略。但可以肯定的是，卢梭代表了18世纪中后期历史和理性加速综合的趋向，

---

[1] 卢克莱修：《物性论》，方书春译，商务印书馆1981年版，第27页。
[2] 《墨子》，毕沅校注，上海古籍出版社2014年版，第75页。
[3] 奥古斯丁：《忏悔录》，周士良译，商务印书馆1963年版，第253页。
[4] 奥古斯丁：《忏悔录》，周士良译，商务印书馆1963年版，第253页。
[5] 同上。

尽管卢梭本人对历史和理性都有某种程度的批评。卢梭认为理性是在历史中生成的，或者可以说理性和历史的发生是同一个过程。人类本无历史，"在自然状态中，既没有教育，也没有进步；子孙一代一代地繁衍，但没有什么进步的业绩可陈，每一代人都照例从原先那个起点从头开始；千百个世纪都像原始时代那样浑浑噩噩地过去，人类已经老了。但人依然还是个孩子"[①]。人类的道德、理性等潜在能力是不能靠它们自身发展的。卢梭设想，历史起源于某些外在的偶然因素。这些偶然因素的作用使自然状态下危及个人生存的障碍之大超出了他们作为个体所能运用的力量。人类不再能够通过与自然的直接接触满足自身的需要，这才学会了运用理性、建立社会；人类的想象力、语言、自尊心以及包括所有权在内的各种观念也才随之得到发展。根据卢梭的主张，历史只能是针对社会状态（文明状态）而言的。这种社会状态最初是出于富人的理性反思和计谋，因此它自身就是人类各种苦难的源头。富人从自身利益出发建议制定契约，以便保护他们的财产并将奴役穷人变成一种"法律上的转让"[②]。"谁第一个把一块土地圈起来，硬说'这块土地是我的'……这个人就是文明社会的真正缔造者。"[③] 但卢梭同时也指出，如果不考虑滥用理性造成的不平等和堕落，那么进入社会状态本身就是一种最根本的进步。通过社会的分工协作，人不仅得到了能力的锻炼和提升，他们的眼界也变得更开阔，他们的感情也变得更高尚了。不仅如此，卢梭还相信，随着理性在社会历史中的发展，正义取代了本能；义务的呼声代替了生理的冲动；人们最终将学会服从他们为自己所制定的法律，从而真正成为他们自己的主人。可见，正是从卢梭开始，人们对历史的理解具有了理性的坐标。

进而言之，卢梭虽然没有像奥古斯丁那样专门考虑时间问题，但他却提示了把握人类的时间性转变的两个基本方向：就人类整体而言，人的时间经验已然转变为由理性推动并能够被理性评判的进步史；就人类个体而

[①] 《卢梭全集》第 4 卷，李平沤译，商务印书馆 2012 年版，第 265 页。

[②] 阿尔都塞：《政治与历史：从马基雅维利到马克思》，吴子枫译，西北大学出版社 2018 年版，第 400 页。

[③] 《卢梭全集》第 4 卷，李平沤译，商务印书馆 2012 年版，第 269 页。

言，其生命时间则转变为在分工和社会协作条件下的劳动时间①。对历史哲学的建立来说，这种关于人类的时间性的认识无疑具有奠基性的意义。

二 概念的时间化与时间的客观性维度

虽然奥古斯丁和卢梭提供了理解时间和历史的新视角，但对于精神以何种方式在时间中展开的问题，他们却没有做出有效的回答。从这个角度讲，建立一门历史哲学并以此获取对"时代精神"的把握仍然要经历一番波折。康德就曾在这方面做出了一种失败的尝试。他模仿奥古斯丁从人的主体性方面解释时间，但同时他又指出时间不是思想，而是人的先验感性形式。康德宣称人的思维、概念是通过联系于先验的时间图型（诸如持久性、永恒性等纯粹时间规定）而被运用于经验的。这种看法已经表明了时间与精神的某种本质联系。然而，正如海德格尔批评的那样，在康德哲学中，"时间虽是主观的"，但它与"我思"却仍然"相互并列"[②]；康德所谓的思维范畴本身是先验的、非时间性，即便它是客观知识的先天根据，它也不可能被用来解释人的历史即人在时间中的自我生成和创造。甚至按照科耶夫的看法，康德对概念和时间关系的定义最终只能带来一种否定性的人论，因为道德的理性概念处于时间之外，它至多只能否定人在时间中的行动，而人的时间经验则永远不可能达到道德理念的纯粹性，就此而言，康德哲学的内在倾向恰恰是反历史的。

严格来说，创立历史哲学的工作是由黑格尔完成的。黑格尔正确地理解了康德哲学的困境，进而提出了一个新方案：将时间理解为显现中的概念。一般来说，概念是永恒的、不发生变化的、普遍性的东西，而时间则是"被直观的变易"，"是那种存在的时候不存在、不存在的时候存在的存在"[③]；离开具体事物的变化，就无从经验到时间。黑格尔也同意这一点，但他仍然坚持概念可以在某种意义上被时间化。简言之，尽管"最

---

① 卢梭在《论人与人之间不平等的起源与基础》中指出，在自然状态下，人只从事"单独一个人就可操作"的工作，他不需要别人的帮助，同时因为依靠自然生活，没有财产观念，他也没有劳动的习惯。参见《卢梭全集》第4卷，李平沤译，商务印书馆2012年版，第278页。
② 海德格尔：《存在与时间》，陈嘉映、王庆节译，三联出版社1999年版，第482页。
③ 黑格尔：《自然哲学》，梁志学等译，商务印书馆1980年版，第48页。

完善的东西"——理念、规律和"最不完善的东西"——时间、空间作为普遍性,"都是没有过程的","都不存在于时间之中",但这种说法的合理性只是针对纯粹的概念和时空自身,并没有涉及它们的现象①。就现象方面说,概念、规律恰恰"是进入时间过程的",概念进入时间就是有限的事物、生命和人。不仅如此,黑格尔还进一步指出:"理念或精神凌驾于时间之上","概念是支配时间的力量,时间只不过是这种作为外在性的否定性"。黑格尔联结概念和时间的这种方式是意味深长的。它表明,事物生灭变化的时间现象(外在性的否定、变易),其内在的真实根据乃是概念、精神。现代人的时间观由此迎来了一次彻底的变革,这就是说,不仅人们所感受到的自然时间(变化)能够被理性认知,而且在更根本的意义上,概念进入时间本身就指明了一种不同于自然变易的变易亦即历史的存在。

对于这一点,黑格尔的解释是:概念本身虽然没有过程,但当概念在时间中展开自身、外化自身时,它的各个环节却"具有独立性的外观"②,这种概念环节的独立性外观就是"世界历史上各种的'民族精神',就是它们的道德生活、它们的政府,它们的艺术、宗教和科学的特殊性"③。在黑格尔看来,历史时间就是人类各民族以自我意识的高级概念(语言、制度)否定他们较低级的概念环节所造成的变易,是被直观的概念的辩证运动。作为思维着的行动者,人的历史时间总是凭借概念改造、提升既定存在的时间,是在当下实现一个根据过去又面向未来所作的计划而有所经历的时间,而能够将过去和未来统一于当下的只能是对时间的概念式理解。

事实上,只是在黑格尔的历史哲学中,"时代精神"概念才第一次取得了确切的含义。它意味着概念在时间中显现,并且在不同的时间阶段上达到不同的概念高度。因为将精神概念当作坐标,这种历史哲学也具有了鲜明的进步主义倾向。然而,有一点必须注意,黑格尔对概念和时间关系的理解预示着历史是有终结的。在《精神现象学》和《历史哲学》里黑

---

① 黑格尔:《自然哲学》,梁志学等译,商务印书馆1980年版,第51页。
② 同上。
③ 黑格尔:《历史哲学》,王造时译,三联出版社2006年版,第49页。

格尔曾给出过一些明确的说法:"时间是在那里存在着的并作为空洞的直观而呈现在意识面前的概念自身;所以精神必然地表现在时间中,而且只要它没有把握到它的纯粹概念,这就是说,没有把时间消灭[扬弃],它就会一直表现在时间中……这圆圈是向自己回复的圆圈,这个圆圈以它的开端为前提,并且只有在终点才达到开端。"① "'精神'……只发展它在本身存在的东西。它使它自己确实地发展到它向来潜伏地所居的地位。"② 根据这些说法,概念虽然在时间中显现自身并完成对自身的认知,但时间过程的终点却已经由概念即精神的本性预设了。历史、时间并不产生任何超出概念的有意义的东西,在历史中依次呈现的只是概念的各个环节,当精神的本性在历史中完全显现出来并且达到了对于自身的概念式理解,这种本性就会"表现它自己为历史的最终的结果"③。

通过宣称概念支配时间,黑格尔揭示了人自身对历史的创造关系,对于现代人的解放而言,这无疑是一个关键步骤。但从另一个角度看,黑格尔的精神概念在本质上又是可以脱离时间的、封闭的、自相关的概念。精神在时间中的外化、自我牺牲在很大程度上仍然被黑格尔看成是"形式上的自由而偶然的事件"④。概念和时间的此种不对等性,为轻视历史提供了理由——历史现实不过是概念的充满任意性、偶然性和错误的外观,它在自知的精神面前无足轻重。由此造成的后果是,黑格尔的精神概念实际上无法真正把握和掌控现实生产关系和社会关系的变迁。作为封闭的概念系统,它在面对现实时往往非常草率,例如在《法哲学原理》中,黑格尔就寄希望于旧式容克地主和官僚代表"普遍精神"担负国家的立法重任;而在另一些地方,黑格尔则不得不公开承认哲学只能满足于对真理即概念知识的维护,它无力为"短暂的、经验的现时"寻得出路;哲学对于历史最终只能采取听其自然的态度。⑤ 进而言之,黑格尔把时间、历史看成精神即人的自我实现过程,这固然有其深刻之处,但是因为太过强调精神、概念,认为物质世界隶属于精神实体,物质世界对于精神世界不

---

① 黑格尔:《精神现象学》下,贺麟、王玖兴译,商务印书馆1979年版,第268页。
② 黑格尔:《历史哲学》,王造时译,三联出版社2006年版,第51页。
③ 同上。
④ 黑格尔:《精神现象学》下,贺麟、王玖兴译,商务印书馆1979年版,第273页。
⑤ 参见黑格尔《宗教哲学》,魏庆征译,中国社会出版社2005年版,第504页。

具有真理性,黑格尔对历史的理解在本质上仍然只具有主观思维这一个方面。马克思写《黑格尔法哲学批判》时就注意到,黑格尔哲学的这种倾向使它带有了浓厚的保守主义色彩,因为相信精神支配世界和历史就等于承认基于理性的统治秩序和社会等级划分,而显然任何一个封建君主、官僚或资本家都不会吝惜冒充"理性"的代表者去统治群众。也正因如此,从马克思的角度看,黑格尔的历史终结论不仅不能把握真实的历史运动而且它自身已经成为了阻碍历史进步的因素。

从根本上讲,自奥古斯丁阐明了时间的主观性之后,马克思才是时间观和历史哲学领域最重要的革命者。虽然马克思没有像奥古斯丁或后来的胡塞尔那样专门论述时间意识,但从他对于人的存在方式、劳动和历史的解释中我们却可以清晰地发现不同于主观性的另一个时间要素即时间的客观性方面。要言之,马克思理解时间的着眼点是人的活动。在《巴黎手稿》中马克思就曾提出:"整个所谓世界历史不外是人通过人的劳动而诞生的过程。"① 而《资本论》则更是明确将人的时间划分为劳动时间和自由时间。撇开这两种时间的具体区别不谈,在马克思那里,时间无非是人将自身的本质力量对象化的活动过程,因为活动必须有所着落、有其对象,所以时间必然具有客观性这一重维度。通过引入活动原则阐释时间和变易,马克思取消了黑格尔的概念时间化所造成的时间的封闭性和从属性。在马克思看来,人的本质(精神)的展开不是独立的思维进程,而是在作用于现实的实践中不断获得自身的丰富性。就此而言,无论个人的自我实现还是人类历史,它们的时间性都是通过与客观世界的交流建立起来的。时间作为人的本质的呈现和被感知的变易就是人与客观自然的永恒对峙,并且只有在这种对峙中自由才有其现实性,而人的历史也才是无限开放的。

三 哲学在何种意义上成为"时代精神"

借助于重申时间的客观性维度,马克思使历史哲学具有了真正直面现实和未来的可能性。关于这个问题,马克思在写于1842年的《〈科隆日

---

① 《马克思恩格斯选集》第3卷,人民出版社1995年版,第310页。

报〉第179号社论》中有一个非常著名的表述:"任何真正的哲学都是自己时代的精神上的精华。因此必然会出现这样的时代:那时哲学不仅在内部通过自己的内容,而且在外部通过自己的表现,同自己时代的现实世界接触并相互作用……哲学正变成文化的活的灵魂,哲学正在世界化,而世界正在哲学化。"①虽然有很多研究者指出,马克思的这段话仍然有着鲜明的黑格尔主义色彩,但这并不妨碍我们从中窥见马克思历史哲学的一些新倾向。

表面上看,马克思主张"哲学是时代精神的精华"非常接近黑格尔所说的"哲学是被把握在思想中的时代"②,然而实际上这两者却有着本质性的差别。对黑格尔来说,哲学的任务是"理解存在的东西"③,是追随历史辨识精神在现实世界展现的概念环节,哲学因此只是没有生气的、不生育的精神。就连黑格尔本人也承认:"哲学总是来得太迟。哲学作为有关世界的思想,要直到现实结束其形成过程并完成其自身之后,才会出现……这就是说,直到现实成熟了,理想的东西才会对实在的东西显现出来,并在把握了这同一个实在世界的实体之后,才把它建成为一个理智王国的形态。当哲学把它的灰色绘成灰色的时候,这一生活形态就变老了。对灰色绘成灰色,不能使生活形态变得年青,而只能作为认识的对象。"④与黑格尔不同,马克思强调哲学是引领世界历史变革的鲜活的精神。尽管马克思此时的话语形态尚未完全摆脱唯心论的窠臼,但他已经意识到了哲学与现实的紧密联系,而事实上,也正是这一点使他的历史哲学具有了真实的生成性和开放性。因为只有通过与客观世界的交流和相互作用,哲学才能突破自身体系的循环,形成有关人的本质和存在方式的新认识,以至产生改变既定生产关系和社会制度的革命要求。从这个意义上讲,当青年马克思提出"哲学家并不像蘑菇那样是从地里冒出来的,他们是自己的时代、自己的人民的产物……正是那种用工人的双手建筑铁路的精神,在哲学家的头脑中建立哲学体系"⑤,他已经赋予了历史哲学完全不同于黑

---

① 《马克思恩格斯全集》第1卷,人民出版社1995年版,第220页。
② 黑格尔:《法哲学原理》,范扬、张企泰译,商务印书馆1961年版,第12页。
③ 同上。
④ 同上书,第13—14页。
⑤ 《马克思恩格斯全集》第1卷,人民出版社1995年版,第219—220页。

格尔的理论旨趣和思想方向。

严格说来,马克思最初使用"时代精神"这个概念时的确还没有从总体上超越黑格尔的思想方法,但随着历史唯物主义学说的确立,"时代精神"概念在马克思主义哲学中也逐渐具有了一种新的、合法的运用。在这个问题上,我们也许还应注意马克思早期针对"时代精神"的另一个表述。在同样写于1842年的《集权问题》中马克思提到:"问题是时代的格言,是表现时代自己内心状态的最实际的呼声。因此,任何一个时代的反动分子都是反映时代精神状态的最准确的晴雨表。"[1] 显然,马克思此时所说的"问题"是现实的经济矛盾和社会矛盾,它表明马克思真正关注的是人们的实践活动以及与之相应的社会变化趋势。在黑格尔那里,哲学是事后登场的,并且由于轻视世界,哲学在思想中把握到的时代与其说是对创造历史的精神运动的回顾,还不如说是哲学家个人在观念和想象中对历史的捏造。马克思则不然,他把现实看作是自我生成、运动的主体,而哲学作为"时代精神",其主要任务也变成了把握客观社会条件对于实现人的本质所具有的意义,并从中发现改善、提升现实世界的契机与方法。哲学的存在方式因此发生了根本转变,它具有了某种预见性,并且能够通过参与现实生活使自身不断得到检验和发展。

可以说,马克思早期的这一思想倾向已经为理解历史唯物主义亦即他的历史哲学提供了基本线索。因为在后者中,马克思仍然坚持认识历史和时代的前提是现实个人的活动和他们的物质生活条件。如果说在评判历史时黑格尔的主要依据是人的精神和思维能力,因此世界与精神的联系、世界的精神价值还取决于哲学家的识见,那么马克思则强调真正体现一个文明的高度的东西是人们的实际生活方式。马克思说过:"个人怎样表现自己的生活,他们自己也就怎样。因此,他们是什么样的,这同他们的生产是一致的——既和他们生产什么一致,又和他们怎样生产一致。因而,个人是什么样的,这取决于他们进行生产的物质条件。"[2] "现实中的个人……是从事活动的,进行物质生产的,因而是在一定的物质的、不受他

---

[1]《马克思恩格斯全集》第1卷,人民出版社1995年版,第203—204页。
[2]《马克思恩格斯全集》第3卷,人民出版社1960年版,第24页。

们任意支配的界限、前提和条件下能动地表现自己的。"① 这些论述说明个人自由乃至文明的发展程度是有着可靠的感性标准的,是能够通过人们的实践活动以及与之照面的实践对象客观确证的。马克思不否认人的思维能动性,但他更清楚,断言历史具有单一的思想根据,只能使历史认识变得空洞、随意,甚至陷入神秘主义。按照历史唯物主义的观点,即便是精神、思想本身也不是独立发展的,因为意识的内容只能是人的实际生活,"意识在任何时候都只能是被意识到了的存在"②。虽然思想可以采取纯粹自我反思的形式,但这种反思本身也不是完全脱离现实的,思想反思自身的要求以及作为反思对象的意识内容仍然是一定生产和交往活动的产物。从这个角度讲,道德、宗教、形而上学没有自己的历史,人类精神发展的实情只能是"那些发展着自己的物质生产和物质交往的人们,在改变自己的这个现实的同时也改变着自己的思维和思维的产物"③。事实上,在历史唯物主义中,最终取代观念、思想成为历史的本质内涵的东西是"生产力",后者既反映了人类的思维和认知水平,又突出地体现着人们同自然和自身社会的物质联系,因此是能够真正综合时间的主观性维度与客观性维度的历史标准。显而易见,也正是出于这个原因,马克思才会强调:"人们所达到的生产力的总和决定着社会状况,因而,始终必须把'人类的历史'同工业和交换的历史联系起来研究和探讨。"④

进而言之,历史唯物主义改变的不仅仅是哲学理解时间的方式,在更重要的意义上,它还赋予了哲学以新的任务和功能。这就是哲学应当成为"时代精神"并引领时代发展。为了适应这一任务,哲学必须保持对现实生活的高度敏感,必须善于捕捉科技、生产以及交往领域的变化,以便从中窥见历史发展和文明变革的新趋势。

马克思曾经说过,"历史不过是追求着自己目的的人的活动而已","历史活动是群众的事业,随着历史活动的深入,必将是群众队伍的扩大"。⑤ 我们可以从中引申出历史唯物主义把握现实的两个基本原则。首

---

① 《马克思恩格斯全集》第 3 卷,人民出版社 1960 年版,第 29 页。
② 同上。
③ 同上书,第 30 页。
④ 同上书,第 33—34 页。
⑤ 《马克思恩格斯全集》第 2 卷,人民出版社 1957 年版,第 118—119、104 页。

先,要想成为"时代精神",哲学必须关注个人的独立探索和创新。自然作为认识和实践的对象是永恒的、不可穷尽的,只有依靠个人的能动性和创造性,人类整体才能不断提高对自然的认识和利用水平,并以此为基础构建出新的生产关系和社会关系。可以说,正是无数平凡的人类个体拥有着化自然为历史的伟力。其次,哲学看待任何新生事物,还必须着眼于人民群众的整体利益和整体关系。这也就是说,哲学应致力于发现那些能够真正唤起更多民众的热情的变化,理解这些变化将在何种意义上和以何种方式促进民众的整体福利,以便使现行的社会运行机制能够根据实践的新动向不断做出积极的调整。现代文明是一种具有高度主动性的文明,而哲学提供的整体性视野对于一个文明的自我理解和自我完善而言始终是不可或缺的。在某种意义上,当代中国特色社会主义道路所取得的成就正是历史唯物主义的原则和方法的集中体现。因为这一重大历史实践的核心内容就是调动群众个体的创造性、释放社会的活力,进而通过自觉的政治经济体制改革,不断推进自身的社会转型与文明创新。当然,还有一点不容忽视的是,哲学作为"时代精神"具有批判和反思的使命。哲学不能满足于追随时代的步伐,它总是需要通过回顾既往的文明传统以及借鉴异质性的文明经验,为人类的文明探索提供更宽厚的视野与更长远的规划。特别是在当今时代,人们现有的生活方式和社会结构正面临着来自人工智能、物联网和基因工程等技术革命的强烈冲击;单一的技术视角已经不足以揭示这种时代变化,当代人必须对人性、对文明的整体目的做出更严肃的思考,才能重新掌控自身文明的走向。从这个角度讲,哲学作为时代精神有时又意味着某种"永恒复返",它必须不断重识人的自然情感(良知),不断回忆起人类原初经验中的简朴幸福和生存之美,才能以此匡正文明的矫饰,为我们反思乃至重新设想现代技术以及现代政治经济关系启迪新的思路。

(作者单位:吉林大学哲学社会学院)

重访马克思的东方社会理论

张 炯

作为社会理论家的马克思对资本主义社会的分析固然精彩,但对于非资本主义社会、对亚细亚社会、对东方社会的分析,从现今存世的文本来看,是呈零散状态的。实际上,国内外学界对马克思东方社会理论的讨论已有很多。那么,我们何以会选择重访这一论域?首先是时代的要求。新时代中国的社会革命需要对中国社会进行充分且精到的解释,对此马克思的资源仍有其价值。其次,马克思的东方社会理论里尚有一些论题值得发掘。以往研究大多集中在卡夫丁峡谷、亚细亚生产方式、农村公社等等。而马克思在19世纪50年代开始有意识地、自觉地思考东方社会时,其背后是现实的革命驱力使然,他对俄国社会的分析就是极具代表性的案例。再次,"东方社会"作为一个地域性概念其实是暧昧的。相对于马克思所身处的西方社会而言,在他的讨论里应存在近东社会与远东社会之分,同时在远东社会中还应有中国社会与印度社会之分。最后,中国社会的结构与中国社会发展能动性的特殊性,使中国社会成为东方社会的典型。这是马克思没有过多展开的问题,也是中国的马克思主义者加以发展的问题.

如上几方面都是本文试图触及的,当然,最终结果并非一定是完善的解答,只希望能以此打开马克思的东方社会理论视域,从而更深入地思考马克思的社会理论,以及开启适合于当代中国的社会理论进路。

一 马克思的东方社会理论概观

在19世纪中叶这个社会学诞生的时代,社会分类在现代社会形态的解释中占有重要地位。在这样的背景下,分析"东方社会"实际上成为解释现代社会的一个固定部分。而对于在这一时期使用与分析"东方社会"的马克思而言,也可视为对这一传统的遵循。最具代表性的自然是他基于社会生产方式来分析社会形态,并根据人类所经历的历史进行了阶段性分析,也即是他在《政治经济学批判大纲》里以"亚细亚生产方式"来分析东方社会。

即使马克思在他的著作中没有对东方社会作过多分析,但这些分析在他的社会理论中确实占有重要地位。尽管如此,他对东方社会的解释总体上是支离破碎的,而且没有被彻底研究。造成如此景象的原因很多,诸如马克思本人的写作风格、他自身理论的断续特点、他作品的出版境况以及他所面临的社会政治环境,等等。应当说,英语世界有两位学者对马克思东方社会理论的研究,共同建构起我们过去很长一段时间研究这一论域的基础性范式。第一位学者是英国的马克思主义史学家霍布斯鲍姆(Eric Hobsbawm),他于1965年编辑出版了马克思的《前资本主义的经济形态》的英译本,并为之撰写长篇导言。[1] 霍布斯鲍姆在这一导言中指出,马克思以进步主义的进路来研究东方社会。更具体地说,马克思的基本问题是资本主义的发展。他将亚细亚生产方式作为非西方的前资本主义生产方式,来作为一种比较的手段,但是马克思此时研究东方的资源很有限。而且,在19世纪70年代之后马克思开始转向人类学民族学研究,他从原先的单线转变成多线的历史分析。因此,即使马克思没有找到机会、抑或说没有足够自觉地修正他的东方社会理论,但他也足够改变自己分析东方社会的视角。第二位学者是劳伦斯·克拉德(Lawrence Krader),他首次为英语世界翻译编撰了马克思晚年的人类学民族学笔记[2],并完成了与之相关的研究性著作[3]。克拉德强调有必要把马克思对东方社会的思考放在19世纪西方社会思想的背景中进行评价。也即是说,马克思与他同代的人有许多相同的误解。为此马克思很难将他关于东方社会的观点与他的一般

---

[1] Karl Marx, *Pre Capitalist Economic Formations*, Eric Hobsbawm (ed.), Jack Cohen (trans.), International Publishers, 1965, pp. 9–66.

[2] Karl Marx, *The Ethnological Notebooks of Karl Marx* (Studies of Morgan, Phear, Maine, Lubbock), Lawrence Krader (trans.). Van Gorcum, 1974.

[3] Lawrence Krader, *The Asiatic Mode of Production: Sources, Development and Critique in the Writings of Karl Marx*, Van Gorcum, 1975.

理论协调起来，所以，随着马克思对巴黎公社以后的欧洲社会倍感失望，他选择回到人类学民族学研究。

虽然马克思用"亚细亚"这一术语来标识"东方的"生产方式，但他也使用相同的范畴去考察几乎所有非西方的社会。实际上，"东方"和"亚细亚"在马克思那里往往是混用的。他所分析的东方社会，首先，也最常见的就是指印度和中国；其次是埃及、伊朗、土耳其、鞑靼，来自远东的爪哇和印尼，在哥伦布发现新大陆之前的阿兹特克人和印加人，凯尔特人，还有算半个亚洲国家的俄国。最后，他还用"亚细亚"指称伊特鲁里亚人和安达卢西亚人。[①]

马克思对东方社会的思考主要包括以下几方面：第一，东方社会的劳动分工。东方社会的形式建立在自治的"村社"基础上，没有发生类似西方资本主义社会的经济转型。而且由于村社的社会生活构成了农业和工艺的统一，因此没有出现足够先进的劳动分工，从而无法形成"城市"出现的必要条件。

第二，东方社会的滞后性。马克思认为私有财产和自由的生产关系是阶级产生的前提，从这个框架中可以看到阶级只出现在西方。阶级的缺失和对社会拥有完全支配的专制国家的存在，是私有财产不出现的必然结果。既然在这样的社会形式中没有阶级，那么也就没有社会变革。正因为如此，在马克思看来，东方社会是停滞不前的，只有在政治领域才能发生变化，而不能在生产方式方面发生变化。正如他在《资本论》中所说："亚洲各国不断瓦解、不断重建和经常改朝换代，与此截然相反，亚洲的社会却没有变化。这种社会的基本经济要素的结构，不为政治领域中的风暴所触动。"[②] "这完全同在专制国家中一样，在那里，政府的监督劳动和全面干涉包括两方面：既包括由一切社会的性质产生的各种公共事务的执行，又包括由政府同人民大众相对立而产生的各种特有的职能。"[③] 在这一意义上，东方处于一般历史过程之外。在东方往往存在着一个庞大的、高度集中的官僚国家，没有私有财产，没有阶级，城乡没有区别，即没有

---

① Lutfi Sunar, *Marx and Weber on Oriental Societies: In the Shadow of Western Modernity*, Ashgate, 2014, p. 44.
② 《资本论》第1卷，人民出版社2004年版，第415页。
③ 《资本论》第3卷，人民出版社2004年版，第431页。

出现所谓的城市，诸如此类都导致经济和社会的停滞，并且社会本身没有对抗国家的社会权力或政治权力、也没有意识形态的或文化意义上的独立性。整个东方社会系统进入并长期保持着一种不知何时会结束的停滞状态。

第三，东方社会的殖民状态与向资本主义过渡问题。马克思认为，技术给生产系统带来了自动化，因此生产才有长足进步，同时社会关系和劳动在生产过程中的地位也都发生了变化。马克思认为，随着帝国主义技术的转移，同样的事情也会发生在东方社会。也即当东方社会开始工业化时，这些社会就开始现代化和变革，从传统的停滞体系中挣脱出来。我们从印度铁路的重要性上可以很容易理解技术的重要性，也看到马克思对于工业资本主义将完成现代性历史使命的肯定。①

尽管马克思有着深刻的反殖民和国际主义情绪，但他对于社会发展的进步主义立场，赞同要大过反对。所以马克思（包括恩格斯）虽然看好"农村公社"，但与当时的民粹派和带有浪漫主义色彩的社会主义者不同，他们从未将公社所代表的社会状况理想化。他们清楚地看到，社会主义是完全不同的东西，不能通过试图在原始主义的特定阶段停止历史进程来找到它，更不能通过倒退来找到它。唯一的道路是前进的。恩格斯在论俄国的社会问题中表达得很清楚："现代社会主义力图实现的变革，简言之就是无产阶级战胜资产阶级，以及通过消灭一切阶级差别来建立新的社会组织。为此不但需要有能实现这个变革的无产阶级，而且还需要有使社会生产力发展到能够彻底消灭阶级差别的资产阶级、野蛮人和半野蛮人通常也没有任何阶级差别，每个民族都经历了这种状态。我们决不会想到要重新恢复这种状态，因为随着社会生产力的发展，从这种状态中必然要产生阶级差别。只有在社会生产力发展到一定程度，发展到甚至对我们现代条件来说也是很高的程度，才有可能把生产提高到这样的水平，以致使得阶级差别的消除成为真正的进步，使得这种消除可以持续下去，并且不致在社会的生产方式中引起停滞甚至倒退。"②

当然，这并不是说，一旦东方社会的持续性被资本主义的影响所

---

① 《马克思恩格斯选集》第1卷，人民出版社2012年版，第857—863页。
② 《马克思恩格斯文集》第3卷，人民出版社2009年版，第389页。

打破之后，必然会经历相同的发展阶段。他虽然预见到被资本主义势力直接殖民的印度将被吸进历史发展的西方潮流中，但他没有把可能的后果理想化。换言之，尽管马克思始终保持对于英国征服印度之进步意义的肯定，但他反对不加批判的乐观主义、反对盲从西方社会的单线发展。

而且，中国社会与印度社会又有所不同。由于中国的地理因素、社会结构、民族与文化的同质、更有效的国家组织等等，使她更能抵抗外界的侵入影响，最直接的表现就是没有被直接殖民："正是这种农业与手工业的结合，过去长期阻挡了而且现时仍然妨碍着英国商品输往东印度。但在东印度，那种农业与手工业的结合是以一种特殊的土地所有制为基础的。而英国人凭着自己作为当地最高地主的地位，能够破坏这种土地所有制，从而强使一部分印度自给自足的公社变成纯粹的农场，生产鸦片、棉花、靛青、大麻之类的原料来和英国货交换。在中国，英国人还没有能够行使这种权力，将来也未必能做到这一点。"[①]

马克思"预测"到中国因为鸦片而正在酝酿的革命："有一个事实毕竟是令人欣慰的，即世界上最古老最巩固的帝国八年来被英国资产者的印花布带到了一场必将对文明产生极其重要结果的社会变革的前夕。当我们欧洲的反动分子不久的将来在亚洲逃难，到达万里长城，到达最反动最保守的堡垒的大门的时候，他们说不定就会看见上面写着：中华共和国，自由，平等，博爱。"[②]

不否认中国的革命之于世界历史的重大意义，但是事实上之后的太平天国运动并不能代表马克思所谓的"中国社会主义"："实际上，在这次中国革命中奇异的只是它的体现者。除了改朝换代以外，他们没有给自己提出任何任务。他们没有任何口号。他们给予民众的惊惶比给予老统治者们的惊惶还要厉害。他们的全部使命，好像仅仅是用丑恶万状的破坏来与停滞腐朽对立，这种破坏没有一点建设工作的苗头。"[③]

[①] 《马克思恩格斯文集》第 2 卷，人民出版社 2009 年版，第 676 页。
[②] 《马克思恩格斯全集》第 10 卷，人民出版社 1998 年版，第 277—278 页。
[③] 《马克思恩格斯全集》第 15 卷，人民出版社 1963 年版，第 545 页。

马克思自然没有条件对太平天国运动的性质与结构作深入细致的分析，他只是在东方社会理论的框架下作出概要性的判断。这场运动与亚细亚生产方式所特有的周期性再生产或重生有更多的共同之处。如果这是让欧洲人害怕的"中国社会主义"的幽灵，那它无疑是旧式的，它有其"共产"的一面，私有财产被废除，土地使用权重新分配，建立了公共储蓄机构和公共粮仓。但它本质上是一个神权政体，其意识形态基于基督教、道教和佛教的平等主义原则，是典型的亚细亚的无偏见的经济、政治、军事和社会原则的混合体。这种奇怪混合的直接结果就是理想中的东方社会新形式迅速退化，正如那些王朝先辈们那样：税收变成了剥削，官员变成了官僚阶级，亚细亚民主变成了东方专制。

对于马克思东方社会理论的基本论点，我们可以从其片段式的表达中总结出来，但是依然很难用一条线将之串起。所以，马克思东方社会理论的总体状态是离散不成型的。当然，坊间几乎都赞同的一点是，关于灌溉和土地所有权性质的基本区别和分析的框架，是马克思研究东方社会进路的基础、也是他以东方社会区别于西方社会的基础。在这一基础之上，我们可以总结出上述关于东方社会的基本论点。但问题或许仍可再进一步：是什么促使当时的马克思关注与思考东方社会？虽然相关文本断断续续，但贯穿其中的逻辑是什么？在我们看来，这一条主线就是"社会革命"。这也是我们此次"重访"的要义所在。

二 社会革命：马克思东方社会理论的主线

马克思晚年对东方社会的思考并非无目的性。在19世纪70年代初的巴黎公社运动被残酷镇压之后，在德国的社会主义工人党经合并成立、发布《哥达纲领》之后，马克思意识到欧洲社会的革命几近不可能。此时俄国社会的复杂情势仿佛带来了革命在东方升起的曙光。马克思对俄国革命的希冀，已不仅是单纯旨在推翻政治制度的政治革命可以概括。更确切地说，马克思借此机会把他早年所设想的"社会革命"思想进一步完善。

美国学者斯考切波（Theda Skocpol）在考察现代世界的社会革命时，

结合了亨廷顿（Samuel Huntington）与列宁二人对"社会革命"的界定。① 亨廷顿在《变化社会中的政治秩序》一书中所谈的"革命"指的就是"社会革命"："革命，就是对一个社会据主导地位的价值观念和神话，及其政治制度、社会结构、领导体系、政治活动和政策，进行一场急速的、根本性的、暴烈的国内变革。因此，革命有别于叛乱、起义、造反、政变和独立战争。政变就其本身而言，只改变领导权，可能还改变政策；起义或造反可能会改变政策、领导权和政治制度，但不改变社会结构和价值观；独立战争是一个政治共同体反对外来政治共同体统治的斗争，它未必在这两个共同体的任何一方引起社会结构方面的变更。"② 而列宁在《社会民主党在民主革命中的两种策略》中，则提供了一种与之不同的但又互补的观点："革命是被压迫者和被剥削者的盛大节日。人民群众在任何时候都不能象革命时期这样以新社会制度的积极创造者的身份出现。"③ 二人共同描绘了社会革命的特征，社会革命既是社会经济与政治体制的基本且迅速的转变，也在一定程度上是通过自下而上的剧变而实现的社会结构的彻底转型。

马克思早在1844年批判卢格、同时也是与卢格分道扬镳的代表性文本——《评一个普鲁士人的〈普鲁士国王和社会改革〉一文》里，就已经有意识地区分了"政治革命"与"社会革命"，同时给"社会革命"以一个描述性的界定："社会革命之所以采取了整体观点，是因为社会革命……是人对非人生活的抗议；是因为它从单个现实的个人的观点出发；是因为那个脱离了个人就引起个人反抗的共同体，是人的真正的共同体，是人的本质。"④

接下来马克思讨论了"政治革命"与"社会革命"的关系。面对卢格关于"具有政治灵魂的社会革命"的观点，马克思认为这不是"废话"就是"同义语"。因为在他看来"社会革命"天生地带有"政治灵魂"，

---

① Theda Skocpol, *Social Revolutions in the Modern World*, Cambridge University Press, 1994, p. 133.
② 亨廷顿：《变化社会中的政治秩序》，王冠华等译，生活·读书·新知三联书店1989年版，第241页。
③ 《列宁全集》第11卷，人民出版社，第96页。
④ 《马克思恩格斯全集》第3卷，人民出版社2002年版，第394—395页。

而当时的革命所真正缺失的实际是"社会灵魂"。而且从过往的革命经验来看，革命既是社会的、也是政治的：就其破坏旧社会而言，它是社会革命，而就其推翻旧政权而言，它是政治革命。所以，马克思那里的"社会革命"与"政治革命"不是对立的，而是前者囊括后者，革命的理论问题不在于赋予社会革命以政治灵魂，而在于赋予政治革命以社会灵魂。社会主义旨在后者："一般的革命推翻现政权和废除旧关系——是政治行动。但是，社会主义不通过革命是不可能实现的。社会主义需要这种政治行动，因为它需要破坏和废除旧的东西。但是，只要它的有组织的活动在哪里开始，它的自我目的，即它的灵魂在哪里显露出来，它，社会主义，也就在哪里抛弃政治的外壳。"[①] 后来马克思在《路易·波拿巴的雾月十八日》里继续使用"社会革命"这一概念："19世纪的社会革命不能从过去，而只能从未来汲取自己的诗情。"[②] 其中"社会革命"指的是区别于资产阶级革命的无产阶级革命。

遗憾的是，在路易·波拿巴政变之后，1848年革命实际宣告以失败结束。在很长一段时间里，辗转伦敦的马克思难以遇到再次言说"社会革命"的背景与条件。尤其在1871年巴黎公社运动失败之后，社会革命开始淡出欧洲大陆的舞台。但马克思的社会革命理想并没有被低迷的革命情势所浇灭，此时俄国在东方的革命势头开始愈演愈烈，这给了马克思继续坚持社会革命的机会。但问题是，俄国社会的特殊性与复杂性，使得"社会革命"始终无法"道成肉身"。尽管如此，俄国社会仍然为马克思思考东方社会提供了一个典型案例。

1861年农奴制改革是俄国历史的重大转折点。在所有欧洲国家中，俄国是农民起义和变革动乱最严重的国家。而在经过农奴改革之后，一直以来的"东方专制"似乎终于要被打破了，在此之前，东方"一向是反革命安然无恙的堡垒和后备军"[③]，俄国则是"欧洲全部反动势力的最后一支庞大后备军"[④]。然而如果一旦找到突破口，那么在这个僵化社会里积压已久的矛盾很快就会无法遏制地爆发出来。此时第一国际还在酝酿

[①] 《马克思恩格斯全集》第3卷，人民出版社2002年版，第395页。
[②] 《马克思恩格斯文集》第2卷，人民出版社2009年版，第473页。
[③] 《马克思恩格斯全集》第34卷，人民出版社1972年版，第275页。
[④] 《马克思恩格斯文集》第2卷，人民出版社2009年版，第7页。

中，而东方已露出了亚洲革命与期待已久的无产阶级革命联合起来的可能，这足以让激进革命者重燃希望。但是，俄国能从落后的前资本主义社会一跃成为社会主义国家吗？抑或说，俄国不得不遵循西方，而在资本主义发展的漫长征程中前行？这是讨论俄国革命的核心主题。俄国民粹派认为，俄国历史和社会结构的特殊性可能有助于俄国直接向社会主义过渡。但俄国的马克思主义者则在一开始就困扰于马克思对资本主义历史发展的观察，并因此倾向于对俄国革命的前景持悲观态度，尽管他们没有放弃现实的革命实践和斗争。

对此，马克思首先谴责的就是对所谓历史发展"规律"的任何笼统的、决定论式的应用，他明确指出《资本论》中的资本主义发展模式只适用于西欧的历史，而不应武断地认为这种模式是普遍的。马克思先学习俄文，而后又研究了与俄国经济发展有关的各种官方和非官方资料，为的是对俄国情势作出准确判断。马克思得出的基本结论是："如果俄国继续走它在1861年所开始走的道路，那它将会失去当时历史所能提供给一个民族的最好的机会，而遭受资本主义制度所带来的一切灾难性的波折。"① 马克思此时给出了俄国不经过如西欧那样的资本主义发展而发展的可能，但他并没有在这个文本里涉及俄国民粹派所赞赏的农村公社问题。当时的俄国固然是"欧洲革命运动的先进部队"②，但它本质上仍是一个土地私有制相对较新且有限、而农民的公社财产却大量存在的国家。

面对如此情势，俄国的马克思主义者开始怀疑，农村公社是否会像俄国民粹派所坚持的那样，成为该国社会主义转型的基础？又或者说，它注定最终要屈从于私人所有制？1881年2月16日，查苏利奇致信马克思，请他谈谈对俄国历史发展前景和农村公社命运的看法。为了回应查苏利奇的问题，马克思几经易稿，最终的答复是："这种农村公社是俄国社会新生的支点；可是要使它能发挥这种作用，首先必须排除从各方面向它袭来的破坏性影响，然后保证它具备自然发展的正常条件。"③ 马克思不否认农村公社可以作为俄国社会的新生点，但这一"新生"有前提条件，即

---

① 《马克思恩格斯文集》第3卷，人民出版社2009年版，第464页。
② 《马克思恩格斯文集》第2卷，人民出版社2009年版，第8页。
③ 《马克思恩格斯文集》第3卷，人民出版社2009年版，第590页。

农村公社本身得到保存和自然发展。但是，事实上俄国社会直接过渡的机会不断在减少，因为俄国农村公社因为国家和资本家的双重压榨而逐渐衰弱。所以，如果要拯救俄国公社，就必须进行一场俄国革命，而且是很快就要革命。很遗憾，这场社会革命没有在俄国发生，无产阶级革命也没有在欧陆发生。马克思所判断的关键阻碍在于俄国的国家机器。马克思确定了沙皇专制的"半亚细亚"基础，确定了剥削阶级的官僚本性，确定了在专制的重压下市民社会的瘫痪。在这种情况下，唯一可能发展起来的"资本家"将贪婪地寄生于国家的庇护之下。俄国几乎所有真正的发展都被典型的亚细亚体制和国家剥削所阻碍，而这种剥削由于资本家这些"社会新栋梁"的贪婪而更加严重。

但是，随着俄国社会危机的加剧，对于革命即将到来的预言激增，恩格斯甚至还预言了布朗基主义在革命激进化进程中所起的决定性的推动作用："如果说布朗基主义（幻想通过一个小小的密谋团体的活动来推翻整个社会）有某种存在的理由的话，那这肯定是在彼得堡。"[①]

不过，如今人们在看待20世纪初俄国社会变革的时候，是否真的可以把它视为一场马克思所设想的"社会革命"？这个问题并不好回答，因为马克思（包括恩格斯）的判断其实并不稳定。比如恩格斯早在1875年就回避了对俄国可能发生的社会革命作预先定性："生产力只有在资产阶级手中才达到了这样的发展程度。可见，就是从这一方面说来，资产阶级正如无产阶级本身一样，也是社会主义革命的一个必要的先决条件。"[②]这一判断非常理性。但是在十年之后，恩格斯的态度一反当年："据我看来，最重要的是：在俄国能有一种推动力，能爆发革命。至于是这一派还是那一派发出信号，是在这面旗帜下还是那面旗帜下发生，我认为是无关紧要的。"[③]"无关紧要"使恩格斯的判断显得很不严谨，但考虑到他和马克思对俄国的了解的确有限，所以这或许正是一种谨慎的体现。我们从之后的历史也能看到，直到能够准确把握俄国情势的列宁出现，才把俄国社会革命的议题真正提上日程。

---

① 《马克思恩格斯文集》第10卷，人民出版社2009年版，第533页。
② 《马克思恩格斯文集》第3卷，人民出版社2009年版，第389—390页。
③ 《马克思恩格斯文集》第10卷，人民出版社2009年版，第534页。

不难注意到，马克思并没有对俄国社会（尤其对其社会阶级）进行细致分析。这一方面受限于材料，另一方面也与他预先从东方社会中排除阶级产生的条件有很大关系。马克思在最初区分东西方生产方式与社会类型时考虑了两个标准：其一，生产资料（即土地）是不是私有财产；其二，生产关系是不是自由的。鉴于在这两个标准上的否定，阶级斗争（即马克思那里的历史驱动力）并没有在东方社会中出现。所以，我们可以从马克思晚年对俄国革命的讨论中感受到他对于俄国社会革命的暧昧态度。一方面，他肯定希望俄国能发生一次社会革命，而且是成功的社会革命。但是另一方面，对于具体的革命态势、基础、条件、力量等等细节，他都没有过多分析。马克思只是在（或者说只能在）总体上作出一种革命预测，预测社会革命在俄国社会爆发的可能性以及提出俄国革命的社会革命总方向。

如果说，俄国的社会革命与欧洲的革命尚有千丝万缕的联系，那么，中国社会以及中国的社会革命，离马克思的东方社会理论却显得有些遥远了。但问题是，中国革命在马克思主义的旗帜下最终成功了。所以，中国社会对于马克思的东方社会理论而言，既是一种典型性，也是一种特殊性，更意味着一种复杂性。

三　中国社会：东方社会的复杂性典型

中国可以说是以亚细亚生产方式为基础的东方社会的典型案例，她的地理环境有利于建立一个典型的亚细亚社会，中华文明在这片广袤的疆土上发展，到处都有河流和居民，土地肥沃宜居，有伟大的水利工程。周边地区明显不同的自然环境和气候特点，实际上构成一道阻挡灌溉农业进一步发展的屏障。随着时间的推移，这种灌溉农业为中央集权王朝的扩张奠定了基础。大禹治水证明了中华文明的"亚细亚"性质。这一生产方式在商周时期得到充分发展："原始贵族制被转变为国家财政官僚制，一种功能化的意识形态在此基础上发展起来，建立在群众无条件服从基础上的社会秩序成为一种几乎和自然法则一样不容置疑的制度。"[1] 秦朝完成了

---

[1] Umberto Melotti, *Marx and the Third World*, Macmillan, 1977, p.106.

中央集权的过程，但很快就被农民起义推翻了。后继者汉朝则通过国家对土地和奴隶的控制巩固了这一制度，并一直延续到19世纪。亚细亚模式在中国的早期阶段确实给人们的生活带来了巨大的进步，但在那之后，亚细亚生产方式阻碍了中国社会两千年来的发展。中国历史上总是有各种各样的变化：王朝动荡、农民起义、外族入侵、疆域的分裂和统一，等等。用马克思的术语说就是，官僚分子在权力地位、社会特权和对文化和社会意识形态的垄断控制等诸多方面被人民拉下马。然而就像亚细亚生产方式一样，从秦朝第一次统一到19世纪晚清的几千年里，阶级关系在很大程度上保持不变。

因此，除了一些引起王朝动荡的事件之外，该体系的基本特征几乎没有改变，总体看，中国的历史是一段"周期性的"历史，而非"进化的"历史。直到19世纪，亚细亚社会的典型结构仍然或多或少地幸存下来，哪怕是在经受过一系列外来侵略战争和被迫开放之后。中国社会的底部仍然存在孤立村庄村社的自给自足生产，顶部仍然存在专制力量在行使国家职能。在专制国家里，"政府的监督劳动和全面干涉包括两方面：既包括由一切社会的性质产生的各种公共事务的执行，又包括由政府同人民大众相对立而产生的各种特有的职能。"[①] 这种亚细亚社会的状态决定了中国社会不会是稳定的，但也不是完全动态的。周期性的"革命"构成了她自身动态平衡的一部分，在具体的实践中则产生了强烈的保守效应。朝代与统治集团的不断更迭，可以看作是制度本身所固有的，是制度需要周期性更新的表现。统治王朝不可避免地受到起义的影响，但中国根深蒂固的亚细亚社会结构会将所谓的"革命"统统转化为朝代更迭。然后随着政令改革和制度重建，新王朝成为旧秩序复兴的新载体，继而逐渐陷入与前朝相同的命运。

亚细亚社会里所谓的"革命"主要意味着一种对过去的回归和局部的更新，基本上不存在马克思主义意义上的生产力与生产方式的冲突。[②]

[①] 《资本论》第3卷，人民出版社2004年版，第431—432页。

[②] 对于中国传统社会里的"革命"内涵，可参见陈建华《"革命"的现代性：中国革命话语考论》，上海古籍出版社2000年版。此书应是国内学界对中国革命观念的最详细考察。对于中西方"革命"观念的理解差异，可参见金观涛、刘青峰《革命观念在中国的起源和演变》，载《观念史研究：中国现代重要政治术语的形成》，法律出版社2010年版，第365—399页。

要克服这种冲突，结果只能是向另一种生产方式的过渡，因而也是向另一个不同的社会阶级霸权的过渡。但是在中国，成功推翻王朝的造反者不是违背"天意"者，而是重建"秩序"者。帝制主权并不对人民负责，而只是对"秩序"负责。这里的"秩序"既是一种自然秩序，也是一种社会秩序，或者更确切地说，是社会制序，从而使之与自然秩序相一致。所以，当社会危机出现时，危机往往被视为上天对人民的愤怒与惩罚，暗示了世间秩序已被破坏、帝制主权的合法性已不复存在，从而需要采取暴力的行动来修复那被破坏的秩序。因此，中国古代社会的所谓"革命"，并不能与马克思那里的"社会革命"划等号。至多只是"权限的变更"，即决不意味着转变社会制度，而只是改变政府，因为之前的政府太虚弱，以至于无法执行其功能，所以革命的目标就在于重建由于糟糕的管理而失去的王朝合法性。

必须承认，马克思对于中国的"社会基础不动而夺取到政治上层建筑的人物和种族不断更迭"[①]的判断一语中的。但是要理解中国的社会革命何以可能与如何可能，光有这一基本原理显然不够。而要解开中国社会的社会革命之谜，就需要深入分析中国社会的结构与动力。在这一意义上，毛泽东在中国新民主主义革命时期对中国社会的批判性分析，正是对马克思东方社会理论的重要补充与延展。

上文已谈到，在马克思的东方视野里，东方社会没有产生阶级，从而没有作为历史驱力的阶级斗争存在，那么也就没有社会变革。对此不应苛责马克思，因为他对东方社会（尤其中国社会）的有限理解很大程度上是由于当时的研究资料相当有限，他不得不选择性地使用可以获取到的贫乏资料来限制自己，并把这些资料概括到极致。在一些资源的使用里，马克思甚至会把关于一个村庄或一个地区的观察笔记转变成一种解释整个东方的理据，这种做法在他讨论西方资本主义社会的时候并不常见。马克思对东方社会的有限了解使他面对中国问题时相对保守，自然也还没有条件像分析资本主义社会那样对东方社会作相应的阶级分析。在这一方面，毛泽东作出了创造性贡献。

毛泽东对中国各阶级的分析，为中国革命清算了革命主体问题，也清

---

① 《马克思恩格斯全集》第15卷，人民出版社1963年版，第545页。

算了当时中国社会的发展动力问题。1927年，他在《中国社会各阶级的分析》中分析中国各阶级的时候，正与马克思在《雾月十八日》里分析法国社会各阶级派系时，处于类似的情势。这是在国民革命时期中国共产党面临危机之际作为总结教训而进行的工作。"敌友"问题是中国革命的首要问题，而要分辨真正的敌友，就必须分析"中国社会各阶级的经济地位及其对于革命的态度"①。

毛泽东把中国社会的各阶级分为六部分：作为帝国主义附庸的"地主阶级和买办阶级"，他们代表了中国代表最落后的和最反动的生产关系，阻碍中国生产力的发展。"中产阶级"（主要是民族资产阶级）对待中国革命的态度是矛盾的。"小资产阶级"包括自耕农（即中农）、手工业主以及学生界、中小学教员、小员司、小事务员、小律师，小商人等在内的小知识阶层，他们在革命情势高涨时都有参加革命的可能。"半无产阶级"是毛泽东在阶级分析问题上所使用的新概念，这一阶级所经营的都是更为细小的小生产经济。农民问题也包含在这个阶级范畴里。"无产阶级"指的是在当时的中国约有二百万左右的现代工业无产阶级。毛泽东把中国的无产阶级细分为：相对集中的、经济地位低下的产业工人，都市苦力工人和农村无产阶级（主要指长工、月工、零工等雇农）。最后毛泽东还提到数量不小的"游民无产者"（也即马克思那里的"流氓无产阶级"），他们主要是"失了土地的农民和失了工作机会的手工业工人"。毛泽东对待他们的态度与马克思有所不同，他认为："这一批人很能勇敢奋斗，但有破坏性，如引导得法，可以变成一种革命力量。"②"敌友"意义上的阶级划分比马克思当年更加细化、更具经验意义，其优势在于更切实地体验到中国社会各阶级的生存状态，以及更准确地把握阶级间关系，从而为中国革命的可能及推进提供了令人信服的理据。

到了1939年12月，时值抗日战争，毛泽东为阐释中国革命的动力问题而再度分析中国社会的各阶级。此时的社会阶级结构和1925年相比基本一样，也分为六大部分：地主阶级、资产阶级、小资产阶级、农民阶级、无产阶级和游民。但在细节上有所变动。第一，不再有"买办阶级"

---

① 《毛泽东选集》第1卷，人民出版社1991年版，第3页。
② 《毛泽东选集》第1卷，人民出版社1991年版，第9页。

范畴，而单独提出"地主阶级"作为革命的对象，而非革命的动力。第二，"带买办性的大资产阶级"和"民族资产阶级"（也即原先界定的"中产阶级"）同时归于"资产阶级"范畴之下，但二者有区别。前者是革命的对象，后者对待革命则存在积极与妥协两重性，因此民族资产阶级的左翼也可能"在一定时期中和一定程度上"成为中国共产党"较好的同盟者"。第三，"农民阶级"作为独立的革命动力，并指出农民阶级内部存在富农、中农和贫农三部分的激烈分化，而农民这个名称所包括的主要内容还是指"贫农"和"中农"，他们是"工人阶级的坚固的同盟军"。[1] 从这些微调里可以看到，经过十余年的亲身革命，毛泽东对中国社会的阶级结构更加了解，其分析也更加成熟，既是对之前中国革命经验的总结，同时也有利于未来革命事业的继续进行。

"东方社会"在其诞生伊始虽然属于地域性概念，且当时的西方中心论调与东西对立论调不可谓不强烈，马克思很难说完全脱离了这一语境，所以我们无法完全否认马克思在一定程度上接纳了当时学界普遍的态度与用法。但是在学术研究的层面上，尤其在社会理论的研究域里，"东方社会"作为"社会分类"的一个子概念，未尝不可用。现在我们也许不再会缺少社会研究的课题、也不再缺乏可使用的研究数据与资料，但我们确实需要一盏切近中国社会而又放眼世界的明灯。虽然我们在不断生产着理论，也在不断消费着理论，但对于经典社会理论，恐怕仍需要对之细致解读、对之进行当代转化。时至今日也已时过境迁，我们经历了新中国的成立，经历了改革开放。当中国进入新时代，当年的问题重新摆在我们面前：如何把马克思的"社会革命"思想从革命语境转向治理语境？如何立足时代去解释"中国社会"？如何建构切入中国现实的社会理论？如何在中国社会开启一种不同于、却又不绝对异于西方社会现代性发展路向与结构的新现代性乃至新文明类型？在诸如此类宏大且漫长的历史任务面前，马克思的东方社会理论或许也只是一个精彩的注脚。因此，我们更愿意将重访看作一个开始，开启了沿着马克思所开启的东方社会道路去阐释中国社会的进程。

（作者单位：华中科技大学哲学系）

---

[1] 《毛泽东选集》第 2 卷，人民出版社 1991 年版，第 640—645 页。

主要进展、当前偏颇与经验教训
——新中国马克思主义哲学反思

刘志洪

当前,马克思主义哲学界集中纪念新中国成立70周年。"自我审视是智慧的首要条件"①。对于我们的哲学而言,这种反思不仅应当面对现实,而且需要朝向自身。它们是两个同样重要的向度。"在马克思的理论和方法中,认识社会和历史的正确方法已经最终被发现了。……它必须被经常运用于自身"②。黑格尔甚至认为,思想以自身为对象思考是它最优秀的活动。把自己70年历程作为相对"独立"的对象"反过来而思之",展开实事求是的检视,清理进展与偏颇,省思经验与教训,汲取思想和勇气,确立合理的价值取向,发现通达未来的道路,进而睿智而坚毅地前行,是中国马克思主义哲学当下关键任务。"善在身,介然必以自好也;不善在身,菑然必以自恶也"(《荀子·修身》)。在这种自觉努力中,我们的哲学将迎来本质的发展和光明的前景。

一 70年来的主要进展

新中国成立的70年,是中华民族从站起来、富起来到强起来亦即"好"起来的发展历程,也是马克思主义哲学持续中国化和现代化的探索

---

① 《马克思恩格斯全集》第1卷,人民出版社1995年版,第179页。
② 卢卡奇:《历史与阶级意识——关于马克思主义辩证法的研究》,杜章智、任立、燕宏远译,商务印书馆1992年版,第41页。

过程，还是中国化马克思主义哲学在生活实践中构建和运用的提升过程。在众多真诚的马克思主义者共同努力下，我们的哲学实现了总体性的跃升，表现为许多引人注目的进展，可以从思想、学术和现实三个向度加以梳理。

基础理论的建构与新理论领域的开拓。中国马克思主义哲学的理论努力，首先表现为形成对哲学基本原理的系统理解——中国化的"教科书理解模式"。只有以历史的眼光评价这一模式，才能合理看待它。应该说，这种理解模式发挥了显著的历史作用。我国马克思主义者从中国的历史文化出发，系统性地概括和提炼了马克思主义哲学的基本原理，推动了哲学尤其马克思主义哲学快速的时代化特别是中国化和大众化。当然，它的历史局限性也清楚地显露出来，甚至具有根本性。改革开放后，除了对"教科书理解模式"众多或大或小的改进外，实践唯物主义、历史唯物主义、资本逻辑批判、政治哲学等理解范式的相继提出，更是拓展了马克思主义哲学的理论视域，丰富了思想内容，革新了思维方法，促成了新的进展。探索进而建构当代中国马克思主义哲学的新形态，已经成为许多马克思主义者的共识与行动。

中国马克思主义哲学研究者的理论努力还体现为对许多新的理论领域和理论问题的开拓与求索。诸多领域哲学或部门哲学的快速推进，是新中国成立特别是改革开放以来中国马克思主义哲学的靓丽风景。除了本体论、认识论、辩证法和历史观的继续研究，实践观、价值论、文化哲学、科技哲学、社会哲学、人的哲学、生存哲学、政治哲学、经济哲学、发展哲学和管理哲学等如同马克思所言"雨后蘑菇"般地成长起来。值得注意的是，这些研究不仅在学者们心中，而且在实质上也具备基础理论反思的功能。马克思主义哲学研究从过往抽象理论深入至当代具体理论，开拓出大量当前和未来拥有光明前途的生长点与创新点。相对于其他国家的哲学研究和马克思主义研究，我们的研究视野与领域最为宽广、全面。特别是实践观和经济哲学，分别从基础理论与现实生活的根基处，澄明和推进了马克思主义哲学。

历史的总体梳理与文本的深度解读。中国马克思主义哲学在70年中的另一个研究重点是对自身历史的多维梳理。无论是对马克思主义哲学史总体过程与阶段性特征的宏观梳理，还是对关键派别与代表人物的微观爬梳，都清晰展现出中国马克思主义哲学研究者的"历史意识"。学者们不但积极阐发了中国化马克思主义核心人物的思想，引介了苏东马克思主义关键人物的学说，特别是引进了诸多西方马克思主义、新马克思主义、后马克思主义、西方马克思学乃至反马克思主义代表人物的理论，而且还触及了越来越多处于以往视野之外的有价值的人物与观点。这些日渐丰富和深化的学术研究，为中国马克思主义哲学的当代发展提供了有益启迪。事实上，纵然是错误或敌对的观点，也能为我们的哲学发展敞开新的条件与契机，问题的关键在于正确地对待这些观点。虽然有过失误与挫折，曾经过于激烈和套路化地批判了诸多"错误"思想，但我们还是逐步走上了正确道路，对其他马克思主义者的理论探索采取了日益公允的态度。

准确把握和定位马克思主义哲学的发展史，建基于对思想的准确把握，势所必然地要求对于经典文献的深度研考和解读。随着研究的推进，扎实的文献学和文本学研究，深层"耕犁"诸多文献和文本，成为决心深度探索马克思复杂思想世界及其变迁的学者之"标配"。先是对马克思主义代表性哲学文本展开细致入微的读解和诠释，进而又从哲学视域深入解读与阐释各"组成部分"或"学科"的文献，将历史唯物主义同政治经济学和科学社会主义真正统一起来，让对马克思主义的解读也和马克思主义本身一样成为"一块整钢"。马克思是"PPE"（哲学、政治学和经济学）型思想家，马克思主义者也应力求成为这样的思想者。从整体性角度看，卢卡奇显得十分极端的话也非毫无道理："对马克思主义来说，归根结底就没有什么独立的法学、政治经济学、历史科学等等，而只有一门唯一的、统一的——历史的和辩证的——关于社会（作为总体）发展的科学"①。当前从哲学向度对《资本论》及其手稿的解读和诠释，敞开了新的广阔的思想空间，蕴含着重要的创新可能。理论的创造永远都必须以对文本与思想的精心研究和理解为条件。这种"回到马克思"的基础性工作，构成当今中国马克思主义哲学研究的主要进路与范式，也是马克思主义哲学健康发展的稳固地平。在合理范围内，它只能被加强，不能被削弱，更不能被放弃。

---

① 卢卡奇：《历史与阶级意识——关于马克思主义辩证法的研究》，杜章智、任立、燕宏远译，商务印书馆1992年版，第77页。

对现实的科学反思与有效引领。在大部分时间中，马克思主义哲学研究者较为自觉地面向现实，致力于探索民族与人类的实际问题，积极反思和引领自己所面对的历史时代，阐发了一系列富有意义的理念与主张，实际地推动了中华民族以至人类世界的进步。新中国成立后，我们就有了这方面的自觉意识与积极作为，并且取得了一定收获，尽管受制于当时的主客观条件没有通达很高境界。改革开放后，马克思主义哲学的发展和中国社会现实的发展大体上是合拍的。中国化马克思主义哲学对现实的反思和引领变得更为科学，同时也更加有效。最具标志性的事件为，实践是检验真理唯一标准这一看似平常却蕴藏无穷力量的观点，引发了关于真理标准问题的全国大讨论，破除了当时仍困扰人们的"两个凡是"的观念牢笼，极大促进了中华民族的思想解放，吹响了改革开放伟大觉醒的洪亮号角。

对异化、人道主义、文化和主体性等众多现实与理论问题的热烈讨论，确立了人的主体地位，推动了人的自醒与自立，为改革开放的顺利推进增添了动力。从哲学层面关于现代化的思索，为社会主义现代化建设提供了宏观理论的支撑与引导。长期凝练形成的以人为本理念，打造了科学发展的内在灵魂。当前着力探讨的公共性哲学与共同体理念，则为中华民族共同体、人类命运共同体和人与自然生命共同体的构建、生长与发展锻造了思想精髓。可以说，在中国革命、建设和改革等各个历史时期，我们的哲学都面向现实中的关键问题作出了许多有效的探索与解答，奉献出大量有益的思想理念，深层且有力地推动了中华民族的复兴进程。对现实充满思想与智慧的反思和引领，是马克思主义哲学最有意义的作为，也是值得未来持续强化的研究进路。

在一定意义和程度上，新中国马克思主义哲学的进展也是整个中国哲学、中国思想、中国文化内在的生成与发展。和自卑与自负不同，真正的自信总是以实事求是的对象认识和自我审视为前提。对这些进展的梳理，不是为了自我欣赏和自我陶醉，而是为了更好地把握情势、继续深化。这种梳理有助于以"从后思索"的方式洞察我们走过的道路，避开前方可能的迷途弯路，在光明大道上持续阔步前行。还可从另一种视角出发总结概括，以更全面深入地呈现"我们的哲学发展"。

理论与方法的推进。择其要者，在实践观上，重新确立了实践在整个马克思主义哲学的首要地位，开拓性地考察了创新实践、交往实践、虚拟实践等新的实践形式。不仅如此，还提出了实践批判理论，强调对实践本身局限性的反思与批判，破除了将实践视为绝对合理的流行观念。在认识论上，强调了认识的社会历史性与实践基础，统一了认识的客观性与主体性、受动性与能动性，揭示了建构在认识中的重要地位，形成了马克思主义认识论体系，并开创出富含活力的社会认识论。在价值论上，恢复了马克思主义的价值维度，彰显了人的主体性与内在尺度，实现了真理和价值两大向度的统一。还探讨了价值领域中的关键理论问题，厘定了科学的价值立场与价值取向，为社会主义核心价值观的凝练提供理论支撑。

在历史观上，系统深入地阐发了唯物史观的基本原理，澄明了社会历史的客观规律性与主体能动性的统一，索解了历史发展的普遍性（规律、机制与趋势）和特殊性（具体道路与方式），界分了经济社会形态与技术社会形态，阐释了"三形态说"与"五形态说"的异同，结合新历史条件论证了共产主义（社会主义）代替资本主义的必然性与复杂性。在人的哲学上，分析了人的存在、本质、关系、需要、利益、能力、素质、主体性、自由、个性和发展等重要课题，推进了对现实的人的哲学理解，建构了马克思主义人学理论体系。

方法的变革。70年来，我们始终秉持辩证法这一马克思主义根本方法，注重事物的运动变化及其否定性、矛盾性与历史性，发掘辩证法的新唯物主义基础、实践根基和生存论意蕴，并自觉以辩证法分析和解决现实与理论问题。我们也积极吸收自然科学或综合科学的普遍性方法，如"老三论"（系统论、控制论、信息论）和"新三论"（耗散结构论、协同论、突变论），以及后来的复杂性方法，丰富和发展了唯物辩证法。这些努力锻造出了更加锐利的方法论武器，也让我们生成了更高程度的方法论自觉。

视野与范式的转换。在理论和方法推进的背后，是中国马克思主义哲学研究视野的拓展和研究范式的优化。得益于视野与范式的转换，哲学理论和方法的发展从可能成为现实。

视野的拓展。在新中国成立后的相当一段时间内，除马克思主义经典著作和苏联东欧学者的代表性论著外，我们对其他国家马克思主义哲学文本重视不足，甚至在相当程度上未能有效涉及。改革开放让中国马克思主义者的理论视野得到了极大扩展。他山之石可以攻玉。在始终关注中国化马克思主义新成果的同时,我们大力加强了对西方马克思主义以至整个国外马克思主义及其成果的考察与借鉴。不仅如此,还密切注意和积极吸纳自然科学与其他各门人文社会科学的新思想、新进展。研究者们不但将眼光投向更宽广的理论领域,而且投向更广阔的现实领域。不只是中国的现实,而且是世界的现实;不单是当下的现实,而且有过往的现实。我们把经济、政治、文化、社会、生态、科技、国际关系等重要方面的最新状态,将中华优秀传统文化和世界灿烂文明成果都纳入自己的视野中博采众长,既促进了思想的发展,也生成了更厚重的现实感和历史感。

范式的变换。我们的研究实现了向学术性和综合性的有益转化。70年间,中国马克思主义哲学的学术性得到很大提升,从学术不足变为学术夯实。70年来特别是改革开放40年来学术性的迅猛发展,让中国马克思主义哲学的思想泉涌与理论构建成为可期愿景。不止如此,我们还初步改变了"分而研之""各自为战"的研究路向,强化了综合研究,实现了"合中有分""分中有合",由"纯哲学"研究转换为哲学—政治学—经济学等一体化研究,恢复了马克思主义"一块整钢"的理论本性。所有这些努力,为马克思主义哲学研究提供了丰厚的学术、思想和现实资源,注入了强劲的发展动力,孕育了繁荣兴盛的可能。

立场、观念、思维与境界的革新。随着理论进展的显明,更具前提性与深刻性的理念层次的变革也逐步显露出来。表层理论的推进很大程度上源于深层理念的革新,它们为中国马克思主义哲学的持久发展提供了保障。

立场的改进。在总体立场不变的前提下,一些重要理论立场发生了更新与优化。得益于视野的拓展,我们改变了过去以"科学之科学"姿态居高临下地"指导"其他理论与学科的做法,转而同它们互学互鉴、相得益彰。还从简单批判所有非马克思主义,乃至简单看待西方马克思主义,变为以真正辩证的眼光和态度对待各种理论,批判地借鉴和吸收所有马克思主义和非马克思主义的有益果实。

观念的变革。回首70年,能够看到,我们的许多深层研究观念,如哲学观、价值取向和研究理路等,均发生了不同程度的嬗变。在哲学观上,从认知型哲学观转向实践型和生存型哲学观,逐步放弃以黑格尔式普遍真理为最高目标的传统,代之以符合马克思主义本性的实践与生存。在价值取向上，不再过度强调马克思主义具有四海皆准、超越时代的科学性、优越性与非条件性，而是更加注重理论与实际历史的、具体的统一。在研究理路上，从普遍主义转变为普遍与特殊相结合，从永恒主义转变为恒久与历史相结合，从抽象主义转变为抽象与具体相结合。

思维的革新。在总体思维模式上，从理论哲学思维转变为实践哲学思维，从非对象性的理性思辨过渡为由目的与观念引导的感性对象性活动。在具体思维方式上，从传统实体性思维转换为现代关系性思维、活动性思维和生成性思维，不再以某种特定的实体视角，而是从相互关系、能动活动与运动过程等更深刻的角度理解和说明现实的生活世界。更重要的是，不仅在理论上更深入地理解辩证法及其精髓，而且在实践上真正践行之。譬如，从过于偏激的二元对峙转换为更加合理的执两用中。温和与包容表现出的并非软弱，而是真正的强盛与自信。

境界的升华。这是最为深层和不易察觉的进步。经过70年的发展，中国马克思主义哲学生成了高贵的哲学品格与精神，始终自觉地秉承自我批判、自我超越的品质，不仅深刻地怀疑和反思对象的不合理性，而且真诚地批判和超越自我的局限性。我们变得更加自立、自觉和自信，生发出摆脱"学徒"困境、成为真正"学人"的意识与行动。同整个国家的发展趋向一致，不再只是消极被动地追赶他人脚步，而是积极主动地参与乃至引导世界马克思主义哲学的发展。"哲学创新，中国引领。"

二　当前的严重偏颇

真正的哲学总是在深切批判和超越自身中勇毅前行。"关键是要有正视问题的自觉和刀刃向内的勇气"。中国共产党需要自我革命，作为指导思想理论基础的中国马克思主义哲学同样必须自我革命，在新时代把自我革命的伟大事业推向深处。优点和缺点时常相互转换并同时呈现出来。现实中某个向度的强化往往意味着相反向度的弱化。这并非只要提及辩证法就能克服。梳理进展当然有益，有助于提振信心、强化自信，但对于我们的哲学来说，更关键的是揭示当前的偏向，进而探索超越之路。这能够更直接和有力地促动马克思主义哲学的当代发展。

阐释驱逐创造。相对而言，在21世纪之前，我们的哲学更重视

"论"，较欠缺"史"；21世纪之后，人们变得过多地热衷"史"，而较为忽视"论"。应当说，从新中国成立到改革开放之初，我们的创造较为丰富。不过，由于没有足够坚实的学术基础，这种创造的水准没有也不可能达至较高的高度。因而，学者们逐步认识到并尝试提升学术性。必须强调，这是很有必要和有意义的。然而，矫枉难免过正。人们目前最注重的是对他人思想的阐释。学者们的研究往往围绕古代、西方和当下的热点思想展开。毫无疑问，学术阐释构成当前主导研究方式，占据绝对统治地位。思想创造处于边缘地带，并没有真正得到重视，说轻视也不为过。

然而，在这个急剧变革、加速前行的时代，新问题包括具有根本意义的课题层出不穷，更需要的是有助于解答新问题的创造性哲学研究。日益发展的新时代中国，迫切需要以理论与实践的方式分析和解决不断凸显出来的现实课题，索解时代"主题"与恒久课题、民族"主题"与人类课题，揭示"中国逻辑"与"世界逻辑"，基于变动的现实与长远的愿景不懈创造，构建马克思主义哲学的学科体系、学术体系、理论体系与话语体系。必须郑重提出，思想创造至少具有和学术阐释同等的重要性，其意义应该被更加真实而深刻地领会，值得比当下远为充分地重视和切实地展开。

借鉴抑制自创。对于前人，当下是阐释有余、创造不足；对于他人，则是借鉴有余、自创不足。借鉴是后来者学习和成长的重要方式，是发展的必经阶段。通过借鉴，后来者能有效降低走弯路的可能与程度，实现更快更好的提升，甚至可能由于站在巨人肩膀上而通达更高境界。但关键是具有强烈主体意识与创新意识的合理借鉴。改革开放前，我们主要借鉴苏联东欧；改革开放后，又主要借鉴西方。虽从中汲取了大量养分，但至今更多只是阐释和借鉴他人的思想与研究，没有足够自主性创造，尚未进入"学人状态"。在某次国际会议上，一位中国学者论文考察的是某位外国学者的思想。令人尴尬的是，这位学者也参会。这不能不令力求创造的中国学人汗颜。此类现象并不鲜见且日渐增加。有学者疾呼，"今天的中国最缺的是我们自己的哲学"。或许国外大咖也会感到遗憾，更期待我们拿出他们所没有的东西。

"学我者生，似我者死。"变成纯粹模仿的借鉴，不可能让我们走出"学徒状态"，更不可能成为"学长"以至"学师"，甚至可能沦为邯郸学步。不能长时间满足于当思想的"搬运工",而必须同时做思想的"创造者"。能够看清世界各国尤其西方国家研究之优劣,进而更自觉和高水准地研究,是中国马克思主义哲学最重要的后发优势。借鉴必须同自创有机结合起来。当借鉴达到一定程度,就需逐步加强自创的分量。"我们不能完全靠借鉴别人的成果来解决我们面对的问题,而越来越多地需要依靠自己的创造力解决自己遇到的问题。"① 只有在借鉴基础上超越,达至更高研究水平,创造具有更高水准、代表人类未来的思想,我们的哲学才算充分发挥出了后发优势。"一个民族除非用自己的语言来习知那最优秀的东西,那么这东西就不会真正成为它的财富,它还将是野蛮的"②。哲学正是黑格尔所说的这种最优秀的东西。在充分吸收世界哲学研究先进经验与积极成果的同时,我们也可以着力发挥自己的优长与特色,以公共性方式参与和推进世界马克思主义哲学事业乃至人类的整个哲学事业。

观念重于现实。现实性是马克思主义哲学的本质之维和优越之处。得益于对真正的、根本的现实——物质生产方式及其矛盾运动的解剖,马克思主义决定性地超越了全部观念论哲学,包括全部旧唯物主义。按照青年卢卡奇的说法,没有改变现实,就意味着理论丧失了革命性。按照马克思的看法,不改变现实,就不是真正的唯物主义者。马克思主义哲学必须通过促进现实问题的合理解决,推动人类历史的健康发展。然而,即使在我们这种以改变现实为根本任务的哲学中,观念有余、现实不足甚至以观念代替现实的不合理倾向也愈渐布展开来。现实和现实史常常被或主动或被动地置换为观念和观念史。尽管也时常有"回归现实"的呼声,但许多研究非但没有赶上现实,而且愈加远离现实、走向观念。一些学者甚至认为,唯有观念及其历史才有资格成为哲学的对象,对现实及其发展的解剖并非真正或高级形态的哲学。当然,有些研究者也渴望切中和变革现实,不过由于诸多主客观困难,无法有效地深入和改变现实,于是便退却至观念。"理论生产和物质生产一样,也丧失了自己的确定性,开始围绕自身旋转,以'纹心结构'的方式退向一种无法找到的现实。"③ 特别是涉及

---

① 郭湛:《创新的时代呼唤创新的哲学》,《光明日报》,2017年1月2日。
② 黑格尔:《黑格尔通信百封》,苗力田译,上海人民出版社1981年版,第202页。
③ 波德里亚:《象征交换与死亡》,车槿山译,译林出版社2012年版,第7页。

"最重要"的成果产出时,一些研究者就"现实"地从现实倒退回观念。

通过转向学术研究捍卫马克思主义哲学的独立与尊严,这种愿望可以理解。但是,"维护学术的尊严和独立,当然不是说,让学者们退回书斋闭关自守。恰恰相反,它要求学者们以独立自主的自由批判精神面对整个生活世界,特别是面对当代中国的社会发展现实"①。学术阐释当然也蕴含现实关怀,也能观照现实。而且,一些主治学术阐释的学者积极尝试以学术的方式关注现实,这种努力无疑值得钦佩。但是,学术阐释和直接面对现实的研究毕竟不同,它距离现实更远,无法直接而充分地切中和引领现实。阿多诺强调,"哲学曾起誓要和现实相统一或接近现实化。既然哲学破坏了它的这一誓言,它也就有义务无情地批判自身"②。不改变现实的哲学决不是真正的马克思主义哲学。我们的哲学必须怀有比其他哲学更为强烈的现实意识和更加深厚的现实感。连黑格尔哲学都有深厚的历史感亦即现实感,更何况马克思主义哲学!对于真诚的马克思主义者而言,"朝向事情本身"就是朝向现实本身特别是根本现实本身。以思想理论的方式反思和引领现实,才是马克思主义哲学观照现实的主要方式。

反思强于引领。毫无疑问,黄昏起飞的密纳发猫头鹰和黎明报晓的高卢雄鸡,均为马克思主义哲学的应有形象。然而,当前,我们的哲学更多表现出的是前者而非后者。不但如此,马克思主义还应让自己更积极地成为普罗米修斯之火。反思是哲学的基本"生命活动",但引领同样重要。以思想引领时代,这是哲学的应然担当,更是马克思主义哲学的固有品质。卢卡奇甚至强调,"马克思主义正统决不是守护传统的卫士,它是指明当前任务与历史过程的总体的关系的永远警觉的预言家"③。在新时代,自觉承担引领时代的使命,让现实在哲学理性之光照耀下更坚定而稳健地行进,我们的哲学责无旁贷。苏格拉底认为,只有靠智慧指引的生活才是美好生活。在洞察现时代的本性与逻辑基础上,马克思主义哲学有能力引领人类创造自己更美好的生活。我们可以有这样的自信。对现实的思想引领,不仅有助于社会历史的进步,而且有益于哲学自身的进展。因而,在

---

① 阎孟伟:《哲学家的使命与责任》,《教学与研究》2010年第9期。
② 阿多尔诺:《否定的辩证法》,张峰译,重庆出版社1993年版,第1页。
③ 卢卡奇:《历史与阶级意识——关于马克思主义辩证法的研究》,杜章智、任立、燕宏远译,商务印书馆1992年版,第75页。

厚重的反思性基础上，进一步生成和实现引领性，是当前中国马克思主义哲学的发展重心。

批判盖过建设。人类的进步离不开健全的批判机制，从而离不开哲学及其批判力。① 马克思曾强调"对现存的一切进行无情的批判"。不过，仅有批判缺失建设无法真正解决现实中的问题，当下的研究明显存在建设性不足的缺憾。例如，人们激烈地批判资本及其逻辑，但对如何实际地驾驭和超越资本及其逻辑，始终欠缺内容充实和有足够说服力的理论解析。批判性的过度强化在某种意义上意味着建设性的弱化。当我们致力于批判的时候，建设往往落在重心乃至视野之外。没有建设的批判同缺失批判的建设一样乏力。马克思主义哲学不但必须具备强烈的反思性与批判性，而且必须具有强大的建设性以至创造性；不仅在批判旧世界中发现新世界，而且从中建设和创造新世界。

法兰克福学派新代表人物罗萨认为，"我们的生活为什么不美好"，这是所有版本与所有时代的批判理论的核心问题。虽然这一理论主题无疑内蕴着实现美好生活的强烈指向，但应该说，批判理论的重心不在于此，而且也没有能够论述透彻"什么是美好的生活"，以及"如何实现美好的生活"②。而这是更有价值当然也更困难的工作。我们的哲学不仅应成为"批判家"啄木鸟，而且须成为"建筑师"园丁鸟。建设是21世纪中国的主旋律，也应成为21世纪中国马克思主义哲学的座右铭。罗骞先生甚至强调，建构性马克思主义作为马克思主义在新历史条件下的自我展开和自我实现，"将成为21世纪马克思主义的基本形态"③。

认知背离生存。如何理解哲学的本性与功能，尤其如何看待认知和生存的关系，是研究者始终面对的重大前提问题。它甚至具有哲学观分野的意义。不同的回答形成了两类异质的哲学：认知型哲学与生存型哲学。前

---

① 值得一提的是，目前的批判更多是对思想理论的批判，对现实的批判略显乏力，至少没有达到应有程度。更严重的问题在于，一些批判仍然是在没有真正理解批判对象的情况下作出的。

② 哈特穆特·罗萨：《新异化的诞生：社会加速批判理论大纲》，郑作彧译，上海人民出版社2018年版，第2页。

③ 罗骞、滕藤：《阐释与创新：建构性马克思主义的提出——罗骞教授访谈录》，《江海学刊》2019年第3期。

者把求知和真理看作第一要务，后者将生存视为根本任务。原生态马克思主义更是自觉超越了认知型哲学，展示出强烈的生存论诉求，秉持生存—实践型哲学观，同许多现当代哲学一起共同推动哲学从认知型向生存型转换。[①] 然而，今天的马克思主义哲学似乎忘却乃至放弃了自己的"生存型"传统，倒退回认知型哲学观：获取关于世界万物、本质规律、核心价值和理想秩序等的普遍真理构成哲学的主要目标。的确，敞开和生成认识论意义上的真理是哲学的重要环节。但它既非最初环节，亦非最后环节，更非首要环节，只有改善人之生存、实现进而提升人的良性生存才是！真理服务于人之良性生存或美好生活，服膺于人的自由全面发展。科西克说得不错，"人最初不是作为一个抽象的认知主体，一个思辨地对待现实的沉思着的头脑，而是作为一个客观地实际行动着的存在，作为实现自己目的和利益的历史性个体而直接接触现实"[②]。不应把生存的人之哲学认知变成认知哲学。

表象消解实质。我们的哲学目前更多停留于对表象的追求，对实质的向往与实现明显不足，致使表象富有而实质贫困，景观靓丽而景色平淡。"亡而为有，虚而为盈，约而为泰，难乎有恒矣。"（《论语·述而》）马克思主义哲学所蕴涵和表征的高贵人性隐而不显，乃至在某种程度上呈现出物性。

枝节盛过根本。我们把很大精力耗费在许多细枝末节的问题上，无暇、无意顾及诸多根本性问题。一些整体性、关键性和前提性问题的探讨至今无法令人满意。马克思主义哲学必须围绕当代中国和人类世界的根本性问题展开研究，以思想理论方式解答"时代之问"与"历史之问"、"民族之问"与"人类之问"。当代中国的"总问题"或"总目标"是，中华民族（共同体）伟大复兴、人类命运共同体和平发展、人与自然生命共同体和谐生长。因此，中国马克思主义哲学应在理论上系统性地建构和完善具有时代水准与民族特质进而能够引领人类未来的哲学理论，进而

---

① 笔者以为，将马克思主义哲学观阐释为生存型哲学观较实践型哲学观更准确些。本质而言，哲学是人类的生存方式。实践虽为人类首要生存活动，但提升人类生存水准、实现人的自由全面发展才是马克思主义哲学的目的和归宿。

② 卡莱尔·科西克：《具体的辩证法——关于人与世界问题的研究》，刘玉贤译，黑龙江大学出版社2015年版，第1—2页。

在实践中为上述三大共同体的发展贡献智慧与力量。

术否弃道。道本术末,不能本末倒置。"君子务本,本立而道生。"(《论语·学而》)当前,哲学之术凸显,哲学之道隐遁。然而,无论对于马克思主义哲学自身还是人类社会,丧失哲学之道的哲学之术都是可怕的,正如武术丢弃武术精神一般。失去内在的道,辩证法就沦为诡辩论,哲学家也堕成智者。当年,辩证法摇身为变戏法,极端的"斗争哲学"与"同一哲学"皆可成真理。而今,"成绩是主要的,问题是次要的"等仍然流行的话语与思维,看似辩证实则欠缺说服力,正是由于缺失了实事求是的内核,成为预先设定的前提和无条件套用的公式。背离哲学之道的术不再是哲学。

器放逐魂。表面上看,马克思主义哲学学科相当繁荣,拥有大量乃至全世界最大数量的学科点、教师、学生、成果乃至经费。然而,在愈益丰盛的物质外观下,哲学的灵魂:慎思明辨的品格(勇于怀疑与超越、勇于探索与担当等)、高举远慕的心态("高远的气度、高明的识度、高雅的风度")、追求智慧的渴望("爱智之忧")、悲天悯人的情怀("生年不满百,常怀千岁忧")、自由解放的精神("自由的学问"、自由人联合体)、天人合一的境界(参赞天地、化育万物),却在不知不觉中渐渐流失了。这对于马克思主义哲学的本质性繁荣十分不利。

功利消解理想。马克思不是职业哲学家,却是志业哲学家。他矢志不渝地以革命性的理论和实践追求无产阶级和人类的解放与自由。然而,在功利化、业绩化、市场化的现实趋势中,越来越多从业者更多把这种"为绝大多数人谋利益"的哲学当作职业,而非事业,更非志业。在一些研究者那里,理想和担当日渐模糊,马克思主义哲学越来越被变成谋生乃至谋利的手段。"在20世纪80年代,中国哲学界充满了理想主义色彩,哲学在那时还是神圣的、崇高的,哲学家们也不乏济世救国的热情。然而,20世纪90年代后,哲学界逐渐滋长了一种庸俗主义之风:哲学研究完全成为了谋生的工具、手段。这样一种做法严重败坏了哲学,因为它使哲学家丧失了自主精神和独立意识,沦落为'物'的奴隶。"[①] 财富、声

[①] 李文阁:《复兴生活哲学——一种哲学观的阐释》,安徽人民出版社2007年版,第342—343页。

名、地位和权力，这些过往在哲学目标视野之外的东西，愈益进入研究者视阈，乃至成为焦点。举办学术活动，最让组织者头疼的就是"英雄排座次"了。更令人遗憾的是，尽管各个哲学二级学科都存在这个问题，但马克思主义哲学最为突出。无疑，功利性目的也可以被同样作为"现实的人"的研究者正当追求。过去的问题就在于否定这种正当且有益的诉求。但现在的问题是，功利性目的日益严重地超出合理范围，日渐挤压乃至压制理想性目的，日趋成为主要目的。为了达成这类目的，越来越多的人热衷于追逐热点、时髦，从而削弱了对价值与真理的追求。

真正的马克思主义者决不能让自己受功利性目的的宰制与规训，不能仅仅把我们的哲学当作职业。不是发自内心的挚爱，只是为外在目的而"痛苦"研究，是决不可能发展马克思主义哲学的。

甚至连坚持都不可能！为了更大的利益，我们的哲学很容易被丢弃乃至倒戈。因此，必须最严格地批判这种将我们的哲学变成纯粹功利手段的倾向。只有将马克思主义哲学作为事业以至志业的心诚志坚的马克思主义者，才能真正发扬和光大我们的哲学。当然，按照马克思主义哲学的基本原则，哲学的问题决不仅仅出于哲学自身，而是不同程度地源于现实。因此，对上述偏颇的矫正与克服，不仅需要哲学的努力，而且也需要现实的变革，需要二者的良性互动。

三　关键问题与经验教训

每一种理论都有自己的"命运"。但是，在历史所决定和敞开的可能性空间基础上，后继者可以通过有效作为更大程度地将其实现出来，乃至开拓出更广阔的空间，赢得更加灿烂的前景。在 70 年艰辛探索历程中，中国马克思主义哲学始终际遇着若干关系前途命运的关键课题。这些问题解决得好，就取得进展并生成成功经验；处理得不好，就遭遇挫折、付出代价、产生教训。在新的时代条件下，只有深刻澄明进而科学处理这些根本性和前提性课题，认真总结和吸收当中的经验教训，我们的哲学才能行稳致远，更坚实地担负起自己的历史职责。

如何协调同实践的关系，是中国马克思主义哲学 70 年来一直面对的重大课题。卢卡奇强调，"对于辩证方法说来，中心问题乃是改变现实"，这是马克思主义理论的"中心作用"①。从积极方面看，我们的哲学在大部分时间能够同改变现实的实践良性互动、砥砺前行。具体表现为三个向度。一是相互生成。时代是思想之源，实践为理论之根。实践生成哲学，哲学是面向实践的反思。另一方面，哲学也生成为实践，通过实践现实化。哲学"使人能够作为不抱幻想而具有理智的人来思考，来行动，来建立自己的现实"②。二是相互批判。哲学批判实践，实践也批判哲学，二者相互矫正。改革开放实践要求破除"文革"中流行的"斗争哲学"模式，而思想解放后的马克思主义哲学又对改革开放实践中的偏差加以调整和校正。三是相互引领。一方面，哲学引领实践。实践迫切需要包括哲学在内的思想理论的引领。同实践一道发展的马克思主义哲学，引导中国实践披荆斩棘、乘风破浪。另一方面，实践引领哲学。中国的建设和改革总是深层地推动马克思主义哲学的创新性发展。同实践良性的相互作用，是70年来马克思主义哲学最重要的发展经验。

然而，我们的哲学同实践的关系并不总是良性的，也时常脱离实践或者同实践不合理地相互影响。或是不从实践出发，也不以实践为归宿，而远离乃至遗忘实践；或是错误引导实践，令实践偏离合理方向与正确道路；或是跟在实践后面亦步亦趋，丧失批判和引领的意识与能力。但凡处于这样的情境中，我们的哲学就没能健康发展。即使暂时在某些方面有所推进，但总体的进展一定是缓慢的，同时蕴含许多矛盾乃至危机，在特定条件下难免发生局部以至整体性倒退。这些现象决不能在"实践的唯物主义者"身上再次出现。更深层和严重的问题是，哲学和实践实际上并不构成真正的对立。马克思主义哲学不仅具有理论形态，更具有实践形态。真正说来，我们的哲学是实践哲学，而非理论哲学。当人们主要甚至只是从理论的层面把握和对待马克思主义哲学时，实际上已经在根基上把它同实践切割开来了。没有哲学实践的实践哲学怎么可能还是实践哲学！卢卡奇甚至强调，理论和实践的不统一甚至必然造成唯心论、机械论和物化。

---

① 卢卡奇：《历史与阶级意识——关于马克思主义辩证法的研究》，杜章智、任立、燕宏远译，商务印书馆1992年版，第50页。

② 《马克思恩格斯全集》第3卷，人民出版社2002年版，第200页。

与此相关的是如何协调与政治的关系问题。借用陈先达先生的说法，马克思主义哲学长期处于哲学和马克思主义的"夹缝"之中。在许多哲学从业者看来，它是马克思主义；而在一些马克思主义从业者看来，它是哲学。马克思主义哲学自身也产生了两种异质乃至相反的错误倾向：或过于强调意识形态性，期待服务政治；或过度强调学术性，希冀远离政治。前者往往把研究变成宣传，丧失了哲学之所是的特性尤其是反思性与批判性；后者则把研究同宣传隔离开来，削弱了哲学可能的现实意义。

马克思主义创始人注重介入和改变政治。不过，哲学和政治存在差异与距离。为政治发展作力所能及的贡献，这是马克思主义哲学理所当然乃至义不容辞的任务，但决不能变成简单、无反思的图解与颂扬。相反的态度：视政治为异物唯恐避之不及，是同样简单以至天真且有害的想法。纵观70年历史，这两种对待政治的错误态度都明显阻碍了马克思主义哲学的发展。因此，合理的做法是，离政治既不过近，也不过远，而是找准恰当位置，保持适宜间距。更重要的是，以正确方式即学术—思想的方式反思、论说和引领政治。不是作为政治的复读机与传声筒，不是片面和错误地"批判"政治，也不是对政治漠不关心、毫无作为；而是既入乎其内、又出乎其外，真正深刻地反思政治，睿智地解决或转换政治中的重大问题与矛盾，本质地为政治发展提供力量。当然，这种良性的关系不只取决于哲学，也取决于政治。不但哲学应趋向于政治，政治也应趋向于哲学。

第三个重要问题是如何对待他者。这里所说的他者既包括中国马克思主义哲学外的哲学、思想、学科，也包括中国马克思主义哲学内部的不同派别、范式。没有阳光雨露的温馨呵护，哲学之花不可能自由绽放。唯有思想包容、百家争鸣、兼收并蓄，才有希望出现百花齐放、思想繁荣的景象。这是人类思想发展的铁律，为无数历史事实所证明。70年历程告诉我们，在封闭僵化、思想严苛、错误批判、堵塞创造的时期，马克思主义哲学发展尤其是思想创造的步伐明显放缓，甚至陷于停滞乃至倒退；而在实质性的开放革新、思想宽松、健康批评、鼓励创新时期，我们的哲学取得了快速发展。总体而言，当代中国的思想环境以至社会环境日渐宽松和包容，当代中国的马克思主义哲学也日益发展壮大。可以认为，兼容并包、百家争鸣，是我们的哲学发展的重要经验。不过，一家独大、万马齐喑或相互排斥、互相攻讦的现象也时有出现。

中国马克思主义一度呈现出高度同一状态。无论是基本理论、主要取向，还是思维方式乃至言说方式，都显著地表现出"千人一面"的特征。在某种程度上，人们套路化地言说、批判和赞颂。在一段时间里，对外，时常在没有真正研究的情况下"先验"地激烈批判一切"非我族类"的思想理论；对内，常常以真理占有者姿态"运动"式地批判特定的"错误"哲学，褫夺其探索和表达的权利。然而，"科学"的哲学后来又以同样的方式被作为谬误逐出"科学"阵营。并且，这种"运动"往往不以真正的研究为条件，而是以预先的设定为前提。当前，马克思主义哲学界高度分化。别的二级学科都有统一的学会，而我们没有。不但马克思主义哲学史学会和马克思主义哲学原理分隔开来，而且辩证唯物主义研究会和历史唯物主义学会也各自活动。此外，还有多个以马克思主义哲学为主体的全国性一级学会。这虽然蕴含多样性与可能性，但无疑呈现出显著的非统一性。更重要的是，不同研究领域、路向和范式"群雄并起""逐鹿中原"。在多种研究之间，不但对话交流不充分，并且往往倾向于认为自己的领域、路向和范式是最优越和重要的，至少比别人更加优越和重要。"三人行，必有我师焉。择其善者而从之，其不善者而改之。"(《论语·述而》)遗憾的是，相对于汲取他人的进展与优势让自己趋于完善，我们更热衷于批评他人的不足或回击他人的批评。缺乏分化后的"再整合"或者说分化中的"整合"，一个思想学派难以形成新的活力与影响。因此，有学者呼吁，"马克思主义哲学界要团结"。事实上，相鉴互学、汲取优长、综合创新，是中国马克思主义哲学进一步发展的关键！

与此相对应的重要问题是如何对待自我。是自我表扬、固步自封还是自我批判、自我超越？如果没有高度的自我批判和自我超越能力，任何哲学都必然逐步失去其存在的合理性。自我批判和自我超越，是真正的哲学的"基本功"。借用黑格尔的话语，哲学的历史就是通过其各个环节（具体的哲学思想）自我批判和自我超越，最终成为更高的哲学的过程与结果。恩格斯指出，"马克思在公布他的经济学方面的伟大发现以前，是以多么无比认真的态度，以多么严格的自我批评精神，力求使这些伟大发现达到最完善的程度"[1]。毋庸多言，这是所有马克思主义者都必须认真秉

---

[1] 《马克思恩格斯全集》第45卷，人民出版社2003年版，第4页。

承的。应该说，中国马克思主义哲学70年来在总体上坚持了勇毅的自我批判和自我超越。真诚的马克思主义者们不甘于"教科书理解模式"，持续探索，提出了多种总体性理解范式，对我们的哲学的整体理解实现了从有到优的发展。不仅如此，理论研究从抽象深入至具体，表现在从基本原理到具体理论、从抽象主题到现实世界、从"现实的人"和人的现实到生活的人和人的生活等多个向度。在一段时间中，虽然我们的确重视研究"现实的人"和人的现实，但由于只是"抽象现实"的层面，从而无法真正把握现实和人。后来，研究者们不再停留于此，而是深入至更为具体的经济生活、政治生活、社会生活和精神生活等日常生活之中，从而愈益切实和充分地把握了现实的人与人的现实。不过，在某些特定时期，一些研究者也不同程度地存在自我"肯定"乃至孤芳自赏从而固步自封的倾向。例如，人们曾把马克思主义哲学认作至上真理称颂，或套用"成绩是主要的，缺点是次要的"自我赞扬，或是口头上承认不足但在内心深处并不承认，或者虽然承认不足却不实际地予以改变。这些都导致了我们的哲学出现某种程度的停滞乃至倒退。"良药苦口利于病，忠言逆耳利于行"。善意的批评与自我批评虽不易让人愉悦，却是真正能让我们的哲学不断升华的要素和动力。

在一定意义和程度上，有什么样的取向和目标就有什么样的哲学。价值取向与发展目标的确立，事关中国马克思主义哲学研究的指针与准绳。取向、目标就是方向，就是道路，就是前景。没有任何研究能够在对不合理目标的追逐中避开迷途弯路。只有以正确的目标作为行动方向，才能确保道路的总体可行，哪怕必然性地经历某些曲折。在70年探索中，我们总体上朝着正确取向与合理目标进发，从而取得了较大进展。中国马克思主义哲学研究者秉守崇高、胸怀理想、勇于担当；坚持人民立场、立学为民、治学报国；心系天下、守护人类共同价值和文明成果。但有时我们也执着于某些不合理以至错误的价值与目标，结果走上弯路。譬如，过度宣称马克思主义哲学相对于以往哲学的革命性与超越性，对继承性和一致性认识不足；过于强调马克思主义哲学是绝对真理乃至终极真理，宣示马克思主义的优越性；过分以马克思主义哲学尤其中国化马克思主义哲学否定和批判其他马克思主义流派，包括具有较大合理性的西方马克思主义；过多以马克思主义哲学对现实进行诠解与论证，不恰当地"服务"于不尽合理的需求。

在新时代,中国马克思主义哲学应向怎样的目标迈进?学界目前对这个问题尚未生成足够自觉的意识。有的学者甚至存在某些不合理的观点。在我们看来,这个目标应为:在理论上,系统性地建构和完善具有时代水准与民族特质进而能够引领人类未来的马克思主义哲学理论;在实践上,现实地推动和促进中华民族(共同体)的伟大复兴与中国人民的美好生活、人类命运共同体的和平发展与人类文明的崭新形态、人与自然生命共同体的和谐生长。"哲学能与民族历史的本真历程生发最内在的共振谐响。它甚至可能是这种共振谐响的先声"[①]。这同样适用于人类历史和生命历史。有理由期待,这一目标能够引领我们的哲学取得富有价值的新的理论成果与实践成绩。

中国思想的壮丽再生是中华民族伟大复兴的深层标识。新时代中国马克思主义哲学表征复兴进程中的中国思想的高度与深度,构成时代精神、民族精神和人类文明的精华与灵魂。中华民族的复兴和人类文明的发展,迫切呼唤高度自觉地反思、建构自身和批判、引领现实的中国化马克思主义哲学之出场与在场。以梦为马,不负韶华。在充分汲取经验教训、合理解决关键课题特别是奋力克服当下偏颇过程中,在立足现实、建基学术的无尽思想创造与实践开拓中,我们的哲学将实现更加耀眼的理论进展和现实成就,更为有力地推动中华民族的伟大复兴和人类文明的崭新发展。

(作者单位:中国人民大学哲学院)

[①] 马丁·海德格尔:《形而上学导论》,熊伟、王庆节译,商务印书馆1996年版,第10页。

·中国哲学·

《明儒学案》中的"宗传"与"道统"
——论《明儒学案》的著述性质

陈畅

黄宗羲所著《明儒学案》是一部什么性质的著作，这似乎已经不成为问题。《四库全书总目提要》将《明儒学案》列为史部传记类著述；梁启超则判定《明儒学案》为中国"有完善的学术史"的开端①，这奠定了近代以来《明儒学案》研究的基本框架。然而，《明儒学案》果真是学术史著作或史部著作吗？陈锦忠、朱鸿林的相关研究辨明了《明儒学案》在著述性质上是理学之书、在体裁上是子部著作而非史部著作②，从而引导我们深入反省"四库—梁启超"范式之缺失。可见，学术界长久以来形成的对《明儒学案》之定位并不准确。当前学术界在这一问题上虽然有所突破，但在探讨《明儒学案》著述本意及其所属学术传统时仍有若干重大问题未能厘清，有待进一步展开。③ 有鉴于此，本文将重点考察《明儒学案·发凡》及两篇《序》，尤其是作为文本核心的"宗传"和"道统"意象，进而回到《明儒学案》诞生的思想史现场，探究其著述

---

① 梁启超：《中国近三百年学术史》，东方出版社2004年版，第55页。
② 陈锦忠：《黄宗羲〈明儒学案〉著成因缘与其体例性质略探》，（台湾）《东海学报》1984年第25期，第111—139页。朱鸿林：《为学方案——学案著作的性质与意义》，载《中国近世儒学实质的思辨与习学》，北京大学出版社2005年版，第355—378页。
③ 例如《明儒学案》与刘宗周思想之关系、《师说》与《明儒学案》之思想差异代表什么等议题；这些议题对于我们理解《明儒学案》性质至关重要，却被轻易放过。详见陈畅《论〈明儒学案〉的道统论话语建构》，《学海》2012年第1期。

性质。

一 "宗传"：共同体建构

思想是在对话中形成，思想家通过著作与前贤及其所处时代对话，而其著述本意往往潜藏于对话所营构的思想语境之中。因此，尽可能地还原思想史语境，厘清黄宗羲面对的社会、思想议题，是理解《明儒学案》的前提。黄宗羲在《发凡》第一段中首先提及两部著作：周汝登的《圣学宗传》与孙奇逢的《理学宗传》。以往的研究大多侧重于凸显《明儒学案》与两书的差异，但其实，三部著作的共同之处才是黄宗羲展开对话的基础，更加值得重视。

在《发凡》头两段文字中，有两个关键词："宗传"和"宗旨"，其原型毫无疑问来自宗法、宗族制度。这种用法常见于明代思想语境，例如黄宗羲之师刘宗周编纂有《阳明传信录》三卷，此三卷的功能分别为"存学则"、"存教法"、"存宗旨"；而所谓"宗旨"，主要是指阳明良知学"近本之孔孟之说，远溯之精一之传"、"契圣归宗"。[①] 这即是以宗族血脉譬喻学说精神源流。泰州学派罗汝芳《孝经宗旨》更清晰地使用"宗法"观念来诠释"宗旨"：

> 宗也者，所以合族人之涣而统其同者也。吾人之生，只是一身，及分之而为子姓，又分之而为曾玄，分久而益众焉，则为九族。至是各父其父，各子其子，更不知其初为一人之身也已。故圣人立为宗法，以统而合之，由根以达枝，由源以及委，虽多至千万其形，久至千万其年，而触目感衷，与原日初生一人一身之时光景固无殊也。……人家宗法，是欲后世子孙知得千身万身只是一身；圣贤宗旨，是欲后世学者知得千心万心只是一心。[②]

---

① 刘宗周：《阳明传信录·小引》，载《刘宗周全集》第四册，台北"中研院"中国文哲研究所1996年版，第1页。

② 罗汝芳：《孝经宗旨》，收入《罗汝芳集》，凤凰出版社2007年版，第435—436页。

罗汝芳指出，宗旨以宗族"合族人之涣而统其同者"为原型，具备统合历史上圣贤千言万语、千心万心为"一心"的功能。作为以血缘为枢纽建构的共同体，宗族是宋代以降的传统社会中组织和教化人民的最主要形式。自北宋以来的历代大儒对此多有论述。如张载曾说："管摄天下人心，收宗族，厚风俗，使人不忘本，须是明谱系世族与立宗子法。宗法不立，则人不知统系来处。"① 这种将宗族建设与政治、教化关联起来的论述，是为了解决时代难题——由于唐宋之际的社会变迁，宋初所面临的是平民化社会"一盘散沙"的局面；如何解决这一局面，是当时的重大社会政治问题。② 宗族共同体兼具组织和教化功能，成为当时全社会有意识的共同选择；这使得我国在宋代以后形成以宗族为基底的社会，"不同于西方军事社群、政治社群和基督教社群"③。宗族以血缘为基础，组织宗族的是儒家伦理。故而宗法能在族内统合骨肉，亲亲睦族；推诸社会，也能达到厚风俗、管摄天下人心的作用。由此，宗族制度就成了社会内在结构的秩序，而整个社会在思想层面也倾向于运用宗族结构和观念来观察社会、讨论学术。④ 例如南宋北山四先生之一的王柏对"理一分殊"之诠释就以此为喻："理一分殊之旨，每于宗谱见得尤分明，人之宗族盛大繁衍，千支万派，其实一气之流行。"⑤ 究其根源，在于从日常生活经验来看，宗族是理解一多关系的最佳载体。因此，"宗传"和"宗旨"毫无疑问是这一思维方式的产物。事实上，这种思维方式展现了宋明理学的多元面貌：它不仅仅是一种学术思潮，更是一种社会秩序的塑造运动。⑥

---

① 张载：《经学理窟·宗法》，《张载集》，中华书局1978年版，第259—259页。这段话也被二程所引述，可见颇能代表北宋理学家对宗法的看法。
② 相关研究可参考蔡孟翰《从宗族到民族——"东亚民族主义"的形成与原理》（载于《思想史》第4期，台北联经出版社2015年版，第57—166页）；龚鹏程：《宋代的族谱与理学》收入氏著《思想与文化》，台北业强出版社1995年版，第248—304页。
③ 详见龚鹏程《宋代的族谱与理学》，《思想与文化》，第293页。按：龚鹏程认为宋代宗族和理学都是适应时代需求、创造新型文化过程中逐渐"搏铸成型"的产物；而在理学推广过程中，宗族就成为其推广的形式载体。此为确论。
④ 龚鹏程《宋代的族谱与理学》一文有详尽的讨论。
⑤ 王柏：《跋董氏族谱遗迹》，《鲁斋集》卷11，《景印文渊阁四库全书》第1186册，台湾商务印书馆1986年影印本，第170页。
⑥ 关于后一种面貌，可参看科大卫《皇帝和祖宗：华南的国家与宗族》（江苏人民出版社2010年版）之精彩研究。

宗族制度基于血缘关系而建立，尽管关于血脉纯正性的观念会引发排他性之诉求，但是除此之外，宗族制度中更重要的是基于血脉的自然延伸而引出的组织和教化功能。换言之，"宗"之内涵同时涵括了排他性的正统观念（多中之一），以及统合差异元素于整体之中的组织性（一中之多）。"宗旨"是涵盖源流的整体要义，因此与后一种涵义相关。而"宗传"又展现了哪些内涵呢？让我们回到周汝登和孙奇逢的文本中。周汝登本人没有具体解释"宗传"涵义，其挚友陶望龄为《圣学宗传》作序，开宗明义曰：

> 宗也者，对教之称也。教滥而讹，绪分而闰。宗也者，防其教之讹且闰而名焉。故天位尊于统，正学定于宗。统不一，则大宝混于余分；宗不明，则圣真奸于曲学。①

孙奇逢则解释"宗传"为：

> 学之有宗，犹国之有统，家之有系也。系之宗有大有小，国之统有正有闰，而学之宗有天有心。今欲稽国之运数，当必分正统焉；溯家之本原，当先定大宗焉；论学之宗传，而不本诸天者，其非善学者也。②

对比两家序言，不难发现"宗传"的意象源自宗族制度，而不是禅宗传灯观念。"宗传"犹如嫡传，是用宗族血脉相承来比喻学术正统与学脉源流及思想纯而不杂。宗传体著述的首要目标在于确立思想之正统，将其与闰统及伪讹之教区别开来。此类"宗传"体著述在晚明时期非常盛行。例如刘宗周著有《圣学宗要》，此书是他以友人刘去非所著《宋学宗源》为蓝本增订而成，刘宗周选录了部分理学家的代表作并加以评论，其《序》云："如草蛇灰线，一脉相引，不可得而乱，敢

---

① 陶望龄：《圣学宗传序》，载于周汝登《圣学宗传》卷首，《续修四库全书》第513册，上海古籍出版社2002年版，第2页。
② 孙奇逢：《理学宗传·叙一》，张显清主编《孙奇逢集》上册，中州古籍出版社2003年版，第620页。

谓千古宗传在是。"① 此类"宗传"体著述的盛行，正反映了晚明人共同面对的时代问题："教滥而讹"的政教现状；故而有必要以确立正统的方式来防范和杜绝。值得注意的是，周汝登《圣学宗传》和孙奇逢《理学宗传》在撰述风格上有一个共同点：没有强烈的（朱、王）门户之见，也没有专为一派建立学统的意味。② 正如黄宗羲在《明儒学案》中赞颂的："（孙奇逢）所著大者有《理学宗传》，特表周元公、程纯公、程正公、张明公、邵康节、朱文公、陆文安、薛文清、王文成、罗文恭、顾端文十一子为宗，以嗣孟子之后，诸儒别为考以次之，可谓别出手眼者矣。"③ 显然，《发凡》提及两部《宗传》，原因之一就是这两部著述在正统性与多样性（兼收并蓄）之间取得了一定程度的突破。故而黄宗羲在《发凡》中并没有批评两部《宗传》的正统性（排他性）诉求，他批评的其实是两部《宗传》虽然能够兼收并蓄，但是都没有展现出恰当的组织性，没有按各家学说自身特点"如其所是"地展示自身。这种批评反映了"宗传"体著述在组织性方面的意涵。黄宗羲称：

> 且各家自有宗旨，而海门主张禅学，扰金银铜铁为一器，是海门一人之宗旨，非各家之宗旨也。钟元杂收，不复甄别，其批注所及，未必得其要领，而其闻见亦犹之海门也。学者观羲是书，而后知两家之疏略。④

黄宗羲谓周汝登"主张禅学，扰金银铜铁为一器"，是说周氏过分强调千古一心、圣学一脉中的"一"（即周氏主张的禅学），以富有侵犯性的方式强行扭曲各家思想，不能如实反映各家之宗旨。黄宗羲在《明儒学案》中批评："周海门作《圣学宗传》，多将先儒宗旨

---

① 刘宗周：《圣学宗要·引》，《刘宗周全集》第2册，第266页。
② 详参陈锦忠：《黄宗羲〈明儒学案〉著成因缘与其体例性质略探》，（台湾）《东海学报》1984年25期，第133—134页。
③ 黄宗羲：《明儒学案·诸儒学案下五·徵君孙钟元先生奇逢》，《黄宗羲全集》第8册，浙江古籍出版社2005年版，第722页。
④ 黄宗羲：《明儒学案·发凡》，《黄宗羲全集》第7册，第5页。

凑合己意，埋没一庵，又不必论也"①，即为一例证。至于孙奇逢，黄宗羲认为他的做法与周汝登相反：迷惑于杂多，无法见多中之一，故而没有甄别原则地杂收众家，且评论不得诸家学术要领。如果把两部《宗传》的编纂看作人伦共同体的建立，则这两个共同体毫无疑问是以压抑或混乱为特点的共同体，毫无生机可言。此即"两家之疏略"之根源。可见，在黄宗羲看来，学术统系（或人伦共同体）的组织，应该在一与多之间能达到恰到好处的平衡，各美其美，美美与共，如此方有活力。

综上所述，两部《宗传》序言和《明儒学案·发凡》共同展现了晚明人面对的时代问题："教滥而讹"的政教局面。如同在"一盘散沙"的平民化社会需要宗族伦理组织和教化人民一样，明代理学家们对"教滥而讹"局面的克治之道便是将众多学说以某种方式组织起来，进而展示其教化意义。如前所述，"宗传"有两个意涵：正统性和组织性。前者能保证教化不偏离轨道，后者能把一众学说以富有活力的样态组织起来。黄宗羲在《发凡》开篇处比较《明儒学案》和两部《宗传》，首先是将这三本书视为同类著作。在这一意义上，《明儒学案》并非截断众流般的全新体裁著作，而是与两部《宗传》一样扎根于宋明时代的社会、政治土壤并有着相似问题意识和解决思路的著作：以宗族社会中的一多关系为核心，构建理学政教理想之书。以往的研究在这一问题上有两个误区：一是过分强调宗法的排他性，忽略其组织性；二是强调《明儒学案》的开放蕴涵，侧重彰显其与宗法之间的差异。例如，朱鸿林先生虽然指出黄宗羲视《明儒学案》和两部《宗传》为同类著作，即同为理学之书；但他认为两部《宗传》的纂述原则和它们所展示的为学方法都是宗统观念的表现，而《明儒学案》主张的学问方法则完全不同："宗传"代表着保守、专断和狭隘的求学之道，"学案"以平面类比的方式组织知识，具有独立和开放意义。② 朱先生的分析有许多睿见，启人良多，但其中也贯穿着今

---

① 黄宗羲：《明儒学案·泰州学案·教谕王一庵先生栋》，《黄宗羲全集》第 7 册，第 855—856 页。

② 朱鸿林：《为学方案——学案著作的性质与意义》，载《中国近世儒学实质的思辨与习学》，第 368—373 页。

人对于宗法观念的偏见。现代人站在自由民主的道德制高点，往往视宗族为保守专断。这当然与清代以来宗族社会之发展僵化以及无力应对西方坚船利炮的挑战有关。例如何炳棣先生晚年在一篇论文中强调，"两千年来覆载儒家思维的框架是宗法模式的……宗法是民主的悖反，其理至明。……孟子真正超过以往和同时代哲人之处是他对不平等不民主的人类社会作出一个宇宙层次的哲学辩护：物之不齐，物之情也"[1]。如前所述，宗法是宋代以降中国传统社会的核心组织原理，从这一角度说儒家思维的框架是宗法模式的，有其道理。但是，宗法模式与现代社会的平等和民主模式有差异，是否就一定意味着它在价值位阶上处于劣势呢？事实上，黄宗羲的《明儒学案》给出了一个重新思考的可能。

二 "道统"：对抽象之体的消解

黄宗羲《明儒学案》有一个无法忽略的特质：以师学为道统。正是由于这一特质，导致即便是私淑于他的全祖望也批评他"党人之习气未尽"、"门户之见深入"。[2] 但问题在于：为何一部以师学为道统的著作，能展现出现代人所珍视的"独立"、"开放"意义？

在黄宗羲文本中处处可见其"以师学为道统"的印迹，黄氏本人毫不讳言。显而易见者如黄宗羲用"元亨利贞"来解释宋明时代的道统发展，并以"贞"来定位其师刘宗周[3]，继而声称刘宗周集明代学术之大成，且"诸儒之弊，削其町畦"[4]；《明儒学案·序》中述及师门渊源，并在批评恽日初所撰《刘子节要》无法发明师学精义之后，自负于《明儒学案》"间有发明，一本之先师，非敢有所增损其间"[5]；《蕺山学案》

---

[1] 何炳棣：《儒家宗法模式的宇宙本体论——从张载的〈西铭〉谈起》，载于《哲学研究》1998年12期。
[2] 全祖望：《与郑南谿论明儒学案事目》、《答诸生问南雷学术帖子》，《全祖望集汇校集注》，上海古籍出版社2000年版，第1693、1695页。
[3] 黄宗羲：《孟子师说》卷7，《黄宗羲全集》第1册，第166页。
[4] 黄宗羲：《陈乾初先生墓志铭（改本四稿）》，《黄宗羲全集》第10册，第367页。
[5] 黄宗羲：《明儒学案序》，《黄宗羲全集》第10册，第78页。

盛赞"儒者人人言慎独,唯先生始得其真"①;散布于各个学案中的大量"蕺山先师曰"之类的文字;等等。这些都说明了《明儒学案》"以师学为道统"的面相。有趣的是,现代学术界往往忽略这一点,以彰显《明儒学案》的开放意蕴。此类研究的立论基石是建立在《明儒学案》卷首《师说》(即刘宗周50岁所著《皇明道统录》之节录本)与《明儒学案》之观点差异上。例如,有种观点认为两书最大的不同在于:前者仍强调道统的维系和传承,基本上与前述两部《宗传》一致;后者则跳脱道统的羁绊,以客观的态度整理儒门学术。② 关于这一点,笔者已著文论述:这一判定是由于研究者们不熟悉刘宗周文献而错误作出。因为《师说》的观点不仅与《明儒学案》有差异,亦与刘宗周自己晚年时期不同。刘宗周57岁时发生根本性的思想转变,他的思想在57—68岁方为晚年成熟期;《皇明道统论》属于中年作品,而《明儒学案》奠基于刘氏晚年思想;因此《皇明道统论》与《明儒学案》的观点冲突,实为刘氏中年与晚年思想差异之表现。③

基于上述考察,既然黄宗羲自陈《明儒学案》"间有发明,一本之先师,非敢有所增损其间",前述"独立、开放"的思想意义自然也就是黄宗羲从其师门继承的思想特质(此处特指刘宗周晚年思想)。而所谓"以师学为道统",其实也就是指黄宗羲推崇其师门学术蕴涵的"独立、开放"意义,而绝非"门户之见深入"之表现。就此,有必要深入考察刘宗周思想的特质。刘宗周之学以慎独为宗,黄宗羲对其师门之学有精到的论述:

> 儒者人人言慎独,唯先生始得其真。……慎之工夫,只在主宰上,觉有主,是曰意。……然主宰亦非有一处停顿,即在此流行之中,故曰"逝者如斯夫,不舍昼夜"。盖离气无所为理,离心无所为

---

① 黄宗羲:《明儒学案·蕺山学案》,《黄宗羲全集》第8册,第890页。
② 黄进兴:《学案体裁产生的思想背景》,载《优入圣域:权力、信仰与正当性》,陕西师范大学出版社1998年版,第452—453页。
③ 详参陈畅:《刘宗周晚年思想转变及其哲学意义》,载冯天瑜主编《人文论丛》2009年卷,中国社会科学出版社2010年版;陈畅:《论〈明儒学案〉的道统论话语建构》,《学海》2012年第1期。

性。佛者之言曰："有物先天地，无形本寂寥，能为万象主，不逐四时凋。"此是其真赃实犯。奈何儒者亦曰"理生气"？所谓毫厘之辨，竟亦安在？……先生大指如是。此指出真是南辕北辙，界限清楚，有宋以来，所未有也。①

黄宗羲这一概括有独特的阳明学理论背景，澄清这一背景才能全面理解"始得其真"的涵义。慎独本来是指涉工夫之理论，但在阳明学中特指一多关系。牟宗三先生对此有精辟见解：阳明学把《中庸》以存有论进路讲的客观性体，顺着《孟子》心学之道德实践（主观、具体）地讲，这种思路将良知与性体画上等号；因此，阳明学派所说的慎独是"套在不睹不闻莫见莫显底方式中说良知"。② 换言之，阳明学派语境中的慎独，是以心体、知体说性体的路数，义理实质是处理主观与客观、一与多的关系议题，亦即个体之主体性与礼法秩序之公共性的关系议题。黄宗羲的论述表明，刘宗周提出了一套独特的一多关系理论，此即其慎独学"始得其真"的根源所在：独是主宰之"一"，但此"一"不是超越孤绝之存在，而是即在流行之"多"中。其意义在与朱子"理一分殊"、阳明"一即全体、全体即一"说之对比中凸显。朱子学侧重"一"的统贯性，把客观性建立在疏离个体性的基础上，导致析理事（气）为二，理虚悬于事、流为虚妄，失去真实普遍性；故而刘宗周以"主宰在流行之中"加以解决：主宰（理）不是"有物先天地"般的超越存在，而是流行（气）之中的通达条理。阳明学把"一"虚位化，以强调个体之绝对性的方式达致客观性，但是无所拘束的个体心当下呈现的未必是良知，可能是情欲恣肆，也可能是脱离现实基础的虚幻价值；故而刘宗周以"觉有主"加以贞定：在"虚灵明觉"之良知加入"好善恶恶"之意的内涵，确保其主宰性。刘宗周在肯定个体性和差异性的基础上兼顾理的"虚位性"和"统贯性"，在多与一、个体与公共之间取得恰当平衡；这种平衡不是盲目折中，而是哲学立场的全新转变。黄宗羲喜欢使用"盘中之丸"的

---

① 黄宗羲：《明儒学案·蕺山学案》，《黄宗羲全集》第8册，第890—891页。
② 详参牟宗三《从陆象山到刘蕺山》，上海古籍出版社2001年版，第249—253页。按：牟先生从这一分析中引出其著名的形著说，这是在现代哲学体系中处理主观与客观、一与多的关系的理论。

比喻来表现这种哲学立场的特质:"盘中走丸,横斜圆直,岂有一定,然一定而不可移者,丸必不出于盘也。"① 盘是"主宰"、"一"、"公共性";丸是"流行"、"多"、"个体性"。"一"化身为平台,"多"在此平台尽情舒展自身,其各正性命的过程,也就是生意贯通(一之实现)的过程。因之,在慎独学的视野中,每一实现自身通达条理之个体都有其独立自足性,事物异彩纷呈的多样性并不意味着对立,而是体现了道体之无尽。由此,千差万别的事物互不妨碍、互相成就,构建出一个理想的共同体。这是一种把活力与秩序完全融合为一体,彻底消解抽象之体的思想。刘宗周称:

> 天者,万物之总名,非与物为君也。道者,万器之总名,非与器为体也。性者,万形之总名,非与形为偶也。②

郭象注《庄子》时曾提出"天者,万物之总名"的命题③,意在强调万物都是自生自长,没有造物主。刘宗周的用法与此类似,意在指出天(道、性)不是万物(万器、万形)之外的超越主宰,而是万物自生自长内在的通达条理。万物都是自生、自得、自化、自足的,在万物之外另行确立一个超越、抽象之主宰,那不过是"逃空堕幻"之虚假物。可以说,刘宗周思想关注每一当下具体、活生生的真实,拒斥脱离当下的任何抽象虚构物。因此,黄宗羲在《明儒学案·序》里提出的著名命题"心无本体,工夫所至,即其本体"④,其实就是慎独思想的内涵。心无本体,是反对以虚假的抽象物装饰门面;工夫所至,是回到每一具体当下,回到真实之起点。黄宗羲称:

---

① 黄宗羲:《陈叔大四书述序》,《黄宗羲全集》第 10 册,第 44 页。按:《发凡》中引述杜牧原话,此处为黄氏改述。

② 刘宗周:《学言中》,《刘宗周全集》第 2 册,第 480 页。

③ 郭象注《庄子逍遥游》"夫吹万不同"之句,详见郭象注、成玄英疏:《南华真经注疏》,中华书局 1998 年版,第 26 页。

④ 黄宗羲:《明儒学案·自序》,《黄宗羲全集》第 7 册,第 3 页。按:"工夫",《南雷诗文集》所收《序》作"功力",见《黄宗羲全集》第 10 册,第 77 页。

千百年来，糜烂于文网世法之中，皆乡愿之薪传也。即有贤者头出头没，不能决其范围。苟欲有所振动，则举世目为怪魁矣。……狂狷是不安于流俗者，免为乡人，方有作圣之路。①

真实的道理、知识应该来自于现实生活中每个活生生的具体情境；文网世法却脱离当下、虚构出抽象教条来取代具体的真实。狂狷是冲决虚构之范围，只有展现真性情、回到真性情，才有作圣之路。只有突破虚假抽象物对真实性情的遮蔽，天（道、性）才会在每一个物（器、形）当下活生生呈现，从不间断。故而每一个体的真实工夫一旦确立，宇宙便自然展现出一体通达的面相。这一思路开展出黄宗羲对真实学问的判断：

学问之道，以各人自用得着者为真。凡倚门傍户，依样葫芦者，非流俗之士，则经生之业也。此编所列，有一偏之见，有相反之论，学者于其不同处，正宜着眼理会，所谓一本而万殊也。以水济水，岂是学问！②

在虚假抽象之"一"被消解之后，"多"自身之条理即是"一"。真理回到对生命负责的真实下手处，展现为在现实生活中的每一情境真实体悟而来的生命智慧，互相之间不能替代，具体的生命尤其不能被抽象的观念遮蔽。"诸先生深浅各得，醇疵互见，要皆功力所至，竭其心之万殊者，而后成家，未尝以懵懂精神冒人糟粕。"③ 这种真理观也就是朱鸿林先生所说的"河海一体的交通网络。只要能够汇通于海的，都是有效的途径；概念上没有主流和支流之分"。④

概言之，刘宗周慎独思想一方面确认万物都是自生、自得、自化、自足的，祛除整齐划一之外在束缚，强调个体性和多样性；另一方面确认天理就是万物自生自长内在的通达条理，强调建立在个体性和多样性基础上

---

① 黄宗羲：《孟子师说》卷七〈孔子在陈章〉，《黄宗羲全集》第 1 册，第 165 页。
② 黄宗羲：《明儒学案·发凡》，《黄宗羲全集》第 7 册，第 6 页。
③ 黄宗羲：《明儒学案序》，《黄宗羲全集》第 10 册，第 78 页。
④ 朱鸿林：《为学方案——学案著作的性质与意义》，载《中国近世儒学实质的思辨与习学》，第 372 页。

的公共性。这意味着阳明学个体性哲学的真正完成。对本文而言，最重要的意义是，黄宗羲的阐发使得其师门慎独心性之学展现出知识意义上的客观性。钱穆先生曾以医案作喻加以阐明：

> 梨洲说："古人因病立方，原无成局"，讲学著书，也就等于一个医生开方治病，要看什么病，才开什么方，哪有一定的方案。所谓"学案"，亦就是在当时学术中各个方案，都因病而开。梨洲又说："通其变，使人不倦，故教法日新，理虽一而不得不殊，入手虽殊而要归未尝不一"，这是说，时代变，思想学术也该随而变。所以要变，乃为来救时病。反其本，则只是一个真理。①

钱先生对因病立方的阐释，其实涉及个体性、多样性与公共性之间的关系问题。"理虽一而不得不殊"观念中的"理一"不是虚悬于个体的真理，而是万物自生自长内在的通达条理。由此，对殊别万物中的个体性条理之探求，其行为本身就是"理一"之通达。正是在这一意义上，刘宗周、黄宗羲思想所确立的个体性、多样性与公共性之平衡，最终转出了心学的知识进路，其在《明儒学案》中表现为：有明一代宗旨纷呈的学术思想就是万殊之"物"，黄氏博求明儒文献，为之分源别派，辨析其中的万殊之理、厘定不同学说之间的差异；同时，他基于师门学术指出各家思想不周延或不合理之缺失，保证各家学说能以"如其所是、是其所是"的方式呈现，此即慎独之学。

总之，刘宗周慎独学的特质在于肯定个体性和多样性的基础上兼顾理的"虚位性"和"统贯性"，在个体与公共之间取得恰当平衡；黄宗羲由此得以建构一个百川汇海式的"知识平台"，其特色是：注重展现"虚位之一"背景下，每一个体区别于其他个体的差异所在，这些殊别个体之间的差异又如何体现"统贯之一"的绝对性。这既能保持各家思想多样性的特质，亦能使各家思想以参证、彰显"平台"（刘氏之学）的方式存在于体系之中。由于这一知识平台奠基于刘宗周慎独哲学，黄宗羲提挈宗旨、分源别派的工作越细致、越令人信服，越能彰显刘宗周哲学的意义和

---

① 钱穆：《中国史学名著》，生活·读书·新知三联书店2000年版，第236—237页。

地位。此即黄宗羲所述"主宰亦非有一处停顿,即在此流行之中"思想的真正落实。从这一角度看,作为《明儒学案》终篇之作的《蕺山学案》以"五星聚张"来寓意"子刘子之道通"[1],看似是黄宗羲"党人习气"、"门户之见"之"罪证",实际上是他在赞叹和展示"知识平台"的客观公共性。[2] 这就是《明儒学案》这样一部以师学为道统的著作能展现出现代人所珍视的"独立、开放"意义的根本原因。可见,在传统宗族社会,依据宗法、道统观念开展出来的一多关系架构,并非只有现代人想象中的压制、保守、专断和狭隘,其平等和开放意义有待于我们在祛除现代观念遮蔽之后的重新发现。

三 《明儒学案》:性质再检讨

现代学术界普遍把《明儒学案》定位为一部客观学术史著作,这不能不说是一种"美丽"的误会。关于这一点,近来的学界研究已多有发明。随着近年来明代学术文献的大量影印出版,学者们通过对比《明儒学案》与明代理学家原著,发现《明儒学案》中的评论甚至是部分引录原文与文献原貌有距离;这似乎进一步确认了全祖望所谓的"门户之见深入"之面目。但是,与现代学者认知的"客观学术史"有距离,是否意味着《明儒学案》宣扬的是"一偏之见"呢?另外,学界多赞叹《明儒学案》在明代儒学"分源别派"方面的"平等、开放",以及在评述各家思想要点方面的精当;但同样体例的《宋元学案》却远不及《明儒学案》,例如牟宗三先生就认为"《宋元学案》对于各学案之历史承受,师弟关系,耙疏详尽,表列清楚,然而对于义理系统则极乏理解,故只堆积材料,选录多潦草,不精当,至于诠表,则更缺如"[3]。除了《宋元学案》的完成者与黄宗羲本人在理学素养上的差异外,还有没有其他因素?如果我们能认识到《明儒学案》的本来面目,那么对这些问题都能豁然开朗。因为这些问题本来就根源于对《明儒学案》一书著述目标及性质之定位

---

[1] 黄宗羲:《明儒学案·蕺山学案》,《黄宗羲全集》第8册,第891页。
[2] 详见陈畅《论〈明儒学案〉的道统论话语建构》,《学海》2012年第1期。
[3] 牟宗三:《心体与性体》上册,上海古籍出版社1999年版,第46页。

误差。

首先，就著述性质而言，《明儒学案》首先是一部"理学之书"。黄宗羲在《发凡》开篇即称："从来理学之书，前有周海门《圣学宗传》，近有孙锺元《理学宗传》，诸儒之说颇备。"① 黄宗羲没有明确界定"理学之书"的内涵，但收集和整理"诸儒之说"颇为完备这一点，或可视为其主要特质。如前文所述，作为"理学之书"的两部《宗传》在正统性与多样性（兼收并蓄）之间取得了一定程度的突破，故而能够做到所收录的"诸儒之说颇备"。黄宗羲在《发凡》中又称：

> 儒者之学，不同释氏之五宗，必要贯串到青原、南岳。夫子既焉不学，濂溪无待而兴，象山不闻所受。然其间程、朱之至何、王、金、许，数百年之后，犹用高曾之规矩，非如释氏之附会源流而已。故此编以有所授受者，分为各案；其特起者，后之学者不甚著者，总列诸儒之案。②

诚如陈锦忠所论，黄宗羲这种既不持强烈的门户之见也没有以授受渊源来确定正统的观念，迥异于朱子《伊洛渊源录》"以下各种专为述学承、渊源乃至立学统的作品"，而近于前述孙奇逢《理学宗传》乃至周汝登《圣学宗传》。③ 因此，《明儒学案》与两部《宗传》著作的共同之处是同为"理学之书"。而此类"理学之书"必须放在晚明时代政教背景中理解和定位。

其次，《明儒学案》是一部政教之书。从黄宗羲对两部《宗传》的批评来看，收集和整理"诸儒之说"只是基础，关键是在收集和整理过程中展现出来的政教秩序和意义。如前所述，宗法是宋代以降中国传统社会的核心组织原理，身处平民化社会的理学家，在组织教化"一盘散沙"的庶民以及组织各异学说方面，使用的是同一个"宗法观念"原理。"宗传"体著述的主要目的是针对"教滥而讹"的晚明政教现状，根据宗族

---

① 黄宗羲：《明儒学案·发凡》，《黄宗羲全集》第7册，第5页。
② 同上书，第6页。
③ 陈锦忠：《黄宗羲〈明儒学案〉著成因缘与其体例性质略探》，（台湾）《东海学报》1984年第25期，第136页。

的组织原理提出正本清源的做法，并把多端之教统合成一个意义整体。黄宗羲的《明儒学案》和"宗传"体著作的目标并无二致，其差异只在于将各异之学说统合起来的原理形态有所不同。黄宗羲的优胜之处就在于从师门学术中获得了一种全新的"一多关系"原理，从而能在多与一（个体与公共）之间取得恰当平衡。

需要说明的是，理学之书和政教之书并非两种异质的定位，而是宋明理学学术一体两面之表现。因为作为理学核心思想的一多关系（个体性与公共性）议题，在古典文教系统中具有最为根源性的政治意义。如前文所论，本文重点讨论的"宗传"和"道统"都涉及个体性与公共性议题。具体说来，宗传的意象展现了《明儒学案》所从出的宋明社会思想史背景及其政教意义；道统的意象则进一步说明了《明儒学案》政教意义如何奠基、如何发挥作用。正是在这一意义上，《明儒学案》及两部《宗传》探讨的核心思想本质上涉及宋明理学与政教秩序的建构问题。且以黄宗羲思想为例再作一说明。

黄宗羲曾沉痛反省明朝灭亡之因："数十年来，人心以机械变诈为事。士农工商，为业不同，而其主于赚人则一也。赚人之法，刚柔险易不同，而其主于取非其有则一也。故镆铘之藏于中者，今则流血千里矣。"[1] "机械变诈"一词出自朱子《孟子集注·尽心章句上》注释"耻之于人大矣。为机变之巧者，无所用耻焉"之文句[2]；而在思想上则渊源于刘宗周对阳明学良知教以及佛老流弊之反省："王守仁之学，良知也，无善无恶，其弊也必为佛、老，顽钝而无耻。"[3] 在刘宗周看来，阳明学流弊在于危殆人心，驱使人逐于功利而不自知，犹如佛老二氏般陷于顽钝无耻之弊；世道之所以沦丧，就在于此类学术流弊"生心害政"导致"流血千里"。黄宗羲对这一问题作出了深层义理分析，其辨儒释之分曰：

> 夫儒释之辨，真在毫厘。……以义论之，此流行之体，儒者悟得，释氏亦悟得，然悟此之后，复大有事，始究竟得流行。今观流行

---

[1] 黄宗羲：《诸敬槐先生八十寿序》，《黄宗羲全集》第11册，第66页。
[2] 朱熹：《四书章句集注·孟子集注》，中华书局1983年版，第351页。
[3] 刘宗周：《修正学以淑人心以培国家元气疏》，《刘宗周全集》第3册上，第23页。

之中，何以不散漫无纪？何以万殊而一本，主宰历然？释氏更不深造，则其流行者亦归之野马尘埃之聚散而已。故吾谓释氏是学焉而未至者也。其所见固未尝有差，盖离流行亦无所为主宰耳。①

此处对于流行与主宰的义理辨析，正是黄氏赞誉为"始得其真"之刘宗周慎独思想结构。黄宗羲肯定释氏悟得流行之体，未曾将流行与主宰判为截然两物；同时也指出其无视流行中的灿然条理、真主宰，导致其所说的流行只不过是杂乱、盲目的聚散活动，落实在社会政治伦理层面则流为顽钝无耻之弊端。这种思想辨析简洁而深入，可谓"此指出真是南辕北辙，界限清楚"，自然应当归功于黄宗羲师门慎独哲学之奠基。在这一意义上，黄宗羲以"主宰与流行之恰当平衡"表彰刘宗周慎独学，实际上正是表彰其师门学术具备对治阳明学、佛老流弊之政教意义。

顾炎武在与黄宗羲的通信中说："天下之事，有其识者未必遭其时，而当其时者或无其识。古之君子所以著书待后，有王者起，得而师之。"②"有其识者未必遭其时"当亦为黄宗羲之心声，此"有识者"在黄宗羲《明儒学案》一书中无疑是特指刘宗周。黄宗羲《明儒学案·序》自陈"间有发明，一本之先师，非敢有所增损其间"，便是明证。厘清这一点对于我们认识《明儒学案》一书著述目标有重要意义。黄宗羲《留书·自序》称："吾之言非一人之私言也，后之人苟有因吾言而行之者，又何异乎吾之自行其言乎？"③《明儒学案》之编纂，是黄宗羲对师门学术方法及其优越性的一次展示，他希望在统合明代多端之教的基础上寄托师学，以待后来者通过掌握刘宗周之学而开创政教新局面。可惜的是，明清思想转型使这一理想失去了现实依托。《明儒学案》对明代学术的总结以及寄托于其中的政教理想，亦被一分为二，前者备受赞赏，后者被视为应予以摒弃的门户之见。④

因此，如果我们能摆脱现代学术界"客观学术史"的评价标准，恢

---

① 黄宗羲：《明儒学案·泰州学案三·参政罗近溪先生汝芳》，《黄宗羲全集》第8册，第4页。
② 顾炎武：《与黄太冲书》，《顾亭林诗文集》，中华书局1959年版，第246页。
③ 黄宗羲：《留书·自序》，《黄宗羲全集》第11册，第1页。
④ 详见陈畅《论〈明儒学案〉的道统论话语建构》，《学海》2012年第1期。

复《明儒学案》理学之书、政教之书的本来面目，当前许多问题都能迎刃而解。例如，历来对《明儒学案》所谓"门户之见"、"一偏之见"之指责，其实正是此书所寄托的政教理想之鲜活展现。由全祖望最终完成的《宋元学案》远不及《明儒学案》精彩，其根本原因或许正在于前者抛弃了作为后者"知识平台"的慎独哲学立场，以及由此而奠立的旗帜鲜明之政教理想。

四 结语

《明儒学案》并不是一部简单的学术史著作；而是一部展现理学政教秩序的理学之书，具有完整的意义系统。它把存在着诸多差异的各家学术统合为一个价值整体，表述理学家对政教秩序的寄托。可以说，《明儒学案》在政教理想上和黄宗羲另一名著《明夷待访录》是完全一致的。黄宗羲的著述目标是希冀后人由此开创政教新局面。因此，我们不能简单地将《明儒学案》定位为学术史著作，虽然它的确具备此类功能；但理学政教之书与学术史著作的目标和性质完全不同，这是必须留意的。

另外，现代人常说宋明理学是内向之学，例如当前流行的心性儒学与政治儒学之区分即为典型；这种观点的误区在于刻意忽视了理学心性之学对社会政治秩序的深邃思考。通过重新检讨《明儒学案》的著述性质，有助于我们深入理解理学与政教秩序之间的意义关联。

（作者单位：同济大学人文学院哲学系）

贺麟与朴钟鸿现代新儒学思想之比较

高星爱

一 引言——关于现代新儒学

毋庸置疑,儒学是由孔子创立的儒家学说,先秦诸子百家思想之一,从汉武帝开始成为中国社会的正统思想。随着社会的发展与进步,儒学思想的内涵也不断地发生变化。到宋代,儒学思想吸收佛教的思想与道教的理论,由朱熹集大成为朱子学,也称为新儒学(Neo‑Confucianism)。新儒学作为官方哲学,不仅在中国占据着从北宋到清末长达700年的统治地位,而且传入朝鲜与日本,与各自国家既存的思想融合,演变成为别具一格的韩国的儒学与日本的儒学。

到现代,也就是进入到20世纪以来,儒学作为东亚文化圈的重要传统要素,在东亚各国的现代化进程中发挥了不可忽视的作用。尤其是在中国和朝鲜半岛,动荡频仍、变革接踵的历史背景下国家的命运经历了空前的曲折和巨大的变化,儒学以顽强的生命力成功地应对了挑战和危机,再次得到了复兴。面对着席卷全球、包举宇内的西方文化的挑战,既要认同现代性的价值,又要理性地把握儒学的价值,力图通过积极吸纳西学、与西学对话而重建传统并寻求现代化的理想道路的思想流派,就是现代新儒学(Modern Neo‑Confucianism)思潮。

在中国,现代新儒学思潮形成于东西文化问题论战(1915—1927)与"科学与人生观"论战(1923—1924)期间。之后,在抗战期间获得了长足的发展,出现了大量的融会中西思想文化精华的著作,包括熊十力的《新唯识论》、冯友兰的《新理学》等"贞元六书"、贺麟的《近代唯心论简释》、钱穆的《国史大纲》等。这一时期的学者对传统文化的认同及西方文化的把握比较客观、理性,在对东西文化及其哲学的深切理解和认识的前提下,试图综合融会创造出新的思想体系。其中,贺麟(1902—1992)发表了可谓"现代新儒学"宣言的《儒家思想的新开展》(1941),主张以儒家思想的复兴开辟中华民族以及民族文化的新前途、新开展。

而在韩国,由于长达35年的殖民统治,日本不仅是从政治、经济方面,而且从教育、文化、思想上,对朝鲜半岛进行了全方位的侵略统治。因此,西方的思想文化是通过日本间接传入朝鲜的。也就是说,传入朝鲜半岛的西方学术思想并非是原原本本、纯粹的西方思想,而是通过日本的知识分子过滤后的、被他们解释了的西学。而真正的传入是在解放(1945)之后,形形色色的西方学术思想潮水般迅速、疯狂地涌进。在韩国第一代西方哲学研究者中,对韩国现代史影响力最大的人物就是朴钟鸿(1903—1976,号洌岩)。朴钟鸿试图以黑格尔辩证法的逻辑,重新解释传统的儒家思想,最终建立韩国现代哲学思想。

从生卒年代可以知道,贺麟与朴钟鸿是同时代人。面对着西学对传统学术文化的激烈冲击,他们纷纷主张吸纳西学,并以西学的思想、方法、逻辑,试图融合东西方思想文化,建立一个东西方相结合的哲学体系,确立在现代新儒学思潮中的重要地位。他们关于传统文化、西方哲学思想以及融合东西方思想文化的观点有很多相似相通性。虽二者所处的国家社会生活环境不同,但二者的思想观点是有可比性的。本文主要对二者的现代新儒学思想观点进行对比研究。通过比较研究,总结出二者的异同点,并由此考察韩国现代新儒学的发端。

二 对西方哲学的研究

贺麟,字自招,出生于四川金堂的士绅家庭。早年深受儒学的熏陶,1919年考入清华学堂,1926年赴美国留学,受到鲁一士(Josiah Royce)新黑格尔主义的影响,为斯宾诺莎的哲学思想所倾倒。1930年,为了真正把握黑格尔哲学的精髓,赴德国柏林大学继续深造德国古典哲学,认识到辩证法在黑格尔哲学体系中的核心地位。1931年,日本发动侵华战争,为了挽救民族危亡,贺麟放弃唾手可得的博士学位,回国任教于北京大学,讲授现代西洋哲学、西洋哲学史及黑格尔哲学等课程,成为研究西方哲学尤其是德国古典哲学，更确切地说是黑格尔哲学研究的专家。贺麟是个富有强烈的历史使命感和民族责任心的学者。回国后撰写的第一篇论文——《德国三大伟人处国难时之态度》中，介绍葛德、黑格尔、费希特在拿破仑入侵德国战争中表现出的爱国主义立场，希望从他们在国破人亡之际，重建德国精神的事迹，唤起民众的民族精神，投身抗战建国事业。并于1933年翻译了鲁一士的《黑格尔的精神现象学》；1936年翻译了开尔德的《黑格尔》和鲁一士的《黑格尔学术》；1941年着手翻译黑格尔的《小逻辑》；1947年发表《对黑格尔系统的看法》；1948年整理出版了在西南联合大学讲授"黑格尔理则学"时的课程笔记《黑格尔理则学简述》。

由于贺麟的这些努力，黑格尔在中国得到广泛而又系统的传播和认识。那么，贺麟为何如此专注于黑格尔哲学呢？在《黑格尔学术》的后序中，有这样的描述：

> 我之所以译述黑格尔，其实，时代的兴趣居多。我们所处的时代与黑格尔的时代——都是：政治方面，正当强邻压境，国内四分五裂，人心涣散颓丧的时代；学术方面，正当启蒙运动之后；文艺方面，正当浪漫文艺运动之后——因此很有些相同，黑格尔的学说于解答时代问题，实有足资我们借鉴的地方。而黑格尔之有内容、有生命的、动的时间的逻辑——分析矛盾、调节矛盾、征服冲突的逻辑，及其重民族历史文化、重自求超越有限的精神生活的思想，实足振聋起顽、唤醒对于民族精神的自觉，与鼓舞对于民族性与民族文化的发展，使吾人既不舍己骛外，亦不故步自封，但知依一定理则，以自求超拔，自求发展，而臻于理想之域。[①]

很显然，贺麟翻译、介绍、研究黑格尔哲学思想，是为了从黑格尔得到有益的经验教训，以解决当时中华民族所面临的危机状况。贺麟认为，"黑格尔哲学就是以历史为基础的系统。他认为哲学就是世界历史所给予吾人的教训。因此他的见解和他的方法实有足资吾人借鉴之处"[②]。在他

[①] 贺麟：《黑格尔学术》，《贺麟全集·黑格尔学术》，上海人民出版社2012年版，第304页。
[②] 同上书，第157页。

看来，黑格尔的哲学强调历史与哲学的一致，有助于产生以历史为基础的新哲学，也可以用哲学的眼光研究史学获得新收获。

由于黑格尔的学说"颇以艰深著称"，著作难懂，贺麟介绍黑格尔主要是译述新黑格尔主义者所写的有关黑格尔的著作。他在国外所接触到的就是当时在美国、德国流行的新黑格尔主义。在新黑格尔主义者中，贺麟选择的是鲁一士。贺麟认为，选择翻译鲁一士的著作，原因有二：首先，鲁一士最善于读黑格尔，最能表达出黑格尔的神髓，可以揭出黑格尔的精华而去其糟粕；其次，鲁一士的著作中教条式的干枯之病较少，以流畅而有趣致的表达，足以使人能够很有兴会地领会黑格尔学说的大旨。

贺麟对黑格尔辩证法的总体观点集中反映在《辩证法与辩证观》(1944)。他认为，"辩证法自身就是一个矛盾的统一。辩证法一方面是方法，是思想的方法，是把握实在的方法；辩证法一方面又不是方法，而是一种直观，对于人事的矛盾，宇宙的过程的一种看法或直观"[①]。在这篇文章中，贺麟着重分析了辩证法在不同的时代所具有的不同含义及发展过程。指出经过苏格拉底和柏拉图，辩证法到黑格尔充实发展严密到极致，"集辩证法之大成，尽辩证法之妙用"。

针对黑格尔哲学系统的骨骼静脉——正反合三分的范畴方式（triadic scheme of categories），有人讥笑为"死范畴的摆布"（a ballet of bloodless categories），也斥之为一种"儿戏"（child's play），但是仔细分析其范畴的所以然，并非他们所指责的那样毫无意义。贺麟用黑格尔表示实在的三个一串的范畴，解释三分的范畴方式：首先是相反的矛盾，如有（sein）无（nichts）之相反其合为"变"（becoming）；其次是递进的矛盾，如《精神哲学》众多主观意识（正）进而为客观意识（反），再进一步就是绝对意识（合）；最后是相辅的矛盾，如《精神哲学》众多艺术（正）、宗教（反）、哲学（合）都是绝对意识的表现，但在其表现方式上艺术和宗教用象征或者寓言，而哲学则用理智来表现绝对实在，形成相辅的

---

① 贺麟：《辩证法与辩证观》，《贺麟全集·近代唯心论简释》，上海人民出版社 2012 年版，第 104 页。

其中，关于相辅的三分如艺术、宗教、哲学的关系，贺麟认为合则俱存，离则俱亡。艺术、宗教、哲学都是本体界绝对精神的表现，三者之间的关系就是合则互相彼此相辅，离则自相矛盾。他主张与西方的艺术、宗教、哲学相对应的诗教、礼教、理学三个方面本来就包含在儒家思想中，东圣西圣，心同理同，并由此引出东西方思想会合融贯的根据。最终归结为"黑格尔的辩证法本身就是一个对立的统一：是形式与内容的统一；是天才的直观，谨严的系统的统一；是生活体验与逻辑法则的统一；是理性方法与经验方法的统一"[2]。其实，这种融合的方法恰恰是贺麟自己学问的方法。而这种黑格尔正反合逻辑框架的强调，同样见于朴钟鸿对西方哲学的研究中。

朴钟鸿，号洌岩，出生于平壤。从小深受汉学家父亲的影响，1929年考入京城帝国大学[3]，通过日本教授的讲授间接地接触到西方哲学思想。不幸中之万幸，当时就职于京城帝国大学哲学系的日本教授大部分都有留学于欧美的经历，深受当时在欧美流行的多种近现代西方哲学思潮的影响，包括海德格尔的实存哲学及新黑格尔主义思潮，且多数为开放而又具有自由主义倾向的学术型专家。[4] 朴钟鸿在宫本和吉（1883—1972）[5]教授的指导下，撰写了他的本科毕业论文，题目为《关于海德格尔的Sorge》[6]。一个时代有一个时代的问题意识。对包括朴钟鸿在内的第一代

---

[1] 贺麟：《黑格尔学术》，第158—159页。
[2] 贺麟：《辩证法与辩证观》，第118页。
[3] 京城帝国大学是日本的第6个帝国大学，为了增强殖民教育体制，由日本总督府1924年设立预科，1926年设立本科。朝鲜学生占三分之一，入学要通过由警察进行的严格的身份调查。1945年民族独立后，改为京城大学。翌年，正式改名为首尔大学。《首尔大学60年史》，首尔大学60年史编纂委员会，首尔大学出版社2006年版，第20页。
[4] 关于京城帝国大学哲学系的具体学问倾向与氛围，可以参考金载贤的《作为韩国近代的学问哲学的形成及其特征——以京城帝国大学哲学系为中心》（《时代与哲学》2007年18号第2册）。
[5] 宫本和吉毕业于东京帝国大学，1923年作为文部省的海外研究员留学德国、英国等国家。1925年回国，参与《岩波哲学辞典》的编撰工作。1927年4月，聘用为京城帝国大学教授，负责担任哲学及哲学史专业的课程。
[6] 朴钟鸿：《关于海德格尔的Sorge》，《朴钟鸿全集》第1卷，民音社1998年版，第161—249页。

西方哲学研究者①来说，哲学就是以西方哲学家的方式去思考问题。他们所面对的是民族被殖民统治的现实，而他们提出问题并解决问题的方式是通过西方哲学的研究。然而，朴钟鸿通过海德格尔的研究，认识到他的基础存在论极端强调个人层面上的向内的自觉，是片面的、抽象的，找不到任何对现实社会的具体而又积极的实践而无法解决现实社会中所存在的具体问题。② 以此为由，朴钟鸿断然放弃了对海德格尔哲学思想的研究。

1945 年民族解放以后，朴钟鸿在首尔大学作为一名大学教授专注于教学与著述活动，为逻辑学在韩国的广泛而又系统的传播付出了努力。根据遗稿，可以知道他的逻辑学体系是从一般逻辑学、认识逻辑学出发，通过辩证法的逻辑与易的逻辑，最终到创造的逻辑。但是，除了《一般逻辑学》与《认识逻辑学》，其余的逻辑学著作在他生前都未能出版。只有辩证法的逻辑，根据大量的笔记与遗稿，在他离世后有幸得以整理出来，成为把握朴钟鸿对辩证法的观点的重要资料。

朴钟鸿之所以如此专注系统的逻辑学研究，源于对逻辑学的理解。他主张逻辑学是所有学问方法的基础理论。因此，全面而又系统的逻辑学研究是必要的前提，之后才能明确学问的方法。朴钟鸿尤其强调黑格尔辩证法的逻辑，认为有的否定为本质，有的否定之否定为概念。由直接的有与被反映的本质构成概念，有与本质没落（untergehen）而以"高扬的形态"包含（erhalten）在概念中。由此可知，概念是有与本质的成果，有

---

① 所谓的第一代西方哲学研究者，由 20 世纪 20 年代后至 30 年代初的京城帝国大学毕业生和海外留学派组成。西方哲学的传入时期是在 19 世纪末，在俞吉浚的《西游见闻》中已提到哲学的效能，还有李定稷的《康氏哲学大略》、李寅梓的《古代希腊哲学考辨》。之所以如此界定第一代西方哲学研究者，原因有三：第一，这一时期是在西方通过西方的研究文献正式研究哲学的学者开始回国的时期；第二，这一时期是最初在大学开办哲学系的时期；第三，这一时期正式开展了系统的哲学著述活动。参考朴英美《朴钟鸿对"传统"的问题——以对传统的认识为中心》(《时代与哲学》2015 年第 26 卷，第 201 页）。

② "向内的孤独的我，不得不找出重新回到社会的方法。然而，那种另外一个新的社会是如何展开的呢？相比对日常的、世俗的现实社会之颓废性的否定极其强烈，通过本来的实存形成的新社会的积极建设极其单薄。尤其是在具体行动层面上如何加以形成的问题，在 Herdegger 那里是无法找得到的。"朴钟鸿：《向内的现实把握的现代类型》，《朴钟鸿全集》第 2 卷，第 293 页。

与本质的综合统一，有与本质的真理。① 如果有为正的话，有的否定即本质为反。而有与本质的综合统一，也就是合的概念。朴钟鸿认为，"有的辩证法研究有的移行，本质的辩证法研究反映关系，概念的辩证法研究其对立关系重新回到有的移行而进行的发展（Entwicklung）"②，强调作为合的概念的辩证法。③

这种正反合的辩证法逻辑，也出现在朴钟鸿对现代西方哲学的理解。他从瑞士心理学家荣格（Carl Gustav Jung, 1875—1961）把人的心理分为外向型与内向型的理论受到启发，把现代西方哲学的潮流分为两大类——向内的实存哲学倾向与向外的科学哲学倾向。④ 如果，向内的实存哲学倾向为正的话，向外的科学哲学倾向为反，从根本上是一条道路的两个相反的方向，却各自固守自己的方向，发展到极致而面临着新的转换局面。⑤ 而东方思想从一开始就同时具有向内与向外的两个方面，可以对现代西方哲学的新的转换局面提供线索。以第12届世界哲学大会为契机⑥，朴钟

---

① "本质是有的第一次否定，概念是第二次否定，即有的否定之否定。因此，概念是再建的有。作为单纯的直接性，归还为有的本质。然而，已经过止扬的过程而并非是最初的有或本质本身。……以此，有与本质没落（untergehen）而包含（erhalten）在概念中。概念是有与本质的成果，故两者以高扬的形态包含（erhalten）在概念中。从这一点上，概念是有与本质的综合统一，又是真理。"朴钟鸿：《概念的辩证法》，《朴钟鸿全集》第3卷，第520页。

② 朴钟鸿：《概念的辩证法》，《朴钟鸿全集》第3卷，第522页。

③ 这种对危机时代的认识，强调实践的态度，排斥形式逻辑，注重辩证法是第一代西方哲学研究者所共同具有的特点。李秉修：《1930年代第一代哲学家接受西方哲学的特征及其理论影响》，《时代与哲学》2006年第17卷第2号，第85—86页。

④ 朴钟鸿认为，作为向内的哲学态度，实存主义思想流行于两次世界大战后。无论是战胜国，还是战败国，经历过战争的苦难后，都关注主体的内部诚实性，更注重情绪的侧面，试图从人主体的内部生活把握真理。相反，否定先验的经验，注重彻头彻尾的合理性，主张科学方法的思想就是科学哲学思想。科学哲学思想的特征就是彻底排除一切模糊不清的语言，使用严格规定的人工符号，以确保最大限度的合理性为目标。朴钟鸿：《现实把握的两个方向》，《朴钟鸿全集》第2卷，第190—191页。

⑤ 朴钟鸿在美国明尼苏达大学1955年9月至1956年8月为期一年的访学过程中，亲自体验到西方现代哲学的最新研究动向。他认识到向内的实存思想与向外的科学哲学思想发展到极致之后，都试图往相反的方向发展，面临着新的转换局面，亟须摸索出新的解决方案，并且把目光转向东方思想。朴钟鸿：《转换的现代哲学》，《朴钟鸿全集》第2卷，第478页。

⑥ 1958年9月在威尼斯举办的第12届世界哲学大会，一致认为不能只研究西方哲学思想，也应重视东方哲学思想的研究，这使得朴钟鸿下定决心放弃西方哲学的研究，彻底转向东方哲学也就是韩国传统思想的研究。

鸿的学问研究彻底转向作为合的东方思想，开始着手研究韩国传统文化思想。

为了解决国家和民族所面临的危机状况，贺麟和朴钟鸿都试图从西方哲学的研究得到有益的经验教训。贺麟通过翻译、介绍、研究黑格尔哲学思想，考察了解答时代问题的观点与方法，并关注到其核心骨架——正反合三分的辩证逻辑范畴，由此认识到黑格尔的辩证法本身就是一个对立的统一，最终找到了融合的哲学依据。而朴钟鸿通过海德格尔哲学思想的研究，发现找不到对现实社会的具体而又积极的实践，后转向逻辑学的研究。从逻辑学的研究，摸索出正反合的辩证逻辑框架，并以此来建构自己学问的逻辑体系。

三 对传统文化的看法

贺麟认为，民族文化也就是传统的儒家文化的命运与民族的前途息息相关。

> 中国当前的时代，是一个民族复兴的时代。民族复兴不仅是争抗战胜利，不仅是争中华民族在国际政治上的自由、独立和平等，民族复兴本质上应该是民族文化的复兴。民族文化的复兴，其主要的潮流、根本的成分就是儒家思想，儒家文化的复兴。假如儒家思想没有新的前途、新的开展，则中华民族以及民族文化也就不会有新的前途、新的开展。换言之，儒家思想的命运，是与民族的前途命运，盛衰消长同一而不可分的。中国近百年来的危机，根本上是一个文化的危机。文化上有失调整，就不能应付新的文化局势。……儒家思想在中国文化生活上失掉了自主权，丧失了新生命，才是中华民族的最大危机。[①]

也就是说，民族的复兴本质上是民族文化的复兴，而民族文化的复兴

---

① 贺麟：《儒家思想的新开展》，《贺麟全集·文化与人生》，上海人民出版社2015年版，第5页。

根本上是儒家文化的复兴。就这样，贺麟把中华民族和民族文化的前途命运，寄托在儒家文化会不会有新的前途、新的开展上。这就是贺麟对国家和民族面临的危机局面所作出的回应。

　　针对五四新文化运动，贺麟认为是个促进儒家思想新发展的大转机。从表面上是打倒孔家店，推翻儒家思想的大运动，但在实际上促进了儒家思想的新发展。在他看来，新文化运动并没有打倒孔孟的真精神、真意思、真学术，其最大贡献在于破坏和扫除了儒家传统的僵化部分和腐化部分，使得孔孟、程朱的真面目更加突显出来。贺麟强调以诸子百家的学说发挥儒家思想，吸取诸子百家思想的长处，使得儒家思想获得新发展。"愈反对儒家思想，而儒家思想愈是大放光明。"①

　　除了五四新文化运动使儒家思想受到重创以外，西方文化的传入也对儒家文化构成挑战和威胁。贺麟认为，西方文化的大规模且无选择的传入，是个促进儒家思想新发展的大动力。从表面上是代替儒家、推翻儒家、消灭儒家的运动，但在实际上大大促进了儒家思想的新发展。西方文化的传入，对儒家思想是一个考验，是决定生死存亡的大考验。如果，儒家思想能够吸收、融会西方文化，就可以得到复活、充实、发展；如果，无法经得起考验，度过这一关，就会消亡、沉沦、永不能翻身。

　　在中国的传统文化与西方文化之间的关系问题上，贺麟既反对全盘西化派的转手贩卖，又反对国粹派的抱残守缺，认为两者之间并非是水火不容、二选一的关系，巧妙、灵活地提出了对后来的现代新儒家意味深长的"儒家思想的新开展"的课题。然而，贺麟对传统文化的观点有些片面，只看重儒家文化，更确切地说是孔、孟、程、朱、陆、王。正如郭齐勇指出，"过于看重了精英文化中的正统文化，相对轻视了多元的、丰富的非正统文化在中国文化结构和运动中的价值和功能"②。贺麟通过《儒家思想的新开展》《五伦观念的新检讨》《宋儒的思想方法》《王船山的历史哲学》《知行合一新论》等论著，对儒家思想中的"仁""诚""太极"从艺术、宗教、哲学方面进行了独特的解释，也对宋明理学的"知行合一"说分成价值和自然的层面作了细致而又全面的研究。并且，贺麟认

---

① 贺麟：《儒家思想的新开展》，第6页。
② 郭齐勇：《现当代新儒学思潮研究》，人民出版社2017年版，第197页。

为,"东方非不玄妙而形而上,但却疏于沟通有无、主客的逻辑桥梁,缺少一个从本体打入现象界的逻辑主体"①。"逻辑"是主体甚至本体的活动根基、万事万识的前提和基础,是西方文明的厉害之处,也是中国文化所欠缺的部分。由此,根据他对宋明理学的综合理解,提出了"逻辑之心"的主体说,试图以黑格尔的逻辑理念加强陆王"心"。

如同贺麟,朴钟鸿在儒家思想的哲学化途径上身体力行,以西方哲学思想解释、发挥传统思想,试图融合东西方思想,使得这一途径在韩国扩展开来。朴钟鸿不仅全面地接受西方哲学并以西方哲学家的方式去提出问题、思考问题、解决问题,而且积极地思考并研究传统文化。其实,朴钟鸿从一开始就想学习传统的思想文化,研究李滉(字退溪,1501—1570)的学问思想。但是考虑到京城帝国大学这一特殊的学问环境,又是在日本教授的指导下进行研究,认为不可能进行客观而又深入的学问研究,就先研究了海德格尔的思想。

朴钟鸿对传统文化的观点,是在20世纪30年代"朝鲜研究"或"朝鲜学"研究背景下形成的。在初期的写作中,朴钟鸿强调"我们的哲学"必须是从这一时代的、这一社会的、这一现实的需要出发的"自生的哲学"。而要自生自产,就必须靠斟酌传统的思想文化。在《朝鲜的文化遗产及其传承方法》(1935)中明确提出自己对传统文化的看法。他主张传统文化并不是固定不变的,而是"随着社会的、生活本身内在的变迁加以变化的"②。因此,不能顽固地墨守文化遗产,而是根据现阶段的立场,客观地加以把握。

朴钟鸿关注的是对传统文化的解释与传承。对传统文化的解释与传承的关系是认识与实践的关系,解释传统文化的目的在于传承传统文化,而传统文化的传承又以传统文化的解释为前提,两者是辩证统一的关系。在他看来,传统文化既不是魔术棒,也不是灵泉,单单从逻辑的层面研究传统文化,就是考古学者或文献学家的学问研究。由此强调传统文化的研究必须与时代的发展紧密结合,通过对传统文化的更高层次的止扬、传承,使得传统文化富有新的含义,并主张这就是传统文化复兴的本意所在。

---

① 转引自张祥龙《贺麟传略》,《晋阳学刊》1985年第6期,第58页。
② 朴钟鸿:《朝鲜的文化遗产及其传承方法》,《朴钟鸿全集》第1卷,第371页。

对朴钟鸿来说，对传统文化的解释是在相互理解西方哲学与传统思想的基础之上展开的。对传统的佛教思想的研究中，朴钟鸿选出具有世界性与创意性的思想家，即僧郎、圆测、元晓、义天、知讷的五个思想家，重点考察了他们的思想中哲学的侧面，也就是与西方哲学一致或相同的侧面。他主张"韩国人的哲学思维的素质与能力充分体现在佛教思想理论的展开中"①。也就是说，朴钟鸿对韩国佛教思想的研究，是"背负着开拓者的使命，以超出纯粹的学问研究的热情"② 完成的研究。

同样地在儒学思想的研究中，朴钟鸿也试图结合东西方思想论证了韩国儒学思想的特征。他主张李滉与李珥之间的四端七情并非是空理空谈，而是以精致的逻辑加以分析论证的，需要把这种逻辑的分析继承并深化、发展。并且，把李珥的公论看作民主思想的表现，由此关注到对人的尊严的重视。在他看来，不仅是西方的近代思想强调人的尊严，韩国的东学思想也注重人的尊严，以诚实为根本的信条。不仅如此，还主张崔汉绮的"心体的纯澹"与洛克的"白纸（Tabula rasa）"相通，而"泥着的去除"与培根的"偶像（Idola）"排除相通。并且，把实学派的务实思想解释为与奥卡姆（William Occam）的"唯名论（Norminalism）"或培根的"市场的偶像（idola fori）"一脉相承的意思，主张由此科学哲学的思想得以展开。③ 可以说，朴钟鸿对传统文化的解释是以对西方哲学与传统思想的理解为基础，通过西方哲学的问题意识与方法，证明并不亚于西方文化的传统文化之优越性的过程。并没有进行对传统文化的深刻反省与批判，只有无条件的包容与接纳。而传统文化之优越性的顶峰是朝鲜后期的实学思想。他主张实学思想具有诚实的道义侧面与实用的经济侧面，而诚实的道义侧面是向内的，实用的经济侧面是向外的。由此断定合二为一的实学思想可以对现代西方哲学的新的转换局面，提出建议或启示，发挥一定的借鉴作用。

由此可见，面对着西方文化的传入，在传统文化与西方文化的关系问题上，贺麟与朴钟鸿都主张传统文化的复兴。贺麟主张民族和民族文化的

---

① 朴钟鸿：《韩国哲学与韩国佛教》，《朴钟鸿全集》第 4 卷，第 193 页。

② 吉熙星：《洌岩哲学中的韩国佛教思想研究》，《现实与创造》1998 年第 1 期，洌岩纪念事业会，第 254 页。

③ 朴钟鸿：《崔汉绮的科学的哲学思想》，《朴钟鸿全集》第 5 卷，第 288—303 页。

前途命运在于儒家文化的新开展上，而新文化运动破坏和扫除了传统儒家文化的僵化部分和腐化部分，西方文化的吸收和融会，又可以促进儒家思想的新发展。朴钟鸿强调传统文化是随着社会、生活的发展加以变化的，因此根据对西方哲学与传统思想的理解，从现阶段的立场出发，重新解释传统文化，以证明并不亚于甚至超越西方文化的传统文化之优越性。

四　融会东西方文化

天下兴亡匹夫有责，贺麟反思近代中国文化的发展历程，批判"中学为体，西学为用""中国本位文化""全盘西化"，明确提出"化西"的主张。而这种"化西"，必须在以中国传统文化也就是儒家思想之精华为主体，真正彻底地了解西方文化并通过自动地自觉地吸收、融化、渗透过程，才能超越西方文化并形成新的儒家思想、新的民族文化，才能担负建设新国家新文化的责任。

首先，贺麟强调必须以中国传统文化也就是儒家思想之精华为主体。贺麟所讲的中国传统文化，主要指儒家思想，更确切地说是孔孟、程朱、陆王。虽然也提及老庄、杨墨，但所关注的重点还是正统的儒家文化。并且，他主张中华民族是自由自主，有理性精神的民族，面对文化的危机，必须要发挥民族的主体性，去华化西方文化。"如果中华民族不能以儒家思想或民族精神为主体去儒化或华化西洋文化，则中国将失掉文化上的自主权，而陷于文化上的殖民地。"[①]

其次，贺麟主张对西方文化的真正彻底的了解。他认为，文化上的自主权"不是建筑在排斥西洋文化上面，而乃建筑在彻底把握西洋文化上面"[②]。面对着不同国家、不同民族的五花八门的思想文化，漫无标准地传入到中国，各自寻找其倾销场，各自施展其征服力的现实，要做到去粗取精，关键在于"中国人是否能够真正彻底，原原本本地，了解并把握西洋文化"[③]。因为在他看来，认识就是超越，理解就是征服。只有真正

[①] 贺麟：《儒家思想的新开展》，第7页。
[②] 同上。
[③] 同上。

了解了西方文化,才能超越西方文化。

最后,贺麟强调融会东西方文化。他主张西方文化和中国传统文化各有自己的体系,各有其体用。因此,中国传统文化"决不能为西洋近代科学及物质文明之体,亦不能以近代科学及物质文明为用"①。在中国传统文化与西方文化的融会是体用全方面的互流,是整体的、各层面的、长时间的相互渗透过程,并不能如同新酒倒入旧瓶那样机械的凑合。东西方文化的融会,可以说是打破以往旧的体和用,而努力去创造新的有体有用的儒家思想、民族文化的过程。

针对儒家思想现代转化的具体途径,在文化学术层面,由于"儒学是合诗教、礼教、理学三者为一体的学养",主张分别吸收西方文化的艺术、宗教、哲学;在生活修养层面,主张培养一批具有"儒者气象"即凡有学问技能而又具有道德修养的品学兼优的"儒者",目的就是使得每一个中国人都有一点儒者气象;在做事态度层面,要做到合理性、合时代、合人情地做每一件事情,要求面对各方面的时代问题,站在儒家的立场,予以合理、合情、合时的新解答。

尤其是在儒家思想的哲学化途径中,主张以西方的正宗哲学发挥中国的正宗哲学,主张"苏格拉底、柏拉图、亚里士多德、康德、黑格尔之哲学,与中国孔孟、程朱、陆王之哲学会合融贯"②。这一途径不仅被后来的现代新儒家大大地加以拓展,贺麟本人也大有成就。贺麟一辈子崇尚唯心论,认为不仅是在西方哲学思想,而且在中国的传统思想中也可以发现这种理想的唯心论,找到了它们在精神上的同一性。由此,他试图把黑格尔哲学及其新黑格尔主义的思想与中国的宋明理学"会合融贯",建构"新心学"体系。

这种融会贯通,同样见于朴钟鸿的思想体系当中。他试图通过西方哲学与传统文化的研究,根据西方哲学与传统文化的相互理解,重新解释传统文化思想,创造现代韩国思想。在他看来,传统的思想文化必须与时代的发展相结合,与时俱进赋予新的含义,而外来思想也不能简单地加以模

---

① 贺麟:《文化的体与用》,《贺麟全集·近代唯心论简释》,上海人民出版社2009年版,第200页。

② 贺麟:《儒家思想的新开展》,第8页。

仿，必须要加以吸收消化。朴钟鸿特别关注融合儒教、佛教、道教，并独自开拓人乃天的思想，成为韩国人独特思想理念的东学思想，试图从中得到启发，创造出新的思想，也就是现代韩国思想。

首先是对传统文化的传承。朴钟鸿明确提出传统文化的传承是在《我们与我们的哲学的建设之路》（1935）。"我们应站在这一时代、这一社会、这一现实的我们现阶段的立场，传承所有时代的哲学遗产创造我们的新思想，才可以建设我们的哲学。"[①] 对他来说，传统思想并非是落后于时代的、陈旧的古董，而是有待于继承的、宝贵的遗产。朴钟鸿主张任何一种思想都具有传统的源流，没有对传统思想的传承，纯粹地创造新思想是不可能的。因此，现代韩国思想的创造必须首先要考虑对传统思想的传承。其次是外来思想的吸收。朴钟鸿认为，近代科学技术的落后直接导致了被殖民的统治。而摆脱落后，必须要吸收西方先进的思想。然而，解放以来西方的多种文化与思想直接传入到韩国，尚未进行取舍。他主张外来的思想文化必须要吸收并消化，即使需要花费很多时间，会面临很多挫折，绝对不能单纯地加以模仿。不仅要以积极、大胆的态度，去把握世界的根本精神，而且要充分发挥世界的根本精神，针对符合世界之根本精神的精华部分加以接受，而对不符合世界之根本精神的杂质进行批判。

在外来思想的吸收与消化中，最为重要的就是民族主体意识的确立。朴钟鸿强调外来思想必须通过民族主体意识的自觉加以吸收，才能成为自身真正的思想。如果缺乏主体意识，任何思想都不可能变为自己的思想，只是单纯的模仿而已。而民族的主体意识是在自由、平等的民主基础上，通过自觉与实践形成的。"是活生生的魂，也是一种力量"，是经过长时间的积累过程，由民族成员形成的历史产物，其内容随着时代的变迁不断发展、创新。朴钟鸿主张只有以民族的主体意识为基础，才能真正地实现外来思想的吸收与消化。

最后是现代韩国思想的创造。在他看来，传承传统思想的创造精神——追求向内的侧面与向外的侧面之间的辩证统一的精神，是在民族或者国家内部的传承，又被看作向内的侧面，而西方外来思想的传入是发生在国家之外的，可以看作向外的侧面，两者又重新构成辩证法的统一关

---

① 朴钟鸿：《我们与我们的哲学的建设之路》，《朴钟鸿全集》第1卷，第385页。

系。朴钟鸿认为，没有外来思想的吸收，传统思想不可能得到真正的传承；而没有传统思想的传承，外来思想又不可能真正地吸收、消化。就这样，两者之间是相互补充、相互影响的关系，而最终辩证统一可以实现现代韩国思想的创造。

> 创造、建设的气势越旺盛，传承与吸收的欲望更强烈，传承与吸收越深越广，创造、建设的基础更结实，每一件事情都具有新的含义。传承、吸收、创造是相互联系、相互影响，缺一不可。①

传统思想为"正"的话，外来思想为"反"，单靠传统思想的传承或者外来思想的吸收，是不可能发生新思想的创造活动。传统思想的传承与外来思想的吸收，只有两者的辩证统一即"合"，才能有新思想的创造、建设，也就是现代韩国思想的创造。朴钟鸿主张，只有通过传统思想的传承与外来思想的吸收的辩证统一形成的现代韩国思想，才是真正属于韩国人的韩国思想。进一步，只有真正的韩国思想，才能跻身于世界各国的思想中，通过不断发展、进步，为世界文化的创造做出贡献。

总之，贺麟与朴钟鸿都以融会东西方思想文化为己任，主张以西方文化的真正彻底的了解和吸收，重新解释和发扬传统文化，发挥民族主体性，使得传统文化获得新开展、新解释。贺麟强调以儒家思想的精华为主体的"华西"，主张对西方文化的真正彻底的了解，以此来达到东西方文化体用全方面的"会合融贯"，创造新的有体有用的儒家思想。朴钟鸿主张传统文化的传承，强调对外来思想的自由自主的吸收并消化，并以传统文化与外来思想的辩证统一来实现现代韩国思想的创造。

五　结论

综上所述，可以知道贺麟与朴钟鸿的现代新儒学思想有很多相似之处。为了解决国家和民族所面临的危机状况，他们试图从西方哲学的研究

---

① 朴钟鸿：《文化的传承·摄取·创造》，《朴钟鸿全集》第5卷，第538页。

得到有益的经验教训；面对着西方文化的传入，都主张通过西方文化的吸收重新解释传统文化；都以融会东西方思想文化为己任，达到融会的三个步骤——传统文化的传承、西方文化的吸收、融会东西方文化最终获得思想的发展和创造，大体路径相同。甚至，希望传统哲学世界化的远大抱负——"复兴中国文化、发扬中国哲学，以贡献于全世界人类"[①]、"才是创造新的传统，可以与友邦媲美……并为世界文化的创造做出贡献"[②] 也是相同的。

不同在于，贺麟一辈子崇尚唯心论，认为不仅是在西方哲学思想，而且在中国的传统思想中都可以体认唯心论，并且找到了它们在精神上的同一性。由此，他试图把黑格尔哲学及其新黑格尔主义的思想与中国的宋明理学"会合融贯"，融合中学西学、心学理学来建构唯心论体系。遗憾的是，由于新中国的成立而带来的意识形态的变化，使得贺麟的唯心论体系无法继续得到进一步的发展，虽蔚然有成，最终未能建构出一套完整的体系。

而朴钟鸿作为韩国第一代西方哲学研究者，背负着时代赋予的开拓者的使命，面对着国家和民族所面临的迫切的现实危机，来不及进行对传统文化的深刻反省与批判，急于比较东西方文化之异同优劣，极力证明传统文化的优越性。因此，一再强调传承传统文化的必要性，而对传承的具体内容、途径和方法并没有进行深入的探讨，外来思想的吸收与消化也未能明确说明其具体内容，很自然地现代韩国思想的创造也最终未能得到完成。

由于贺麟与朴钟鸿是同时代人，具有共同的时代认识和问题意识，因此两人的思想体系具有相当一部分的交集。但就现代新儒学的发展而言，经过第一阶段的形成和发展，贺麟对东西文化及其哲学的看法有了较为清醒的理性认识，在客观、理性地理解和认识东西方文化的前提下，试图进行深层次的理论探讨。而朴钟鸿是韩国第一代西方哲学研究者，尚处于比较东西文化之异同优劣的阶段，其思想观点难免具有主观性、盲目性、片

[①] 贺麟：《中国哲学与西洋哲学》，《贺麟全集·近代唯心论简释》，上海人民出版社2009年版，第264页。

[②] 朴钟鸿：《文化的传承·摄取·创造》，《朴钟鸿全集》第5卷，第538页。

面性，思想的厚度和思想的丰富性均有待于提高。有了这一阶段的比较异同优劣之辨，才可以有第二阶段的超越与发展。可以看出，一个时代对一个思想家的思想体系的建构所发挥的影响是至大的。

（作者单位：延边大学）

"对越上帝"与儒学的宗教维度

翟奎凤

"对越"在中国古代典籍中经常出现,实际上这个词非常古奥难解,它最早见于《诗经·周颂·清庙》"於穆清庙,肃雍显相。济济多士,秉文之德,对越在天,骏奔走在庙。不显不承,无射于人斯"。"对越在天"中的"对越"在《诗经》解释史上大体有两种观点,一是"配于",二是"对答颂扬",此外还有与这两种观点相近的一些引申义,如"面向"、"飞越"、"交接"等。"对越"在先秦仅在《诗经》出现一次,在汉代也似仅在班固《典引》中出现"对越天地"一词,魏晋隋唐时期,"对越神体"、"对越天休"、"对越两仪"、"对越天帝"、"对越昭升"、"对越上玄"、"对越三才"、"对越乾坤"、"对越乾元"等词组纷纷出现。在宋明时期,"对越"成为理学修身的重要工夫,"对越上帝"、"对越神明"等成为理学家讨论的重要话题。全面理解诠释好《诗经》及古代史籍、宋明理学中的对越并不容易,它对我们深入认识儒家的宗教性和精神修养的特色有着重要意义。

一 《诗经》"对越在天"新诠

在《诗经》解释史上,关于"对越"主要有两种看法,一是训"对"为"配"、"越"为"于",这可以郑玄为代表。郑玄说:"对,配。越,于也。济济之众士,皆执行文王之德。文王精神已在天矣,犹配顺其素如生存。"[1]孔颖达疏曰:"……文王在天而云多士能配者,正谓顺其素

---

[1] 《毛诗正义》卷十九,毛亨传,郑玄笺,孔颖达疏,李学勤主编《十三经注疏》,北京大学出版社1999年版,第1282页。

先之行，如其生存之时焉。文王既有是德，多士今犹行之，是与之相配也。"[1]孔疏训"对"为"配"时，引《尔雅·释诂》"妃、合、会，对也"，认为这是"对为配"之义的根据。孔疏训"越"为"于"时说"'越，于'，《释诂》文"。查《尔雅·释诂》有"粤、于、爰，曰也"一条，晋郭璞举"《书》曰'土爰稼穑'，《诗》曰'对越在天''王于出征'"三例为注[2]，北宋邢昺认为这些"皆谓语辞发端，转相训也"[3]。《说文解字》曰"粤，亏也，审慎之词者"，段注"粤与于双声，而又从亏，则亦象气舒于也。《诗》、《书》多假'越'为'粤'"[4]。可见，将"越"训为"于"的依据是"对越"之"越"是"假'越'为'粤'"，而"粤""于"又可"转相训"。"粤"若与"于"转相训，其意为语辞发端或是叹辞，如《尚书·盘庚上》"越其罔有黍稷"、《尚书·大诰》"越天棐忱"等。但是"粤"、"越"作为发端语气词，多用在一句话的开头，作为语气词用在动词的后面这种情况还是比较少见的。

这种观点在古代影响很大，朱熹《诗经集传》就采用了这种观点。但"对越"释为"配于"，这实际上把"对越在天"诠释为"配天"或"配帝"了。《诗经·周颂·思文》有"思文后稷，克配彼天"，《诗经·大雅·文王》、《尚书·太甲》也有"克配上帝"之说，这种配天说，在经义中都是强调先王之德可以与帝天相配。明人何楷正是沿着这种思路解释的，他说："对，犹配也。…'越'，郑训为'于'，盖音之转也。'在天'之'在'指昊天上帝及五帝而言，文王与天合德，故此显相多士辈皆持举文王之德，谓可以配于在天之帝"[5]。值得注意的是，这种文王配天说，显然与郑、孔"多士配文王"的观点是不一致的。

第二种是释"对"为"答"、"越"为"扬"。古书训"对"为"答"的例子很常见，《尚书·商书·说命下》"说拜稽首曰：'敢对扬天

---

[1] 《毛诗正义》卷十九，毛亨传，郑玄笺，孔颖达疏，李学勤主编《十三经注疏》，北京大学出版社1999年版，第1282页；第1282页。

[2] 《尔雅注疏》卷一，郭璞注，邢昺疏，李学勤主编《十三经注疏》，北京大学出版社1999年版，第17页；第17页。

[3] 同上。

[4] 段玉裁：《说文解字注》，中华书局2013年版，第206页。

[5] 何楷：《诗经世本古义》卷十，文渊阁《四库全书》本。

子之休命'","孔安国"注曰"对,答也。答受美命而称扬之"。①《诗经·大雅·江汉》曰"虎拜稽首,对扬王休",郑玄注这里的"对"为"答"②,不少学者正是根据这些把"对越"与"对扬"等同了起来。南宋严粲《诗缉》载北宋曹粹中的训解:"对答也,越扬也,对答而发扬之也。"③ 王引之在《经义述闻》中阐述王念孙的观点,"对越犹对扬,言对扬文武在天之神也。"④ 陈奂《诗毛氏传疏》也采用了这种观点。今人解"对越"二字多采用这种观点,如高亨《诗经今注》:"对越:即对扬,对是报答,扬是宣扬。在天,指祖先在天之灵。"⑤ 黄焯《毛诗郑笺平议》及程俊英、蒋见元《诗经注析》也采用此种观点。尽管如此,他们关于"扬"的解释似也不尽统一,或主"称扬"、"宣扬",或主"发扬",两者还是略有差别的。

清代牟庭《诗切》云:"《广雅》曰:'对,向也'。《释言》曰:'越,扬也。'余按:对越,犹对扬也。敬谨之至,精诚向往,神魂飞越也。详《江汉篇》。郑笺云'对,配也;越,于也',非也。"⑥ 牟庭最后总结说"对向精诚魂飞越,只想神灵在天际"⑦。这里虽然认为"对越"即"对扬",但没有把"对"解释为"答",而是训为"向";同时,"越"也不是颂扬、宣扬,而是"飞越"。这在《诗经》"对越在天"解释史上非常独特,而且富有新意。

总的来看,把"对越"诠释为"配于"是受到了"配天说"的影响,而释为"对答颂扬",无形中又把"对越"与"对扬"等同了起来,这两种解释虽然说不上是错,但都让人感觉意犹未尽。一个明显的区别是,"对越"有着很强的特定的祭祀宗教意义,而"配天"多是泛指君王

---

① 《尚书正义》卷十,孔安国传,孔颖达疏,李学勤主编《十三经注疏》,北京大学出版社1999年版,第254页。

② 《毛诗正义》卷十八,毛亨传,郑玄笺,孔颖达疏,李学勤主编《十三经注疏》,北京大学出版社1999年版,第1247页。

③ 严粲:《诗缉》卷三十二,明味经堂刻本。

④ 王引之:《经义述闻》上册,朱维铮主编《中国经学史基本丛书》第5册,上海书店出版社2012年版,第187页。

⑤ 高亨:《诗经今注》,上海古籍出版社1980年版,第475页。

⑥ 牟庭:《诗切》,齐鲁书社1983年版,第2473—2475页。

⑦ 同上。

之德可以与天相配,"对扬"更多的是政治意义上对君王、天子休命的颂扬。"对越"的祭祀宗教性,还有着明显的当下在场特征,"'祭神如神在',子曰'吾不与祭如不祭'"(《论语·八佾》),"对越上天"更多应该是强调祭祀中与神明的沟通。就此而言,牟庭把"对越"诠释为"敬谨之至,精诚向往,神魂飞越也",有其独特深意。

郑玄释"对扬以辟之"之"对"为"遂",那么,"对越在天"之"对"为什么不能理解为"顺"呢?清代的庄有可正是沿着这种思路把"对越在天"解释为"顺天命也"①。清人郝懿行引申发挥说"对遂也…遂者申也,进也,达也,通也,俱与对答义近"②。"通达"也可以引申为"交接"。严粲《诗缉》引述曹氏"对答也,越扬也"的说法,最后论曰"答扬于在天之灵,谓如见文王,洋洋在上也。鬼神本无迹,对答之则如与之接,发扬之则在隐若现也"③,与曹氏略有不同的是,这里强调了"与之接"。明代郝敬《毛诗原解》曰"济济然执事之多士皆秉执文王之德,相与对接发扬其在天之神"④,这进一步凸显了"相与对接"的问题,无形中把"对"向"接"的方向诠释了。明代季本在《诗说解颐》中说"奔走在庙,即对越在天也,自其神之所交而言则曰在天,自其身之所在而言则曰在庙"⑤,这里把"对"训解为"交"了,"对越在天"成了与在天之神的交融了。季本的这个注解也颇有新意,《礼记》论祭祀多言"交于神明",如《祭统篇》就说"故散齐七日以定之,致齐三日以齐之。定之之谓齐,齐者精明之至也,然后可以交于神明也",这也启示我们,作为祭祀文王的"对越在天"是否也可以诠释为"与其在天之神的交接、沟通"?当然,交接、沟通一定意义上也可以看作是对"配于"、"答扬"这两种诠释的拓展,"配"与"对接"、"对答"、"顺遂"在意义上是可以贯通的,这样我们对"对越在天"的理解可以更全面丰富。

---

① 庄有可:《毛诗说》卷六,民国二十四年商务印书馆景钞本。
② 郝懿行:《尔雅义疏》卷上之二,清同治五年郝氏刻本。
③ 严粲:《诗缉》卷三十二,明味经堂刻本。
④ 郝敬:《毛诗原解》卷三十二,明九部经解本。
⑤ 季本:《诗说解颐》正释卷二十六,清文渊阁《四库全书》本。

二 "对越上帝"与宋明理学中的"对越"

总体来说,在宋以前"对越"一词还是比较少见的,到了宋元明清时期"对越"出现的频率高了起来。之所以如此,我认为与这一时期"对越"一词进入宋明理学的讨论话语有着密切关系。理学是宋明时期的显学,理学家的话语会引起社会较为广泛的关注。实际上,"对越"也正是在宋明时期成为人们精神修养的自觉话语。

最先从修身角度对"对越"予以自觉关注和发掘的正是理学奠基者二程。程子两次用到"对越",第一次在《二程遗书》卷一,他说:

> "忠信所以进德","终日乾乾",君子当终日对越在天也!盖"上天之载,无声无臭",其体则谓之易,其理则谓之道,其用则谓之神,其命于人则谓之性,率性则谓之道,修道则谓之教。孟子于其中又发挥出浩然之气,可谓尽矣!故说神如在其上,如在其左右,大小大事而只曰"诚之不可掩如此夫",彻上彻下,不过如此。形而上为道,形而下为器,须着如此说:器亦道,道亦器,但得道在,不系今与后,己与人。①

这段话在理学史上非常有名,这段话多看作是大程明道语。后人多从"盖上天之载"引述,常忽视前面"对越在天"一句。"终日乾乾"、"忠信所以进德"分别为乾卦九三爻爻辞及《文言传》,"终日乾乾"形容勤勉于进德修学不敢懈怠,兢兢业业,程子认为这就是"对越在天"的表现(或方式),他用《诗经》"对越在天"来诠释《周易》"终日乾乾",紧接着又发挥出理学的一系列重要范畴——天、体易、理道、用神、命性、道教。程子把"在天"直接理解为了"上天",这与传统上多把《诗经》"在天"解释为"文王的在天之灵"有一定不同。当然,程颐这里也不是刻意要解释《诗经》,他是用了《诗经》"对越在天"来借题发挥其哲学思想。实际上"上天之载,无声无臭"也是出自《诗经》,见于《大

---

① 《二程遗书》卷一,上海古籍出版社2000年版,第55页;卷十一,第166页。

雅·文王》，这句话因富有形上哲理味道也常被理学家征引，于此也可窥见理学与经学的深厚渊源。

程子这段话的前后逻辑是什么？对此，南宋叶采有详细解读，他认为"忠信乃进德之基，终日乾乾者，谓终日对越在天也。越，于也。君子一言一动守其忠信，常瞻对乎上帝，不敢有一毫欺慢之意也。以下皆发明所以对越在天之义"①。显然，叶采把"对"转述成了"瞻对"，也就是直面、心灵完全向上帝敞开的意思，不敢心怀不端，不敢期瞒上帝。《诗经·大雅·大明》说"上帝临女，无贰尔心"，《大雅·皇矣》"皇矣上帝，临下有赫；监观四方，求民之莫"、《鲁颂·闵宫》也说"无贰无虞，上帝临女"，上帝时时在直视、监视着我们，这是早期中国人的一个普遍意识。在上帝的监视下，实际上人们内心也隐藏不了什么，容不得邪曲。上帝在看着我们，我们也不能躲避上帝的目光，只能以忠信、正直来仰观上帝。上帝在往下看我们，我们的内心也要向上看上帝。"瞻"是以一种崇敬的目光向上向前向远方看，叶采的"瞻对上帝"说是"对越上天"在义理诠释上的一个突破。叶采认为程子下面一段都是"发明所以对越在天之义"的，也就是讲人凭什么能够或为什么要"对越在天"。叶采认为"上天、体易、理道、用神、命性、道教"一句表明了"惟其天人之理一，所以终日对越在天者也"②，贯通来说，"忠信"即"教"，"忠信进德"即是修道，修道即可"对越在天"——通达上天。叶采接着又说孟子"浩然之气"一句"此言天人之气一，所以终日对越在天者也"③，认为"神如在其上，如在其左右"至"彻上彻下"一句是说"天人之间通此实理，故君子忠信进德，所以为'对越在天'也"④，这是把"忠信进德"看作人道，而"对越在天"是天道。对"器亦道，道亦器"一句，叶采说此"盖言日用之间，无非天理之流行，所谓终日对越在天者，亦敬循乎此理而已"⑤。叶采的解读贯穿着理学的精神，形上形下、道器统一贯通于理气，作为"瞻对"的"对越"实际上是上达、通达天

---

① 《近思录集释》（上），朱熹、吕祖谦纂，张京华集释，岳麓书社2010年版，第54—57页。
② 同上。
③ 同上。
④ 同上。
⑤ 同上。

道的意思。

程子的这段话后来常被引用讨论，包括朱子也多次论及此，但他从经典解释的角度对程子"对越在天"几句话似有些微词，他认为"'忠信所以进德'至'君子当终日对越在天也'，这个只是解一个'终日乾乾'。'忠信进德，修辞立诚'，便［更］①无间断，便是'终日乾乾'，不必便［更］②说'终日对越在天'"③，但朱子也承认"若旁通之，则所谓'对越在天'等说，皆可通"④。清代的李光地对程子此段话很推崇，他认为"此段义理至深，而语意浑沦，观者极难晓会。盖对越在天者，神气与天通也。然非神气与天通，乃立乎忠信，存心养性以事天耳"⑤。李光地把"对越在天"诠释为"神气与天通"，"对越"在这里也获得了"通"的意义，不仅如此，他认为"终日乾乾"、"忠信进德"、"存心养性"实际上乃"事天"之义，这样潜在地也把"对越在天"诠释为孟子所说的"事天"⑥。

程颢还有一句非常有名的话是"'毋不敬'，可以对越上帝"⑦，这句话在《程氏粹言》作"无不敬者，对越上帝之道也"⑧。"毋不敬"为《礼记》首篇《曲礼》第一句话，程子修身工夫特别强调"主敬"，显然"对越上帝"是很神圣的事，也可以说是人生最高精神境界的体现。通过"主敬"修养，"毋不敬"，可以通达上帝，通达形而上的天道，证成、敞显天道。魏晋隋唐以来，关于"对越"的词组很多，《诗经》"对越在天"之外，"对越上帝"的出现频率是最高的。"上帝"是早期中国古人的最高信仰之神，这使得"对越上帝"一词意味深长，而首次使用"对

---

① "便"，元代董真卿《周易会通》引作"更"。"更"为顺。
② "便"，南宋朱鉴《朱文公易说》、清代江永《近思录集注》引作"更"。"更"为顺。
③ 《朱子语类》卷九十五，（宋）黎靖德编；杨绳其、周娴君校点，岳麓书社1997年版，第2175页；卷六十九，第1553页；卷八十七，第2033页；卷一，第5页。
④ 同上。
⑤ 李光地：《性理精义》卷九，文渊阁《四库全书》本。
⑥ "事天"之说见于《孟子·尽心上》"尽其心者，知其性也。知其性，则知天矣。存其心，养其性，所以事天也。殀寿不贰，修身以俟之，所以立命也。"当然，《诗·大雅·大明》也早就有类似的"事天"意识："维此文王，小心翼翼。昭事上帝，聿怀多福。"
⑦ 《二程遗书》卷一，上海古籍出版社2000年版，第55页；卷十一，第166页。
⑧ 《程氏粹言》卷一，《二程集》第四册，王孝鱼点校，中华书局1981年版，第1179页。

越上帝"一词的大概也是程子。此后,"对越上帝"一词在宋明时期被广泛使用,朱子就曾说"人心苟正,表里洞达,无纤毫私意,可以对越上帝,则鬼神焉得不服"①,这里"对越上帝"可以理解为正大光明的人心与上帝之心贯通一体,那么鬼神自然不能扰乱。朱子在《敬斋箴》中说"正其衣冠,尊其瞻视,潜心以居,对越上帝"②。这句话为后来的理学家广泛引用,陈淳在《敬斋箴解》中认为这是"未有事静坐时主敬"③,陈淳在《心说》中也明确以"对越上帝"为未发时工夫,他说"是以方其物之未感也,则此心澄然惺惺,如鉴之虚,如衡之平,盖真对越乎上帝而万理皆有定于其中矣"④。陆九渊也说"平居不与事接时,切须鞭策得炯然不可昧没,对越上帝,则遇事时自省力矣"⑤。

这些都倾向于把"对越上帝"解释为未发涵养的工夫,人心"表里洞达,无纤毫私意"、"迥然不昧",就"昭然可以对越上帝之心"⑥,可以映照、映透上帝,又好像是把心态调整到一定状态,一个频道,可以接听到上帝的声音,与上帝对接,胡寅就说"郊之为礼,天子所以对越上帝也,上帝虽无情而感应之理,如响之从声也"⑦。

明代儒者论修身也常结合"对越"来谈,如薛瑄说"'居处恭,执事敬',存吾心之天,对越在天之天,即'顾諟天之明命'、'畏天命'、'尊德性'之谓也"⑧,"吾心之天"可以说即是性,性与天通,性通达天道、天命。吴与弼说"精白一心,对越神明"⑨,"精白"指内心纯粹正直,没有私心杂念,光明正大,"对越神明"可以说即《易传》所谓"通达神明之德"。高攀龙认为:"人心无事,上下与天地同流。今人见大宾,

---

① 《朱子语类》卷九十五,黎靖德编,杨绳其、周娴君校点,岳麓书社1997年版,第2175页;卷六十九,第1553页;卷八十七,第2033页;卷一,第5页。
② 《朱文公文集》卷八十五,《朱子全书》第24册,朱杰人、严佐之、刘永翔主编,上海古籍出版社、安徽教育出版社2002年版,第3996页。
③ 《北溪大全集》卷二十,文渊阁《四库全书》本;卷十一。
④ 同上。
⑤ 《陆九渊集》卷十一《书·与朱济道》,中华书局1980年版,第143页。
⑥ 吕祖谦:《书说》卷四,文渊阁《四库全书》本。
⑦ 胡寅:《致堂读史管见》卷九,宋嘉定十一年刻本。
⑧ 《薛瑄全集》之《读书续录》卷六,山西人民出版社1990年版,第1435页。
⑨ 黄宗羲:《明儒学案》卷一,沈芝盈点校,中华书局1985年版,第24页。

无敢不敬,岂有与上帝相对越而不敬者乎?故曰'终日乾乾','终日对越在天'。小人不知天命而不畏,故闲居为不善,无所不至,何足怪哉?"①这里"对越"有"面见"、"直面"、"面对"的意思。顾宪成说"吾辈今日一颦一笑,一语一默,在在与天地相对越,在在与万物相往来,何容儿戏"②,刘宗周说"正为道本之天命之性,故君子就所睹而戒慎乎其所不睹,就所闻而恐惧乎其所不闻,直是时时与天命对越也"③。透过顾宪成强调的"在在"、刘宗周强调的"时时",可见理学家所说的这些"对越"有与上帝或天地、神明、天命贯通往来不息的意思,有种生生不息的动态感。这样来讲的话,"对越"不仅是未发静养的工夫,同时也贯穿已发。套用理学的话语体系来说,敬贯动静,"对越"上帝、天地、神明,也是贯穿未发、已发,时时在在都可以做、都应该做的工夫。

三 "对越"与儒学的宗教性

现代新儒家牟宗三在《心体与性体》中对程子论"对越在天"做过分析,他认为"君子当终日对越在天",是"进德之事之更为内在化,更为深邃化,是面对'超越者'而清澈光畅其生命"④。牟先生认为"对越在天"有两义:一是"原始之超越地对",二是"经过孔子之仁与孟子之心性而为内在地对"。他说"凡《诗》《书》中说及帝、天,皆是超越地对,帝天皆有人格神之意。但经过孔子之仁与孟子之心性,则渐转成道德的、形而上的实体义,超越的帝天与内在的心性打成一片,无论帝天或心性皆变成能起宇宙生化或道德创造之寂感真几,就此而言'对越在天'便为内在地对,此即所谓'觌体承当'也。面对既超越而又内在之道德实体而承当下来,以清澈光畅吾人生命,便是内在地对,此是进德修业之更为内在化与深邃化"⑤。牟先生所谓"原始超越地对"大概即所谓"外在超越",而"内在地对"即"内在超越"。

---

① 《高子遗书》卷十二《书周季纯扇》,文渊阁《四库全书》补配文津阁《四库全书》本。
② 《顾端文公遗书》之《小心斋札记》卷十八,清康熙刻本。
③ 《学言》一,《刘宗周全集》第3册,何俊点校,浙江古籍出版社2012年版,第353页。
④ 牟宗三:《心体与性体》(中),吉林出版集团有限责任公司2013年版,第22页;第23页。
⑤ 同上。

总体上看，牟先生的分析有其深刻性，但如果把"原始之超越地对"（外在超越）与"心性内在地对"（内在超越）过于泾渭分明，似也有其问题。秦家懿曾分析朱子"潜心以居，对越上帝"，认为"对越"是"崇拜上帝的一种表达方法，具有宗教仪式的色彩。朱熹把这种宗教情感称之为'敬'，我认为，'敬'涉及另一种'高于我'的东西的存在，不管这是指内在于我们自身的道德本性，还是指至高神"①。朱子曾说"苍苍之为天，运转周流不已，便是那个。而今说天有个人在那里批判罪恶，固不可说。道全无主之者，又不可。这里要人见得"②，可见，朱子否认的是具象化的人格神上帝，但还承认有个主宰性的上帝。秦家懿认为"朱子所谓的'上帝'是"一位哲学之上帝或理学之上帝，同时这位上帝具有可称之为有灵智的意识。这种'灵智'赋予这位上帝某些人格性的特质。朱熹对神的认识可归因于他对理性化哲学与一神论传统的调和的结果。前者明显受可称之为具有泛神色彩的佛教的影响，而后者继承了中国古代遗产与儒教经典。有关'敬'的教义在朱熹的修养说中有着重要的地位。它指的是静坐时和其后体验到的心理特征。就是说，宗教情感满溢于身与心"③。秦家懿的分析有其合理性，认识到朱子思想的复杂性，特别是其与先秦经典贯通的宗教性一面④，她所说的上帝的灵智意思也与宋儒常说的"天心"有一致性。从《诗经》"对越在天"到宋儒"对越上帝"，我们能看到儒家的宗教性是一直在绵延。宋明理学并不能完全界定为"内在超越"，如理学家常说的天心、天地之心，吕祖谦也有"对越上帝之心"的说法，这些都可以看作是早期儒学上帝天命观的延续。

---

① 《秦家懿自选集》，山东教育出版社2005年版，第16页；第17页。

② 《朱子语类》卷九十五，黎靖德编，杨绳其、周娴君校点，岳麓书社1997年版，第2175页；卷六十九，第1553页；卷八十七，第2033页；卷一，第5页。

③ 《秦家懿自选集》，山东教育出版社2005年版，第16页；第17页。

④ 桑靖宇在《朱熹哲学中的天与上帝》中认为"'潜心以居，对越上帝'清楚地表明了朱熹日常生活中对作为主宰天的上帝的临在的敬畏和虔诚"、"他的上帝并非像基督教的上帝那样，是全知、全能的、超越的他者，而是内在于世界中的最高存在"、"这使得朱熹的上帝与自然之间的关系显得异常的亲密无间，他只是气的最纯粹、最微妙的表现，却也因而展示出高深莫测、粹然至善的人格神的特征，能主宰天地万物，就像人心能主宰身体一样。"（《比较哲学与比较文化论丛》第3辑，武汉大学中西比较哲学研究中心，武汉大学出版社2011年版，第360—364页）

"对越"所体现的儒家的宗教超越性,在明清时期也有着突出体现。洪武元年正月甲戌,太祖将告祀南郊,戒饬百官执事曰:"人以一心对越上帝,毫发不诚,怠心必乘其机,瞬息不敬,私欲必投其隙。夫动天地,感鬼神,惟诚与敬耳。"[1] 太祖这段话很深刻,既是理学精神的体现,一定程度上也代表了古代的一种主流意识。明代学者葛寅亮在《四书湖南讲》中关于"对越"多有阐发,他解《中庸》所说"慎独"说:"何以云慎?此中之惺惺即所谓存心养性以事天,是与天命相对越者,亦总不出于此也"[2],"与天命对越"可以说是顺达天命,即是"事天"。葛寅亮认为"事天者,我把这心性在这里存养,则我这灵光炯炯不昧,直与天的灵光相为对越,所谓斋明以承祭祀莫过于此,乃所以事天也"[3]。葛寅亮诠释的"对越"有很强的宗教性,对此,他还予以特别申辩,说"古人举动俱仰承上帝,而与天相对越,自后儒不信鬼神,遂以上帝为乌有,既不信上帝,遂以下民为可虐而三代以上之治不复可见于世矣"[4]。用我们今天的话来说,在当时葛寅亮认为"无神论"冲击了人们对上帝的信仰,于是人心不古,世道衰落。与葛寅亮同调,阳明弟子马明衡也强调"古人动以天为言,盖古人终日钦钦对越上帝,视天真如临之在上,而心之所安即与天合心"[5]。此种上帝临在意识在明代特别是晚明看来还是非常突出的,对越上天,戒慎恐惧,做到人心与天心合。明代岭南大儒钟芳,据说致仕后"居家十余年,未尝一至城市,惟以书史自娱,名其居曰对斋,取对越上帝之义"[6],晋祠牌坊中也有明代书法家高应元题写的"对越"坊,这些也都表现了宗教性的"对越"意识在明代中后期文人精神世界中有着相当大的影响。明末清初大儒李颙在修身实践中也非常强调"对越",他说:

---

[1] 余继登:《典故纪闻》卷一,顾思点校,中华书局1981年版,第18页。
[2] 葛寅亮:《四书湖南讲》之《中庸湖南讲》,明崇祯刻本;《孟子湖南讲》卷三;《孟子湖南讲》卷二。
[3] 葛寅亮:《四书湖南讲》之《中庸湖南讲》,明崇祯刻本;《孟子湖南讲》卷三;《孟子湖南讲》卷二。
[4] 同上。
[5] 马明衡:《尚书疑义》卷三,文渊阁《四库全书》本;《万历广东通志·琼州府》,郭棐纂修,海南出版社2006年版,第173页。
[6] 《万历广东通志·琼州府》,郭棐纂修,海南出版社2006年版,第173页。

终日钦凛，对越上帝，"上帝临汝，无贰尔心"，敢不恭乎，敢不敬乎，敢不忠乎？否则此心一懈，即无以对天心，便非所以尊德性。①

终日钦凛，对越上帝，自无一事一念可以纵逸，如是则人欲化为天理，身心皎洁，默有以全乎天之所以与我者，方不获罪于天。②

终日钦凛，对越上帝，笃恭渊默以思道。思之而得，则静以存其所得，动须察其所得，精神才觉放逸即提起正念，令中恒惺惺。③

"终日钦凛对越上帝"，这里面能看到程子"终日乾乾，对越上帝"的影响，但与程子相比，显然，这里帝天的人格神意味比较强，儒家修身的宗教性色彩比较浓，充满了上帝临在的意识。当然，其修身的主导性思想仍然延续着理学的精神，洋溢着"戒慎恐惧"道德修身的严肃主义态度。基督教、天主教的上帝观，其类人的情感意志性非常强烈，相比之下，儒家的上帝、天命观则多了理性因素，李颙曾评论过天主教的拜天活动，在他看来"事天之实，在念念存天理，言言循天理，事事合天理，小心翼翼，时顾天命，此方是真能事天"④，认为"终日钦凛，勿纵此心，此心纯一，便足上对天心。天无心，以生物为心，诚遇人遇物慈祥利济，惟恐失所，如是则生机在在流贯，即此便是代天行道，为天地立心，则其为敬，孰有大于此者乎"⑤。在笔者看来，世界性宗教概有两大类型，一类是以佛教为代表的理智化宗教，注重智慧解脱，没有主宰性的帝天，另一类是以基督教为代表的注重情感和爱的宗教，其上帝全知全能，有主宰性，有类人的情感意志性。而儒家或儒教，我认为是介于二者之间，或情感与理智兼而有之的中和性教化系统，是一套情理交融的人文教化系统，既讲动之以情，也讲晓之以理。儒家注重诗乐、情感、仁爱，这在一定意义上可通于基督教的博爱，早期儒家经典中帝天的主宰性或类人的情感意

---

① 李颙：《二曲集》卷三十八，陈俊民点校，中华书局1996年版，第490页；卷十九，第229页；卷十五，第135页；卷十，第73页；卷十，第74页。

② 同上。

③ 李颙：《二曲集》卷三十八，陈俊民点校，中华书局1996年版，第490页；卷十九，第229页；卷十五，第135页；卷十，第73页；卷十，第74页。

④ 同上。

⑤ 同上。

志性也较为强烈,同时儒家也注重理智,这一点在宋明理学时期由于受到佛教的影响得到进一步强化。全面来看,李颙"对越上帝"、"上对天心"的相关论述体现了儒家教化的情理、天人之间的中和性。儒家虽然重视人文理性,但也能清醒看到理性的边界,这种边界意识使得儒家对无限与不测、超越者、主宰者——天命——充满了敬畏。这种对帝天神明的敬畏意识,是古帝王政治意识的重要方面,如清代的雍正皇帝也曾反复强调说"若朕所行悉合于理,则问心无愧之处,即可以对越神明,而舆情之颂祝与否,皆可置之不问;倘所行不合于理,则虽有祝鳌祈福之繁文,正所谓'获罪于天,无所祷也'"[①]、"朕之此心可以对越皇考,可以对越上天,可以告天下亿万臣民"[②],值得一提的是,"对越皇考"、"对越祖宗"之类的说法从宋代开始出现并流行开来,这也反映了"祖先"在儒教中国宗教意识里的重要地位。

"对越"在中国文化史上的各种诠释与演绎,非常典型地体现了宗教与道德的贯通性,体现了儒家修身的特色。对此,梁漱溟就曾指出:"宗教信徒每当对越神明,致其崇仰、礼拜、祈祷、忏悔的那一时刻,心情纯洁诚敬,便从尘俗狭劣中超脱出来。这实在是一极好方法来提高人们的德性品质,也就是提醒其知是知非的理性自觉,稍免于昏昧。一般人的德性品质常资借信仰宗教而得培养,是所以说道德宗教二者实相联通。"[③] 因此,我们今天对儒家文化的继承与发扬,要注意儒家宗教性与道德性的统一,把儒家说成完全是道德教化,否定或忽视其宗教性的一面,这是不够准确的。梁先生这里关于"对越"的解释——宗教信徒每当对越神明,致其崇仰、礼拜、祈祷、忏悔的那一时刻,心情纯洁诚敬,便从尘俗狭劣中超脱出来,这也让我们想起牟庭所说"敬谨之至,精诚向往,神魂飞越也",由此我们也可以体会到"越"在这里也被赋予了一种对尘俗的超越、超脱,透入神明化境的中国式宗教意蕴。

(作者单位:山东大学儒学高等研究院)

[①] 《雍正上谕内阁》卷五十五,文渊阁《四库全书》本;卷四十六。
[②] 同上。
[③] 《有关宗教问题的疏释》,《梁漱溟全集》第3卷,中国文化书院学术委员会编,山东人民出版社2005年版,第714页。

突破，抑或迷思？
——儒学"内在超越说"的跨文化考察与批判重构

韩振华

一 导语：理论反击，与跨文化问题

20世纪中叶以来，一批华裔学人以"内在超越"（immanent transcendence）来概括儒学甚至整个中国文化的精神特色。"内在超越"这一说法的产生，带有很强的应激性。换句话说，它首先是身处中西文化冲撞旋涡的中国学人，面对西人所持中国观念的冲击，进行的理论自卫、回应与反击。

考察这一问题的"前史"，我们须把目光投向200年前的欧洲。19世纪初，以耶稣会士（Jesuit）为主的天主教传教士向欧洲传递的大量中国知识终于促成了"学院派汉学"的诞生：1814年底，法兰西学院设立了"汉族和鞑靼—满族语言与文学讲座"（Chaire de Langues et littératures Chinoises et Tartares – Mandchoues）。特别值得注意的是，以"法国汉学"为代表的学院派汉学的诞生，其大背景是欧洲高等教育界出现"哲学系"，"哲学史"和"欧洲个性"在理念中融合为一的时代。[①] 如果说，早期耶稣会士从一种准自然神论（或理神论，Deism）的立场出发，在儒学中发现了充足的"自然理性"，进而将孔圣人称为"中国哲学家孔子"[②]；那么，到了19世纪初，欧洲高校哲学系对欧洲个性的构建，不再

---

① 程艾蓝：《"汉学"：法国之发明？》，收录于杨贞德编《视域交会中的儒学：近代的发展》（第四届国际汉学会议论文集），台北"中研院"2013年版，第15—42页。

② 1687年柏应理（Philippe Couplet, 1623—1693）等人编译出版的《西文四书直解》，拉丁文标题即为 Confucius Sinarum。

建基于宗教（基督教）的普适性之上，而是建基于哲学理性的普遍性之上，其结果则是孔子的学说在黑格尔（G. W. Friedrich Hegel）等人那里不再是"哲学"，而只是一位"实际的世间智者"说出的一些"善良的、老练的、道德的教训"①。黑格尔认为孔子的学说欠缺超越性、宗教性，身处"大家长的专制政体"下的中国人并不需要一位"最高的存在"，因而中国宗教在黑格尔那里仅属于低级的"自然宗教"，并没有迈进"自由宗教"的门槛②。黑格尔的以上观点绝非孤鸣仅响，其实是典型欧洲思想的一种折射。故而，这些观点甫一提出，便在西方产生了普遍的应和，其影响一直延续到今天。

"内在超越"说常常与宗教性问题纠缠在一起。一直以来，儒学和中国文化往往被视为一种世俗文化。比如说，梁漱溟就认为中国人"最淡于宗教"，而浓于伦理③。在西方，马克斯·韦伯（Max Weber）的观点可以作为一个代表。在《儒教与道教》（1916）一书中，韦伯认为中国文化中没有超越尘世寄托的伦理，没有介乎超俗世上帝所托使命与尘世肉体间的紧张性，没有追求死后天堂的取向，也没有原罪恶根的观念。换句话说，儒学和中国文化是世俗性的，在这一点上它迥异于西方柏拉图主义—基督教文化传统的超越性传统。

至20世纪中叶，黑格尔、韦伯等人的观点在中国学人那里得到了一种反弹性的回应。1958年，主要由唐君毅起草，唐君毅、牟宗三、徐复观、张君劢联合署名发表的《为中国文化敬告世界人士宣言》，驳斥了黑格尔的观点。《宣言》指出，中国文化虽无西方制度化的宗教，但这并不能说明中国文化只重视伦理道德而缺乏超越性的宗教精神；实际上，中国文化中超越的宗教精神与内在的伦理道德浑融一体，所以，中国文化不同于西方宗教的"外在超越"，而是"既超越又内在"。之后，牟宗三、唐君毅又在《中国哲学的特质》（1963）、《生命存在与心灵境界》（1976）、《中国哲学十九讲》（1983）、《圆善论》（1984）等著作中反复申说这一层意思，遂使"内在超越"说成为现代新儒家论说儒学和中国文化特性

---

① 黑格尔：《哲学史讲演录》，贺麟、王太庆等译，商务印书馆1959年版（2013年重印），第130页。
② 黑格尔：《历史哲学》，王造时译，上海书店出版社2001年版，第130—133页。
③ 梁漱溟：《东西文化及其哲学》，商务印书馆1999年版，第200页。

的经典论述。除牟、唐之外,大部分现代新儒家(特别是梁漱溟、熊十力、刘述先、杜维明、李明辉)都专门论述过"内在超越",主张儒学不同于西方的"外在超越",而注重内在超越。有些亲近儒学的历史学者也持类似的观点:2014年,历史学家余英时出版了《论天人之际:中国古代思想起源试探》①,从比较文化史的角度提出中国文化和思想在轴心突破之后就形成了重"内向超越"(inward transcendence)的倾向,追求"心与道的合一"这种最高境界。不难看出,"内向超越"的提法和"内在超越"具有一种家族相似性。

无独有偶,德国哲学家雅斯贝斯(Karl Jaspers)1949年在《历史的起源与目标》一书中提出了"轴心时期"(Achsenzeit; the Axial Age)理论,认为包括中国在内的四个地区的人类世界(希腊、中东、印度和中国),在公元前800—前200年的时期,开始意识到"整体的存在、自身和自身的限度"。人类体验到世界的恐怖和自身的软弱,而开始探询根本性、超越性、普遍性的问题。耶稣会士翻译儒家经典时表现出很强的理性化倾向,这其实是中世纪后期经院哲学的"遗产"——"圣徒阿奎那(Thomas Aquinas)和其他经院哲学家思想的结合在基督教的理性和宗教性之间创造出了一种完全的和谐",而"耶稣会士的学术性倾向比宗教神秘性倾向更明显"。②

心时期体现了人类哲学和思想的创造性,具有"哲学突破"的性质,换言之,一种文化只有当它发现了"超越性",才可能在轴心时期完成向高等文明的转化。1975年,汉学家史华慈(Benjamin I. Schwartz)发表了《古代中国的超越性论述》③一文,讨论了儒、道、墨三家在"超越"问题上的看法。史华慈认为,孔子、孟子通过聚焦道德精神生活的主体或内在面,关注伦理的内在源头这一内向超越维度,实现了道德规范的内在化(internalized),由此实现了对于外在社会—政治秩序的超越(孟子尤其如此)。

总之,中、西学人关于儒学和中国文化的"内在超越"论,并非产

---

① 余英时:《论天人之际:中国古代思想起源试探》,台北联经出版公司2014年版;中华书局2014年版。

② 参考(美)孟德卫(Mungello E. David):《奇异的国度:耶稣会适应政策及汉学的起源》,陈怡译,大象出版社2010年版,第309页。

③ Benjamin I. Schwartz: "Transcendence in Ancient China", in *Daedalus*, Spring1975, pp. 57–68.

生于绝缘、孤立的文化语境，它从一开始便是中西"冲击—回应"思维模式的产物。从另一角度而言，它是跨文化理解与比较研究的结果；不仅此间的问题意识如此，其理论资源与论证话语也是跨文化的。这一"跨文化"特征为传统的儒学研究增添了新的质素，传统儒学蕴含的某些思想潜能借此得以发挥。但是，正如学者们指出的，"今天，在儒家脉络内外，'天命'与心性的存在与意义，已并非自明之理，而需要概念性、哲学性（而非局限于思想史、学术史）的厘清。"[①]"跨文化"也带来了前所未有的理论困难，"内在超越"说亦遭遇了来自多个思想阵营的质疑。

二 问题化的"内在超越"说

"内在超越"说提出后，完全赞同者有之，补苴罅隙者有之，批评质疑者亦不乏其人，而后者往往来自一批表面上非常讲求学理化的学者。今天我们讨论"内在超越"说，似乎首先应该将其问题化（problematize），而不是将其视为一个不证自明的观点而接受下来。我们首先从中、西学界三种有代表性的质疑观点说起。

第一种质疑的声音来自西方汉学家群体。谢和耐（Jacques Gernet）、安乐哲（Roger T. Ames）、郎宓榭（Michael Lackner）、朱利安（François Jullien）等学者认为，"transcendence"这个词有很强的柏拉图主义和基督教背景，用它来表述儒学和中国思想，其实是格格不入的，而且很可能会引起概念上的混乱。安乐哲这样说时，主要针对的是史华慈和牟宗三。牟宗三在《中国哲学的特质》一书中曾经说："天道高高在上，有超越的意义。天道灌注于人身之时，又内在于人而为人的性，这时天道又是内在的（Immanent）。因此，我们可以康德喜用的字眼，说天道一方面是超越的（Transcendent），另一方面又是内在的（Immanent 与 Transcendent 是相反字）。天道既超越又内在，此时可谓兼具宗教与道德的意味，宗教重超越义，而道德重内在义。"尽管明白牟宗三其实很清楚"Immanent"与"Transcendent"的背反性，但安乐哲仍然认为牟宗三的这种做法不妥。有意思的是，安乐

[①] 钱永祥：《如何理解儒家的"道德内在说"——以泰勒为对比》，载《"国立"政治大学哲学学报》第19期（2008年1月），第13页。

哲并不否认中国传统思想的宗教性！只不过，安乐哲始终强调"诠释孔子思想的三项基本预设假定"，即"内在性"（immanence）与"超越性"（transcendence）的对比、"两极性"（polarity）与"二元性"（duality）的对比、"传统性"（traditional）与"历史性"（historical）的对比。在这种比较框架中，标示儒学与中国文化的是"内在性"、"两极性"和"传统性"，而非"超越性"、"二元性"和"历史性"。倘若以后者来诠释儒学与中国文化，则必然产生圆枘方凿的后果①。与"超越性"论述相对，安乐哲更偏爱"新实用主义"和过程哲学式的解读方案②。

值得注意的是，安乐哲等西方汉学家在质疑"内在超越"说时，除了遵循"transcendence"一词在西文中的严格用法外，还往往沿袭早期耶稣会士的做法，对轴心期孔、孟为代表的原始儒学与汉代及汉代之后的新儒学（特别是宋明理学）做出严格区分。在儒学发展史上，汉代儒学将"宇宙论"纳入自身之中，宋明理学、心学则强化了儒学的"本体论"话语。从个体修养论（工夫论、境界论）的角度看，后世儒家强调人与宇宙的一体化，比如张载的"民胞物与"说、王阳明的"万物一体"说，都是这样。尤其从生命终极关怀（ultimate concern for life）的立场来说，儒学强调个体生命在世的德性修养（"存神尽性"），可以在个体生命终散之后"利天下之生"。王夫之说："是故必尽性而利天下之生。自我尽之，生而存者，德存于我；自我尽之，化而往者，德归于天地。德归于天地，而清者既于我而扩充，则有所裨益，而无所吝留。"（王夫之《周易外传·系辞下传》）他说的就是这样一种"终极关怀"意识。冯友兰说这是"事天"的"天地境界"，笔者认为这是一种类似于宗教情感的"精神转化/升华"（spiritual transformation）。而且，它首先是个体工夫修养领域的精神体验；至于是不是表现为对习俗的批判、超越，反而是一个次要的问题。这是大部分现代新儒家（不包括余英时）界定"内在超越"时的核

---

① 安乐哲：《中国式的超越，抑或龟龟相驮以至无穷》，收录于第三届新儒家国际学术会议论文集《儒学的现代反思》，台北文津出版社 1997 年版。后以《中国式的超越和西方文化超越的神学论》为题，收录于安乐哲《和而不同——比较哲学与中西会通》，温海明译，北京大学出版社 2002 年版。

② 关于英美汉学研究中的"新实用主义"倾向，可参考拙文《"语言学转向"之后的汉语哲学建构——欧美汉学界对于先秦中国思想的不同解读》，《华文文学》2014 年第 2 期，第 22—39 页。

心意义。由于安乐哲等人在质疑"内在超越"说时主要依从轴心时期的原始儒学理念,宋明儒家和现代新儒家发展和强化了的儒学精神性维度并不被看重,这在一定程度上使得他们对儒学的理解是一种"以源代流"的简化主义见解。由于对"transcendence"意涵的理解是提纯后的结果(所谓"严格的用法"),他们将西方思想与"transcendence"画等号的做法也是极为褊狭的。总之,安乐哲等人在对中、西思想传统双重简化的前提下进行中、西思想的比照研究,亦是问题重重的。

第二种质疑"内在超越"说的声音来自分析哲学阵营。冯耀明在《当代新儒家的"超越内在"说》[①] 一文中认为,在严谨的"超越性"意涵之下,"超越性"与"内在性"的概念是互相矛盾而对立的,绝不可能存在有所谓"内在的超越"。牟宗三所说"有绝对普遍性,越在每一人每一物之上,而又非感性经验所能及"者,实只是康德(Immanuel Kant)意义上的"超验",只是就抽象的"普遍性"与"必然性"亦即康德所谓"客观性"的意义上而言之,实非真正意义上的"超越"。以"超越"之名来指称"超验"之实,只会导致概念混乱。后来,在《"超越内在"的迷思——从分析哲学观点看当代新儒学》[②] 一书中,冯氏进一步指出,熊十力、牟宗三、唐君毅等现代新儒家的"超越内在"说不仅不够"超越",甚至也不能说是"内在"。这是因为,熊十力等人的心性论,"背负有本体宇宙论的极沉重的包袱"(《"超越内在"的迷思》第191页),而"对于概念或原理言,我们虽可以心理学地说'内化'或'内具'(internalized),却不能存有论地说'内在'。"(第190页)冯氏进而分别列述南乐山(R. C. Neville)的"创生新说",李维(M. P. Levine)依据克逊(W. D. Hudson)及史麦特(N. Smart)而构想的"泛神新说",杜兰特(M. Durrant)和施士(J. Zeis)分别根据格奇(P. T. Geach)的"同一理论"而发展出的"化身新说"和"位格新说",说明这些比当代新儒家之论说远为深刻而新颖的"超越内在"说,也是难以证立的。

在冯耀明看来,主体心性是传统儒学的根本。而熊十力等人所持论的

---

① 冯耀明:《当代新儒家的"超越内在"说》,载《当代》第84期(1993年4月)。
② 冯耀明:《"超越内在"的迷思——从分析哲学观点看当代新儒学》,香港中文大学出版社2003年版。

"这种'宇宙心灵'吞没了'个体心灵',它的'实体性'之义淹没了'主体性'之义,它带来的'气质命定论'将会使道德觉悟或自由意志成为多余之事,使良知或明觉在生命转化中扮演无可奈何的角色。"(第231页)而分析哲学便如同"奥卡姆的剃刀"(Occam's Razor),本着"如无必要,勿增实体"(if not necessary, not by entity)的理念,可以去除跟儒学心性论捆绑在一起的宇宙实体论残余,恢复儒学的本真原貌。然而正如前述,心性论与宇宙论的合体绝非现代新儒家的向壁虚构,汉代以来的儒学理论建构多有致力于此者。2014年陈来先生出版的《仁学本体论》①,延续了宋、明儒直至现代新儒家的思路(所谓"接着讲"),以"仁体"打通原始儒学、宋明理学与心学、现代新儒学,仍以"形上学"建构为旨归,是统心性论和宇宙论于一炉的最新尝试。分析哲学是一种很好的理论分析工具,但它具有很强的反本质主义、反形上学倾向。当下英美"盎格鲁-撒克逊"传统盛行的是分析哲学的理论方法,倘若不加分析地搬用分析哲学来处置、裁断传统儒学的所有问题,难免产生妄裁历史的反历史主义后果。

第三种质疑来自现代新儒家内部,以及立场接近现代新儒家的学者。同为现代新儒家的徐复观,主张儒学是一种"道德性的人文主义","仁"(自觉的精神状态)引发"无限要求",由此指向"忠"与"恕"(《中国人性论史》)。他复在《儒家政治思想与民主自由人权》一书中主张儒家持一种"道德内在说",而不主宗教意义上的"超越"说。1958年《为中国文化敬告世界人士宣言》发表前,徐复观曾向主笔唐君毅提出过两点修正意见,其中一条便涉及《宣言》中透露出的过浓的宗教意识:唐君毅在原稿中强调了中国文化的宗教意义,而徐复观则认为,中国文化虽原来也有宗教性,也不反宗教,然而从春秋时代起中国文化就逐渐从宗教中脱出,在人的生命中实现,不必回头走。徐复观修改了这一部分的原稿,但唐君毅并没有接受这个修正建议。余英时先生主张以"内向超越"而非"内在超越"来标示中国古代思想的起源特征,在理论初衷上与徐复观相同②。针对牟宗三的"内在超越"说经由实体化的"心体"走向

---

① 陈来:《仁学本体论》,生活·读书·新知三联书店2014年版。
② 余英时:《轴心突破和礼乐传统》,盛勤、唐古译,载《二十一世纪评论》第58期(2000年4月号),第17—28页。或参考《论天人之际:中国古代思想起源试探》第二章。

独断论，李泽厚先生亦曾撰文，明确反对任何形式的超越性，主张以"情本体"来取代超越性[1]。

大陆儒学者郑家栋在《"超越"与"内在超越"——牟宗三与康德之间》[2]一文中，尝试从语词概念的厘清切入来讨论"超越"与"内在超越"的问题：康德将之前混用的 transcendental 与 transcendent 做了明确分辨，完全在经验范围之外的才是"超越"（transcendent）；而"先验"（transcendental）是指作为必要的条件以构成经验的基础之那些先验因素而言。与通常用法不同，牟宗三把 transcendent 译作"超绝"，transcendental 译作"超越"，因为他认为 transcendent 是与经验界完全隔离，一去不返，而 transcendental 则不能离开经验而返过来驾驭经验。牟宗三主张，在儒学传统中，宇宙万物都建基于一普遍的道德实体，而此一普遍的道德实体同时亦即是人的本体——即无限智心／仁体／智的直觉——所以是既超越又内在的。这样，牟宗三神对于人而言之存有意义上的超越性扭转为人自身的超越祈向及其潜能。郑家栋认为，儒家内圣之学包括两条线索：以《中庸》、《易传》为代表的宇宙本体论的系统，以及由子思、孟子一系发展而来的心性论的系统。在今天有关儒家思想"内在"与"超越"之关系的讨论中，人们常常是从前一线索提出问题，又自觉或不自觉地转到后一线索去说明或回答问题；亦即从认定"天命"、"天道"的超越性内涵始，而以肯定吾人的道德心性具有自我超越的内在祈向和无限潜能终。这样一种思路犯了"存有"与"价值"相混淆的谬误。而牟宗三思想的发展，可说是典型地体现了上述理路[3]。

在郑家栋之前，李明辉已经指出牟宗三把 transzendent 译作"超绝"，而把"超越"留给 transzendental；transzendental 意指先验，并非"超乎经

---

[1] 李泽厚：《当代新儒学论衡·前言》，台北桂冠图书股份有限公司 1995 年版。

[2] 郑家栋：《"超越"与"内在超越"——牟宗三与康德之间》，《中国社会科学》2001 年第 4 期。

[3] 无独有偶，学人陈振崑在评论唐君毅的"天德流行"论时，亦指出：虽然唐君毅有意要开展一个"乾坤并建"，"天命"与"性命"并存之"既超越又内在"的天道观，（这在天人关系的阐发上无疑具备了高度的价值，启发了现代人融合宗教精神与人文价值的超越向度。）但却只成就了一种内在于人的主体的超越性。虽然他在理想上挺立了人的孤峭的道德主体性，却同时遗忘了天道涵藏万有、生生不息之动力的开显。见陈振崑：《论天德流行的超越性与内在性——唐君毅先生的天德流行论初探》，《哲学与文化》第 26 卷第 8 期（1999 年 8 月）。

验",所以与immanent(内在性)并非矛盾的概念①。只不过,李明辉出于护教心态,仅仅揭出牟宗三未按康德原意来立论,而安乐哲对牟宗三的理解是错误的;所以未能如郑家栋那样继续指陈牟宗三思想中的断裂之处。

郑家栋没有像安乐哲、冯耀明那样明确地点出自己运用的理论方法,但是其与安、冯的前提预设和论证结论是近似的。概括地说,他们的预设和结论都共享了"现代性"境遇的一些典型特征:知识的独立性,存有与价值的分立,主体性的张扬以及宗教信仰的扬弃。然而,从宏观视角来看,现代新儒家的兴起,因应的正是现代性的大背景;亦即,现代新儒家是世界范围内"反思现代性"思潮的一部分。相应地,以"现代性"的眼光来分析、评判现代新儒家"内在超越"说的自相矛盾,是从一开始便已注定结局的理论演练。这也让笔者想起史华慈在《中国古代的超越》一文中所揭示的,先秦儒、道两家的超越主义都表现出保守、反动的(reactionary)面相,然而认为超越性元素就是要对抗静态的、缺乏反思的传统主义观念,那也是错误的。"超越主义"也可能部分表现为对于高等文明的理性化(韦伯意义上的)、"进步主义"(progressive)倾向的反动。现代新儒家所倡导的儒学"内在超越"说,同样也具有较强的保守(或曰"守成")主义色彩,此点本不必讳言。

三 突围路径:"内在超越"说的理论潜能

对于身处现代性语境的普通读者而言,读懂现代新儒家所讲的"内在超越"说,有一个基本的繁难,即如何才能理解心性论与宇宙论的合体问题。或者用牟宗三《心体与性体》中的话,如何才能理解"道德的形上学"。个中关键之处在于,儒家的道德形上学可以在人的道德性体、心体与宇宙的性体、心体之间建立一体必然之联系,而此点何以可能?即便对于现代学术体系中的专家学者而言,理解此点也属不易。例如,前引钱永祥论文即称,"阅读牟宗三著作的过程中,笔者感到最困难的地方,即在于确定他心目中此处的联系(按,即人之道德性体、心体与宇宙的性体、心体之间的'联系'),应该如何理解"。(第7页脚注11)牟宗三

---

① 李明辉:《儒家思想中的内在性与超越性》,台北"中研院"中国文哲研究所1995年版。

"道德的形上学"最终落脚点在"形上学",而钱永祥"道德内在说"所讲"道德的实践之可能性与条件",在整体思路上似乎属于牟氏所谓的"道德底形上学"(康德)范围,因此是歧出的。"万物一体之仁"是钱氏"感到最困难的地方",认为"道德内在说涵蕴着什么样的形上学结论","陈义太高","是很棘手(但也有趣)的问题",最终存而不论。这似乎是一块概念式"论证"永远无法自行抵达的领域,而只能诉诸"体证"或所谓"智的直觉"。"内在超越"说的精微之处,有点拒斥概念式论证,而更多指向儒学的工夫论、境界论,有自我神秘化之嫌,这在一定程度上冲击了学术界和一般读者对其的理解与诠释。

另一方面,如前文所述,如果说"内在超越"说之提出,主要是要反驳黑格尔、韦伯等西方学者对儒学和中国文化缺乏超越性的批评,那么,现代新儒家学者理应依循批评者所使用的"内在"、"超越"之定义来作出反驳;若随意变换批评者所使用的定义,则难有反驳之可言。但事实是,西文严格定义中的"既超越又内在"必不能证立,而牟宗三为代表的现代新儒家并未严格依循康德等西方哲人的定义,这难免有偷换概念之嫌。既如此,以儒学与中国文化的"内在超越"回应西方的"外在超越",便成了鸡同鸭讲,无法构成真正的比较研究和对话,而只是一场虚拟的自说自话而已。用安乐哲的话来说,"超越性"话语是毫无生气的。就此而言,提出"内在超越"说其实甚无必要。

然而,"内在超越"说因此便是无效的累赘话语吗?笔者的回答是否定的。首先,"内在超越"说固然有其因应西方批评的面向,但同时亦有其源于儒学自身思想传统的强大概括力。不管是儒学的哪个流派,都强调主体心性的重要性;不管是哪个时代的儒学,亦多强调主体心性与道德宇宙的沟通、连结。尽管心性与宇宙的连续性在今天已不再是一个不言自明的命题,但"内在超越"说所指涉的"万物一体"观念是儒学史上无法抹煞的一种重要存在。就此而言,"内在超越"说有其阐说立论的有效性。当我们论说传统儒学的"形上学"思想时,"内在超越"尤其是无法避开的一种论述[①]。

[①] 友人齐义虎提示笔者,"万物一体"强调的是万物之间的连续性,而"超越"一词却标志着一物对另一物的疏离、相胜,这两个词的内在意义指向是迥异的,因此最好延用中国自己传统的术语来进行表述。这一提示很有针对性,却有自我封闭化和拒斥跨文化思想对话的嫌疑,故笔者不取。

其次，倘若由于"内在超越"说存在着巨大的理论困难，便对其采取一种折衷变化，比如说仅强调"内在性"而不谈"超越性"，那么产生的问题可能更多。在西方汉学家那里，突出儒学与中国文化的"内在性"，并与西方文化的"超越性"进行对比研究，是一种较为流行的进路。除了前文提到的安乐哲以外，朱利安是目前致力于此而影响最大的汉学家。在《过程或创造：中国文人思想导论》(Procès ou Création: Une introduction à la pensée des lettrés chinois, 1989)、《内在之象：〈易经〉的哲学解读》(Figures de l'immanence: Pour une lecture philosophique du Yi king, le classique du changemen, 1993)、《从"存在"到"生活"：中欧思想关键词》(De l'Etre au Vivre. Lexique euro-chinois de la pensée, 2015)等著作中，朱利安反复申说中国哲学的"内在性"与"非超绝性"①，并与欧洲思想的"超绝性"进行对比。"天"在中国思想中并非表征着形而上学的超越维度，而只是表示一种"绝对的内在性"。汉学家毕来德(Jean François Billeter)批评朱利安理想化了中国思想的"内在性"，严重忽视了"内在性"与中国中世纪专制政治(despotism)之间的密切关系。然而，中国思想之"内在性"严格说来只是西方汉学史上长期形成的一个"神话"或"迷思"(myth)！朱利安和毕来德都未经反思地接受了这一"成见"，从而严重忽视甚至否认了中国思想中的超越性或批评性维度。他们的争论可谓激烈，亦各有其"洞见"之处，然而由于未能将这一成见"问题化"，到头来争论的只是谁能对"内在性"这个未经反思的错误前提断言做出更恰如其分的评价，终究是盲视的。

又如，余英时主张以"内向超越"说取代宗教意味浓厚的"内在超越"说，这一做法用于描述轴心时期儒家思想的起源是比较恰切的，但是却无法完全涵盖儒学从汉代至宋、明的后续发展。相比"内在超越"说，"内向超越"说的理论概括力来得要弱一些。另外，"内向超越"标示了一种彻底的人本主义向度，而缺失了宗教超越维度。世俗化是现代性的一个重要取向，但世俗化之后的现代人往往丧失对天、地、人的敬畏，

---

① 朱利安区分了"超越"(going beyond)和"超绝"(above and cut off)，他认为中国思想有超越性层面，但这种超越并不指向一种绝对的外在性，而指向"内在的绝对性"(absolution of immanence)。

更容易陷入虚无主义的泥淖。哲学家查尔斯·泰勒（Charles Taylor）在现代世俗世界之中倡导宗教（再）皈依，就是要向宗教和超验现实敞开自己的心灵，以突破现代社会唯我独尊的人本主义内在框架，让自己进入一个更广阔的天地①。显然，"内在超越"说所包含的宗教信仰维度更能与泰勒的主张展开跨文化对话②。而从比较哲学/神学的视域来看，美国波士顿学派的南乐山（Robert C. Neville）、白诗朗（John Berthrong）透过"过程神学"、"创造性"等概念进行的儒（特别是朱熹代表的理学）、耶对话，是这一跨文化对话的最新成果之一。

如果说以上两点还只是对"内在超越"说之必要性的有限辩护，那么，借鉴德国法兰克福学派批判哲学的思路，充分挖掘并发挥"内在超越说"包含的文化批判潜能，是这一学说打破单一的宗教性/精神性理解模式，实现哲学重构的可能路径。"内在超越"说与儒学的工夫论、境界论息息相关，这使得对于"内在超越"说的理解，常常停留于重视个体身心修养和精神转化的心性论（即所谓"内圣"）领域。这一理解模式当然是非常重要的。然而，"内在超越"说其实从一开始也具有丰富的文化批判潜能，而此点却常常被人忽视。

法兰克福学派向来以其"批判理论（critical theory）"闻名。到1960年代，哈贝马斯（Jürgen Habermas）通过在认识论层面上讨论"知识"，将"批判性知识"确认为一种独立于"自然科学"、"人文科学"之外的、以自我反思和解放（emancipation）为导向的认知与兴趣类型③。与这种批判理论相关的哲学释义学，在方法论上要求通过一种"理性重构"（rational reconstruction）来完成对批判性"潜能"的释放。所谓"理性重构"，是指把存在于特定类型现象背后的那些普遍而不可回避的、然而

---

① Charles Taylor: *A Secular Age*. Cambridge, Massachusetts and London, England: The Belknap Press of Harvard University Press, 2007, p.768.
② 任剑涛教授认为，"内在超越说"并不是传统儒家的本然追求，而且，在现代处境中，没有必要将儒学的宗教性引为儒家价值辩护的方式；儒家强调基于道德信念的秩序安排，具有跟基督教一样的收摄人心、整合社会的作用（见《内在超越与外在超越：宗教信仰、道德信念与秩序问题》，《中国社会科学》2012年第7期；此文收录于其《复调儒学：从古典解释到现代性探究》，"国立"台湾大学出版中心2013年版）。笔者并不同意其对"内在超越说"与传统儒学关系的判定，但赞赏其基于"现代处境"对传统儒学资源的价值重构。
③ Jürgen Habermas: *Erkenntnis und Interesse*, Frankfurt am Main: Suhrkamp, 1968.

尚未结构化的前提条件，通过明晰化、系统化的理论表述出来。它与智力的深层结构息息相关，其任务不是描述现实中所是的事物（"实然"），而是按照应该是的样子确立现实事物赖以存在的前提条件（"应然"）。借助这种"重构"，一种前理论的实际知识（know how），可以整合到确定的理论知识（know that）之中。儒学"内在超越说"所包含的文化批判潜能，可以通过"理性重构"而得以充分释放，并参与当下的文化对话。

关于儒学包含的批判性潜能，汉语学界已有的论述，多强调传统儒学藉心性之说确立"道统"以与"政统"抗衡的一面。然而，一方面，这种论述往往停留于"实际知识"的层面，未能立足于理性重构，其哲学建构性尚不充分。另一方面，这种论述亦有意无意流露出儒家以道统自任本身具有的浓厚保守气息，儒学由此便仿佛自异于现代社会之外，而缺乏一种思想/文化建构的参与意识。无疑，开掘儒学"内在超越说"的文化批判潜能，需要一种更为宏大而纵深的视野，以及一种更具普遍主义色彩的视角。

我们不妨同时将目光转向域外的中国哲学研究界。在诠释儒学和中国古典文化时，首先将"超越性"与文化批判意识明确关联起来的，是汉学家史华慈。他曾经指出，轴心时期的中国思想家认识到，在规范性的社会政治文化秩序与现实状况之间存在着某种可悲的鸿沟。而在这种介于理想的社会秩序与实际状况之间的断裂感中，存在着不可否认的超越因素；"天"就是关心儒学救赎使命的超越的意志。换言之，理想与现实之间的差距与张力本身就蕴含了理想对于现实的超越性，以及与之相关的深度批判意识与反思性；而这种超越性和批判意识的源头，则是"天命的内在化"。历史学者张灏以"超越的原人意识"为关键词来概括轴心时期思想创新的根本特征，而其重要表现之一就是超越的心灵秩序与现实政教合一的"宇宙王权"（cosmological kingship）的紧张性，以及其中蕴含的突破契机[①]。

而能够将轴心时期儒家伦理学与批判哲学结合起来的最佳范例，笔者以为应首推德国汉学家罗哲海（Heiner Roetz）。在 20 世纪 90 年代初出版

---

① 张灏：《从世界文化史看枢轴时代》，载《二十一世纪评论》第 58 期（2000 年 4 月号），第 4—16 页。

的《轴心时期的儒家伦理》①一书中，罗哲海将包括儒家伦理在内的先秦哲学、伦理学置于传统习俗伦理崩解的时代背景中，强调它们是应对社会和文化危机的产物：传统的确定性（特别是伦理）已经土崩瓦解，这是中国道德哲学得以形成的根本问题语境。先秦诸子各家的思想建构，都处于"具有世界史向度的早期启蒙新纪元"之中；跟之前相比，它们在思想上实现的"重大突破性进展"表现在："通过反思和超越性、而不再为实体性和生命的局限性所囿，神话意识形态为理性所战胜，个人主体的发现，向历来接受之一切事物加以质疑，在两难困境中慎重思索，以及历史意识的发展等。"②在罗哲海看来，就孔子、孟子的大体而言，儒家并没有像"前儒家文献"那样强烈地从超越性的上帝、天那里为伦理学寻求终极凭据，亦即，儒家的"道"是由人自行主动培养，而非通过任何天国（宗教论述）或本体论（形上学话语）的规范来预先定位③。然而，儒家伦理学却同样获得了"后习俗"（post-conventional）层次的批判立场和对于现世习俗的超越。孟子以他那人心中存在道德发端的理论以及他的道德现象学把握住了伦理学的一个关键："人类具有不依赖传统，仅靠自身而发展出道德的可能性。"④而且，孟子由此还获得了一个激烈批评暴政的立足点——执政者如果没有从人类具有道德潜能的角度来运作政治，那么就是"罔民"、"率兽而食人"。

罗哲海对儒学文化批判潜能的重构，是借助"轴心时期"理论、"后习俗"理论的双重视野展开的。而其所以能如此申论，则与其领受的法兰克福学派批判理论有着密切关联⑤。他认为，"'重构'意味着以一种与

---

① Heiner Roetz: *Die chinesische Ethik der Achsenzeit. Eine Rekonstruktion des Durchbruchs zu postkonventionellem Denken*. Frankfurt/M.: Suhrkamp, 1992. 英译：*Confucian Ethics of the Axial Age: A Reconstruction under the Aspect of the Breakthrough toward Postconventional Thinking*. Albany: State University of New York Press, 1993. 中译本：《轴心时期的儒家伦理》，陈咏明、瞿德瑜译，大象出版社2009年版。
② 罗哲海：《轴心时期的儒家伦理》，中译本，第34页。
③ 这也是罗哲海批评杜维明的原因之一，参考 Heiner Roetz: Confucianism between Tradition and Modernity, Religion, and Secularization: Questions to Tu Weiming, in *Dao*, Vol. 2008, No. 7, pp. 367–380。
④ 罗哲海：《轴心时期的儒家伦理》，中译本，第274页。
⑤ 参考拙文《"批判理论"如何穿越孟子伦理学——罗哲海（Heiner Roetz）的儒家伦理重构》，《国学学刊》2014年第3期，第130—140页。

古人之真实意图相应的方式对其思想加以重新整合,而取代复述他们那些相当庞杂不清的理论;并且要根据我们今日所面临的伦理学问题而加以充分利用"①。罗哲海将这种诠释学称为"批判性现代重构",并与安乐哲等美国实用主义汉学家的"复辟/复原论"自觉划清了界限。值得注意的是,罗哲海的论述有意避开了儒学"内在超越说"的本体论维度,而着重发挥了其批判性潜能,从而与西方近代以来的启蒙传统构成了深层次对话。在让儒学(尤其是儒家伦理学)参与当代尖端对话的维度上,罗哲海做出了值得赞赏的努力。

罗哲海的弟子、汉学家何乏笔(Fabian Heubel)也认为,现代新儒家的"内在超越"说富有发展潜力:"对批判理论而言,内在性与超越性的关系是重要的,因为牵涉到批判如何可能的问题。"所以,由"即内在即超越"的角度有助于理解当代批判思想的发展方向②。虽然新儒家哲学与批判理论之间存在的鸿沟难以彻底跨越,跨文化研究的难度不容低估,但是,像"内在超越"说这样的"混血"命题,超越了朱利安式的相互绝缘的对比研究模式,体现了一种真正有"孕育力"(fertility;fécondité)的跨文化立场,仍是值得肯定的思想进路。

四 小结

综上所述,儒学"内在超越"说合心性论与宇宙论为一炉,既蕴涵了宗教性诠释的可能,又包容了文化批判性的丰富潜能。前者指向内在的工夫论、境界论等个体修养论内容,后者则指向外在的政治—文化批判性发挥。前者标示了儒学的宗教性、精神性,而后者则标示了儒学的批判性。

牟宗三、唐君毅所讲的宇宙论意义上的超越性,是接着宋明儒而讲;而其对"内在"之强调,则与近代西方哲学的主体性哲学合拍。遗憾的并不是牟、唐无谓地沿用了宋明儒的宇宙论,而是他们并没有在批判哲学

---

① 罗哲海:《轴心时期的儒家伦理》,中译本,第7页。另可参考:Heiner Roetz: Gibt es eine chinesische Philosophie?, in Information Philosophie, 30. Jg., Heft 2, Mai 2002, p. 31.

② 何乏笔(Fabian Heubel):《跨文化批判与中国现代性之哲学反思》,载《文化研究》第八期(2009年春季号),第125—147页。

意义上张扬儒学的外在批判性，最终极易滑向那种单纯突出心性儒学的进路。与之相关，蒋庆等偏爱今文经学的学人，通过开掘和复兴所谓"春秋公羊学"的政治儒学面向，批评港台新儒家只讲心性，不讲政治；只讲内圣，不讲外王。然而，蒋庆的这种论述其实窄化（甚至僵化）了儒学批判性的全部可能。

儒学"内在超越"说是一个文化"混血"的哲学命题，标示着中国古典哲学的当代诠释早已成为一项"跨文化"的事业。在经典诠释过程中，如何经由批判性的现代重构，超越那种相互绝缘的对比研究模式，走向一种真正有"孕育力"的跨文化立场，避免使中、外文化停留于一种死板僵化的、避免"受孕"的、各居其位的静态分析，仍需细细思量。

（作者单位：北京外国语大学中国语言文学学院）

论作为中国哲学诠释视域的中国政治哲学

秦际明

自 21 世纪初以来，国内学者对中国哲学的学科合法性作了激烈讨论与深刻反省[1]。参与讨论的多数学者认为，现代中国哲学对中国传统经典的阐释带有明显的"以西解中"乃至于"反向格义"的痕迹，甚至可以说是西方哲学在中国，而非中国思想学术的自我表达[2]。因此，究其实质，现代中国哲学乃是一种比较哲学，是将西方哲学的范式与视角应用于中国传统思想的产物。其根源是 20 世纪初以来中国在与西方的遭遇中惨败，西学在东方赢得了主导地位，中国传统思想学术式微。20 世纪初科举废止，经学解体，儒学所传无地，只有部分心性论的内容在现代新儒家那里以现代的形式有所保存。

现代中国哲学的建构有其特殊的政治处境，中华文明作为整体在现代社会的命运悬而未决，但在救亡的迫切中，模仿先发国家成为多数人的认识。因此，现代中国哲学作为一个学科事实上以某种西方现代政治哲学为立场，并据以评论中国古代传统的政治思想。中国哲学与西方在形而上学层面的比较研究并不具有独立的学术地位，而是受制于人们对何所谓现代文明及其政治表达的理解。因此，为了更好地理解中国自身作为一种文明，需要抽离西方的立场，而这需要更为深入的中西思想比较研究为基础。在这方面，政治哲学作为理解一种文明更为完善的表达形式，是一条重要的切入路径。

---

[1] 彭永捷主编：《论中国哲学学科合法性危机》，河北大学出版社 2011 年版。

[2] 刘笑敢：《诠释与定向——中国哲学研究方法之探索》附《关于"反向格义"之讨论的回应与思索》，商务印书馆 2016 年版，第 415—448 页。

一 现代中国哲学诠释的局限

现代中国哲学的困难在于，基于特定的现代文明理念，许多中国哲学学者需要将传统的中国思想解释成西方哲学与西方现代政治观念所能够理解和接受的学术体系，而实际上这种解释可能与中国古代本身的思想相去甚远，因而基于不同立场的现代诠释之间就可能相互矛盾。学界关于现代中国哲学诠释方法已有非常丰富的讨论。乔清举《中国哲学研究反思：超越"以西释中"》[1]一文提出现代中国哲学研究未能超出"以西释中"模式，实属文化比较，中国哲学需要新的哲学构建以为世界哲学作出贡献。朱汉民《经典诠释与义理体认——中国哲学建构历程片论》[2]一书对现代中国哲学的经典诠释能否把握到中国思想的真实意义作了反思，认为应当在中国哲学建构中以传统的义理之学来取代用中国哲学史料表达西方哲学观念的做法。刘笑敢认为西方现代的哲学诠释学为中国的哲学诠释传统提供了理论的支持，同时，中国的哲学诠释传统有异于西方诠释学，可以丰富和发展诠释学理论。刘笑敢《"反向格义"与中国哲学研究的困境——以老子之道的诠释为例》[3]引起了学界对中国哲学诠释方法的再次热烈讨论，后又出版《诠释与定向——中国哲学研究方法之探究》（2009）一书对现代中国哲学的诠释方法作了总结。刘氏将现代中国哲学学科的研究方法称为"反向格义"，并以老子道论为例指出该方法与中国传统思想难以缝合。张汝伦、张祥龙、郭晓东等对中国哲学界通过汉译西方哲学然后反以诠释中国思想的做法表示反对，认为这是用误读的西方哲学来误读中国哲学。如郭晓东提出中国哲学应回到传统的经学与子学，恢复古代术语的有效性，以作为民族精神的表达者。

这些讨论极大地拓展了我们对中国哲学学科的认识，丰富了我们对中

---

[1] 乔清举：《中国哲学研究反思：超越"以西释中"》，《中国社会科学》2014年第11期。
[2] 朱汉民：《经典诠释与义理体认——中国哲学建构历程片论》，新星出版社2015年版。
[3] 刘笑敢《"反向格义"与中国哲学研究的困境——以老子之道的诠释为例》，《南京大学学报》2006年第2期。

国哲学诠释方法的理解。针对"援西入中"或谓"反向格义"的特定做法,学者们各抒己见,一则认为应当纠正对中国哲学的误读,也有学者认为尽管有种种遗憾,西方哲学仍然是中国哲学诠释与创新的资源与契机,而不能因此而走中国传统的回头路,是以对现代中国哲学的诠释方法评价不一。西方哲学固然是当代社会处境中看待中国传统不可或缺的视角,但此间亦有高下之别。简单套用西方哲学概念、政治原则与价值判断来裁取中国传统思想与中国历史实践,与体察西方学术思想之理路,与中国之道作深刻对话,这两种做法皆有取于西方学术,但绝不可混为一谈。只有通过深入研究西方之道与中国之道,对二者之得失皆有所洞察,才能够称得上哲学比较与创新。在这方面,20世纪的中国哲学是存在先天不足的,即在对西学不求甚之时评判中国传统之学术过于匆忙,由此而制造了许多"冤假错案"。

中国传统的学术思想术语作为被诠释对象意味着其有效性需要经受现代西方学术的审查与过滤,然后才能进入现代公民的视野从而获得理解。这典型地表现在现代新儒家用"道德形上学"的观念对中国传统儒家所做的搜查与筛选,以及自由主义通过以专制为名的审判在中国历史上寻找民主与权利思想的蛛丝马迹。这些做法对于现代学术来说具有其特定的意义,不过需要指出的是,这些做法假定了一些似乎是不言而喻的前提条件,即只有民主与专制、权力与权利或自由这样的分析框架才是有效的政治学;以及,中国传统思想只有能够纳入宇宙论、本体论、认识论,具有形而上学的超越层次,才达到了哲学理论的水平,才能称之为中国哲学,其有效性才能够确立。在许多论者看来,这并没有贬低中国思想的意思,因为中国传统的民本思想也许能给现代民主带来启示,而这是西方民主思想本身所不能提供的;中国思想所包含的宇宙论与本体论不同于西方哲学形态,是人类思维形式多样性的体现,丰富了人类文化生活的样态,尤其是在道德形而上学与修养境界上,中国哲学可以说是对世界哲学发展的突出贡献。不过,中国思想文化形态与历史社会形态与西方相去甚远,在西方学术思想范畴的观照下,中国往往显示出种种非典型性的形态,如在杨庆堃《中国社会中的宗教》(1967)的观照下,韦伯的《儒教与道教》世俗与超越的神圣之二分法显然不能切合中国人的信仰传统。翟学伟的《儒家的社会建构》一文亦澄清了公共领域与私人领域之二分法何以不能切合于中国传统社会的结构方式①。拙著《君统、宗统与家国关系》一文亦分析通常所用"家国同构"之中国历史社会分析范式的不当之处②。另一方面，西方的研究是按照现代学科体系划分了细致而严密的领域，但这些领域划分不一定切合于社会本身的整全性与复杂性，更难以切合于中国古代社会的整全性与复杂性。

儒家是中国传统思想之大宗，20世纪对儒家的正面论述除了冯友兰先生的"新理学"之外，尤以新儒家为突出的代表。现代新儒家之中，又尤以牟宗三先生的理论建构最为宏大，影响也最为广泛。牟氏之学的宗旨是以"道德形上学"来诠释儒家之精义，斩断儒家外王之业，代之以新外王——民主、科学。在这方面，唐文明《隐秘的颠覆》、高小强《天道与人道：以儒家为衡准的康德道德哲学研究》、陈畅《理学道统的思想世界》等均对牟氏通过康德哲学、道德哲学来理解儒家做法从学理的角度提出批评，认为牟氏的做法无视儒家道统，强行纳入康德的道德哲学体系，丢弃和曲解了儒家义理。因此，我们提出，中国政治哲学的性质与使命不在于要在现代学科体系中寻找一个栖身之处，也不是要重新在西方诸学术中寻找某种学科与理论来诠释中国思想与中国社会。政治哲学重新提出就应当是跨学科的，或者说是超越现有人文社科诸领域划分的研究视域，只有如此，我们才能摆脱西方学术思想范畴与现代学科体系阈限对中国思想与中国社会之研究与诠释的束缚。

现代中国哲学建构对中国传统思想尤其是儒家的诠释离不开时代背景，实际上是中西文明相遭遇的产物，尤其是西方文明及其学科话语压倒中国文明的产物。只有立足于中西文明比较，才能够真正理解现代中国哲学的基本理路。如果我们把政治哲学理解为一种文明所包含的价值、信仰、伦理、制度、政治观念及其生活方式的总体现，那么我们可以说，现代中国哲学就其实质而言是一种政治哲学。中国古代思想也可以是一种政治哲学，这两种政治哲学之间存在着复杂的关系。通过政治哲学，我们可以将中国哲学建构中的中西古今之间的观念差异看得更清楚。

---

① 翟学伟：《人情、面子与权力的再生产》，北京大学出版社2013年版。
② 秦际明：《君统、宗统与家国关系》，《光明日报》（国学版），2013年11月11日。

二　现代中国哲学建构的政治哲学基础

西方的哲学学科及其相关的宗教、伦理与社会文化观念一进入中国，其政治性就凸显出来。张之洞学制改革，坚持以传统经学，拒绝引入哲学学科。他认为："中国之衰，正由儒者多空言而不究实用。……近来士气浮嚣，于其精意不加研求，专取其便于己意者，昌言无忌，以为煽惑人心之助，词锋所及，伦理、国政任意抨弹。假使仅尚空谈，不过无用；若偏宕不返，则大患不可胜言矣。"① 张之洞反对西方哲学引入中国之学堂的理由不只是文化的差异，而在于中国之兴衰、伦理之废存，其坚持中国经学的政教意义自不待言。与此相类，主张废经学而援用包括哲学在内的西方学科之学者其政治态度亦至为明显。

1912年4月，中华民国成立不久，蔡元培出任教育总长，上任之初即发表了与记者关于教育方针的谈话，全文包含两个问题，一是藏、蒙诸族教育与汉族一并还是各自独立，二是经学的地位问题。前者处理民族关系，后者处理现代社会与传统学术之关系，这都是新政府办教育的两大基本问题，显然，这皆有待于民国政府基本的政治主张而后定。同样主张教育改革，革命派的理念与晚清的改革存在着根本的差异，虽然他们在目标上也有一致处。其中孔子的地位问题是双方争持的核心。蔡元培明确提到他所施实行的新教育与清末学制改革的区别："满清时代，有所谓钦定教育宗旨者，曰忠君，曰尊孔，曰尚公，曰尚武，曰尚实。忠君与共和政体不合，尊孔与信教自由相违。"② 在蔡元培先生看来，传统的经学之所以应分入哲学、史学、文学诸科，就在于经学所具有的政治意识已经不合于时代了，而应代之以新的公民道德。早在1902年蔡氏就怀有伦理革新之雄心壮志了。

"我国伦理之说，萌芽于契之五教。自周以来，儒者尤尽力发挥之。顾大率详于个人与个人交涉之私德，而国家伦理阙焉。法家之言，则又偏重国家主义，而蔑视个人之权利。且其说均错见于著述语录之间，而杂厕

---

① 张之洞：《筹定学堂规模次第兴办折》，光绪二十八年十月初一日。
② 蔡元培：《对于新教育之意见》，《蔡元培全集》卷2，中华书局1984年版。

以哲理政治之论，无条理，无系统，足以供专门家参考，而甚不适于教科之用。西洋伦理学，则自培根以后，日月进步，及今已崭然独立而为一科学。"① 至此，蔡元培先生与张之洞在经学废存与哲学、伦理学之学科设立之间所争执的关键点是一致的，只是观点有异，张之洞认为不可以哲学乱中国的政治、伦理秩序，而蔡元培恰恰认为固有的政治文化与伦理道德已经不合于时代的需要，而就能以西方现代价值观念加以革新。

蜀人谢无量先生虽然写了一部《中国哲学史》，但我们并不认为他是中国哲学学科的创立者，其原因正在于他没有真正的现代政治意识。我们通常认为第一部真正意义上的中国哲学著作是胡适先生的《中国哲学史大纲》，因为他在这一部著作中明确表达了以西洋哲学方法与框架来整理中国历史材料的中国哲学建构方法，更在于胡适先生在政治伦理等方面的价值观念上更新了。他认为诗人时代产生于对黑暗专制的政治批判，萌生了思想独立的意识，进而才有老子、孔子这样的哲学家的产生。

现代新儒家是中国哲学建构中非常关键的环节。胡适先生只是开了个头，实际的本体哲学建构与民主、民本这样的政治思想是由现代新儒家确立的。熊十力通过哲学思辨的方式来建构中国形而上学，来解决人生信仰与价值问题。另一方面，熊十力将其哲学体系作为六经的义理，并以此裁取传统的儒家。事实上，熊十力所言儒学、经学，其实是近代革命批判儒家的剩余物。

晚清革命所革的除了满清王朝的命，一并革掉的还有儒家。熊十力本是参加武昌起义和护法讨袁的革命者，推翻满清主张民族主义，讨袁在于反对帝制，主张民主主义，再加上经济上的平均主义，构成熊十力政治思想的底色。基于这样的政治思想，熊十力力辨六经之真伪，孔子思想之真伪。熊十力提出："孔子外王学之真相究是如何，自吕秦、刘汉以来，将近三千年，从来无有提出此问题者。吕秦以焚阬毁学，汉人窜乱六经，假藉孔子以护帝制，孔子之外王学根本毁绝，谁复问其真相。清末欧化东渐，守旧者仍护持汉代所揭纲常名教，革命党人则痛詈六经为皇帝之护符。"② 熊十力认为真实的孔子应当是一位崇尚平等与民主的革命者，主

---

① 蔡元培：《中等伦理学序》，《蔡元培全集》卷1，第169页。
② 《熊十力先生全集》卷6，湖北教育出版社2001年版，第449—450页。

张天下一家、天下为公，反对阶级剥削与私有制，其真实思想体现在《易传》、《周官》、《公羊》三世说与《礼运》大同等经籍中。然而，这样的孔子势必与三代之礼制相冲突，熊十力认为六经中言礼制者为汉儒之伪造。基于这样的经学观与历史观，熊十力认为只有部分先儒学与部分的先秦政治实践尚有可取，秦汉以下为封建专制一无所是，斥秦汉以下之儒为奴儒。"汉武与董仲舒定孔子为一尊，实则其所尊者非真孔学，乃以禄利诱一世之儒生，尽力发扬封建思想与拥护君主统治之邪说，而托于孔子以便号召，故汉儒所弘宜之六艺经传实非孔门真本。"①

熊十力一意以民主、大同与否为取舍，将中国传统的人伦与礼制一并否定。如论孝弟，"《论语》记孔子言孝，皆恰到好处。皆令人于自家性情上加意培养。至《孝经》便不能无失。于是帝者利用之，居然以孝弟之教，为奴化斯民之良好政策矣"②。对《孟子》之裁取亦如是，"孟氏民主意义固多，如曰'民为贵'，曰'闻诛一夫纣矣，未闻弑君也'，大义炳如日星矣，但宗法社会思想亦甚深，如曰'学则三代共之，皆所以明人伦也'，曰'尧舜之道，孝弟而已矣'。其明人伦，即以孝弟为德之基，宋、明儒所宗主者在是。然专以孝弟言教言治，终不无偏。"③

熊十力的问题是，他要维护儒家与六经的尊严，认为如果儒家与六经全盘打倒，那么中国人将再也立不起来；但如若要尊儒家与六经，里面的大量内容与熊十力的社会政治思想相冲突。熊十力反对帝制，主张民主，而儒家与六经是以君臣为政治之纲的，在他看来这便有根本的矛盾；维护平等、博爱，但传统的伦理观念是有尊卑远近之别的；主张经济上的均平主义，而传统的儒家治理虽然以天下太平为理想，但并不真切推行均平主义。熊十力并没有在二者之间寻求历史与义理的沟通，而将历史作一裁剪，即，符合其政治主张的，他便认其为真儒，真经，不符合其政治主张的，便指为奴儒伪经。并且，为了维护其对儒家的政治理解，儒家的义与礼皆是汉儒篡改的小康制度，皆是为了维护皇帝的专制统治，是奴儒之所为，那么，去除了义与礼，儒家便只有一个仁的理想。熊十力综合佛学与

---

① 《熊十力先生全集》卷3，第329页。
② 《熊十力先生全集》卷3，第766页。
③ 《熊十力先生全集》卷7，第581页。

西方哲学，又进一步将这仁诠释为本体流行。无论是在哲学形而上学建构，还是在中国古代政治的现代批判上，其弟子牟宗三都大大地推进了。

冯友兰先生撰于1940年的《新事论》是对《新理学》的实践运用，其副标题是"中国到自由之路"。至于任继愈先生、侯外庐先生的中国哲学史与中国思想史叙事，乃至于刘泽华先生的王权主义，与熊、牟、徐之政治思想虽有差异，但在对中国历史文化之专制批判是高度一致的，都脱胎于晚清民初以来的革命话语。余英时先生虽为钱穆弟子，但其现代政治意识实与胡适及新儒家一致。

由此我们可以看到，中国哲学之所以要采取哲学这一学科来叙述中国传统思想，是基于一个基本的政治哲学判断，即中国作为一种文明，其政治意义与伦理意义何在？在清末民初之际，革新者倾向于否定的回答。即，如果古老的中国在现代社会没有前途，这个责任应归之于中国文化，正是因为中国文化的种种缺陷，产生了专制的、不平等、不自由的伦理思想与政治制度，所以造成了中国的落后。从这里自然的推论就是中国应当革去传统之物，而应向西方先进文化学习。存在分歧的只是学习哪一种西方，对中国传统之物是完全摒弃还是加以改造？现代新儒家的中国哲学建构大致来说是后一种态度，即中国传统之物在西方哲学与西方文化的框架是仍然是有意义的，甚至在形而上学与生命道德方面还有优越于西方的地方，只是其意义不能再用中国传统的那一套概念来讲，而需要通过本体论形而上学与道德形而上学的西方话语来讲。而先秦以降的中国政治之专制黑暗是其共识，应当转换为现代的民主政治系统。

由此来看，现代中国哲学本身即是一门产生于特定政治处境、具有特定政治观点的政治哲学，是现代民主政治的一个分支。只有将现代中国哲学把握为一种政治哲学，厘清现代中国哲学叙事中的西方文明理念，即本体之为超越者、神圣者，以及平等、民主、自由的价值观念，我们才能够真正理解中国哲学诠释何以异于中国传统思想本身。

三　从政治哲学的视域来看后发国家的文明处境

政治哲学在西方世界大约是20世纪下半期开始复兴。列奥·施特劳斯自20世纪中期以来关于政治哲学就有多种著述，使政治哲学成为学界显学的则是罗尔斯《正义论》所激起关于政治哲学的激烈讨论，推动了西方政治哲学的繁荣。受西方学术的影响，国内政治哲学方兴未艾。其实不只是今日，早在现代中国哲学学科建立初，胡适、冯友兰等就将老子、孔子等思想的政治观称之为政治哲学或社会政治哲学、政治社会哲学。胡适将政治哲学界定为"社会国家应该如何组织，如何管理"①，冯友兰所规定的"人生论"由人究竟是什么者（心理学）与人究竟应该怎么者（伦理学与政治社会哲学）构成②。其所谓政治哲学，大抵是人应该如何组织成社会与国家的意思。周桂钿先生是较早对中国传统政治有专门研究与著述的学者，他认为儒家外王之学即是政治哲学，讲德治、仁政、王道。③ 综而观之，这几位中国哲学研究者之谓政治哲学与中国传统政治思想并无本质不同。例如，在研究内容与研究方法上，与萧公权先生的《中国政治思想史》并没有本质区别。

针对国内政治哲学概念的广泛使用，有学者认为需要重新确立某种西方政治哲学为标准，否则我们所使用的政治哲学是不够资格的。在自由主义者看来，罗尔斯确立了言说政治哲学的典范。"在罗尔斯看来，政治哲学就是哲学对政治中的普遍的和抽象的问题进行探究的产物，当然这些普遍的和抽象的问题在一定的社会历史条件下往往是有价值的和有意义的，而且它们及其价值也将随着社会历史条件的不同而变化。所以，罗尔斯认为，政治哲学应该包含以下三个方面的内容：一是哲学以什么样的方式探究政治；二是政治中哪些普遍的问题可以进入哲学的探究；三是哲学对政治探究的意义在哪里。"④ 如此，只有参考冯友兰先生建立中国哲学史学科那样，采纳罗尔斯关于政治价值、政治合法性的思考，以权利、平等、民主、公正、自由与支配等概念为核心，才谈得上是政治哲学。

施特劳斯对何谓政治哲学论述对中国学界同样有着巨大的影响，施特劳斯称"政治哲学是一个更大整体——哲学——的组成部分"，而"探求智慧的哲学是对普遍知识的探求，对整全知识的探求"⑤。但在笔者看来，

---

① 胡适：《中国哲学史大纲》，华东师范大学出版社2013年版，第2页。
② 冯友兰：《中国哲学史》，华东师范大学出版社2011年版，第3页。
③ 周桂钿：《政治哲学是中国传统哲学的中心》，《哲学研究》2000年第11期。
④ 谭清华：《何谓政治哲学——罗尔斯政治哲学观的阐释》，《理论探讨》2015年第3期。
⑤ 列奥·施特劳斯：《什么是政治哲学》，李世祥译，华夏出版社2011年版，第2页。

什么叫作"整全的知识",人类什么时候才能称得上拥有"整全的知识"？这是令人疑惑的,所以施特劳斯继续写道:"（哲学只是）用有关整全的知识取代有关整全的意见的尝试。"施特劳斯区分了知识与意见,但人类对知识只是尝试取得,而非真正拥有,那么对获取知识的尝试与意见究竟有何不同也就是一个不了了之的问题。而施特劳斯政治哲学观念对我们的最大启示来自于甘阳的概括:"施特劳斯强调'政治哲学本质上不是一门学院职业'——政治哲学既不是一门学科,也不是一个专业,而是从施特劳斯强调的'危机意识'出发（现代性的危机、西方文明的危机、当代美国的危机）,把整个西方文明作为研究对象。"①

按照施特劳斯与甘阳的判断,西方文明如果存在危机,那么显然任何一门单一学科都不足以诊治一种文明,无论是政治哲学、伦理学、哲学、经济学还是别的学科。那么,这些人文社科的总和能否担任这项任务？也许可以,但问题是,难道我们必须精通人文社会科学的每一个分支领域,才能够开始诊治整个西方文明的工作吗？这显然是一项令人望而生畏的工作。所以,政治哲学的意义就在于略去枝叶,直奔与西方文明的本质与命运有关的重大问题,这些问题不是某一单一学科可以概括的,而是触及到诸多学科最为深刻的理论问题与实践展开。学科是为了便于认识与研究,对理论与实践所作的分割,但问题本身是难以分割。在分割了的领域中因为不见全体而误入歧途,所以我们需要从具体的学科划分中抽身出来,以便打量文明演进的全貌。我想这才是甘阳所理解的政治哲学所担负的重大的使命。

以这种政治哲学的眼光来看中国哲学,乃至于整个中华文明,是当前恰当而紧迫的任务。众所周知,中国传统学术在现代学科中是被肢解的。正如民国初年主持教育改革的蔡元培所云:"我以为十四经中,如《易》《论语》《孟子》等,已入哲学系；《诗》《尔雅》,已入文学系；《尚书》《三礼》《大戴记》《春秋三传》已入史学系；无再设经科的必要,废止之。"② 经学的分解是中国传统学术丧失其自性的重要标志,自现代学科体系建立之后,中国传统学术便失去了自我理解的机会,必须通过西方,

---

① 蔡元培:《我在教育界的经验》,《蔡元培全集》卷3,第27页。
② 蔡元培:《我在教育界的经验》,《蔡元培全集》卷3,第198页。

尤其是现代西方的眼光才能得到理解，正如中国哲学史学科所做的那样，如是被理解的中国学术显然是扭曲的。

中国历史与中国学术进入现代学科门类中，那么势必要通过各门学科中的西方知识结构与学术方法来进行自我审查。审查获准通过者是为优秀传统文化，优良民族精神，不符合审查标准的便是封建糟粕与封建迷信。在中国哲学领域，老子的道论可以通过宇宙论与本体进行重构，而且似乎与臭名昭著的官学没有关系（近代研究者有意无意地隐去了老子的史官背景），便是中国哲学中具有开创地位的哲学家。在中国哲学名下，惠施、公孙龙子、荀子、扬雄、王充、王弼、郭象等一大批典型的哲学家被发掘出来，而《尚书》《诗经》与《三礼》因为其哲学性不足，不得进入哲学之列。这样的中国哲学也许可以自圆其说，但与中国文化究竟是什么关系呢？能否作为中国思想之最深刻、最有影响的代表？

在政治学的研究中，萧公权先生的《中国政治思想史》与刘泽华先生主编的《中国政治思想史》丛书，考其范畴结构与思想方法，以阶层为社会结构的基础，以权威与服从、权力与自由、专制与权利、民主与民本、平等与否、人治与法治等观念来分析中国政治思想。大抵以自由、平等、民主为尚，反之则为不好的专制主义、王权主义。经过这番审查，有认为儒家是专制的工具者，有认为儒家尚好有民本思想，只是其不平等的一面为专制权力所利用。至于要说中国古代政治究竟有没有长处？或是古代的长处对现代有没有启发？这是不得要领的问题，因为如果中国古代政治尚有长处，何以导致专制，何以在近代惨败若是呢？

对中国古代政治的正面评价，存在于中国法制史研究。马小红教授在其《礼与法：法的历史连接》一书中提出中国传统法的结构是"礼"与"法"（古代法）的共同体，是礼与法的完美结合。[1] 这样来看，中国传统的法治似乎尚有可取之处。苏力的《大国宪制——历史中国的制度构成》一书试图通过实效解释中国古代政治制度的合理性，尽管出于专业领域的不同对中国古代制度义理方面的理解有所不足，但也足以拓展时人对中国古代政治的理解。中国思想史研究亦以现代政治观念为根基，评价标准一是能否导向民主与平等，二是能否促进商业社会发展与经济进步。

---

[1] 马小红：《礼与法：法的历史连接》，北京大学出版社2004年版。

例如余英时先生中国思想史研究的一个重心是要探寻为什么中国思想传统或是儒家失败了，他给出了多种解释，其中一种是将中国思想传统概括为反智主义，即反对知识，反知识分子。在他的描述中，道家与法家是反智的，孔、孟、荀之儒家有主智论的成分，惜不能用，而自董仲舒以后儒家便法家化也即反智化了。[①] 其弟子王汎森的研究重心亦在于论证中国古代的专制思想是如何深入到微观层面的。

但这样的一种工作方式在现当代有其困难，即，自近代以来，相较于西方，中国是后发国家。与所有后发国家一样，中国也经历了自我否定，模仿先发国家的历程。在相当程度上，这一历程至今还在进行。分歧只在于模仿哪一种西方道路？如何模仿？以及如何对待西方文明与中国文明的关系？在这所有的问题上，毫无疑问，始终都难以达成一致意见。对于所有后发国家来说，现代化道路存在分歧是普遍现象，区别只在于，只有现代化的成功才能够证明某种做法的合理性与正当性，而反复的失败会加深分歧之间的冲突，最后将不得不通过战争建立权威政权才能够暂时地达成表面上的一致。

就此而言，我们对中国哲学史上的关键议题的解释仍将面临根本的分歧，其根本原因在于我们对于何谓文明、现代西方文明是不是普遍有效的文明模式、中国应当向何处去这样的根本问题仍然存在根本分歧。上述指出了中国古代诠释存在某些不当，但这只是基于某种特定的学术分析。如若有论者持某种西方文明普遍有效的立场，他就会认为只有通过这种普遍化的诠释才能够更正确地理解中国社会与中国文化，而我所谓的学术上的正确与否又有什么意义呢？因此，这样的分歧就将无法通过学术分析来克服，而只能通过中西文明各自命运的展示来克服。

四　政治哲学作为中国哲学诠释方法

诚如论者所指出的，眼下中国的政治哲学研究主要体现为汉语学者对西方政治哲学的理解与论述，而中国古代哲学、中国政治思想史研究者所说的中国政治哲学其实质与中国政治思想并无显著的区别。那么怎样才算

[①] 余英时：《中国思想传统的现代诠释》，江苏人民出版社2006年版，第63—100页。

得上是中国政治哲学,而非西方政治哲学的汉语表述或是中国古代政治思想的哲学名称?

究其实质,现代中国哲学学科中基于西方哲学思想术语的中西哲学比较研究,因为中国模仿西方而推进的现代化处境,中国政治哲学亦不免将是中国古代政治哲学与西方现代政治哲学的比较和对话。正如中国哲学学科合法性讨论所揭示的那样,真正有效的东西方哲学对话需要建立在对中国哲学的真切理解上,而不是对西方哲学范畴与价值观念的简单运用。因为这样做的结果仍然是西方哲学视域之内的可能性,并不能超越出西方哲学之可能性的界限。

汉语书写的西方政治哲学亦不能越出西方学术思想的框架,用西方政治哲学术语所诠释的中国古代思想亦不过是西方政治哲学价值规范之非典型例证,而非东西方政治哲学对话。正如刘擎所指出的:"一个难以回避的事实是:在中国学术界兴起的政治哲学著述具有一个格外'西化'的面貌。无论是考察相关主题的书籍还是研究论文,乃至发表在公共传媒的文章,从中我们都可以发现,对西方政治哲学论著的大量翻译、介绍和引用成为近十年来汉语政治哲学著述的主要部分。无论是在概念范畴和基本理论层面上的讨论(诸如自由、平等、正义、权利、美德、自然法、人权、主权、合法性,革命、权威、权力,国家、法律和宪政等),还是在价值取向上和思想流派意义上的取舍与亲疏(比如马克思主义、自由主义、保守主义、共和主义和后现代主义等),我们几乎完全陷入西方思想家所创造和言说'西方话语'之中。"[①] 例如,仅从现代意义上的法律观念去衡量古代王权是否受到制约,其结论是没有,从而得出中国古代是王权专制的结论。或是胡适用西方政教分离的原则去分析中国学术传统,亦得出王官必无学,而学术总是受制于政治的结论。

西方哲学范畴用于诠释中国思想之不当是因为中西之间看待这个世界的思想观念有着根本的不同,思想术语不相通,因此需要对话,而非格义诠释,乃至于反向格义更是无谓。在政治哲学领域,西方学术对政治、伦理、法律、经济、宗教、教育等诸领域有相对明确的划分。并且,基于西方宗教史与政治史的经验,归纳出现代多数西方人所认为的规范原则,通

---

① 刘擎:《汉语学界政治哲学的兴起》,载《浙江学刊》2008年第2期。

过二元的方式来刻画和分析社会事务，如任剑涛所概括的："现代政治哲学基本都是在神性与人性、个人与群体、公共与私人、国家与社会、权利与权力、法制与法治、自由与奴役、压迫与解放、国家与市场、自由与平等、民主与专制、主观与客观、积极与消极、一元与多元、激进与保守、科学与人文等对举的话题中，来谈论政治哲学问题的。这是一种典型的二元思维方式的产物。"① 与之相对，中国古代的学科分类法及其思想方法与现代学科差异甚大，其根源在于中国社会的构成方式与西方社会相当不同，中国思想文化与西方宗教、哲学为基底所构成的意识形态亦不相类，因此，将中国古代历史纳入到现代政治学、历史学、法学、宗教学与社会学等学科研究中时，就会发生扭曲现象。西方政治哲学大抵以政治与国家为中心，追问政治的性质、意义、规范性原则、价值与目的，但中国从根本上来说缺少与西方之谓政治的相对应的领域，而总是与经学、礼仪等现代学科难以消化的学术思想为基础。

因此，根据中国传统思想文化的实情，需要拆除现代诸学科之间的藩篱，以一种更为整全的视域来理解和把握中国古代的治道建构，展示其为一种文明的整体性与终极性，这才是中国政治哲学研究的根本意义。

另外，当代中国政治哲学有别于中国政治哲学史。中国政治哲学史需要基于中国传统的社会结构与学术思想，但现代中国并非中国传统社会自然演进的结果，而是在西学东渐的过程中吸纳了西方社会建构的诸多因素，与中国固有的某些遗留下来的民族文化心理结合在一起，形成了极为复杂的中国现代社会形态。对当代中国的政治哲学分析因此而需要比中国传统政治哲学分析与西方政治哲学分析更多的研究视角与研究途径。无论是出于与西方政治哲学比较的需要，还是理解现当代中国政治哲学的需要，客观而准确地研究中国传统政治哲学都是不可绕过的理论基础与知识准备。

重新提出中国政治哲学研究的任务与目的在于跨越西方学术思想范畴与现代学科体系阈限的束缚，采用与中国思想、中国社会相切合的方法去概括和研究其情况与性质。相比较于中国哲学对哲学的强调，我们认为政治哲学可能更切近于中国思想的旨趣。

---

① 任剑涛：《政治哲学的问题架构与思想资源》，载《江海学刊》2003年第2期。

中国哲学学科研究的重点在于对何谓哲学的强调，并按照西方哲学的范式重构了中国思想史，使之成为中国哲学史。何谓哲学？按照中国哲学学科建立之初的胡适与冯友兰的理解，哲学是对世界与人生问题作一究竟探究。在西方哲学的语境中，哲学本义爱智慧，是对智慧的追求而非占有。哲学不是对问题的回答，而是提问与探究，真正的答案是没有的。例如，在20世纪德国最具影响的哲学家海德格尔看来，哲学的核心问题是存在问题，即人作为此在的要义是能够对存在或存在的意义的什么提出问题。从古希腊的柏拉图、亚里士多德到德国古典哲学时代，许多哲学家建立了形而上学体系，在宇宙论、存在论、人性论、认识论等方面都提出了自己的观点与论证。这些伟大的哲学体系对人与世界的存在都有其深刻的理解，但它们彼此不同，或有差异或相冲突，故或称之为片面的深刻。19世纪之后，形而上学的哲学体系建构已不为学者所信奉，20世纪的西方哲学是对形而上学的解构，经过分析哲学与现象学乃至于后现代主义的多重解构，再也回不到任何一种形而上学哲学体系中去了，尽管这不妨碍西方传统的形而上学提供了许多解答人与世界之存在问题的睿智而深刻的答案，但毕竟再也不可能相信西方哲学中存在一种能够回答哲学问题的完备体系了。这也就是说，形而上学试图回答存在问题，但正如康德所揭示的那样，这是人类理性的僭越的不合法的使用，必将陷入二律背反，哲学也即是对存在问题的深刻追问，而不可能提供答案。一种只提问题而不接受任何回答的学术，其前景也在20世纪自然科学与实证科学的突飞猛进中显得有些凄凉。

如果说西方形而上学的核心问题是何物存在，而中国哲学的核心问题显然不是何物存在，而是事物之道如何。中国传统思想并不欲通过理论（分、辩）去探究存在的终极真理与意义，而与西方哲学述谓结构（范畴）的核心意义截然不同。然而，中国传统思想又的确存在非常多样的理论，如何其旨趣不是对哲学问题、存在真理的追问，那么其性质又是什么呢？司马谈《论六家要旨》云"皆务为治者也"。治，即是治世，也是治人，治人与治世互为体用，亦即是相辅相成的。治人，不是现代政治学所说的对人的统治，而是人本身如同田地与种子一样，需要耕耘，需要成长。人之生也质朴，须成就其善性，是为成人。而成人亦非只是与自我关系，与天地万物与他人是共在于世的，人之善性的一种分解是五常之性，成人之善亦须通过对天地万物、人伦秩序的成就而达及，是为成物。通过成人与成物，人与天地万物得到相互地、共同地成就。进而我们就可以深入到治背后的天道根据。道总是事物之道，事物以象显道。

虽然中国传统思想不同的流派对人性的理解与规定，对何谓成就、如何成就有不同的理解与选择，但这样的模式可以说是共通的，无论是道家、道教与中国佛教，还是儒家中的荀子、董仲舒、思孟学派及宋明理学。中国传统思想的这个特点显然与西方哲学在求知方面的理论化趣向有根本差异，对人与世界的概念划分与不同于现代西方学术自然科学、人文、社会科学、政治、宗教、伦理、经济、社会、个体等划分方法。中国传统思想之"务为治"，治人、治世，成人（己）、成物，若要比拟西学，相比于哲学，更近于强调治理秩序与治理原则的政治哲学。

当然，中国传统思想与西方政治哲学亦存在范式上的根本区别。现代西方政治哲学以"政治"为标的，而政治区别于宗教、伦理、道德、经济等领域；以国家的制度构成及其价值原则为重要内容，而西方之谓国家、社会、个体，在中国传统中可能找不到严格对应的位置。中国传统之谓身、家、国、天下，即分而合，即合而分，自成体系；现代西方政治哲学以宪法、法律与合法性为重要治理架构与治理原则，但在中国传统中，法固然也很重要，但地位更为根本的是礼。按照西方学术的划分，礼同时具有政治学、法学、社会学、宗教学、伦理学乃至于美学上的多重意义。因此，中国政治哲学的概念势必要与西方政治哲学区别开来。

如果要避免中国政治哲学沦为西方政治哲学的汉语表达，真切理解中国历史的精神实质，进而实现中西之间的政治哲学对话，其前提条件即是，在客观而深入研究西方政治哲学的同时，以恰当的方式去理解中国传统思想的治道原则。这就要求我们摆脱西方思想学术范畴与方法的束缚，展示出中国传统对人类社会内类秩序的研究。只有我们对自身历史精熟理解与掌握之后，才对形成有效的中西哲学对话与政治对话。中西之间的不同是异质文明之间的差别，表现为最基本的世界观与价值观的不一致，尽管不一定相互矛盾。天道自然与阴阳生物不同于西方的形而上学，仁义与礼法的人道秩序不同于自由、民主的西方政治原则，世代绵延的永恒观念不同于西方神学的灵魂不朽。与西方之神创之世广大无外的普世叙事一样，中国文明从一开始就是立足于天地之间的普世叙事。二者之间孰是孰非呢？神创造世界与道理自然、天地自生孰真孰伪？仁义礼法与自由民主孰高孰低？从某种意义上来说，这是一场"成王败寇"的竞争，没有上诉法院，因为双方的基本范围都是终极性的，无法相互诠释。

因此，所谓中国政治哲学的本质是要展示一种文明，一种与现代西方文明或有相通之处，亦有深刻差异的文明，二者在某种道理上是相通的，但在最基本的范畴上又是相异。正是由于基本范畴的差异，对中国之为文明的认定显然不能通过某种现成的现代领域来界说中国政治传统与政治现实的合法性。至于说融汇中西，超越二者的特殊性，创造一种更为普世的文明，这种说法很可能是对中西文明的实质缺乏深入的理解而得出的表面之见。

（作者单位：中山大学哲学系）

"开新式返本"与"创造性会通"：
中国哲学方法论反思与范式转换

马 俊

一 中国哲学方法论探讨的两个思想背景

20世纪80年代以来，中国学术在厄难中复兴。中国哲学也经历了从基本否定到部分肯定再到基本肯定的历程。复兴构成了中国哲学三十余年以来的主旋律。然而，这个复兴的过程并非一帆风顺，中间伴随着长期而复杂的争论，很多问题直到现今尚未尘埃落定。其中争论的核心议题则是如何重新认识和定位中国哲学，析而言之，中国哲学合法性以及如何处理中西马三者之间的关系是争论的两个焦点。中国哲学方法论的探讨及发展变化皆与这两个问题息息相关。可以说，这两个问题构成了三十年来中国哲学方法论探讨的两大理论背景。

首先，中国哲学合法性争论是三十余年以来中国哲学界最重要的争论之一。中国哲学合法性争论的背后，实际上蕴含着如何看待中国哲学的视角问题，即如何看待作为独立学科的中国哲学，能否算作区别于西方哲学之外的哲学形态？对于这个问题，回应的思路主要有两种：一种是从哲学的普遍性来回应。如果说哲学是关于世界本原、认识规律、真善美等终极问题的学问，那么中国哲学中有大量的关于这类问题的讨论，因此中国哲学毫无疑问是成立的；一种是从哲学的特殊性来回应。即否认西方哲学是唯一的哲学形态，中国哲学是作为一种异于西方哲学的形态而存在的。第一种思路蕴含了一种普遍主义的倾向，强调中西哲学之间的相似性，既然哲学是一种普遍的终极之思，那么中国哲学与西方哲学并没有根本性的区别，二者可以对话和融合。第二种思路则蕴含了一种多元主义的倾向，强调中国哲学的特殊性,认为中西哲学之间有着本质性的差异,这种差异并不能通过对话消除,论者甚至有意凸显二者的差异。这两种回应模式是中国哲学合法性自我辩白的主要方式。然而无论用哪种思路来回应,中国哲学始终无法摆脱合法性的质疑。中国哲学的合法性证明不能满足于自我辩解式的外部证明,必须深透至中国哲学的大本大源,揭示其不可替代的、永恒的普遍价值[①]。换言之,中国哲学应该在自我发展、自我创新的过程中来证明自身的合法性。

其次,中西马的关系问题是近三十年来困扰中国哲学界的另一个重大问题。如果说中国哲学的复兴意味着重新认识和定位中国哲学,那么这一变动必然也牵连到重新认识和定位西哲和马哲,这不仅仅是一个学术问题,其背后蕴涵着建设何种形态的中国文化的大问题,而这一问题正是整个20世纪中国文化的中心议题。"五四"运动以"打到孔家店"为口号将传统文化宣判死刑,如何取代传统文化留下的巨大缺位成了摆在时代面前的重大课题,于是"再造文明"成了后"五四"时代的重要使命,各种主义、思潮纷纷登场,辉煌的民国学术与先秦诸子百家遥相辉映,然而这一大好形势为接下来的内战、抗日救亡以及社会革命所中断,直到八十年代才重新接上,"重建文化"的课题重新浮出水面,演变而为"古今中西之争"。以前在意识形态的笼罩之下马哲一家独尊,以唯一正确的哲学原理的姿态凌驾于其他哲学门类之上。随着思想的开放,马哲虽仍掌握着意识形态的话语权,但其独尊的地位却消失了,中西马的关系问题开始成为思想界讨论的热点问题,许多著名学者也参与了这一问题的讨论。综合来看,学者们倾向于认同中西马之间应该展开平等对话并促进三者的融合会通,例如马俊峰指出:"当代中国哲学的重建,要打破中、西、马三足鼎立以邻为壑的僵局,要用世界视野的眼光去看待当代中国哲学。同时在世界多元化的理论话语中,要有自己的理论主张,建构有中国气派的哲学理论。"[②] 方克立则站在马哲

[①] 郭齐勇、肖雄:《中国哲学主体性的具体建构——近年来中国哲学史前沿问题研究》,《哲学动态》2014年第3期,第14页。

[②] 《中国哲学精神及当代转型——2004·学术前沿论坛北京市哲学会专场综述》,见《和谐社会:公共性与公共治理——2004学术前沿论坛论文集》,北京市社会科学界联合会、北京师范大学2004年版,第2页。

的立场上，指出三者的关系应当为："马学为魂，中学为体，西学为用，三流合一，综合创新。"[1] 吴根友则认为："当代中国哲学的发展，就需要通过对三大思想传统，即中国哲学传统、西方哲学传统、马克思主义哲学传统的融合而实现广义的当代中国哲学的创新。"[2] 实际上，早在20世纪80年代的"文化热"中，张岱年先生就提出了"文化综合创新论"[3]，反对"东方文化优越论"和"全盘西化"，主张在马克思主义原理的指导之下，"综合中西文化之长而创建新的中国文化"[4]。如果说传统文化是以儒释道三教融合为主要思想脉络的话，那么当今中国文化的重要动向就是中西马的互动融合。这一思想背景对于中国哲学的方法论探讨具有深远影响。

二　近三十年中国哲学方法论的主要发展趋势

三十余年以来，关于中国哲学方法论的探讨呈现出深细化、主体化、多元化的特征。就范围而言，方法论的探讨深入到中国哲学的各个分支，包括哲学史、政治哲学、儒家伦理、经学、道家（道教）与佛教、生态伦理、少数民族哲学等。就整体倾向而言，表现出"具体建构中国哲学主体性"的研究特征[5]，即由"西方哲学在中国"的发现式研究回归到"中国的哲学"史即中国哲学固有义理逻辑展开历程的研究，主张从依傍

---

[1]　方克立：《当代中国文化的"魂"、"体"、"用"关系》，《中国社会科学院研究生院学报》2012年第1期，第5—13页。
[2]　吴根友：《对当代中国哲学创新的思考》，《华中师范大学学报（人文社会科学版）》2015年第5期，第55页。
[3]　20世纪30年代初，张申府提倡"列宁、孔子、罗素，三流合一"，主张孔子代表的中国传统文化与列宁代表的唯物辩证法、罗素代表的逻辑主义融合为一，以此改造传统文化并建设新文化，这一思想可以视作当今"中西马互动融合"观的雏形。张申府的思想对其弟张岱年先生产生了重要影响。20世纪30年代，张岱年提出了"创造的综合"观，强调兼综东西文化之长（参见《世界文化与中国文化》、《关于中国本位的文化建设》、《西化与创造——答沈昌晔先生》等文），这一观点可以视作其80年代所提出的"综合创新"论之先声。
[4]　张岱年：《文化的综合与创新》，载《张岱年全集》第7卷，河北人民出版社1996年版，第14页。
[5]　郭齐勇、肖雄：《中国哲学主体性的具体建构——近年来中国哲学史前沿问题研究》，《哲学动态》2014年第3期，第13页。

走向主体自觉[①]。就研究取径而言，一方面是研究模式的进一步西化，一方面是传统治学方法的重新肯定和发展；一方面是旧的治学方法的发扬光大，一方面是新的学术取径的不断涌现。总结起来，当代中国哲学方法论表现出以下三大趋势。

首先，比较哲学的持续升温。实际上比较哲学在中国哲学这门学科诞生之初就已经产生，胡适、冯友兰等人的中国哲学史研究本身就是在西学的视阈下展开的。目前从事比较哲学的队伍十分庞大，主要包括两个群体：一类是海外汉学家，一类是国内学者。前者涌现了诸如史华兹、葛瑞汉、狄百瑞、安乐哲、郝大维等大家。海外汉学历来是比较哲学的重镇，他们得益于自身文化传统的优势，对中国哲学往往有睿见卓识，可补国内学者之缺失。国内学者则是比较研究的主要生力军，他们的研究从形式上来分主要有三种：（一）"以西释中"式，简称"西化式"；（二）"中西并置"式，简称"并置"式；（三）"以中化西"式，简称"化西"式。这三种模式代表了当前中西比较哲学的三种主要类型，具体到个人则又有比例轻重的不同，其中被批评得较多的是第一种和第二种。

其次，传统治学方法的重新肯定与发展。三十年余以来，学界已不满足于用西学的模式来研究中国哲学，认为中国哲学应适当地恢复其固有的治学方法，这主要包括两个方面：一是本来就存在现在又特别加以重视和发展的治学取径，如传统经学、古典文献学、出土文献学、考据学等，较有代表性的就是汤一介先生提出的"中国解释学"。汤先生希望通过建立中国的经典解释学使中国哲学从传统走向现代，这一路径已得到越来越多的学者响应。[②] 二是本来已经被认为不科学而被抛弃的方法又重新获得肯定和复活，比如宋明儒学中的内证体验的方法。例如蒙培元就认为基于直觉体验的方法是中国哲学方法论的核心要素，他说："体验方法是要解决人的存在问题，包括人的自我实现；直觉方法主要是解决人生的意义和价

[①] 颜炳罡：《从"依傍"走向主体自觉——中国哲学史研究何以回归其自身》，《文史哲》2005年第3期，第26页。

[②] 关于诠释学的中国化，最早有成中英教授提出的"本体诠释学"，目的是回应和批判西方哲学的方法论并创造性地建立中国本体论。后来汤一介先生倡导建立"中国解释学"，这一论域开始引起学界重视，洪汉鼎、李清良、景海峰、潘德荣等人皆提倡建立中国诠释学，主张从中国经典诠释的实践出发，总结出普遍化的方法与理论，建立不同于西方诠释学的经典诠释学。

值问题，包括安身立命之道。"① 通过直觉与体验的方法可以从整体上把握作为生命整体的大自然，并从这种体验中使主体获得升华。刘述先也强调内在的探讨与内在的体验，认为"研究思想史贵在作深入的内在的探讨，外在的议论是其余事。从这一个观点看，胡适与冯友兰的哲学史都不能够算是深刻，因为它们不能作足够的内在的深刻的讨论的缘故。大抵在中国哲学史上，以佛学与理学最不容易处理，以其牵涉到内在的体验的缘故。如果缺乏体验，根本就看不出这些东西的意义。入乎其内，而后才能出乎其外，这是研究一家哲学的不二法门。"② 倪培民则强调功夫的重要性，他认为西方哲学有两大盲点，一是过分关注知识（"knowingwhat"），以致忽略了"生活之道"；二是偏重人的自由意志（freewill），从而难于看到自身修炼的需要。因此有必要将传统哲学中的功夫论引入现代哲学的建构中来，不仅可以纠正西方哲学之偏失，而且有助于将中国哲学带出合法性的困境。③ 还有学者主张重新评估东方哲学中的神秘主义，认为"神秘主义方法"不仅不排斥"逻辑分析方法"，而且是以"逻辑分析方法"为基础的。尽管"神秘主义方法"拒绝对以本原、本体、秩序和境界之"道"为表征的意义世界或境界进行逻辑分析，但其本身就是逻辑分析的结果，否则我们永远无法进入"神秘主义方法"所指示的以本原、本体、秩序和境界之"道"为表征的意义世界或境界。"④ 无论是强调直觉和体验作为中国哲学的方法论意义，还是致力于将功夫引入哲学抑或直陈东方神秘主义的内在价值，都直接体现了当代学人对传统治学方法的重新肯定和复活，反映了新世纪中国哲学方法论的一个重要转变。⑤

---

① 蒙培元：《中国哲学的方法论问题》，《哲学动态》2003年第10期，第5页。
② 韦政通：《中国思想史方法论文选集》，大林出版社1987年版，第222页。
③ 倪培民：《将"功夫"引入哲学》，《南京大学学报（哲学社会科学版）》2011年第6期，第86—98页。
④ 余卫国：《中国哲学的深层结构和方法论意蕴》，《学术论坛》2011年第6期，第11页。
⑤ 实际上，主张将内在体验参与哲学立法的声音近百年来从未断绝，梁启超就曾提出研究国学应走两条大路：一是文献的学问，应该用客观的科学方法去研究。二是德性的学问，应该用内省的和躬行的方法去研究。（梁启超：《治国学的两条大路》，见《读书指南》，中华书局2010年版，第174页。）冯友兰先生也主张研究中国哲学有"正的方法"和"负的方法"两种，所谓"正的方法"即逻辑分析的方法，"负的方法"即具有神秘主义性质的直觉方法。（参见冯友兰《新理学》）另外，熊十力、牟宗三、唐君毅等现代新儒家在其著作中也多有论及这一点。

再次，以问题为导向的新研究不断涌现。一些学者不满足于将哲学研究局限于哲学史或经典诠释，而将目光投向当代与未来，从全球化、现代化等现实问题入手，立足于传统的中国哲学进行理论建构，如张立文的"和合学"、成中英的中国管理学 C 理论、赵汀阳的"天下体系"、姚中秋等人的"儒家宪政"等皆可归入此类。这种以问题为导向的哲学研究，从一开始就具有十分清晰的方法论意识，如赵汀阳在提出"天下体系"论的同时即提出了"重思中国"（rethinking China）的方法论要求，其主旨是站在世界来思考中国的前途和责任，认为"必须让中国重新开始思想，重新建立自己的思想框架和基本观念，重新创造自己的世界观、价值观和方法论，重新思考自身与世界，也就是去思考中国的前途、未来理念以及在世界中的作用和责任"[①]。张立文先生则强调中国哲学不仅要"接着讲"，还要"自己讲"、"讲自己"[②]，认为当代中国哲学应该深刻总结中国哲学史发展的内在规律用以指导中国现代哲学的发展，注意核心话题、人文语境以及经典文本的转变，应结合中国的实际来讲中国哲学，既不能照着西方讲，也不能仅仅满足于接着宋明讲，必须自己讲、讲自己。总的来看，这类以问题为导向的研究往往切中时弊，能够针对世界文化大势及全球化所带来的问题发出中国的声音、提出中国的设想。

三 "以西释中"的重新检视

传统文化在近现代出现重大历史转轨的重要原因是遭遇了西方文化。其中西方哲学对传统学术的冲击和影响尤其深远，作为现代学科的中国哲学正是在西学的冲击之下应运而生的。"冲击－回应"理论或许并不能完全解释中国哲学产生的复杂的历史动因，但不可否认的一点是，西方哲学从始至终都是中国哲学学科产生和发展的重要理论背景。20 世纪中国哲学诞生之初，以胡适、冯友兰为代表的中国学者基本上采用"以西释中"的模式来研究中国哲学。这种"输入学理，整理国故"[③] "就中国历史上

[①] 赵汀阳：《天下体系：世界制度哲学导论》，中国人民大学出版社 2011 年版，第 5 页。
[②] 张立文：《和合哲学论》，人民出版社 2004 年版，第 1 页。
[③] 胡适：《"新思潮"的意义》，《新青年》第 7 卷第 1 号，1919 年 12 月。

各种学问中，将其可以西洋所谓哲学名之者，选出而叙述之"①的模式，奠定了中国哲学最初的范式，很长时间被理所当然地认为是合理的学术取径，有学者指出"迄今为止的中国哲学研究，实质上只有'以西释中'一种模式"②，故而中国哲学的价值多依赖西方哲学方能建立。然而"以西释中"的研究模式远非完美无缺，在过去数十年的研究过程中已暴露了诸多问题，如附会过甚、过度诠释、隔靴搔痒、为了比较而比较等，这就将其自身带入了合法性困境，引发了学界的集体反思。这种方法论反思又与民族自信心抬头等外因结合起来，在"中国哲学登场"的语境下，形成了反抗西方话语霸权进而挺立汉语哲学的学术主体性的强大思潮。可以说，如何看待当今中国哲学研究领域中的西学资源成反思中国哲学方法论的焦点问题。目前学界关于这一问题的看法主要可分成两派：一派对"以西释中"持怀疑和批评态度，以刘笑敢、彭永捷等人为代表；一派则强调"中西会通"的重要性，以杨国荣、彭国翔等人为代表。

刘笑敢将自胡适、冯友兰以来的以西方哲学的理论方法和思维框架来研究中国哲学的模式称为"反向格义"。这里的"格义"是借用佛学的概念，指佛学初传时用中国典籍中的概念和思想去理解、解释佛学所产生的一种曲解佛学的现象；而"反向"则是指以自己相对不够熟悉的西方哲学概念体系来解释自己更为熟悉的中国本土的典籍，与早期佛学翻译中的"正向格义"相对。刘教授认为中西之间由于文化历史、思维方式的不同，很可能在"反向格义"的过程中曲解乃至误解中国哲学的原意，因此用西方哲学的概念来"格"中国古代思想之"义"总是不能契合。③刘教授将"以西释中"这种研究模式界定为"反向格义"，意在表明这样一种研究方式既容易曲解中国哲学典籍和概念，干扰对中国哲学"原原

---

① 冯友兰：《中国哲学史》（上册），华东师范大学出版社2011年版，第3页。陈寅恪在为该书所写的审查报告中颇有深意地说道："切其真能于思想史上自成系统，有所创获者，必须一方面吸收输入外来之学说，一方面不忘本来民族之地位。"（陈寅恪：《冯友兰中国哲学史下册审查报告》，《金明馆丛稿二编》，第284—285页。）可见学界对于冯友兰的哲学史所存在的问题，一开始就有所认识。

② 乔清平：《中国哲学研究反思：超越"以西释中"？》，《中国社会科学》2014年第11期，第43页。

③ 刘笑敢：《反向格义与中国哲学方法论反思》，《哲学研究》2006年第4期，第34—39页。

本本"的了解,又容易导致传统哲学的主体性的丧失。彭永捷则认为在"以西释中"的现代范式之外,还应该重视"以中解中"的传统范式,他指出"当前中国哲学的研究已经可以完全抛开解答'中国有无哲学'的比较哲学研究方式,而尝试确立中国哲学作为世界多元哲学之一元的独立性,使中国传统哲学作为一种有特性从而有价值的文化资源进入现代文化。从这个意义上说,中国哲学史专家们的工作,就是用本民族的语言和思维,去向现代人吟唱本民族的哲学史诗,因此探索主要依据中国哲学自身的资源来建立中国哲学的学科范式和话语系统,是更为基础性和本原性的工作。"①

针对上述质疑和批评,强调"中西会通"的学者并不能完全接受,例如杨国荣就认为中国哲学在近代以来的延续过程同时也是中国哲学不断参与、融入世界哲学发展的过程,因此不能将受西方哲学影响下的中国哲学研究简单地称之为"汉话胡说","汉话胡说"背后的实质很大程度上是"古话今说"。② 另外,中西哲学的相遇已经是一个既成事实,"如果我们要完全撇开西学东渐以来一切西方的概念,那么我们只能形成"子学史"、"经学史"、"道学史"等,而无法产生作为近代学科的哲学史,若要以"哲学史"去梳理历史上的哲学观念,那就无法割断与西方哲学的关系。一方面在"哲学"的形态下回溯以往的思想,另一方面又试图从中净化一切西方的概念、范畴,这恐怕是非常困难的"③。彭国翔则区分了两种形式的"援西入中":一种是消极的,即以某一种西方哲学的理论框架为标准去裁剪、取舍、范围中国哲学史的丰富材料,可谓"削足适履"、"喧宾夺主"式的研究;另一种是积极的,即"以中为主、以西为宾",在诠释中国哲学史上各个哲学家的思想时,首先要从其自身的文献脉络中确定其固有的问题意识,然后在具体诠释这些中国古代哲学家自己的思想课题时相应援引西方哲学甚至其他人文学科、社会科学的内容作为诠释的观念资源。在此意义上,西方哲学只是某种"助缘"。他回应了刘

---

① 彭永捷:《论中国哲学学科存在的合法性危机——关于中国哲学学科的知识社会学考察》,《中国人民大学学报》2003 年第 2 期,第 25—32 页。

② 杨国荣:《何为中国哲学——关于如何理解中国哲学的若干思考》,《文史哲》2009 年第 1 期,第 37—41 页。

③ 杨国荣:《中国哲学研究的四大问题》,《哲学动态》2003 年第 3 期,第 13—14 页。

笑敢先生关于"反向格义"的责难，指出援入西方哲学来诠释和建构现代中国哲学，关键并不在于方向的"正"与"反"，只要深入双方传统，真能做到游刃有余，最后的结果就自然不再是"单向"的"格义"，而是"正"、"反"交互为用的"中西双向互诠"。①

综合来看，双方争论的焦点是如何看待中国哲学研究中的西方哲学的"掺入"，研究中国哲学是否应该撇开西方哲学？前者强调从中国哲学的固有问题意识与内在理路入手，突出"以中解中"的重要性而排斥"以西释中"的模式，从而确立中国哲学的主体性；后者则认为"以西释中"固然存在问题，但不可因噎废食，无论是从文化发展的规律还是具体的学术研究来说，适当的"援西入中"仍是十分必要的。实际上，双方在很多地方是可以达成一致的，例如双方均承认"以西释中"所存在的客观问题，也都不否认西方哲学作为中国哲学重要参照的价值。这些共同之处或许就是反思中国哲学方法论的关键起点。

四　反思方法："开新式返本"与"创造性会通"

从张之洞提出"中学为体、西学为用"（《劝学篇》），到"西学为体、中学为用"（李泽厚）以及"中西互为体用"（傅伟勋）等，可以说如何利用西学资源来发展中国哲学一直是一个重要的方法论维度。尽管不乏批评之声，中西比较仍不失为当今治中国哲学不可或缺的视角，也是居于主流的研究方法，有学者指出："'以西释中'不仅是20世纪中国哲学研究的主要学术实践，而且推动了中国哲学的现代进展，并使中国哲学在形式与内容上都得到了提升。"② 这绝非虚言。大凡治中国哲学有成就者无不重视西方哲学这个思想宝库，二者的极大互补性可在广泛的层面展开对话与融合，这也是现代中国哲人得以超越古人得天独厚的条件。很难想象一个完全不懂西方哲学的学者能够理解晚清五四以降的中国哲学，就当今中国哲学的现状而言，西学已成为治中国哲学不可或缺的方法论维度。

---

① 彭国翔：《中国哲学研究方法论的再反思——"援西入中"及其两种模式》，《南京大学学报（哲学社会科学版）》2007年第4期，第77—87页。

② 李承贵：《"以西释中"衡论》，《天津社会科学》2016年第6期，第46页。

不可否认，近三十年来学术界围绕"以西释中"的争论已经充分彰显了其中的问题所在，因而必须慎重对待：一方面不得不承认比较哲学仍是有待发展和完善的方法论，其暴露出来的问题不可谓不深刻。克实言之，无论是"中西并置"还是"以西释中"都必须获得方法论层面的重新反思和估价，中西哲学的比较决不能仅限于纯粹的比较，而必须超越比较，进入"融会贯通"、"综合创新"的层次。"并置"式与"西化"式的研究虽然有助于沟通中西两个文化体系，但"沟通中西"到底是目的本身还是只是一种方法仍值得深思？如果是目的本身，那么基于此种方法的学术是否为中外学界所不可或缺？一种很大的可能性是其成果既不为中国学界所认同，也不为西方学界所重视；而如果只是方法，那么就不应该执着于"沟通中西"，因为基于消化吸收的"化西"式研究同样也是一种"沟通"。就哲学创新而言，无论是"并置"式还是"西化"式都不是真正意义上的中国哲学的理论创新，前者只能算一种学术研究而谈不上理论创新，后者虽可以称得上理论创新但不能算作中国哲学的理论创新（毋宁是西方哲学在中国的发展），唯有"以中化西"[①]才是真正意义上的中国哲学的创新，其与上述两种模式的本质差异就在于是否立足于中国哲学传统本身。另一方面，应当肯定"以西释中"的方法论意义，避免原教旨主义的倾向，要求将中国哲学引向绝对纯粹的形态是得不偿失的。面对"以西释中"的不足和缺陷不应当采取简单粗暴的态度加以摒除，否则中国传统学术既难以摆脱旧知识以及附于其中的思维方式与价值取向的影响，更不可能有创造性转化。[②] 在看到"以西释中"所存在的简单附会、过度诠释、话语权丢失等问题时，也应当认识到这些问题与研究主体的学术素养、价值立场等因素有关。既然中国哲学原本是在西学背景下产生的学科，那么又怎么能摆脱西方哲学而强求其自身纯粹的叙事？既然反对西方中心主义而坚持哲学多元，为何又坚持一种纯粹的中国哲学的存在？既然默认哲学是发展的，那么为何中国哲学的发展偏偏只能回到过去去寻找其本来面目，安知其本来面目不是在当下及今后的不断诠释中逐渐显露

---

① 这里的"中"并不仅限于儒家，而是包括佛、道在内的整个中国传统的学术资源；"西"也不仅限于古希腊以来的西方哲学传统，也包括基督教文明、犹太教文明，甚至包括伊斯兰、印度教等非中华文明。

② 何俊：《中国传统知识谱系中的知识观念》，《中国社会科学》2016年第9期，第65页。

呢？五四以来以"巨大代价"所揭露的传统文化的缺陷[1]是否该引起正视？晚清已降以西方文化弥补中国文化固有缺陷的思路是否已经全然过时？从文化发展史的角度来看，近百年来中国哲学的一个核心任务就是消化吸收西方哲学，对照印度佛教输入中国的经验，这个过程必定是十分艰难而漫长的，是故"对中西哲学相遇背景下中国哲学的'今说'，应当持理性而开放的立场。"[2]

中国哲学既是一门古老的学问同时又是一门年轻的学科，言其古老是因为她有着堪与西方哲学比肩的悠久历史，言其年轻则是因为她作为一门学科实则产生于近现代。这一矛盾决定了中国哲学方法论既有传统的基因又兼具现代的性格，综合来看："返本开新"和"中西会通"[3]仍然是中国哲学现代化的不二法门，但经过三十年的方法论讨论之后，这两种方法的内在义涵理应有所深化，本文准以"开新式返本"与"创造性会通"概括这一变化。

首先，就中国哲学转型与创新的立场而言，其基本途径是"开新式返本"。这里的"本"是指包括一切经典文本、核心价值、民族精神等在内的优秀传统文化。所谓"开新式返本"，是指立足于传统来解决现代问题，而非抛弃传统另起炉灶；是重新表述现代视域下的传统，而不是传统在现代的简单重述；是尊重而不拘泥于传统，是传统与现代的创造性融合；是带着现代问题、现代意识回归传统，逼显传统的真义与价值，让传统为现时代提供智慧，进而延续光大其精神命脉。当然就哲学而言，经典文本及其所奠定的基本价值是最重要的"返本"对象。自先秦开始，中国文化就基本确立了以"六经"为核心的典籍体系，而以诠释六经为中心的经学史几乎充当了近代以前的整个中国哲学史。从中国哲学史来看，中国哲学的自我更新很大程度上是依靠重新诠释先秦的基本典籍而别开生面的，魏晋玄

---

[1] 此处的"缺陷"是指"民主"、"科学"等价值的缺失。熊十力、牟宗三等新儒家力图从中国传统内部开出这些价值，然而无论是熊的"内圣外王不二"论还是牟的"良知坎陷"说都未能圆满解决这个问题。这或许表明，企图从传统文化内部开出其本身就缺失的价值的思路是走不通的。

[2] 杨国荣：《何为中国哲学——关于如何理解中国哲学的若干思考》，《文史哲》2009 年第1 期，第41 页。

[3] 本文基本同意多数学者将马哲划归西哲的观点，因此这里讲的西哲原则上是包括马克思哲学在内的。

学对两汉经学的突破就在于吸收了道家的思想来重新诠释包括《易》、《老》、《庄》在内的先秦经典，而宋明理学对汉唐儒学的创新又在于吸收了佛道二教的思想来重新诠释以《四书》为核心的儒家经典。同样的，当代中国哲学的创新也须重视这一路数，主要原因有二：（一）"四书五经"等典籍仍然是中国文化精髓的主要载体，重大的思想创新和话语重构仍离不开对它们的重新诠释。正如西方的《圣经》诠释传统一样，离开这一核心文本，基督教的任何思想创新都是不可能的。中国文化上自先秦下迄当代，对古代经典由经而传、由注而疏，构成了一个源远流长的诠释传统，完全舍弃这个传统而自说自话等于自绝于主流学术脉络之外。（二）当代中国哲学的时代使命要求能够承续中国文化的慧命，这关乎中国文化话语权的建立和文化主体性的挺立，换言之，即中国文化能否可大可久的根本性问题。[①] 抛开中华文化的核心典籍，这样的哲学创新能否表达中国传统文化的内在精神是值得怀疑的，既毫无中国哲学的内在精神，又如何还能够称得上中国哲学？职是之故，当代中国哲学的转型与创新必须深深地植根于中华文化的土壤，返回古代典籍中去吸收营养，激活沉睡在经典中的精神生命和义理价值，充分利用传统哲学的概念范畴建构现代理论。

其次，就中国哲学转型与创新的趋势而言，其基本方式是"创造性会通"。如果说"开新式返本"是当代中国哲学的创新路径的题中应有之义，那么由如何"开新"必然引申出"中西会通"的问题，因为没有横向的参照纵向的"开新"将是盲目的，而这二者的结合即"创造性会通"。所谓"创造性会通"，就是在坚持中国哲学主体性的基础上创造性地吸收和消化以西方思想为代表的他者传统来发展中国哲学。这里的"创造性"主要有三方面含义：（一）坚持中国哲学的主体性地位，对包括西方哲学在内的一切哲学传统采取"为我所用"的态度。[②]（二）对中国哲学的发展须建立在深入消化其他哲学传统的基础之上，在真正理解和消化的基础之上进行深度融合。（三）针对中国传统文化的弱点及当今现实社会问题，有目的地吸收其他文化传统的优点及历史经验以补己之不

---

① 郭齐勇：《中国儒家之精神》，复旦大学出版社2013年版，第4页。

② 当然平等对话的态度仍然是需要强调的。这里并不涉及"中国中心主义"，因为其他哲学传统也可以对中国的哲学资源采取为我所用的态度，这种发展对于中国哲学来讲也具有重要参照意义，因而对于中国自身来讲也将是双向互补的。

足。参照历史经验,宋明理学对佛学的吸收是为典型的"创造性会通",因为这是一种建立在全面理解消化的基础之上的"创造性转化",当代中国哲学对西方哲学的吸收亦当如此。

综上所述,中国哲学的当代创新既不能仅仅依赖于"返本开新"式的经典诠释,也不能满足于纯粹的中西比较,只有将两者有机结合起来并恰当处理二者的关系,在继承中国文化的真精神、真境界的基础之上,以海纳百川的气魄吸收以西方哲学为主的一切世界文化的优秀质素,并主动回应社会和时代提出的新问题、新挑战,才是当代中国哲学应当走的一条路子。质言之,"返本开新"与"中西会通"必须巧妙融合,并行不悖。"返本"[①]、"会通"、"开新"应当三位一体,融会贯通。

其中"返本"与"会通"是手段,"开新"是目的。只求"返本"不求"会通"则难以"开新";丢开"返本"只求"会通"亦不能真正"会通"。唯有在"返本"中"会通"、在"会通"中"返本"才能真正"开新",这就是"开新式返本"与"创造性会通"的内在关联和真实意蕴。诚如杜维明所言:"只有回到中华文化原典,我们的文明创造才有根脉可寻,才可能元气充沛;也只有主动地汲取西方现当代文化的优秀滋养,借鉴他者镜像,才可以使我们对传统文化的利弊有更清醒的认知,从而在与西方文化的视界融合中,推展中国文化自觉的思想起点,延拓中国文化自信的原创空间,锚定中国文化自强的现实出场路径。"[②] 从现代全球文化发展的趋势来看,明显呈现出两极发展的态势:一方面是进一步全球化和同质化;[③] 另一方面则是反向的本土化和民族化。有趣的是,二者

---

① 此处的"本"是指中国哲学传统中所透发出来的精神与真髓,既包括"六经"在内的儒家元典,也包括佛道二教的核心典籍;既包括经学、子学及其诠释传统,也包括史集二部所蕴涵的哲学精神;既包括"我注六经"的汉学式考据整理,也包括"六经注我"的宋学式义理阐发。汤一介先生曾对"返本开新"一义做过重点阐发,今日仍值得重视,他指出:"只有深入挖掘传统哲学的真精神,我们才能适时地开拓出哲学发展的新局面;只有敢于面对当前人类社会存在的新问题,并给以新的哲学解释,才可以使传统哲学的真精神得以发扬和更新,使中国哲学在21世纪的'反本开新'中'重新燃起火焰'。"(参见汤一介《反本开新》,首都师范大学出版社2008年版,第289页。)

② 杜维明:《中国传统文化的当代价值》,《江海学刊》2011年第3期,第5页。

③ 全球化虽然是西方所主导的,但全球化并不只是西方的全球化,也包括地方文化的全球化。参见斯图亚特·霍尔《多元文化问题》(The Multicultural Question)。

并不排斥，而是相互蕴含，全球化中有本土化，本土化中又有全球化。哲学的发展趋势有类于此，一方面哲学的发展与创新需要与全球文化充分交流沟通以确保其普遍意义；另一方面又须深深扎根于民族文化的土壤以维持其地域性特色，唯其如此方能保持哲学旺盛的生命力。全球化意味着排他性的原教旨主义与时代大潮格格不入；地方化则意味着民族文化的复兴必然要向着自身传统回归。故此，当今的中国哲学应当紧扣当代、立足传统、放眼世界，在全球化与本土化的双向互动中培育兼具传统根基和全球视野的思想大师[1]，在古今中外的视域交融中逼显中国哲学之真义，进而为世界贡献中国智慧、中国精神。

当然，方法论的探讨是极其复杂的工作。方法不仅是外在的形式，更是活的灵魂[2]，学术研究不能从方法论出发，而应从具体问题出发，否则难免陷入僵化与干瘪。因此，作为中国哲学的方法论，重点并不在于技术层面的细枝末节，而在于其背后的精神和立场，只要能彰显中国哲学之真精神、真境界，方法的使用反倒是第二位的。基于此，中国哲学方法论的探讨不会有终点，它还将从无数鲜活的个案研究中丰富出来。

（作者单位：中国人民大学哲学院）

---

[1] 美国汉学家安靖如（Stephen C. Angle）教授曾提出一种名为"有根基的全球哲学"（rooted global philosophy）的方法，意指既根植于特定的有生命的哲学传统中从事哲学研究，又对来自其他哲学传统的刺激与深刻见解采取开放态度，与本文观点近似。参见安靖如《中国哲学家与全球哲学》（2007年）。

[2] 黑格尔说："方法不是外在的形式，而是内容的灵魂和概念。"参见《小逻辑》，商务印书馆1980年版，第427页。

·西方哲学·

物权的人格化还是人格权的物化？
——黑格尔论人格、人格权和物权

冯嘉荟

一 导论

虽然命名为"法哲学"，黑格尔的《法哲学原理》[①] 不意在提供一种对法的领域无关紧要的抽象学说。事实上，黑格尔将其哲学工作定位为"百科全书"就表明，他不仅仅要建立一门建筑术式的科学——展开关于存在的一般范畴，同时也要把作为大全的真理纳入他的哲学体系，以理念在不同形态发展为架构，建立以主体自由为基石的百科全书。《法哲学原理》的第一部分对抽象法的讨论，是将日常语境中所谓的法，吸纳到他的概念谱系，即客观精神——抽象法、道德、伦理——的发展环节中。黑格尔一方面扩充了法，"法"作为个体自由具体的实现，不仅仅指涉法律条文，还包括一系列行为规范和伦理制度；这同时也限制了"法"，通过把日常语境中所说的法律描述为"抽象的"，黑格尔把法定位为外在和直接的领域，只能赋予个体自由有限的实现。[②]

正因如此，在抽象法的论述中，黑格尔把自身定位为法学家，并参与到自然法学家和历史法学家的不同争论中。虽然黑格尔与他的法科同事，历史

[①] 本文引文来自黑格尔《法哲学原理》，出处以括号标注段落编号，译文参考中译本（黑格尔：《法哲学原理》，范扬、张企泰译，商务印书馆2013年版），部分段落根据德文作出了修改。

[②] 当黑格尔谈论法的时候，他或者指向整个客观精神，或者意谓抽象法。为将这两个含义在表达上作出区分，我们用加双引号的"法"指示作为客观精神的法；而用法描述黑格尔所说的抽象法，也就是日常语境的法。"法"和法的区别不能通过法和法律的表达得到区分，因为法律（Gesetz）描述的是实定法，而抽象法领域的法是形式性的规定，还没有落实到具体的法律条文。

法学派代表萨维尼在法典化问题上针锋相对,但在更大的思想和实践背景中,黑格尔和康德一道,为19世纪德国民法的建立,贡献了最根本的理论原则,即,从理性的、能够自由规定的意志—人格出发,来理解法律关系的主体。就把人格确立为法的基本原则来说,萨维尼和黑格尔是同路人。

如果说,康德对德国民法的思想贡献在于"权利能力"的概念,这个概念首次被 Zeiller 在奥地利民法典使用,并且随后构成了大陆法系的基本概念范畴;那么,黑格尔的推进则在于,强调人格与财产权的联系,通过财产权① 展开形式化人格的具体内容。黑格尔对人格的界定在于普遍性和单一性的关系,他说,"我作为这一个人,在一切方面都完全被规定,有限;而我是纯粹的自我相关,因而在有限性中我知道自己是无限、普遍和自由的东西"(§35)。换言之,一方面意识到了自身的绝对自由,同时总是在与他者相关中被规定为有限的。人格总是运动在自我关联—与他者相关的辩证之中。在"抽象法"的环节,具有自由意志的个体与外物的遭遇,个体不满足于形式化的自我规定的能力,它需要扩展其意志的领域以肯定自身。因此,它将无意志的物占据为"我的",将自己的意志赋予外物。通过对物的占有,单一的人格扩展了它普遍性的领域,自由的人格获得了初步的现实化。"从自由的角度看,财产是自由的最初定在"(§45,附释)。

黑格尔在这里不仅回到了罗马法传统物权的概念,更重要的是,他通过自由及其现实化领域的思想框架对罗马法做了改造。黑格尔提出,"唯有人格才能给予对物的权利,人格权本质上就是物权"(§40,附释)。这句话看似不言自明,在这里黑格尔将人格权与物权做了等同;而实际上,它包含了一个矛盾:黑格尔一方面认为物权只能产生自人格,另一方面确认为人格权不是别的,就是物权,那么,物权和人格权,究竟是演绎的关系还是互相等同?

要回答这个预先的疑问并不难,只需要看到,这个判断实际指向的是 Gaius《法学的阶梯》著名的区分,"omne jus quo utimur, vel ad personas pertinet, vel ad res, vel ad actiones"(我们的一切法或与人格关联,或与物关联,或与债关联)。这一区分部分地被法国民法典继承,即从人格和物的基本区分出发编纂法典。其中,人格法涉及与人相关的领域,比如国

---

① 财产权,das Eigentum,也被翻译为所有权,财产;在黑格尔"抽象法"论域内,它们的含义没有区别。此外,由于任何物,只要进入到法的领域,被规定为我的占有物,即财产,本文将不加区分地使用财产权、物权和所有权。

籍，婚姻。而在黑格尔看来，基于日常经验而把法的领域切割为人的和物的，根本站不住脚；法涉及的本质是物的关系，即便是人的身体，也须当作物一般看待。黑格尔接着说，"这里所谓物是指其一般意义的，即一般对自由说来是外在的那些东西，甚至包括我的身体生命在内。这种物权就是人格本身的权利"（§40，附释）。黑格尔引入了"人格本身的权利"，替代了罗马法传统的人格权；由是，罗马法传统的 Personenrecht 被改造为所有权构架下的 Personliches Recht，人格权指的不再是与物不相关的人与人的法律关系，而是人像占有物一样占有自身的权利。因此，在私法领域谈论人，它或者指的是人格，即具有权利能力的法律主体；或指的是占有的对象，针对被占有的人的权利与物权并无区别。

我们或许能够同意黑格尔对罗马法传统人格权意义的改造，毕竟，人格权作为私法领域占有自身的权利，这一意涵在大陆法系已被普遍地接受。然而，黑格尔把人格权和物权作出等同，这一观点的实质及其理论后果，尚不清楚。当黑格尔通过人格演绎物权的时候，他是把法律的主体归于人格，确定人格在一切法律关系中的基础地位。这是对经验世界的理性化，对物质实存的主体化。而当黑格尔提出人格权本质就是物权的时候，他放过来把纯然自我规定的主体，降格为屈从于支配关系的物。人对他的身体和生命、精神产品也像对外物一样随意支配，这时，我们很难说，人格的尊严得到了承认和实现。毕竟，一旦黑格尔把法的领域通过自由的概念而纳入其百科全书的体系，法律就不仅仅是实定的法则，还包含伦理层面上自主独立的意义。若法的规定不能有助于个体自主和自由的实现，那么，至少在黑格尔的体系中，它难以被称为法。

由此看来，黑格尔的人格概念，以及伴随它的物权和人格权的讨论，并非是自明的。它一方面引向物权的人格化：通过占有关系，一切无意志的物都被纳入主体的意志领域；同时，黑格尔也暗示了人格的物化，人与其自身的关系被刻画为占有和被占有的关系，这使得人的自由消解在物的关系中。在这两个截然相反的方向之间，如何理解黑格尔所构建的现代世界中主体以及它在法中的展开？这将是本文研究的论题。

二　从人格到所有权

在进入黑格尔人格权学说之前，需要澄清黑格尔关于"抽象法"，也就是通常所说法的领域的定位。显然，黑格尔并非出于任意主观的偏好而将法纳入《法哲学原理》的研究范围，在他的哲学体系中，法是客观精神的第一环节。这意味着首先，法的领域预设了精神哲学中主观精神的内容，即具有自我反思的，能够理性规定自身的意志。其次，"抽象法"属于法的环节，构成自由现实化的形态。黑格尔并非为了法的兴趣而研究法，毋宁说，法仅仅是由于它能够作为一种客观精神的形态，为现代人实现自由提供条件，才值得被放入哲学体系之中。

法和自由的辩证关系是《法哲学原理》的核心。现代自然法传统自觉地把法与主体的能力，其伦理意涵联系在一起，[①] 但是只有在黑格尔这里，法和自由的关系才获得了最完整的哲学的表达。"法是作为理念的自由"（§29）。法与自由是理念和概念的关系：自由是概念，法作为理念实现了自由。首先，法预设了自由，"法的概念就其生成来说是属于法学范围之外的"，它是精神在其与自然给定性的斗争中获得的自我规定的结果。[②] 其次，自由作为概念，不能停留于单纯的原则，它需要自身现实化。现实化的自由呈现为一系列被称为法的规定总体。在此框架下，日常的自由和法的意义都获得了改造。一方面，自由不仅仅是作为 libre arbitre

---

[①] Cf. Zarka, Yves Charles. "Hegel et la crise du droit naturel moderne", dans Vieillard – Baron, Jean – Louis, eds. *Hegel et le droit naturel moderne.* Vrin, 2006.

[②] 我们能从理性的自我规定的意义上理解主体吗？不论是业余还是深入的读者都有可能质疑：黑格尔在"自由的精神"部分描述的主体形象，代表了理性主义天真的妄见？事实上，现象学生活世界的描述，精神分析对无意识领域的挖掘，都能够提供一种理论基地，以指出这种理性的自由意志的主体，并非人性的顶峰，反而代表了远离原初生存经验的造作形态。参见克罗佩尔《法律与历史》，朱岩译，法律出版社2003年版，第三章第二节，"为了能够被视为完整的人格和法律主体，人应如何具有此种性质？"

事实上，黑格尔借以对卢梭的批评，已经预先扫清了这一思考方向。对原初自然状态的怀念是没有意义的，因为自然不是人性未受玷污的理想状态，而是缺乏反思和深度的缺省的人。人不存在直接的定义；人是运动中的自我教化的过程：它是结果，而非前提。法所预设的自由的精神是教化了的人，它积累了主观精神为承认而斗争的发展经历，其通过自我和他者的发展的精神历史过程。

此外，人们也不应忽视客观精神中的关键概念，即"第二自然"。对黑格尔而言，实现了的自由不是抛弃和克服它固有的本性而朝向纯粹的自我规定，以此构筑精神性的规范空间。反之，精神之所以是自由的，就在于它能够把从自身中分离的异在的部分重新肯定并内在化。

当然，精神如何能够既是对自然直接规定性的否定，由作为第二自然而肯定被它否定的部分，这是另一个问题。但至少我们能够清楚，从主体哲学出发构建"第二自然"的规范性空间，是黑格尔客观精神学说的理论目标。

的主观的人性，它包含了客观化了的外在的方面；另一方面，法也不是，如康德所认为的，调整个体之间意志的普遍法则，它构成对意志的限制，是个体的自由意志的外在体现。

值得提出疑问的是，黑格尔这里所说的法，究竟是主观的，还是客观的？事实上，不论是德语的 Recht，法语的 droit，甚至是中文的"法"，都包含了这样的含混，以至于会出现把"法哲学"翻译为"权利哲学"的误解。举个例子，由于德语 Recht 自身的多义，萨维尼就不得不区分了"主观的法"和"客观的法"，前者指的是主体所诉求的基本权利，最典型的例子是《人权宣言》所宣告的 droit de l'homme；后者是规范主体行动的义务的整体，比如前黑格尔神学语境中的 la loi naturelle。如果说英语世界人们能够简单通过 right 和 law 做区分，那么在德法世界中，人们只能通过单数的 das Recht/le droit 和复数的 die Rechte/les droits 作权宜的区分。

不过，自然语言的含混不意味着它是有缺陷的哲学语言。恰恰相反，正因为 Recht 自身的含糊性，它是自由的理念——即客观精神学说，最适合的表达。抽象法是"法"的一开始的形态，而伦理是"法"最完成了的表达。前者指向人格，财产权和契约，它既是自然法传统的核心概念，也是民法立足的基础。而伦理的领域，反之，是由一系列看起来外于主体的客观规范而构成的。Recht 的多义性恰恰勾连了主体的—权利能力的方面，以及客体的—作为法则和规范的另一面。对黑格尔来说，一个概念的哲学意涵从来不是固定的，现成的，而是在现实化的运动中自我产生和发展。"法"的概念的发展伴随着精神的自我教化：从认为自由体现在它占有私人财产的能力，到把政治共同体纳入它所相信的自由空间之中。

"抽象法"的抽象性体现于，自由体现为主体的、无限的权利。黑格尔谈论的"人对一切物据为己有的绝对权力"，呼应了霍布斯的 jus in omnia，即主体原初占有的权利；"抽象法"部分的所有权与现代自然法传统的自然权利具有相似的理论结构。黑格尔通过嫁接现代自然法学说，暗示了仅仅从主体权利出发无法建立普遍和相互一致的理性秩序。在霍布斯看来，原初的自然权利必定导致战争状态。这使得割让自然权利，授予主权者，建立政治秩序是必要的。政治秩序对自然权利的限制，是权利得以实现的条件；因而主体权利的另一面是与之对立并构成制约的政治秩序。现代自然法传统中主体权利与普遍秩序的距离，被黑格尔表达为法的抽象：自由意志在法的领域的形态——法律人格，还没有能够把普遍性纳入主体的自身规定之中。

当然，作为客观精神的环节，人格不再是纯粹与自身关联的自由的精神，而是通过与物的关系使自身客观化。法的意志不是主观意志，而是客观意志。人格对物的占有贯穿了意志的普遍性、特殊性和单一性（Cf. §§5, 6, 7）规定：人格既是纯粹自我相关的意志，也是与外物应因而被限制为特殊的意志，也是通过克服物的非精神性并与之相同一而肯定自身的意志。简言之，通过将与自身的关系落脚于物的客观性中，人格把主观的纯粹自由客观地表达出来。与此同时，自我的客观化伴随着物的精神化。黑格尔发展了洛克经典的劳动占有学说，并将所有权放入自由意志及其客观化形态的结构中：在占有关系中，人格将其意志、目标和偏好体现在占有物上面；把本来是外在于自我领域转为内在的，把非精神的转为精神性的。通过直接占有、使用或转让，物在占有关系中被改造，进入到我的意志规定的领域。由此，人格作为所有人，不是与外在的物打交道，而是与自身——既外在又服从我的意志的物，相关联。财产也是意志。

在占有关系中，纯粹自由的意志客观化为个别人格，而物精神化为被占有的对象；在这一双重的运动中，个体和外物都得到了规定：自由的意志在占有物中获得了在历史的世界中具体的实存；反之，物也在所有权的关系中获得了法的—历史的意义。这因而解释了所有权在黑格尔法哲学中肯定的方面："财产是自由的最初定在"。正是财产让自由的精神获得现实化的形态，让自由不仅仅作为概念，且作为理念在历史中开展。在黑格尔看来，个体自由的原则在基督教世界业已出现；但是只有在市民社会中，个体的特殊性和偏好的发展才得到制度化的肯定。在这里，黑格尔把形而上学的自由与市民社会中的财产权联系在一起：追逐财富不是把自我沦落在物质的洪流之中，而是为它一切行动提供可能的条件。没有占有财产的能力，无所谓自由。

然而值得疑问的是，黑格尔用"占有"来刻画人格和他的所有物的关系，这不恰恰意味着，人格和他的客观实现的形态仍处于外在的关系？毕竟，占有关系是直接和单向的。更不用说，人格把自身表达于外物，而物恰恰是最缺乏精神性的：物可以随意地被转让，被处置，会消灭，最偶然和任意的东西。自由的意志本来的意图是，通过把自身规定为法律人格，扩大他自我规定的领域；而一旦自由的意志落实与我的所属物，我恰恰陷入到物的偶然和任意之中。

如此下来，从人格到所有权，自由的意志不得不进入到外在的领域，而丢失了它本来的纯粹自足。在对自然的精神化改造中，精神也掉落于历史的领域，听任物的变动和偶然性：我们在多大程度上能够说，所有权实现了人格、财产是自由的条件呢？

三 人格权的悖论

这一质疑在人格权问题上变得显著。导论部分指出，黑格尔改造了罗马法的人格权概念，引入与物权同构的人格权，而取代传统的人和物的区分。因此，人格是作为权利的权利，它是一切法的规定的基础；人格权是奠基于人格的具体权利，它是私法领域中对个体关于它自身权利的规定。黑格尔在《法哲学原理》中列举了人对生命，身体的权利；个体对其精神产品的占有也在人格权范围之内。今人讨论的姓名、肖像、隐私等权利，虽然超越了黑格尔的思考范围，但是就其基本要素而言，并不超出黑格尔的讨论范围。

我对我自己的占有，看起来不言自明。因为在经验层面，我们可以说人占有了他的身体，他的精神产品，等等。但规范地讲，我们仍然会提问，我与我的身体的关系是否能作为占有关系而进入私法的领域？或者进一步说，将我与自身的亲密关系投掷于物的外在领域，是否是对内心世界的僭越？

第一个困难在于，人格或许根本不能"占有"自己。事实上，虽然"人格权"在今天已是广泛地被接受，但很长一段时间，"人格权"被排斥在实定法范围之外。这一点，在1900年《德国民法典》的人格权单项权利的空缺，就看得很清楚。人格权实定化的拒绝，显然影响自萨维尼，在他看来，清楚和明确区分法律关系的主体和客体是必要的。反之，人格权的表述，混淆了法律的主体和客体。此外，人格权的内容和范围界定远不如物权来的清晰；因此，《德国民法典》仅仅在侵权赔偿的范围内，对与人格权相关的法律关系作出说明。

然而对黑格尔来说，主体与自身的关联和主体客体化，根本不成问题。事实上，物权也是主体与自身的关系；物能够作为财产与人格关联，意味着它已经被改造成了主体意志规定领域的一部分，是主体意志的体现。此外，虽然不能把人格降格为具体的私法中的权利；但是人的范围中，还存在着既是属于我的，又能够与我相分离的部分。在讨论我的精神产品之时，黑格尔就提出了这样的疑问：它们究竟是物，或不是物呢？在黑格尔看来，虽然它们是属于精神内在的世界，但这不妨碍人们将之外在化，让它们像物一样进入法律秩序，被我或占有，或交易转让。（Cf. §44附释）困难由此解决：属我的东西，有一部分是可以进入到占有关系中，像占有物一样存在。它们是主体中能够被客体化的部分，人格权就是人格关于这部分的权利。

值得注意的是，为了说明人格权的法律地位，我们已经把主体的一部分推向了客体性的东西。既然主体的一部分可以客体化，那么主体的其他部分，甚至全部是否也可以物化，变成一种财产，进而被交易和转让？说得不那么极端些，主体中能被客体化的部分，以及不能被客体化的部分，边界在哪里？毕竟，如果主体的一切都能够被客体化，那么，一无所有的人格，只剩下空洞的权利能力，人们无法说它尚还能是自由的自我规定的意志。

由是，第二个困难出现了：在私法领域，人格似乎既可转让又不可转让，即被物化又不能被物化。黑格尔一方面说，"作为人，我像拥有其他物一样拥有我的生命和身体，只要有我的意志在其中就行"（§47），他同时也表示，"那些构成我的人格的最隐秘的财富和我的自我意识的普遍本质的福利，或者更确切些说，实体性的规定，是不可转让的，同时，享受这种福利的权利也永远不会失效。这些规定就是：我的整个人格，我的普遍的意志自由，伦理和宗教。"（§66）

看起来，这两段文本是融洽的，我的生命和身体可以物化；而我的意志自由，伦理和宗教不能转让。也就是说，精神的自由不会还原于物的世界，内心的领域超越了物的外在和偶然性。但是疑问无法就此消除，在"占有"的逻辑下，人们能够拿什么来阻挡把主体的部分客体化，物化的方向？既然我可以占有我的身体，那么别人也可以。身体，时间，信息，我自身的许多方面处在模糊的地带：它们能够被外在化为而进入所有权的领域,而每一步外在化都会剥离出内心世界,而削弱自我的自足性。Allen Wood 的困惑是正当的。他认为"不可转让和永不失效的权利"是说不通的,人格权作为一种"自身占有"学说(self-possession theory),更准确地应被设想为占有外物的权利的一个示例。[1]

黑格尔对奴隶制的批判,集中体现了这里的困境。《法哲学原理》多处批评了奴隶制,它从特殊的人的规定——即等级和身份出发对人区别地对待。在黑格尔看来,人格应保持为抽象的,这也恰恰是法律人格平等的来源;人们不能从自然的直接规定出发界定人格。罗马法的区分——自由身份,公民身份和家庭身份,在现代语境中是无效的。(Cf. §2,补充,§40,附释,§57,附释)。但是,抽象法的讨论表明,黑格尔对奴隶制的拒斥不是简单直接的。毕竟,既然人的身体被认作是人格的占有物,那么人对身体以及劳动出卖,如何能够与一种事实的奴隶制区分开? 黑格尔明确谈及了这种情况,他说,"我可以把我身体和精神的特殊技能以及活动能力的个别产品让与他人,也可以把这种能力在一定时间上的适用让与他人,因为这种能力由于一定限制,对我的整体和普遍性保持着一种外在关系。"(§67)通过对"一定时间"和"一定限制"的表达,黑格尔把雇佣关系中的转让和奴隶制的奴役关系区分开:前者限制与一定时间上的,所转让的是我的外在的部分;而后者是全部的时间,因而在转让中剥夺了个体的人格和自由。

作为哲学家,黑格尔不会去关心"一定的时间"增长到什么程度会变成"全部时间",即在什么意义是从合法的雇佣就是事实上的奴役关系。毕竟这些问题涉及民族习俗,时代特征,在法上都是偶然的。然而,雇佣制和奴隶制的近似性,不可避免地助长了黑格尔或许未能料想到的解读。在这里引用马克思是恰当的,"分散的出卖时间,最后出卖的是全部时间"。[2] 部分的转让——在商业社会的逻辑中,离全部的转让只有一步之遥。黑格尔在《法哲学原理》中虽然预见到了

---

[1] Wood, Allen. *Hegel's Ethical Thought*. Cambridge University Press, 1990, pp. 99–100.

[2] Hence it is self evident that the labour is nothing else, his whole life through, than labour-power, that therefore all his dispensible time is by nature law-labour time, to be devoted to the self-expansion of capital. (Marx, Karl. *Capital, Volume I: A Critique of Political Economy*. Courier Corporation, 2011, p. 291.)

商业社会的逻辑使得贫富差距越扩越大,滋生了一批无所归依的赤贫者;但是他大概不会想到,"人格权"中"占有"的逻辑,可能会是社会不公的底层机制。

黑格尔人格理论采取了对物的人格化,是对自然的精神化,但在另一方面,通过把人同样理解为物,且用"占有"的方式理解人与自身的关系,这一理论恰恰导致了人的物化。这样,所有权及其占有的关系不但不是对人格的充分实现,恰恰相反,从左派的视野来看,它助推了对人格和自由的剥夺。

四 法与社会的抽象

在对物权的人格化——也就是把财产理解为意志的外在领域的同时,黑格尔也把人格物化了,我把我的自由落实于我与占有物的关系,意志的纯粹自我规定掉落在物的偶然领域。人格权是人格被物化的集中反映:个体像占有外物一样占有他自身(身体,时间,精神产品等等),也就让他本身不可分割地自由耗散在物中。或许黑格尔本人也认识到了将人格权物化潜在的危险,他引入了"不可转让和永不失效的权利",切割了人格中可外化的和不可外化的部分:所有权只涉及像物一样外在的领域,而广阔的心灵世界超越了形式化的法。然而,左派的批评恰恰指出,这种切割是徒劳的,在占有的关系中,人格进入物的逻辑而丧失其自由,不仅在逻辑上具有可能性,且现实地存在。剥削和异化,就是这一理论架构被推入极端的可能的形态。

这里的关键在于,当黑格尔提出"人格权本质是物权",他是将私法领域一切法律关系都理解为占有,"所有权是抽象法领域的所有研究的主线"。[①] 物的占有是意志与自身的关系,黑格尔从意志与自身的关系来理解对物的占有,同时也就把人格与自我的部分的关系外在化了。我在我自身中外化出一个被占有的领域,与作为权利能力的我相对立。我占有了外在的我,而外在的我也可能进一步被外在化。人格权与物权是同构的,恰

---

① 参见§40 黑格尔笔记,"Eigentum ist das Durchgehende in a, b, c."(Hegel, Georg Wilhelm Friedrich. *Grundlinien der Philosophie des Rechts*, Werke 7, Frankfurt am Main, 1986, p. 101.)

恰由于这一同构，人们会合理地怀疑，所有权及其占有的基本规定，是否会反噬人格的自由。

然而这一怀疑外在于黑格尔自身的主张，毕竟黑格尔明确提出了人格的一些部分不可分割；此外，如果我们的讨论的确要涉及外在的视野，那么在推进到左派的批评之前，尚存在大范围的中间地带，这一中间地带恰恰构成这一理论的积极面向。就"抽象法"学说所面对的法律领域来说，人格权的物权化不但不是危险的，反而颇为必要。毕竟，法学家面对人格权最感棘手的就是如何把它的内容和适用范围，在法律中具体地表达出来。通过这个类比，"人格"从一个抽象的伦理性的概念具体表达为人格所占有的对象，因而能够被纳入私法的体系中，对其适用范围、侵权损害程度和救济方式作出规定。法律的规定是消极的，不像道德法则那样对人的行动具有积极的规范力量；但消极的规定也作为基底为自由的行动提供条件。以精神产品的例子来说，黑格尔提到"促进科学和艺术的纯粹消极的然而是首要的方法，在于保证从事次事业的人免遭盗窃，并对他们的所有权加以保护"（§69节，附释）。法律的保护促进了知识的创新，创造者能够在既定制度中对其产品的收益有积极的期待，而得到正向的反馈。既然个体对它自身的占有物，在当代表现为多种多样的经济现象，那么正确的做法是通过立法作出回应。事实上，人格权是否应在民法典中实定化，正是20世纪下半叶以来大陆法系争论的焦点。

我们看到，不论是左派对雇佣关系的警惕，还是法学界对人格权立法的争论，涉及的不仅仅是对"人"本身的理解；更重要的是自由意志所实现自身和现实化的领域。具体来说，马克思的分析离不开资本主义社会及其雇佣关系的基本背景，而当代法学界对人格权的关注，也根本上是由商业社会中人格被转化为多种多样的财产而促生日益扩大的市场之现状激发出来的。[①] 因此，虽然看起来这两派主张对黑格尔来说都是外在的，因为《法哲学原理》自身既没有发展对雇佣关系的批判，也没有明确地支持人格权的法典化，但另一方面，这两种学说都触及了黑格尔抽象法理论

---

① 李永军敏锐地指出，人格权立法化的需求与对人的尊严的承认，即伦理的意义无关；是商业化对人格权渗透的结果。参见李永军：《论我国人格权的立法模式》，《当代法学》2005年第6期。

的核心。因为它们一道指向了现代社会法律主体得以现实化的制度领域：市民社会。①

抽象法（私法，所有权）实现于市民社会。"在这里（市民社会），所有权法不再是自在的，而已经达到了他的有效的现实性，因为有司法保护着所有权"（§208）在市民社会中，法的形式化规定落实为实定法；这也是为何黑格尔到了法哲学的"市民社会"部分才具体讨论法律的实定化。更重要的是，生产和交换的社会关系让形式化的法律规定获得了应用。现代的劳动关系需要普遍的法律秩序以裁定区分你的我的东西；特殊需要的满足让所有权不仅作为形式的秩序，且作为自由具体而现实的条件而存在。私人所有权及其相应的保护条款运作于生产和交换的纷繁复杂的关系之中。"因为法对人的需要说来是有用的，所以它才会变成实存。"（§209，附释）若无市民社会的基地，抽象法只能停留于自在的空洞形态。在市民社会中，法律人格具体为在市民社会活动的主体；许多学者已经看到，法律人格虽然是抽象的，但这抽象性同时指向了一个具体的、历史的形态：经济人。② 在黑格尔的理论视野中，法律人格、所有权和经济社会存在内在的一致。

通过对经济社会特殊性的肯定，法也落入进入市民社会的领域，以市民社会的经济交往为内容。市民社会是"消失在两极的伦理"，运作在特殊性和普遍性两端之间。一方面，市民社会中的人是秉持特殊的目的并追求自我利益的资产者，它把社会看成一个中介，来发挥他自己的偏好，口

---

① 下文将不加区分地使用商业社会、经济社会、抽象社会，它们都是对黑格尔"市民社会"概念的表达。

② 参见科维刚的表述，"经济人（homo oeconomicus）是不带任何修饰词的人、需要及劳动的存在，因此他是法律人格这一抽象概念的具体历史形象"。（科维刚：《现实与理性》，张大卫译，华夏出版社 2018 年版，第 82—83 页）同样的说法见于 Peter Stillman 的描述，"In short, Hegel's portrayal of persons, property, and contract has many points of similarity with visions of society and freedom variously labeled modern, liberal, neo-conservative (1980s), formal, commercial, capitalistic, or market", Peter Stillman. Hegel's Analysis of Property in the Philosophy of Right？. Cardozo Law Review 10 (1988–1989), p. 1034.

甚至可以进一步说，与黑格尔法哲学一脉相承的德国民法，也是依此形象为依据，它"乃是根植于启蒙时代、尽可能地自由且平等、既理性又利己的抽象的个人，是兼容市民及商人感受力的经济人"（原文来自德国法学家 Gustav Boehmer，转引自 [日] 星野英一：《私法中的人》，王闯译，中国法制出版社 2004 年版，第 7 页）

味和行为态度。另一方面，个体特殊性的实现依赖于他人的参与，只有在生产和交换的多边依赖体系中，只有作为内嵌在经济社会中的生产者、消费者，个体才能满足它的个别需要。特殊性借普遍的中介实现自身，在市民社会中，人不仅仅是法的对象，道德主体或者家庭成员，而是具体的人。(Cf. §190 附释) 市民社会呼应了黑格尔对世界历史的判断，只有在现代，伴随着经济领域的繁荣，个体性原则才得到制度化的肯定。

但在市民社会中具体的人，仍然是抽象的。其"抽象"首先在于，固执于特殊性的主体，脱离伦理共同体的原初统一。更重要的是，在"需求体系"之中，需求的本性、满足需求的方式以及由此建立的社会关系，都被还原成了可量化和分析的要素。[①] "当需要和手段成为一种抽象时，抽象也就成为个人之间相互关系的规定"（§192）。需要的抽象伴随劳动的抽象；需要的精致化引向了生产的分工，在其中，劳动者局限在细分和同质化的工作空间。总之，在市民社会中个体或作为生产者，或作为消费者而存在；它的伦理活动被简化为以同质的工商业制度为中介的交往活动。

因此，法并未让人变得抽象，法是抽象的人的表达。资产者在工商业社会中生产和交换的活动，与人格权自身规定中外在于人格的部分，是同构的：它们都是人格的自我规定之外，物化了的、外在的领域，因而是抽象的。或者说，恰恰是由于这一抽象，个体才能够进入商业社会，人格才能够作为一种权利，被我所拥有。在这一视野下，人格的物化并不构成困难，它反而是市民社会的成就：它提供特殊性充分发展的基地。

另一方面，市民社会让人变得具体的同时，带来人性的抽象化。个体将其自由客观化为他所占有的财产；其自我客观化的权利能力在市民社会中落实为经济层面的活动。这是对生存经验的抽象：作为"外在的国家"市民社会并不关心内心的领域，个体在商业社会中展现的别具一格的个性，仅仅体现为市民阶层的偏好和品味。更为广大的领域：友爱，忠诚，信仰，它们都在市民社会及其司法空间之外。人伦关系在经济社会之上或者之下，它是不可还原的；甚至说，市民社会必然是对人伦关系的某种还原，甚至是剥夺。

[①] 参见 Bourdin, Jean – Claude. Hegel et la "question sociale": Société Civile, vie et Détresse. *Revue Germanique Internationale*, no 15 (15 janvier 2001): p. 159。

黑格尔明确地表示,"婚姻、爱、宗教和国家等较高级的关系,其可能成为立法对象的,仅以按其本性能自在的具有外在性的这些方面为限"。(§213,附释)法的抽象性提供了现代主体超越传统身份制,获得形式性平等的基本条件;而这一抽象性也把个体还原外在的,流通于经济领域的层面。不存在脱离法的自由,而自由也不还原为抽象的法。

五 余论

论及现代社会的"抽象性",相对照于马克思论资本主义、韦伯论官僚制、齐美尔论货币,黑格尔的市民社会理论显得有些简略。然而,我们不能忘记,黑格尔论述人格权同时强调了"不可转让和失效"的权利。"我的人格,我的普遍的意志自由、伦理和宗教",构成了内心世界的领域,它不外化为对象。在这内在的领域中,自我展开与他者的关系,超越市民社会的交往形式,自我通过与他者相关联而理解自身。

让我们再次回到一开始的文本《法哲学原理》§40附释,黑格尔不但批评了罗马法的,也反对康德人格权,物权,物权的人格权的区分。康德以"物权的人格权"理解家庭中的伦理关系,在黑格尔看来恰恰不可理喻。因为家庭中的伦理空间超越了市民社会的物化的外在关系;家庭在法"之下",也就无法被占有的物的关系所框定;同理,国家在法"之上",同样构成了市民社会的逻辑无法侵占的领域。

家庭和国家,是黑格尔在现代性理论面对社会的抽象性进行的广泛反思之前,预先给出的理论回应:经济社会所带来的物质繁荣仅仅是自由的一个面向;现代人的自由若不限制于单向度和外在的,那么它需要在通过人伦关系所构筑的自我与规范性共同体之中展开自身。

如果说国家是对市民社会的分化的统一,对其否定性的肯定;那么仍然存在疑问的是,这个绝对的和解真正可能吗?对于接受辩证法的人来说,答案是肯定的,因为差异环节的和解,否定阶段的"返回自身",这就是事情本身运动。而更加困难的问题或许在于,在历史和思想语境与黑格尔完全不同的今天,人们如何来理解和重新把握辩证法,像黑格尔一样思考?

(作者单位:巴黎第一大学哲学系)

从自发性到自由：康德基础自我意识的自身性结构

郝琛宠

一直以来，人们对康德主体性反思及自我意识理论的关注主要集中在从自发性到自由的过渡这一点上。如何统合先验统觉和道德自我借以成立的反思路径，并提供某种共享的自身性结构，成为有望揭开"批判之谜"的一把钥匙。对康德而言，自我意识是整个纯粹理性批判的极点，自由则是第一批判和第二批判的"拱顶石"，基于这一明确的联续关系，上述追问的出发点就应当被设定为：在可能展开问题的最低限度上，某种自身性结构如何可能成为表明认识与实践之间联续关系的纽结？

对这一问题之可能性的审慎考虑主要基于亨利希所发展、已然成为学界共识的"回避策略"理论[1]。该理论认为，康德用纯粹理性的谬误推理来终止对先验自我的讨论，意在回避某种在认知和道德领域同样适用的基础性自我意识的可能性。通过对亨利希、盖耶尔（P. Guyer）、阿利森（H. E. Allison）等人围绕这一策略的意图及后果进行的探讨作出评判，我们有望澄清，康德此举虽然杜绝了从对象性知识与自我关系入手建立同一性自身关系的努力，但并未排除对自我意识之基础作用进行阐释的其他途径。鉴于此，本文的探讨思路将进一步限定为理解自我意识在先验统觉那里的基础性（奠基性）作用以及在道德自我那里的完成，最终聚焦到一条基础自我

---

[1] 参看 Dieter Henrich: "The Origins of the Theory of the Subject", in *Philosophical Interventions in the Unfinished Project of Enlightenment*, ed. A. Honneth, T. Mecathy, C. Affe, A. Wellmar, Cambridge: MIT Press, 1992, p. 53。

意识从自发性进展到自由的渐成性道路。本文的探讨大致可分为三个步骤：一、考察先验统觉反思性的限度；二、以海德格尔的存在论解读为契机，尝试一种迂回方案；三、澄清道德自我对先验自由所处反思界域的突破和发展。

一　先验统觉的反思性界域

近代哲学对自我功能及其认识论、本体论结构的探讨无不体现出以科学知识的稳固进步为理性之驻地的理想，笛卡尔将经过反思而发现的"我思"作为知识确定性的标志即为鲜明例证。康德将第一批判的工作指向先验综合知识的可能性问题，同样显示了这条思想路线的内在一致性。与笛卡尔主义传统颇为乖离的是，康德将自我意识的功能限定在对象知识实在性的演绎范围内，而先验演绎的动力则在于寻求某种保障思维与对象一致性的先验结构。自我由此便构成了反思之有效性的环节，而非相反。[1]康德将对自我意识的分析置入先验演绎的环节中，其意图或许在于赋予自我性知识以与对象性知识类似的普遍公开性，而不将其限制在某个现成的反思结构中。

这种想法可以在 A 版和 B 版演绎所提供的论证中得到初步证实，而笔者首先关注的主要是自我意识在先验演绎中发挥的功能及其与思维的联系。学界大多认为 B 版演绎较 A 版在明晰性上更胜一筹，关于

---

[1] 此观点受到了麦克道威尔（J. McDowell）相关论述的启发。他指出："康德的目的是清除有关自我的笛卡尔式的企图（Cartesian temptation about the self），而且他几乎就要成功了。他想要承认那些鼓励了笛卡尔哲学的自我觉察的独特性，但是又没有让它们表明了这点：自我觉察的对象是一种笛卡尔式的自我。不过，他认为，唯一的替代选项是一种先验的自我觉察（a transcendental self–awareness），即这样的某种东西，它不以实体的形式呈现于世界之中的东西为对象（something that has no object substantially present in the world）。如果我们坚持以这种自我觉察提供一个对象，那么我们只能以几何的方式（geometrically）将其作为一个视点，将该对象定位在世界之中，这避免了人们熟悉的有关一个独特的实体与实在的其他部分之间关系的笛卡尔式的问题。"（参看《心灵与世界》，韩林合译，中国人民大学出版社 2014 年版，第 140 页）然而，麦克道威尔随后错误地否认了康德自我论题的具身性维度，笔者将在下文对此点进行简要的对比论述。

B版演绎所涉及的主要关联，则存在较大分歧。[①] 如亨利希和盖耶尔认为B版演绎注重的是范畴对象的有效性和先验统觉之间的紧密关联，阿利森则主张核心问题乃是证明"人的认识的理智条件和感性条件之间的一种关联"[②]。就显明自我意识在整个演绎中的作用和结构而言，笔者倾向于第一种立场，并试图将其延伸为先验统觉与展现其功能的反思性特征之间的交互关系。同时，A版演绎的借鉴作用也不可忽视，它毕竟以自我意识对"主观演绎"和"客观演绎"的联结展示了自我作为知识中介的可能性，有助于确定基础自我意识的作用方式及范围。

在B版演绎中，康德从"联结"作为范畴运用之前提的"必然性"推出我思伴随一切表象的"必要性"，进而从直观杂多与"我思"的关系角度将"纯粹统觉"的行动表述为自发性的，或干脆将我思称作"统觉行动"（B137）[③]。在此，康德特别强调了"纯粹统觉"与"经验性统觉"的差别，前者之所以是自我意识的先验的统一，就是因为其表象的同一性不取决于偶然的（心理学）因素，而是直接贯穿一切意识，同时，这些表象都具有朝向自我同一性的"属我性"。不难看出，同一我思对表象的随附性与它们的"属我性"是相互预设的，康德通过这种交互规定来展现自我意识自发地联结和统一对象性知识并将其归属于自身的特点。所谓从自我意识先验统一中产生的"先天知识"，不仅指纯粹统觉对于自身统一性的认识，也包括对被统一的对象性知识的意识。如果说前者仅仅保证了杂多中的"同一性"，那么后者则是有意识地朝向一个最终的对象知识

[①] 关于围绕先验演绎的解释和争议，可参看 P. Guyer, "The Transcendental Deduction of the Categories", in *The Cambridge Companion to Kant* (ed. P. Guyer, Cambridge: Cambridge University Press, 1992), p.156; "Kant on Apperception and A Priori Synthesis", in *American Philosophical Quarterly* (17), 1980. D. Henrich, "The Proof-Structure of Kant's Transcendental Deduction", in *Review of Metaphysics* (22), 1969, pp. 640–659; "Identity and Objectivity", in *The Unity of Reason* (ed. R. Velkley, Cambridge: Cambridge University Press, 1994), pp. 123–208. Henry E. Allison, *Kant's Transcendental Idealism: An Interpretation and Defense* (New Haven and London: Yale University Press, 2004), pp. 159–201。

[②] Henry E. Allison. *Kant's Transcendental Idealism: An Interpretation and Defense*. New Haven and London: Yale University Press, 2004, p.159.

[③] 本文所引《纯粹理性批判》译文皆出自邓晓芒译本（人民出版社2004年版）。

统一体而保持杂多的有机联结。因此,"只有借助于一个预先想到的可能的综合统一,我才能想象分析的统一"(B133)。人们习惯于直接将这种综合特质归于自我意识的功能,而康德接下来却退回一般思维的自发性来进行论述。在他看来,"知性只能思维"意味着:"就一个直观中被给予我的诸表象的杂多而言,我意识到同一的自己,因为我把这些表象全都称作我的表象,它们构成一个直观。"(B135)康德并不是通过直观综合统一体的循环论证来分析综合过程的诸环节,而是强调思维本身——无论是否达到了二阶性的自我意识——总是一种将被给予的表象归于自我的联结活动,自我意识作为对这一联结过程的综合把握,则将被给予性转化为自发的给出—对象性。

考虑到一般思维与自我意识在对待被给予性方面的差异,我们就不得不沿循康德的思路对自我归属的限度作出规定。在此需要引述一段著名的话:"意识的综合统一是一切知识的一个客观条件,不仅是我自己为了认识一个客体而需要这个条件,而且任何直观为了对我成为客体都必须服从这一条件。"(B138)显然,直观杂多的被给予性本身就隐含了一种自我归属,而使其发动的必要条件恰恰是意识的综合统一。因此,我们就不能像盖耶尔那样将先验统觉的功能束缚于范畴的先天自我归属,进而不假思索地将其视为先验演绎的失败和近代主体主义的表现。然而,我们也应重视亨利希的深刻洞见:康德并未从自我意识出发推导出范畴,认识的先天可能性与属我性的相互关联并不意味着自我意识的统一体可以摆脱反思过程而主题化。[①] 亨利希提供的正面启示或许正如盖耶尔给出的评价那样——他论证了认识主体可以通过先验统觉的综合统一功能确证自身的连续性。[②] 这里涉及的是心灵的主体意识对其内在诸心灵状态或离散知识的关系,其中最为关键的是区分被思维的自我与先验统觉中的自我意识。

回到亨利希和盖耶尔关于自我归属性问题的争论有助于进一步领会这一区分对于康德先验演绎的重要性。亨利希认为,自我归属的完成不是一劳永逸地通过归属性本身分析得到的,归属性所依附的那个自我需要通过

[①] 参看 D. Henrich, "Identity and Objectivity", in *The Unity of Reason* (ed. R. Velkley, Cambridge: Cambridge University Press, 1994), pp. 123 – 208。

[②] 关于盖耶尔对亨利希康德研究的评价,参看 P. Guyer, "Book Review of *Identität und Objektivität*", in *The Journal of Philosophy* (76), 1979, pp. 159 – 160。

直观被纳入意识的方式来解释。[1] 盖耶尔更多站在范畴的对象有效性角度上，将康德自我意识从分析统一到综合统一的过渡视作从自我先天表象到先天自我归属的一种确证和加强。[2] 阿利森反对盖耶尔将"我思"的功能实在化的看法，他将"我思"视为康德对表象之属我性的一种强调，康德在这里仅仅肯定了自我归属的"可能性的必然性"。[3] 亨利希和阿利森观点的合理性在于，康德的确将分析性命题和综合性命题的区分上升到了内感官规定中被思维的自我与先验自我意识的差异，后者提供的客观统一毋宁就是所谓"可能性的必然性"。对于康德而言，我们在内直观中认识到的自我主体只是对我自身显现的现象（B156），被思维着的自我只是自我意识层叠作用中的一个一般环节，而在统觉的综合的本源统一中的自我意识既非显象，亦非自在之我，而只是"我在"；进一步说，自我意识并不拥有"我如何在"的知识，因为规定活动本身就受到自我意识的辖制，我的存有状况"只是在感性上、即作为一种现象的存有才可加以规定"（B158）。归根结底，康德对二者的区分是为了防止人们对统觉之我无原则地主题化，统觉之我的先验统一性构成了对一个对象的思想形式，正如阿利森所说，这里受到争议的"我"不是一个特殊的认识者，而是统觉之我的宾语形式。[4]

阿利森将意识的综合统一性解释为一个"对象化的条件"（an objectivating condition）[5]，这十分贴近康德对统觉原则的认知力量的强调，但却缺乏对"我思"之自由的充分肯定。事实上，康德恰恰是要通过自我意识中自我知识的显现来刻画先验自由的图景，正是凭借对这一点的洞见，亨利希用自我意识与世界的关联与自我意识一同出现的事实反驳了盖耶尔和阿

---

[1] Dieter Henrich, "Identity and Objectivity", in *The Unity of Reason*, ed. R. Velkley. Cambridge: Cambridge University Press, 1994.

[2] Paul Guyer, "Book Review of Identität und Objectivität". *The Journal of Philosophy* (76), 1979, pp. 124 – 127.

[3] Henry E. Allison. *Kant's Transcendental Idealism: An Interpretation and Defense*. New Haven and London: Yale University Press, 2004, p. 164.

[4] Henry E. Allison, *Kant's Transcendental Idealism: An Interpretation and Defense* (New Haven and London: Yale University Press, 2004), p. 175.

[5] Henry E. Allison. *Kant's Transcendental Idealism: An Interpretation and Defense*. New Haven and London: Yale University Press, 2004, p. 175.

利森的认识论立场。① 基于亨利希对自我意识之自身关系的探讨，我们基本确定了第一批判中纯粹统觉提供的自我意识的两个基本意义维度②：首先是自我意识与一般思维的关系，其次是自我意识与世界的关系。我们一旦被思维意识到的自身看作独立的起源，它也就重新回到了在被自我所认识或觉察到的自身那里想要避免的情况，从而"接受了自我的性质"，成为被自我意识的运动本身框定的自我知识。③ 由于先验统觉本身的作用依赖于思维着的自我，因此第一批判中反思性自我意识的合法性就止步于"我思"循环所构成的知识界域。现在遗留的问题是：我们是否至少能确认我思具有使自我和世界成为两个极项的中介作用？这种自我与世界之间的有机联结的有效性又在多大程度上超出了第一批判的意义领域？

可以确定的是，康德已经借助对纯粹理性谬误推理的批判对基础自我意识的几种可能出路进行了否决：（1）对世界总体的否决杜绝了抽象地将自我意识与世界相对置的企图；（2）对自我实体的否决规避了以自身关系为基地进行主题化探究的途径；（3）自我意识作为认识客体的"前提"，自然否决了以自身为实存之"根据"的假设。思维作为一种逻辑机能（B429），所保证的仅仅是科学知识的有效扩展。④

---

① 参看 D. Henrich，"The Identity of the Subject in the Transcendental Deduction"，in *Reading Kant: New Perspectives on Transcendental Arguments and Critical Philosophy*，ed. Eva Schaper and Wilhelm Vossenkuhl，New York：Basil Blackwell，1989，p. 279。
② 参看迪特·亨利希：《自身关系：关于德国古典哲学奠基的思考与阐释》，郑辟瑞译，中国人民大学出版社 2017 年版，第 126 页。
③ 倪梁康：《自识与反思：近现代西方哲学的基本问题》，商务印书馆 2002 年版，第 180 页。
④ 康德对这一命题的进一步解释指出："我想要意识到自己，但仅仅作为思维着的来意识；我的独特的自己如何在直观中被给予出来，我对此存而不论……在单纯思维时对我自己的意识中，我就是这个存在者本身，但关于这个存在者本身当然还没有任何东西凭这种意识就被提供给我去思维。"（B429）与此相关，康德在 A 版"纯粹理性的谬误推理"中将统一性知识完全归于思维机能的先行作用："没有比把诸思想的综合中的统一当成这些思想的主体中的被知觉到的统一这种幻相更自然、更诱人的了。我们可以把这种幻相称之为物化意识（apperceptiones substantiatae）的偷换。"（A402）阿利森曾在《康德的先验观念论》中对所谓"物化意识（hypostatized consciousness）的偷换"的意涵进行了较为详细的论述，参看 *Kant's Transcendental Idealism: An Interpretation and Defense*（New Haven and London：Yale University Press，2004），pp. 337–340。

二 从"我思"到"我能":一个存在论迂回

依照康德在第一批判和第二批判之间所作的意义区分,从先验统觉到道德自我的过渡很大程度上构成了批判哲学和德国观念论的分水岭。尽管弗兰克(Manfred Frank)等人一再强调德国唯心主义在主体性与自身意识关系方面的一致性,但同样不可忽视的是导致路线分歧的问题意识。① 在皮平(Robert B. Pippin)看来,康德与其后继者之间的关键论题就在于:一个人应当如何理解那种认为"要使经验是可能的,直观就必须服从范畴"的主张?这是否真切地是一个综合的主张,是演证关于所有可能直观的某种普遍性格所得的结果,并因而是纯粹概念客观实在性的一个演证?② 在自我意识的功能方面,这就关涉到统觉仅仅是"副词性的"(adverbial)还是包含着某种"主体的活动"③。应对这一问题内在张力的策略主要发展为费希特式的(Fichtean)和黑格尔式的(Hegelian)。在费希特那里,先验统觉被理解为一种纯粹的自我设定,而他对康德自发性论题

---

① 弗兰克认为,德国唯心主义的重要作用之一在于不把主体性视作反思的产物,而认为"主体性直接地与自身一起被知悉",但随后指出费希特并未从他揭露的反思模式中解脱出来。(参看《个体的不可消逝性》,先刚译,华夏出版社 2001 年版,第 39 页)弗兰克对康德哲学和德国观念论之间承继关系的转折性论述并不鲜见,他在另一处也曾指出:"可能康德的最大惊奇就在于,他不得不看到,他的学生们首先对(自我意识中的)这个自我的结构进行批评,并努力证明,康德的哲学就失足于对这个结构的描述。"然而,弗兰克认为康德实则已经在实践哲学层面上解决了自我结构的两难问题。(转引自倪梁康:《自识与反思:近现代西方哲学的基本问题》,商务印书馆 2002 年,第 181 页)同样,亨利希在其《在康德与黑格尔之间》一书中也曾提及澄清二者关系的困难之处。笔者认为,这种困难恰恰说明:导致二者方向性差异的并非不同的问题指向,而是对同一问题的不同理解策略,这使得我们有必要严格地从康德给出的否决方案出发,而非重复前代阐释者的重构计划。当代的一些黑格尔研究者在这方面也有独到的见解,如 Robert B. Pippin 和 Terry Pinkard,可参看 Pippin, *Hegel's Idealism: The Satisfactions of Self-Consciousness*, Cambridge: Cambridge University Press, 1989; *Hegel on Self-Consciousness*, Princeton: Princeton University Press, 2011; *Idealism as Modernism*, Cambridge: Cambridge University Press, 1997. Terry Pinkard, *German Philosophy 1760–1860: The Legacy of Idealism*, Cambridge: Cambridge University Press, 2002。

② Robert B. Pippin. *Hegel's Idealism: The Satisfactions of Self-Consciousness*. Cambridge: Cambridge University Press, 1989, p. 30.

③ Robert B. Pippin. *Hegel's Idealism: The Satisfactions of Self-Consciousness*. Cambridge: Cambridge University Press, 1989, p. 23.

的这种处理被后者贬斥为"不多也不少,恰恰就是单纯的逻辑"①。对黑格尔而言,潜在的"我思"必须从单纯的思考形式上升为真正的思想,而论者往往认为黑格尔因此错失了康德"形式性"的意义。

如何在尊重康德对认识论自我和"形而上学—实践性"的严格主义划分的同时发展先验统觉的积极意义,成为了后观念论哲学相关阐释的一条潜在线索。海德格尔的存在论阐释为我们提供了检审这一线索的契机。② 海氏关于自我意识与道德自我基本关系的重构大致展开为以下几个方面。

首先,海德格尔对康德借"统觉之本源的综合统一"所定义的自我诠释为"诸规定之杂多统一之本源根据",并将综合统一功能视作在存在论上对突出主体的特性描述。③ 通过将"反思"当成自我意识的运作方式,海氏在使自我超出"形式性"设定的同时也以"根据"的名义将其保留。在这里,"自我是一切行表象、一切行知觉的根据,这就是说,自我是存在者之被知觉性的根据,亦即一切存在之根据"。④ "根据"本身被中肯地解释为"一切存在的存在论基本条件",由此可见,存在论意义上的自我根据明显有别于知识学传统"自我设定"的本原性。换言之,自我意识的形式结构指向伦理向度的"人格性"而发挥其奠基作用。⑤

其次,海德格尔以"实存"(Dasein)概念为枢纽将康德的认识论原则转化为存在论原则,这种解释立足于自我之为行动对于理论和实践活动的贯穿,并尊重了康德强调的两个基本原则:(1)统觉之自我无法为规

---

① 康德:《康德书信百封》,李秋零编译,上海人民出版社2006年版,第244页。
② 值得注意的是,Karl Ameriks 和 Rogozinski 都曾指出海德格尔对德国唯心主义的阐释思路的继承,前者着眼于费希特对超越论自我意识的建构,后者则立足于黑格尔将自律解释为自我意欲的思路。(参看 Karl Ameriks, *Kant and the Fate of Autonomy*, Cambridge: Cambridge University Press, 2000, pp. 234 - 264; Jacob Rogozinski, *Hier ist kein warum: Heidegger and Kant's Practical Philosophy*, p. 55)然而,他们并未明确指出海德格尔与德国观念论传统的阐释策略的差异。在笔者看来,最大的差异即体现在海德格尔的阐释放弃了对康德所作意义区划的逆向超越。
③ 海德格尔:《现象学之基本问题》,丁耘译,商务印书馆2018年版,第181页。
④ 同上书,第183页。
⑤ 同上书,第207—208页。

定活动所通达,纯粹自我决非"被思作现成者的自我"①;(2)对自我的存在论规定对于康德而言是不可能的,在基本反思知识中呈现出来的只是"我行动"。海氏指出,规定活动(不管属于理论还是实践领域)指向我的实存,而实存本身的被给予性依赖于自我对其"做出陈述"的意愿,因此我们就可以确认在先验统觉之自我与道德人格(personalitas moralis)之自我之间存在某种关联。②

最后,personalitas moralis 的源头可追溯到"敬"的道德自我意识,自我由此被提升为本真性存在。在海氏看来,"敬"这种道德感受是自我之"即—自己—自身—而在"的方式,自我藉此摆脱一切感性规定而把自身领会为自身③。不难看出,在道德人格自我提升的过程中,排除杂多的感性因素这一模式同时运用于知识和道德领域,其中隐约可见"实存"与"存在"在本真性维度上的区分。

在海德格尔的存在论阐释中,康德自我论题的"本质缺陷"就暴露出来了:康德本人并未满全理论自我和实践自我相统一的内在趋势。④ 相反,海氏的阐释则沿循着认识主体同一性和道德人格同一性之间的一致,试图构筑一种与认知世界展开过程的同一性建制相对应的人格—实践同一性。⑤

按照海德格尔在康德书中的定义,存在论的知识"是一种依据那非依照经验而来的根据(原理)所进行的判断"⑥,因此,"我思"的存在论意义就不以经验中的先验统觉能力为依归,而是指向超越论的

---

① 海德格尔:《现象学之基本问题》,丁耘译,商务印书馆 2018 年版,第 208 页。
② 同上书,第 208 页。
③ 同上书,第 194—195 页。
④ 海德格尔说:"我们面临着康德自我学说内部的一个特别的矛盾。就理论自我来看,可以表明不可能对其进行规定。从实践自我的视角看,则有着一种对其进行存在论界定的尝试。康德那里有着一个特别的疏忽,他未能本源地规定理论自我与实践自我之统一性。"参看《现象学之基本问题》,丁耘译,商务印书馆 2018 年版,第 210 页。
⑤ 迪特·亨利希:《思想与自身存在》,郑辟瑞译,浙江大学出版社 2013 年版,第 59 页。
⑥ 海德格尔:《康德与形而上学疑难》,王庆节译,上海译文出版社 2011 年版,第 10 页。

自我。海德格尔清楚知道康德自由论题的非反思性背景[1]，也意识到了自我循环实际上受限于本身构造的知识界域，在此基础上他才能看到，"只有作为不断自由的'我能'，'我思'才能够让统一状态的对举物站到对面成为对象"。[2] 从超出反思性知识界域的层面上说，自我作为"无遮蔽的纯粹显现"[3]，必然穿透作为一种知识类型的先验统觉，使一切经验知识具有绝对的客观性。[4]

康德并未将经验知识中的感性因素作为自由意识的基础，而感性在海氏那里却扮演着至为重要的角色。"我思"提供的是一种被感性所关涉、也即有限的主体性。[5] 我思的有限性意味着自我不仅能停留于单纯自身关涉的关系结构，还必须贯穿自身和成为自由的"我能"，即，理性本身就是意志。尽管我们可以从人类作为一种物理的具身性（embodied）存在的角度将实践理性的作用落脚在人类行为与世界上的"决定性事件"之间的差别[6]，这种转化策略本身仍面临着两种困境：其一，理性与意志在康德那里的区分在于，前者拥有自己的法则，而后者只有恰切地接纳主体际性的维度才能符合理性的要求；其二，康德将自我与理性秩序的明晰关联在道德领域予以保证，正隐含着主体的无限性而非有限性。

正是这双重的理论困境，提示我们从更宽泛的存在论意义上界定

---

[1] 海德格尔认为，康德对自由的思考所揭示的最为基础性的一点是，"自由不是我可以从那些叫作'人'的现成事物中抽离出来的任何规定（Bestimmung）"。参见海德格尔《德国观念论与当前哲学的困境》，庄振华、李华译，西北大学出版社2016年版，第142页。

[2] 海德格尔：《康德与形而上学疑难》，王庆节译，上海译文出版社2011年版，第73页。

[3] 黄裕生：《真理与自由：康德哲学的存在论阐释》，江苏人民出版社2008年版，第191页。

[4] 同上书，第203页。

[5] 海德格尔：《路标》，孙周兴译，商务印书馆2011年版，第542页。

[6] 参看Terry Pinkard, *German Philosophy* 1760—1860: *The Legacy of Idealism*, Cambridge: Cambridge University Press, 2002, p. 46. 麦克道威尔曾在其《心灵与世界》中提出相反的观点，他认为康德的自我意识（主体性）理论"并没有使得该主体能够将自己，即它的经验的那个主体，设想成客观实在中的一个有身体的要素（a bodily element）——设想成世界中的一个有身体的呈现者"。（参看《心灵与世界》，韩林合译，中国人民大学出版社2014年版，第139页）实际上，在康德看来，只有自我意识的明晰性得到显著提升的本体领域才能容纳对存在者之具身性的意识，麦克道威尔的观点不免显得狭隘。

"我思"的基础性内涵及区别于先验统觉的异质因素。亨利希认为，对自然基本规则的认识的真正功能并非将自我与世界相"关联"，而是敞开一个世界，这种自我的敞开性为自身意识的生活提供了可能。[①] 这种说法揭示了海德格尔所忽略的认识—实践的交互性维度，据此，自我本真性在存在论意义上的完成并未孤立认识论上的经验自我归属。

三 道德自我对本真自我的证成

康德将道德自我的澄清视作实现至善的必要前提，体现了他对纯粹统觉的基础性自我意识的保留。对这一点形成更强有力佐证的是，康德在《道德形而上学基础》一书中用意志自由来演绎道德法则，而在两年后出版的《实践理性批判》中，则径直将对道德法则的意识作为"理性的事实"而予以承认。这一转变的关键在于：如果自由意志与自我意识共享了一种因果性的自身关系结构，那么"理性事实"的优先性就体现了对这种共享关系的现实化，换言之，后者以自由意志和理性的合一为目的。通过比较以上两种思路，我们较易发现自我意识和道德法则之间的结构相似性。接下来，笔者将首先澄清这种相似性，其次通过对"理性事实"的分析将重点聚焦在本真自我的现实化道路上来。

自我意识与道德法则首要的共通之处在于其形式—普遍性。如前所述，康德将先验统觉的功能界定为综合统一的形式原则，恰使"我思"得以向世界敞开而自由显现；同样，道德法则的形式性也要求自由的理性存在者将主体间交互的伦理维度纳入自身，并以"理性事实"印证自我的本真性，罗尔斯（John B. Rawls）正是在此处正确地看到了普遍法则对道德利己主义的有力排斥。[②] 反过来说，我思既然是在与其他表象的联结中确认了自我意识的普遍性，那么认识论意义上的自我也就获得了一种指

[①] 迪特·亨利希：《自身关系：关于德国古典哲学奠基的思考与阐释》，郑辟瑞译，中国人民大学出版社2017年版，第129页。

[②] 参看罗尔斯：《正义论》，何怀宏等译，中国社会科学出版社2005年版，第129—134页。

向伦理生活的公共性维度。①

其次，自我意识与道德法则的意识本身都蕴含了一个以综合统一的实现为目标的动力学系统，皆具有"渐成性"（gradually achieved）的特点。除了阿利森所谓的"可能性的必然性"，自我意识的同一性本身就附带着对综合统一体的表象；道德法则本身乃是自由意志得以显明的条件，它同样指向与自由意志——自我规定的自身关系结构——的综合。

值得注意的是，道德法则的渐成性不仅以自身释放出行动能力的"可能性"为前提，而且以本真自我的现实化为核心。用《道德形而上学基础》中的话来说，行动所依从的准则必定以自身成为普遍规律为目标，从而自由意志和服从道德法则的意志便完全等同了。② 亨利希指出，康德理性实践的本质即基本自我关系的满足和完全现实化，人的本质经由这种现实化而构造起来。"自律"和"自由"即起到了统摄这种自身关系的作用。③

具体而言，基础自我意识的自身关系在道德领域的体现即"理性的事实"。在第二批判中，康德以智性直观排除了预设意志自由并对之进行探究的可能，同时揭示了纯粹理性的原始立法与自由意志的相互包含——自由是自律的存在理由，自律则是自由的认识理由。④ 如阿利森所说，正是"理性事实"提出了"验真（authenticate）道德律并建立先验自由的实在性"的可行策略。⑤

本真自我的现实化在实践活动中体现为"人格的自由"⑥，在跨越现象界和本体界、面向世界敞开的存在论意义上，则体现为自我自由地存有这一事实的不断明晰。因此，毫不奇怪，只有在道德的本体领域，自我才能洞见其跨越现象与本体的存有实情，这种二元化的力量由理性维持，并

---

① 黄裕生：《真理与自由：康德哲学的存在论阐释》，江苏人民出版社2008年版，第198页。
② 康德：《道德形而上学原理》，苗力田译，上海人民出版社2012年版，第54页。
③ 迪特·亨利希：《自身关系：关于德国古典哲学奠基的思考与阐释》，郑辟瑞译，中国人民大学出版社2017年版，第130页。
④ 康德：《实践理性批判》，邓晓芒译，杨祖陶校，人民出版社2016年版，第38页。
⑤ Henry E. Allison. *Kant's Theory of Freedom*. Cambridge: Cambridge University Press, 1990, p. 230.
⑥ 康德：《实践理性批判》，邓晓芒译，杨祖陶校，人民出版社2016年版，第148页。

通过将自我本身与"被对象所作用的自我"区别开来的能力来展现完整的自身关系。① 平卡德（Terry Pinkard）曾正确地指出，对道德法则的接纳本身就是将自己设想为一个理性存在者的可能性条件。② 反过来说，道德法则的"应该"就建立在对感觉世界的认识论态度的接纳中。"在必须承认自己是一个属于感觉世界的东西的同时，我认为自己是理性的主体，这理性在自由观念中包含着知性世界的规律。所以，我必须把知性世界的规律看作是对我的命令，把按照这种原则而行动，看作是自己的责任。"③

在这里，基础性自我意识的某种动态的本源力量得到了彰显：自由与自然的两种因果性汇合于自我，但必须被分开设想④，而"先验自由"是我们拥有关于道德义务本身的自我意识这种生命经验的基础。⑤ 正因如此，理性存在者从自发性到自由的提升才是可能的。理性事实的概念既包含着关于道德洞见本身的本体论要素，也包含着关于该洞见的认识论要素。⑥ 道德自我并未否认或割裂与纯粹统觉之自我的关系，而是通过对本真自我的证成，使得基础自我意识的动态结构得到了澄清。

（作者单位：苏州大学哲学系）

---

① 康德：《道德形而上学原理》，苗力田译，上海人民出版社2012年版，第58页。
② Terry Pinkard. *German Philosophy* 1760–1860：*The Legacy of Idealism*. Cambridge：Cambridge University Press，2002，p.47.
③ 康德：《道德形而上学原理》，苗力田译，上海人民出版社2012年版，第60页。
④ 康德：《实践理性批判》，邓晓芒译，杨祖陶校，人民出版社2016年版，第5页。
⑤ Terry Pinkard. *German Philosophy* 1760–1860：*The Legacy of Idealism*. Cambridge：Cambridge University Press，2002，p.52.
⑥ 刘哲：《黑格尔辩证—思辨的真无限概念》，北京大学出版社2009年版，第67页。

笛卡尔的两条身心联结原则
——论《灵魂的激情》之转变

施璇

《灵魂的激情》是笛卡尔最后一本著作,于1649年出版。自1643年起,笛卡尔与伊丽莎白公主开始通信。伊丽莎白提出的第一个问题就与身心互动有关,笛卡尔回信中提出的解释并没有令她感到满意,于是,这位对哲学有深刻思考的公主恳请笛卡尔就"灵魂的激情"作出更加清楚的说明。《灵魂的激情》这本书可以说是这一恳求的结果。

一 《灵魂的激情》的转变

同之前的著作相比,此书显得十分独特,其研究侧重发生三处明显转变。第一处转变是从同时论述身心区分与身心互动转向着重论述身心的统一与互动。笛卡尔的身心学说包含两个部分:身心区分学说以及身心统一与互动学说。笛卡尔在1643年5月21日写给伊丽莎白的信中说自己一直以来总是想方设法让他的读者们理解前者,因而忽视了后者,所以他打算今后着重阐述后者。(ATIII664-665,CSMIII217-218①)之后的《灵魂

---

① 拉丁文与法文全集参见 René Descartes, *Oeuvres de Descartes*, C. Adam and P. Tannery ed., Vrin, 1964—1978(简称 AT);英译本全集参见 RenéDescartes, *The Philosophical Writings of Descartes*, J. Cottingham, R. Stoothoff and D. Murdoch trans. & ed., Cambridge University Press, 1985(简称 CSM)。引文后将直接标注拉丁文和法文版全集以及英译本全集的卷数、页码。中译本参见笛卡尔:《谈谈方法》,王太庆译,商务印书馆2000年;笛卡尔:《第一哲学沉思集》,庞景仁译,商务印书馆,1986年;笛卡尔:《哲学原理》,关文运译,商务印书馆1958年;笛卡尔:《论灵魂的激情》,贾江鸿译,商务印书馆2013年。

的激情》一书确实着重阐述身心统一与互动学说。第二处转变是将"激情"同"感觉"区分开,单独进行研究。笛卡尔将身体对心灵的作用及其过程称作"知觉"①,激情与感觉不过是知觉的形式。在《灵魂的激情》之前,笛卡尔一直将激情同感觉混同在一起称作知觉,他往往笼统地以感觉为例来论述身心互动。但在《灵魂的激情》中,笛卡尔更加精细地划分知觉,从归属的角度将之分为三类。第一类是归于外物的知觉,比如对颜色、气味的知觉;第二类是归于身体的知觉,比如对疼痛、饥饿的知觉;第三类是归于灵魂的知觉,比如对喜怒哀乐的知觉。笛卡尔又将前两种知觉合在一起称作"感觉",将第三种知觉称作"激情",后者才是这本书讨论的主题。② 可以看出,在《灵魂的激情》中,笛卡尔将激情与感觉区分开来,作为一种特殊的身心互动形式来重点讨论。第三处转变是从侧重物理生理学解释转为伦理道德方面的思考。在《灵魂的激情》之前,笛卡尔主要用机械的物理生理学描述与解释身心互动。并且,他在年轻时表现得十分厌恶伦理说教与道德文章。他在《谈谈方法》中将伦理学比作"完全建立在沙子与泥灰之上的宫殿"(ATVI8,CSMI114),认为它们既没有建立在坚实和牢固的基础之上,又没有包含具有明确性与自明性的推理,因此,他一直避免道德说教。但是,《灵魂的激情》则大为不同,书中对身心关系的阐释包含很多伦理道德的思考。一个明显的证据就是此书三个部分皆收尾于伦理道德方面的考量。第一部分结尾论述意志、灵魂的力量以及管控激情;第二部分结束思考德性的训练与补救激情的方法;第三部分也在人生命中的所有善恶及其同激情的关系上停笔。

《灵魂的激情》为何会发生上述三处转变?它们之间是否存在内在关联?笔者认为转变的核心原因就是:笛卡尔的身心联结原则发生转变。对于身心统一与互动,笛卡尔从一开始就没有仅仅停留在简单描述上,而是进一步提出解释原则,这条原则可以被称作"身心的自然联结原则"。在《灵魂的激情》中,笛卡尔意识到激情的独特性无法仅仅依靠上述原则来解释,于是提出另一条原则作为补充,我们可以称之为"身心的习惯联

---

① 与之相对,笛卡尔把心灵对身体的作用及其过程称作"意愿"。
② 关于笛卡尔在不同文本中对"知觉"的划分以及"激情"在其中的位置,可以参见施璇《激情与活动:笛卡尔的激情理论辨析》,《世界哲学》2015年第2期。

结原则"。这条补充原则不但改写笛卡尔对身心统一与互动关系的阐释,并最终引领他转向思考伦理道德。

二 身心的自然联结原则

在《灵魂的激情》之前,笛卡尔一直坚持一条解释身心统一与互动的原则,即"身心的自然联结原则",意思是心灵与身体自然地(par-lanature)相联结。这条原则基本上在《灵魂的激情》之前的主要著作中均有呈现,表明这是笛卡尔一以贯之坚持的一条基本原则。[①]

1.《论人》

《论人》(连同《世界或论光》一道)是笛卡尔1629年至1633年在法国用法语写作完成的一本书,因听闻伽利略受到教廷谴责而放弃发表。在《世界或论光》中,笛卡尔通过描述一个虚构世界来阐释对现实世界的看法;类似地,在《论人》中,他通过描述虚构的人来阐发对现实的人的看法。

在《论人》中,笛卡尔开门见山地说"这些人,和我们一样,是由一个灵魂和一个身体组成的"。(AT XI 119—120,CSM I 99)接着,在论述心灵与身体如何结合与统一在一起的时候,"身心的自然联结原则"被第一次提出。他说:

> 现在我认为当上帝把一个理性灵魂与这个机器相统一时(我打算稍后再解释上帝是以什么样的方式这样做的),他把这个理性灵魂安置在大脑中,还会使它具有这样一种本性,根据神经打开大脑内部表面脑孔的不同方式,灵魂会具有不同的感觉。(AT XI 143,CSM I

[①] 一些英美学者常将笛卡尔的"身心的自然联结"称作为"自然制定"或"自然规定"(Natural Institution 或者 Institution of Nature)。例如:Margaret D. Wilson, *Descartes*, London and N. Y.:Routledge, 1978, p. 205. RenéDescartes, *The Passions of the Soul*, translated and annotated by Stephen H. Voss, Indianapolis/Cambridge:Hackett Publishing Company, 1989, footnote 43, p. 42。笔者曾使用"自然制定"来表述这一原则,参见施璇《笛卡尔的心物学说研究》,上海人民出版社2015年,第135至145页、172至174页、188至193页、211至212页。

102）

2.《谈谈方法》及所附《光学》

1637年出版的《谈谈方法》是笛卡尔出版的第一本著作。在第五部分中，笛卡尔重述《论人》的主要内容——上帝创造理性灵魂并将之植入人的身体中，使两者紧密结合在一起。更为重要的是，在他看来，理性灵魂与身体的关系绝非船员与船的关系，心灵并不犹如船员待在船上那样住在身体之中。心灵与身体的结合方式更为紧密，这种紧密的结合或者说身心统一，使得心灵具有某种力量能够移动身体，并具有感觉和欲望。正是通过这样的统一，心灵与身体才一道组成人。

尽管笛卡尔并没有在作为通俗读物而撰写的《谈谈方法》正文中重申"身心的自然联结原则"，但他在书后所附更加学术的《光学》一文中反复谈及这一原则（CSMI167，AT VI 130；CSM I 169，AT VI 134—5；CSM I 170，AT VI 137）。比如：

> 我们必须认为，根据自然的规定（sont institués de la Nature），当我们的心灵与我们的身体统一在一起时，是形成这个图像的运动，直接地作用于我们的灵魂，使得灵魂具有某种感觉。（AT VI 130，CSM I 167）

3.《第一哲学沉思》

在1641年出版的《第一哲学沉思》中，笛卡尔借沉思者之口进一步解释身心的统一与互动如何可能，那就是"身心的自然联结原则"。他说：

> 每次大脑的这个部分处于某种给定状态时，它就向心灵显示同一套信号，即使身体的其他部分也许在同一时间内处于不同的情况。……自然规定（institutus est a natur？）这一运动会在心灵中产生痛觉。（AT VII86—87，CSM II 59—60）

更为重要的是，在《沉思》中，笛卡尔明确将这一原则作为身心关系的终极解释。用他的话来说,"除了自然的教导,我给不出任何对此的解释",只能说"事情就是这样的"(CSM II 53, AT VII 76)。笛卡尔肯定"自然的教导"包含某些真理,身心统一与互动就是其中之一。他再次强调身体与心灵的结合非常紧密,两者并非水手与船的关系。如果心灵仅仅是一个思想的东西,那么当身体受到伤害或需要食物与水时,心灵不会知觉到疼痛、饥饿与口渴,只会理智地把握到这一事实。然而,事实上,我们具有诸如疼痛、饥饿、口渴等知觉,在笛卡尔看来,这些知觉的存在恰恰证明心灵与身体紧密统一。

4.《哲学原理》

笛卡尔在1644年出版的《哲学原理》中更为详细地阐述他的身心统一与互动理论。在他看来,人的身体中有无数神经,这些神经一端连接大脑中"灵魂的位置",另一端则连接身体各个感觉器官。一旦某些感官被外物触动,这些神经就会如绳子传递运动般将感官接收到的运动立即传递到大脑中并激起大脑的某些运动,这些运动会相应地激发心灵的某些状态。

笛卡尔还进一步解释其原理,那就是"身心的自然联结原则"。在这本书中,他数次详细清晰地论述这一原则。比如:

> 心灵的本性是仅仅由于物体中的运动,心灵中就能产生各种感觉。(AT VIIIA 320, CSM I 284)我们的心灵的本性是,仅仅是发生在物体中的各种运动就能刺激心灵具有思想的所有样式,这些思想与身体中的运动没有任何相似处。(ATVIIIA 320, CSM I 284)我们知道我们灵魂的本性就是各种不同的位移十分足以在灵魂中产生所有的感觉。(AT VIIIA 321, CSM I 285)

通过本节文献梳理可以看出,笛卡尔始终主张心灵与身体自然地相联结,这就是"身心的自然联结原则"。从《论人》到《哲学原理》,笛卡尔逐渐打磨这一原则,使之更加牢固坚实。上帝一步步退场,自然(Nature)接替其上,随后内化为心灵与身体的本性(nature),最终"自然联结原则"成为身心统一与互动的终极解释,在笛卡尔看来,人们无需也无法提出进一步追问。

三 身心的习惯联结原则

在《灵魂的激情》一书之前，笛卡尔一直坚持"身心的自然联结原则"，即心灵与身体自然地（par la nature）相联结。但这一坚持在《灵魂的激情》中发生令人吃惊的转变，笛卡尔不再固守这一原则，转而提出另一条原则，我们可以称之为"身心的习惯联结原则"，即心灵与身体可以通过习惯（par habitude）相联结。

1. "身心的习惯联结原则"的文本及其含义

在《灵魂的激情》开篇，笛卡尔对心灵与身体的统一与互动的表述同之前的著作大体一致。他说："灵魂的本性就在于它能够接收许多不同的印象，也就是说，当松果体中发生不同的运动，灵魂就具有许多不同的知觉。反过来，我们身体的机制就在于，每当这个松果体被灵魂或者被其他任何原因以任何方式推动，它就会推动围绕在它周围的精气涌向脑孔，带着它们通过神经到达肌肉；以这样的方式，松果体使精气推动肢体。"（AT XI 355，CSM I 341）接着，笛卡尔同过去一样以感觉为例进行说明。

但是，在随后以激情为例对此进行说明的时候，笛卡尔却做出前所未有的论述。在第一部分第 44 节中，他写道：

> 每一项意愿都与某种松果体的运动自然地联结（est naturellement jointe），但是，通过努力或者习惯（par industrie ou par habitude），我们可以将它与其他松果体运动相联结。……自然或习惯（la nature ou l'habitude）以不同的方式将某种松果体的运动与某种思想相联结。（AT XI 361，CSM I 344）

在第 50 节中，笛卡尔再次提到上述论断：

> 值得我们注意的是，正如我们前面已经提到过的那样，尽管似乎自我们生命伊始，松果体的每一运动都自然地（par la nature）与我

们的某一思想相联结，但是，通过习惯（par habitude）我们可以将它们与其他思想相联结。（AT XI 368—369，CSM I 348）

在第二部分第 107 节中，当笛卡尔谈论人"在爱的时候，血液与精气运行的原因"时，他这样写道：

> 从我前面说过的东西中我得到了对所有这些的一种解释，那就是，我们的灵魂同我们的身体是这样联结的，一旦我们把某种身体活动同某种思想相联结，那么如果一方不出现的话，另一方也不会在之后出现。（AT XI 407，CSM I 365）

然后，在第二部分第 136 节中，笛卡尔又几乎一字不动地复述这一原则。他写道：

> 在这里，我还想重复一条原则（le principe），这条原则是我前面所写下的与之相关的所有东西之基础，那就是，我们的灵魂同我们的身体是这样联结的，一旦我们把某种身体活动同某种思想相联结，那么如果一方不出现的话，另一方也不会在之后出现；但是，我们并不总是把同样的活动与同样的思想相联结。（AT XI 428，CSM I 375）

最后，在第三部分第 211 节中，笛卡尔对激情作出总结性论述。在他看来，激情"就其本性而言都是好的"，我们只需避免误用或者过量即可。为此，他已经提出补救方式，人们只需对此多加练习就足够了。这里的补救方式包括：

> 远见（la premeditation）与努力（l'industrie），借助它们，我们能够努力把我们身体中血液与精气的运动同它们自然联结的思想分开，从而纠正我们自然的缺陷。（AT XI 486，CSM I 403）

从上述引文可以看出，在《灵魂的激情》中，笛卡尔主张身心的自然联结可以改变，心灵与身体可以通过习惯相联结，这就是"身心的习惯联结原则"的基本意思。

笛卡尔经常以语言为例说明身心的这种联结关系。当我们听到某个单词或看到某个文字会立刻想到其意义，这是因为通过习惯的养成，我们已将身体的某种运动（听觉、视觉所激发的某种大脑活动）同心灵的某种思想（语言的意义）联结在一起。同理，当我们想到某个意思，不必思索如何运用口舌就能自如地发声说话，不必考虑如何运动手臂手指就能自如地写下文字，这也是因为通过习惯的养成，我们已将心灵中的某种思想同身体的某种运动联结在一起。同感觉不同，语言不是人类一出生就会的，而是后天学习培养的结果。因此，笛卡尔认为语言是说明身心习惯联结的最佳例子。[①]

需要特别注意的是，"习惯"（habitude）这一术语在笛卡尔那里并不仅仅指那些通过长期努力而获得的习惯，还包括通过一次性活动或遭遇而获得的习惯。[②] 他说："（松果体、精气、大脑的）运动向我们的灵魂表象某些对象，尽管这些运动自然地与那些在灵魂中激发某些激情的运动相联结，但是，通过习惯，它们可以与那些运动相分离，并与另一些完全不同的运动相联结。甚至，这种习惯可以通过一次性的活动（par une seule action）获得，而不需要长期的练习（un long usage）。"（AT XI 368—369，CSM I 348）比如，当我津津有味地享用美味烤鸭时，突然发现这只烤鸭

[①] 笛卡尔在《灵魂的激情》第44节与第50节中都提到语言的习得。在此书之前，笛卡尔也偶尔会提及语言，不过，他在那里仅仅是用语言为例来说明感觉的对象与我们心灵中的思想（印象）之间的不相似，用以反对传统经院哲学的相似性原则。比如《世界》的第一章（AT XI 3, CSM I 81）；《谈谈方法》后所附的《光学》一文（AT VI 112—113, CSM I 165）。

[②] 笛卡尔这里使用的"习惯"（habitude）一词含义独特而又丰富，既包含主体的意愿与主动的努力，又包含被动的遭遇与偶然的事件；既涉及长期的活动，又涉及一次性的事件。英译本对"习惯"（habitude）这个术语的不同翻译从侧面展现其不同寻常的含义。比如：HR 的译本将它翻译为"custom"。参见：René Descartes, *The Philosophieal Works of Descartes*, tr. & ed. by Elizabeth Haldane, and G. R. T. Ross, Cambridge: Cambridge University Press, 1911, p. 351, p. 355. CSM 的译本翻译为"habit"。参见：René Descartes, *The Philosophical Writings of Descartes*, tr. & ed. by J. Cottingham, R. Stoothoff and D. Murdoch, Cambridge: Cambridge University Press, 1985, p. 344, p. 348. Voss 的译本则翻译为"habituation"。参见：René Descartes, *The Passions of the Soul*, translated and annotated by Stephen H. Voss, Indianapolis/Cambridge: Hackett Publishing Company, 1989, p. 42, p. 47。

的肚子里满是蛆虫。在笛卡尔看来,这样可怕的一次性遭遇,可以永久地改变我大脑的布局,改变我的身体(大脑)与心灵的联结。自此之后,每当我看到烤鸭,我不再会产生愉悦期待的激情,而是代之以恶心厌恶的激情。

笛卡尔在整本书中不断提到"身心的习惯联结原则",有的学者甚至不无嘲讽地说他的这种写作上的重复"几乎像诗歌的叠句"①。笔者不惜连篇累牍一一引用,是为表明这一原则的提出并非是他的随口一说,更非表述失误,而是他经过深思熟虑并且想要通过反复提及来强调其重要性与基础性的一条形而上学原则。甚至,《灵魂的激情》可以被视作笛卡尔为提出并论证这一原则而写的。

2. 激情的特殊性

笛卡尔为什么会在"身心的自然联结原则"之外再添一条"身心的习惯联结原则"呢?为了解释清楚,有必要从激情的特殊性,尤其是激情与感觉的差别谈起。②

笛卡尔始终将激情与感觉视作知觉的形式,只不过,在《灵魂的激情》之前,他认为激情同感觉大体上一样,他往往不加区分地谈论两者;而在此书中,他开始认真研究两者的差别。

笛卡尔先是提出激情与感觉的一些微小差别,给人感觉两者不过大同小异。这些微小差别包括:第一,激情与感觉都是知觉,激情是我们将之同我们的灵魂相连的知觉,而感觉则是我们将之同外物、同我们的身体相连的知觉(AT XI 346—347, CSM I 337)。第二,比起感觉来说,"灵魂与身体之间的紧密联结"(AT XI 349—350, CSM I 339)使得激情更加模糊混乱。第三,尽管灵魂接受激情与感觉的方式一样,但激情对灵魂的刺激和扰动比感觉更加强烈。(AT XI 350, CSM I 339)第四,激情与感觉的

---

① Lisa Shapiro, "The Structure of The Pasions of the Soul", *Passion and Virtue in Descartes*, edited by Byron Williston and André Gombay, Amherst, New York: Humanity Books, 2003, p.41.

② 早在笛卡尔那个时代,就有学者 Louis La Forge 注意到感觉与激情在这方面的差别,即感觉不可修正而激情却可以改变。但他并没有进一步将这种差别同笛卡尔在身心联结原则上发生的转变联系起来。参见 Louis La Forge, *Traité de l'esprit de l'homme*, Amsterdam: Abraham Wolfgang, 1666。

产生都始于外物，然后借助神经传递到大脑，但激情还被动物精气的某些运动引发、维持与增强，因此激情最后与最近的原因（derniere & plus prochaine cause）是动物精气。（AT XI 350，CSM I 339）除上述微小差别之外，激情与感觉还存在一项巨大差别，那就是同一个原因在同样身体构造的不同人那里产生同样的感觉，但却会产生不同的激情。在良好的认知环境中，两位身体健康的成年人面对一只突然出现的猛兽通常会产生同样的感觉，谁都不会将黄色的皮毛看成红色，也不会将血盆大口中的腥味嗅出玫瑰的芬芳。但他们往往会产生截然不同的激情，一人心中充满勇气与鲁莽，另一人则被懦弱与胆怯虏获，这是十分常见的情况。①

笛卡尔将这种差别解释为产生方式的不同，感觉的产生取决于身体的自然禀赋，而激情的产生不但取决于身体的自然禀赋，还取决于灵魂的力量，以及以往的人生经验。用他的话来说，当猛兽出现在我们面前，"如果这个形象非常陌生也非常可怕，也就是说，它同之前曾经伤害过我们身体的东西非常相似的话，那么它就会在灵魂中唤起焦虑的激情，随后又唤起勇敢的激情，或者恐惧害怕的激情，具体取决于身体的不同禀赋或者灵魂的力量，以及我们之前究竟是通过对抗还是逃跑来保护我们自己免于遭到同现在情况类似的伤害"。（ATXI 356，CSM I 342）

对于感觉与激情产生上的这种巨大差别，笛卡尔的解释最后落到身心的联结原则上。在感觉的产生上，心灵与身体的联结方式只有一种，那就是"自然联结"，身体（大脑松果体）的某种运动自然地与心灵的某种感觉相联结；但在激情的产生上，两者的联结方式有所不同，除了"自然联结"之外，还存在"习惯联结"，原本身体（大脑）的某种运动自然地与心灵的某种激情相联结，但我们可以通过习惯改变原先的"自然联结"，进而将这种身体的运动与别的激情相联结。这就解释了为什么在身体构造相同的不同人那里，同一原因产生同样的感觉，但却会产生不同的激情。

---

① 同一原因在不同人那里激发不同激情的例子还有很多。比如，在第二部分第136节中，笛卡尔举了两个很有意思的例子：一个例子是大多数人都喜爱玫瑰的香味，但偏偏有人似乎天生就对此难以忍受。另一个例子是很多人都爱猫，哪怕不爱也不至于心生恐惧，但真的有人从小就怕猫。笛卡尔认为这些人的特殊激情需要解释，也能够根据他的原则得到解释。（AT XI 428，CSM I 375）

3. 从形而上学到伦理学

正是在这个意义上，激情关涉到伦理道德①。笛卡尔从为了解释激情的独特性而设定的形而上学原则转向思考伦理道德。既然对于激情，我们有可能并且也能够改变心灵与身体的自然联结，将某种特定的身体（大脑）状态同别的激情相联结，那我们就有条件对激情进行管控。而管控激情面对的第一个问题就是价值与标准。哪些激情是好的？哪些则不是？标准何在？就这样，笛卡尔从身心关系的形而上学原则出发，转向思考伦理问题。

笛卡尔从形而上学到伦理学的转变，与他对哲学乃至全部知识的看法不谋而合。在他看来，伦理学的基础是物理学②，物理学的基础是形而上学③，因此，伦理学的源头是形而上学。在《哲学原理》法语版前言中，笛卡尔借助"哲学树"比喻将这一想法表达得格外清晰。

> 整个哲学就像一棵树。树根是形而上学，树干是物理学，从树干长出的树枝就是其他科学，它们可以归为三类：医学、力学与伦理学（la Morale）。我将之理解为最高级最完全的道德（la plus haute & la plus parfaite Morale），它以其他科学的全部知识为先决条件，它是智慧的至高等级。（AT IXB 14，CSM I 186）

笛卡尔在《灵魂的激情》中的论述很好地体现了这一思路。因此，当笛卡尔说自己在这本书中是"作为自然哲学家（en Physician）"来解释激情（AT XI 326，CSM I 327），而这些解释最后又通向对伦理道德的阐释，这其中并不存在矛盾，因为，在他看来，从形而上学原则出发最后到

---

① 也正是在这个意义上，感觉与伦理道德无涉。这也是感觉与激情的一项重要差别。

② 笛卡尔在1646年6月15日给夏奴（Chanut）的信中写道："我必须推心置腹地对你说，我努力获得的那些物理学知识极大地帮助我确立了道德哲学的可靠基础。"（AT IV 441，CSM III 289）在1649年2月26日的另一封写给夏努的信中，笛卡尔更加明确地写道："这些物理学真理是最高级最完全的道德的部分基础。"（AT V 290，CSM III 368）

③ 笛卡尔在1630年4月15日写给麦尔赛纳（Mersenne）的信中言明对形而上学的思考使他"发现物理学的基础"（AT I 144，CSM I 22）。此外，在1640年11月11日的另一封信中，笛卡尔更是直言不讳地说他寄给麦尔赛纳的《第一哲学沉思》"这本关于形而上学的小书""包含我的物理学的全部原则"（AT III 233，CSM I 157）。

达伦理学恰恰是"自然哲学家"要做的事情。

四 小结与新的难题

同之前的著作相比,《灵魂的激情》十分独特。首先,笛卡尔持有的身心原则发生重要转变。在此书之前,笛卡尔一直主张"身心的自然联结原则",即心灵与身体自然地相联结;在这本书中,他增加"身心的习惯联结原则",即心灵与身体可以通过习惯相联结。这就是为什么笛卡尔需要《灵魂的激情》这样一本书来重新阐述他的身心统一与互动理论。其次,第二条原则的增添是由于第一条原则无法充分揭示激情的特殊性,这解释了为什么笛卡尔在这本书中将激情作为独立主题进行研究。最后,既然根据"身心的习惯联结原则",就激情而言,我们可以借助习惯改变心灵与身体原有的自然联结,那么管控激情成为可能。我们该如何管控激情?相关问题使笛卡尔从形而上学原则转向道德哲学。这也就解释了为什么《灵魂的激情》会引入伦理道德方面的思考。

笛卡尔在身心联结原则上的转变同时带来新的难题。首先,为什么我们有资格改变上帝赋予的身心的自然联结呢?"身心的习惯联结原则"似乎意味着人的意志高于神的安排,这在笛卡尔的神学—形而上学体系中如何可能?其次,就算撇开对抗神意不谈,身心的自然联结近似自然规律,主张"身心的习惯联结原则"就将人与自然对立起来,这难道不算违背自然吗?最后,笛卡尔试图用"身心的自然联结原则"作为终极解释来抵挡对身心问题的各种质疑与挑战,"身心的习惯联结原则"的增添极大地削弱了这一原则的解释力。上述难题激励我们去更深入地思考与钻研,这也是笛卡尔哲学魅力之所在。

参考文献

[1] Hegel, Georg Wilhelm Friedrich. *Grundlinien der Philosophie des Rechts*, Werke 7, Frankfurt am Main, 1986.

[2] Sipe, Ludwig. 《Person and Law in Kant and Hegel》, in Schurmann, Reiner, ed. *The public realm: Essays on discursive types in political philosophy*. SUNY Press, 1989.

[3] Vieillard-Baron, Jean-Louis, etYves Charles Zarka. *Hegel et le droit naturel*

moderne. Vrin, 2006.

［4］Ritter, Joachim. Personne et propriétéselon Hegel（Principes de la Philosophie du Droit, § 34 –81）？. *Archives de Philosophie* 31, no 2（1968）: 179 – 201.

［5］Wood, Allen. *Hegel's Ethical Thought*. Cambridge University Press, 1990.

［6］Radin, Margaret Jane. *Property and Personhood. Stanford Law Review* 34, No. 5（1982）: 957 – 1015.

［7］Stillman, Peter G. "Hegel's Analysis of Property in the Philosophy of Right". *Cardozo Law Review* 10（1989 1988）: 1031.

［8］Bourdin, Jean – Claude. Hegel et la《question sociale》: société civile, vie et détresse？. *Revue germanique internationale*, no 15（15 janvier 2001）: 145 – 76.

［9］黑格尔:《法哲学原理》,范扬、张企泰译,商务印书馆2013年版。

［10］科维刚:《现实与理性》,张大卫译,华夏出版社2018年版。

［11］星野英一:《私法中的人》,王闯译,中国法制出版社2004年版。

［12］李永军:《民法中的人》,《法学研究》2005年第5期。

（作者单位：上海社会科学院哲学研究所）

规范—描述问题与"自然主义的谬误"之辩

王世鹏

规范—描述问题在历史上原本是与学说的研究性质相关的问题。哲学家文德尔班在考察科学的性质时,曾作出关于规范科学和描述科学的区分,宗教学的创始人麦克斯·缪勒倡导描述的宗教学,之后宗教学研究有规范和描述两条路径。在当前,伦理学和心灵哲学这两个原本关系较为疏远的哲学门类,却因为有对规范—描述问题的共同关注而产生交集,并由此引发对伦理学中影响深远的所谓的"自然主义的谬误"的反思:自然主义谬误真的是谬误吗?

伦理学通常被认为是与规范有关的学说。一方面,伦理学中有大量规范的陈述(normative statements),这些陈述表征的是事物的应该与否,以及善恶、好坏、对错等价值评价问题。另一方面,伦理学自身的属性是具有规范性的,尽管伦理学是否能够完全被作为规范性的学说存在争议。B. 威廉斯在评价伦理学的性质时就曾争论说:"我们不把这个领域叫作'规范性的',这个用语只覆盖伦理兴趣的一部分(大致是与规则相关的部分),而且,它理所当然延展到法律等等物事,而法律领域同样有它不同的问题。"[1] 规范性即便不是伦理学独有的属性,但是与自然科学相比,规范性无疑在伦理学中占有更重要地位。至少有一部分伦理学具有规范的性质,比如旨在研究人的道德行为准则、道德原则和规范本质的伦理学分支,即规范伦理学。与规范相应的描述概念,同样可以被用来表征一门学说或者一个命题的属性,比如物理学主要是描述性的,其中包含有大量描

---

[1] B. 威廉斯:《伦理学与哲学的限度》,陈嘉映译,商务印书馆2017年版,第163—164页。

述性的问题。

当今心灵哲学关注规范—描述问题有两个原因。一是随着心灵哲学分化和比较心灵哲学研究兴起,心灵哲学在形态上有规范性和描述性、价值性和求真性的分野。东西心灵哲学虽然兼具规范性和描述性、价值性和求真性的研究性质,但在侧重点上却有不同:东方心灵哲学更侧重规范性和价值性的研究,如阐发心灵对于道德教化、人格境界的功用;而西方心灵哲学更侧重于描述性和求真性研究,如探究心灵在学习认知、心身关系中地位和机制。二是东西方心灵哲学都有对伦理道德问题的关切,在当前自然主义成为心灵哲学占主导地位的研究倾向这一背景下,不但自然主义的谬误成为心灵哲学研究无法回避的问题,而且规范—描述问题被作为一个更基础的问题受到关注。

一 "自然主义的谬误"中的规范—描述问题

无论是由摩尔明确提出并在伦理学研究中产生重要影响的"自然主义的谬误",还是当今由自然主义主导的心灵哲学研究所关注的规范—描述问题,其源头都可追溯到休谟关于"是"与"应该"之关系的一番著名论述。在道德学中,休谟有这样一条附论:"可突然之间,我却大吃一惊地发现,我所遇到的不再是命题中通常的'是'与'不是'等联系词,而是没有一个命题不是由一个'应该'或一个'不应该'联系起来的。这个变化虽是不知不觉的,却是有极其重大的关系的。因为这个应该或不应该既然表示一种新的关系或肯定,所以就必须加以评论和说明;同时对于这种似乎完全不可思议的事情,即这个新关系如何能由完全不同的另外一些关系推出来的,也应当举出理由加以说明。"[①] 在休谟的这段著名的陈述中,通常最受关注的是:休谟在道德学命题中发现的一种新的关系,即应然关系,这种关系相对于由"是"作为联系词的那种命题关系即实然关系而言,是一种全新的关系。这段陈述也可以解释为,休谟在描述的命题之外,首次发现了规范的命题。就此而言,休谟在此所表达的意思就是:很多伦理学家从以"是"作为联系词的描述命题,推进到以"应该"

---

① 休谟:《人性论》,关文运译,商务印书馆2009年版,第506页。

作为联系词的规范命题,甚至没有对这个推理做出任何解释。① 但是,休谟在区分描述的命题与规范的命题时,并没有断然否认由描述的命题推进到规范的命题的可能性,而只是说要想完成这样一个推论,应当给出一些详细的解释。所以,以往的伦理学家没有能够就描述的命题与规范的命题之间的关系作出合理解释,这并不代表它们两者之间就不能够有一个合理的推论关系。杰立夫·亨特(Geoffrey Hunter)曾就休谟所论及的这两种类型的命题的关系做过细致的辨析,他认为休谟并没有在描述和规范之间挖出不可逾越的鸿沟。② 这样一来,休谟对两种关系命题的区分,实质上就提出了规范和描述之间的关系问题:规范和描述是否属于毫不相干的两个领域?由描述中是否能够合理地推出规范?

在休谟之后论及规范—描述问题并对心灵哲学研究产生重要影响的是弗兰兹·布伦塔诺(Franz Brentano)。布伦塔诺在其《正确知识和错误知识的来源》一书中以隐晦的方式论述了规范和描述的关系。布伦塔诺主张道德法则有自然的基础,并对"自然的"一词的意思进行了辨析。他认为,"自然的"一词有两种用法,一是指"由自然所给予或者天赋的东西,它区别于由经验或者历史过程而习得的东西";二是指"自在自为的那些正确原则",这些原则是自然的,它们与人为规定的原则相区别。③ 比如,"好"和"最好"这样的概念,它们的意思是什么?我们凭什么规定一个东西比另一个东西"更好"呢?布伦塔诺认为,回答这样的问题就要回溯到这些概念的源头,而所有概念的源头都是"某种直观呈现"(intuitive presentation)。④ 从源头看,有两类不同的概念,一类是像颜色、声音、空间这样的概念,我们对这些概念的直观呈现具有物理内容。这一类概念属于描述的概念。另一类是像好、更好、最好这样的规范的概念,我们对这些概念的直观呈现有心理内容。心理内容的特点在于:它们会在意识的作用下,使我们与对象之间构成所谓的"意向关系"。所以,在布

---

① JeeLoo Liu, The Is – Ought Correlation in Neo – Confucian Qi – Realism: How Normative Facts Exist in Natural States of Qi, *Contemporary Chinese Thought*, 2011, 43(1), p. 61, p. 66.
② Geoffrey Hunter, Hume on Is and Ought, *Philosophy*, 1962, 37(140), pp. 149.
③ Franz Brentano, *The Origin of our Knowledge of Right and Wrong*, Roderick Chisholm et al (trans.), London: Routledge and Kegan Paul, 1969, pp. 2 – 8.
④ Ibid..

伦塔诺看来，规范的概念和描述的概念并非截然对立，它们不但具有一个共同的源头，即直观呈现，而且可以都是自然的，不受人为规定影响。

布伦塔诺的一些观点，随后被乔治·摩尔所继承并对后者所谓"自然主义的谬误"的提出产生影响。摩尔认为布伦塔诺和他一样把全部的伦理学命题都置于一个事实的规定之下。[①] 摩尔把全部伦理学中最根本的问题看作是讨论怎样给"善"下定义的问题，对这个最根本问题的解答关系到伦理学能否作为一门系统科学而成立。他认为，仅就语言规范的层面而言，"善"和"黄"是类似的，它们都是单纯的概念，而非复合的概念，也就是说，它们都是由以构成和界定其他概念，而不能为别的概念构成和界定的概念。但是，在与事实的描述相应的层面上，它们之间的不同就显现出来，因为对黄的规定总是在事实上有一个可以描述的对应物。而如果将定义"黄"的这种方式，运用到对"善"的定义时，就会犯一个简单的错误，这个错误就是他所谓的"自然主义的谬误"。他说："自然主义的谬误永远意味着，当我们想到'这是善的'时，我们所想到的是，所讨论的事物与另外某个其他事物有着一种确定的关系。但是，参照它来给善下定义的这一事物，要么是我所称呼的一种自然对象——其存在被认为是经验对象的某种事物，要么是只能推断其存在于超感觉的实在世界的某种对象。"[②] 自然主义的谬误从根本上说是由于不了解善的根本性质，误以为善这一属性可以用其他属性或者属性的集合来定义。质言之，善不是一个复合属性，自然主义的谬误犯了定义论的错误。摩尔认为自然主义的谬误存在范围极广，从以往的伦理学的大的类型上看，自然主义伦理学和形而上学伦理学都是自然主义的谬误的典型，因为这两种类型的伦理学都犯有同一个错误，那就是试图用某个其他事物来定义善这样一个不可定义的事物。这样一来，摩尔实际上指出，过去的伦理学用来定义和说明善，所诉诸的资源有两类，一类是自然主义的，一类是形而上学的。在自然主义谬误的自然主义版本和形而上学版本中出现的是同一种错误。

说善是非复合的属性，就意味着，善不能被分解成更基本的组成部分，善的概念无法被分析，因此也不能得到定义，至少不能通过分析它的

[①] 乔治·摩尔:《伦理学原理》，陈德中译，商务印书馆2017年版，第4、43页。
[②] 同上。

组成部分来定义它，因为它根本没有组成部分，它就是最基础的那个部分。说善是非自然属性，就意味着，善不能等同于任何自然的属性，心理学、物理学、社会学、生物学等一切自然科学对于善本身的界定，都是无能为力的。摩尔对自然主义所能诉诸的资源的理解极为宽泛，从范围上说，它包括一切具有时空规定性的东西，也就是自然存在的对象，从内容上说，它既包括过去和现在科学研究的成果，又包括未来科学可能取得的成果。这样一来，摩尔就在伦理学所关注的善和自然科学所能描述的东西之间划出了一道界线。一方面，对人的生活状态的客观描述与善之间有了一段难以跨越的距离。另一方面，生物进化论中的描述，不能毫无理由地把善囊括进去，因为善并不是生物进化中的一环节。正如迈克尔·斯廷格尔所指出的："实际上，这就是摩尔的结论：善这种属性是简单的、不可定义的、非自然的思维对象。"① 因为善的非自然属性，善本身就处在了自然科学所能描述的对象之外。因为善的非复合属性，自然科学所描述的一切状态、属性和关系都不能用来说明善。这样一来，善就与描述无关，成了一个纯粹的规范概念。自然科学所依赖的描述性的概念和善这样的规范性的概念之间有一条不可逾越的鸿沟。如果逾越这条鸿沟，试图用描述性的"自然的"概念（包括自然科学）去说明善这样一个规范性的概念，那就是犯了自然主义的谬误。

那么，善是不是一个纯粹规范的概念？究竟应该如何理解善和自然之间的关系呢？这些问题就规范和描述的关系而言，实质上就是在追问：规范的东西能不能在描述的东西当中找到它的原因或者根据呢？一些规范当然可以被用来作为另一些规范的基础，比如规范伦理学所要辩护或者批判的所有道德判断都是规范的，而道德判断必是根据一个道德标准，这个标准就是规范。借用知识论的话说，一个道德判断可以看作是一个信念，即被人相信的一个命题，那么一个信念是由另一个信念支撑或者是建立在另一个信念之上的。如果我们以任何一个信念为起点往下追溯的话，就会发现一个信念的推论链，这个推论链会把我们所有的信念连接在一起。这自然就产生一个问题：信念的层次体系中有没有一个基础层次，这个层次之

---

① 约翰·康菲尔德：《20世纪意义、知识和价值哲学》，江怡等译，中国人民大学出版社2016年版，第151页。

下不存在更基础的信念？或者说，如果我们顺着信念链往下追溯的话，在这个链条的终点，有没可能发现一个不依靠推论就能被人接受的信念？对摩尔来说，善的概念就处在这样一条推论链的终点，否则不但善自身难以说明，而且伦理学中一切道德价值判断地正当性都是可疑的。

二 "自然主义的谬误"的谬误

自然主义的谬误真的是谬误吗？自摩尔所谓"自然主义的谬误"提出以来，质疑之声就从未停止过。就总的方法论取向而言，这种质疑有一正一反两种方法。正的方法就是分析摩尔提出"自然主义的谬误"所诉诸的资源和方法，正面指出其中存在的谬误，以此来证明所谓"自然主义的谬误"的提法并不成立，它是由摩尔的错误论证所导致的。石里克和艾耶尔对"自然主义的谬误"的质疑采用的都是正的方法，其中艾耶尔的分析最有代表性。艾耶尔对摩尔的"自然主义的谬误"的批评主要有两个方面。一方面，直奔要害，抓住善的定义这个根本性问题，指出摩尔对善的存在根据无法提供任何证明，而只能从直觉出发来说明善的特点。但是，如果有别人同样固执地根据直觉对善的特点做出完全相反的说明，摩尔也无力反驳。艾耶尔质疑说："自然主义的错误果真是错误吗？把善与快乐相等同或许是错误的，但是将善视作一种并非简单而不可分割的性质，这种看法的错误究竟在哪里呢？"[①] 另一方面，分门别类细致辨析，指出摩尔在讨论善与自然主义的关系时所犯的大而化之和以偏概全的错误。就正的方法而言，"自然主义的谬误"这一提法本身存在三种谬误。第一，摩尔的"自然主义的谬误"犯有定义性错误。摩尔指责别人对善的理解犯了定义性错误，但事实上是摩尔自己把问题复杂化了。摩尔不加分别地认为任何定义都要陈述构成某一个整体的各个组成部分，但却没有解释一个性质在何种意义上具有组成部分。摩尔曾以"愉悦感就是善"为例进行分析，以此来证明善具有非自然主义的性质。其论证思路

[①] A. J. 艾耶尔：《二十世纪哲学》，李步楼等译，上海译文出版社 2005 年版，第 48、50 页；[12] A. J. 艾耶尔：《语言、真理与逻辑》，尹大贻译，上海译文出版社 2006 年版，第 83—84 页。

是：通过追问一个具有自然属性的概念与善之间的关系，进而引出逻辑矛盾，以此来反证善的非自然主义属性。比如，我们可以追问愉悦感这样一个具有自然属性的概念是不是善，这当然是一个合理的追问。但是如果愉悦感是善的话，那么这个追问就变成了关于善是不是善的追问。善当然是善，追问善是不是善是同义反复，毫无意义，因此摩尔就下结论说，推而广之，除了愉悦感之外，我们还可以追问任何一种自然属性是不是善，如果是的话，那它就同样是毫无意义的同义反复。这样一来，摩尔就反过来得出结论说，善不是任何一种自然属性。但是，摩尔对善的性质的论证明显是有问题的，它事实上可以用来针对任何一个定义，而不只是具有自然属性的概念。艾耶尔曾针对摩尔本人最常用并认定为成功的定义"兄弟是男性同胞"进行过分析。如果说"兄弟"这个词确实代表男同胞，那么说兄弟是男性同胞就无异于说兄弟是兄弟。说兄弟是兄弟在定义上是毫无疑义的同义反复，那么按照摩尔的思路，我们就只能得出结论说兄弟不是男性同胞。因此，正如艾耶尔所说："就摩尔关于定义的一般论证而言，他的自然主义谬误说乃是混乱不堪的。"①

第二，摩尔的"自然主义的谬误"犯有概念性错误。摩尔认为基本的伦理概念是不能分析的，但是不能分析并不意味着就一定要给出一个非自然主义的解释。换句话说，给善这样的基本伦理概念归属非自然主义的属性，并不是对其进行解释的唯一选项。所谓基本的伦理概念只是一个笼统的称呼，其中包含有情况各异的众多概念。不但对善这个概念的分析不能替代对其他基本伦理概念的分析，而且善这个概念本身也应区别出不同的用法。甚至有些概念不能分析的原因根本不在于它可能具有的自然属性或者非自然属性，而在于它们实质上只是一些类似于康德眼中的"存在"概念这样的虚概念或者妄概念。康德认为"存在"一词是无指称的，只是一个虚概念，将"存在"一词添加到词或者句子当中，并不会使原有信息有所增加。比如说"房间里有一张桌子"和说"房间里有一张桌子存在"并无差别，后一个句子中虽然多了"存在"这个概念，但这个概念除了强调之外，并无本体论上的增加。同样的，一个伦理概念出现在一

---

① A.J.艾耶尔：《二十世纪哲学》，李步楼等译，上海译文出版社2005年版，第48、50页。

个命题中,并不一定总会增添这个命题的事实内容,在有些情况下它的作用不过是表达了某种道德情绪或者内心感受。质言之,这样的伦理概念只有情绪上的功能,其关心的不是价值规范问题,而是与心理有关的事实问题。所以,即便伦理学不能成为心理学的一部分,但是伦理学中确实有看似规范的概念只涉及情感的表达,因而能够具有一个描述的东西作为其基础。

第三,摩尔的"自然主义的谬误"犯有类别性错误。"自然主义的谬误"的类别性错误是由对伦理学所包含的知识门类和命题种类的错误认知而导致的错误。由于犯了类别性错误,摩尔只能笼统地讨论并最终误解善的性质及其与自然主义的关系。艾耶尔曾针对摩尔存在的问题,一方面把思辨知识分为两类,即关于经验事实问题的知识和关于价值问题的知识,另一方面按照所要关注的命题性质的不同,把整个伦理学体系分为四个主要的类别。这四个类别中,只有第一类的问题才是围绕"自然主义的谬误"而展开的争论的焦点。因为第一类是关于伦理学中表达语词的定义的命题,只有它属于伦理哲学的范畴,而伦理哲学通常被认为是规范的,如果伦理哲学所讨论的术语的定义能够得到一种描述的说明的话,那么伦理学就能够被归属于心理学和社会学。这种研究,用艾耶尔的话说就是:"我们所感兴趣的是把伦理的词的整个领域归结为非伦理的词的可能性问题。我们所探究的是伦理价值的陈述是否可能翻译成经验事实的陈述。"[①] 而像第二类问题,关注的是道德经验的现象及其原因的描述,这显然就属于心理学或者社会学的领域。最近几十年,随着自然主义的迅猛发展及其对伦理学影响力的增强,"神经伦理学"、"描述伦理学""自然化的伦理学"等新的伦理学分支大量涌现,这些新兴的伦理学在研究中大量借鉴自然科学特别是神经科学的成果对"幸福""善"等基本伦理学概念进行阐释,这就重新界定了伦理学与自然主义的关系。自然主义的发展和伦理学自身的演化都要求一种更细致的方式审视两者之间的关系,否则就会出现类别性错误。

对自然主义的谬误进行质疑的反的方法就是为"自然主义的谬误"

[①] A.J. 艾耶尔:《语言、真理与逻辑》,尹大贻译,上海译文出版社 2006 年版,第 83—84 页。

提供一个反例。自然主义的谬误主张在是与应该、描述与规范之间存在一条不可逾越的鸿沟，如果通过某种方法能够在语言得到层面或者本体论的层面跨域这条鸿沟，比如由是推出应该，或者由描述的东西引出规范的东西，那么自然主义的谬误自然就会被证伪。在当代，最先利用这种方法对自然主义的谬误进行证伪的是美国著名哲学家约翰·塞尔。在1964年发表的论文《如何从"是"推出"应该"》一文中，塞尔对休谟关于"是"与"应该"的区分及由之而来的所谓"自然主义的谬误"表示质疑。在塞尔看来，质疑的最好方式就是提供一个反例，而在对这个反例的选择上，他说道："反例一定要是这样的：对于一个或几个命题陈述而言，任何赞成它们的人都承认它们纯粹是事实的或者'描述的'（它们事实上用不着含有'是'这个词），而且它们还要能够表明怎样与一个明显被认为是'价值的'的命题陈述在逻辑上关联。"[①] 塞尔通过一系列逻辑上紧密关联的命题陈述，给出下面这样一个反例。

（1）约翰说出这样一句话："史密斯，我特此承诺支付给你5元钱。"

（2）约翰承诺支付给史密斯5元钱。

（3）约翰让自己有责任支付给史密斯5元钱。

（4）约翰有责任支付给史密斯5元钱。

（5）约翰应该支付给史密斯5元钱。通过上述这样一个反例，塞尔认为他合理地从"是"推出了"应该"。塞尔还对人们割裂是与应该关系，制造出所谓"自然主义的谬误"的深层原因进行了分析。人们在理解语词与世界的关系时犯了图式错误，或者说人们受到了错误图景的引诱。塞尔把这样一幅错误的图景称作"传统的经验主义图景"。[②] 在这样一幅图景中，人们会理所当然地把所谓的描述的陈述和价值的陈述区别开来，而且这两种陈述之间的差别也是显而易见的。描述的陈述有真假问题，而且这个真假在客观上是可以确定的，因为总会有一个与该陈述相应的客观的、可以验证的环境存在着，让我们知道这个陈述的意思。但是，价值的陈述则不同，价值得到陈述在客观上并不存在真假问题。一个人对

[①] John Searle, How to Derive "Ought" from "Is", *Philosophical Review*, 1963, 73 (1), p. 43, p. 45, p. 50.

[②] Ibid..

价值的陈述的判断与他的心理态度有关。因此，描述的陈述是客观的，价值的陈述是主观的，造成这种区别的原因是这两种陈述的功能作用不同。描述的陈述的作用在于描述世界的各种特征，而价值的陈述的作用在于表达陈述者的情绪、态度等。从形上学的层面上说，价值不在世界之中，否则价值就不成其为价值，而只是世界的一部分了。从语言的层面说，不能用描述的语词来界定价值的语词，否则，价值的语词就不再是进行评价，而只是进行描述了。

但是，一般人视为天经地义的上述这样一幅图景，在塞尔看来是错误的，而且"毫无疑问，它很多地方都错了"①。首先，这幅图景没有注意到世界上有两类不同的事实，因而也没有区分出不同类型的"描述的陈述"。在塞尔看来，有两种类型的描述的事实，一种可以称为制度的事实（institutional fact），另一类可称为原生的事实（brute fact）。虽然它们都是事实，但是前者却比后者预设了更多东西。比如像"五元钱"所表述的事实，预设了钱这样的存在，因此与比如"五米高"所表述的事实是有区别的。因为钱是一种制度上的存在，即是由特定的国家制度保障的存在，离开这种保障，"五元钱"所表述的事实就只是一些有各种颜色和图案的纸。为什么会有这两类有差异的事实呢？塞尔借用康德对规定性原则和构成性原则的区分来说明这两类事实差异的成因。规定性原则所规定的行为能够脱离原则而单独存在，比如就餐礼仪是一种原则，这种原则对就餐这种活动具有规定性，但是就餐这种活动却是能够离开就餐礼仪而单独存在的。构成性原则所构成（或者也可以说规定）的行为在逻辑上则是依赖于这些原则的。比如下象棋这种活动的游戏规则就是一种构成性原则，这个原则定义了下象棋这种活动，下象棋这种活动不能离开原则而单独存在。因此，所谓制度的事实就是预设了制度存在的事实，而其中所谓的"制度"就属于构成性原则的范围。一旦理解了这一点，就能够说明为什么有一些规范的东西能够从描述的东西中推导出来。因为像责任、承诺、权利、义务等一些概念都属于"制度"，与此相关的事实就是制度的事实，而不是原生的事实。通过这样的方式，塞尔就为一部分（而不是

---

① John Searle, How to Derive "Ought" from "Is", *Philosophical Review*, 1963, 73 (1), p. 43, p. 45, p. 50.

全部）规范的东西，找到了一个描述的基础。

三 自然主义的谬误的心灵哲学辨正

作为当前心灵哲学占主导地位的思想倾向，自然主义的基本原则就是在自然的限度内解释世界，向超自然说不！自然主义的方法论原则是：科学地解释一切。它主张利用跨学科跨文化研究的方法，借鉴自然科学的研究成果，对一切神秘的、模糊的、声称难以界定的东西进行自然化说明。在本体论上，自然主义只承诺完善的自然科学所能解释的东西，甚至把物理学作为判定一切事物存在地位的标准，即所谓"一切都是物理的"。本体论的自然主义是一种强自然主义，它要求我们在判断"有什么东西存在"时，把超自然的实在排除在外。方法论的自然主义是一种弱的自然主义，它要求我们在解释世界时摒弃超自然的素材，但同时它对于人们相信什么东西存在并不做要求。

对"自然主义的谬误"的看法与对自然主义的看法是密不可分的。就方法论而言，"自然主义的谬误"误解了自然主义，把"科学地解释一切"和"用科学去解释一切"混为一谈。用科学去解释一切是唯科学论的做法，其结果是在倡导方法论统一的名义下用自然科学消解伦理学，建立统一的科学。而科学地解释一切是自然主义的方法论原则，它承认伦理学与自然科学的差异性，但不承认伦理学中有什么难以定义的、无法在自然主义的框架中得到说明的概念和命题。自然科学与伦理学存在差异，但是夸大这种差异，人为强化不同学科门类的"专业分工"，则是对自然主义方法论的误解。伦理学中的基本概念和命题究竟能不能科学地得到说明？自然主义的方法论原则是否能够适用于具有差异性的不同学科？自然主义要回答这些问题关键是弄清规范和描述之间的关系。

心灵哲学中有所谓规范的心灵哲学和描述的心灵哲学的区分，但这种区分在西方同样被夸大了。中国心灵哲学是偏重于规范的，而西方心灵哲学是偏重于描述的。人生境界、道德修养等规范性问题是中国哲学关注的重心，康德的道德哲学都曾被尼采讽刺为是来自"哥尼斯堡的中国学问"。规范和描述的关系在西方哲学的语境中被割裂，除了西方哲学自身注重概念的明晰性、推理的缜密性等特点以外，其在自然与社会、自在与人为、实然与应然等方面广泛存在的二元对立思维模式也起到推波助澜的作用。西方心灵哲学的难题在于，从描述（如命题、实在）何以能够推导出规范（如道德），如果这个推导不能够完成的话，规范的东西就要另外去寻找一个安立的基础。所以，西方哲学的路径是从描述出发，在此基础上为规范寻求解释。或者说，描述的、求真的研究正是西方心灵哲学所专注的领域，因此一当发现规范的心理现象时，它就努力尝试在两者之间搭建起一座桥梁，让它所理解的心灵概念能够消化规范的心理现象。

西方哲学意义上的这种二元对立，并不对中国心灵哲学的规范的研究造成困扰。在中国心灵哲学中，规范的东西就是自然的东西，规范和描述可以作为同一事物的不同属性体现出来。描述与规范的二元对立甚至在中国哲学的观念中并没有清楚地呈现。汉学家葛瑞汉在分析道家之自然观念时指出，中国道家是没有二元对立的思维方式的。他说："从西方观点来看，道家的有些看法非常奇怪。我们已经习惯用二分法来思考……在道家那里，这一二分法并不适用。"[1] 儒家哲学更是把道德修养之类的规范看成是"天经地义"的东西。甚至这种规范本身就是源自于天，而授之于人的。个人的德性与天地间的道是不可分的。就是与应该的问题来说，中国哲学中的应该已经内含在是当中了。[2] 甚至与西方哲学的对照可以发现，儒家哲学更早地辨明了是与应该关系。A. T. 纽因（A. T. Nuyen）在将塞尔哲学与中国哲学对照时发现，中国儒家哲学比塞尔更早地关注到从"是"中推出"应该"的问题，当然也正是由于塞尔"我们才能认识到，儒家一直都说'应该'是从'是'中而来的"[3]。尽管西方心灵哲学对自然主义的研究成果颇丰，但仅就方法论的自然主义以及对规范和描述关系的理解而言，中国心灵哲学是更具有启发性的。

就本体论而言，自然主义关注的道德、幸福和善这些基本的伦理学范畴的方式存在，如果把它们看作一类独特的心理现象（或者至少是与心

---

[1] 葛瑞汉：《道家的自然与"是"、"应该"二分法》，《诸子学刊》（第八辑），刘思禾译，2013年第1期。

[2] JeeLoo Liu, The Is - Ought Correlation in Neo - Confucian Qi - Realism: How Normative Facts Exist in Natural States of Qi, *Contemporary Chinese Thought*, 2011, 43 (1), p. 61, p. 66.

[3] A. T. Nuyen, *Confucianism and The IS - Ought* Question, in Bo Mou (ed), *Searle's Philosophy and Chinese Philosophy*, Brill: Leiden Boston, 2008, p. 273.

理现象紧密相关的东西），即所谓的规范的心理现象，那么就会涉及一系列心灵哲学关注的问题：规范的心理现象的机制（包括心理机制和神经机制）问题，规范性的心理现象与其他心理现象的关系问题，如它们是由其他心理现象派生的，还是具有独立的存在地位的一类心理现象；规范性的心理现象的自然化问题，如规范的心理现象能否能够得到还原。这些问题的核心，是规范的心理现象究竟在何种程度上能够经由自然科学的描述而获得解释。

一方面，自然科学的描述有助于规范的心理现象的本体论说明，其表现有二。其一，利用生物学的研究成果有助于解释规范的心理现象的自然起源，比如 P. 丘奇兰德从生物学视角对人的道德起源所进行的考察。自然选择促使人类大脑演化出以自我为导向的价值，而人类作为哺乳动物，其孕育后代的特殊方式又进而促使人类会将关心从自我拓展到他人。所以，"在一个深刻的层次上，就像自我关心这种价值一样，道德价值也会根植于你的脑中"[①]。质言之，道德价值根源于大脑之中。道德表面看起来专属于人的社会生活领域，与自然界无关，但是实质上道德正是通过自然界的生物进化和自然选择逐步在人脑中产生的。其二，利用神经科学的研究成果解释规范的心理现象的神经机制。自 20 世纪 50 年代开始，快乐、兴奋与大脑的联系就受到重视，最近一二十年神经科学家开始用技术手段寻找幸福的神经关联物。哲学家 R. 达马西奥说："脑活动的目的主要是提高生存的幸福感。"[②]

另一方面，自然科学的表述不能替代自然主义的本体论说明。即便规范的心理现象确实有其对应的神经科学基础，但并不能反过来认为神经基础对规范的心理现象和伦理学规范具有完全的解释力。神经伦理学认为，道德知识可以从认知的神经网络模型中突现出来。即便这种观点在道德哲学中能够占有一席之地，但它并不是道德哲学的全部内容。正确的做法是构建一种层次化的自然主义本体论，即在坚持自然主义的基本原则的前提下，允许不同类型的自然主义选取不同的资源作为其解释的根据，由此其

---

① P. 丘奇兰德：《触碰神经：我即我脑》，李恒熙译，机械工业出版社 2015 年版，第 64 页。

② R. 达马西奥：《寻找斯宾诺莎：快乐、悲伤和感受着的脑》，科学教育出版社 2009 年版，第 120 页。

承诺的存在表现为上下相关的层次性。其中以自然科学作为解释资源的自然主义本体论处在更为基础的层次上，由此种本体论所承诺的存在更具可靠性。在此意义上，层次本体论只有更基础层次的本体论，而没有最基础层次的本体论，即不存在一个所谓的最终的本体论。对于西方心灵哲学而言，物理主义本体论通常就是一个最终本体论，因此能否还原为物理存在是其判定事物是否存在的终极标准，而在层次本体论看来，物理存在只是相对处在一个更为基础的存在层次上。这样一个本体论架构的优势在于它保持了理论上的开放性，真正实现了"将一切科学"作为自然主义的解释资源的承诺。

层次本体论的另一个理论红利在于，说一种东西是一种更低层次的本体论存在，并不意味着它就具有更低层次的实在性。心灵哲学关于民间本体论（folk ontology）的说明可资借鉴。所谓民间本体论，就是我们通常用以对事物的存在做出判断时所依据的一套民间理论，它是我们在长期的日常实践中自发形成的一种非系统化的心理资源。与民间本体论相对的就是所谓最终本体论，后者只承认能够离心而自在的（mind-independent reality）实在。在民间本体论中被认为存在的一些东西，在最终本体论中并没有存在地位。这又分为两种情况。在第一种情况下，民间本体论所承诺的东西，因为不真实而被最终本体论所排斥，如我们祖先的民间本体论所承诺的巫术、魔鬼等。在第二种情况下，民间本体论所承诺的东西不被最终本体论接受，并不是因为它们是错误的理论假设，而是因为对它们作出假设的那个理论在最终本体论看来是多余的。因为最终本体论只承认那些能离心而自立的实在，而不考虑人的兴趣和认知的限度。其结果是，一个对象可能会出现两次：一次作为实在在民间本体论中出现，一次作为实在在最终本体论中出现。按照这种区分，以特定方式组合的原子在最终本体论中作为原子出现，而在民间本体论中则以锅的形象出现。因此，我们可以说，锅仅仅是具有更低层次的存在，或者是仅仅是世俗层次的存在，但其实在性并不因此而丧失。再如，日出日落是民间本体论的存在，而科学本体论则用星球运动予以解释，但日出日落并不因此而丧失其实在性。

从多层次本体论的视角出发可以重新审视规范与描述的关系。通常，规范对应着更高层次的本体论，而描述性则对应着更低、更基础层次的本体论。高层次的存在并不总能获得一个描述性的解释，但一旦它拥有了这样一个解释,就意味着我们能够说它有了一个描述性的东西作为基础。在整个层次本体论而言,规范和描述的角色是相互转化的,因为没有最基础的、终极本体论的存在,所有层次的本体论存在对于其下一级的本体论存在而言,都是规范性的,同时对于其上一级的存在而言,则是描述性的。就我们通常所认为的规范性的心理现象而言,比如道德和幸福,它们可以作为描述性的东西来解释人的道德行为和生活状态,也可以作为规范性的东西,从而有可能获得一个神经科学的解释。

四 结语

以自然主义的视角看待伦理学,要求把伦理学作为一个跨学科跨文化的公共研究领域。伦理学研究应该以更积极的姿态回应自然科学的研究成果,挖掘中国传统哲学的理论资源。一方面,经验科学的研究能够在一定程度上说明规范的心理现象的生物学基础,但它无力说明这些规范的心理现象对于不同时代和不同文化背景的人有何不同。另一方面,中国哲学既有自然主义的传统,如气自然主义,又有对规范—描述问题的极具个性的研究成果,如果能够以现代化、自然化的方式挖掘和呈现其中蕴含的理论资源,一定能够为构建具有中国气派的心灵哲学和自然主义伦理学提供启示。

(作者单位:华中师范大学马克思主义学院)

哲学怀疑论的意义及其限度

——对当代彻底怀疑论的哲学治疗

王聚

一 导论

当代彻底怀疑论（radical scepticism）主张，关于外部世界的命题知识是不可能的。[①] 在笛卡尔的《第一哲学沉思录》里，已经藏着这种怀疑论的身影。笛卡尔让读者想象一个全能的恶魔来欺骗我们的感官知觉。毫无疑问，如果身处笛卡尔所描述的情景之中，我们将会陷入广泛的无知。怀疑论悖论是当代理解彻底怀疑论的一个新框架。[②] 怀疑论悖论与别的悖论一样，包涵了一些陈述，这些陈述独自看来有一定的合理性，但是放在一起却是逻辑上不相容的。因此，怀疑论悖论揭露了一个在知识论系统中的深层次的困境，这也解释了其造成攻击的彻底性。当代怀疑论主要有两种攻击形式，它们分别是基于闭合原则的怀疑论攻击和基于非充分决定原则的怀疑论攻击：

基于闭合原则的怀疑论论证
（CK1）S 不可能知道自己不在怀疑论情景之中。

[①] 命题知识（know that）是与能力知识（know how）相区别的。前者的对象是一个命题，后者的对象是一个行动。

[②] 这一解读思路可参见 Stewart Cohen, How to Be a Fallibilist, *Philosophical Perspective*, 1988, 2, 91-123. 以及 Keith DeRose, Solving the Skeptical Problem, *Philosophical Review*, 1995, 104 (1), 1-52.

（CK2）如果 S 知道一个日常命题，并且 S 也知道该日常命题蕴涵自己不在怀疑论情景之中，那么 S 可以知道自己不在怀疑论情景之中。

（CK3）因此，S 不知道任何日常命题。

基于非充分决定原则的怀疑论论证

（UP1）S 的证据 E 并不支持日常假说超过怀疑论假说，并且 S 知道两者的不相容。

（UP2）如果 S 的证据 E 并不支持日常假说超过怀疑论假说，并且 S 知道两者的不相容，那么 S 的证据不足以为 S 相信日常假说提供辩护。

（UP3）所以 S 的证据 E 不足以为 S 相信日常假说提供辩护。

怀疑论论证的前提具有高度合理性。首先是关于怀疑论情景。根据怀疑论情景的定义来看，如果我们处于这样一个情景（如笛卡尔的梦境，全能的恶魔或普特南的缸中之脑），我们的感觉经验就会和正常的感觉经验在主观上是无法区分的。也就是说，我们无法通过感觉经验在现象上的差别来区分自己处于正常情景还是怀疑论情景，所以给定任何的感觉经验，我们都无法用来判断自己是否在怀疑论情景之中。这个特征解释了（CK1）和（UP1）的合理性。

其次，（CK2）和（UP2）分别受到更基础的原则的支持，即闭合原则和非充分决定原则，两个原则可以表述如下：

闭合原则
如果 S 知道 P，并且 S 知道 P 蕴涵 Q，那么 S 可以知道 Q。

非充分决定原则
如果 S 的证据 E 不支持 P 超过 Q，并且 S 知道 P 和 Q 不相容，那么 S 的证据 E 不足以为 S 相信
P 提供辩护。

闭合原则说的是我们可以通过已知的逻辑演绎拓展知识的范围。非充

分决定原则说的是，当证据为逻辑不相容的命题提供同等的支持力度时，我们相信其中任何一个都是在认知上缺乏辩护的。既然两个论证都基于高度合理的前提，那么我们就应该理性地接受结论（CK3）和（UP3）。但这样一个怀疑论结论却令人难以接受，所以反怀疑者必须指出两个论证中的错误所在。

当代知识论已经出现了很多反怀疑论方案，比如新摩尔主义、语境主义、解释主义。[①] 但是问题在于仅仅驳斥怀疑论论证是不够的。怀疑论的论证也许不够好，但这不代表我们不会着迷于怀疑论者所塑造的认知理想型（epistemic ideal）。认知理想型所关心的是，从一个纯粹的认识论角度来反思我们的认知实践时，我们应该如何客观地评价自己的认知活动，我们又应当怎么做。哲学传统自带的反思和纯粹特质使得我们无法拒斥认知理想型所带来的规范性以及对认知理想型的向往和追求，因此我们反复陷入怀疑论的泥潭之中。只有揭示出怀疑论提倡的认知理想型的错误所在，我们才能真正走出怀疑论的阴影。

对认知理想型的评估依赖于这样一个关键问题，即日常认知评价与怀疑论认知评价之间的关系，而正是对这样一个关键问题的回答决定了反怀疑论方案的最终成败。接下来本文会以如下方式进行。在第二部分，我讨论奥斯汀与斯特劳德对于这个关键问题的不同回答。在第三部分，我回顾维特根斯坦在《论确定性》一书中对于枢纽命题的讨论，并展现怀疑论评价的内部矛盾。在第四部分，我在当代语境下进一步发展维特根斯坦的方案，对虚假的理想型进行深入的反驳。最后我总结全文。

二 日常评价与怀疑论评价

从常识来看，我们认为自己拥有很多关于这个世界的知识，但怀疑论

[①] 新摩尔主义参见 Duncan Pritchard, *Epistemological Disjunctivism*. Oxford: Oxford University Press, 2012 和 Jim Pryor, The Skeptic and the Dogmatist, *Noûs*, 2000, 34 (4), pp. 517-549。语境主义参见 Keith DeRose. (1992). Contextualism and Knowledge Attributions. *Philosophy and Phenomenological Research*, 1992, 52 (4), pp. 913-29。解释主义参见 Jonathan Vogel, Cartesian Skepticism and the Inference to Best Explanation. *Journal of Philosophy*, 1990, 87 (11), pp. 658-66 以及王聚：《论解释主义对彻底怀疑论的解答》，《自然辩证法通讯》，2018年第3期，第24—29页。

者宣称我们没有知识,可是为什么我们要担心怀疑论的结论呢?难道怀疑论者不是仅仅改变了"知道"一词的意义吗?比如,如果有人断言上海市没有大学生,我们当然会觉得不可思议,因为我们知道上海市有很多大学生。但是如果这个人补充说,大学生就是那些在高等教育院校接受本科教育并且一天之内可以学完所有课程的人。此时,不可思议的感觉会自然打消。因为,"大学生"怀疑论者只不过是重新定义了一个词,因此接受没有"大学生"并不影响在正常意义下承认有大学生。受到该例子启发,我们是否可以说怀疑论者所用的"知道"一词与我们日常的"知道"一词也是意义不同,并且我们的知识并不受怀疑论结论影响呢?约翰·奥斯汀(John Austin)就采取了这样一种反怀疑论进路,他试图指出日常语境下的知道与怀疑和怀疑论语境下的知道与怀疑是有着巨大差别的,所以上述应对"大学生"怀疑论的策略是可以被拓展至哲学怀疑论的。

奥斯汀指出,哲学家在评价我们的知识时,并没有对日常情况给予足够重视。哲学家们并不清楚,当问"你如何知道"时,到底实际上发生了什么。我们看下面的例子:

金翅雀案例

蓉蓉在上海动物园里观赏各种动物,她发现树上有一只金翅雀(goldfinch),她对身旁友人说,"树上有一只金翅雀"。此时,她的友人反问道,"你如何知道那是一只金翅雀?"。她回答说:"因为它的羽毛是黄色的。"

蓉蓉的回答对于友人的问题来说是不充分的。如果她说因为那只鸟的羽毛是黄色的所以它是一只金翅雀,那么她会面临如下的质疑,即这个证据不够,很多鸟都有黄色的羽毛。即使这只鸟有黄色的羽毛,它也很有可能是金丝雀或黄鹂。这里蓉蓉面对的质疑其实是一个相关候选项(relevant alternative),即与断言所知命题不相容的命题。但是奥斯汀继续指出,我们平常断言和质疑的程序与哲学家的知识探究是有差别的。在平常生活中,当我们由于某人证据不足反对某个陈述是知识的时候,我们接受下面两点:

首先,证据的缺乏一定是某种明确的缺乏。质疑者会提出某些我们明确需要排除的候选项,比如金丝雀或黄鹂。因此,如果质疑者并未提出任何明确的相关候选项,即使蓉蓉的证据不足,也不应该无限制地要求她提供更多的证据,因为这样一种要求是令人无法容忍的。

其次,足够的证据并不意味着一切,奥斯汀说道:

> 足够就是足够:它并不意味着所有。足够意味着足够证明这样一个事实,即它不可能是另外的样子,那些有关它的替代的、竞争的描述在这里无立足之处。举例来说,足够并不意味着足够证明它不是一只被填充的金翅雀。①

也就是说,当蓉蓉要知道花园里有一只金翅雀,她根本不需要排除它是一只被填充的金翅雀这样一个候选项。基于同样的思路,我们是否可以说,如果 S 知道一个日常命题,那么 S 并不需要知道怀疑论假设是错的呢?在奥斯汀看来,除非有特别的原因,否则类似被填充的金翅雀这样的可能性是不相关的。这里的特别原因应该理解为,质疑者不仅要指明知识在这里缺失的可能性(definitelack),而且他还需要理由认为这个缺失的可能性在这个场景是很有可能会出现的,否则我们就还是默认在正常情况中。只要处于正常情况,类似被填充的金翅雀,或者像缸中之脑、全能的恶魔一类的怀疑论假设都是不相关的。此时,虽然怀疑论者已经明确地提出了一种明确的缺乏,但是有任何理由认为这个缺失的可能性会在这个场景出现吗?答案是否定的。所以,根据奥斯汀所给出的思路,怀疑论假设是与日常命题不相关的候选项,因此不需要我们排除。

斯特劳德(Barry Stroud)对奥斯汀的看法持有异议。对于斯特劳德来说,如果排除怀疑论假设是我们知道外部事实的一个必要条件,那么我们无法排除这种情况就意味着我们缺乏知识。为了理解这一点,我们可以看一下战机侦查案例:

> 在战争时期,侦查员需要通过训练来识别飞机。侦查员会参加一

---

① John Austin, "Other Minds", *Philosophical Papers*, J. O. Urmson & G. J. Warnock (eds.), Oxford: Oxford University Press, 1961, 84.

个快速且简单的学习课程，在课上学习不同飞机的区别性特征，以及如何发现这些特征。他们从一个学习手册上获得这些知识，比如一架飞机如果有特征 x、y、w，那么这是战机 E，如果它有特征 x、y、z，这是战机 F。但另外有一种 G 战机，这种飞机数量很少，也几乎没有威胁，虽然它也有特征 x、y、z，但为了简化识别程序就没有告诉侦查员这种飞机的存在。[1]

现在让我们假设有一个训练有素的仔细的侦查员。他只有观察到三个特征都有，他才会报告总部说发现一架 F 战机。他的识别理由也是因为该战机有 x、y、z 特征，所以是 F。总部也会因为这个理由足够充分认为他的报告是合适的。但是当我们从一个外部视角来看，即使是这个训练有素的认真的侦查员也是缺乏知识的。当然这里我们说他不知道飞机是 F 并不是批评他的侦查不负责。不可否认，就当下的实践目的来看，他可以断言这是 F。这种知识被称作满足实践目的之知。[2] 我们的情况和这个飞行员很像，我们平常也没有去考虑或排除一些错误的可能性，但是我们不能从我们仔细且不昧良心地遵循了日常生活的步骤和标准推出我们的确拥有知识。

为了让其中的差别更充分地显现出来，我们可以对比一个训练有素的侦查员、一个反思的侦查员与一个不称职的侦查员。一个不称职的侦查员，会在观察到 x、y 两个特征或者说猜测 z 特征以后，就报告总部说有一架 F 战机。总部当然会认为这样的断言是不合理的，因为一架战机有 x、y 特征，它还有可能是 E，所以这个不称职的侦查员并不知道这架战机是 F。我们作为局外人获得战机 G 的信息以后，判断有 x、y、z 不足以证明一个飞机是 F，难道不是基于同样的道理吗？这里我们其实是运用了非充分决定原则来判断一个人是否满足了知识所要求的充分证据条件的。虽然在侦查活动中训练有素的侦查员可以合理地报告说有一架 F，但这并不代表他事实上知道有一架 F。而且这个事实是训练有

---

[1] Thompson Clark, "The Legacy of Skepticism", *The Journal of Philosophy*, 1972, 69 (20), 759.

[2] Cf. Barry Stroud, *The Significance of Philosophical Scepticism*. Oxford: Clarendon Press. 1984, 68.

素的侦查员自己也会接受的。倘若一个侦查员结束了一天的任务,躺在床上翻看着自己的战机识别手册并继而开始了哲学式的反思活动,我们称之为反思的侦查员。一个反思的侦查员能意识到,是否他知道这飞机是什么和是否他知道这个手册会说飞机是什么,这是两个问题。反思者可以意识到他是否拥有知识依赖于手册是否可靠,而我们处于局外人视角知道手册遗漏了一些可能性,虽然就实践目的来说完全可以忽略,但就认知评价来说却是不容忽视的。所以,一旦反思的飞行员意识到训练手册因为实用因素故意遗漏了某些信息,他也会对自己的知识状态产生怀疑。

所以,根据斯特劳德来看,怀疑论和日常语境用的是同一个知识标准,怀疑论者并没有扭曲或脱离日常使用。但是两者本质上的相同却会被实践因素所掩盖。怀疑论者会说,在日常生活中知识标准会受制于社会实践、行动的急迫性、信息获取的成本等非认知因素。这些因素解释了为什么我们日常活动时满足于那些并不足以称为知识的状态。但是,一旦我们采取一种哲学反思所特有的抽离的立场,我们就会意识到这种不足。在抽离的立场中,我们只关心知识问题,我们的评价不再是受实践限制的,而是纯粹的认识论的。可以看出,当我们关心我们是否拥有知识的时候,我们最关心的因素应该是认识论因素。但是在日常语境中,我们无法只关心认识论因素,而必须受制于诸多实践因素。怀疑论者所希望我们做的,是在进行哲学思考时,抛开实践因素的诸多限制,专心于认识论方面的问题。这样一种立场,其实是一种纯粹化的认知立场,一种摆脱了实用因素对认知因素的干预的立场。

从上面的讨论可以发现,奥斯汀认为日常认知评价与怀疑论认知评价是不同的,前者是受限的,后者是不受限的,因此怀疑论者引入的"知识"改变了原有知识的意义。但斯特劳德却指出,两者背后都依赖于非充分决定原则,只不过在日常认知评价中,受到实践因素的限制,我们忽略了许多遥远的错误可能性,而一旦从纯粹的认知角度来看,这些忽视是不合理的,因此在进行哲学讨论的时候,我们应该采取纯粹和抽离的立场。那么,我们应该如何突破这样一个对立的困境呢?

三 维特根斯坦论枢纽命题

维特根斯坦在《论确定性》一书中谈论了自己对怀疑论的看法。在该书中，维特根斯坦指出日常的认知评价和怀疑论的认知评价是以完全不同的方式进行的。

在日常生活中，我们的认知评价依赖于枢纽命题（hinge propositions）。枢纽命题是我们赋予最高确定度的命题，因此我们会以它们为基础去评价别的命题的真假，而它们自身则免于怀疑。比如，当考古学家在确定海昏侯墓墓主身份时，他们会持有一系列枢纽命题，例如地球不是五分钟前才产生的，以及针对历史事件是可以拥有知识的。如果这些命题遭受怀疑，那么考古学家就无法理性地评估某个考古发掘的证据与所需要断定的史实之间的关系。值得注意的是，要使得我们的认知评估得以发生，我们必须在方法论上预设枢纽命题。因此，日常的认知评估实践在本质上是局部的（local），也就是说并不是所有的命题都被我们一次性囊括起来进行评估。维特根斯坦这样评论：

> 这就是说，我们所提的问题和我们的怀疑依靠于这一事实，即某些命题不容怀疑，好像就是这些问题和怀疑赖以转动的枢纽。这就是说，某些事情事实上是不受怀疑的，这一点属于我们科学研究的逻辑。但是情况并不是这样：我们根本不能研究一切事物，因此不得不满足于假定。如果我想转动门，就得把枢纽固定下来。[①]

既然我们日常的认知评估必须预设枢纽命题，而且是以一种局部的方式进行，那么除非怀疑论的认知评估与日常认知评估共享这一本质特征，否则前者与后者将会具有本质性区别。但我们会发现，怀疑论的认知评估本质上是全局性的（wholesale），它旨在一次性评估我们所有的经验信念，

---

① Ludwig Wittgenstein, *On Certainty*, G. E. M. Anscombe & G. H. von Wright, (eds.) D. Paul & G. E. M. Anscombe (tr.), Oxford: Blackwell. 1969, § 341–343.

因此没有任何经验信念被留下来充当枢纽命题。① 怀疑论者的想法是,任何经验信念都依赖于知觉证据,但是我们仅凭知觉证据又无法知道是否怀疑论情景为假。由于所有的经验信念都不满足知识的要求,我们原则上就无法获取经验知识。既然怀疑论者是以这样的一种方式来进行认知评估,那么怀疑论认知评估与日常认知评估就并非像斯特劳德所刻画的那样,是一种更加纯粹的版本,而是一种扭曲的版本,两者的差异是种类上的,而非程度上的。这进一步意味着,怀疑论悖论并非是一个真正的悖论,而只是一个伪装的悖论。该伪装的悖论由一系列正确无误的常识看法和理论假设组成。这些理论假设是有问题的,但是我们还未能成功识别出其错误所在,所以误把它们当成了毫无问题的思考前提。揭示这些理论假设到底哪里出错是一项艰巨的任务,我们必须通过哲学诊断的方法揭露出问题之所在,从而消解该伪装的悖论。下面,我进一步发展维特根斯坦的思想资源,来破除怀疑论者所树立的虚假理想型。

四 破除虚假理想型

反思奥斯汀与斯特劳德的争论,我们发现怀疑论的认知评价有两个特点。一方面,怀疑论者要求认知者排除怀疑论情景,而这样的要求是不切实际的高,是不合理的,因此怀疑论者树立了一种特别高的认知标准,与日常语境所要求的低标准形成了鲜明对比。另一方面,怀疑论者这么做并非毫无理由,而是出于对真与确定性的追求,而这种追求是在抛开实践的急迫性以后在哲学反思的层面要求的,在这个意义上怀疑论者展现了在求知过程中的理论良心(theoretical conscience)。这两个特征的结合所产生的影响不容小觑。进行认识论探究时,我们所追求的是一种对人与世界之间的认知关系的考察,我们想知道我们是否真正拥有我们称之为"知识"的东西,并且这种考察需要达到一定的广度和深度才足以满足我们探究的初衷。如果仅仅表明按照一种较低的、有实践因素限制的标准来看我们拥

---

① 这一解读也受到 Pritchard 和 Williams 的支持。参见 Duncan Pritchard, *Epistemic angst, radical skepticism and the groundlessness of our believing*. Princeton: Princeton University Press. 2015, 55. 以及 Michael Williams, *The Problems of Knowledge*. Oxford: Oxford University Press. 2001, 186–188。

有知识，而按照一种更高更纯粹的标准来看我们缺乏知识，那么怀疑论者所扮演的理论良心角色就会施加额外的谴责。该谴责的核心是，既然认识论探究中追求的是一种对知识的客观的理解，那么有什么理由要满足较低的，有实践因素限制的标准呢？为什么不运用更高更纯粹的标准呢？我相信，任何一个带着良知进行认识论探究的学者都无法避免这样一个问题，而这样一个问题会反复腐蚀我们在日常语境下幸存的知识的合法性，然后逐渐被拉回到怀疑论语境中。

毫无疑问，哲学的探究需要遵循理论良心。伦理学如此，知识论也不例外。但我们只应该追寻真正的理论良心，而非表面的理论良心。怀疑论者的错误在于，她们虚构了认知理想型，并且用这个理想型错误地引导了我们的理论良心，所以我们有必要对这一错误的理想型展开批判。

首先，怀疑论的认知理想型是如何被塑造起来的呢？在日常的认知活动中，我们形成信念、放弃信念或修改信念。因为信念的本质是求真的，所以我们希望尽可能形成真信念并且避免形成假信念。虽然命题的真假并非是对认知者透明的，但认知者可以借助证据来判断命题的真假，从而选择合适的命题态度。比如，对于一个法官来说，如果缺乏任何证据，那么她不应该相信犯罪嫌疑人是有罪的；而如果有充足的证据，那么她就应该相信犯罪嫌疑人是有罪的。我们可以把这样一种日常的认知合理性（epistemic rationality）表述为：

日常认知合理性
针对经验偶然命题 P，认知者 S 根据证据支持力度的强弱来形成相应的命题态度是具有认知合理性的。

上述想法是被怀疑论者和非怀疑论者所共享的。但怀疑论者对于这一规则的遵循是严格和彻底的，因此她们进一步认为，对于〈我不在做梦〉，〈我不是缸中之脑〉，〈我的认知官能大致上是可靠的〉等经验的偶然的命题，我们也需要按照上述规则去做，否则就是缺乏认知合理性，也是该面临（认知领域的）批评的。但此时，怀疑论者指出，由于我们缺乏证据相信上述命题，因此我们不应该相信上述命题。为什么我们一定缺乏证据呢？我们不妨看看下面的推理。

(1) 我的感觉经验好像手里拿着一支三不猴书签
(2) 我手里拿着一支三不猴书签
(3) 因此我不是缸中之脑

该推理尝试为〈我不是缸中之脑〉提供一个证据式的支持。但此处的关键问题是，该推理本质上是窃题论证（question begging）。也就是说，之所以（1）能为（2）提供证据式的支持，是因为在论证的时候我们已经预设了（3），因此并非是前提（1）单独地为（2）提供证据支持，而是（1）和（3）共同为（2）提供支持。倘若我们不预设（3），那么（1）同等地支持两个命题，它们分别是〈我手里拿着一支三不猴书签〉和〈我有手里拿着一支三不猴书签的幻觉〉，所以仅仅依赖（1）不能充分决定哪个命题更可能为真。但是如果（1）为（2）提供的证据支持要依赖于（3），而我们又反过来想把（1）为（2）提供的证据支持传递给结论（3），就会使得整个论证成为循环论证，从而无法将证据式支持从前提成功地传递给结论。这一现象被称为〈担保〉传递失败。[①] 可以看到，我们对于我不是缸中之脑一类的命题是在原则上，而非只是偶然地缺乏证据支持的，因为任何想通过经验手段提供证据支持的想法都会面临传递失败。

更糟糕的是，不仅我们无法为（3）类的命题找到证据支持，而且这类命题由于是偶然的和经验的命题，因此不是必然为真的。这就意味着我们相信这类命题存在着认知上的风险，带有冒险色彩。因此，为了不违背日常认知合理性规则，怀疑论者不甘愿冒这个风险，而是愿意寻找更加坚实且不可怀疑的基础。这无疑继承了笛卡尔对确定性的追寻，即对那些不可能出错的命题的渴望。但如果不相信这些命题，想寻找更坚实的基础，会进一步引发两方面的问题。一方面，我们进一步寻找的基础并不会比这类命题更安全，因此对新的基础的检验甚至要预设

[①] Cf. Crispin Wright, (Anti-) Sceptics Simple and Subtle: G. E. Moore and John McDowell, *Philosophy and Phenomenological Research*, 2002, 65, 335–336.

（3）类命题，这就使得我们的进一步寻找失去了意义。另一方面，如果不相信（3）类命题，那么我们就有很强的理由去怀疑我们所获得的任何经验证据。比如，当我们听到地铁内播报说"南京东路站到了"，我们是否有证据相信南京东路站到了呢？看似这里有一个好的证据支持，但如果我们业已怀疑（3），那么我们就有理由怀疑听觉获取的证据对于自己所在位置提供的支持。也就是说，如果不相信（3）类命题，那么关于经验世界的任何知识就是不可能的，此时我们面临一种无法基于经验证据来引导信念活动的认知瘫痪。[①] 所以，针对（3）类命题，我们缺乏证据相信其为真，但这类命题又不是必然的，因此怀疑论者主张应该不信这类命题，而不信这类命题又会陷入认知瘫痪，导致经验知识无法实现。这里无疑产生了一个巨大的困境，但怀疑论者却很正确地指出了我们基于证据谈论的范围，只不过她们出于对确定性和严格性的追求，仍然执着于打破这样的限制。

接下来，我们就要破除这种执迷。怀疑论者认为从日常认知合理性可以引出下面的想法：

认知合理性
针对任何经验偶然命题 P，如果 S 缺乏证据支持就相信该命题是缺乏认知合理性的。

认知合理性看似是日常认知合理性的延伸和拓展，甚至说是纯粹化的版本，但其实两者是不相容的。因为如果要展现日常认知合理性，我们就必须先预设某些不被怀疑的命题，而这些命题充当了我们得以开展证据式审查活动的背景条件或方法论前提。有些背景条件或方法论前提是可以被独立审查的，但另外一些则会是太过基础以至于无法被独立审查，只能是被普遍地预设和接受的，比如前面提到的（3）类命题。怀疑论者的错误在于，她们坚信针对（3）类命题，我们仍然需要证据才能相信它们，否则就是一种认知的不合理。但正如维特根斯坦所说，这类命题发挥的作用

[①] 这里的讨论是限于那些我们可以基于理性考虑而采纳或放弃的信念，并非是那些自动形成的本能的信念，所以本文并不预设一种普遍的信念自由论（doxastic voluntarism）。

是逻辑的而非经验的。[①] 只有这类命题被预设和接受,我们才能追求基于证据的认知合理性,而对于这类命题,其作用是为局部的认知合理性提供方法论前提,所以它们是处于证据审查的边缘,因此想对它们进行证据的谈论是无意义的,是一种范畴错误。也就是说,怀疑论者只看到了证据式审查的结果,却忽视了证据式审查活动得以可能的前提。这种活动只能以局部的方式来进行,而不能毫无预设地全局性地进行。

五 结语

  总结来看,我们需要全面把握哲学怀疑论的意义及其限度。哲学怀疑论的积极贡献有两点。首先,怀疑论者并非是完全非理性的破坏者。真正有哲学趣味的怀疑论者与非怀疑论者共享了一些理论基础,而怀疑论者想以一种纯粹和彻底的方式运用这些原则,对于那些不严格按照原则行事的知识理论提出挑战,在这个意义上怀疑论者的确扮演了理论良心的角色,引导着我们探究的方向。另一方面,由于怀疑论者的追问更加彻底,我们逐渐意识到在原有的知识论理论当中所隐藏着的一些错误前提,而这些前提如果不经过怀疑论攻击是很难被发现的,甚至会伪装成"无辜的"常识继续发挥作用。这样一来,怀疑论在众多知识论中帮助完成理论的更新换代,促成了知识论的长足进步。

  但是,怀疑论者所犯的双重错误不容忽视。首先,由于(3)类命题是使得证据审查得以可能的条件,我们接受这类命题的认知合理性不是由证据支持与否决定的,而是由其带来的认知结果,或者说由其服务的认知目的所决定。因此,这里需要考虑的是在认知层面的工具式或后果式合理性,但怀疑论者只认识到狭窄的基于证据的认知合理性,因此产生了错误。其次,怀疑论者想追求基于证据的认知合理性,但却忽视了使得这种认知合理性得以可能的前提条件。因此,看似对于认知合理性的一种"纯粹"的追求,却最终导致无法实现认知合理性,因此在这个意义上,怀疑论者所刻画的认知理想型是虚幻的,是扭曲的,而并非是日常认知合

[①] 逻辑的命题是判断的标准,而经验的命题是参照标准被检验的命题。但维特根斯坦补充说,一个命题所扮演的角色(经验/逻辑)是可流动的。

理性的更好运用。①

经过上面的分析,我们意识到了怀疑论者所推崇的认知理想型的错误所在。因此,即使我们想要以一种纯粹和负责的方式进行认识论探究,我们也不必再受到虚假的认知理想型的诱惑,这无疑是对怀疑论祛魅的最佳方式,也是避免再次陷入怀疑论陷阱的良药。

(作者单位:复旦大学哲学学院)

---

① 基于此处的批评,应该重新把认知合理性表述为:在可被证据式审查的命题范围内,按照证据支持强度形成相应的命题态度,并且为了让证据式审查得以开展,接受那些不在证据式审查范围内的命题,是具有认知合理性的。

人类自由作为自我建构、自我实现的存在论结构
——对康德自由概念的存在论解读[①]

吕超

近年来黄裕生教授以自由意志概念为核心，展开了对西方哲学史具有高度原创性的解释工作[②]。由于他方法上受海德格尔影响，内容上又接受了康德的观点，因此他的工作一方面为海德格尔存在论补充了伦理学的内容，另一方面又为康德自由观开辟了存在论的维度。然而在黄裕生教授对康德自由意志概念的分析——即他所有解释工作的共同视域中，出现了在不同自由概念层次间的滑动。但另一方面笔者也确信，黄裕生教授的存在论诠释，也为更清晰、深入地分析康德的自由意志概念奠定了方法论基础。而本文的目的，正是通过进一步发展黄裕生教授的思想，解决他留下的问题。与他的工作类似，本文也并非对康德文本的技术性研究，而是尝试从整体上建立一种对康德道德哲学中人类自由理论的存在论解读。现在，就让我们看看这种存在

[①] 科学院版康德全集的引用采取"著作缩写 + 卷号：页码"的方式，其中 GMS =《道德形而上学的奠基》（Grundlegung zur Metaphysik der Sitten），KpV =《实践理性批判》（Kritik der praktischen Vernunft），RGV =《纯然理性限度内的宗教》（Die Religion innerhalb der Grenzen der bloßen Vernunft），MS =《道德形而上学》（Die Metaphysik der Sitten）。《纯粹理性批判》按国际惯例以"A/B[版] + 页码"标注。中文译文参照邓晓芒教授的《纯粹理性批判》和《实践理性批判》译本、韩水法教授的《实践理性批判》译本、李秋零教授主编的《康德著作全集》第四、五、六卷（第六卷中的《道德形而上学》为张荣教授翻译，其他著作由李秋零教授翻译）。较长的引用皆标注了中译本，个别地方有微调。

[②] 从写作顺序看（见参考文献），黄裕生教授是沿着哲学史向前回溯，从康德到中世纪基督教哲学，再到古希腊。

论解读，究竟是什么样的。

据笔者理解，黄裕生教授对康德自由意志理论的讨论中交缠着三个重要的自由概念。（参见黄裕生，2017年d，第97—99页；2016年a，第87—94页；2016年b，第42—44页）一是《纯粹理性批判》中的绝对自发性（absolute Spontaneität）：它被称为先验自由（transzendentale Freiheit），是不同于自然因果性的特殊因果性，作为绝对第一因引发现象序列，自身却不在现象序列中、根据自然法则被先前的原因规定；二是十分符合日常理解的自由决断（die freie Willkür）[①]：自由就是不被感性冲动强制、能在不同可能性间选择的能力；三是《道德形而上学的奠基》（以下简称《奠基》）和《实践理性批判》中著名的自律（Autonomie）：自由就是服从纯粹意志（der reine Wille）给自己订立的法则。[②]

这三个自由概念中的哪一个，最能代表人类自由的本质呢？由于康德文本和逻辑的双重复杂性，对这个问题可能存在不同回答。首先，绝对自发性是自由以和自然对立的方式，第一次宣告自身的形态，而且若没有理论哲学中提出的绝对自发性，实践哲学中的自由决断和自律也将无从谈起。因此从康德哲学整体看，绝对自发性作为给其他形态的自由奠基的、最为基础形态的自由，似乎最能代表自由的本质。然而先验宇宙论背景下提出的绝对自发性并不专属人类，全善的上帝和全恶的魔鬼，也可被设想为拥有绝对自发性。但无论必然行善的上帝还是必然作恶的魔鬼，都不用在善恶间决断，也不存在按照法则进行自律的问题，因为上帝和魔鬼都缺乏感性欲望，能规定它们行为的只有纯粹意志。总之，相较于也可被归于

[①] 本文将 Willkür 译成"决断"而非"任性"或"任意"，主要因为 Willkür 是选择的能力，即高级欲求能力的执行功能（见下注），含有行动的意思，而"任性"和"任意"在汉语中是形容词。

[②] 康德自由理论是否经历重大变化是个有争议的问题。一派认为最晚以《论神义论中一切哲学尝试的失败》（1791）为分界，康德之前对人性持某种二元论理解，将自由意志等同于服从道德法则的善良意志，将作恶最终归咎于感性欲望。但由于该理解难以诠释恶，康德之后认为善恶都出于自由意志本身（cf. RGV 6：20-21；6：36），并在作为高级欲求能力的、广义的意志（Wille）内部区分出两种功能：负责立法的意志（Wille）和负责执行的决断（Willkür）。（cf. MS6：213；6：226）对这派观点的总结参见萨姆·杜肯（cf. Sam Duncan）。反之，另一派认为康德的立场在发展中逐步明确，但并无本质改变。这派观点见亨利·阿里森（cf. Henry Allison）、帕布洛·穆希尼克（cf. Pablo Muchnik）。本文支持后一派观点，同时为避免陷入术语之争，将把纯粹实践理性称为纯粹意志。（cf. MS 6：213-4；6：226-7）

上帝或魔鬼的绝对自发性，似乎自由决断和自律，更能体现人类这种有限理性存在者的自由本质。

以自由决断代表人类自由的本质，不仅符合日常直觉，也和《道德形而上学》中"仅仅与法则相关的意志（Wille），既不能被称为自由的也不能被称为不自由的……只有决断（Willkür）才能被称做自由的"（cf. MS6：226；康德，2007年b，第233页）的说法相一致。就如黄裕生教授所言，人类自由总是在具有多种可能性的行动空间中运行，其中任何一种可能性——即使它以最强烈的诱惑、最深刻的恐惧的面貌向我们袭来——都依然处于我们决断的权能下，可以被我们自由地接受或拒绝。但仅仅把自由决断视为人类自由的本质，蕴含着对自由非—道德（a‑moral）甚至反—道德（anti‑moral）的理解倾向，即自由可能被视为摆脱一切约束的肆意妄为，而道德可能被视为自由最大的敌人。可如果承认自由和道德的深层联系，正如"自由诚然是道德法则的存在理由（ratio essendi），道德法则却是自由的认识理由（ratio cognoscendi）"（cf. KpV 5：4n；康德，1999年，第2页）表述的那样，那么上述理解倾向便是不可被接受的。

排除了绝对自发性和自由决断，似乎自律才能代表人类自由的本质。这不仅似乎很符合《奠基》和第二批判的文本，也和从古希腊就开始流行的信条"自由就是做自己的主人、摆脱欲望的奴役"相一致。然而如果唯有自律才算自由，那么自律的反面，即他律（Heteronomie），就不能算作自由。但后文将论证，一旦道德意识已然觉醒，那么一切自愿选择的他律都是恶，而恶之所以能称为恶，是因为它以自由为前提。因此对恶的解释的困难，令我们必须放弃仅把自律当自由的做法。

综上所述，绝对自发性、自由决断、自律这三个概念，每一个都体现了、但又无法单凭自身穷尽人类自由的本质。于是在逻辑上只剩一种可能性：即人类自由是同时包含绝对自发性、自由决断和自律的一个更高的整体。所以接下来的问题就是，在这个更高的整体中，上述三个概念是如何相互连接的。学界针对这三个概念的技术性研究已有很多[1]，但本文并不

---

[1] 比如刘易斯·贝克（cf. Lewis Beck, pp. 176 - 208），格哈特·普劳斯（cf. Gerald Prauss），阿里森（cf. Allison, 1990；1996, pp. 109 - 182），埃里克·沃特金斯（cf. Eric Watkins, pp. 301 - 361），特伦斯·厄文（cf. Terence Irwin, pp. 77 - 123）。

打算依从这些研究,仅遵循康德文本,把自由意志视为人类心灵的官能(即高级欲求能力),而是依据启发自黄裕生教授的新视角,把人类自由理解为一个自我建构、自我实现的存在论结构(ontological structure),把绝对自发性、自由决断和自律理解为这一结构的三个本质构成环节。同时,这一存在论结构的三个环节之间,并非仿佛不同时空对象间彼此外在的关系,而拥有逻辑上的内在关系:前面的环节呼唤、建构着后面的环节,后面的环节包含、实现着前面的环节,但不同环节又无法完全吸纳彼此于自身之中。

鉴于人类自由自我建构、自我实现的结构,为知晓善恶、能够负责的人类主体提供了存在论奠基,因此,绝对自发性、自由决断和自律,也可被视为人类道德主体性的三个构成环节。同时康德著作中这三个概念依次被讨论的顺序,也可被理解为人类自由逐层建构和实现自身的逻辑顺序。首先让我们依循康德的文本顺序,看看这一过程的起点,即人类自由的第一个构成环节:绝对自发性。

一 绝对自发性

在《纯粹理性批判》"先验宇宙论"的语境下,自由通过挣脱自然因果链和超越现象世界,第一次展现了自己:现象世界中处于自然法则下的每个原因,都会在无限回溯中沦为另一原因的结果,因而无法成为绝对的开端;相反在不受自然法则制约的本体界,可以设想一种绝对的开端,它作为第一因开启现象序列,自己却不处于序列之中。(cf. A 446/B 474; A 533/B 561)简言之,自由首先以与自然对立的方式宣告了自身,通过对自然因果性的否定,自由给出了自身的第一个规定:绝对自发性。

仅就自身而言,绝对自发性是先于一切秩序的无秩序性,它如同自由内部的黑暗深渊,虽然已通过摆脱自然秩序而确立起自身(posit itself),并且是孕育一切自由新秩序的母体,但尚未通过反观自身(reflect upon itself),从自身之中给出任何属于自由的新秩序。同时,绝对自发性也是还未进入决断的无决断性,它如同在无穷可能性间尽情游戏的单纯孩童,随心所欲地尝试着各种可能性,却对所有可能性保持着"漠然无谓"(in-different)的态度,拒绝将自身固定于任何确定的可能性中。

鉴于这种无秩序性和无决断性，单纯的绝对自发性首先是一种前—道德性（pre-moral）的自由，突出体现在以独一无二的作品创造美的典范的艺术天才身上，因此经常成为艺术哲学的主题。同时，单纯的绝对自发性也可能成为一种反—道德（anti-moral）的自由，因此需要道德哲学的约束。根据康德的思路，这种约束应当体现为道德对审美的限制，即不允许以美的名义作恶。而对本文的目的而言，绝对自发性之所以单凭自身无法为人类的道德主体性奠基，不仅因为它具有反道德的潜能，更因为它在存在论结构中的残缺，这种残缺又可被进一步分析为以下三点：

第一，为人类道德奠基的自由，必须拥有（至少是实践的）实在性，而不能仅停留在空洞的观念。但第一批判中由先验观念论建立的本体和现象的划分，仅能说明绝对自发性不与自然因果性绝对地矛盾，因而是"可思的"，但这种自由的实在性，并未因此得到丝毫证明（cf. A 558/B 586）。

第二，为人类道德奠基的自由，必须超越纯然的形式，拥有确定的内容。但绝对自发性只是说"自由不依从自然法则"，却并没说"自由应当依从何种原则"。然而在实践领域，不依从原则的自由（意志）乃是一个荒谬的东西（Unding）（cf. GMS4：446）。所以，在"不是自然"这个初步的、只是否定性的自我规定之外，自由必须进一步给出"自己是什么"，亦即肯定性的自我规定。如此，它才能真正按照"先验自由"的定义要求，作为不受自然限制的第一因，绝对地开启自然序列，同时更重要地，根据自身这一确定内容，为人类的道德判断和道德行动建立起可能性条件。第三，为人类道德奠基的自由，必须预设人的自然有限性。人是现象界的成员，和其他成员同为自然存在者，所以如果人拥有先验自由，我们就必须回答这种自由如何寓居于人之中、和人的自然本性共存的问题，而这将直接决定道德借以显现自身、实现自身的人类处境（human condition）。

总之，为人类道德奠定存在论基础的自由，必须既是真实的、有确定内容的，又预设了人的自然有限性——这是绝对自发性囿于自身结构的残缺，无法解决的三个难题。其中前两个难题，要等到《奠基》和第二批判对道德法则的确立才能解决，而第三个难题则在第一批判中，通过"自由决断"概念得到了初步回答。接下来，就让我们转向人类自由的第二个构成环节：自由决断。

二　自由决断

先验自由在作为行动者的人之中的寓居之地，是人的决断（Willkür/arbitrium），即进行选择的能力。但决断不为人所独有，动物也有决断。而且，同为自然存在者，人和动物的决断，就其都"（通过感性的动因而）被病理学地刺激起来"（pathologisch [durch Bewegursachen der Sinnlichkeit] affiziert）而言，同属感性的决断（arbitrium sensitivum）。然而，由于拥有先验自由，人的决断不像动物那样被病理学地强制（pathologisch necessitiert），相反能够独立于这种强制。所以，人的决断虽是感性的，但同时也是自由的（即 arbitrium liberum）。决断对于感性强制的独立性就是"在实践的理解中的自由"（die Freiheit im praktischen Verstande）（cf. A533/B561 – A534/B562；康德，2004年，第434页），而当康德从先验自由转向实践自由时，不仅讨论背景发生了从先验宇宙论到人类行为论的转移，先验自由也通过寓居于人类之中，以实践自由的形式，在保持自身本质的同时，与人的自然本性发生了关系。

这是一种什么样的关系呢？首先，自由和自然并非两种实体间简单粗暴的二元对立，仿佛灵魂被囚禁在肉体的牢笼中。相反，两者以类似形式融合于质料的方式和谐共存，结合成有生命的整体①。具体地说，自由决断对感性冲动的独立，并非对后者无条件的否定，而只是否定后者直接地、以压倒性的力量推动行动。自由决断构成了感性冲动和行为之间的中介（medium），感性冲动只有得到这一中介的首肯，才能推动行动，如果遭到这一中介的拒绝，则不能推动行动。不同感性冲动之间，也不再像在

---

① 人的欲望和情感只是实践活动中构成经验自我（the empirical self）的杂多，需要进一步被自由决断统辖和安排，才能建构出经验自我，因此"（被给予的）自然"和"（作为自发性的）自由"是质料与形式的关系。进一步地，类似于理论认识需要先验统觉（我思）伴随一切表象，如此方能构成统一的认识主体，我们可以合理地设想，实践活动也需要实践统觉（我意愿）伴随一切欲望和情感，如此方能构成统一的行动主体。然而相较于先验统觉必然以知性范畴为规则统辖表象，实践统觉首先要对由纯粹实践理性和受经验限制的实践理性分别给出的两个原则（道德法则和自爱原则）进行排序，但如何排序本质上是偶然的（见下文）。（cf. Muchnik, pp. 100 – 109）

动物那里一样，凭借力的角逐确定胜者，而必须等待自由决断这一中介的采纳（aufnehmen）和排序（ordnen）（cf. RGV 6: 23-24; 6: 36）。所以，就如在理论认识中，貌似被直接给予主体和主体零距离的感性对象，早就因为知性这道中介，被范畴和判断所渗透，在实践活动中，貌似以压倒性力量、直接推动主体行为的感性冲动，实际也以自由决断为中介，被采纳进了后者的主观原则（即准则 [Maxime]）①。总之，无论认识领域或实践领域，人都不具有真正的感性直接性（因为作为思想的抽象物，它无法独存于现实之中），人的自我和自然之间，永远隔着自由这道中介。人原本和动物一样、同属于感性的决断，由于先验自由的寓居，成为了自由决断。因此，人类自由的第二个构成环节（自由决断），在自身之内包含着第一个环节（绝对自发性），而第一个环节则构成了第二个环节的本质要素。同时，绝对自发性对自由决断的这种建构，也创造出具有无限多种可能性的选择空间。因为，感性冲动提供给人的对象，不再像对动物那样，以力的形态强加于我们，而是以可能对象的形态供我们选择。于是，充满无穷多的力的自然世界，就被我们的自由决断，转变为呈现无穷多的可能性的自由世界。

初看起来，自由貌似可以在自己创造的全新世界中任意运行，对自然采取三种主动的关系，但稍加分析我们就会发现，自由在这三种关系中会呈现不同程度的对自然的被动性，无法像先验自由的定义要求的那样，完全从自身出发规定自然，成为自然的绝对开端。

首先，自由可以对感性冲动提出的对象来者不拒，甘愿像动物那样不假思索地追随最强冲动行动，而只对如何获得所欲之物进行思考。于是人的自由仅仅体现在：为满足欲望，将理论认识中的原因和结果，应用为实践活动中的目的和手段。这种只在单个情境下进行工具性思考、但不考虑目的之间是否冲突的纵欲者，其实使自由沦为了自然的奴隶，尽管这种奴役，完全出于他的自由决断。其次，自由在满足感性冲动之外，还对不同冲动提出的对象进行比较、评估、排序，满足一些冲动，压抑另一些冲

---

① "决断（Willkür）的自由具有一种极其独特的属性，它能够不为任何导致一种行动的动机所规定，除非人把这种动机采纳入（aufgenommen）自己的准则（使它成为自己愿意遵循的普遍规则）；只有这样，一种动机，不管它是什么样的动机，才能与决断的绝对自发性（即自由）共存"。(cf. RGV 6: 23-4; 康德，2007 年 b，第 22 页)

动，将经过筛选的对象，编织进名为幸福（Glückseligkeit）的整体。但幸福并不直接来自感性冲动，而是基于对过去的记忆和对未来的预期、由想象力和理性共同建构的、全部要素皆源于经验的理念（cf. GMS 4：399；4：418-9）。为了建构和追求幸福，除了对目的—手段关系进行工具性思考，还需要对整体—部分关系进行审慎的思考，有选择地满足一些欲望、压抑另一些欲望，而这一思考背后的原则，则是统辖所有主观准则的最高准则——自爱（Selbstliebe/Eigenliebe）。学会依照自爱行动的人，固然从盲目的奴隶升级为了精明的管家，但依然让自由沦落到为自然服务的地位，尽管这种沦落，也完全出自他的自由决断。

再次，当自由认识到自然的捆绑和奴役，还可以通过逃离自然、归隐自身的方式进行反抗。这种反抗走上了与放纵和审慎相反的方向，以极端禁欲主义的形态出现。通过对作为自身寓居之所的自然的否定，通过拒绝沦为后者的奴隶或管家，自由试图保持对自然的绝对独立性。然而，根据先验自由的定义，绝对独立性只是自由和自然关系中消极的一面，当片面追求这一消极面时，禁欲主义者实际放弃了两者关系中积极的一面，即，自由完全从自身出发、绝对地规定自然。（cf. A 553/B581 - A554/B582）更有甚者，当禁欲主义走向极致，自由得以实现自身的自然基础也将被毁灭。

因此包含了绝对自发性的自由决断，依旧无法为人类的道德主体性奠基，因为仅从自由决断出发只能得到虚假的自由主体，无论以纵欲或审慎的方式依从自然，还是以禁欲的方式反抗自然（却最终使自由本身归于沉寂），这一主体归根究底受制于自然。进一步地，这一自由主体之所以虚假，因为它面对的是一个虚假的自由世界。这个世界貌似有无数对象可供选择，然而这些对象虽从量上看有无穷无尽之多，但从质上看却只有单调的一类：它们都是可归于幸福的经验理念下、由感性冲动揭示、最终可追溯到自然的对象。同理，建立在这些单一种类的对象上的选择的可能性，尽管从量上看有无穷无尽之多，但从质上看也只有单调的一类：它们都是寻求自然欲望之满足的可能性。相应地，身处虚假的自由世界，主体间的关系也是虚假的。鉴于各自的利益或冲突、或一致，一个人在最根本的生存层面，只把另一个人视为自我满足之路上的阻碍或助力，一个自由主体仅仅如同普通的自然物那般，在另一个自由主体眼中呈现为某种有限的目的或手段,但他自由的本质,在对方眼中却始终被遮蔽着,正如另一个自由存在者的自由本质,在他本人眼中也始终被遮蔽着那样①。

无论是客体方虚假的自由世界,还是主体方自由在自我和他人之中同时被遮蔽,其实都源于同一个原因:拥有绝对自发性的自由决断是无限的主体性(infinite subjectivity),但自然只能给出有限的对象(finite objects)供其选择,所有这些对象,哪怕是它们在想象中凝结而成的总和——幸福,都无法真正匹配无限的主体性。因此,当自由只有自然这一类对象可供选择,假若没有勇气在弃绝自然的同时让自身归于沉寂,自由便只有沉沦于自然这唯一的可能性,尽管这种沉沦依旧出于自由决断。沉沦的极致是对自身的遗忘,自由甚至会忘记自己对自然的绝对超越性,为各式各样把自由贬低为自然的理论或神话辩护。从自由的存在论结构看,缺少无限对象的无限主体性是片面和残缺的,在现实中无法稳固地存在,内在地就倾向于沉沦和遗忘。而从人类自我意识的展开看,缺少无限对象的无限主体性,恰恰是自由最先萌发时的样子。因此,无论在人类历史或个人成长的开端处,自由都以沉沦和遗忘的形态出现。

然而,自由如何才能从沉沦和遗忘中苏醒呢?当无限的主体性不再受困于有限的对象,而获得真正与自身本性相匹配的、无限的对象时。从起源上看,这个对象不能再由自然提供,而只能由自由给予自己。从内容上看,这个对象必须不再是数量无穷、但种类单一的假无限,因而依旧属于自然对象,而必须在质上和一切自然对象区分开,因而是一种真无限。这意味着:当无限的主体性选择这个真无限时,自由不仅能以绝对独立于自然的方式,成为自然序列的绝对开端,实现绝对自发性这一自由最初通过和自然的对立而宣告自身时,对自身的本质规定,而且能克服单纯的自由决断的片面和残缺,

---

① 这里对虚假的自由主体、虚假的自由世界、虚假的主体间关系的描述仍是初步的,主要依据《奠基》和第二批判,把抽象掉道德维度但仍具工具理性的主体,描述为孤独单子式的自我中心者。但若考虑《纯然理性限度内的宗教》中提到人会按比较性的自爱(die vergleichende Selbstliebe)判断自身的幸福和价值(cf. RGV6:27),那么我们还需在自由和自然之间引入社会这一中介,在分析人的欲望构成、对自身生存的总体感受(幸福)和总体评价(自我价值)时,考虑主体间性(inter-subjectivity)的构成作用——这必然使上述分析复杂化。但鉴于抽象掉道德维度、仅基于人性禀赋(die Anlage für die Menschheit)而非人格性禀赋(die Anlage für die Persönlichkeit)的社会,虽为自由所创造,却终归植根于和受制于自然,上述分析的结论仍可保持不变。

为自己建立起完整无缺的存在论结构，为自己在现实中的存在奠定稳固的根基，使自己能够从沉沦和遗忘中苏醒。简言之，无限主体性与无限对象的结合，将是人类自由的存在论结构的自我建构、自我实现的过程的最终完成。

依照本文对康德的理解，这一无限对象在人类意识中的呈现形态，就是道德法则，自由给予自己道德法则的行动，就是纯粹意志的立法（Gesetzgebung）（cf. GMS4：421-40），而当自由决断选择了这一源于自由本身的法则来规定自身，我们就得到了自律，亦即人类自由的存在论结构的第三个、最后一个、也是最高的环节。

三 自律

然而这里我们可以继续追问：道德法则以何种方式呈现无限对象呢？康德的回答是：以定言命令（der kategorische Imperativ）的方式（cf. GMS 4：421）。首先，道德法则对我们呈现为一个命令式。因为人的自由决断不仅受纯粹意志，也受感性冲动的影响，并不必然选择道德法则规定自身，所以道德法则对自由决断就表现为一种应当（Sollen），即带有强制性的命令式（cf. GMS 4：412-13）。然而，自由对自身的强制性，和自然的强制性有着质的不同，后者是排除了"选择的可能性"的机械必然性，而前者则以"选择的可能性"为前提，但这也意味着自由决断不选择道德法则的可能性，或者说，人类自由没有达到自律这一最高环节的可能性，这就是恶的诞生，我们稍后讨论。

进一步地，道德法则对我们呈现为一个定言命令，而非假言命令。假言命令的基本形式是"如果你欲求某个目的，那么你应当采取某种手段"。但当自由尚未从自身给出符合人类自由本性的目的时，一切目的最终只能由自然提供。因此，假言命令的有效性就依赖于主体对某个自然目的的欲求。换言之，遵行假言命令时，自由依然受制于自然，通过追寻目的—手段的链条为自然欲求服务。相反，定言命令的基本形式是"你应当绝对无条件地采取某种行动"（cf. GMS 4：416），因此，它的有效性不依赖于主体对任何自然目的的欲求。这意味着：自由为满足自然欲望而追寻的目的—手段链条终止了，行为作为目的本身被绝对地要求。于是，遵行定言命令时，自由实现了对自然的独立，完全从自身出发引起自然序列。

总之，对人类意识而言，道德法则是通过定言命令、且只能通过定言命令呈现无限对象的，因为，定言命令既预设了我们作为自然存在者的有限性，又要求我们超越这种有限性，以绝对不受自然限制的方式去行动。然而，从定言命令——亦即道德法则呈现无限对象的方式中——我们只能获得无限对象的否定性规定，即，对有限性的超越，而为了获得无限对象的肯定性规定，我们还需进一步考察，由道德法则所呈现的无限对象，具有何种内容。

康德文本中，道德法则的三组公式（Formeln），可以被理解为分别从形式、质料、形式—质料的综合三种角度呈现无限对象的肯定性规定。道德法则的第一组"普遍法则"以及附属的"以自然法则为道德法则的范型（Typik）"的公式（学界通常称为 Formula of Universal Law 和 Formula of the Law of Nature, cf. GMS 4：421；KpV 5：67–71）[1]，规定了自由主体的行为准则应当具有的形式：即，准则必须同时能作为法则成立。根据康德给出的四个例子，我们发现符合这项要求的准则，必须与一切自由主体（包括自我和他人）的意愿和谐一致，而这些意愿的和谐一致，不仅规定了自由与自由的关系，也通过这种规定，进一步规定了自由与自然的关系，亦即自由应当如何对待作为其寓居之所和运作之地的自然（包括培养自己的所有自然禀赋、促进他人幸福等义务，cf. GMS 4：421–423）。总之，根据第一组"普遍法则"的公式，无限对象的肯定性规定被展现为：（带有自然基础的）自由主体之间，意愿的和谐一致。更重要的是，这里对准则形式的规定，也是对自由存在者组成的共同体所具有的形式的规定。显然，作为自由存在者共同体的形式规定的"自由与自由的和谐一致"这一理念，无论起源或内容都独立于自然，仅仅基于自由本身，因而和无限主体的本性相匹配。

道德法则的第二组"人是目的"的公式（通常称为 Formula of Humanity），规定了自由主体的行为准则应当具有的质料：即，人的自由本性。因为拥有这种自由本性，每个自由主体不应仅仅像自然存在者那样，被当作目的—手段链条中的一环，因而仅仅作为相对的目的，只具有相对的价值。

---

[1] 从术语的使用看，自然法则在第二批判"纯粹判断力范型"这部分，才被明确称为道德法则的范型（cf. KpV 5：67–71），但从讨论的内容看，《奠基》中的"自然法则公式"已经起到了范型的功能（cf. GMS 4：421–24）。

相反，每个自由主体应当同时被当作超越目的—手段链条的绝对目的，从而具有绝对的价值（亦即尊严［Würde］）。根据康德所举的四个例子，神圣不可侵犯的自由本性，首先充当了一切行为都不能逾越的限定性目的（亦即为完全的义务［vollkommene Pflichten］奠基），而充分发展这一本性、满足它的合理诉求，又进一步导向更积极的、非限定性的目的（亦即为不完全的义务［unvollkommene Pflichten］奠基）（cf. GMS 4：429－430）。值得注意的是，由于自由把自身规定为绝对目的，作为承载着自由的物质基础、同时是自由运作之所的自然，也获得了全新的评估和规定，亦即它应该得到与这种全新的地位相匹配的尊重、保护和发展，而不应被随意伤害、毁坏或抛弃。总之，第二组"人是目的"的公式将无限者的肯定性规定展现为：（带有自然基础的）自由，就是绝对的目的。更重要的是，第二组公式对准则的质料规定，也是对自由存在者组成的共同体所具有的质料（即共同体的每个成员）的规定。显然，作为自由存在者共同体的质料规定的"自由把自身确立为绝对目的"这一理念，无论起源或内容都独立于自然，仅仅基于自由本身，因而和无限主体的本性相匹配。

第三组"目的王国"和"自律"的公式（通常称为 Formula of the Kingdom of Ends 和 Formula of Autonomy），则给出了准则的形式与质料相结合后，所指向的整体：即，按照普遍法则运行的，包含一切作为绝对目的的自由存在者的共同体。其中普遍法则是这个共同体的形式，绝对目的则是它的质料。在这个共同体中，每个自由主体由于自身给出普遍法则的能力，都先天地拥有成为其成员的资格（cf. GMS4：433），而他们各自拥有的、一切符合法则的目的，也同样被纳入这个共同体中。虽然在道德法则的三组公式中，第一组公式以自然法则为范型，因此非常直观，第二组公式以人为限定性目的，因此最易应用[①]，但唯有第三组公式，才完整地

[①] 因为用"普遍法则"的公式检测准则会出现"false positives"和"false negatives"（前者指能通过检验的坏准则，后者指无法通过检验的好准则），很多学者强调"人是目的"的公式是更准确的检测标准。相关的重要讨论，可见赫伯特·帕顿（cf. Herbert Paton, pp. 129－198），克里斯汀·科斯嘉德（cf. Christine Korsgaard, pp. 77－132），奥利弗·参森（cf. Oliver Sensen, pp. 102－118），斯蒂芬·恩斯托姆（cf. Steven Engstrom, pp. 149－183），阿里森（cf. Allison, 2011, pp. 176－269），保罗·盖耶（cf. Paul Guyer, 2000, pp. 172－206；2005, pp. 146－168），塞缪尔·科斯坦（cf. Samuel Kerstein, pp. 33－94）。

展现了道德法则所指向的无限对象。

这个无限的对象,在首要的意义上,是一个依照自由给予自身的新秩序而建立的、自由存在者的共同体的理念。自由不仅完全从自身出发,提供了这个共同体的形式和质料,并且给出了形式和质料结合的整体。因此,这个共同体从各个方面,都与无限的主体性相匹配。而当无限主体性选择了这一无限的对象时,自由就得以绝对独立于自然的方式,完全从自身出发规定自身。同时,自由通过对自己的规定,又进一步规定了作为自由之物质基础和运作场所的自然,将以应然形式表达的自由新秩序,加在仅仅是实然的自然秩序之上,按照自由共同体的理念,给出与之相符的自然界的理念[①]。于是,在衍生的意义上,无限的对象,也可以包括与自由存在者共同体相匹配的自然的理念,而当自由依照这一理念出发,重新塑造自然时,它也就完全从自身出发规定自然。至此,道德法则通过给出无限对象,为自由提供了肯定性的自我规定,回答了"自由应当依从何种原则"这一难题。同时,对道德法则的意识,作为自由的"认识理由",也证明了自由(尽管只是实践的)实在性。由此,康德通过提出道德法则,同时解决了本文最初指出的、绝对自发性留下的两个难题,为实现绝对自发性的定义对自由的本质规定(即,绝对地从自身出发规定自然),奠定了存在论基础。更重要的是,我们将要看到,道德法则也通过给出无

[①] "这个法则应当给作为一个(关涉理性存在者的)感性自然(sinnlichen Natur)的感觉世界(Sinnenwelt),谋得知性世界的形式(die Form einer Verstandeswelt),即超感性自然(übersinnlichen Natur)的形式,而并不中断前者的机械作用。自然从最一般意义上来理解就是事物在法则之下的实存。一般理性存在者的感性自然就是在以经验为条件的法则之下的实存,因而对于理性来说就是他律。与此相反,同样的存在者的超感性自然是指他们依照独立于一切经验条件因而属于纯粹理性的自律的法则的实存。并且由于这些法则——根据它们,事物的此在是依赖于知识的——是实践的,所以超感性的自然,在我们能够对它形成一个概念的范围内,无非就是受纯粹实践理性的自律所支配的一种自然。但是这个自律法则就是道德法则,因而也就是一个超感性自然和一个纯粹知性世界的基本法则,这个世界的复本(Gegenbild)应当(soll)存在于感性世界之中,但同时并不中断这个世界的法则。我们可以称前者为原型世界(die urbildliche Welt/natura archetypa),这个世界我们只能在理性之中加以认识,但是,后者因为包含作为意志决定根据的第一个世界的理念的可能结果,我们称之为摹本世界(die nachgebildete Welt/natura ectypa)。因为实际上道德法则依照理念把我们移置在这样一个自然之中,在那里,纯粹理性如果具备与它相切合的物理能力,就会造成至善;这个道德法则并且决定我们的意志把这个形式赋予作为一个理性存在者整体的感性世界"。(cf. KpV 5:43;康德,1999,第45—46页,同时参考了邓晓芒和李秋零译本,有微调)

限对象，唤醒了沉沦于自然之中、遗忘了自身自由的自由决断，让人从虚假的自由主体转变为真实的自由主体，让他所居住的世界从虚假的自由世界转化为真实的自由世界，也让他置身其中的虚假的主体间关系，转变为真实的主体间关系。

我们已经证明，自由决断之所以内在地倾向于沉沦和遗忘，是因为仅由它自己创造的所谓自由新世界中，仅仅充斥着量上无穷无尽、质上却同属一类、全部可划归到自爱之名下的自然对象。面对这类单一的对象，自由决断只有"受困于自然"这唯一一种可能性。然而，道德法则所揭示的无限对象，却在质上区别于一切源于自然、因而仅仅是有限的对象，无论按照来源或内容，都完全与自由主体的本性相匹配。因此，似乎道德法则在"受困于自然"之外，为自由决断提供了一种符合自身本性的全新的可能性，即以独立于自然的方式规定自身，并据此反过来重新塑造自然。由此，一个真实的自由世界，似乎向着自由主体完全打开了。

然而我们很快发现，自由决断在道德法则和自爱原则之间，或者说在与之相应的无限对象和有限对象之间，并不能简单地二选一。这是因为，一方面，道德法则源于人的自由本性，由纯粹意志以绝对命令的形式加于自由决断，所以在最深的生存层面，人不可能对道德法则保持"漠然无谓"（in-difference），而必然对它采取两种基本态度中的一种：或者无条件地服从法则，或者拒绝无条件地服从法则；但另一方面，人也天生注定是自然存在者，所以引导他追寻自然对象的自爱原则，只要他活着，就必然永远驱使着他，而不论他对道德法则的态度如何。综上两点可以得出结论：人的自由决断在道德法则与自爱原则之间，不可能只追随一个、遗忘另一个，就好像人能抛弃自己的自由本性或自然本性似的。所以，在一个真实的自由世界中，自由决断在人最深的生存层面的最基本的选择，并不是在两种原则之间二选一，而是对它们进行排序。当自由决断把道德法则排在自爱原则之上，以道德法则为行为的最高规定根据、若道德需要则甘愿牺牲自爱时，它就为自己建立起了善的最高准则，这就是自律。相反，当自由决断把自爱原则排在道德法则之上，以自爱原则为行为的最高规定根据、若自爱需要则不惜舍弃道德时，它就为自己建立起了恶的最高准则，这就是他律①。然而，无论自由决断对两种原则如何排序，这一行动都不能再被追溯回一个在先的自然原因，因而是绝对无条件、完全源于自由本身的②。所以，由这一根本的排序行动而来的善与恶、自律与他律的可能性，也就不受自然束缚，而完全由自由给予自身。

总之，在道德法则所开启的真实的自由世界中，人面对的并非无限对象与有限对象的二元对立，以及由此产生的二选一的可能性，而是对两种对象进行不同的排序以及由此产生的善与恶（或曰自律与他律）的可能性。作为完全由自由给予自身的可能性，善与恶是构成一个真实的自由世界的两种最根本的可能性，是这个世界的本质建构要素（essential constitutive elements）。由于被给予了善与恶的可能性，人这种自由主体，才从前—道德性的（pre-moral）、不能也不必承担道德责任的，变为了道德性的（moral）、能够且应当承担道德责任的。这意味着，人从受困于自然的虚假自由主体，转变成可以独立规定自身的真实自由主体。

同时，原先作为目的—手段链条中的环节而仅具有相对价值、根据自爱原则仅提供对人有用或无用、令人愉快或痛苦这类可能性的自然对象，当被置入真实的自由世界中时，也会依照自由主体这一绝对目的而被重新赋予价值（甚至成为尊严的象征，从而应当被无条件地尊重和保护），并根据与道德法则的关系，被善恶这两种基本可能性赋予道德性的形式（moral forms），从而给出全新的可能性。进一步地，善恶这两种基本的可能性，不仅赋予那些源于自然世界、先前已有的可能性以道德性的形式，甚至还能仅仅基于自由本身、完全从无之中、创造出先前未有、而仅仅属于

---

① "道德法则是借助于人的道德禀赋（kraft seiner moralischen Anlage），不可抗拒地强加给人的……人由于其同样无辜的自然禀赋（Naturanlage），毕竟也依赖于感性的动机，并把它们（根据自爱的主观原则）也纳入自己的准则……人是善还是恶的，其区别必然不在于他纳入自己准则的动机的区别（不在于准则的这些质料［Materie］），而是在于主从关系（Unterordnung）（准则的形式［Form］），即他把二者中的哪一个作为另一个的条件"。（cf. RGV 6：36；康德，2007年b，第35—36页）

② "恶的根据……只能存在于决断为了运用自己的自由而为自己制定的规则（Regel）中，即存在于一个准则（Maxime）中。关于这个准则，必然不能再继续追问，在人心中采纳它而不是采纳相反的准则的主观根据是什么。因为如果这个根据最终不再自身就是一个准则，而是一个纯粹自然的冲动，那么，自由的运用也就可以完全追溯到由自然原因造成的规定上，而这与自由是相悖的"。（cf. RGV 6：21；康德，2007年b，第19页）

自由新世界的可能性①,并且据此重新塑造自然世界。

最后,道德法则的理念以及善恶的可能性,也彻底改变了自由主体间的关系。由于道德法则对自由的揭示,在真实的自由世界中,他人的自由本性是向我完全展现的,就如我的自由本性是向我自己完全展现的那样。② 自由主体不可能再把彼此仅视为一个自然物,视为自我满足道路上的障碍或助力,而只能首先把彼此视为能承担起道德责任的、具备善与恶的可能性的自由主体。在这些主体之间,不再只有由自爱原则产生的,以利相邀、以力相胁这类可能性,而会出现基于道德法则的,划定权限、提出诉求、承担义务的全新可能性。

严格地说,一旦道德法则为主体打开了真实的自由世界,给予了他善与恶两种最根本的可能性,主体就不可能再跌回原先虚假的自由世界。所以,如果先前提到的虚假自由世界在现实中真的存在过,它也只在人类种族诞生之初和人类个体的童年——即道德意识尚未苏醒时——极为短暂地出现过。而对道德意识已经觉醒的所有主体,这个以沉沦和遗忘为标志的虚假自由世界,只是思想中的一个抽象物,代表了自由的存在论结构中一个片面残缺、已经被克服了的环节。然而,话虽如此,为什么我们当下的世界似乎依旧被沉沦和遗忘统治,为什么无数主体即使认识道德法则后,似乎依旧生活在虚假的自由世界中,一方面受困于自然,沉溺于目的—手段链条不能自拔,另一方面只把他人当手段,对他人的自由本性视而不见?

答案很简单:我们当下看到的沉沦和遗忘,并非真正的沉沦和遗忘,它与其说是尚未听到道德法则召唤的自由决断必然具有的内在倾向,不如说是已经听到道德法则召唤的自由决断对法则的蓄意逃避:主体在最深的生存层面,已把自爱原则置于道德法则之上,但为了躲避良心的审判和谴

---

① 相对于自然这个"有",自由只能被理解为"无",因为自由既不是自然中显现的任何实体,也不是作为这些实体之大全的自然。

② 或许会有人反驳,虽然我的自由能通过对道德法则的意识在实践层面确认,但他人的自由对我仍是个问题。然而依据对康德自由概念的存在论解读,道德法则本身就是主体间的原则,它通过揭示一切自由存在者的共通体,同时显明了自由之自我与自由之他者。进而,唯有这个自由之他者首先被道德法则先天地显明,他才能与我后天地相遇。借用现象学术语,道德法则包含指向自由之他者的意向性,实际经验中与他者的相遇,则是对这个意向性的充实。

责，他不仅要用自爱揣测所有人的动机，妄称自爱是统治人类社会的唯一原则，更要把道德完全消解为文化传统、情感反应、生物进化，一句话，经验和历史的产物。这样的主体不仅否认道德的权威性，更把道德贬斥为自由的威胁和敌人，因为对他们而言，真正的自由就是摆脱任何限制——尤其是道德限制——的无法无天、肆意妄为。

很明显，这种蓄意选择的沉沦与遗忘，就是恶，就是在道德的召唤下假装沉睡、用最精巧的谎言抵抗良知的恶。只要人还是能承担道德责任的自由主体，他就不可能对道德保持中立的态度，所以，一个不在意道德的人，尽管尚未做出恶行，已经在内心最深处选择了恶的准则。康德对恶最成熟深刻的思考，在他的晚期著作《纯然理性限度内的宗教》中才会出现，而本文结尾之所以提及恶，是为了强调恶的可能性与善的可能性一样，都是真实的自由主体、真实的自由世界、真实的主体间关系的本质构成要素。之所以称这三者是真实的，并不是说善已经在它们之中现实化，而是说善可能、也应当在它们之中现实化，但同样地，恶也可能在它们之中现实化。

如果人的自由决断只能选择服从道德法则、而不能选择不服从，那么道德法则就会蜕变为自然法则，自由的行为就会蜕变为机械的事件。这意味着自由决断（人类自由结构的第二个环节）的毁灭，而预设和包含着自由决断的自律（人类自由结构的第三个环节）也将荡然无存。所以，为了尊重和维护自由，我们就必须永远承认和背负起恶的可能性，而不是试图消灭它。反之，一切试图消灭恶的可能性的做法，都是试图消灭自由本身，而这正是超越诸恶之上的、最大的恶。所以对人类自由来说，如果一种善是真正的善，那么它必须既在自身之中包含了恶的可能性，同时又在自我实现的过程中，克服了这一恶的可能性。因此，完全不同于巴门尼德的"存在必然存在，不能不存在"，自律作为人类自由自我建构、自我实现过程的最终完成，也作为最真实、最完整的人类自由，是这样一种存在：它完全可能不存在，却永远应当、也永远能够存在，并在自身之中，既永远包含、同时又克服了自身的反面——亦即他律，自由未能最终完成——的可能性。

参考文献

康德：《实践理性批判》，韩水法译，商务印书馆1999年版。

《实践理性批判》,邓晓芒译,人民出版社 2003 年版。

《纯粹理性批判》,邓晓芒译,人民出版社 2004 年版。

《康德著作全集》第四卷,李秋零主编,李秋零译,中国人民大学出版社 2005 年版。

《康德著作全集》第五卷,李秋零主编,李秋零译,中国人民大学出版社 2007 年版。

《康德著作全集》第六卷,李秋零主编,李秋零、张荣译,中国人民大学出版社。

黄裕生,2002 年:《真理与自由——康德哲学的存在论阐释》,江苏人民出版社 2007 年版。

《宗教与哲学的相遇——奥古斯丁与托马斯·阿奎那的基督教哲学研究》,江苏人民出版社 2008 年版。

《质料何以是先验的?——论马克斯·舍勒的"质料的价值伦理学"基础》,载《南京大学学报(哲学、人文科学、社会科学版)》第 4 期,2012 年版。

《一种"情感伦理学"是否可能?——论马克斯·舍勒的"情感伦理学"》,载《云南大学学报(社会科学版)》第 5 期,2015 年版。

《论自由与伦理价值》,载《清华大学学报(哲学社会科学版)》第 3 期,2016 年 a。

《论自由与现代社会的基本原则》,载《求是学刊》第 5 期,2016 年 b。

《"理性神学"的原则与"美德伦理学"的困境——从"神话神学"的责任危机谈起》,载《道德与文明》第 6 期,2016 年 c。

《"美德伦理学"与古代社会的基本原则》,载《江苏行政学院学报》第 1 期,2017 年 a。

《理性的"理论活动"高于"实践活动"——论亚里士多德伦理学的"幸福观"》,载《云南大学学报(社会科学版)》第 5 期,2017 年 b。

《论"美德伦理学"的"知识"基础——兼论科学思维的真正确立》,载《学海》第 5 期,2017 年 c。

《论亚里士多德的"自愿理论"及其困境——康德哲学视野下的一个审视》,载《浙江学刊》第 6 期,2017 年 d。

《论意志与法则——卢梭与康德在道德领域的突破》,载《哲学研究》第 8 期,2018 年。

Allison, H. E., 1990, *Kant´s Theory of Freedom*, New York: Cambridge University Press.

1996, *Idealism and Freedom: Essays on Kant's Theoretical and Practical Philosophy*, New York: Cambridge University Press.

2011, *Kant's Groundwork for the Metaphysics of Morals: A Commentary*, New York: Oxford University Press. Beck, L. W., 1960, *A Commentary on Kant's Critique of Practical Reason*, Chicago: University of Chicago Press.

Duncan, S., 2012, "Moral Evil, Freedom, and the Goodness of God: Why Kant Abandoned Theodicy", in *British Journal for the History of Philosophy*, 20 (5).

Engstrom, S., 2009, *The Form of Practical Knowledge: A Study of the Categorical Imperative*, Cambridge (Mass): Harvard University Press.

Guyer, P., 2000, *Kant on Freedom, Law, and Happiness*, Cambridge: Cambridge University Press.

2005, *Kant's System of Nature and Freedom: Selected Essays*, Oxford: Clarendon Press

Irwin, T., 2009, *The Development of Ethics: A Historical and Critical Study*, Volume III: *From Kant to Rawls*, New York: Oxford University Press.

Kant, I., 1902, *Kants Gesammelte Schriften*, hrsg. von Deutsche Akademie der Wissenschaften, Berlin: Walter de Gruyter.

Kerstein, S. J., 2002, *Kant's Search for the Supreme Principle of Morality*, Cambridge: Cambridge University Press, Korsgaard, C. M., 1996, *Creating the Kingdom of Ends*, Cambridge: Cambridge University Press.

Muchnik, P., 2009, *Kant's Theory of Evil*, Lanham, MD: Lexington Books.

Paton, H. J., 1947, *The Categorical Imperative: A Study in Kant's Moral Philosophy*, London: Hutchinson's University Library.

Prauss, G., 1983, *Kant über Freiheit als Autonomie*, Frankfurt am Main: Klostermann.

Sensen, O., 2009, "Dignity and the Formula of Humanity", in Jens Timmermann (ed.) *Kant's Groundwork of the Metaphysics of Morals: A Critical Guide* (New York: Cambridge University Press).

Watkins, E., 2005, *Kant and the Metaphysics of Causality*, New York: Cambridge University Press.

(作者单位：中国社会科学院哲学研究所)

·伦理学·

"做"伦理学：现代道德哲学的做法与代价

张　曦

伦理生活是人类生活的一种基本样式。在日常伦理生活中，人们从伦理视角（perspective）出发，形成对人、事、物的各种看法（outlook）。这些看法叠加在一起，编织成日常伦理生活的质料内容（substance）。伦理学者之所以与日常生活中的其他人有所区别，就在于有意识地使自己与这些质料内容保持某种距离，使自己在思想和观念层面上尽量摆脱由"日用而不知"所造成的理解上的模糊性。伦理学者"做"伦理学。他们以伦理探究（ethical inquiry）[①]为自己的志业，而反思活动则是这份志业的基本内容。正如因此，在现代知识分工中，伦理学长期被视为哲学的一个门类，"做伦理学"被等同于在一个特定领域中"做哲学"，也就不太令人意外了。[②]

日常伦理生活包含许多维度，具有许多面向。那么，对于一个伦理学者来说，究竟具体探究些什么问题、在什么样的维度和面向上探究？对这个问题的回答，其实因人而异。在某种意义上，如何回答这些问题，取决

[①] 之所以使用"伦理探究"而不是"伦理研究"，是因为就伦理思考而言，学理性"研究"只是"探究"的一种方式。

[②] 这里所说的"做哲学"，是指以纯粹概念化思辨化的方式开展哲学探究的那样一种"做法"。这种做法虽然常见，但恰恰成为维特根斯坦批评的对象。按照某种具有维特根斯坦精神的理解，"做哲学"应当是面对生活实际的那样一种思想活动。出于论证的考虑，在这篇文章中，暂不涉及"做哲学"的后一种涵义。我将通过一系列论文来阐述"做伦理学"与"做哲学"的关系问题。

于一个伦理学者自身的抱负、趣味和气质。① 不过，虽说答案可能因人而异，但问题本身却非常重要。因为它关乎主旨（subject matter）的界定。

如何界定主旨，实际上体现了一个伦理学者对"何谓伦理生活中真正重要之事"这个问题的广度和深度的感知与理解，反映了他对伦理学的学科本质（essence）和事业目标（aim）的把握与认识。正因如此，对主旨的界定，就不仅决定了探究活动的方法论，而且也决定了探究活动的阈界（scope）。② 比如说，在罗尔斯看来，对于一个秩序良好、中等富裕的体面社会来说，真正重要之事是分配正义问题。因此，他就将自己的探究主旨确定为"社会基本结构问题"，即社会制度如何分配基本权利和义务、如何决定社会合作中的优势配置的问题。③

"现代道德哲学"是一种非常特殊的伦理探究企划（project）。这篇文章的任务，就是考察这个企划的病理症候。为此我们将考察三个问题：（1）现代道德哲学的涵义；（2）现代道德哲学"做伦理学"的方式；以及（3）以"做哲学"的方式来做"做伦理学"，要付出什么样的代价。

一

作为一种伦理探究企划，现代道德哲学的特殊之处，就在于它坚持在现代世界以哲学化的方式开展探究。这句话并不像乍看之下那么简单。它涉及一段特定时空背景（"现代"）、一个特定问题对象（"道德"）、一种特定思想工具（"哲学"）。我们不妨就从分析这段时空背景、这个问题对象、这种思维工具开始。

所谓"现代"，包含了两重含义。一是主旨议题的现代性，二是解决方案的现代性。首先来看主旨议题的现代性。现代世界日常伦理生活的一

---

① 威廉·詹姆士：《实用主义》，陈绪伦、孙瑞禾译，商务印书馆1979年版，第5—24页。
② 举例来说，如果一个伦理学者坚持认为，只有对伦理命题（proposition）和语词（utterance）开展分析才是伦理学的主旨所在，从而在一开始就把探究某种实质性的（substantial）良善生活形式排除在外，那么，在方法论上，他就只能采取语言哲学、逻辑学的方法，着眼于语义涵义和命题功能来开展研究；在阈界上，他也不可能把任何对于实际人类生活来说至关重要的实质性议题纳入伦理探究的议程、当作自己的反思对象。正是主旨的兴衰更替，造成了20世纪西方伦理学研究中"语言转向"的出现和衰落，以及以罗尔斯为代表的规范问题研究的兴起。
③ John Rawls, *A Theory of Justice* (Revised Version), Harvard University Press, 1999, p. 6.

个典型特征，是围绕任何一个道德议题，都可能存在难以消弭的"分歧"（disagreements）。麦金泰尔称这一现象为"分歧的不可终止性（interminableness）"。[①] 在一些学者看来，这是现代道德世界遭遇严重危机的一个信号。在他们看来，如果"分歧的不可终止性"是真的，那么现代道德世界就注定是一个主观主义、相对主义、虚无主义盛行的世界。如此，在日常伦理生活中，我们就不仅无法在复杂多样的伦理看法之间形成收敛（convergence），也将由于缺乏看法的一致性而最终走向伦理生活的失序（disorder）。在抵抗这一危机的过程中，现代道德哲学于是就确立起自己的主旨议题：在现代性条件下，证成（justifying）现代世界日常伦理生活诸种质料内容的真实性、可靠性，重新奠基（grounding）伦理生活价值和意义的客观性（objectivity）。

接着来看解决方案的现代性。在进入现代道德世界之前，证成和奠基伦理生活的价值和意义，并不是一件特别困难的事情。传统上至少有两种做法可供采纳。一种是"苏格拉底—亚里士多德式"内在目的论做法。按照这个做法，伦理生活价值和意义的客观性是由内在于人类本性（nature）之中的目的（telos）所保证的，因此，"良善生活"就是有助于实现人类存在者内在目的的那样一种生活。另一种是"犹太—基督教—伊斯兰"式外在目的论做法。按照这个做法，神圣意志奠基了伦理生活的价值和意义、担保（warrant）了它们的客观性，而人类存在者作为一种堕落生灵，为了避免更重的罪恶，只能朝向神圣意志所担保的那样一种生活来安顿自己。

这两种做法广义上说都是哲学化的。在漫长的前现代世界，曾有过各自的辉煌。可是，进入现代道德世界，它们的有效性立即遭到了根本动摇。这是因为，现代道德世界毕竟只是现代世界的一个维度，因此，现代道德世界不仅分享现代科学的成就，而且更是以现代科学世界观作为自己的"校准"。所以，一旦偏离内在目的论背后所预设的亚里士多德式科学图式，和外在目的论背后所预设的那套神学假定，那么，它们就变成了没

[①] 正是在这个意义上，麦金泰尔才借用20世纪元伦理学中的"情绪论"（emotivism）概念，喻称现代伦理生活本质上弥漫着一股"情绪论"气息。参见：Alasdair MacIntyre, *After Virtue* (3rd Edition), University of Notre Dame Press, 2007, 第1、2、3章。

有根基的东西。可见，现代科学世界观约束着解决方案的空间，逼迫现代道德哲学以"现代"方式来落实自己的主旨议题。

接着来看"道德"这个概念。为此，我们首先需要做一些概念对比。黑格尔曾经提出过"伦理"（sittlichkeit）的概念，以之区别"道德"（Moralität）。概括来说，"伦理"指称某种类型的生活形式、生活风尚。不同文化、民族、历史阶段的人们，都沉浸在各自的生活形式和生活风尚中展开自己的伦理生活。不管黑格尔有关"伦理"和"道德"的概念论述本身有着怎样的复杂性，这里只需要从中借鉴一点："伦理"是一个广义概念。与此不同，"道德"则是一个狭义概念。比起"伦理"，它不仅在内涵上更加具体、狭窄，而且其可理解性（intelligibility）也受特定时空背景的约束。那么，它的精确涵义是什么呢？

按照麦金泰尔的考察，1630年到1850年之间的现代西方世界（或者更准确地说北欧世界），是现代道德世界和现代道德哲学诞生的关键时刻（moment）。[1] 在此期间，一门与传统神学、法学、美学等实践知识门类相分离的新型知识领域被逐渐确立起来。这个新型知识领域的任务和目标，是去理解和解释彼时彼地日常伦理生活的诸种质料内容。这些质料内容在古代或中世纪思想框架中曾经清晰可靠，如今却随着世界的加速世俗化而变得模糊可疑起来。

任何理解与解释的事业，基本工作模式都是用某种解释因子（explanan）来理解和解释某种待解释项（explanandum）。因此，对于这门新型知识来说，能不能成功实现自己的目标，关键就取决于它能不能使用世俗化的解释因子来解释作为待解释项的彼时彼地日常伦理生活诸种质料内容。那么，在17到19世纪的北欧世界，日常伦理生活诸种质料内容有着什么样的特点呢？它们的特点，就体现在它们所倡导的伦理思维方式的独特性上：义务性（obligatory）和律令性（imperative）。这种伦理思维方式，将伦理生活看作是一种通过一系列行动来践履戒律（percepts）、义务和律令的过程。比如"不得杀戮"、"不得偷盗"、"要乐于助人"等等。[2]

---

[1] Alasdair MacIntyre, 2007, p. 39.

[2] 以否定形式表达的也叫否定性义务或消极义务（negative duty），以肯定形式表达的也叫肯定性义务或积极义务（positive duty）。

这种义务性和律令性伦理思维方式,其思想源头在犹太—基督教—伊斯兰的律法观念之中。根据这一观念,义务的源泉(source),是外在于个体行动者生活的神圣权威;义务的工作领域(scope),无所不在地渗透到律法所规定的人类生活的方方面面;而义务的作用效力(efficacy),则是普遍的、一般的、不以个人偏好为转移的(也就是"非个人的",impersonal)。

"现代道德哲学"意义上的"道德",所指涉的就是这样一种非常特殊的伦理看法(ethical outlook)。这种伦理看法,把道德义务和律令视作织造伦理生活的全部素材,把服从义务和律令当作伦理生活的全部内容。它所构想的伦理生活形式,风格基调是"西方的"(western),在时间上发端于基督教伦理生活形式在日常伦理生活中占据支配性地位的那个时刻,从此跨越历史延续下来,直到基督教世界观本身已经被现代科学世界观所取代,还仍然作为一种残存物,遗留在17到19世纪的现代西方世界中,并且随着现代西方世界的崛起和扩张,进入世界的其他文化地区。

随着现代世界的加速世俗化和"祛魅",对义务源泉的理解本身也在逐渐世俗化。① 但与此同时,对义务工作领域和作用效力的理解,却没有出现太大变化。这就导致了一个古怪和奇特的现象:尽管根基已经荡然无存,但这种义务性和律令性伦理思维方式本身竟然脱离了自己的母体,接续了自己的生命,成为一个幽灵般的存在②,寄生在现代世界之中,将自己转变为一种稳固的社会生活建制(establishment),继续支配着我们的日常伦理生活。③ 这就导致现代道德哲学始

---

① 在世俗化过程中,对义务源泉的理解也经历了一个从天主教风格(解释为外在神圣权威的造物)、新教风格(解释为"良心"指引),自然化风格(解释为理性本质的产物、契约的产物、习惯的产物等等)的转变过程。

② 正因为伦理生活的质料内容貌似具有"实在性",黑格尔意义上的 sittlichkeit 的准确涵义才应当被翻译为"伦理实体"。

③ 由此我们也可以更清楚地发现伦理生活本质上是一种意识形态活动(*ideologiekritik*)。需要指出的是,即便伦理生活在本质上是一种意识形态活动,也不一定意味着伦理生活的质料内容是虚假的。参见 Peter Railton, Morality, Ideology, and Reflection; or, the Duck Sits Yet, in Facts, Values and Norms: Essays Toward A Morality of Consequence, pp. 353–384。关于伦理生活本质上既是"假的真"又是"真的假",参见张曦《马克思、意识形态与现代道德世界》,《马克思主义与现实》2015年第4期,第82—89页。

终坚信，渗透性（pervasiveness）、普遍性（universality）、一般性（generality）、非个人性（impersonality）、动机有效性（motivational efficacy），是日常伦理生活诸种质料内容的共有规范特性。因此，对于现代道德哲学来说，证成和奠基伦理生活价值和意义的任务，就具体化为在现代性条件下证成（justify）道德义务的渗透性、普遍性、一般性、非个人性以及动机有效性的任务。

二

当启蒙运动为现代世界祛除了陈旧过时的世界观后，"哲学"就成了伦理探究事业中少数可以继续合法使用的思想工具之一，也许还是最强有力的思想工具。不仅斯宾诺莎最早意识到这一点，而且现代道德哲学家普遍相信，只有借助哲学独特的反思性品格，我们才能够摆脱独断论或迷信的束缚，穿透笼罩在现代道德世界上空的各种主观主义、相对主义、虚无主义迷雾。这种对哲学以及反思性本身的信心，使得"现代道德哲学"最终把"做伦理学"变成为一种"做哲学"。

在证成日常伦理生活诸种规范特性的任务中，对动机有效性的证成难度最大，并且事关整个证成任务能否取得最终成功。这是因为，构造一些哲学论证来说明其他诸种规范特性，并不是一件太难的事。因为这些特征都是外在于行动主体的因素。但动机有效性却和行动主体的行动意志（will）密切勾连，从而使得论证任务变得高度复杂起来。弥尔顿在《失乐园》中刻画的"撒旦"，也许能帮助我们理解这一点。在弥尔顿的笔下，撒旦非常清楚上帝的神圣性，明白神圣戒律的内容和权威性。但是，恰恰因为这些律法是来自上帝的，所以撒旦坚决予以拒绝（在这个意义上撒旦是 amoralist），在行动中必定反其道而行（在这个意义上撒旦是 immoralist）。换言之，如果"撒旦"并不否认上帝发布的律令具有渗透性、普遍性、一般性、非个人性，但他就是要挑衅性地反问一句：那又怎么样（so what）？

"撒旦"的问题出在行动意志上：意志指出了与律令相反的行动方向。可见，对于现代道德哲学的证成任务来说，律令与意志之间有一个裂隙（gap）。这个裂隙表明，论证伦理生活有没有客观价值、日常伦理生活质料是不是真实可靠是一回事；而论证个体行动者在意志上必然要受这些价值的驱动去过伦理生活，完全是另一回事。如果不能弥合这个裂隙，那么主观主义、相对主义、虚无主义，就有可能从动机效力这个侧门，重新回到舞台中心。①

怎样才能弥合这个裂隙呢？现代道德哲学将希望放在了寻找一种有关人性（human nature）的哲学理论上。哲学家们相信，通过刻画和阐释某种人性特征就能论证说，日常伦理生活的诸种质料内容，乃是占有此种人性特征之人必将加以接受的东西。为此，现代道德哲学做出两种尝试。一种是诉诸真实人性，另一种则是诉诸某种思辨化、理论化、理想化的人性。

占有真实人性的人在何种意义上必然接受伦理动机的规制（regulation）？对这个问题的思考早在亚里士多德那里就受到了重视。对亚里士多德来说，真实人性的塑造和形成，充满了偶然性。一个人在伦理生活中的真实表现，在很大程度上取决于他的环境、教育、习惯和各种外部偶然性因素的影响。然而，尽管如此，亚里士多德却并不认为一个人真的可以在伦理生活中提出"那又怎么样"的问题。因为就一个人的真实人性而言，除了"偶然所是的样子"这一维度，还另有一个"一旦实现其人类本质就能够达致的样子"的维度。伦理学作为一门科学，它的任务是努力引导人从前一种人性状态过渡到后一种人性状态之中，而使得这种引导得以可能的，就是真实人性中的"理性"因素。② 理性引导我们在充满偶然性的伦理生活中发现自己的真正目的，识别伦理戒律，认识到服从这些戒律才是最符合我们真正利益的事情。可见，这个论证的要害，在于古代意义上的"理性"概念。

然而，到了早期现代道德世界形成时，对"理性"观念的理解，却发生了颠覆性变化。现代道德世界诞生之初，对人和人性的理解仍然处于基督教思想的控制下。新教（protestantism）和詹森派（Jansenist）这些

---

① 这也是所谓的"动机怀疑论"催生"内容怀疑论"问题。参见 Christine Korsgaard, Skepticism about Practical Reason, Journal of Philosophy, Vol. 83, No. 1, pp. 5 – 25, 1986；以及张曦《公共理由、公共推理与政治辩护：休谟主义者如何说明 Public Reason?》，《现代哲学》2013 年第 1 期，第 94—100 页。

② Alasdair MacIntyre, 2007, pp. 51 – 53.

新兴基督教神学理论,继承了奥古斯丁式观点。按照古代哲学家看法,理性是人性中具有牵引、矫正力量的因素,帮助人朝向自己的真正目的。然而,对奥古斯丁式观点来说,理性的这种力量即使曾经存在过,也已经被人的堕落(the fall of man)摧毁。人的堕落使得真实人性内在地趋向于反叛自己本该服从的义务和戒律,而理性却只具有算计性功能,只能确立有关事实和数学关系的真理,不能再为真正人类目的的实现指明出路。①

这场颠覆性变化,造成"工具理性"成了"理性"观念的全部内涵。理性失去了牵引和矫正人性的力量,诉诸真实人性理论来弥合现代道德哲学裂隙也就变得不再可能。对于诉诸真实人性的论证道路来说,最终摆在它面前的,只能是将伦理生活视为一种权宜之计,将伦理生活的诸种质料视为特定生活共同体中习惯和风俗的产物。② 横亘在现代道德哲学上空的主观主义、相对主义、虚无主义迷雾不仅没有被驱散,反而加重了。③

可以看到,造成诉诸真实人性的论证做法失败、导致"理性"观念出现颠覆性变化的,是关于"人"的内在目的论理解的过时。剥离了内在目的论的人性图式,也就没有什么内在要素能够牵引、矫正真实人性了。在这种情况下,越强调人性的真实样式,就只能将有待弥合的裂隙拉得越大。在所有现代道德哲学家中,康德最深刻地洞悉了这一点。因此,他试图重建一种"现代化"的内在目的论,发展一种思辨化的人性理论,

---

① 在"理性"观念内涵的转变中,帕斯卡扮演了重要角色。相关论证,参见 Ibid. pp. 54 - 55.

② 正是因为担心将理性在内涵上仅仅理解为工具理性会导致主观主义、相对主义、虚无主义,所以一些学者坚决地将"工具理性"思想视为完成现代道德哲学证成任务的首要障碍。一个论证,参见 Christine Korsgaard, The Normativity of Instrumental Reason, in The Constitution of Agency: Essays on Practical Reason and Moral Psychology, pp. 27 - 68。

③ 麦金泰尔曾指出,康德是现代世界中第一个洞察到一个重要真相的哲学家:如果不以任何目的论为基础,"道德"意义上的伦理生活价值和意义的客观性就无从保证。参见 Alasdair MacIntyre, 2007, p. 54。苏格兰启蒙运动思想家试图从真实人性中的"情感"因素出发来弥合这个裂隙。但如果没有任何形式的目的论作为论证框架,那么这一尝试很难取得成功。比如,就像我们在斯密的作品中所看到的那样,如果缺乏自然神论(如"看不见得手"思想)这一目的论的论证结构,那么,伦理生活的客观性和动机效力就仍然无法达成。出于同样的道理,当代许多自然主义伦理学家试图借助进化心理学、神经生理学等新兴科学来解释人类伦理生活的本质,但由于拒斥目的论的论证框架,所以都不太成功。正因为洞悉到这一点,所以麦金太尔始终坚持要复兴某种目的论论证。他最近的努力,参见 Alasdair MacIntyre, Ethics in the Conflicts of Modernity: An Essay on Desire, Practical Reasoning, and Narrative, Cambridge University Press, 2016。

来弥合这个裂隙。①

根据康德的设想，理性本质（rational nature）是人性中最杰出的东西。同所有理性存在者一样，占有一般而论的理性本质（rational nature as such），是人性的根本特点。只要运用好理性，那么，人类生活就将进入一种乌托邦式的伦理生活形式之中。这种伦理生活形式的特点，是透明（transparent）和理性上可论辩（rational discursive）。② 所谓"透明"，是指理性行动者的实践理由有机会得到公开展示，对行动者和所有受影响的相关方都透明所见，因而可以得到论辩、检视、质疑和修正。所谓"理性可论辩"，则是指任何实践理由都必须是可以被带进一个观念性（notional）公共领域（"目的王国"）中、接受包括行动者自己在内的所有人的理性论辩检验的那样一种实践准则。透明性和理性可论辩性，体现了现代道德哲学所追求的"道德合理性"理想。在康德看来，日常伦理生活诸种质料内容的客观性根基，就寄存在这样一个道德合理性观念之中。他相信，只要我们通过发挥自己的理性能动性（moral agency），最终抵达这样一个道德合理性观念，那么，我们就不仅能认识到日常伦理生活中那些带有义务性色彩的质料内容本身是确凿可靠的，而且，恰恰由于摆脱了旧世界观所提供的那种独断、他律、迷信的"根基"，我们才会真正发现到，日常伦理生活所提出的那些义务，其实是内在于人类本性之中的实践律令（imperative），是人类自由的体现。

对于康德来说，能够依靠理性，抵达这样一个透明的、理性上可论辩的道德合理性观念，既是人类自由的体现，也是人类自由的目标。正是对这一人类自由的重要性的认识，一个人类个体才将捍卫这种自由当作自己

---

① 自苏格兰启蒙运动以来，一些哲学家逐渐认识到，康德的先验论证是失败的。伦理生活的可能性只能被理解为是人类本性某种内在机制自然运行的结果。这一"机制化"说明是苏格兰启蒙运动时期道德哲学的核心成就，在当代也产生了巨大影响。目前一些学者倾向于认为，这种自然化机制得以建立的基础，既有神经—心理层面的内在根源，也有社会—制度层面的外在根源。对此的一个杰出论证，参见 Peter Railton, Moral Realism, *The Philosophical Review*, Vol. 95, No. 2 (Apr., 1986), pp. 163–207。

② 对透明性和理性可论辩性的追求，反映了启蒙精神对现代社会—政治世界的深刻影响，体现了现代式个体（individual）和现代社会渴望摆脱无知、幻觉和偏见（也就是各种不透明性）的社会政治理想。伯纳德·威廉斯将这种追求概称为"说明性理性主义"（expository rationalism）。参见 Bernard Williams, *Ethics and the Limits of Philosophy*, Routledge, 2006, pp. 101–102。

的权利，将这种权利的存在视为他人承担起"不得干涉我的自由"这一相应义务（corresponding duty）的理据。康德所设想的乌托邦式的伦理生活，就是在这样一个权利与义务相对称的平等公民的共和国中开展的生活。① 在这个乌托邦式的观念性共和国（notional republic）中，每个人都处于无权支配他人、因而人人平等的处境之中。人类自由，既是人性的目的，也是人性的原因；而对这一人类自由的重要性的认识，为每一个理性存在者提供了服从道德义务和律令的动机依据。形式上看，现代道德哲学的裂隙，好像得到了弥合。

但这个思想的漏洞，恰恰就隐藏在这一"权利与义务"相对称的见解中。伯纳德·威廉斯对此有过精彩分析。② 尽管术语使用上与我们此处论证不同，但威廉斯相关洞察的要点可以概括为：对自由权利的主张（claim）是从第一人称视角所发出的实践要求，但对"不干涉他人自由"这一义务的践履，则是从第二人称视角所做出的实践承诺（commitment）。权利和义务相对称，必须以第一人称视角和第二人称视角相一致为前提。如果这两重视角是分立的，那么很显然，即使第一人称立场给出了一个权利主张，第二人称立场也仍然可能拒绝将这条主张当作自己的一项义务。如果第一人称立场和第二人称立场不能重合，那么，就算我是珍惜自由的，可是我对自由的珍惜并不必然能兑换成你对我所享有的自由的尊重。如果我所拥有的权利在你的实践慎思中不能被必然地兑换为你的行动动机，那么，现代道德哲学所期待的裂隙仍然没有得到弥合。

就像威廉斯注意到的，康德之所以能将第一人称视角和第二人称视角加以重叠，因为它的思想预设了一个"本体自我"（noumenal self）的形而上学观念。③ 按照这个观念，伦理生活的行动者在本质上，仅仅占有理性本质，而脱离于任何具体的、经验性的因素的人格。这是一种有关人类"自我"的先验观念，它意味着行动者在慎思权利和义务时，仅仅将自己当作一个理性行动者，从而保证了实践慎思过程的"无视角"（non-per-

---

① 康德对自由和平等的论证都是先验式的，这造成了他所构想的"目的王国"在性质上的乌托邦特征。相关论证，参见 Bernard Williams, *Problems of the Self*, Cambridge University Press, pp. 235–236。

② Bernard Williams, *Ethics and the Limits of Philosophy*, Routledge, 2006, pp. 61–64.

③ Bernard Williams, *Ethics and the Limits of Philosophy*, Routledge, 2006, p. 64.

spectival)。但这一思想的不可靠之处，恰恰就在于"无视角性"的乌托邦性质。现代道德世界坐落于历史具体性之中，栖息于现代道德世界中的个体，也无法摆脱真实人性中欲望和激情的影响。因此，即使我们承认，康德道德哲学中所追求的"无视角性"是一种高贵和动人的人类伦理生活理想；即使我们承认在一个观念性共和国中，就每一个人类行动者都是仅仅拥有理性本质的理性行动者而言，能够在伦理生活中达到"无视角性"，我们也仍然回答不了"像我们这样的不纯粹的理性存在者，如何消除视角的不对称"的问题。现代道德世界的裂隙并不是观念性共和国中的裂隙，它的问题有效性是以"像我们这样的不纯粹的理性存在者"在现实世界的存在与生活（living）为前提的。因此，乌托邦性质的"无视角性"，也许可以带给我们一点来自"目的王国"世界的好消息，但它并不能帮助我们弥合现代道德世界的裂隙。

当然，尽管先验论证在弥合现实裂隙时不成功，但在现代性条件下再造一种内在目的论这一康德道德哲学的真正雄心，却未必没有前景。按照康德的设想，理性本质的实现，是人类作为一种（不纯粹的）理性存在者的内在目的。达到理性充分实现的状态，必然意味着伦理生活中"视角性"的彻底消除。[①] 这个思想被同情康德思想的当代哲学家视若明灯。他们认为，康德关于"无视角性"是人类伦理生活高贵理想的设想本身是值得保留的，需要改造的只是围绕"真实人性条件下的人类存在者为什么以及怎么样能够达到这个理想"这个问题所给出的具体方案。于是，他们抛弃了康德有关"本体自我"的形而上学预设，把希望聚焦在理性能动性的一个基本特征上：反思性，从而形成了当代盎格鲁—美利坚伦理学中的康德主义（Kantian）的道德哲学。

康德主义者承认，真实人性在构成上非常复杂多样，如果说"无视角性"能够弥合现代道德哲学的裂隙，那也一定得是在真实人性条件下做到的。在真实人性的条件下，消除视角的唯一办法，就是在实践慎思过程中，不断通过反思的办法，从各种当下、特殊的主观欲望和趣味中回撤（standing back）。像康德那样，康德主义者相信，正是那些纠缠真实人性的各种特殊性因素（particulars），造成了日常伦理生活中存在弥散的

---

① Groundwork

(divergent) 的多重视角,从而导致了现代道德世界中"分歧的不可终止性"。然而,通过在思想和观念层面的不断反思回撤,我们就能陆续摆脱这些特殊性(particulars),最终落到一种无视角的视角上。这个无视角的视角,就是仅仅从人性中的理性本质出发所得到的观察视角。它被称为"不偏不倚的立场"(impartial point of view)。

表面上看,康德主义者所设想的不偏不倚性,很好地解释了日常伦理生活质料内容的规范特性。的确,按照这些哲学家的想法,正因为纠缠真实人性的各种特殊性因素包括个体生活的各个方面,所以反思回撤就必须贯穿于日常伦理生活的方方面面,因此,就很好地解释了渗透性;由不偏不倚立场出发,所察看到的有待践履的道德义务,必然是普遍的、一般的、非个人的,因而很好地解释了普遍性、一般性、非个人性;最后,既然理性本质是人性中最为高贵的要素,实现这一本质就是人的内在目的,因此,只要行动者仍然将自己视为是理性存在者,那么服从义务也就是服从他自己的理性本质所提出的实践要求。于是,动机有效性也得到了解释。

看起来,横亘在现代道德哲学中的那道裂隙,被弥合上了。

三

对于现代道德哲学来说,不偏不倚性确实是一个论证理想,因为它是消除现代道德世界中"分析的不可终止性"的最佳办法。但不同哲学家完全可以用不同方式来论证不偏不倚性。比如说,受霍布斯影响的哲学家可以论证说,不偏不倚性是为了在社会世界中生活而不得不占据的视角,是理性自我利益所要求的东西;受休谟特别是斯密影响的哲学家可以论证说,不偏不倚性是人性中的同情心机制所能够产生的视角,问题的关键只是在于如何确保同情心机制的可靠发挥;受20世纪实用主义哲学影响的哲学家则可以论证说,不偏不倚性是社会得以维系的必要视角,因为我们已经生活在社会世界中并且将继续生活下去,所以我们没有必要假装这个视角是不可能、不可维持的。可见,康德和康德主义对不偏不倚视角的论证设想只是众多方案中的一种。但与上述其他方案不同的是,康德式方案是哲学化、思辨化最彻底的方案,它为我们呈现了以"做哲学"的方式"做伦理学"的最彻底、最纯粹的思路样式。

除此之外，还有两点原因，造成康德主义具有独特的哲学吸引力。其一，根据康德主义的理解，如果现代道德哲学的那道裂隙没有被弥合，那么这并不意味着裂隙本身是无法弥合的，而只是意味着现代道德世界中的人还没有恰当地运用好自己的反思回撤能力。因此，只要对反思回撤能力的运用程序、运用目标有更好的理解，那么裂隙弥合是完全可能的。于是，裂隙的弥合就变成了一种真实人性实践努力范围内可以成就的事情。换句话说，裂隙的存在从一个也许反映了现代道德世界的某种本质特征的元层次（meta-）问题，变成了一个操作层面的（operational）问题。问题的棘手性和解决难度大为降低。

其二，真实人性的不纯洁，注定在伦理生活中带来各种各样的偏见（prejudice）。这正是麦金太尔通过"分歧的不可终止性"概念，试图传递给我们的一个有关现代道德世界的坏消息。康德主义所强调的反思回撤，实际上是一个抽象化过程，它促使真实人性尽可能摆脱各种特殊性因素的困扰。康德主义者相信，在这条抽象化道路的尽头，是一种无视角性的生活。它的特点就是纯洁（purity）、免于偏见。

这两点因素，十分有吸引力。既把开展伦理生活的动机可能性放在了真实人性之中，又契合了从基督教伦理生活形式占据主导地位以来就一直存续下来的某种关于道德纯洁和终极正义的人类理想。[①] 随着世俗化的到来，现代道德世界一度充满疑云。现在，康德主义带给现代道德世界一个信心，那就是日常伦理生活也许并不是一种集体幻觉。或许"上帝死了"，但是日常伦理生活还能可靠地延续，因为它的根基被重新安置在了人性本身之中。

那么康德主义做法是不是最终取得了成功呢？要回答这个问题，我们就得思考一下，当康德主义主张一种反思性和纯洁性的时候，它到底在主张什么？

首先来看反思性。反思回撤的终点，是摆脱特殊性，到达无视角性。反思回撤是不是可能的，就得看摆脱特殊性、到达无视角性是不是可能的。考察这一点时，可能立即就会有人提出一种比较浅薄的论证。这种论证说，经验上看，无视角性是不可能的，因为真实人性永远摆不脱各种特殊性。在大多数情况下，这么说当然是对的。但我们不妨设想，也许确实存在某种康德主义式道德圣徒，他们确实能够摆脱各种特殊性，始终以无视角的

---

① Bernard Williams, 2006, p.195.

视角来开展伦理生活。① 因此，这种从经验的角度来思考反思回撤的可能性的做法，有点儿把复杂问题想简单了。为了真正触及这个问题的深度，我们不妨换个角度思考：如果达到无视角性，那么接下来会怎么样？

接下来什么也没有！一切实际形式的伦理生活接下来都将变得不可能。为了理解这一点，我们需要借助威廉斯关于"厚观念"（thick concept）的思想。② 任何理解活动都离不开观念。但能够帮助我们真正理解自己沉浸于其中的日常伦理生活的，是一系列"厚"观念。它们的"厚"，就厚在夹杂了许许多多只有在具体生活形式和事件背景（setting）中才能得到理解的要素。比如说，勇敢是一个厚观念，要想知道一个人是不是开展了一项勇敢的行动，就只有放在使行动得以开展的非常具体的生活形式和事件背景中去理解。之所以如此，原因很容易理解。就像麦金太尔提醒我们的那样，"人"的概念本质上是一个功能性概念，只有通过理解一个人在诸种社会生活形式中所扮演一系列的角色，我们才能理解其行为的伦理涵义、评价其伦理生活的质量。③ 如果脱离对功能性的具体考察，那么，当我们试图理解一个人的伦理生活时，根本无从入手。

可是，无视角性恰恰摧毁"厚"观念。对于伦理生活来说，那些使得观念变"厚"的要素，恰恰是反思回撤试图消除的各种特殊性。因此，如果我们真的想要进入一种无视角状态，从而站在一个不偏不倚的立场来打量伦理生活，那么就只能首先依靠反思回撤能力摧毁一切"厚"观念的合法性和有效性方可。假设我们真的能够做到这一点，那么，在获得无视角性之后，我们当然也是能够获得一些理解和解释日常伦理生活的全新观念的。但因为摆脱了一切特殊性因素，所以这些新观念抽象且薄（thin）；而飘荡在无视角性视角之外的，是已经被我们的反思精神敲成碎片的"厚"观念。终于，反思回撤将我们领入了一个由诸如"权利"、"义务"、"正确"、"错误"、"对"、"错"、"好"、"坏"这类"薄"观念构造出来的全新的伦理生活形式之中。可以想见，在这之后，只有将我们

---

① 对道德圣徒问题的讨论，参 Susan Wolf, Moral Saint, *The Journal of Philosophy*, Vol. 79, No. 8 (Aug., 1982), pp. 419–439. 沃尔夫精彩地提醒我们思考：无视角的爱与同情，从根本上来说是不是一种属人的东西？她的论证表明，无视角性生活本身是对人类生活的异化。

② Bernard Williams, 2006, P. 129.

③ Alasdair MacIntyre, 2007, p. 58–61.

的伦理生活重新安顿在这样一个全新的伦理生活形式中，那么我们才算得上是在真诚地（truthfully）开展生活。①

然而，"薄"观念构造起来的伦理生活形式，并不是任何实际意义上的伦理生活。它是纯粹观念性（notional）的。因为它是抽象的尽头，所以它并不负载任何实际生活材质。如此一来，在反思回撤的尽头，一方面，我们确实得到了各种"薄"观念，得到了一个观念性伦理生活形式；但另一方面，我们也回不到原初作为反思对象的"厚"观念所编织出的生活之中。作为反思和抽象之物的"薄"观念的世界，内在地与充满杂质、复杂性和特殊性的"厚"观念的世界相紧张。正因此，我们就被卡在了"薄"与"厚"之间、卡在了观念性伦理生活和实际伦理生活之间、卡在了一种观念与生活的紧张与冲突中。于是，我们也就看到，一旦抵达"薄"观念，进入它们所编织出的观念性伦理生活形式之中，那么，接下来我们实际上所能过的伦理生活，就只剩下三种可能性："捍卫"薄观念、"抗议"实际生活与薄观念的冲突，以及"揭露"实际生活中流行观念的谬误。②

反思回撤是一条单向度的抽象之路，越是在这条道路上无止境地走下去，我们就越是难以回到真正重要之事上。那就是回到我们此时和当下的生活。可是，就像威廉斯所说的那样，在伦理探究的事业中，"唯一严肃的事情是生活，反思之后我们依然要过生活"。③ 由此可见，当康德主义要求反思性的时候，它其实在要求我们付出一种难以承受的代价。

接着考察纯洁性。对纯洁性的追求，在很大程度上是基督教伦理思想遗留给现代道德世界的一件观念遗产。就像威廉斯洞见到的，纯洁性理想的背后，隐含了对某种终极正义和终极良善的生活形式的期待。④ 康德主义继承了这件观念遗产，继续把纯洁性当作一个对人类来说既可欲（de-

---

① 也正是因为这个原因，威廉斯称致力于抵达无视角性的那种反思，注定摧毁有效的伦理知识。在伦理生活中，"反思摧毁知识"，这是威廉斯发出的最重要告诫。

② 尽管具体分析与此处不同，但麦金太尔依然认为，"捍卫"（权利）、"抗议"（对权利的侵害）、"揭露"（他人的伦理伪善性），是启蒙以来最高频的三个道德词汇。参见 Alasdair MacIntyre, 2007, p. 68。在我看来，能够最好地说明反思摧毁伦理生活、无视角性伦理生活的后果就是"捍卫"、"抗议"和"揭露"的一个例子，就是卢梭。阅读卢梭的《爱弥儿》将极好地帮我们理解这一点。

③ Bernard Williams, 2006, p. 117.

④ Ibid., p. 195

sirable)、又可达（accessible）的伦理生活目标。不幸在于，现代道德世界内在地排斥伦理生活的纯洁性理想。让我们来分析其缘由。

在基督教思想中，伦理生活的纯洁性是依靠神圣权威所颁发的戒律保证的。尽可能地朝着纯洁性方向努力，对于日常伦理生活中的每个人来说，是一种为了获得恩典和救赎的努力。神圣权威的存在，保证了作为日常伦理生活质料内容的戒律、义务和律令，最起码在构想上（conceivably）是统一和一致的。因为，毕竟上帝不可能颁布自相矛盾的律令。但进入现代道德世界后，这一可构想性意义上的统一和一致却失去了根据。

因此，为了在没有上帝的现代道德世界继续坚持纯洁性理想，康德主义就必须做一些理论上的改造，重新把伦理生活的质料内容理解为是一种统一和一致的东西。为此，作为日常伦理生活质料内容的那些戒律、义务和律令，就被看作是某种自我续命（self-sustained）的系统。这个系统不仅赋予自己实践权威性，而且宣称自己在个体行动者实践慎思（practical deliberation）结构中具有最高权威性。就这样，戒律、义务和律令在行动者实践慎思结构中占据了制高点，将自己作为最充分有力的实践理由施加给行动者，命令他们将其当作自己的行动理由，责备（blame）那些疏于履行义务的行为。① 在日常伦理生活中，对于一个行动者来说，只有以义务 B 的存在为理由，他才能不践履义务 A，否则就要受到责备。② 只有依靠后者来挫败前者，他才能证成自己行动的道德合理性。威廉斯评价这个古怪的"义务进、义务出"的现象为："想得太多"（one thought too many）。③

"想得太多"还不是问题的要害。要害的是，这样一种苛刻（rigor）与严厉（stringent）的义务系统，对于日常伦理生活来说其实并不是可能的。经验一再向我们表明，在日常伦理生活中，以及在其他事关重大的人类事务中，不同戒律、义务和律令之间的潜在冲突，无法从根本上避免。

---

① 所以，对于现代道德世界中的日常伦理生活来说，伴随着一种古怪的义务观念的，是一种古怪的责备（blameworthy）思想。威廉斯曾指出，这种责备思想典型地不同于古代世界的"羞耻心"观念。参见伯纳德·威廉斯《羞耻与必然性》，吴天岳译，北京大学出版社 2014 年版，第 4 章。

② "女朋友和老妈同时落水，只能救一个，你救哪一个？"对这个问题的一种回答思路是：救女朋友是一项义务，救老妈也是一项义务，但救老妈的义务强度比救女朋友的义务高，所以应当救老妈；或者反之。这个回答思路就是典型的"以义务挫败义务"意义上的"想得太多"。

③ Bernard Williams, *Moral Luck*, Cambridge University Press, 1981, p. 18.

对于人类来说，日常伦理生活能不能呈现出无冲突态，在很大程度上依赖于匹夫力量根本不可能把握的"机运"（luck）。[①] 正因为伦理生活在很大程度上依赖于机运，所以，日常伦理生活中的无冲突态即便存在，也只是短暂、片段化和偶然的。康德主义的义务系统完全无视这一早已被古人洞悉到的智慧，它追求作为一种恒定态的无冲突的伦理生活形式。因此，它越是在伦理生活中追求纯洁性，就越是将自己和现实伦理生活对立了起来。

四

上面的分析说明，康德主义所主张的反思性和纯洁性，蕴含了与现实伦理生活相对立的要求。这就使得，康德主义为弥合现代道德哲学裂隙所给出的方案，在本质上超越了人类伦理生活的现实可能性，因而只取得了表面论证上的成功。那么，要弥合现代道德哲学的裂隙，还有其他的哲学化做法吗？

答案是悲观的。以康德主义为代表的道德理性主义，深信现代道德世界中的伦理探究本质上是一个哲学化事业。在很大程度上，无论是康德还是康德主义思想，都代表了这种努力的最高成就。它们着眼于人类理性中的反思回撤能力，将概念抽象这一哲学思维工具运用到极致。它对哲学在人类事务特别是伦理生活中可能扮演的角色持有高度的信心，企图通过论证和推理来说服（persuade）每一个有理性能力的人类存在者接受日常伦理生活的价值和意义，采纳这种生活形式所提出的各项实践要求。然而，这份信心颇有问题。造就它作为一项哲学事业的成功的因素，也恰恰导致了它作为一项伦理探究事业的失败。也正因此，就像威廉斯反复提醒我们的那样，我们应当在它的失败中，看到哲学在伦理探究中所能发挥的作用是有限的。[②] 如果我们指望仅仅通过哲学论证来弥合现代道德哲学的裂

[①] 这是古希腊悲剧一再试图表达的见解。参见 Martha Nussbaum, *The Fragility of Goodness* (2nd Edition), Cambridge University Press, 2001, Preface & Chap. 1.

[②] 实际上，威廉斯更希望提醒我们的是，不仅对于伦理探究如此，对整个人类事务的探究中，我们都要始终警惕对哲学化做法的狂热，都要清醒认识到哲学事业在理解和认识人类事务方面作用是有限的。参见 Bernard Williams, *Philosophy as a Humanistic Discipline*, Princeton University Press, 2008, pp. 180-199.

隙，那我们注定不会成功。①

难道现代道德哲学的裂隙根本上不可能弥合？难道主观主义、相对主义、虚无主义是现代道德世界的唯一出路？还有别的希望和出路吗？也许有。但为了找到那样的希望和出路，我们就必须像以赛亚·伯林提醒的那样，在对包括伦理探究在内的一切人类事务的理解中，保持一点"现实感"。在理解人类事务时，要接受真实人性的不纯粹性和"现实生活充满复杂难懂的介质"这两项基本教益。② 只有认识到人性和人类事务中充满矛盾冲突的力量，只有认识到这种矛盾冲突在某种意义上是无法消除的，只有认识到困顿于这些矛盾冲突中并不仅仅意味着人性的虚弱，那么，我们才能带着"现实感"去面对伦理生活的复杂性，在尝试理解真正属人的伦理生活形式的脆弱和美好的同时，放弃因为沉迷于哲学狂热而虚构出来的对反思生活和道德纯洁性的确凿感和信心。

可是，早期现代道德世界的哲学家，不是曾经诉诸过真实人性吗？他们的方案不是失败了吗？确实如此。但那是以哲学的方式直面真实人性的"做法"的失败。在某种意义上，他们的失败，仍然是"哲学"的失败。它是由目的论式哲学论证结构的失败而导致的哲学化探究的失败。

这样，我们就到达这篇文章的结论部分了。结论有两点：第一，现代道德世界的裂隙，不可能通过"哲学化"方式来完成；第二，伦理探究的事业本质上不同于思辨化哲学探究。至于说，将现实感重新带回伦理探究事业之后，我们该怎么"做"，又能够得到什么，那已经是另一篇文章的事了。但此时此刻，我们所明白的一点是：现代道德哲学的"做法"，是一个错误。③

（作者单位：厦门大学哲学系）

---

① 一个类似的对盎格鲁—美利坚当代道德哲学的批评，参见 Martha Nussbaum, *Love's Knowledge*, Oxford University Press, 1992, p. 19.
② 以赛亚·伯林：《现实感》，潘荣荣、林茂译，译林出版社2011年版，第43页。
③ 不加掩饰地说，我在此已经暗示，伦理学在学科本质和事业目标上，应当具有一种超哲学（post‑philosophy）性质。

神经学伦理学挑战下的道德心理重建：
一种亚里士多德式路径探索

陈庆超

如何为道德行动提出合理的心理基础是当代道德哲学无法回避的难题，由此引发的论争构成道德实在论与道德反实在论、道德认知主义与道德非认知主义、道德情感主义与道德规约主义之间角力的重要部分。为了回答这些难题，当代一些伦理学家会追随认知科学的发展，基于神经学伦理学的研究提出新的证据，在行动的始发动因上质疑乃至颠覆正统的规范理论。如何在神经学伦理学的挑战下论证出恰当的道德行动理由，反思与阐释亚里士多德的选择理论与目的论学说是其中有效的尝试。

一 道德心理基础问题的当代显现

道德心理基础问题并非一开始就成为问题的，它是人类进入当代社会之后才逐渐显露的一个缓慢过程，并最终经由当代德性伦理学者极具洞察力的价值澄清而得以清晰呈现。德性伦理的复兴潮流肇始于英国哲学家安斯坎比在60多年前发表的《当代道德哲学》一文引发的思考；在其中，安斯坎比提出了当代道德哲学的心理基础困境问题，并由此指明伦理研究重心应该回到探索德性功能的可能路径选择。

安斯坎比在文章开头明确指出，研究当代道德哲学是件吃力不讨好的事，它应该被搁置一旁直至我们具备合理的心理哲学基础；然而，后者恰是我们缺乏的。安斯坎比还认为，当代伦理讨论中所使用的一些核心概念与亚里士多德时代有不同的语境条件，二者的内涵差异明显。在亚里士多德那里，德性包括与实践品质相关的道德德性和纯属思辨领域的理智德性,由此出发,安斯坎比问:"亚里士多德称为'理智的'德性是否具有我们应该叫作'道德的'构成方面?"[1]质言之,在安斯坎比看来,今天使用的道德概念只是亚里士多德道德德性概念的意思表达,它无法囊括亚里士多德德性中的另一部分重要内容:理智德性。

安斯坎比在文章中敏锐地看到了当代道德哲学研究所面临的两个严峻挑战:第一,如何为道德行动提供合理的心理解释理由?第二,如果说当代的道德概念仅仅是道德德性的意思表达而不包含有理智德性维度的话,是否有合适的心理理论来弥合行动者理智与情感、知与行之间可能出现的鸿沟?在更基础的层面,两个难题都是当代道德哲学的心理基础是否必要、何以可能问题的表现。

半个多世纪以来,为了回答上述难题,道德哲学的研究朝着两个不同的方向努力:一是返回古代经典著作中寻求规范伦理建立的理论资源,这可以反应在德性伦理学研究的一些重要思想家在理论来源方面呈现的多元特征,他们分别将规范根基的来源性问题追溯至尼采的生命意志、康德的普遍理性、阿奎那的上帝观念、亚里士多德和柏拉图等思想家的自然目的论,甚至追溯至荷马时代英雄史观所表现出来的永恒价值追求,试图从中寻求到当代道德难题的有效应对资源;二是紧密跟随自然科学的高速发展,探究道德认知与道德行动的心理机制及其相关的脑活动和神经活动状态,从认知心理学和神经学的角度为行动理由寻求科学解答。当然,两个方向的研究并非由同一个端点出发相背而行。在朝前走的研究过程中,新的发现时常会回头批判传统伦理理论对某些问题的解释过于想当然,并在根源处不断解构传统的规范理论。

在此方面,神经学伦理学可谓是其中的重要代表。

神经学伦理学产生于21世纪初期,它是当代医学、解剖学、生物学、病理学和心理学等多个学科在道德问题上的交叉汇集,涉及心灵、大脑和伦理问题这三个不同领域知识的综合运用。从问题域来看,它有两个分支领域:神经科学的伦理问题和伦理的神经科学问题。神经科学的伦理问题处理的是神经科学研究过程中的伦理规范和

---

[1] G. E. M. Anscombe, "Modern Moral Philosophy", *Philosophy*, 124 (33), 1958, p. 1.

价值抉择等相关道德问题，它应用、拓展和推进了传统伦理学规范理论的基本范式，本质上属于应用伦理的研究领域。伦理的神经科学问题讨论道德行动的神经基础，它试图应用新兴科学技术探究道德行动中的脑结构及脑功能运行状态，并为之提出合理的科学解释方案。然而，在实践中该领域的研究会在自由意志、道德的心理基础、人的尊严等领域对传统道德理论带来根本性挑战。

传统规范理论得以确立的基本前提在于，行动者能够根据自己的理性慎思，自愿地选择某些行动。行动始发动因的自主性是行动者承担该行动所产生的后果之道德责任的必要条件；并且，通过对自由意志的实践认知和对道德责任的主动省查，行动者获得了他/她作为理性存在物的尊严，获得了类意义上的永恒价值。在这一道德心理基础的解释中，理性及其衍生的意志自由是传统规范伦理理论体系的奠基石。

上述思想理念较早地通过亚里士多德对行动要件的相关表述而被明确提出来，在相当长时期内成为解释道德行动理由的基本范式。亚里士多德从正反两方面讨论自由意志及其重要性：一方面，道德德性存在于合乎适度的选择中。选择比行动更能判断一个人的品质，它指的是行动者经过慎思之后采取的意愿性行动。选择不仅排除了非意愿行动的可能性，而且还排除了儿童、低等动物以及某些突发行动中的无理智状态，将道德责任的判断标准放置在理性和意志基础上。另一方面，违反意愿的感情和实践包括被迫或出于无知的行动，在这些行动中没有行动者的能动性参与，因此，它们可以得到原谅或怜悯。[①] 亚里士多德在此虽然没有明确提出与使用到自由意志的概念，但是他关于意愿行动的相关观点却成为此后相当长时间内伦理学中论证道德责任的重要思想来源。例如，康德就高度推崇理性自由和意志自主性，他认为善的意志是世界之内和世界之外惟一无条件的善。理性在实践中提供着意志的规定根据，意志产生出与表象相符合的对象、规定着自己行动的因果性。意志是自由的，自由则是道德哲学研究的拱心石和道德的存在理由。

当代神经学伦理学关于心灵活动的研究结论会在某种程度上消解理性

---

① J. Barnes edited, *The Complete Works of Aristotle*, Princeton University Press, 1984, p. 1752 (1109b30 – 35).

慎思、明智选择与自由意志的决定性地位，进而否定道德认知、道德行动以及道德原则的存在可能。

对于心灵，人们一般对它的研究范围包括从认知技术到认知主体状态的性质、意向性以及第一人称视角等那些现象学中最难应对的问题。与伦理基础问题相关的是心灵活动的主体状态，它包含有意识的主观认知和无意识的心灵活动。传统的认知论主张意识活动有时间上的在先性和在功能上的主导性等基本特征，并以此为根据建立了有关行动的自由选择理论。然而，在当代认知科学研究所得到的实验证据中，无意识的心灵活动被认为是行动的在先决定因素，这就在发生学视角上否定了行动（尤其是道德行动）中自由意志和理性选择的可能性。早在20世纪80年代，李贝特和他的研究团队在实验中发现，在被测试者意识到自己动作意图之前的400毫秒左右，辅助运动区的潜意识准备（Readiness Potential）已经开始做出反应，李贝特的研究被普遍认为是人类不存在自由意志的生理学证据。[1] 此后，李贝特的实验模型被不断地重复与改进，如威格勒就在李贝特研究的基础上进一步证明"意识性意志的幻觉特征"[2]，指出意志并非由意识发动，理性慎思之后的自由选择无法被纳入到行动的决定性前提中。在某个行动的相关决策被做出之前，人脑的无意识活动可能已决定了随后的行动选择。这些实验结果似乎表明，无意识指令在心灵活动中具有时间上的在先性，意识处于被触发的后继状态，理性慎思只能在事后为行动提供可理解的解释理由，自由意志在行动的动因上没有发挥的余地。

如果说当代神经学伦理学的上述研究和判断是正确的，即无意识反应在行动中具有时间上的优先性的话，自由意志的概念和理性自决的原则可能只是传统伦理学者在不知不觉中构造出来的虚假理论，以之为基础的传统规范伦理体系在今天必定要接受彻底的审查。因为不管是在道义论、后果主义还是古典至善主义在道德心理基础中都有一个先验假设，即认为人的理性是与生俱来的，具有自由意志的理性人能够决定自己的行动并承当其相应的道德责任。当代的科学研究以经验实证的方式或多或少地驳斥了

---

[1] N. Levy, *Neuroethics: Challenges for The 21stCentury*, Cambridge University Press, 2007, p. 226, p. 228.

[2] Ibid..

这些先验假设，这对传统的规范伦理而言无疑是一场毁灭性的打击。

二 对当前神经学伦理学的回应与问题

当代神经学伦理学的质疑声势凶猛，传统伦理理论及其拥护者也非节节溃败、毫无招架之力，他们在批评当代科学研究诸多不足的同时，重新阐释传统伦理理论的合理之处，使之能够容纳新的证据，化解其带来的张力。

当前神经科学的研究自身正处于不断矫正的过程中，这为传统理论的重新调整提供了缓冲的空间。实验研究总是通过某种实验手段来验证特定的理论假设，它必然会涉及问题域的限定是否合理、干扰因素的排除是否充足等争议；也会受到实验过程设计和实验结论推导是否可靠的质疑。神经科学实验在前提假设、过程设计和结论判断等方面同样面临诸多质疑。

首先，神经科学作为一种关于心灵研究的新科学，其实证研究的开展建立于两个假设之上：第一个假设大致对应于那种"心灵—大脑"同一理论的形而上学观点，该观点认为精神属性无非是神经属性。第二个假设来自某种弱化的认知版本，尽管它并没有做出任何本体论的承诺，但是它会一般性地认为，一旦关于精神现象的神经学应用的数据被收集充分的话，大部分的精神现象可以通过神经学词语得以解释。① 然而，该领域相当多的研究者认为，神经科学实证研究的两个前提假设想要为真必须有更多的证据支持。

其次，神经科学处理的是脑结构、脑功能的复杂认知问题。随着目前关于脑结构研究的细化和深化，人们越是认识到大脑活动是一个复杂的系统过程；相应的，也越发困惑于人的认知活动过程所具有的神秘特征。可以说，迄今为止依然没有任何单一的实验设计宣称可以全面认识复杂的脑结构，也没有任何一种理论能够彻底解释大脑的生理结构及其发布的指令。正因为如此，当代神经学伦理学者克劳福德认为，在当前"神经学"（Neuro-）和其他学科处于彼此交融的初始阶段，人们应该小心翼翼，避

---

① R. Manzotti and P. Moderato, "Is Neuroscience Adequate As the Forthcoming 'Mindscience'"? *Behavior and Philosophy*, 38, 2010, p.2.

免神经学知识在其他学科领域的简单滥用。克劳福德指出,脑电波检测和乳房 X 光检查在病理学中的应用原理相类似,它们都是采取特殊的物理方法扫描身体内部以发现异物的存在。这种方法是直接的,其事实性结论也较少有争议。神经学影像在心理学中的应用却是个不同的问题。后者作为特定的社会科学研究领域,结论的有效性取决于一个前提假设,即精神程序可以被分解为差异的能力、部分或单元,这些单元在脑中可以被实体化或现实化。然而,许多研究业已表明,该前提假设本身就是值得商榷的。[1] 脑科学认知中方法论难题与结果可错性疑难虽然无法从正面证明传统道德理论是正确的,但是它们必定会削弱神经学伦理可能具有的基于认知科学的研究成果对传统伦理体系基础的解构趋势。

再次,即使当代神经科学的许多研究结果被证明是可靠的,它们是否能够直接用于解释人类的道德行动也值得怀疑。传统道德理论思考的是人类行动在遵循理性原则中应该具有的状态,它们关注行为规范的确立问题。当代道德认知实验更多的是探索人类做出特定行动的大脑波动及其可能蕴含的心理机制,它们属于事实性认知问题。虽然在"事实"与"价值"之间做绝对的二分是种谬误;但不加思考地把两种不同范畴与不同系统的问题相互嫁接、相互等同亦不明智。一些学者正是从"事实—价值"("是—应当")这一当代伦理研究的核心议题的有关论证出发,分析神经学研究与伦理学研究之间可能存在的差异。如朱迪·伊尔斯等人经统计发现,自从 20 世纪 90 年代以来,功能性磁共振成像(Functional Magnetic Resonance Imaging, *fMRI*)在医学领域得到了普遍性应用。目前,该技术的应用范围已经广泛拓展到社会科学的各个领域,在利他主义、同情、决策、合作和竞争等领域有了丰富的脑图像探索及其相关解释的研究成果,但正如当代一些神经学科学家指出的,大脑由相互影响的复杂神经网络构成,在既定的大脑区域中会展现出不同的神经功能,每一种神经功能又依赖于其他大脑区域的协同运作。因此,人们在社会科学研究中对 *fMRI* 技术图像的青睐程度也应该有特定的界限,毕竟该技术依据的是神经活动对应的新陈代谢,图像也是在血氧水平依赖法(Blood - Oxygena-

---

[1] M. B. Crawford, "The Limits of Neuro - talk", in J. J. Giordano edited, *Scientific and Philosophical Perspectives in Neuroethics*, Cambridge University Press, 2010, pp. 356 – 357.

tion – Level Dependent，*BOLD*）对比的基础上构建出来的活动显示，它并不直接等同于意识活动本身。朱迪·伊尔斯由此判定，在大脑和意识活动之间关系的理解上不能过于"鲁莽"（Bold）[1]。在当代的神经科学研究中，大脑的某些生理机制与人的特定行动之间是否具有因果关系还需要更多的科学证据补充，认知的经验研究与伦理的价值规范之间是否具有因果关系也需要更合理的理论说明。

当代神经科学的研究不一定能够彻底地颠覆传统伦理的理论根基，尽管如此，对它们的新近质疑也不能从正面证明传统道德哲学关于心理学基础或者关于道德行动理由的说明是自明的。诚如德性伦理学所主张的，当代道德哲学只讨论理性、价值与证成，无法合理说明动机来源、动机结构和伦理生活的规范性来源等道德心理基础问题，无法弥合事实与价值之间的鸿沟，从而患上了理由与动机相违背的"精神分裂症"[2]，最终导致道德相对主义和道德虚无主义的出现与盛行。古典的至善论思想在某种程度上提供了克服当代道德哲学这一症候的选择方案。

问题在于，古典的道德理论如何天然地具有足够的心理基础？在安斯坎比的那篇经典文章中，她合理地清算了自巴特勒以来主流道德哲学家的观点，认为他们的伦理理论是对古典伦理思想的错位嫁接，其根本原因在于当代与古希腊之间出现了基督教伦理法律观，引发了某些伦理观念意义的古今嬗变。当代社会几乎毫无保留地接受了基督时代神圣律法体系的外在形式，但是启蒙之后的历史进程却取缔了超自然的上帝理念。一旦理性以其真诚的探索精神追问到底，事实命题当然无法合理过渡到应当命题。在安斯坎比的这个分析架构中，她正确指出了以功利主义和道义论为代表的当代规范伦理理论无法提供道德行动的心理说明：对于功利主义理论来说，一个行动如何能够被归于一个单纯的效用原则之下，这是该原则无法解释的；对于道义论者来说，缺乏幸福生活的前提，他也无法理解或解释清楚为什么一个不公正的人是一个坏人。对此难题，安斯坎比建议我们再去思考柏拉图和亚里士多德考虑问题的方式，通过对人类本性、人类行

---

[1] J. Illes, *Neuroethics: DefiningtheIssuesinTheory, Practice, andPolicy*, OxfordUniversity Press, 2006, pp.150–156.

[2] M. Stocker, "The Schizophrenia of Modern Ethical Theories", *The Journal of Philosophy*, 73(14), 1976, p.454.

为、德性特征以及人类福祉这一首要问题的相关解释来提供当代道德行动的心理理由。① 然而，安斯坎比也仅限于提出这个富有启发意义的建议而已，她并没有进一步论证和说明柏拉图或亚里士多德的道德体系在何种意义上具有足够心理解释力。在此背景下，重新回到亚里士多德伦理思想中寻找其体系的心理基础是对安斯坎比论题的必要推进，这一任务的完成也能更好地回应当代神经学伦理学在心理动因上对传统理论的问难。

三　亚里士多德的道德心理体系

亚里士多德的道德心理体系关注道德行动的内在动因及其合理说明，它既包含经验意义上的实证研究，也包含纯粹知性意义上的理论分析；因此，它不同于通过特殊实验设计来识别脑活动现象的当代心理学研究。换言之，亚里士多德的伦理学说不同于当代的心理学，但是这并不表明该理论中没有足够的心理基础说明。

在今天，心理学的研究结果虽然有着颠覆传统哲学知识的能力与倾向，但是严格说来，该学科的发展历史并不久远。"心理学"（psychology）一词首次出现于16世纪。在词源和构造方式上，该词是由古希腊的"灵魂"（φυχή）和"逻各斯"（λόγος）两个词组合，表示研究人的灵魂的科学知识。19世纪末，德国心理学家冯特创建了第一所心理实验室，这标志着心理学作为一门独立学科真正拉开了其发展的历史序幕。因此，在亚里士多德的学说中会有一些关于动物心理活动的描述内容，但是它们并不属于心理学科的分支领域，他的伦理思想中也不存在缺乏心理学基础的问题。这点正如当代亚里士多德伦理学的研究者米勒所认为的："亚里士多德没有将伦理问题与道德心理问题划分开来。"② 在伦理思想史上，到了布拉德利和西季威克那里，伦理学和心理学还是彼此相互联系的知识，直到20世纪中期的主流道德哲学家那里才开始小心翼翼地划分两种学说领域，该方式明显可见于那个时代两位伟大思想家史蒂文森和黑尔的

---

① G. E. M. Anscombe, "Modern Moral Philosophy", p. 18.

② J. Miller, *Aristotle's Nicomachean Ethics: A Critical Guide*, Cambridge University Press, 2011, Introduction p. 9, p. 11.

伦理思想。① 截至目前，人们还无法说明清楚两种知识体系的划分是来自于伦理学研究主动疏远的结果还是被动分离的无奈。无论如何，当心理和认知科学的研究结论一再回头挑战传统道德知识的根基与体系时，探讨它们在亚里士多德那里的原初一致性形态及其后来的分离原因或许具有特殊的问题澄清意义。

亚里士多德道德哲学包含的心理基础问题主要集中体现在他有关灵魂的讨论中。在亚里士多德看来，政治科学或伦理学探求人类在实践中能够获得的善，其起点和最终目的在于幸福。幸福表现为灵魂合乎完满德性的实现活动，德性是灵魂功能的卓越表现；因此，幸福就是灵魂功能的本质实现与完好发挥。"所谓人的德性不是指肉体的而是指灵魂的，同样，我们将幸福称为人的活动。但如若这样，政治学研究者就需要对灵魂的本性有所了解，就像打算治疗眼睛的人需要了解整个身体一样。而且政治家对灵魂本性更需要了解，因为政治学比医学更好、更受崇敬。正如聪明的医生总是下功夫研究人的身体，政治学研究者必须努力研究灵魂。"② 幸福生活是人活动的动力因与目的因，

对政治本真性的理解范式经由功能论和"幸福—灵魂"的协同性过渡到了对灵魂研究的必要性解释上；也就是说，灵魂的形态和功能的完好发挥是讨论幸福问题的重要逻辑起点，亚里士多德的政治学说体系包含有其灵魂理论的前提要件。

那么，什么是灵魂？在亚里士多德看来，灵魂是动物生命的本质特征，也是动物运动的内在动力。他在《论灵魂》中提到，"灵魂是有生命躯体的原因和本原。原因和本原这两个词有多重意义。但是灵魂作为躯体的原因，是用在我们已区分过的三种意义上：它是躯体运动的始点，是躯体的目的，是整个生命体的本质。"③ 灵魂是生命躯体的动力因和目的因，动力因和目的因最终又可以统一在形式因中；因此，灵魂是使得肉体这一

---

① J. Miller, *Aristotle's Nicomachean Ethics: A Critical Guide*, Cambridge University Press, 2011, Introduction p. 9, p. 11.

② J. Barnes edited, *The Complete Works of Aristotle*, p. 1741 (1102a16 – 23), p. 661 (415b9 – 12).

③ M. Deslauriers, "SexualDifferenceinAristotle'sPoliticsandHisBiology", *TheClassical World*, 102 (3), 2009, p. 219.

生命存在的质料获得其生命实现的形式，是生命的本质或定义。在这一解释框架中，肉体与灵魂之间形成的"质料—形式"内在结构不同于日常生活人们所理解的"身—心"二元结构模式，后一种理解可能会假设灵魂是某种能够离开肉体却依然能够表现为某种肉体影像的对象；而按照生命的本质性定义，灵魂作为行动的动因是自然而然的事，行动的心理基础是个先天为真的分析命题。

更甚者，人们对于亚里士多德的生物学知识和政治学理论之间是否有必然的联系、能否相互支撑存在不同的看法，这一争议与亚里士多德著作的时间判定的争议以及他对柏拉图思想是继承还是反叛的争议相伴随。一种观点认为，亚里士多德的政治哲学援引了他的生物学观点作为理论支撑。这意味着亚里士多德整体学说的研究从具体实证走向了抽象的理论分析，亚里士多德是柏拉图思想的合格继承者，他从一匹难以驾驭、要尝试蹬开柏拉图的"小马驹"慢慢地转向接纳柏拉图学说的整体框架。另一种观点认为，亚里士多德在政治哲学上所贯彻的功能论论证为他的生物学研究提供了方法论基础，亚里士多德贯彻了"吾更爱真理"的理念，逐渐地远离了柏拉图的学术立场。第三种观点认为，亚里士多德的政治哲学和生物学只是他在不同时间的不同研究兴趣，它们之间没有必然联系。[1]当前学界在亚里士多德两种学说关系问题的意见差别同样反映在关于他的灵魂问题的研究中。正如当代著名亚里士多德研究者弗腾堡所认为的，人们容易混淆亚里士多德在政治哲学方面和生物学方面的心理知识，后者为《论灵魂》的读者所熟悉，亚里士多德在其中主张的是营养的、感觉的和认知能力的三个等级的划分法而非"情感—理性"的二分法。因此，这种误解容易假设亚里士多德生物学中的"感觉—知性"划分对应的是政治哲学中灵魂的"逻各斯—非逻各斯"划分。实际上，在讨论伦理问题时，亚里士多德关注的是人类及其活动问题，他聚焦于人的不同认知行为的心理框架；在研究生物学时，他关注的是更宽广意义上的生物种类。[2]弗腾堡认为，我们必须清楚看到亚里士多德政治哲学的研究对象是人的活

---

[1] M. Deslauriers, "SexualDifferenceinAristotle'sPoliticsandHisBiology", *TheClassical World*, 102（3），2009，p.219.

[2] W. W. Fortenbaugh, *Aristotle on Emotion: A Contribution to Philosophical Psychology, Rhetoric, Poetics, Politics and Ethics*, Gerald Duckworth&Company Limited, 1975, p.26.

动，一种特殊的人类心理框架是该问题讨论的必要条件，这有如亚里士多德所说的："我们探究的是人的特殊活动。因此，我们可以把生命的营养和生长活动放在一边。"① 就政治学研究的目的和伦理学的性质来看，人的问题、人的活动特性才是亚里士多德真正关心的对象。将生物学的知识简单地用于伦理学的讨论无疑是一种较为粗暴的做法。

从两种不同领域和不同性质的知识厘定来看，亚里士多德的谨慎态度对于区分当代认知科学与道德哲学的缘由和原则有良好借鉴意义。一方面，亚里士多德的政治学说开始于人的灵魂的相关讨论，这提供了当代道德理论所无法具备的行动理由说明。另一方面，政治学说的心理基础不是生物学知识的简单应用，两种知识的范式具有不同的应用领域，这避免了当代神经学伦理学研究的过度越界挑战。

四 逻各斯的状态与心理动因的自明性

亚里士多德根据逻各斯的存有状态分析人类灵魂的不同功能特征，如何正确理解逻各斯成为开启通往亚里士多德灵魂学说大门的钥匙。

亚里士多德在伦理学研究中先是在总体上将灵魂分为有逻各斯和无逻各斯两个部分。② 其中，无逻各斯的部分又可以更详细地分为两个子部分，一个子部分是造成营养和生长的部分，它是所有生物都具有的力量，也是亚里士多德认为在伦理讨论中可以忽略的，"我们可以放下这个营养的部分，因为它在本性上不属于人的德性。"③ 无逻各斯的另一子部分没有逻各斯，却在某种意义上分有逻各斯。在亚里士多德看来，无逻各斯的部分在一定程度上可以听从逻各斯的劝说，这点可以通过人们在日常生活中的引导、指责、制止等相关实践得以证明。因此，尽管灵魂中受到逻各

---

① J. Barnes edited, *The Complete Works of Aristotle*, p. 1735（1098a1）.

② 值得说明的是，亚里士多德的生物学和政治哲学中的灵魂学说有不同的渊源。《论灵魂》的灵魂观来自《理想国》和《蒂迈欧》中生物心理学的灵魂三分模式；政治哲学的"独特的人类心理学"理论萌芽于《斐莱布》和《法篇》的灵魂二分模式，它后来在《尼各马可伦理学》和《政治学》中被明确表达并使用。详细参考 W. W. Fortenbaugh, *Aristotle on Emotion: A Contribution to Philosophical Psychology, Rhetoric, Poetics, Politics and Ethics*, p. 23.

③ J. Barnes edited, *The Complete Works of Aristotle*, p. 1741（1102b12）.

斯影响的无逻各斯部分会干扰到生活福祉和完满性的实现,但是它们本质上与德性没有太多的关系,例如,自制和不能自制问题既非与德性和恶直接等同,也非与它们毫无相关。不能自制者身上的冲动总是促使其走向逻各斯要求的相反方向,自制者能够遵循逻各斯的约束。灵魂中有逻各斯的部分也有两个子部分,一部分在严格意义上具有逻各斯,另一部分在像听从父亲那样听从逻各斯的意义上分有逻各斯,这两部分形成的卓越品质对应于道德德性与理智德性。人是生物,但是人有别于一般意义上的植物和动物,这种以人的幸福和德性为研究对象的政治哲学所要求的灵魂学说具有深厚的人本主义倾向,构成了亚里士多德伦理讨论的标志性特征。

逻各斯的划分是理解灵魂结构的前提,也是理解行动心理基础的前提。德性是人的灵魂所具有的逻各斯独特功能的发挥;其中,理智德性是逻各斯在知识领域的纯粹应用,道德德性是逻各斯在实践选择中的应用。至于道德心理的问题,即行动者为什么要做一个有德之人的问题,在亚里士多德看来,这是具有逻各斯能力的人基于至善目的为生活导向的回溯性要求。逻各斯彰显了人的独特性,体现了人的本质。人的本质形式限定了人的目的因与动力因。人之为人,其活动的最终目的在于幸福,这是不证自明的命题,亚里士多德在伦理学中明显认为无须对此命题有更多的论证。

逻各斯的应用不仅确保了行动理由的自明性,还能够把自然状态下尚未取得其形式的人天然具有的无逻各斯的欲望部分内化到道德教育中,提供了道德教化的心理前提。欲望和本能被划归为非逻各斯部分,它们具有一般意义上的生成在先性,是政治生活中必须教育和引导的对象。这一观点既体现在亚里士多德认为的道德德性来自习惯养成的教化思想中,也体现在他主张的年轻人由于缺少经验和性情不稳定不适合学政治学的伦理教导中,"在参与伦理讨论之前,年轻人应该对非理性的欲望和对正确事情的快乐与痛苦形成正确的习惯。非理性的快乐、痛苦和欲望因此提供了心理学的内在机制,它是亚里士多德伦理研究的实践目的的中心。"[①] 政治

[①] K. Corcilius, "Aristotle's Definition of Non-Rational Pleasure and Pain and Desire", in J. Miller edited, *Aristotle's Nicomachean Ethics: A Critical Guide*, Cambridge University Press, 2011, p. 117.

哲学中的欲望和一般动物营养和生长的欲望不完全等同，它甚至和当代心理学所讲的无意识之本我所体现出的本能和欲望也不完全等同。前者具有认知的因素在内，是行动者的逻各斯能够劝说和规导的对象；因此，所谓道德德性乃是行动者对自己欲望冲动的恰当约束所形成的优良习惯，在德性的内化过程中，行动者的逻各斯时刻存在，它能够辨别行动者欲望的本质和对象。

亚里士多德进一步认为，那些彻底无法教化的本能是兽性。兽性不属于人的恶，"对于非人的恶，我们则加上一些限定语，称之为'兽性的'或'病态的'恶。"[①] 兽性的相反者是神性或超人的德性，这两种品质都不属于人的品质，与兽性和神性相关的行为也不属于政治学的讨论范围，这也是亚里士多德主张政治性之为人的本质属性的根本原因。当然，对于政治生活中可能会出现的某些兽性行为（亚里士多德也举了一些例子，如剖杀孕妇、吞食胎儿、嗜好吃人肉、献祭母亲等），亚里士多德的态度是政治生活的立法者和法律应该"完全驱逐那些不可救药的人"[②]。他持这一观点的原因大概在于，人的本质规范与价值要求先天地形成了人的行动约束，当这些兽性行为出现的时候，行动者已经选择了放弃作为人的可能，违背了人的本质要求，他/她已经不具有在政治共同体中生活的理由。

五　结语

亚里士多德对心理基础的政治学处理方式能够正确回应行动的情感与理性的统一问题，进而能够有效回应当代心理主义、行为主义乃至虚无主义对于行为的心理基础以及行动者的自由意志和道德责任的解构。

在当代的伦理思想中，情感主义与理性主义在欲望与慎思何者才是行动的始发动因问题方面争论不休，这一争议容易带来两种极端的观点：一方面，心理主义与行为主义将人的所有行动（包括道德行动）看作是类似于动物的自发行为，看作是来自遗传、生存与性欲的本能冲动，这就在本质上否认了人的理性慎思和自由意志，解构了人的价值和尊严。另一方

---

① J. Barnes edited, *The Complete Works of Aristotle*, p. 1815 (1149a18).

② J. Barnes edited, *The Complete Works of Aristotle*, p. 1865 (1180a9).

面，唯理主义将人的行动看作是压抑本我欲望的纯然理性计算结果，这必然会贬低乃至忽略人天然具备的情感倾向，剥离了人的自然属性，最终消解了人性。在亚里士多德看来，道德行动是行动者综合考虑自我欲望基础上的理性选择，是行动者灵魂中情感与理性的统一。正确的行动不违背本心、不违反理性规则，欲望和理性能够在选择的综合模式中得以有效兼容。在亚里士多德的伦理思想中，幸福生活为人们提供了不言而喻的目的导向，也提供了行动动因的合理答案。换言之，幸福生活来自灵魂符合德性的活动，幸福的目的性捍卫了德性的必要性；相反，不道德的行动危害了生活的完整性，违背了幸福的目的追求。

此外，亚里士多德道德哲学心理基础的在先性和自明性进一步捍卫了政治哲学中德性统一性观点。在伦理讨论中，亚里士多德提到了五种形式的理智德性和十余种类型的道德德性，对于这些德性之间的关系及其统一问题，亚里士多德几乎没有给出清晰的说明，德性统一性问题成为当前亚里士多德伦理学研究中最困难、争议最大的问题之一。亚里士多德政治哲学中关于灵魂逻各斯的划分观点提供了德性本质的心理解释框架，它说明道德德性与理智德性本身是同一灵魂不同部分的不同功能展现。在行动的始点上，道德德性和理智德性本来是一体的存在；在行动过程中，两种德性也会相互影响、相互促进，共同致力于幸福生活的最终目的；在行动的最终目的上，二者又在幸福生活的共同目的上实现了彼此间的统一。

（作者单位：华侨大学哲学与社会发展学院）

论道德法则的现实性重构：在规范与实践之间
——对康德道德法则与善之间关系的批判性考察

高来源

在道德哲学领域，康德的道德形而上学理论影响深远。尽管哲学家们从各自不同的角度出发，对康德道德哲学的相关问题褒贬不一，或推崇或批判的争论不绝于耳，然而就像伯纳德·威廉斯说的，"关于道德哲学的很多十分引人关注的工作基本上都受到了康德哲学的启发"。[①] 尤其是近几年来，以麦金泰尔等英美学者为代表的批判之声和以赫费为代表的褒扬之声形成了较为激烈的论争，赫费甚至认为麦金泰尔根本没有读懂康德。[②] 然而，抛却所谓的英美与欧陆两种不同的哲学传统以及原教旨主义不谈，仅就道德问题本身来说，应该清楚的是：争论并非非此即彼或非对即错的简单评判，而是一种以时代性问题为隐性指引的问题诠释，也即我们应该从道德所蕴含的多维度性以及对人之生存本身来说的应然性角度辩证地看待这些围绕着康德道德哲学所展开的论争。事实上，这不仅是在现时代激活康德哲学，乃至整个德国古典哲学的一种途径，更是对现时代所面临的道德问题的一种合理关照。因此，如果把纯粹的理性推理之先验性悬置在一边，而以实践为范式来看待这个问题的话，就会发现在最高的道德原则与道德行为、道德善之间的连续性问题恰恰是当前亟待探讨和解决的。

---

① Bernard Williams, *Moral Luck*, Cambridge University Press, 1982, p.1.
② 赫费教授2017年在黑龙江大学讲学时明确地表达出了这样的看法。

一 道德法则的形而上学合法性及其内在的问题

在《道德形而上学的奠基》和《实践理性批判》中,康德明确地探讨了道德形而上学建构的必要性及其内在机理。按照他的说法,"科学的本性"就是要"审慎地把经验性的部分与理性的部分分开"①,也即,只有把理性从与经验相混杂的状态中剥离出来,纯粹的、必然的形式知识才是可能的。而为了道德自身存在的合法性,也必须建构一种道德形而上学,以确立纯粹、普遍而必然的实践法则。如此,人们才不会为"众多的偏好所侵袭",才会防止道德本身"受到各种各样的败坏"。② 因此,康德认为建构一种纯粹的道德形而上学对于道德本身来说是第一要务,也即应该"先把道德的学说确立在形而上学上,在它站稳后,再通过通俗性使它易于接受。"③ 在这种理念的指引之下,康德提出:"一切道德概念都完全先天地在理性中有其位置和起源"。④ 即理性是道德存在的前提,道德自身及道德法则存在的合法性必须从理性中寻找。之所以如此,就在于理性自身的实践性本质可以不为各种偏好所左右,而完全按照自己形式化的普遍性提出"客观"、普遍的法则来。显然,在康德看来,这个理性的普遍法则就是道德的根源。因此,当个体性的行为准则与这个普遍的理性法则合二为一的时候,道德性才会产生。这也就是康德所说的,"道德性存在于一切行为与立法的关系中"。⑤ 所以在康德这里,与道德性相对应的并不是善或恶的概念或者至善本身,也不是实践行为的矛盾冲突,而是普遍的道德法则。对此,康德曾有明确的论述:"善和恶的概念必须不是先行于道德法则(表面上必须是这概念为道德法则提供根据),而是仅仅(如同这里也发生的那样)在道德法则之后并由道德法则来规定。"⑥ 即纯

---

① 《康德著作全集》第 4 卷,李秋零编译,中国人民大学出版社 2005 年版,第 395 页;第 396—397 页;第 416 页;第 418 页。

② 同上。

③ 《康德著作全集》第 4 卷,第 442 页。

④ 《康德著作全集》第 5 卷,第 67 页;第 67 页。

⑤ 《康德著作全集》第 5 卷,第 67 页;第 67 页。

⑥ 同上。

粹实践理性所提供的普遍的道德法则是先在于善恶概念的，善的内容不是既定的，也非通过经验性的事件与行为总结出来的，而是通过行为对先验的道德法则的遵守而生成的。与此相对应，至善也不是道德的决定性根据，相反，至善是以道德法则为根据、是依循着理性的普遍法则而产生的。因而至善并不是一个已然确定的、拥有具体内容的概念，而只是依理性自身设定的法则所产生的行为结果。事实上，也只是在这种情况下，道德法则才在决定性根据的意义上与道德至善融为一体：善之为善，就在于意志对道德法则的遵守，而道德法则作为一切善的绝对条件则可称为至善。所以康德说："法则在这种情况下直接规定着意志，符合法则的行动是就自己本身而言善的，一个意志的准则在任何时候都符合这法则，这意志就是绝对地、在一切意图中都是善的，并且是一切善的至上条件。"[①]至此，康德改变了亚里士多德的伦理学传统，不再是预先讨论、设定善的内容，而是从纯粹理性的自身实践性（自由）的特质出发，提出先验之善的形式路径，进而通达具体的行为之善。然而问题在于：目的性的善如何从形式性的道德法则中衍生出来？既然道德法则是纯形式的，那么它如何进入到质料性的现实世界，二者的连续性如何展现？

对此，匹兹堡大学恩斯特龙教授曾从道德分工的角度进行了深入的阐释。他认为，康德的至善概念应被看作是"均衡性观念和普遍性美德观念的结合"，这就意味着至善的实现只有通过有限与无限的劳动分工才能完成，即"配享性必须通过无限的存在获得，普遍的美德必须通过有限的存在获得"，道德法则"不仅要理解为行为的绝对律令，而且还要理解为应用善概念的有效性标准"。然而无限至上的绝对形式如何能成为有限实践的标准？当然，这种劳动分工式的解释确实提供了一条深入理解康德道德哲学的路线。可需要看到的是，有限与无限的纠缠并不是直接的，这个纠缠本身就蕴含着一种距离和可能性，无限的现实性恰是在有限的行为冲突或矛盾中才显现出来。从实践行为的角度看，道德善以及道德判断本身并非仅表现为纯粹的理性自律或形式化的道德法则的指导，而是更具体地体现为人在理性与偏向、行为与规范之间的张力基础上所建构的一种实

[①] Engstrom, "The Concept of the Highest Good in Kant's Moral Theory", in *Philosophy and Phenomenological Research*, 12, 1992, pp. 747–780.

践平衡。

二 有限与无限的张力：理性设定法则的合法性基础

在康德那里，道德法则的普遍性之合法性并不在于其为所有道德个体认可，而在于其纯粹的形式性，也即其无限性。按照康德的说法，"这个法则是纯然形式的（也就是说，仅仅要求准则的形式是普遍立法的），所以，它作为规定根据就抽掉了一切质料，因而抽掉了意欲的一切客体"。[①]而当道德法则只是纯粹理性形式而不拥有任何质料性内容时，道德判断就不可能发生在具体的道德行为及其所构成的道德事件中，而是被还原为纯粹的理性形式本身，也即道德判断的发生只存在于自由意志对理性法则的选取中，发生于纯粹实践理性自身的活动中。行为的道德属性在行为发生之前已然被确定了。既然善的必然性在于理性的行为本身是绝对普遍的，具体的善和德性只是道德法则的结果，那么道德法则实际上就是一个知性的概念，它是对"经验性的道德行为和道德事件"这种杂多的一种先天把握形式，因而代表着普遍的统一性，为现实的、经验性的行为和事件提供根本的形式指引和秩序构架。如此，它就只能存在于纯粹的知性世界之中，而不为感性世界所左右。然而，当康德做完这种畛域性的划分之后，他显然已经承接了笛卡尔以来的身心二元论的困境：如何在理论理性的普遍性和经验世界的现实偶然性之间建构一种连续性和统一性。因为纯粹理性的普遍性法则和经验世界中所有个体的统一性的准则之间并不是同一的，有限与无限之间的沟壑是绝对的质的区别而非仅限于样态的差异。从道德的角度来说，动机的合理性并不代表着行为过程和行为方式的合理性，动机的合法性和效果的合法性之间还有一个道德判断及行为活动本身的合法性问题。

如何解决这一困境？对康德的道德形而上学稍作分析就可以发现，其依靠的根本手段就是把理性作为人的绝对权威性代理。由此入手就会看到，其道德形而上学存在着两个关键性的前提预设：一是理性自身即为实践的，无论是自由，还是上帝，都是以此为基础，二是理性在个体性的人

[①]《康德著作全集》第 5 卷，第 116 页。

之中表现为无差别的同一性。相对于前者的明确论述来说，后者则是隐含的。但无论怎样，落实到人的时候，都是以已生成的、完满的理性主体为参照对象。或更为直接地说，作为道德法则决定性根据的理性已经僭越了"活生生的人"，而成为行为之绝对命令的施予者。这样，理性自身为自身设立法则的实践性本质就成为自由的必然内容，从而取代了自然意欲性的自由，使自由成为理性的一个理念，由此才能使其从必然之"是"推进到必然之"应是"的状态。但是，当这种应是之必然性面对具体的理性拥有者而非理性本身的时候，理性在个体中的绝对同一性就必须是一个根本性的条件。因为道德法则本身必须为有限的道德个体所拥有并实施于行为中的时候，它才是现实的，也才真正实现了其应有的价值和意义。如若有限的道德个体之间没有这种可通约性，那么绝对的、形式化的道德法则在原子式的个体中就会失去其无限性和绝对的权威性，进而就无法在现实世界中展现自己，如此也就失去了存在的合法性意义而沦为概念游戏。因此，为了突破有限与无限之矛盾，只能设定道德个体之理性的同一性，即现实的人在本质上只是理性链条上的一个元素，是理性的一种现实化手段。这样既保证了理性相对于自由意志之选择来说的绝对权威性，也保证了道德法则现实化的可能性。尽管理性自律能够让经验世界中的道德个体成为一个个独立的道德原子，但在同一性的理性之下却可以因绝对道德法则而形成一个统一的整体。换个角度来说，有限与无限的统一性也只能在关于理性的这两个设定的基础上实现出来。

若不从理性本身出发，而从作为理性存在者的人，即从这种设定的缘由本身出发，对康德所提出的理性之实践性特质及建基于此的道德法则进行分析，就会发现这两个设定本身恰恰是理性之限制性和自然之欲求性间辩证关系的结果，或者说，二者的张力性关系才是其得以可能的根本性基础。理性的意义并不在于自身的独立性，而在于相对于经验世界的秩序性和限制性。如若不考虑到感性世界或经验世界相对于知性世界来说的存在之合法性和必然性，那么道德世界必然会成为单向性的理性之轨道，而走向自己的反面。

如果从生活世界的意义上对这个前提进行反思，这种预设本身所存在的冲突就更为明显：个体的多元性和理性的单纯性（一元性）之间的冲突，经验性的现实性个体和反思性理性构建出来的纯粹的理性个体之间的冲突。个体的主体性特征决定了理性在思虑和选择中的优先性地位，但是这种形式化的表述本身就孕育了自己的悖反：理性权衡的能力和结果本身又会反过来冲击普遍化的理性形式，进而成为理性普遍性的颠覆者，理性普遍性法则的建立恰恰是相对于偏向性的非普遍性来说的，也即理性立法本身就已经面对着、关联着这种非同一性。事实上，正是因为这个预设本身就是在这种张力性的基础上建构起来的，也正是因为个体主体的多元性和冲突性，普遍的道德法则才真正展现出其必需性的意义和价值。只不过，当把道德还原到纯粹理论领域的时候，理性的形式性遮掩了其行为实践性的多元维度的动态性交往而已。所以伯纳德·威廉斯说："把一个人应该理性地那样做视为先验自明的，这是康德主义者们（或许还有某些类型的功利主义者们）的一个错误。"[①] 因为在实践进程中，这种遮蔽本身就成为无意义的了，形式本身只有在与质料相融合时，在与非形式的、事件性的经验内容进行交互作用时，它才能让自己成为合法的现实存在。就像皮平所说的："精神可以被看作是拥有一种独特性的生命形式：它是一种自由的存在。但是那种生命形式的现实化是在历史性的时间中发生的，是与随着时间的变化而其本身进行自我转化的机构相关联的。"[②] 事实上，道德法则的现实性也只有在实践经验中发生作用时，它才是真实的；意志自由的现实时间性[③]也决定了现实的冲突和矛盾所形成的张力恰是道德法则得以现实化的契机。自由意志对理性法则的选取并不能仅停留在形式化的动机上，更要体现在行为活动对普遍法则的现实化的过程中，也即行为活动不是被动的执行者，而是现实

---

① Bernard Williams, *Moral Luck*, p10.
② 皮平：《在什么意义上黑格尔的法哲学是以他的〈逻辑学〉为基础的》，《求是学刊》2017年第1期，第8页。
③ 意志在康德这里是没有时间性的，起码康德没有对它明确论述过。我的理解是，对康德来说，自由意志的形而上学意义显然要比时间领域内的现实性意义更为重要，因为这样才能保证道德法则的纯粹性和普遍性。事实上，也正是如此，在理论与实践之间、形而上学与经验世界之间才形成了一种先后、上下的争论，才有二者如何统一的难题。而在黑格尔那里，自我意识的内涵明显突破了康德的这种局限。参见黑格尔的《精神现象学》第一部分和伦理学部分，以及皮平的《黑格尔的实践哲学：作为伦理生活的理性能动性》的第二部分"自由"。

化的自由意志本身。即使在遵守法则与否的思虑过程中，道德法则也不再是纯粹的形式根据，而已经转化为道德事件的构成部分。

三 道德法则之现实性重构的内在张力

由上可见，当康德在纯粹实践理性的基础上建构了道德法则这一试金石的时候，就其作为一种义务而言，问题并没有结束。但若只从道德主体就是理性载体这个单一角度来思维，余下的就是行为对法则的奉行这一个事情了。而既然康德已经论证了道德法则相对于道德行为来说的应然性之必然性，那么道德行为之善的产生似乎就没有什么障碍，水到渠成了。因为理性法则之下的自律已经让理性的承载者成为相互和谐一致的道德原子集合，也即康德说的那个"目的王国"："不同的理性存在者通过共同的法则形成的系统结合"。[①] 如此，道德问题本身就不再是问题。

然而，若是我们把法则置放在辩证实践的视域之下，从道德行为得以产生的现实性维度出发来重新审视其现实性，那么这个问题所蕴含的复杂因素就展示出来了：理性的现实理智化所引出的形式法则的非形式化，已然打破了道德法则在纯粹理性意义上的绝对普遍性。因为这种境况中的法则，已然失去了神性的崇高而成为实践判断的参考因素，成为自由事件的一个构成部分，甚或说，法则的无限性和优先性只能通过道德事件中的道德信念而表现出来，与实践经验纠缠在一起。因为道德法则并不是自然法则，无法通过知识的必然性而实现出来，只能通过相对于自由意志来说的优先性——信念——而实现出来。然而一旦涉及个体的信念，问题就不能仅仅归结为单纯内在法则的外化或者单纯外在作用的约束，而应该看作是在内外相互性的作用中表现出来的一种实践平衡。因为信念本身就包含着对法则的认可、对行为价值和意义的判定、对外在的他者以及他律之间关系的处理等因素。故，它的作用就是要"说服"自我进行某种观念指引下的某种行为方式，也即对原本纯粹形式性的法则进行充实、进行现实化的重构，进而为接下来的行为合法性进行充分的辩护。如此，法则原本的必然性已然让位给了是否有机会让法则彰显以及如何彰显的偶然性。这两

[①] 《康德著作全集》第 4 卷，第 441 页。

个相互对应的思维向度显然直接影响着道德现实性的进程,或许这才是康德"为信仰留个地盘"的深层考虑。

康德的道德法则之所以会遇到这种形式性和现实性的差异性冲突,主要原因在于纯粹实践性的理性本身是给定性的,而非现实性的、历史性的;理性的无限性是反思性的,而不是现实实践性的。由此,当康德在纯粹实践理性的基础之上确立了普遍法则之后,接下来的问题就必须解决它与经验世界之间的连续性关系。然而康德关于道德"两步走"的策略由于其道德主体的纯粹理性化的设定及对其与偏向性因素的绝对割裂,决定了这两步之间的机械性和脱节性。

在康德的实践哲学中,道德主体是自由的,这是绝对的道德法则得以成立的根本所在。然而拥有真正自由的自我是无法在经验世界中获得的,因为这里的自由只是理性意义上的自由,按照康德的说法:"自由只是理性的一个理念"[1]。因此他的自由是反思性的,而非经验性的。从《纯粹理性批判》中可知,知性虽然能够获得关于现象的知识,但是不能通达最后的"物自体"这个界限。在这里,理性必须与经验相结合,否则就会陷入先验幻相的境地。故知识得以可能的核心背景是:理性所针对的是物自体所生发出来的现象,因此形式与质料、概念与经验必须结合才能有合法的知识。但道德何以可能的潜在隐语是:理性所针对的是理性本身。因此,道德不能形成经验性的知识,而对其唯一的把握就是纯粹形式本身——法则。因此,在理性同一性的基础上为自我建构一个绝对自由的契机就成为保证自我选择能够获得完全自主性的一个条件。而既然经验世界中的自我总是会受到各种外在因素的影响,无法获得真正的自由,那么让其完全回归到纯粹理性本身就是唯一的选择。所以美国实用主义代表人物米德才会说:"这里所发生的一切都是依照因果法则而发生的。每个结果都是它的先行原因的必然结果。因此,自由不可能在我们所认知的这个经验世界中被发现。"[2]

然而从实践经验的意义上来说,主体性的生成并不等于先验理性的先

---

[1] 《康德著作全集》第 4 卷,第 464 页。

[2] G. Mead, *Movements of Thought in the Nineteenth Century*, The University of Chicago Press, 1938, p. 66.

天拥有之设定，而是一个现实的实践性过程，其本身就包含着历史性和具体的现实性维度。从这个角度来说，理性的实践性并不应该理解为其自身的固有之意，而要认识到其功能性的本质，认识到其现实实在性是建基于实践经验之上的。换句话说，必须认识到：道德法则有一个现实性重构的过程。否则，它就面临着或者成为空有其名的旁观者，或者沦为实施暴力之借口的危险。

在生活世界中，主体性的生成对于道德意识及道德行为来说至关重要。其背后不仅关涉到职责与义务的承担者之合法性，更重要的是它是道德现实性得以可能的前提。然而主体性的建构和生成，并非单纯的先验理性独立完成的，而是一个现实的生成性过程。它不仅包含着与周围世界的相互关联以及由此所形成的经验，更包含着对这一关联和经验的反思和延续。因为从某种意义上来说，人的存在过程就是主动地与周围世界达成某种目的性的平衡过程。麦金泰尔所说："只有在我们与他者的关系中并通过这种关系，我们才能成为并持续成为实践性的推理者，只有在与他者的关系中并通过这种关系，我们才能对我们的信念、概念和预设进行批判性的探究"。[①] 作为道德承载者的理性拥有者并非孤立的理性个体，而是相互关联的多元整体。所以，人与周围世界保持平衡的过程本身就伴随着人与人之间关系的生成。也正是在这个过程中，人与人之间的关系才逐渐地自觉化，以致形成了文化习俗、社会传统、伦理纲常等稳固的关系。然而，合作性关系的自觉确立本身却又说明了人的理性维度的存在。所以从这个角度来说，人本身就表现出双重维度：群体性的理性同一性和个体性的自由特殊性。对此，黑格尔曾有精彩的表述："个体性恰好是这样一种东西：一方面，它是一个普遍者，因此是以一种安静的、直接的方式与现存的普遍者（伦常、习俗等等）融为一体，与之适应，另一方面，它又与那些现存的伦常习俗相对立，甚至把它们颠倒过来，要不然的话，就是坚持自己的个别性，以完全漠然不相关的态度对待它们，既不受它们的任何影响，也不主动去反对它们。"[②] 所以，这种双重性在经验世界中并不

[①] A. MacIntyre, *Dependent Rational Animals: Why Human Beings Need the Virtues*, Carus Publishing Company, 1999, p. 156.

[②] 黑格尔：《精神现象学》，先刚译，人民出版社2013年版，第190页。

是绝然对立的，而是表现为一种整体性，也即二者相互纠缠的生成性。因此，在理解属人的各种关系时，切入的视角不能是单维度的，而应是辩证的、多维度的。也只有在这个意义上，才不会把具体的道德事件中的潜在因素简单地归结为非道德性予以忽略，而不关注其形成的原因和影响。

所以道德主体在经验世界中并不只是表现为对纯粹道德命令的遵守，更表现为在这个普遍的法则之下，其对与他者之间和谐、平等关系的建构。或者说，主体性只有在自我与他者间的这种富有张力的关系中才具有现实性。而且，这种张力性的关系并不是非此即彼性的二元关系，而是关涉着许多非直线性因素在里面。也即，这种张力性的关系是一种关系的合力，是通过一系列累积性的关系的作用，进而以一种显性的或者明确的方式展现出来的冲突。它所体现的，恰恰是黑格尔意义上的那个普遍与特殊的辩证法。由此，普遍的道德法则的重构由于所获条件（质料）的差异性（解释的多元性）而形成了交织，进而穿梭于普遍性与特殊性之间。① 原本原子式的、自律性的道德个体也随之面临着两种选择：绝对地按照普遍法则而行为或者以法则为轴心适时地调整原则的多重面向，进而审慎地与他者形成交互性的互惠式关系。

然而，若是选择前一种情况，就会面临着形成封闭而机械性的僵化自尊的危险。如此，当以特殊的方式来强迫他者（也包括自我）实施某种符合道德法则的行为时，道德行为所奉行的法则就会走向自己的反面。它所预设的善，不再是以现实的自由和平等为基础，而是以某种强权为条件，进而原本具有指引性的参照就成了强权的借口，为其存在的合法性进行辩护，其自身也就堕落为谋取某种特殊目的或利益的工具和手段。"以人自身为目的"就吊诡性地与人是工具合二为一了。实际上，当道德法则下放到道德事件中时，问题已不是遵守法则与否的问题，而是转化为如何遵守法则、如何让其现实化的问题了。僵化的遵守只能蜕变为强制性的工具或手段，而一旦如此，则意味着它已经不再具有道德合法性，而是成为强制性他律事件了，进而面临着成为特殊谋划之借口的危险。简言之，

---

① 事实上，康德在《实践理性批判》中谈到"纯粹实践理性的辩证论"，尤其德性相对于至善而言的配当性时，已经涉及这个含义了。但是由于对道德法则绝对权威性和纯粹性的捍卫，使其并没有意识到理性的二律背反本身存在的合法性意义，以及背后所蕴含的法则的现实实践性的重构维度。

明确的自由之善的旨向已经被模糊了。如此，也就为超脱于事件之外的僭越者留下了空间。这种现象不仅表现在希特勒那样的战争狂人身上，在日常生活中也屡见不鲜。例如，在公交车上，当甲提出因自己年长而强迫年轻的乙给自己让座时，甲事实上就已经处于僭越者的地位了。因为当强迫性的让座要求提出时，这个事件就不再是一个单纯的自律性的道德事件了，而是伴随着外在的强制性的因素在里面，或者更为明确地说，道德法则已经成为一种获得某种权利的工具。如此，在不同主体的道德法则之有效性间首先就形成了一种争执：至善的道德法则之下所形成的与具体道德实践的冲突。事实上，若是甲不提出这个要求，而年轻人又身体不适，或者有什么其他特殊的问题而无法让座的时候，这个道德实践就不再是善与非善、自律与他律间的冲突，而是善与善之间的冲突了。考虑至此，绝对的道德法则早已不是绝对的，而是转化成为现实对应性的善之生成的条件了。所以若是看不到道德法则在道德主体身上所建基的这种形式性与现实性、规范性与自由性的张力关系，那么就无法对道德事件进行合理的评判，进而也就使道德走向了自己的反面。

所以，当理性下降到生活世界之后所面对的问题不是非此即彼的遵不遵守道德法则的问题，而转换为面对各种行为冲突如何遵守道德法则、理性的拥有者如何使用理性的问题，也即如何以道德法则为指引建构具体之善的关系的问题。从纯粹理性的角度看，道德法则的存在是必然的，但与此同时它也意味着现实世界中的多元可能性。因此在这个意义上，如何让理性法则所蕴含的崇高性和理性人格在现实世界中展现出来，就要落实到实践智慧身上，展现为交互性实践的多重面向。如此，亚里士多德的德性论和康德的道德形而上学之间才真正有了一种衔接或融合的可能性。

四　具体善的生成：在规范与实践自由之间

由上所述，如果说道德形而上学只是从纯粹形式的意义上来论证道德存在的必然性的话，那么道德本身的现实性则要回归到现实的实践世界来把握。然而思维与行为的有限性，决定了道德法则的无限普遍性与具体行为活动的多元条件性之间的距离。而正是这种距离的存在，既给予了行为遵守法则的自由，同时也给予了违背法则的自由。这种双重性的表征与实现，才真正是道德性的，而这实际上就是道德法则的现实性重构的特殊维度。因为人的有限性并不只是行为上存有无法通达到的空间，还有时间性上、思维上无法企及和认知的边界，这恰是实践得以拥有优先地位的根本原因。因此，简单的非此即彼式的法则根本无法满足多元化的生活世界。而这种二分论的痕迹，显然是自由的悖论。同时，思维也无法摆脱实践世界而单独存在，那种完满的思维只能在神性的灵魂和彼岸世界获得存在的合法性。而实践性的思维之实践性，就是因为其形式与内容的统一性、不可分割性和相辅相成性。因此，世界的可理解性不在于精神的绝对性，而在于实践对精神和现实世界的实在统一性。两步走的解释，畛域性区分的方法，只是使之可理解的一种权宜手段，并不是绝对的唯一手段。这表现在判断上，就是历史性的过程所形成的思维元素的差异性，以及由此形成的价值判断和认知判断的差异性。所以，需要关照的不仅是法则本身的无限性，更是对理性面对现实经验世界时所保留的无限可能性。

在这个意义上，道德行为并不是纯粹的理性自我的行为，而是个体性的主体保持其与周围世界之间现实性平衡关系的一种特殊形态。这种形态的关系之建构并不遵循着必然性的单向模式，而是表现为一种实践基础上的双重性的连续性建构的特点：一方面，我们可以把它看作是对规范性的道德法则的遵守；另一方面，它又是在价值支撑点上对自由本身的多重维度的展现，包含着许多历史性的、隐含的、境遇性的具体因素在里面。因此，道德法则本身应该包含着现实性重构的多重维度。从这个角度来说，道德主体就不能只理解为纯粹的理性自我，也不能理解为对既定道德法则的被动执行者，而应该是在自由行为与规范之间不断建构平衡同时又极力保持平衡的、生成性的、实践之人。因此，道德判断本身也不能只是理解为形式化的命题，而应理解为蕴含着行为实践的过程。由此，作为事件的道德判断才会具有现实的合理性和合法性，才能对现实性的问题有所裨益。这也从另一个角度表明了康德道德哲学工作的未完成性和其为当代道德哲学所遗留下的问题空间。

（作者单位：黑龙江大学哲学系）

美德伦理学对正确行为的说明

文贤庆

在西方规范伦理学中，主要存在着后果主义、义务论和美德伦理学三种径路。在其中，美德伦理学一般被认为主要强调行为者的美德或道德品质，区别于义务论和后果主义主要强调行为规定的做法。以行为规定为核心，后果主义把一个产生了最大化福祉的行为叫作道德正确行为，义务论把按照一条普遍原则采取的行为叫作道德正确行为，而美德伦理学则把有美德的人做出的典型行为称之为道德正确行为。看起来令人困惑的是，后果主义和义务论或者把行为规约到行为后果，或者把行为规约到行为规则，从而为我们给出了如何行为的伦理指南；而美德伦理则把行为规约到有美德的人，似乎并没为我们给出如何行为的伦理指南。因此，有很多人质疑说，美德伦理学"以行为者为中心，而不是以行为为中心"根本没有告诉我们正确的行为是什么，因而并没有为我们如何正确行为提供指导，进而也不是一种真正的规范伦理学。如果这种质疑成功，那么美德伦理学作为规范伦理学的地位就岌岌可危。如果要捍卫美德伦理学作为一种规范伦理学的立场，我们就必须提供美德伦理学有关正确行为的理论说明。问题在于，美德伦理学能够为我们提供有关行为正确性的说明？它是如何提供的呢？

为了回答上述问题，我们需要对当今主流的美德伦理学理论进行审查，从而总结出美德伦理学有关正确行为的看法。为此，本文将分别考察美德伦理学三种主要的形式，即：基于行为者的解释（agent – based account）、合格的行为者解释（qualified – agent account）和目标中心的解释（target – centered account），通过论证文章将表明，美德伦理学确实为我们提供了有关正确行为的独特说明。

一　基于行为者的解释

早在《从道德到美德》一书中，迈克尔·斯洛特（Michael Slote）在很大程度上就试图通过聚焦于作为美德的品质概念来谈论行为，斯洛特说，"一个行为例示或显示了某个美德，这是通过它与某种被认为是有价值或值得赞赏的品质之间关系而进行的一种典型的间接评价"①　然而，直到《来自动机的道德》一书，斯洛特才比较明确地发展出了基于行为者的美德伦理学，在这种理论解释中下，美德概念关联于动机，"正确的行为"通过动机概念得以说明，即，"按照好动机理解正确和按照拥有坏（或不充分的好）动机理解错误"②，更为清晰的，"正确的行为通过拥有好的整体性或全体性动机得到保证"③。很显然，斯洛特认为行为的正确与否依赖于行为者的动机，这样的动机是一种内在的品质或特征，表现为美德，美德在解释行为的正确性问题上具有基础性地位。然而，美德对于行为的这种基础性地位是如何体现出来的？对行为的评价只能通过美德才能得到解释吗？在斯洛特这里，前一问题关联到行为评价与动机评价之间的关系，后一问题关联到美德伦理学是否能够为行为评价留下独立空间。

我们先从第一个问题开始。为了比较好地理解斯洛特的观点，让我们通过一个有关"无可非议的错误行为"（blameless wrongdoing）的案例进行分析。在金庸的武侠小说《神雕侠侣》中，郭靖出于好意让杨过拜师全真派，结果没有帮助到杨过反而导致他受到赵志敬等人的伤害。按照斯洛特的观点，"一个行为是正确的（道德上可接受的），当且仅当它是出于包含了仁慈或关心（他人的福祉）的好的或有美德的动机，或者，至少不是出于包含了对人的恶意或冷漠的坏的或不好的动机。"④ 在这里，因为郭靖让杨过拜师全真派的行为是出于好的动机，所以，郭靖的行为是"正确的行为"。

对郭靖让杨过拜师全真派的行为而言，除非表明郭靖是一个糟糕可鄙

---

① ［美］斯洛特：《从道德到美德》，周亮译，译林出版社2017年版，第113页。
② M. Slote, *Morals from Motives*, Oxford: Oxford University Press, 2001, p. 14.
③ Cf. M. Slote, *Morals from Motives*, p. 35.
④ Cf. M. Slote, *Morals from Motives*, p. 38.

的人，否则郭靖的行为就是正确的。当然，在小说中，郭靖是一个真正的大侠，不是一个糟糕可鄙的人，所以郭靖的行为是道德上正确的。如果事情是这样，那么对斯洛特而言，似乎存在着一种"无可非议的错误行为"的悖论，即从直觉上来讲，杨过受到赵志敬等人的伤害是一个事实（在小说中），这显然可以证明郭靖让杨过拜师全真派是一个不好的行为，可按照一个行为只要是出于好动机就是一个正确行为的观点来看，郭靖让杨过拜师全真派就是一个正确的行为。

当然，对于斯洛特而言，一种可能的回应是，由于郭靖不能总体说来地考虑全真派的情况，所以郭靖的好意并不一定是事实上表现出来的好结果。关于这一点，斯洛特明确地意识到，"除非一个人确定无疑地关注那些贫困的人和他们在什么程度上是贫困的，否则，仁慈就不可能是完全意义上的仁慈；反过来讲，诸如此类关注本质上包含了想要知道和努力知道相关的事实，这样一个人的仁慈才可能是真正的仁慈。"[①] 这也就是说，判断一个人的动机关系到行为者自身的能力水平和对相关事实的承认，这些东西同样构成了对行为的评判，这为行为脱离动机进行评价留下了空间。不过，既然斯洛特对完全的仁慈有真正的认识，那么斯洛特认为出于好动机的行为就是正确的行为显然就不可能是在这个意义上进行的回应。

为了看清斯洛特真正的思想，我们可以借助另一个案例一起分析。在《神雕侠侣》中，郭靖虽然让杨过拜师全真派，但让杨过拜师赵志敬的却是丘处机。丘处机出于关心杨过的好意让他拜师赵志敬，这个时候的丘处机并不知道赵志敬的人品不行。按照斯洛特的观点，丘处机是出于好意让杨过拜师赵志敬，即使事实表明赵志敬不是一个好师傅，但我们显然没有理由怪罪于他。但问题在于，对杨过而言，他被丘处机安排给赵志敬当徒弟这件事确实造成了不好的结果。在这里，我们会明确地看到两种有关行为的不同评价标准：从丘处机出于好的动机角度言，我们说他出于对门下弟子的信任而把杨过推荐给赵志敬是正确的行为[②]，但从杨过事实上受到赵志敬伤害的结果而言，我们有理由表明丘处机让杨过拜师赵志敬是不正

---

① Cf. M. Slote, *Morals from Motives*, p. 18.
② 关于一个人的信念可以构成行为理由的观点，可以参见 B. Williams, 'Internal and External Reasons', reprinted in Bernard Williams: *Moral Luck*, Cambridge University Press, 1981, pp. 101 – 113.

确的行为。很显然，对于斯洛特而言，站在丘处机的立场，出于好的动机而把一个行为评价为正确行为并不违反直觉，而且很重要的是，当斯洛特有意用"值得赞赏的"、"好的"等这类词汇来替代"正确"概念时，这充分表明他对这两类判断是有明确意识的。然而，斯洛特对这些概念的使用是否在不同的情境中都是十分清楚的则并不明朗。在《从道德到美德》一书中，当斯洛特站在常识美德伦理学的立场认为"值得赞赏"（admirable）和"糟糕可鄙"（deplorable）是美德伦理学的核心词汇时，他认为这些概念既可以用于品格特征与人，也可用于特定的行为①，但他并没有进一步细致分析运用上的差别，幸运的是，在赫斯特豪斯那里，对这两种有关正确行为的评价标准比较明晰，我们在下一节将会展示这点。不过，如果我们因为斯洛特没有明确界定语词的使用就断定他对行为的评价就直接等同于对行为者的评价显然是不合适的。②

然而，除了因为"无可非议的错误行为"可能带来的麻烦之外，对基于行为者的美德伦理学而言，一种更具挑战性的情形是范·齐尔提出的。范·齐尔基于斯洛特讨论的如下案例给出了她的质疑："一个原告履行他的义务试图证明一个他相信有罪的被告有罪，但是他却是出于怨恨而不是出于对公共利好的关注。"③

在范·齐尔看来，"按照基于行为者的美德伦理学，原告因为出于怨恨而采取行为是错误地行为"，④ 原告的行为要么看起来不是出于义务，要么他就不应该举证。然而，对于斯洛特而言，如果原告不举证，那么他就是没有关注公共利好的动机，因此不举证就会成为一个错误的行为⑤。然而，正如范·齐尔看到的，按照基于行为者的美德伦理学，出于怨恨是

---

① 参见斯洛特，《从道德到美德》，第112—116页。

② 莉兹·范·齐尔（Liezl Van Zyl）认为，因为斯洛特在"正确"和"好的"、"道德上可接受的"等概念之间互换，所以导致他把有关一个行为的评价直接等同对行为者的评价。参见 L. Van Zyl, Virtue Ethics and Right Action, in Daniel C. Russell (ed.), *The Cambridge Companion to Virtue Ethics*, Cambridge: Cambridge University Press, 2013, p. 184. 对此我并不赞同，其中一个理由是斯洛特明确地提及对行为的评价有其独特的空间。参见斯洛特，《从道德到美德》，第112页。

③ Cf. L. Van Zyl, Virtue Ethics and Right Action, *The Cambridge Companion to Virtue Ethics*, p. 184.

④ Ibid. .

⑤ Cf. M. Slote, *Morals from Motives*, p. 14.

一个不好的动机,原告出于怨恨而采取的行为就不可能是一个正确的行为。这也就是说,如果一个人出于不好的动机采取行为,则根本不存在对于这个行为者而言的普遍义务性行为,或者说即使存在这样的义务性行为也是不可能完成的,这对斯洛特而言,构成了一个困境。尽管斯洛特回应说,"一个完全恶毒的个体看到一个他可以伤害的人,他仍具有克制的能力不伤害那个人,即使我们可以确定他在现实中不会实践那种能力。

克制的行为可能不会表达或反映他的恶毒,也可能因此不会被当作是错误的。"[1] 但我们确实可以看到,对斯洛特而言,如果他坚持认为"正确的行为"要通过拥有好的动机才能得到保证的话,那么一个拥有不好动机的人就不可能做出"正确的行为",或者,如果一个拥有不好动机的人能够做出"正确的行为",那这个"正确的行为"就不可能通过动机得到保证。

事实上,这就是斯洛特提供的原告面临的两难:"如果他有举证的义务,因为这样做会失败将表达一个不好的动机,那么他出于一个怨恨的动机做事情意味着他去举证是错误的,因此这意味着他终究没有举证的义务。相反,鉴于他有一个怨恨的动机,我们的原告就有不去举证的义务。"[2] 这也就是说,对斯洛特基于行为者的美德伦理学而言,它不可避免地面临看似矛盾的两方面:一方面,因为不举证将会是具有不好动机因而是错误的,所以原告有举证的义务;另一方面,因为出于怨恨是错误的,所以原告不具有举证的义务。在这里,我们很难理解斯洛特提供的基于行为者的美德学是如何为我们给出明确的行为指南的。

客观而言,上述质疑确实给斯洛特带来了麻烦,但这并不意味着无法给出进一步的回应。事实上,在接受基于行为者的美德学的基本前提之下,从原告具有举证的义务来看,是因为质疑者在很强的意义上把不举证等同于不好的动机,又进一步把不好的动机等同于怨恨的动机。然而,对于斯洛特而言,不举证虽然表示了行为者缺乏对公共利好的关注,但缺乏对公共利好的关注并不完全等同于对一个人举证的义务。从原告不具有举证的义务来看,斯洛特已经提及,虽然具有怨恨但仍然竭力克制自己的原

---

[1] Cf. M. Slote, *Morals from Motives*, p. 17.
[2] M. Brady, Against Agent-Based Virtue Ethics, *Philosophical Papers*, (2004) 33, p. 6.

告就他的克制而言可以被看作是好动机。对于斯洛特而言，我们并不必然需要接受很强的"义务"概念①，或者说，我们不必要在"义务"概念与"正确的行为"之间画上等号。对基于行为者的美德伦理学而言，因为原告具有怨恨的动机，所以即使他做出了举证，我们也不能说这个行为是好的道德行为（基于怨恨而言）②，但这并不意味着它不可以是一个"正确的行为"，一个仅仅基于规则的"义务"③。因此，对基于行为者的美德伦理学而言，行为者可以做他们应该做的，可以成为"正确的行为"（从义务作为规则的角度而言），但这些应该做的不必然意味着"好的道德行为"（从动机的角度而言），"好的道德行为"是出于好的动机的行为，在这个意义上，"好的道德行为"作为"正确的行为"是出于动机来评价的。

二 合格的行为者解释

在回应"美德伦理学如何能够提供一种关于正确行为的论述从而提供行为的指南"的质疑时，罗莎琳德·赫斯特豪斯（Rosalind Hursthouse）提供了这样一个标准：

（VP.1.）"一个行为是正确的，当且仅当，它是一位有美德的行为者在这种环境中将会采取的典型行为（即，出于品质而采取的行为）。"④ 很显然，这并没有给我们提供如何行为的指南，美德伦理学需要告诉我们"有美德的行为者"是什么意思。在赫斯特豪斯看来，为了区别于义务论者，我们需要明确地表明，"有美德的行为者"并不是那些稳定地倾向于按照正确的道德规则做事的行为者，为此，赫斯特豪斯特为（P.1.）增加了一个附属前提：

---

① 安斯康姆在《现代道德哲学》一文中开篇就指出，"义务"、"责任"这样的概念是伦理学中的有害概念，我们需要抛弃。参见 Anscombe G. E. M. Modern Moral Philosophy, Philosophy, (1958), 33: 1–19.

② 如果是把这里的举证行为看作是出于克制，那么这恰好是一个好的行为，一个正确的行为。

③ 对于这里的"义务"概念而言，把它看作对普遍规则的遵守和把它看作是出于良好动机的强制性的遵守是不一样的。

④ 赫斯特豪斯：《美德伦理学》，李义天译，译林出版社2016年版，第31页。

（VP. 1a.）"一位有美德的行为者，就是一位拥有并践行某些特定品质特征（即，美德）的人。"①

这个附属前提体现在美德伦理学的第二个前提中：

（VP. 2.）"美德是一种……的品质特征。"② 赫斯特豪斯认为，通过第二个前提的给定，美德伦理学或者通过枚举的方法为人们提供一个行为指南，或者通过关联于行为者或他人品质或生活状态的方法为人们提供了一个行为指南。③ 然而，我们很明显地发现，美德伦理学提供的行为指南是以行为者为中心的，这在根本上区别于后果主义以"行为后果"为核心提供的行为指南和义务论者以"行为规则"为核心提供的行为指南。从直觉上来说，人们倾向于认为，后果主义和义务论都是直接以行为为中心，而美德伦理学则是以行为者为中心。这就导致人们形成一种流俗观点，美德伦理学"以行为者为中心，而不是以行为为中心。"不过，这种观点显然是不正确的，赫斯特豪斯通过两个前提和一个附属前提清楚地为我们提供了美德伦理学对正确行为的说明。然而，人们对此可能的进一步质疑在于，后果主义通过把行为和结果关联，义务论者通过把行为和规则相关联，都直白无误地给出了正确行为的标准，而美德伦理学把正确行为和行为者相关联似乎只是在兜圈子。有意思的是，一些人很自然地接受后果主义把行为和结果相关联，另一些人很自然地接受义务论者把行为和规则相关联，但他们却共同认为美德伦理学只是在兜圈子。为了表明上述观点是偏见，让我们遵循赫斯特豪斯简单地对比分析以下三种理论。

按照赫斯特豪斯的看法，我们可以简单地对比刻画某些后果主义和义务论所提供的行为指南。以行为功利主义作为后果主义的代表，我们可以概括出两个前提：

（CP. 1.）"一个行为是正确的，当且仅当，他增进了最好的结果。"④

（CP. 2.）"最好的结果就是使幸福最大化的结果——它在最好的结果

---

① 参见赫斯特豪斯《美德伦理学》，第32页。
② 同上。
③ 作者认为根据休谟在《道德原则研究》中的思想，美德是对其拥有者或他人有点或适宜的品质特征；按照新亚里士多德主义，美德是人们未来实现幸福、繁荣或生活得好所需要的品质特征。参见赫斯特豪斯《美德伦理学》，第32页。
④ 参见赫斯特豪斯《美德伦理学》，第28页。

与幸福之间构造出人们所熟知的功利主义联系。"①

同样结构的义务论概括出的是如下两个前提：

（DP. 2.）"一个行为是正确的，当且仅当，它符合正确的道德规则或原则。"②

（DP. 2.）"正确的道德规则（或原则）是……"

"（1）……是下列清单上的内容（接着，就有一份清单附在后面，也许最后以'等等'结束），或者

（2）是上帝为我们设立的要求，或者

（3）是可普遍化的/是一条绝对律令，或者

（4）是所有理性存在者都会选择的对象。诸如此类。"③

结合后果主义、义务论和美德伦理学给出的有关正确行为的指南我们可以看到，美德伦理学首先给出了和行为相关的美德行为者概念，后果主义首先给出了和行为相关的后果概念，义务论则首先给出了和行为相关的规则概念。如果美德、后果和规则三者是任何一种规范伦理学理论都要处理的主题④，那么，这三种理论给出的有关正确行为的指南在这里仅仅表明，对于不同的规范伦理学理论而言，它们有各自不同的侧重点。然而，正是侧重点的不同导致人们形成了偏见，认为后果主义从"好后果"中推出"正确行为"给出了明确的行为指南，义务论从"正确规则"中确定"正确行为"给出了行为指南，而美德伦理学从"美德行为者"中引出"正确行为"则是兜圈子。

然而，接受赫斯特豪斯的观点，如果后果主义不结合第二个前提，我们根本就不明白"后果"是如何引出"正确行为"的，如果义务论不结合第二个前提，我们根本就不明白"规则"是如何引出"正确行为"的。如果我们通过后果主义和义务论各自给出的两个前提设定能够理解它们何以给出了行为指南，那么与此相似，我们也应该可以通过美德伦理学给出的两个前提设定理解"美德行为者"是如何引出"正确行为"的。不过，出于偏见的人们会坚持认为，我们对于"什么是最好的后果"和"什么

---

① 参见赫斯特豪斯《美德伦理学》，第29页。
② 同上。
③ 同上书，第29—30页。
④ 参见 https://plato.stanford.edu/entries/ethics-virtue/。

是正确的道德规则"是显而易见的,但对于"什么是美德和美德行为者"却晦而不明。事实果真如此吗?答案是否定的。对于后果主义而言,"什么是最好的后果"依赖于"幸福的最大化",但什么是"幸福",什么样的情况才是"幸福的最大化",这是存在问题的。当然,就人们总是会考虑行为与幸福的关系问题的广泛意义上来说,后果主义确实给我们提供了一个普遍的行为指南。与后果主义不同,义务论与美德伦理学面临共同的相对主义威胁,因为义务论第二个前提需要补充的正确规则的具体内容和美德伦理学第二个前提需要补充的具体内容都是多种多样的,它们都会因为文化和社会的不同而表现出差异。这意味着,如果我们认为规范伦理学提供的行为指南是一个确定无疑的单一规则,那么不仅义务论和美德伦理学不会成功,而且后果主义看起来表现为单一规则的"幸福最大化"规则也是含混不清的[①]。因此,我们显然不能把规范伦理学提供的行为指南看作是提供了单一规则。那么,我们应该如何来理解行为指南呢?

回到美德伦理学为我们提供的基本结构,我们需要明白的是,它提供给我们的并非有关"正确行为"是什么的解释性说明,而是一种实质性的说明。按照范·齐尔的解释,美德伦理学的前提(VP.1.)表明的是,"有美德的行为者选择某个特定的行为理由独立于有美德的行为者在那些环境中会采取的典型行为的事实,我们期盼的不是她根据事实采取行为,而是这些使得她的行为正确的理由。"[②] 很显然,这些使得行为正确的理由并不是单一地按照"有美德的行为者"会采取的典型行为,而是许多可能的东西中的任意一个,比如满足一个重大需求、讲真话等等。在这个意义上,美德伦理学是一种多元主义的观点,这种多元主义观点试图向我们表明,并不存在有关行为指南的单一规则,而是依赖于特定的环境而具有的不同实践推理,因此,规范伦理学提供的行为指南就不仅仅是告诉人们"应该怎么做"的行为引导,而是要告诉人们在具体环境中"如何做"的问题,后者关系到"行为评价"的问题。正是在这里,美德伦理学

---

① 赫斯特豪斯认为,义务论和美德伦理学直接面临道德相对主义或怀疑主义的威胁,而后果主义则没有。后果主义面临的是有关"幸福"和"最大化幸福"的解释问题。参见赫斯特豪斯,《美德伦理学》,第35—38页。

② Cf. Liezl Van Zyl, Virtue Ethics and Right Action, *The Cambridge Companion to Virtue Ethics*, P.175.

"以行为者为中心而不是以行为为中心"的理念凸显出了其有关"正确行为"的独特性及优势,这一点从美德伦理学有关"剩余物"(Remainder)的观点和对"悲剧性困境"(Tragic Dilemma)的解决中凸显出来。

其实,无论是剩余物还是悲剧性困境,都是人们在谈论美德伦理学能否为我们提供行为指南时提出的问题。按照赫斯特豪斯的观点,无论是后果主义,还是义务论,他们在讨论有关"正确行为"的标准时,总是倾向于认为我们可以按照后果主义的原则或义务论的原则给出明确的指导,但赫斯特豪斯敏锐地观察到,存在着这样的情形,"'做 x 与做 y 是同样错误的,但人们必须选择去做 x 或做 y',或者'两种道德要求彼此冲突,但(大致说来)谁也不比谁更胜一筹'"[1],她称之为"不可解决的道德困境"。因为后果主义和义务论以行为为中心,强调提供具体规则作为行为指南,它们仅仅关注"哪一个行为才是正确的,x 还是 y"[2];与此不同,美德伦理学以行为者为核心,它不但要关注行为,还要关注行为者。美德伦理学希望行为者能通过某种方式体现他们对行为的责任担当,在不可解决的道德困境中,行为者应该为自己采取的行为而表现出适当的情感回应,比如感到痛苦、遗憾、懊悔或罪疚等等,这些东西就被称为(道德的)"剩余物"。正是基于"剩余物"的提出,赫斯特豪斯为美德伦理学有关"正确行为"的说明给出了不一样的观点。

赫斯特豪斯认为,在仅仅关注行为指南的规范伦理学理论中,人们认为"要么 x 是这里应当采取的(无条件的)道德正确行为而 y 是道德错误行为,要么 y 是(无条件的)道德正确行为,等等"[3]。但显然可以有第三种可能性:"两者都很糟糕,但 x 还不至于像 y 一样糟糕(假设该困境是可以解决的)"(赫斯特豪斯,2016 年,第 53 页)[4]。在赫斯特豪斯看来,我们需要有关道德的"正确行为"的两种方式,一种是基于规则提供决策程序而把行为称之为道德"正确行为",另一种是通过"感知"或"道德智慧"考虑道德"剩余物"而把值得赞扬的行为称之为道德

---

[1] 参见赫斯特豪斯《美德伦理学》,第 49 页。
[2] 同上书,第 53 页。
[3] 同上书,第 50 页。
[4] 同上书,第 53 页。

"正确行为"。为了方便起见，我们把前者叫作"正确的道德行为"，把后者叫作"好的道德行为"①。"正确的道德行为"把行为引导和行为评价结合在一起提供给我们"应该"怎么做的行为指南，但考虑"剩余物"的"好的道德行为"则表明，行为引导和行为评价是不同的。借用赫斯特豪斯的例子：一个男人以结婚为幌子让两个女人都怀孕了，但法律规定他只能与其中一个结婚。按照后果主义或义务论的原则，他最后选择了与其中一个结婚，那么他就基于该原则做出了一个"正确的道德行为"。然而，按照美德伦理学，无论他选择了与哪一个女人结婚，他的行为都不值得表扬，而应该受到谴责，他应该为自己的行为感到羞愧，他的行为无论如何都不能被称为"好的道德行为"。在这里，很明显的是，按照后果主义和义务论，不存在道德困境，不存在道德剩余物，只存在一个按照某个普遍规则给予的"正确的道德行为"②；与之相反，按照美德伦理学，存在道德困境，存在道德剩余物，虽然在考虑道德剩余物的前提下可以做出一个"正确的决定"，但这个决定却不可以被称之为"好的道德行为"。

因此，对后果主义和义务论而言，一种能够用于解决冲突或处理道德困境的决策程序为"正确的道德行为"提供了标准③；但是对美德伦理学而言，人们对行为的考虑必须充分考虑具体的情境、考虑行为者本身的情感态度和动机，人们当然可以通过美德规则化而提供"正确的决定"，但一个"正确的决定"并不能因此就被称为"好的道德行为"。后果主义、义务论和美德伦理学在这里的本质差别在于，前面两种理论认为存在着可

---

① 在这里，"正确的道德行为"这个概念中的"道德"一词和"好的道德行为"这个概念中的道德一词在内涵上有所不同，前者接受后果主义和义务论的标准主要是从行为来看"道德"，而后者则是接受美德伦理学的标准从行为者来看"道德"。

② 虽然都是按照普遍规则来确定正确的道德行为，但后果主义和义务论存在着一些差异。严格来讲，只有后果主义提供了充分确定的单一化规则，义务论提供的则是一套融贯的规则集合，二阶规则可以解决一阶规则之间的冲突，从而不需要依赖直觉。具体参见赫斯特豪斯，《美德伦理学》，第59—60页。

③ 虽然后果主义和义务论都依赖决策程序来确定正确的道德行为，但是对于某些义务论而言，它们主张对规则的运用本身需要进一步的补充，这种补充在很大程度上要求对生活本身进行审视。参见 O. O'Neill, Abstraction, Idealization and Ideology in Ethics, in J. D. G. Evans (ed.), *Moral Philosophy and Contemporary Problems*, Royal Institute of Philosophy Lecture Series 22 (suppl. To Philosophy), 55 - 70, Cambridge: Cambridge University Press, 1987; 参见赫斯特豪斯《美德伦理学》，第60页。

以法典化的决策程序是给出"正确的道德行为"的必要条件,而美德伦理学则认为我们应该在具体情境中区分"正确的决定"和"好的道德行为"。美德伦理学认为,面对生活,我们做出行为选择不可能依赖一个或一套单一的规则,道德经验本身的复杂性决定了我们需要实践智慧,而不是决策程序,来思考我们在实际生活中的行为。在这里需要强调的在于,美德伦理学虽然强调道德经验的复杂性,但这并不意味着否认存在有关道德经验的普遍性看法,美德伦理学试图告诉我们,行为规则的普遍性对于生活而言只是一个方面,它对以行为者为核心的整个道德生活来说具有的意义并不像后果主义和义务论所认为的那样大①。正是在这个意义上,美德伦理学"以行为者为中心"给出的行为指南不仅对行为进行正确或错误的判断,它还围绕行为者进行相关情感态度和动机的评价。

通过区分"正确的决定"和"好的道德行为",美德伦理学为可能存在的不可解决的困境提供了进一步的说明。赫斯特豪斯认为,"不可解决的困境"指的是这样的情形:"在其中,行为者的道德选择介于 x 和 y 之间,但是,缺乏道德的根据可以让人更倾向于做 x 而不是做 y。"② 对于这样的情形,存在着三种可能的情形:第一种被称为"令人愉快的不可解决",第二种被称为"令人沮丧的不可解决的困境",第三种被称为"悲剧性的困境"。概述赫斯特豪斯的思想,在第一种困境中,行为 x 和行为 y 都是正确的决定,都是值得赞扬的行为,在这个意义上,我们最好用"好的道德行为",而不是"正确的行为","好的道德行为"虽然没有为困境提供唯一正确或者错误的答案,但确是我们可以理解的情形。在第二种困境中,行为 x 和行为 y 都不是正确的决定,但是是可以允许的行为③,在这个意义上,根本谈不上"正确的行为",但我们可以在接受道德剩余物的基础上来理解这类行为,认为一个有美德的行为者在"认真、细致、明智地思考,并在经历了诸多痛苦的思考之后得出结论说,这里的两种决定均

---

① 具体参见赫斯特豪斯《美德伦理学》,第 64—65 页。
② 参见赫斯特豪斯《美德伦理学》,第 70 页。
③ 赫斯特豪斯举了这样一个事例来说明这种情形:某个人是请求医生通过超常规的手段为他那已经没有意识的母亲再多延续一年的生命,还是现在就停止治疗,有时候这是一个不可解决的困境。参见赫斯特豪斯《美德伦理学》,第 77 页。

不是那个正确的决定。"① 在第三种困境中，行为 x 和行为 y 都不是正确的决定，甚至是不被允许的糟糕行为，在这个意义上，根本谈不上"正确的行为"，甚至"有美德的行为者"概念都会受到威胁。再一次，道德剩余物的概念为我们提供了理解的可能："有美德的行为者"在悲剧性困境中，在行为时必定伴随着巨大的遗憾与痛苦，而不可能像没有美德的行为者那样冷酷和无感。美德伦理学者确实承认悲剧性困境是存在的，但却是可以理解的。这种可理解性在于，"正确的行为"不一定是"好的道德行为"，"好的道德行为"也不完全是根据"美德行为者的行为"而决定的，"好的道德行为"面临道德经验的复杂性关联于行为、行为者和生活整体之间的关系。

三　目标中心的解释

正如我们看到的，在美德伦理学有关"正确的行为"的解释中，基于行为者的解释通过把动机概念放在中心位置，宣称一个"正确的行为"在根本上取决于动机的好坏；而合格的行为者解释则宣称一个出于不好动机的行为不可能是一个正确的行为。很显然，在这两种径路解释中，动机都被放在了一个十分重要的位置上，然而，对于基于行为者的解释而言，出于好的动机来解释行为毕竟不完全等同于行为的正确性；对于合格的行为者解释而言，仅仅出于动机的考虑并不能保证成为一个合格的行为者②。因此，斯旺顿（Swanton）认为美德伦理学对正确行为的解释不应该把重心放在动机概念上，而应该以"美德"概念为基础进行解释。

在斯旺顿看来，一种"美德"，"就是在它的范围或诸范围中其内容按照一种优秀或足够好的方式进行回应或承认的倾向。"③ 这种关于美德的解释应该可以标画出不同的美德所涉及的不同领域，标画出一种美德承认的根基，标画出一种美德的回应方式和标画出一种美德的目标。与之相对应，一种美德行为就是一种击中美德之目标的行为。正是在给出有关美

---

① 参见赫斯特豪斯《美德伦理学》，第 77—79 页。
② C. Swanton, *Virtue Ethics: A Pluralistic View*, Oxford: Oxford University Press, 2003, pp. 228 – 231.
③ Cf. C. Swanton, *Virtue Ethics: A Pluralistic View*, p. 19.

德行为的说明中，斯旺顿为"正确的行为"提供了一种完全不同于基于行为者的解释和合格的行为者解释的路径，我们称之为"目标中心的解释"。

按照斯旺顿的看法，行为的正确性关联于"美德行为"（virtuous act），而不是关联于"出于美德的行为"（acting from virtue）[1]。为了解释"美德行为"和"出于美德的行为"，斯旺顿引用了亚里士多德的观点：

"美德行为并不仅仅因为它们具有某种性质就是公正的或节制的，而是只有当行为者也按照某种状态行为时才如此，也就是（1）他必须知道他所做的行为，（2）他必须是经过选择而那样行为，（3）他必须是出于一种确定了的、稳定的倾向而那样行为。"[2]

很显然，在斯旺顿看来，"美德行为"和"出于美德的行为"是不同的。"出于美德的行为"要求美德领域中的内容在构成相关美德的轮廓时所有那些承认模式都必须展示出来，要求这种展示按照一种优秀的方式展示出来，并表现出行为者好的内在状态；而"美德行为"仅仅要求成功地击中美德的目标。借助亚里士多德，"出于美德的行为"要求"好的动机（包括拥有好的目的），好的情感、实践智慧，以及拥有一个伴随好的情感、感觉和其他表达情感状态的稳定的倾向。"[3] 但是对于"美德行为"而言，只要一个行为者能够在实际情境中击中目标就可以了。正是基于此，亚里士多德才会说，"虽然与公正的或节制的人的同样的行为被称为公正的或节制的，一个人被称为公正的人或节制的人，却不是仅仅因为做了这样的行为，而是因为他像公正的人或节制的人那样做了这样的行为"。[4] 很显然，在亚里士多德这里，"美德行为"尽管依赖于行为者，但它却是行为者在实际情境中不断实践的结果，这与"出于美德的行为"更加强调动机有着根本的区别。正是基于此，斯旺顿总结出了二者之间的几点差别：

"（1）出于一种美德状态的一个行为可能不是一个美德行为，因为它

---

[1] Cf. C. Swanton, *Virtue Ethics: A Pluralistic View*, p. 231.

[2] Aristotle, *Nicomachean Ethics*, trans. J. A. K. Thomson, revised by H. Tredennick, London: Penguin, 1976, 1105a30 – b5.

[3] Cf. C. Swanton, *Virtue Ethics: A Pluralistic View*, p. 238.

[4] Cf. Aristotle, *Nicomachean Ethics*, 1105b6 – b10.

错失了（相关的）美德的目标。

（2）一个美德行为可能不是一个出于美德的行为，因为它完全没能表现出相关美德之轮廓的各个方面。

（3）一个美德行为可能不是一个出于美德的行为，因为它没能按照一种足够好的方式表现出一种美德的轮廓；即，他没能充分地表达好的内在状态（诸如实践智慧、好的动机，或好的情感倾向）。

（4）被看作是一个美德行为的东西比被看作是出于美德的行为的东西要更加情境化得多。"① 基于这种差别，斯旺顿认为，"美德行为"和"出于美德的行为"有着明显区别，前者强调行

为击中美德的目标，而后者则强调行为者稳定的内在状态。因为斯旺顿并不满意通过动机来解释美德行为，所以他主张一个行为的正确性是相关于"美德行为"而并非"出于美德的行为"，这就是美德行为理论的"目标中心的解释"。

简要地概括斯旺顿的观点，我们对"目标中心的解释"的基本观点可以概括如下：

(T1) "一个行为（有关 V）是美德的，当且仅当它击中了 V 的目标。"②

(T2) "一个行为是正确的当且仅当它是总体说来有美德的。"③ 不过需要进一步解释的是，什么叫作击中美德的目标？什么叫作总体说来有美德的？在斯旺顿看来，击中美德的目标不仅指涉那些有关个体善好的美德，因而击中美德的目标就是促进那些个体善好；它还包括其他一些特征，这些特征包括：击中美德的目标可能包括某些道德回应的模式，一些美德的目标是内在的，美德的一些目标是多元的，目标会因情境发生变异，美德的一些目标是为了避免事情，等等。④ 很显然，在斯旺顿这里，如果击中美德的目标针对的是"美德行为"，而行为的正确性关联于"美德行为"，那么"出于美德的行为"就不可能和"美德行为"是完全相同的。"出于美德的行为"就有可能因为上述的某些特征而击不中美德的目

---

① Cf. C. Swanton, *Virtue Ethics: A Pluralistic View*, p. 239.
② Cf. C. Swanton, *Virtue Ethics: A Pluralistic View*, p. 233.
③ Ibid., p. 239.
④ Ibid., pp. 233–238.

标,比如一个出于仁慈美德而试图帮助别人的行为者就有可能因为实践智慧的缺乏而错失仁慈的目标。那么行为到底是如何关联于行为的正确性的呢?这需要我们进一步审查斯旺顿提出的"总体说来有美德的"思想。

按照斯旺顿的观点,"一个行为是正确的当且仅当它是总体说来有美德的,这蕴含着在特定环境中它是那个(或一个)可能的最好行为。"[1] 在这里,斯旺顿明确地表明,"可能的最好行为"是针对"并非总体说来有恶德的行为"和"足够好的行为"而言的[2],如果行为的正确性是按照"总体说来有美德的"来理解,它就不是为了避免"总体说来的恶德",也不是为了寻找行为在一个大致范围的"足够好",而是为了寻找到一条严格的界线。然而,这条界线是什么呢?按照斯旺顿的看法,寻找这条界线也就是如何确定"总体说来的美德",也就是确定行为的正确采取。很显然,行为的正确采取的标准不可能完全还原到有美德之人的内在属性,因为有美德之人的内在属性也必须呈现为某种外在的客观标准才能被采取,在这个意义上,基于美德的伦理学不可能不考虑行为的客观规则和客观后果,基于美德的伦理学也不可能完全否认客观的道德原则。然而,正如汤姆·索内尔(Tom Sorrell)所言,"通过'原则',我指的是做或承诺某事的一个理由,在首要位置上,一个理由是普遍的。它必须应用到一个广泛的情形中。"[3] 在这一点上,赫斯特豪斯表达得十分清楚,诚实、仁慈、勇敢等美德教育体现的就是这种原则性,它们不仅是美德规则,而且广泛地体现在人类生活中。[4] 事实上,正是在这里,我们可以看到美德伦理学对行为正确性的解释具有独立于美德的独立解释。不过关于这一点让我们最后再谈。

现在我们需要指出的是,在"目标中心的解释"理论中,斯旺顿通过"总体说来有美德的"来界定行为的正确性,从而区分出"正确的行为"(总体说来有美德的)、"'所有正确'行为"(排除总体说来有恶德的)和"错误行为"(总体说来有恶德的),这使得她的理论可以容纳诸如"义务"和"禁止"等义务论观念。因为对于斯旺顿而言,一个行为

---

[1] Cf. C. Swanton, *Virtue Ethics: A Pluralistic View*, pp. 239–240.
[2] 具体分析参见 Cf. C. Swanton, *Virtue Ethics: A Pluralistic View*, pp. 239–240。
[3] T. Sorrell, *Moral Theory and Capital Punishment*, Oxford: Basil Blackwell, 1987, p. 3.
[4] 参见赫斯特豪斯《美德伦理学》,第43页,第89—91页。

的正确性仅仅取决于在确定"总体说来的美德"的标准下是否击中那个美德目标,至于那些义务性的正确行为、可欲的正确行为和值得钦佩的正确行为,被禁止的错误行为和不可欲的错误行为,都是可以容纳于其中的。因此,对于怀有怨恨动机的原告而言,只要他的行为击中了正义的目标,那这个行为就是正确的;对于郭靖和丘处机而言,即使他们怀有帮助他人的良好动机,但因为他们的行为没有击中帮助他人的目标,因此也谈不上是做出了正确的行为;甚至,即使一个曾经是十恶不赦的坏人,他也有可能在未来做出正确的行为,只要他能够击中一个美德的目标。在这里,我们可以看到,"目标中心的解释"不但可以容纳后果论有关行为正确采取的客观标准和诸如"义务"、"禁止"等义务论观念,而且可以回应"基于行为者的解释"和"合格的行为者解释"可能遭遇的反直觉难题。当然,有关美德伦理学的"目标中心的解释"对行为正确性的说明同样存在它自身可能面临的困难,比如:为了挽救多数人的生命而有意杀死某个无辜的人是否真的击中了仁慈的目标[①];行为的美德性是否从来就不是行为正确采取的特征[②];有关行为正确性的解释是否太行为者中心以至于没有为行为者的内在动机留下太多余地[③];当我们用某些"总体说来有美德的"美德语词来解释正确行为时,它们的多样性和灵活性是否削弱了它们的普遍性和确定性[④];等等[⑤]。但无论如何,"目标中心的解释"对行为正确性的说明并不需要面对违反直觉的难题。

四 结语

尽管美德伦理学有关正确行为的三种解释——基于行为者的解释、合格的行为者解释和目标中心的解释——自身都面临一些困难,然而,我们

[①] Cf. Liezl Van Zyl, Virtue Ethics and Right Action, *The Cambridge Companion to Virtue Ethics*, p. 191.

[②] Cf. C. Swanton, *Virtue Ethics: A Pluralistic View*, pp. 244 – 245.

[③] Ibid..

[④] 在这里,我们可以把这种质疑看作是有关所有美德伦理学都面临的相对主义挑战。有关斯旺顿的具体分析参见 Cf. C. Swanton, *Virtue Ethics: A Pluralistic View*, pp. 246 – 247。

[⑤] 参见 R. Das, Virtue ethics and Right Action: A Critique, in Jones L. B. and Slote M. (ed.), *The Routledge Companion to Virtue Ethics*, New York and London: Routledge, 2015, pp. 331 – 343。

至少可以看到,三种解释共同为美德伦理学区别于后果主义和义务论给出了不一样的解释。他们都认为有关行为的正确解释并不是尊崇一套普遍的道德规则或原则,而是应该按照美德来进行说明,在说明过程中,他们联合行为之外的自然善或某种客观性为美德伦理学可能招致的循环性问题和主观性问题做出了辩护。因为有关自然善或客观性的说明是多种多样的,他们并不认为美德伦理学提供了有关正确行为的普遍性标准,进而能够成为日常生活中做出决定的行为引导工具。毋宁说,他们都很明确地意识到,美德伦理学只是在实际生活中对美德的践行,不同的美德只是在具体的情境中解决一个个实践问题,让我们做一件件正确的事。[①] 对美德伦理学家而言,他们有关正确行为的说明不是简单地通过行为派生于美德而进行,而是在有关美德和正确行为的关系说明中诠释我们的实践生活。

(作者单位:湖南师范大学哲学系)

[①] 斯洛特、赫斯特豪斯和斯旺顿等为代表的美德伦理学家只是在这个意义上才被说成是自觉地把有关行为正确性的说明当做美德伦理学的中心任务。参见 J. Hacker-Wright, Virtue Ethics without Right Action: Anscombe, Foot, and Contemporary Virtue Ethics, *Journal of Value Inquiry*, (2010), p. 209。

·美学·

当代美学的社会科学转向

孙斌

从鲍姆加登以来的作为一门学科的美学中,或者,更确切地说,从至少可以上溯到古代希腊的美学思想中,我们获得了美学发展的线索、脉络,甚至是系统。它们在对美、爱、感性、情感、艺术等问题的讨论中得到呈现和证明,而这些讨论也理所当然地成为美学研究的材料和资源。然而,如果美学研究仅仅如此,亦即仅仅从这些材料和资源出发来进行考察,那么它在当代的可能是更为主要也更有意义的工作就被无情地排除了。这是因为,这些工作似乎既不关心美是什么的问题,也或明或暗地绕开了艺术定义的问题;或者说,不是简单地回避,而是把这些问题编织进了生产、分配、消费、交换、制度、实践等更多地具有社会科学意味的问题之中。当然,公允地说,美学从来不缺乏对于社会问题的关注,这一点,一般来说,至少可以上溯到柏拉图对话中那些关于艺术对城邦公民的影响的讨论。然而,社会本身自特别是19世纪以来呈现出来的复杂性极大地挑战乃至改变了原来的知识形式和哲学样态,从而使得美学对社会问题的考察日益难以直接地达成,而必须获得社会理论的支持——社会科学提供了这样的支持。另一方面,如果考虑到,所有我们能够对之做出考察的问题都不是直接被给予我们的,而总是经由社会的中介而被给予我们的,即如阿多诺所说,"天空和大地之间——更确切地说大地之上——绝对没有什么东西不是被社会所中介的"①，那么可以说，这种须臾不可离的中介作用也必须由社会科学来加以澄清。从这两个方面来说，当代美学似乎发生了一种社会科学转向——事实上，这样的转向只不过是诸多当代知识领域的社会科学的转向的一部分。要强调的，这丝毫不意味着社会科学在当代获得了某种凌驾于其他思想领域之上的地位，而仅仅意味着，如上所述，社会的日益复杂逼迫我们以更多的理论准备来思考身处其中的我们的问题。当代美学所处理的问题正是这样的问题。

一　感性的起点地位

社会科学尽管可以在诸如经济学和政治学以及稍晚的人类学和社会学等更为专门的或者说独立的学科那里得到指认，但是如果我们考虑到霍克海默一个想法即"我们现在必须接着补充说，存在着一种以社会本身为其对象的人类活动"②，那么我们就不会满足于把社会科学当作是一种在当今学科分类体系中日益重要的概括或分类的指导，而是把它看作为以社会本身为其对象的科学。它并不简单地就是社会学，正如霍克海默在前面那句话的注释中不是将这种人类活动指认为社会学，而是将它指认为可归结到"社会理论"之下的"批判的"活动③。就此而言，社会科学在霍克海默那里获得了一种批判的形式——否则，社会科学很大程度上就属于

---

① Theodor W. Adorno, *Introduction to Sociology*, Edited by Christoph Gödde, Translated by Edmund Jephcott, Cambridge: Polity Press, 2000, pp. 64–65. 阿多诺不止一次地表达了这个意思，他在另一处相仿佛地说道："太阳底下没有什么东西，我的意思是绝对没有什么东西，由人类智能和人类思维所中介，却不同时也在社会上得到中介。"(Theodor W. Adorno, *Introduction to Sociology*, Edited by Christoph Gödde, Translated by Edmund Jephcott, Cambridge: Polity Press, 2000, pp. 15–16.)

② Max Horkheimer, *Critical Theory: Selected Essays*, Translated by Matthew J. O'Connell and Others, New York: Continuum, 2002, p. 206.

③ 霍克海默的那个脚注是这样写的："在接下来的段落里，这种行动被称作'批判的'行动。这个术语在这里不是在观念论的纯粹理性批判的意义上来使用的，而是在辩证的政治经济学批判的意义上来使用的。它指向辩证的社会理论的一个本质方面。"(Max Horkheimer, *Critical Theory: Selected Essays*, Translated by Matthew J. O'Connell and Others, New York: Continuum, 2002, p. 206)

他所说的传统理论。这一点,即以社会本身为其对象的社会理论的提出,当然是重要的,但是对于我们的讨论而言并非最为重要,因为我们所讨论的美学,就像鲍姆加登用拉丁文拼出的那个源自希腊文的单词 Aesthetica 所明确提示的那样,是一门关于感性方面的学科——而感性与社会之间似乎并没有天然的联系。

然而,霍克海默立即指出感性与社会之间有天然的联系——这一点才是对我们而言的更为重要的东西。他说,"被给予个人以及他必须接受和顾及的世界,在其现在和持续的形式上,都是作为整体的社会活动的产物。我们在我们周围事物中知觉到的对象——城市、村庄、田野、树林——都带有已被人加工过的痕迹。人不仅在服饰和仪表上,而且在外形和情绪构成上,都是历史的产物。甚至他们看和听的方式也不能和已经演化了几千年的社会生活进程分开来。我们的感觉呈现给我们的事实以两种方式在社会上预先形成:通过被知觉的对象的历史特性,以及通过知觉器官的历史特性。"[1] 这道明了一个事实,即,我们以社会的方式加工出来的世界才是我们置身于其中的所在。如果把这个事实置于感性或者说感觉的基础上来加以考虑,那么世界所涉及的便是"被知觉的对象的历史特性",而我们所涉及的便是"知觉器官的历史特性"。

不过,这不是一个"如果"的问题,亦即,以感性为基础,确切地说,以感性为科学的基础,并不是一个假言判断意义上的前件。之所以这么说乃是因为,正如马克思指出的,"感性(见费尔巴哈)必须是一切科学的基础。科学只有从感性意识和感性需要这两种形式的感性出发,因而,只有从自然界出发,才是现实的科学。"[2] 如果是这样的话,那么这样两个方面就被编织在了一起,即,一方面,人的感性方面包括感觉的对象以及感觉本身必然是"社会活动的产物",另一方面,一切科学当然包括我们要讨论的社会科学又必须以人的感性方面为基础。对此,或许人们会争辩说,马克思的这个指认,即把感性指认为科学的基础,并不是仅仅就社会科学而言的,它理所当然还应该包括自然科学,怎么可以这么草率

---

[1] Max Horkheimer, *Critical Theory: Selected Essays*, Translated by Matthew J. O'Connell and Others, New York: Continuum, 2002, p. 200.

[2] 《马克思恩格斯全集》第3卷,人民出版社2002年版,第308页。

地抛开后者而只讨论前者呢？对于这个争辩，我们不想简单地以强调我们的考察主题是社会科学来打发，而是想继续循着马克思的思路寻找更有意义的说明。事实上，我们发现，在马克思和恩格斯那里，哪怕"纯粹的"自然科学也仍然是以诸如商业和工业这样通常被认为是社会科学所研究的东西为前提的。他们这样说道，"费尔巴哈特别谈到自然科学的直观，提到一些只有物理学家和化学家的眼睛才能识破的秘密，但是如果没有工业和商业，哪里会有自然科学呢？甚至这个'纯粹的'自然科学也只是由于商业和工业，由于人们的感性活动才达到自己的目的和获得自己材料的。"① 不仅如此，物理学家和化学家用他们的眼睛所从事的这种识破，也仍然是一种可以在社会科学的领域中得到详细考察的社会性的活动，比如，马克思这样说道，"甚至当我从事科学之类的活动，即从事一种我只在很少情况下才能同别人进行直接联系的活动的时候，我也是社会的……我的活动所需的材料——甚至思想家用来进行活动的语言——是作为社会的产品给予我的……"② 如果是这样的话，那么我们根据马克思的那个指认所做的事情就不是草率地抛开自然科学，而只是从更为直接地涉及社会问题的社会科学出发来进行一般性的讨论。

不管怎么样，美学作为一门关于感性方面的学科似乎由于马克思的那个指认得到了极大的鼓舞。然而，遗憾的是，马克思所说的感性与传统美学意义上的至少鲍姆加登意义上的感性几乎毫无关系，因为它的重点并不在于与美的对象或者鉴赏判断相关的感性——就此而言，它也不同于康德借着美学与感性这两重意义之间的打通所做的考虑。原因非常清楚，马克思这里说的感性方面有明确所指，即"感性意识"和"感性需要"——我们稍后会看到，恰恰是这两个与传统美学几乎无关的表达标明了当代美学的任务。那么，马克思关于感性方面的这两个所指究竟意味着什么呢？如果我们结合《关于费尔巴哈的提纲》的第一条来解读，恐怕就非常清楚了。马克思写道，"从前的一切唯物主义（包括费尔巴哈的唯物主义）的主要缺点是：对对象、现实、感性，只是从客体的或者直观的形式去理解，而不是把它们当做感性的人的活动，当做实践去理解，不是从主体方

---

① 《马克思恩格斯选集》第1卷，人民出版社2012年版，第156—157页。
② 《马克思恩格斯全集》第3卷，人民出版社2002年版，第301页。

面去理解。因此，和唯物主义相反，唯心主义却把能动的方面抽象地发展了，当然，唯心主义是不知道现实的、感性的活动本身的。费尔巴哈想要研究跟思想客体确实不同的感性客体，但是他没有把人的活动本身理解为对象性的［gegenständliche］活动。"① 也就是说，感性更多地不是指向客体可感的直观形式，而是指向主体的对象性活动②。而这样的对象性活动正是由"感性意识"和"感性需要"来做出进一步刻画的。一般地，人们，甚至不仅仅是唯心主义者，都会把意识同心灵、思维或者理性之类的东西联系起来，然而，马克思在这里明确地把意识同感性联系起来，这是一件耐人寻味的事情。如果说意识由于它同理性的联系而把对象当作"思想客体"确立了起来，那么当它同感性联系起来时，就使自己付诸对象性的活动，并因而摆脱了它的随着那种确立而同时确立起来的独立性的外观。用马克思的话来说就是，"……意识形式便不再保留独立性的外观了。它们没有历史，没有发展，而发展着自己的物质生产和物质交往的人们，在改变自己的这个现实的同时也改变着自己的思维和思维的产物。不是意识决定生活，而是生活决定意识。"③ 简而言之，就感性乃是感性的对象性活动而言，"感性意识"很大程度上就是人的对象性活动的意识，它所指向的不是"思想客体"，而是"物质生产和物质交往"的发展——后者是"感性需要"的表达。

　　无论如何，我们从马克思的论述中发现了对于在美学研究中有着起点地位的感性问题的一种新的思考——尽管我们现在还不能说这种新的思考直接就是在美学意义上或者说是在美学语境中做出的。但是，这些思考并不是事情的全部，而仅仅是开始。事实上，如果我们愿意接受马克思的这些思考，那么有一个问题立即就出现了，这就是，感性的对象性活动或者——用马克思前面提及的另一个措辞来说——实践究竟是指什么活动？对此，马克思的回答也许会非常简单，即，生产。比如，我们看到，《德意志意识形态》中这样写道，"全部人类历史的第一个前提无疑是有生命的个人的存在。……一当人开始生产自己的生活资料，即迈出由他们的肉

---

① 《马克思恩格斯选集》第1卷，人民出版社2012年版，第133页。
② 对于这一点，即对于感性乃是就活动而言的，前面援引的自然科学由以"达到自己的目的和获得自己材料"的"感性活动"也已经做出了提示。
③ 《马克思恩格斯选集》第1卷，人民出版社2012年版，第152页。

体组织所决定的这一步的时候，人本身就开始把自己和动物区别开来。人们生产自己的生活资料，同时间接地生产着自己的物质生活本身。"① 在这里，人的生活不再被他们的肉体组织所决定，而是被他们的生产活动所决定，他们也因此而获得了他们作为人与动物的区别。就此而言，生产乃是人之为人的首要的实践活动。不过，生产这一我们从感性对象性的活动所追溯到的东西，似乎正在远离我们讨论的美学，因为生产这个概念一般来说更适合在社会科学的标题下加以讨论。然而，我们要说，恰恰是生产使我们获得了对于当代美学的一个重要切入点。

二　艺术的生产品质

我们知道，艺术是当代美学研究的一个重要主题，它甚至被当作是美学的范围的划定——这使得美学被等同于艺术哲学。关于这一点，我们至少可以回溯到黑格尔，他在他的美学演讲里开宗明义地说，"这些演讲是讨论美学的；它的对象就是广大的美的领域，说得更精确一点，它的范围就是艺术，或则毋宁说，就是美的艺术。对于这种现象，'伊斯特惕克'（Ästhetik）这个名称实在是不完全恰当的，因为'伊斯特惕克'的比较精确的意义是研究感觉和情感的科学。就是取这个意义，美学在沃尔夫学派之中，才开始成为一种新的科学，或则毋宁说，哲学的一个部门；在当时德国，人们通常从艺术作品所应引起的愉快、惊赞、恐惧、哀怜之类情感去看艺术作品。……我们的这门科学的正当名称却是'艺术哲学'，或则更确切一点，'美的艺术的哲学'。"② 把美学的范围划定为艺术从而把美学归结为艺术哲学，黑格尔的这个想法给出了由以接近乃至进入当代美学的一条基本进路。

然而，黑格尔似乎并不真正明白他的这个想法的重要意义，至少当他放弃思考感性的实质而直接将其指认为艺术作品所应引起的情感时不明白。也就是说，黑格尔的这个划定和归结，是以牺牲马克思后来从中发展出来的作为对象性活动即实践的感性为代价的——黑格尔不明白他所牺牲

---

① 《马克思恩格斯选集》第1卷，人民出版社2012年版，第146—147页。
② 黑格尔：《美学》第1卷，朱光潜译，商务印书馆1996年版，第3—4页。

的东西的重要意义。作为结果，就在黑格尔通过一种可以说是艺术的转向把美学推进到它的当代状态的同时，他又不自觉地回到了自柏拉图以来把美交付给理念和心灵的美学的传统状态。在他诸如"艺术美是由.心.灵.产.生.和.再.生.的.美."① 以及"美就是理念的感性显.现."② 这样的判断中，艺术美就其乃是心灵的产物而言，被切断了它与作为对象性活动的感性的关联，而仅仅与服务于概念的客体化的感性相关联。既然如此，那么艺术就成为了一种对既有的东西进行了解和表现的技艺，而不是一种对未有的东西进行制造和生产的技艺。事实上，黑格尔正是认为，"艺术的特性就在于把客观存在（事物）所显现的作为真.实.的东西来了解和表现……"③ 但是，这样的想法有意无意地忽视了艺术就其本义而言的制造和生产的品质。我们知道，比如，在亚里士多德的《尼各马可伦理学》中，艺术（technē）的品质被指认为是制造或者说生产（poiēsis），他说："……如果没有与制造联系在一起且合乎理性的品质，那么就没有艺术（如果没有艺术，也不会有这种品质），艺术和那种与制造联系在一起的合乎真正理性的品质乃是同一桩事情。每门艺术都关涉于产生的过程……其起源在于从事制造的人而不是被制造的物。"④ 事实上，在古代希腊，把艺术归结到制造或生产不仅是亚里士多德的看法，而且也是当时人们通常持有的一种相当普遍的看法。惟其如此，当后来的美学家比如塔塔尔凯维奇把艺术的概念追溯到古代希腊的 technē 时，可以简单而明确地将其本来的含义指认为"有技艺的生产"⑤，并指出艺术"不是关涉于艺术的产品，而是关涉于生产产品的活动……"⑥ 如果是这样的话，那么生产就成为对于艺术本义的一种理解。在艺术概念已经发生

---

① 黑格尔：《美学》第 1 卷，朱光潜译，商务印书馆 1996 年版，第 4 页。
② 同上书，第 142 页。
③ 同上书，第 200 页。
④ Aristotle, *Nicomachean Ethics*, Translated by Robert C. Bartlett and Susan D. Collins, Chicago and London: The University of Chicago Press, 2011, p. 119. 英译者在注释中说明：这里的"*poiēsis*"除了可以被译作制造（making）外，也可以，像许多其他译者做的那样，被译作生产（production）。
⑤ Władysław Tatarkiewicz, *A History of Six Ideas: An Essay in Aesthetics*, Translated by Christopher Kasparek, Warszawa: Polish Scientific Publishers, 1980, p. 80.
⑥ Ibid., p. 50.

重大演变而生产也已变成社会化大生产的今天,我们尤其需要回到艺术的这个本义来进行思考。之所以如此,乃是因为艺术的这种生产品质使得艺术与作为生产的感性对象性活动彼此相契合。这种契合破坏了黑格尔以上所做划定和归结的基础,但却使得这个划定和归结在新的基础上获得了意义。也就是说,如果当代美学可以被指认为是艺术哲学,那么这主要不是因为"……所指的科学所讨论的并非一般的美,而只是艺.术.的美"①,而是因为它要考察作为生产的艺术与感性。这一点在比如朗西埃关于美学的定义中得到了某种阐明。他这样说道,"这意味着首先要详细阐述美学这个术语所指的东西的意义,它既不表示一般的艺术理论,也不表示一种把艺术交付给它对感性的作用的理论。美学指一个用以识别和反思艺术的特殊体制:两种方式之间的一种接合模式,一种是做与制造的方式,即它们相应的可见性形式,一种是对它们的关系(这预设了某种思想有效性的观念)进行思考的可能方式。"② 在这里,朗西埃,就像黑格尔一样,把美学归结为一种可以说是关于艺术的研究,但是,在他那里,这样的研究与艺术的美之类的东西几乎毫无关系。事实上,美学所指向的艺术对朗西埃来说有着非常明确的意义,这就是,"做与制造的方式"——只有做与制造才能使可见的、可感的形式成为可能,并进而使对它们的关系的思考成为可能。不难发现,这样的做与制造所透露的正是我们所讨论的艺术的生产品质。

接下来,如果说做与制造是对美学所归结到的艺术的刻画,那么它们某种意义上恐怕也是对美学本身的刻画。也就是说,美学同样具有制造或者生产的品质。这样的品质,就美学这个词的词源含义即感性来说,其实在前面讨论对象性活动时已经得到了提及。所以,事情现在是这样的,即,借着艺术的生产品质,美学与感性在实践上打通了——这种打通非常不同于康德的那种建基于静观之上的打通。这种打通意味着,美学的感性更多是从生产和实践方面来讲的,而不是从鉴赏和愉悦方面来讲的,这就如同朗西埃说的,"美学一词并非是指一种关于艺术业余爱好者的感性、鉴赏和

---

① 黑格尔:《美学》第1卷,朱光潜译,商务印书馆1996年版,第3页。

② Jacques Rancière, *The Politics of Aesthetics: The Distribution of the sensible*, Translated by Gabriel Rockhill, New York: Continuum, 2011, p. 10.

愉悦的理论。"① 如果是这样的话，那么我们现在可以肯定地说，前面根据马克思的感性学说对感性的起点地位所做的指认就是一种美学意义上的指认。换句话说，马克思对感性问题所做的思考并不是作为外在的东西被引入美学中去，因为这些思考从一开始就是在美学之中展开的——至少对于当代美学来说是如此。对此，我们或许也可以通过朗西埃以"美学实践"——或者同样地，"感性实践"——这个术语所做的阐述来加以考虑。

朗西埃这样说道，"如果读者喜欢类比，那么美学可以在——也许是由福柯重新检查的——康德的意义上被理解为对呈现于感觉经验的东西具有决定作用的先天形式的系统。它是对空间和时间、可见与不可见、言语与噪音的限定，同时也决定了作为一种经验形式的政治的地位和风险。政治围绕可被看见的东西和能被谈论的东西转动，围绕拥有看的能力和说的才能的人转动，围绕空间的属性和时间的可能性转动。正是在这种基本美学的基础上，才有可能提出我所理解的'美学实践（aesthetic practices）'的问题，它是一种可见性的形式，这种形式透露了艺术的实践、它们所占的位置、它们从共同体共有之物的立场出发来'做'或'制造'的东西。艺术的实践是'做与制造的方式'，它们不但介入到它们所维持的存在模式与可见性形式的关系之中，而且介入到做与制造的方式的普遍分配之中。"② 这里的美学实践当然是在感性意义上发生的，因为它所指向或给出的东西是可见性的形式。正是这种可见性的形式透露了艺术的实践所牵涉的最为重要的一些东西，而这些东西之前不是从可见性的形式而是从作品的内容出发来加以指认的。

换言之，美学实践意味着，那可以成为社会科学的工作的东西就存在于艺术的实践本身之中，亦即，就存在于"做与制造的方式"之中，而不是像过去的或者说传统的美学观点认为的那样存在于作品的内容中。比如，我们可能非常熟悉恩格斯的一个评论，"巴尔扎克，我认为他是比过去、现在和未来的一切左拉都要伟大得多的现实主义大师，他在《人间喜剧》里给我们提供了一部法国'社会'，特别是巴黎上流社会的无比精

---

① Jacques Rancière, *The Politics of Aesthetics: The Distribution of the sensible*, Translated by Gabriel Rockhill, New York: Continuum, 2011, p. 22.

② Ibid., p. 13.

彩的现实主义历史……他汇编了一部完整的法国社会的历史,我从这里,甚至在经济细节方面(诸如革命以后动产和不动产的重新分配)所学到的东西,也要比从当时所有职业的史学家、经济学家和统计学家那里学到的全部东西还要多。"① 恩格斯这里提到的那些可以归诸社会科学的研究之下的东西,乃是一般评论者都会考虑到的这部文学作品所描述或者说表达的社会内容——它们也是传统美学意义上的艺术批评所着力的对象。事实上,如果我们愿意的话,我们甚至完全可以把恩格斯列出的诸如"职业的史学家、经济学家和统计学家"的工作同《人间喜剧》中具体章节和段落的文学描写对应起来。然而,在朗西埃那里,这些描写恐怕都处在"呈现于感觉经验的东西"的层面上——但美学问题不是在这个层面上,而是在对它们起决定作用的"先天形式的系统"的层面上得到考察的。恰恰是得到这样考虑的美学,以其对可见与不可见之类的限定等等成为朗西埃以政治学所指认的社会科学的工作。

三 作品的社会契机

那么,美学研究为什么不能摆脱所谓的"先天形式的系统"而直接关注"呈现于感觉经验的东西"?原因很简单,其实前面援引霍克海默的时候已经有所提及,即,感觉以及呈现于感觉的东西不是被给定的东西,而是社会生产和分配的结果。用朗西埃喜欢用的可见性来说就是,可见与不可见从根本上来说不是一件有关生物科学意义上的视觉功能的事情,而是一件有关社会科学意义上的生产分配的事情。可见之物或者说可感之物的生产与分配直接决定了它们的性质,因为它们正是且仅是通过这样的生产与分配被给予我们或者说呈现于我们的感觉经验的。比如,要是我们明白,在这个时代,作为可感之物的艺术作品是在消费的标准下来分配的,那么我们就不会再把作品所表达的内容以及由这样的内容所产生的效果当作直接的或者说首要的东西了。

对此,我们可以援引阿多诺对音乐态度的类型的分析来加以说明。他在分析"良好听众"这种类型时谈道:"从社会学上看,这一类型还有第三

---

① 《马克思恩格斯选集》第4卷,人民出版社2012年版,第590—591页。

种继承者。他们本来更接近资产阶级,在歌剧和音乐会的观众中具有权威性或者说占有控制地位。我们可以把这类人称为有教养的听众或有教养的消费者。……他们对音乐的关系完全是某种拜物教式的。他们按已消费过的人的公开态度为标准去消费。消费的愉快,音乐所'给予'他们的——用他们的语气来说——愉快,要胜过作为一部艺术作品的音乐本身所要求于他们的愉快。……在一位小提琴家的音乐会上,他们的兴趣将会集中在他们所称呼的演奏音色上,即所谓'声音产品'上……这样的人是估价者。"[1] 在这里,比听到什么更重要的事情是他听到了,也就是说,"作为一部艺术作品的音乐本身"所表达的内容是无关紧要的——他们的愉悦与内容无关,而只与消费有关,换句话说,与"作品"无关,而只与"产品"有关。就此而言,比听到更重要的事情是他消费了。阿多诺这里对音乐的分析无疑是在社会科学的意义上展开的,正如他这番话所出自的那部著作的标题"音乐社会学导论"所提示的那样。事实上,对于音乐的这种消费式的分配,阿多诺有一个更为直接的陈述,"无可争辩的是,没有谁会投身于艺术而不——就像资产者做的那样——从中获得某些东西;然而,就制定一份资产负债表'今晚听了第九交响乐,我过得非常愉快'的意义而言,这是不对的,尽管这样的低能迄今已经成为常识。"[2] 那么,基于消费式分配所制定的这份艺术的"资产负债表"意味着什么呢?

"资产负债表"当然可以从经济学上得到解释。事实上,这样的解释可以广泛地运用于艺术消费、艺术投资以及艺术收藏等今天来说十分常见的处理艺术的方式,就像杜威说的那样的,"一般而言,典型的收藏家就是典型的资本家。为了证明在更高文化领域中的良好声誉,他积攒绘画、雕像以及艺术性的小巧玩意儿,就像他的股票和债券保证了他在经济界中的声誉那样。"[3] 这意味着,艺术只是以产品的形式得到分配。产品分配

---

[1] 阿多诺:《音乐社会学导论》,梁艳萍、马卫星、曹俊峰译,中央编译出版社 2018 年版,第 7—8 页。

[2] Theodor Adorno, *Aesthetic Theory*, Translated by Robert Hullot-Kentor, London and New York: Continuum, 2002, p. 13.

[3] John Dewey, *Art as Experience*, in *The Later Works*, *1925－1953*, *Volume 10：1934*, Edited by Jo Ann Boydston, With an Introduction by Abraham Kaplan, Carbondale and Edwardsville: Southern Illinois University Press, 1987, p. 14.

能够做的恐怕仅仅是平衡资产负债表,而这种平衡与艺术作品之为艺术作品毫不相关,这就如同,在杜威的陈述中,对于作为资本家的收藏家来说,藏品存放在藏室里与货物存放在仓库里并没有任何区别。这种情形在海德格尔的笔下被描述为,"人们运送作品,犹如从鲁尔区运送煤炭,从黑森林运送木材。在战役期间,士兵们把荷尔德林的赞美诗与清洁用具一起放在背包里。贝多芬的四重奏存放在出版社仓库里,与地窖里的马铃薯无异。"① 接下来的问题是,这样的运送和存放究竟意味着什么的发生?或者说,消费所达成的资产负债表的平衡以及艺术的产品的分配究竟意味着什么的发生?

如果考虑到这一切都是以交换的形式达成的,那么对这个问题的回答就是,什么也没有发生。这用阿多诺的话来说就是,"交换是神话式始终如一性的合理性形式。在每个交换动作的同比中,一个动作取消另一个动作;账户余额为零。如果交换是公正的,那么没有什么会真正地发生,万事万物都保持原样。"② 或者,用他相仿佛的另一番措辞来说,"如果交换是公平的,那么就什么也没有发生,每样东西都像它曾经所是的那样,人们两相抵消,事物就像它们从前曾经所是的那样。"③ 这一点,较之作品像货物那样经由消费而得到运送和存放之类而言,恐怕更为重要,因为它透露了事情的实质,这就是,交换和分配无论其规模有多庞大、运作有多复杂,最终只不过是使一切保持原样,或者毋宁说,正是通过这种庞大和复杂来使一切如其所是地保持原样。如果说"事物就像它们从前曾经所是的那样"这一交换的结果乃是对作品的分配的刻画,那么作品的分配的社会意义很大程度上就是使作品由以得到生产和分配的制度保持不变。而这样的制度,就前面所说的美学与感性在实践上的打通而言,乃是一种并不限于艺术作品的更为普遍意义上的生产和分配制度。作品在社会制度方面的属性意味着,艺术作品本身——即如我们前面所说的不考虑其描述或者说表达内容的艺术作品本身——就是社会性的。如果以上这些关于作

---

① 海德格尔:《林中路》,孙周兴译,上海译文出版社2008年版,第3页。
② Theodor W. Adorno, *Critical Models: Interventions and Catchwords*, Translated by Henry W. Pickford, New York: Columbia University Press, 1998, p. 159.
③ Theodor W. Adorno, *History and Freedom: Lectures 1964–1965*, Edited by Rolf Tiedemann, Translated by Rodney Livingstone, Cambridge: Polity Press, 2006, p. 170.

品的分析是在美学意义上展开的,那么它们显然很难归结为传统的关于美的分析,而是必须更为妥当地置于社会科学的标题之下。而且,即便从专门的艺术领域比如丹托所说的艺术世界来看,作品也是社会制度的产物。关于

这一点,我们可以考虑迪基在推进丹托这个理论时所给出的更具社会科学意味的论证。他从艺术品的定义出发开始他的论证:"类别意义上的艺术品是:1. 人工制品;2. 代表某种社会制度(即艺术世界)的一个人或一些人授予它具有欣赏对象资格的地位……授予地位的最典型的例子是国家政权的某些活动,这些活动牵涉到法定地位。例如,国王诰封爵士,大陪审团对某人的裁决,选举委员会主席证明某人具备竞选资格,牧师宣布一对男女结为夫妻。在这些例子中,一个人或一部分人代表一种社会制度(国家政权)把法定地位授予另一些人。……艺术世界里终究还是有一种实践,而这一实践便决定了一种社会制度。"[①] 在迪基看来,尽管艺术世界里缺乏像法律条文那样明确的对于程序和权限的规定,但是它的运作从实质上来说同根据制度而进行的地位授予活动并无二致。也就是说,作品之为作品并不是因为它成为某个人或某些人的直接的欣赏对象,而是因为它被某个人或某些人根据制度授予其"欣赏对象资格的地位"。作为结果,关于艺术作品的美学研究就成为一种关于社会制度的科学研究——迪基这里的一系列例子直接指明了这一点。接下来,如果说实质性的事情是授予地位,那么,就像我们前面反复提及的那样,作品描述或者说表达的内容便无须加以考虑了。事实上,迪基后面把杜尚的"泉"承认为艺术作品,正是抛开作品的内容而仅仅从授予地位来加以考虑的,即因为杜尚的活动"是在艺术世界的制度范围内进行的。"[②] 由此,我们恐怕可以说,不管是不是在专门的艺术领域,关于作品的美学研究都是以社会科学的形式展开的。

以上,我们循着当代美学中所发生的社会科学转向的问题,从作为起点的感性出发,对艺术的生产品质以及作品的社会契机进行了讨论。而这些讨论的核心是,随着美学与感性在实践上的打通,对艺术以及作品的美

[①] M·李普曼编:《当代美学》,邓鹏译,光明日报出版社1986年版,第110—111页。
[②] M·李普曼编:《当代美学》,邓鹏译,光明日报出版社1986年版,第112页。

学研究不再是从作品内容出发的关于鉴赏、愉悦以及美之类的分析，而是对它们由以成为"呈现于感觉经验的东西"的社会生产和分配的考察。考察的结果是，无论是在专门的还是非专门的层面，艺术的实质性的方面都必须从社会制度的角度来加以考虑。换言之，艺术的任务从根本上来说指向社会制度特别是生产和分配制度的剖析与改造。这个任务之所以对于当代美学来说显得如此之重要，乃是因为艺术在现代的制度条件下陷入了危机，而克服危机的途径就是改变生产和分配制度。这一点在杜威那里得到了明确的表述，"奥古斯特·孔德说，我们时代的巨大问题在于，把无产阶级组织到社会系统之中。这话在现在甚至比在它被说出的时候更加正确。这项任务不可能依靠任何没有对人类的想象和情感产生影响的革命来获得完成。导致艺术的生产以及聪明欣赏的价值必须被结合到社会关系的系统之中。……真实的情况是，艺术本身在现代条件下并非安全无虞，除非那些从事世上有用工作的男女大众有机会自由地管理生产过程，并且极为丰富地赋有欣赏集体工作的成果的能力。"[1] 杜威在这里所描述的艺术的危机及其出路无疑是当代美学的一个重要课题，与此同时，它也是社会科学的一个重要课题。

(作者单位：复旦大学哲学学院)

---

[1] John Dewey, *Art as Experience*, in *The Later Works*, *1925–1953*, *Volume 10: 1934*, Carbondale and Edwardsville: Southern Illinois University Press, 1987, pp. 346–347.